Schöningh

Franz Josef Floren (Hg.)

Politik Wirtschaft

Ein Arbeitsbuch

Erarbeitet von Franz Josef Floren,
Doris Frintrop-Bechthold,
Werner Heimeroth,
Diethard Rekate,
Reinhold von Rüden,
Rainer Schmidt

www.schoeningh-schulbuch.de
Schöningh Verlag, Jühenplatz 1–3, 33098 Paderborn

Druck 5 4 3 2 1 / Jahr 2016 15 14 13 12
Die letzte Zahl bezeichnet das Jahr dieses Druckes.

Druck und Bindung: westermann druck GmbH, Braunschweig

ISBN 978-3-14-024427-5

Inhaltsverzeichnis

9 Zukunft, Werte, Berufswahl – Wie orientieren sich Jugendliche? 230

10 Wie werden wir in Zukunft arbeiten? – Arbeit und Beruf in einer sich verändernden Welt 254

11 Was geschieht in Unternehmen? – Formen und Funktionen von Unternehmen 276

12 Was heißt „soziale Marktwirtschaft"? – Grundzüge unserer Wirtschaftsordnung 302

Hinweise zur Arbeit mit diesem Buch

Neubearbeitung Der vorliegende neubearbeitete Band berücksichtigt die im Kernlehrplan für das Fach Politik/Wirtschaft in Nordrhein-Westfalen für die Jahrgangsstufen 7–9 (10) vorgesehenen Inhaltsfelder und Schwerpunkte.

Kompetenzorientierung Der *methodisch-didaktische Zuschnitt* orientiert sich an den im Lehrplan formulierten vier **Kompetenzen** (Sachkompetenz, Methodenkompetenz, Urteilskompetenz und Handlungskompetenz).

Arbeitsbuch Das Buch ist ein **Arbeitsbuch**: Es stellt unterschiedliche Materialien (Texte, Statistiken, Grafiken, Bilder, Karikaturen) für die Erarbeitung im Unterricht zur Verfügung und ermöglicht unterschiedliche Arbeitsformen. Die Autoren haben auf eigene Darstellungen weitgehend verzichtet; sie möchten den Schülerinnen und Schülern bzw. der Lerngruppe die selbsttätige und kritische Auseinandersetzung mit Informationen, Situationsbeschreibungen und Meinungsäußerungen ermöglichen und haben sich daher bemüht, eine *Materialauswahl* zu treffen, die sowohl dem Alter der Schülerinnen und Schüler als auch der Sach- und Problemstruktur der Gegenstände angemessen ist.

Struktur Eine inhaltliche Grobstrukturierung der einzelnen *Kapitel* erfolgt durch nummerierte *Abschnitte* (und z. T. nicht nummerierte Unterabschnitte), die durch entsprechende Überschriften gekennzeichnet sind. Die Materialien sind innerhalb der Kapitel durchnummeriert.

Materialangebot Das **Materialangebot** der meisten Kapitel geht über den Umfang einer einzelnen Unterrichtsreihe hinaus und bietet so der Lehrkraft bzw. der Lerngruppe die Möglichkeit der *Auswahl* (z. B. nach Abschnitten) und der *Schwerpunktsetzung* im Hinblick auf die Interessenlage, das Lernniveau und die Vorkenntnisse der Lerngruppe oder auf die zur Verfügung stehende Unterrichtszeit. Das betrifft die Auswahl von Einzelmaterialien und insbesondere von Abschnitten, die fast

Methoden immer getrennt voneinander bearbeitet werden können. „**Methodenseiten**" zur Durchführung wichtiger sozialwissenschaftlicher und unterrichtlicher Methoden sind in den Inhaltszusammenhang der einzelnen Kapitel eingefügt und besonders markiert (vgl. Inhaltsverzeichnis).

Kompetenzen Die **Kompetenzorientierung** des Bandes wird in der vorliegenden Neubearbeitung dadurch verstärkt, dass auf den Auftaktseiten *zu jedem Kapitel die anzustrebenden Kompetenzen* ausgewiesen und auf diese Weise zusätzliche Zielorientierungen für die Erarbeitung der Materialien gegeben werden. Ein das jeweilige Kapitel abschließender *„Kompetenzcheck"* bietet den Schülerinnen und Schülern die Möglichkeit, ihr erworbenes Wissen und Können in den vier Kompetenzbereichen (Sachkompetenz, Methodenkompetenz, Urteilskompetenz, Handlungskompetenz) ein Stück weit selbstständig zu überprüfen.

kompetenzorientierte Arbeitsaufträge Eine wichtige Rolle für die Erarbeitung der Materialien und die gesamte kompetenzorientierte Unterrichtsarbeit spielen die differenzierten **Arbeitshinweise**. Sie lassen sich unterscheiden in

- *Erschließungshilfen*, die eng auf das betreffende Material bezogen sind (*Sach- und Methodenkompetenz*);

- Hinweise zur *Erarbeitung gedanklicher Zusammenhänge*, zur Anregung von Argumentation und Diskussion (*Urteilskompetenz*);
- Vorschläge für eine möglichst *selbstständige, methodenorientierte Untersuchung* bestimmter begrenzter Fragestellungen (*Methodenkompetenz, Urteilskompetenz*);
- *Erkundungsaufträge*, die über den engeren Rahmen des Unterrichts hinausgehen (*Handlungskompetenz*).

Im **Anhang** finden sich Hinweise zur Analyse von *Statistiken*, zur Arbeit mit *Karikaturen*, zur Erschließung von *Texten*, zur Planung und Durchführung von *Befragungen*, zur Unterrichtsmethode der *Expertenbefragung*, zur Vorbereitung eines *Kurzreferates* und zur Durchführung von *Gruppenarbeit*.
Zahlreiche Fachbegriffe sind mit einem * versehen und werden im **Glossar** erläutert, das eine wichtige Arbeitshilfe darstellt. Das ausdifferenzierte **Register** ermöglicht das schnelle Auffinden der Themen- und Inhaltsaspekte des Buches.

Lehrerband

In einem zusätzlich angebotenen **Lehrerband** werden erwartete und mögliche Arbeitsergebnisse dargelegt. Außerdem enthält er ergänzende bzw. vertiefende Materialien.

Schüler machen eine Zeitung

Schülerdemo für Schulreform

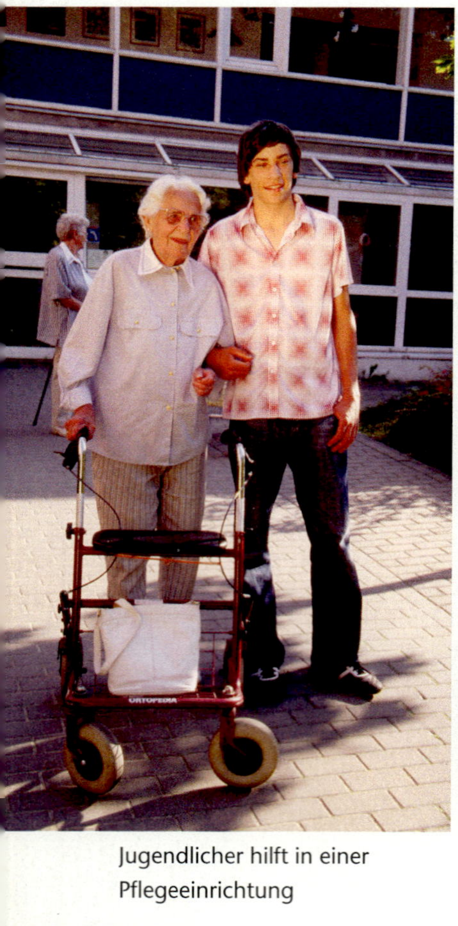

Jugendlicher hilft in einer Pflegeeinrichtung

Schüler informieren sich im Berufsinformationszentrum der Bundesagentur für Arbeit

Jugendliche demonstrieren gegen Armut

Zu jung für Politik? – Jugendliche und Politik

1

Zur Orientierung

Jugendlichen wird häufig nachgesagt, dass sie sich nicht für politische und wirtschaftliche Themen interessierten. Ob das wirklich so ist, wird man so pauschal nicht entscheiden können. Und wenn ja, könnte die Ursache vielleicht darin liegen, dass Jugendliche sich nicht genügend bewusst machen, wie sehr und in welchen Bereichen sie bereits jetzt in ihrem Alltagsleben von politischen und wirtschaftlichen Entscheidungen und Bedingungen betroffen sind. Dass das aber so ist und dass es deshalb wichtig ist, sich für Politik und Wirtschaft zu interessieren, das wollen wir in diesem Einführungskapitel u. a. verdeutlichen.

*Im **ersten Abschnitt** soll geklärt werden, was man im Allgemeinen unter Politik und Wirtschaft versteht.*

*Im **zweiten Abschnitt** sollt ihr überprüfen, wie ihr euer Interesse an Politik und Wirtschaft selbst einschätzt, und die Ergebnisse mit anderen vergleichen.*

*Im **dritten Abschnitt** lernt ihr Beispiele kennen, in welcher Form sich Jugendliche konkret politisch engagieren. Möglicherweise ergeben sich daraus Anregungen für euer eigenes politisches Engagement.*

An dieser Stelle könnt ihr schon einmal die Situationen beschreiben, die auf den Bildern zu sehen sind, und darüber diskutieren, was diese Situationen mit Politik und Wirtschaft zu tun haben.

Kompetenzen

Nach der Erarbeitung dieses Kapitels solltet ihr Folgendes wissen und können:

- erklären, was man unter dem Begriff Politik versteht;
- begründen, inwiefern ihr im Alltagsleben von Wirtschaft und Politik betroffen seid;
- eine Befragung eigenständig planen, durchführen und auswerten;
- Ergebnisse eurer Befragung mit anderen Befragungsergebnissen vergleichen und beurteilen;
- Möglichkeiten politischen Engagements benennen, einordnen und beurteilen.

1. Politik – was ist damit gemeint?

M 1 Politik schafft Regelungen für das Zusammenleben der Menschen

Schule des Aristoteles

Politik hat immer etwas mit dem Zusammenleben von Menschen zu tun.
Der griechische Philosoph *Aristoteles* (384–322 v. Chr.) hat sich damit intensiv beschäftigt und die Auffassung vertreten, dass der Mensch ein „politisches Wesen“ ist. Er wollte damit ausdrücken, dass zum Wesen des Menschen das Zusammenleben mit anderen Menschen gehört, z. B. zum Schutz des Lebens und auch zur Verwirklichung seiner Wünsche und Interessen.

- Im Zusammenleben von Menschen zeigt sich allerdings immer wieder, dass sie unterschiedliche Interessen und Meinungen haben. Um ihre Interessen besser umsetzen bzw. durchsetzen zu können, schließen sich Menschen zusammen: Sie bilden Gruppen. In der heutigen Zeit ist dies z. B. in Parteien, Bürgerinitiativen*, Demonstrationen, Vereinen oder Hilfsorganisationen möglich. Politik hat dann die Aufgabe, dafür zu sorgen, dass ein geordnetes und friedliches Zusammenleben der Menschen trotz unterschiedlicher Interessen und Meinungen möglich ist. Eine besondere Voraussetzung dafür ist der gegenseitige Respekt.

- Dabei kann eine moderne Gesellschaft nicht ohne Menschen und Einrichtungen leben, die sich mit der Lösung von Problemen beschäftigen, die durch das Zusammenleben in einer Gesellschaft entstehen. Es gibt also Einrichtungen, deren Aufgabe darin besteht, die in der Gesellschaft auftretenden Probleme anzugehen und Lösungen dafür zu finden. Dafür werden in einer Demokratie (siehe Kapitel 5 dieses Buches) „Politiker“ gewählt. Das sind Menschen, die stellvertretend für die Bürger eines Landes mögliche Interessenkonflikte austragen und verbindliche Regelungen zur Lösung dieser Konflikte beschließen. Häufig wird eine solche Regelung zu einem Gesetz.
Die Politiker sind verpflichtet, ihre Regelungen so zu treffen, dass das Wohl aller Bürger, das sog. *„Gemeinwohl“*, in einer Gesellschaft so gut wie möglich verwirklicht wird. Das ist nicht immer so einfach, weil es in einer Gesellschaft sehr unterschiedliche Meinungen darüber geben kann, was dem Gemeinwohl dient.
- Einige Beispiele: Aufgrund der Knappheit der Geldmittel muss von den Politikern in einer *Gemeinde* entschieden werden, ob das zur Verfügung stehende Geld für den Bau einer Mensa in einer Schule oder zur Verbesserung der Einrichtungen in einem Jugendzentrum verwendet wird. Im *Landtag* wird darüber diskutiert, ob Schüler das Abitur nach 8 oder nach 9 Jahren Schulzeit am Gymnasium machen sollen. Im

Bundestag erfolgt eine Debatte zu der Frage, ob man die Staatsschulden dadurch verringern könnte, dass man die Steuern erhöht. Solche Entscheidungen werden von Politikern in besonderen Einrichtungen („*Institutionen*") vorbereitet bzw. getroffen, die für diese Zwecke geschaffen wurden: Parlamente, Ministerien, Gemeinderäte u. a. Dabei gilt das demokratische Prinzip, dass *die* Entscheidung umgesetzt wird, die in den Abstimmungen von der *Mehrheit* gewollt wird.

- Politiker ist kein Beruf, für den es eine Ausbildung oder ein Studium gibt. In der Regel haben die Politiker also einen anderen Beruf gelernt, bevor sie Politiker wurden – Frau Merkel, die derzeitige Bundeskanzlerin, ist z. B. Physikerin. Da aber die politische Arbeit anspruchsvoll ist und in der Regel sehr viel Zeit kostet, werden Politiker als „Berufspolitiker" bezeichnet.
- Politik hat allerdings nicht nur etwas mit Regierung, Parlament und Wahlen (*Politik im engeren Sinn*) zu tun. Unterschiedliche Interessen, Konflikte und die Notwendigkeit, Regelungen zu treffen, gibt es nicht nur im öffentlichen Leben des *Staates*, sondern auch in den verschiedenen Bereichen und Einrichtungen der *Gesellschaft* (z. B. in Familie, Schule, Verein). Darauf bezogen spricht man von *Politik im weiteren Sinn*.

(Autorentext)

1. Erläutert mit eigenen Worten, worin die besondere Aufgabe von „Politik" besteht, und erklärt, warum politisches Handeln in diesem Sinne notwendig ist.

2. Begründet, warum es „Politiker" geben muss.

3. Identifiziert die auf den Fotos abgebildeten Politikerinnen und Politiker und ihre Funktionen und Ämter.

4. Erklärt die Unterscheidung zwischen Politik im engeren und im weiteren Sinn und nennt Beispiele für „politische" (im weiteren Sinne) Entscheidungen im Bereich der Schule:
- Wie heißen in diesem Bereich die „Institutionen"?
- Welche Personen treffen die Entscheidungen?
- Worauf beziehen sich die Entscheidungen (Beispiele)?

5. Nennt auch Beispiele für menschliches Handeln, das nicht „politisch", sondern „privat" ist.

Japan – Computerhandel

M2 Politik bezieht sich immer auch auf wirtschaftliche Fragen – Schlagzeilen und Bilder

„Der Elternbeitrag für Schulbücher beträgt im Jahr 60 Euro“

„In Nordrhein-Westfalen beträgt die Schulzeit auf dem Gymnasium 8 Jahre.“

„Die Arbeitslosigkeit bei Jugendlichen sinkt“

„Verhandlungen zur Verbesserung des Klimaschutzes gescheitert“

„Wende in der Energiepolitik – das Aus für Atomenergie“

„EU-Gipfel beschließt ‚Rettungspaket‘ für Griechenland“

„Kinder von Hartz-IV-Empfängern erhalten Geld für Mitgliedschaft in Sportvereinen“

„Verbraucherberatungsstellen warnen vor Preisfallen bei Handy-Verträgen“

Fußballerinnen auf Twitter und Facebook

Kraftstoffpreise steigen

Berlin – Wochenmarkt

Textilfabrik in Bangladesch

1. Informationen wie die Schlagzeilen und Fotos zu wirtschaftlichen (d. h. die Herstellung und Verteilung von Gütern betreffenden) Fragen findet ihr tagtäglich in den Medien (Zeitungen, Fernsehen, Internet, Radio). Erörtert im Klassengespräch, inwiefern sie sich auf „Politik“ in dem in M1 beschriebenen Sinne beziehen.

2. Stellt fest, von welchen der in den Schlagzeilen und Bildern angesprochenen Themen ihr selbst direkt oder indirekt betroffen seid.

2. Wie schätzen Jugendliche selbst ihr Interesse an Politik und Wirtschaft ein?

In den vorherigen Materialien habt ihr erfahren, was man im Allgemeinen unter Wirtschaft und Politik versteht. Zudem habt ihr in den Gesprächen festgestellt, dass es in eurem Alltagsleben viele Situationen gibt, die etwas mit Wirtschaft und Politik zu tun haben.
In diesem Abschnitt sollt ihr euch nun mit der Frage beschäftigen, ob Jugendliche, wie man häufig hören oder lesen kann, wirklich kein Interesse daran haben, sich mit politischen und wirtschaftlichen Inhalten und Fragestellungen auseinanderzusetzen.
Daher schlagen wir euch vor, eine Befragung durchzuführen, um herauszufinden, wie sich die Interessenslage in eurer Klasse (Jahrgangsstufe) darstellt.
Als Vorschlag für eine Befragung zum Thema „Jugend – Politik und Wirtschaft" findet ihr im Folgenden einen Fragebogen (S. 16), den ihr ggf. kopieren könnt. Ihr könnt ihn natürlich nach euren Vorstellungen abändern oder auch einen völlig neuen entwickeln.
Ausführliche Hinweise zur Planung und Durchführung von Befragungen findet ihr im methodischen Anhang dieses Buches auf den Seiten 525 f.

Methode

M 3 Wir machen eine Umfrage

Zur Auswertung des Fragebogens:

Die Auswertung kann durch einfaches Auszählen erfolgen, aber auch mit entsprechenden Computerprogrammen, wenn sie euch zur Verfügung stehen.

- Wenn ihr nicht nur die Häufigkeit einzelner Antworten ermitteln möchtet, sondern auch die prozentualen Anteile der jeweiligen Antworten, lässt sich das mithilfe der euch aus dem Mathematikunterricht bekannten Prozentrechnung ermitteln. Prozentuale Angaben haben einen eigenen Stellenwert.

Beispiel: In eurer Klasse haben von den 28 Schülern bei der Frage „Wie sehr interessierst du dich für Politik?" 7 Schülerinnen und Schüler die Möglichkeit „stark" angekreuzt, dann sind dies 25 Prozent eurer Klasse.

- Je nach Umfang eurer Befragung müsst ihr entscheiden, wie ihr die Fragebögen auswertet. Habt ihr die Aktion nur in eurer eigenen Klasse durchgeführt, sollte sich eine Gruppe bereitfinden, die Ergebnisse zu ermitteln und der Klasse vorzutragen. Dabei könntet ihr von der Möglichkeit des Kurzreferats/Vortrags Gebrauch machen (zur Methode des Kurzreferates s. S. 528 f.).
- Zum Abschluss solltet ihr die Ergebnisse auch bewerten, beispielsweise unter folgenden Aspekten: Wo sehen die Jugendlichen die größten Probleme? Welche Probleme sollten die Politiker zuerst versuchen zu lösen?
- Die Ergebnisse der Befragung solltet ihr schriftlich festhalten und auf jeden Fall den Befragten zur Verfügung stellen, also z.B. auch euren Parallelklassen, wenn ihr sie denn befragt habt. Vielleicht könnt ihr eure Ergebnisse auch in der Schülerzeitung oder auf der Homepage der Schule veröffentlichen.

Zu den rechtlichen Bedingungen, die bei einer Befragung zu beachten sind, informiert euch im methodischen Anhang des Buches (S. 525 f.).

Fragebogen zum Thema: Jugend – Politik und Wirtschaft

1. Fragen zur Person

a. Alter ____ Jahre

b. Geschlecht männlich ❑ weiblich ❑

2. Interesse an Wirtschaft und Politik

a. Wie sehr interessierst du dich für Politik?

stark ❑ mittelmäßig ❑ wenig ❑ gar nicht ❑

b. Wie sehr interessierst du dich für Wirtschaft?

stark ❑ mittelmäßig ❑ wenig ❑ gar nicht ❑

3. Wie wichtig sind folgende Probleme für dich?

	wichtig	*weniger wichtig*	*unwichtig*
Umweltzerstörung/Klimawandel	❑	❑	❑
Wirtschaftskrisen	❑	❑	❑
Krieg	❑	❑	❑
Arbeitslosigkeit	❑	❑	❑
Fremdenfeindlichkeit	❑	❑	❑
Gewalt	❑	❑	❑
Fehlende Ausbildungs-/Studienplätze	❑	❑	❑
Terrorismus	❑	❑	❑
Armut	❑	❑	❑

4. Welche der unter 3. genannten Probleme sollten die Politiker zuerst lösen?

Nenne in der Reihenfolge ihrer Dringlichkeit fünf Probleme.

a. ??? ______________________

b. ??? ______________________

c. ??? ______________________

d. ??? ______________________

e. ??? ______________________

5. Über welche Probleme hättest du gern nähere Informationen?

Nenne in der Reihenfolge deiner Interessen drei Probleme.

a. ??? ______________________

b. ??? ______________________

c. ??? ______________________

(Autorentext)

M4 Interesse an Politik: Ergebnisse der Meinungsforschung

Das Unternehmen „Deutsche Shell" beauftragt seit 1953 in bestimmten Zeitabständen unabhängige Forschungsinstitute und bekannte Wissenschaftler mit der Untersuchung von Lebenssituationen und Einstellungen von Jugendlichen in Deutschland und veröffentlicht die Ergebnisse („Shell Jugendstudie"). Die folgende Tabelle ist entnommen aus der 16. Shell Jugendstudie „Jugend 2010 – Eine pragmatische Generation behauptet sich".

Jugendliche im Alter von 12 bis 15 Jahren (Angaben in %)			
Mehrfachantworten: Spalten in %	**2002**	**2006**	**2010**
Eigenes Interesse an Politik			
Stark interessiert	1	1	3
Interessiert	10	14	18
Wenig interessiert	35	38	40
Gar nicht interessiert	53	46	39
Weiß nicht, keine Angabe	1	1	–
Für mich persönlich ist wichtig, mich politisch zu engagieren			
Wichtig	17	13	21
Mal so, mal so	21	18	18
Unwichtig	62	69	60
Weiß nicht, keine Angabe	–	–	1
Shell Jugendstudie 2002, 2006 und 2010 – TNS Infratest Sozialforschung			

(Shell Deutschland Holding [Hg.], Jugend 2010 – Eine pragmatische Generation behauptet sich – 16. Shell Jugendstudie, Fischer Taschenbuch Verlag in der S. Fischer Verlag GmbH, Frankfurt am Main 2010, S. 143; Verf.: Mathias Albert, Klaus Hurrelmann, Gudrun Quenzel)

M5

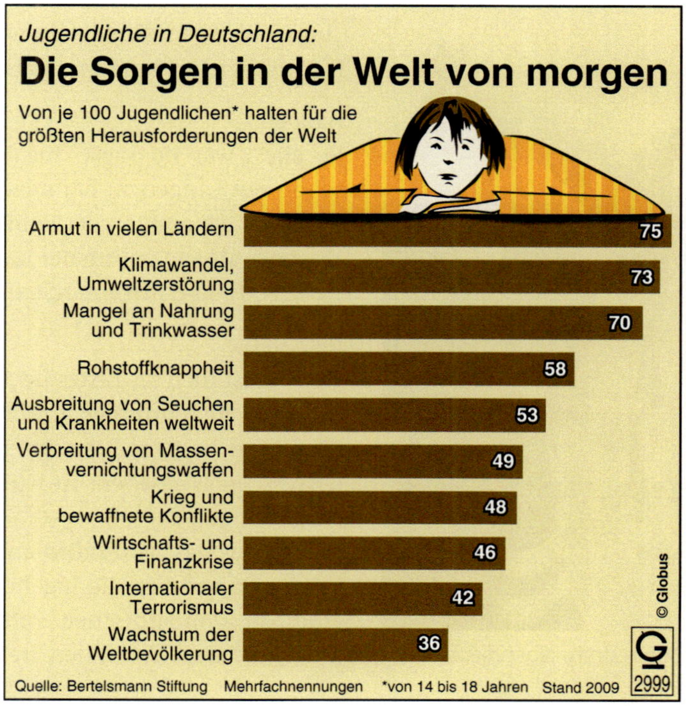

1. Analysiert die in den beiden Statistiken M4 und M5 dargestellten Befragungsergebnisse. Beschreibt und bewertet dabei auch die in M4 dargestellte Entwicklung von 2002 bis 2010 und achtet zu M5 darauf, um welche Altersgruppe es sich handelt und dass die Befragung sich nur auf weltweite Probleme bezieht.

2. Vergleicht die Ergebnisse eurer eigenen Befragung (M3) soweit möglich mit den Daten in M4 und M5. Wie beurteilt ihr euer eigenes Interesse an Politik?

3. Das politische Engagement von Jugendlichen

M6 Im Chatroom: sich für Politik engagieren

Demonstration gegen Atomkraftwerke in Frankfurt am Main am 28. Mai 2011

Bundesfreiwilligendienst

youurt:
Hallo Leute, ich wollte fragen, wo man sich ganz einfach für Politik engagieren kann. Vielleicht klingt das blöd und ihr denkt bestimmt, was will der eigentlich. [...] Wie kann man sich als durchschnittlicher Jugendlicher mit Politik beschäftigen und mitreden? Muss man dafür etwas tun? Was?

rockbaby:
Du meinst wohl interessieren für. [...] Also ich gucke Nachrichten, besonders gerne das „heute journal“, diskutiere mit meinen Eltern, gehe auf heute.de oder spiegel.de oder so ..., da bist du schon recht gut informiert. Wenn du was nicht verstehst, guck einfach „logo“ im Kinderkanal, da wird alles einfach aufbereitet – praktisch als Grundlage.

youurt:
Ja, alles, was du sagst, tue ich ja gerne, schon seit Längerem. Ich meine allerdings, wie kann ich aktiv in der Politik etwas mitmachen, als ganz normaler Jugendlicher in einer 200 000-Einwohner-Stadt?

thsascha:
Du solltest dich als Erstes bei der Politik in der Welt zurechtfinden [...] also Grundlagenwissen besitzen. Das im Kika hab ich letztens auch gesehen, ist wirklich als Einstieg sehr gut.
Wenn du das [Grundlagenwissen] hast, kannst du dann in die Jugendorganisation einer dir sympathischen Partei eintreten. [...] Diese Organisationen treffen sich immer mal [...] und unterhalten sich über die aktuelle politische Lage. Der Einfluss ist jedoch nicht allzu groß.

youurt:
Ja, mir geht es jetzt auch nicht so sehr um den Einfluss, ich denke allein das Ausüben würde mich schon befriedigen, aber halt nicht nur mit Oma und Onkel, sondern mit Jugendlichen.
Gibt es irgendwelche Bedingungen oder etwas, worauf man achten sollte, Alternativen und Beispiele?

rockbaby:
Was vielleicht auch interessant ist, sind Bürgerinitiativen oder Jugendparlamente oder Organisationen wie unicef.

Der Rebell:
Politik muss ja nicht unbedingt Parteipolitik sein. Es gibt sehr viele Initiativen, die sich einem bestimmten Thema widmen. Das ist auch alles Politik im weiteren Sinne. Umweltschützer, Sozialengagements und Dritte-Welt-Engagements oder z. B. „attac“* gegen die Globalisierung. Häufig gibt es auch lokale Initiativen zur Durchsetzung ganz spezieller Ziele wie die Verhinderung bestimmter Baumaßnahmen etc. [...]

youurt:
Danke Leute, ist echt übersichtlich.

(http://board.gulli.com/thread/1031294-sich-fuer-politik-engagieren/, Auszüge, leicht bearbeitet; Zugriff: 3.6.2011)

1. Auf welche Möglichkeiten des politischen Engagements wird in diesen Äußerungen hingewiesen?

2. Sammelt diese Möglichkeiten an der Tafel und ergänzt sie durch weitere euch bekannte.

3. Stellt fest, welches Verständnis von Politik (vgl. M 1) bei den Teilnehmern an diesem Chatroom erkennbar ist. Wie beurteilt ihr die einzelnen Standpunkte?

M 7 Schüler erlaufen 17 000 Euro für Unicef*-Aktion

Schülervertretung erhält Würdigung in Paulskirche – die Schülerinnen und Schüler mit Lehrer Kornelius Nelles (links) nach der Verleihung des Preises

• Sundern. Sie liefen und liefen: Bei einem sogenannten „Sponsorenlauf“ sammelten Schüler aus Sundern 17 000 Euro ein, die sie dem Kinderhilfswerk der Vereinten Nationen spendeten. Das Geld bekam die Aktion „Schulen für Afrika“. Gestern erhielten die Jungen und Mädchen aus Sundern für ihren Einsatz einen Sonderpreis des Kinderhilfswerks verliehen.

250 Schülerinnen und Schüler des Gymnasiums Sundern hatten sich an dem Sponsorenlauf beteiligt – zunächst einmal als Spendenwerber. Bei Eltern, Verwandten, Nachbarn und Bekannten sicherten sich die Jungen und Mädchen einen bestimmten Geldbetrag, der pro gelaufener Runde fällig wurde. […]

Insgesamt wurden von den Teilnehmern des Laufs 4 260 Runden gedreht. Die dadurch erzielten 17 000 Euro an Einnahmen wurden in voller Höhe für die Aktion „Schulen für Afrika“ zur Verfügung gestellt. Besonders hervorgehoben wurde bei der Preisverleihung […], dass die Aktion in alleiniger Verantwortung der Schülervertretung organisiert worden war. […]

• Sundern/Frankfurt. Über 600 Kinder waren gestern in der Frankfurter Paulskirche. Gewürdigt wurden dort 145 Aktionen, die alle das Ziel hatten, Spenden für Unicef zu sammeln und Kinder in aller Welt in ihren Rechten zu unterstützen. In diesem Jahr durfte auch eine Gruppe von Schülerinnen und Schülern des Städtischen Gymnasiums Sundern nach Frankfurt reisen: Die Schülervertretung hatte sich beworben. Der Sponsorenlauf unter dem Motto „Wir laufen für Unicef*“ kam bei den Juroren (Mitglieder einer Jury), das waren acht Kinder und acht Erwachsene, gut an.

Die Sponsorenläufer in Sundern geben alles.

Insgesamt waren über 37 500 Kinder und Jugendliche an Junior-Botschafter-Aktionen beteiligt – mehr als je zuvor. Viele von ihnen haben die Unicef-Kampagnen „Kinder im Krieg“, „Schulen für Afrika“ oder die Nothilfe in Haiti, Pakistan und Japan unterstützt.

Moderatorin Bärbel Schäfer lobte alle: „Es ist sehr beeindruckend, mit welchem Engagement ihr langfristige Hilfe für Kinder auf den Weg gebracht und die Öffentlichkeit für eure Projekte mobilisiert habt. Ihr seid die wirklichen Superstars.“

(Westfälische Rundschau Arnsberg, 31.5.2011; Verf.: Heinz Krischer)

UNICEF in Sierra Leone – neue Schule in Darfur

Im Zentrum der Armut – ein Jahr nach dem Beben in Haiti

1. Erläutert die Bedeutung des Projekts „Unicef-Sponsorenlauf“ anhand des Beispiels in M 7.

2. Erörtert, inwiefern die Aktion des Gymnasiums in Sundern als „politisches“ Engagement bewertet werden kann. Nähere Informationen zu dem Projekt „Schulen für Afrika“ findet ihr unter der Internetadresse www.unicef.de/schulenfuerAfrika.html.

M 8 Interview mit Streitschlichterinnen und Streitschlichtern am Franz-Stock-Gymnasium (Arnsberg)

Was verbindest du mit dem Begriff „Politik“?

Rebecca: Mit dem Begriff Politik verbinde ich viele Parteien mit verschiedenen Meinungen, die versuchen, eine gemeinsame Regel/Lösung zu finden.

Lara S.: Ich verbinde mit dem Begriff „Politik“ ein gutes Zusammenleben unter Menschen.

Lara B.: Zusammenleben, Gemeinsamkeit, Gemeinschaft. Zusammen etwas schaffen und bewegen.

Anna: Unter „Politik“ verstehe ich Kommunikation, die dazu beiträgt, dass es allen Menschen gut geht und niemand benachteiligt wird.

Tim: Mit dem Begriff „Politik“ verbinde ich nicht nur das Wahlsystem oder die Marktwirtschaft. Ich denke, dass die Politik auch ein wichtiger Bestandteil für die Integration ist.

Nils: Mit „Politik“ verbinde ich das Engagement von Jugendlichen in ehrenamtlichen Sachen.

Dominik: Ich verbinde mit dem Begriff „Politik“ einen friedlichen Weg, einen Konflikt zu lösen.

Wenn man unter „Politik“ versteht, dass es Personen und Einrichtungen geben muss, die ein gutes Zusammenleben gewährleisten sollen, weil Menschen bei der Lösung von Problemen unterschiedlicher Meinung sein können, ist dann die Aufgabe der Streitschlichterin/des Streitschlichters eine „politische“ Aufgabe?

Dominik: Ich bin der Meinung, dass die Aufgabe der Streitschlichter schon eine „politische“ Aufgabe ist, da die Streitschlichter ja zwei Parteien mit unterschiedlichen Meinungen zusammenbringen.

Vanessa: Ich glaube, es ist keine „politische“ Aufgabe. Es geht nur um das Lösen von Streitigkeiten, was zwar auch in der Politik der Fall ist, aber – wie ich finde – in einem ganz anderen Maß.

Tim: Ich denke, dass man die Streitschlichtung schon als eine „politische“ Aufgabe

bezeichnen kann, weil man versucht, anderen zu helfen.

Lara B.: Ich denke, dass unsere Aufgabe als Streitschlichter eine zwar kleine, aber wichtige Aufgabe ist, da wir uns für eine bessere Zusammenarbeit einsetzen.

Lara S.: Wir haben als Streitschlichter nicht viel mit Politik zu tun. Wir helfen nur Schülern, respektvoll miteinander umzugehen.

Anna: Streitschlichter gewähren zwar keine gute Zusammenarbeit, aber sie tragen u. U. dazu bei, dass manche Schüler nicht mehr streiten, was natürlich für die Schüler ein besseres Zusammenleben ermöglicht. Also ja.

Warum bist du Streitschlichterin/Streitschlichter geworden?

Lara B.: Mich interessiert es einfach, so etwas mal mitzumachen. Außerdem war es eine sehr interessante Ausbildung und es macht viel Spaß.

Lara S.: Ich bin Streitschlichterin geworden, damit ich lerne, richtig mit anderen Menschen umzugehen. Das ist nicht nur für die Schule wichtig, sondern auch im Alltag. Außerdem ist es ein soziales Engagement.

Anna: Ich hatte schon Erfahrung mit sozialen Projekten in der Zusammenarbeit mit

Kindern und dachte, es würde mir womöglich Spaß machen. Außerdem könnte eine solche Erfahrung nützlich für das spätere Leben und/oder den Beruf sein.

Tim: Ich bin Streitschlichter geworden, weil ich Menschen helfen wollte, ihre Probleme zu lösen.

Vanessa: Weil ich es interessant finde, den Umgang mit Streitigkeiten und Konflikten zu kennen und zu wissen, wie man damit umgehen kann.

(W. Heimeroth, Arnsberg, Juli 2011)

1. Beschreibt, was die jugendlichen Streitschlichter und Streitschlichterinnen mit dem Begriff Politik verbinden.
2. Vergleicht diese Aussagen mit der Darstellung in M 1 und erörtert, um welches Verständnis von Politik es sich handelt.
3. Erläutert die Motive der Jugendlichen für ihr Engagement in der Schule.
4. Wie beurteilt ihr das Engagement der Streitschlichter?

M 9 Mitwirkung in der Gemeinde: Kinder- und Jugendparlamente

Der Rat der Stadt will Jugendlichen in Lünen die Möglichkeit einräumen, sich aktiver in die Politik einzubringen. Allein: Niemand weiß, wie's funktioniert.

Und so wurde der Antrag der FDP auf Bildung eines Jugendrates am Donnerstag vom Rat im Grundsatz zwar einstimmig befürwortet – mit der Ergänzung allerdings, dass das ein Thema ist, das man noch ausführlich besprechen und beraten sollte. Das geschieht nun im Fachausschuss. In welcher Form und mit welchen Rechten?

Schon die Erörterung im Rat hatte noch einmal gezeigt: Wenn man in die Materie geht, wird's kompliziert.

Einig war man sich, den Jugendlichen in Lünen mehr Beteiligung an den politischen Entscheidungsprozessen einzuräumen. Aber in welcher Form und mit welchen Rechten ausgestattet? Jutta Watzlawik (Bündnis 90/Die Grünen) sprach sich für Jugendforen auf Stadtteilebene aus, mit Antrags- und Rederecht im Jugendhilfeausschuss. Ob die anderen Fraktionen* auch so weit gehen würden, wurde nicht deutlich. [...]

Ohne Ergebnis erörtert wurde auch die Frage, welches Konstrukt der Jugendrat sein soll. „Muss es wirklich ein Jugendparlament sein?", fragte Siegfried Störmer (SPD). Das hatte Lünen schon mal, von 1993 bis 2000. Es scheiterte schließlich mangels Beteiligung.

Sitzungen beispielsweise hält Annette Droege-Middel (CDU) für unattraktiv und unzeitgemäß. Sie ist überzeugt: Mit einem Internetforum würde man heutzutage mehr Jugendliche erreichen. Die Stadt sollte das einrichten, das würde auch nicht mehr kosten.

Mitbeteiligung übers Internet? Da hat Störmer wiederum seine Zweifel. Das sei zu ungefiltert. Ein Jugendparlament, in welcher Form auch immer, müsse betreut werden.

Einig waren sich alle, dass über das Wie nur die Jugendlichen selbst entscheiden können.

Der Rat beschloss daher gleich mit, die Schülervertreter der weiterführenden Schulen zu befragen. Das soll nach den Osterferien über die Schulleitungen geschehen. Mit den Ergebnissen wird sich dann der Jugendhilfeausschuss befassen. „Wir müssten auch akzeptieren, wenn es nicht funktioniert, weil es die Jugendlichen nicht wollen", erklärte Siegfried Störmer.

(http://www.derwesten.de/staedte/luenen/Jugend-mehr-an-Politik-beteiligen-id4558980.html, Abruf 18.4.2011; Verf.: Andreas Gruber)

Ab Sechs wird gewählt

In vielen Städten gibt es Kinder- und Jugendparlamente. So funktionieren sie:

Biberach hat ein Jugendparlament mit elf Vertretern. Ab siebter Klasse bis zum Ende des 19. Lebensjahres wählen Jugendliche in freier und geheimer Wahl ihre Vertreter. Das Parlament hat ein Anhörungs- und Antragsrecht im Gemeinderat.

In *Waltrop* wählen Zehn- bis 18-Jährige alle zwei Jahre pro hundert Schüler einen Vertreter. Das Kinder- und Jugendparlament hat beratende und unterstützende Funktionen.

In *Bad Oeynhausen* lädt der Bürgermeister zweimal pro Jahr zwei Schülervertreter pro Stufe zu einer Sitzung ein.

In *Wunstorf* wählen Jugendliche für ihren Stadtteil einen eigenen Vertreter fürs Jugendparlament.

Marburg hat ein Kinder- und Jugendparlament für Sechs- bis 17-Jährige. Es besteht Antragsrecht im Jugendhilfeausschuss und einmal pro Jahr Rederecht im Stadtrat. Das Gremium hat ein eigenes Budget [Haushaltsmittel] und wird durchs Jugendamt betreut.

Schülerparlament in Magdeburg

(http://www.derwesten.de/staedte/luenen/Jugend-mehr-an-Politik-beteiligen-id4558980.html, Abruf 18.4.2011)

1. Beschreibt am Beispiel der Stadt Lünen, über welche unterschiedlichen Möglichkeiten und Probleme bei der Einrichtung von Kinder- und Jugendparlamenten diskutiert und entschieden werden kann (M9). – Auf der Internetseite des Parlaments in Waltrop (vgl. Kasten) könnt ihr euch über alle Aspekte eines funktionierenden Kinder- und Jugendparlaments näher informieren (www.kijupa-waltrop.de).

2. Überprüft, ob es in eurer Gemeinde ein Kinder- und Jugendparlament gibt. Falls nein, fragt nach, warum es dies nicht gibt, und überlegt, wie sich das ändern lassen könnte.

M 10 Möglichkeiten für Informationen und Aktivitäten

a) Auf der Homepage der **Landeszentrale für politische Bildung Nordrhein-Westfalen** (www.lzpb.nrw.de) und unter den dort aufgeführten Internetadressen findet ihr eine Vielzahl von Informationen und interessanten Anregungen für eine Teilnahme an Schülerwettbewerben.

b) Das Jugendportal des Bundestages
Auch hier gibt es eine Vielzahl von Informationen und Anregungen:

mitmischen.de
Dein Portal zum Bundestag
http://www.mitmischen.de/

c) Lernplattform
Der Schülerlotse durchs Parlament
http://www.mitmischen.de/lernplattform/

d) Eine Vielzahl von Informationen bietet die Internetadresse http://www.regierenkapieren.de. Unter der Internetadresse www.aktion-tagwerk.de findet ihr konkrete Hinweise für Aktionen.

(Autorentext)

1. Stellt in einer Tabelle (Heft) Möglichkeiten zusammen, sich zu informieren, seine eigene Meinung zum Ausdruck zu bringen und aktiv zu werden.

sich informieren	seine eigene Meinung zum Ausdruck bringen	sich organisieren und aktiv werden
– regelmäßig eine Nachrichtensendung (z. B. die „Tagesschau“) sehen	– einen Leserbrief an die Lokalzeitung schreiben	– dem „Jugendrotkreuz“ beitreten
…	…	…

2. Beschreibt auf der Grundlage der Angaben im Buch, welche rechtlichen Vorgaben bei einer Befragung beachtet werden müssen.

3. Was versteht man unter politischem Handeln (im engen und weiteren Sinne)? Was ist „privat“? Kreuze (im Heft) an, was du für zutreffend hältst, und begründe deine Entscheidung.
   a) Der Gemeinderat beschließt gegen die Stimmen der Opposition den Bau eines Jugendzentrums.
   b) Die SV-Mitglieder diskutieren über Möglichkeiten der Rücknahme des Handy-Verbots in der Schule.
   c) Lars (14 Jahre) hilft ehrenamtlich bei der Organisation eines Fußballturniers seines Vereins.
   d) Anna (14 Jahre) wird Mitglied der Jugendorganisation einer Partei.
   e) Sebastian (13 Jahre) wird Mitglied in einem Basketballverein.
   f) Die Klasse 8b besucht eine Sitzung des Landtags in Düsseldorf.
   g) Markus (13 Jahre) trifft sich mit seinem Freund Max (14 Jahre) zur Vorbereitung für die Teilnahme an einem Biologiewettbewerb.
   h) Lena (14 Jahre) schaut regelmäßig mit ihren Eltern die „Tagesschau“.
   i) Melanies Onkel ist Bürgermeister seiner Gemeinde. Melanie besucht ihn, um ihm zum Geburtstag zu gratulieren.
   j) Nora einigt sich mit ihren Eltern auf einen bestimmten Betrag für das Taschengeld.
   k) Die Schülerinnen und Schüler der Klasse 8a streiten sich über das Thema des anstehenden Projekttages.
   l) Die Klasse 7a sammelt in der Fußgängerzone Unterschriften gegen die Schließung des städtischen Tierheims.
   m) Bastian beschwert sich per E-Mail bei der Schulbehörde über den Lehrermangel an seiner Schule.
   n) Urs verschickt eine SMS an seine Freunde, um mit ihnen ein Treffen zu vereinbaren.

4. Beurteile auf dem Hintergrund der erworbenen Kenntnisse die Berechtigung der Aussage: „Die heutige Jugend ist unpolitisch“. Erläutere dazu auch, was der Zeichner mit der abgebildeten Karikatur sagen will, und nimm dazu begründet Stellung.

Was bedeuten uns die Medien? –
der Mediennutzung für

2 Chancen und Probleme Jugendliche und für die Gesellschaft

Zur Orientierung

„Alles, was wir wissen, wissen wir aus den Medien", hat der bekannte Soziologie-Professor Niklas Luhmann einmal gesagt. Das mag etwas übertrieben sein, aber dass die Medien für unsere Wahrnehmung dessen, was um uns herum und in der Welt passiert, für das, was wir denken und was wir tun, von ganz entscheidender Bedeutung sind, darf als gesichert gelten.
*Es kommt daher sehr darauf an, wie wir das vielfältige Angebot in Presse, Radio, Fernsehen und Internet nutzen. Darum geht es im **1. Abschnitt**, in dem ihr eure eigene Nutzung der genannten Medien untersuchen und einschätzen sollt.*
*Was wir aus den Medien erfahren, wird von Journalisten „gemacht", und deshalb ist es wichtig zu wissen, wie sie dabei verfahren, nach welchen Grundsätzen sie die Nachrichten auswählen (**2. Abschnitt**) und welche Aufgaben sie in unserer Demokratie mit ihrer Arbeit wahrnehmen sollen (**3. Abschnitt**).*
*Im **4. Abschnitt** wollen wir uns schwerpunktmäßig mit den sog. „neuen Medien" beschäftigen und der Frage nachgehen, welche Chancen euch das Internet und insbesondere die Nutzung „sozialer Netzwerke" bieten, welche Risiken und Gefahren aber auch damit verbunden sein können.*

Kompetenzen

Nach der Erarbeitung dieses Kapitels solltet ihr Folgendes wissen und können:

- beschreiben, welche Arten von Medien es gibt, und erläutern, durch welche Merkmale sich die „neuen Medien" von den „alten" unterscheiden;
- eure eigene Mediennutzung untersuchen und mit der des Durchschnitts eurer Altersstufe vergleichen;
- erklären, inwiefern die Medien eine eigene Wirklichkeit konstruieren, sowie darlegen, welche Gesichtspunkte bei der Nachrichtenauswahl eine wichtige Rolle spielen und welche Möglichkeiten Journalisten haben, ihre Leser (Zuschauer, Internetnutzer) zu „manipulieren";
- erläutern, inwiefern die Pressefreiheit für eine Demokratie eine zentrale Rolle spielt, welche Aufgaben sich daraus für die Medien ergeben und welche Grenzen der Pressefreiheit sie beachten müssen;
- die Merkmale „sozialer Netzwerke" benennen und die Gründe, aus denen ihre Nutzung gerade bei Jugendlichen so beliebt ist, darlegen und aus eurer Sicht beurteilen;
- Risiken und Gefahren, die mit der Nutzung sozialer Netzwerke verbunden sind, konkret beschreiben und beurteilen sowie Möglichkeiten zur Vermeidung dieser Risiken benennen.

1. Welche Medien nutzen wir?

M 1 Medien, Massenmedien, „Neue Medien"

Aufstehen mit den Morgenmeldungen aus dem Radiowecker, beim Frühstück einen Blick auf die Schlagzeilen der Tageszeitung werfen, auf dem Weg zur Schule Englischvokabeln lernen mit Kassette und Kopfhörer, bei der Fahrt zur Arbeit die neuesten Hits aus dem Autoradio oder dem MP3-Player hören, eilige Geschäftsmitteilungen per E-Mail um den Globus schicken, aktuelle Börsen- oder Fußballergebnisse per SMS laden, Hausaufgaben am Computer machen, Geburtstagsgrüße übers Handy senden, Einkaufen im Internet, beim Abendessen die neuesten Nachrichten im Fernsehen und danach zur Entspannung einen Film auf DVD anschauen: Medien bestimmen unseren Alltag, Medien sind unser Alltag. Wir nutzen und benutzen sie ganz selbstverständlich; sie sollen uns informieren, uns unterhalten und uns die Kommunikation mit anderen Menschen erleichtern. Mit der wachsenden Zahl der Medien wächst jedoch auch die Gefahr, in der Informationsflut zu versinken: Unzählige Radio- und Fernsehsender, Zeitungen und Zeitschriften stehen uns mittlerweile zur Verfügung – die Wahl der „richtigen" Medien wird dabei schnell zur Qual. […]

Der Begriff „Medien" bezieht sich heute auf die Gesamtheit der technischen Mittel und Möglichkeiten, Informationen weiterzugeben und zu empfangen.

Wir unterscheiden drei **Arten von Medien**, je nachdem, wie wir wahrnehmen:

1. **Printmedien**, wie z. B. Tages- und Wochenzeitungen, Zeitschriften, Bücher, Broschüren, Kataloge, Flugblätter;
2. **auditive Medien**, wie z. B. Hörfunk, Schallplatten, Tonbänder, Kassetten, CDs;
3. **audiovisuelle Medien**, wie z. B. Fernsehen, Filme, Videokassetten, DVDs, Bildschirmtext, Kabel- und Videotext (2. und 3. sind zwei Arten elektronischer Medien).

[…]

Von **„Neuen Medien"** wird etwa seit Beginn der 1970er-Jahre gesprochen. Gemeint sind damit technische Mittel und Verfahren, mit denen Informationen übertragen und gespeichert werden. Sie sind durch die rasante Entwicklung neuer Techniken in der zweiten Hälfte des 20. Jahrhunderts entstanden. Neue Medien sind Produkte aus dem Bereich der Telekommunikationstechnik (z. B. Telefax, Mobiltelefon), der Computerbranche (z. B. PC, Multimedia), Kombinationen aus beiden Bereichen (etwa das Internet, die Videokonferenz und die elektronische Post, die E-Mail) und der Unter-

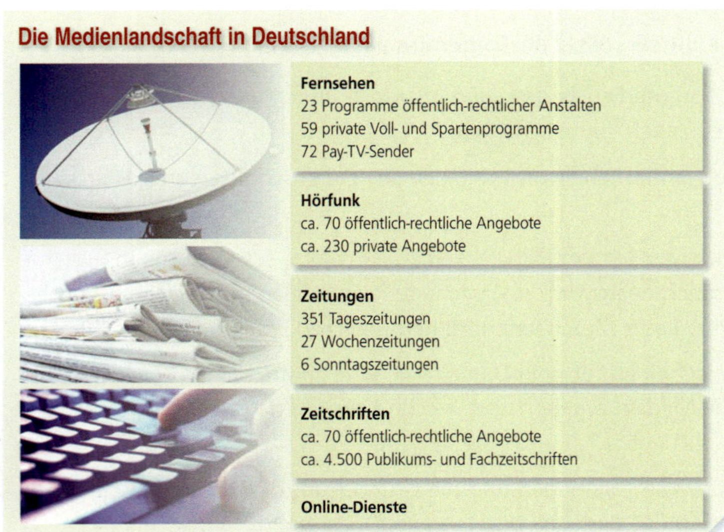

(Aus: Wochenschau Nr. 5, September/Oktober 2010, Sek. I: Medien, © Wochenschau Verlag, Schwalbach/Ts. 2010, S. 19)

haltungselektronik (z. B. Videorekorder, CD-ROM, DVD). Diese Neuen Medien können sehr viele Informationen auf kleinstem Raum aufnehmen, speichern und schnell wiedergeben. Von den älteren Medien wie Druck, Film oder Fernsehen unterscheiden sie sich vor allem durch folgende Merkmale:

– **Interaktivität:** [Mit ihnen wird] wechselseitige Kommunikation mit anderen Menschen möglich. So können elektronische Nachrichten ausgetauscht werden. Oder: Für mehrere Teilnehmerinnen und Teilnehmer ist es möglich, gleichzeitig online in elektronischen Foren* (Chatrooms) über weite Entfernungen hinweg zu diskutieren.

– **Hypertext:** Im Gegensatz zu einem einfachen Text mit einer geradlinigen Textabfolge – etwa bei einem Buch – besteht ein Hypertext aus einem Netz von Texten, Textteilen oder Bildern, die im Internet auf vielfältige Weise miteinander verbunden sind. Zum Beispiel können auf der Internetseite einer Schule Daten über das Schulgebäude ebenso abgefragt werden wie Angaben über die Anzahl der Lehrerinnen und Lehrer und die Fächer, die sie unterrichten, aber auch Informationen zu aktuellen Veranstaltungen oder Artikel aus der Schülerzeitung.

(Herbert Uhl [Hg.], Grundwissen Politik, Ernst Klett Verlag, Stuttgart 2007, S. 173, 176, 177f.; Verf.: Christine Probst-Dobler)

1. Überprüft, inwieweit euer eigener alltäglicher Tagesablauf in ähnlicher Weise vom Umgang mit Medien bestimmt wird wie in der Beschreibung im ersten Abschnitt von M 1. Listet die Medien auf, die ihr an einem bestimmten Tag benutzt habt.

2. Klärt die Abgrenzung nach den drei Medienarten und nennt für jedes der elf in der Übersicht („Medienlandschaft") aufgeführten Medien konkrete Beispiele.

3. Erläutert mit eigenen Worten, durch welche besonderen Merkmale sich die sog. „Neuen Medien" von den älteren Medien unterscheiden.

4. Beschreibt, welche verschiedenen Möglichkeiten der Information und Kommunikation ein Tablet-Computer (s. Foto) bietet.

M 2 Wie sich die Nutzung der Medien verändert hat

Mediennutzung 1998 und 2008

12–19 Jahre, mindestens mehrmals pro Woche, in %					
	1998*	**2008**		**1998***	**2008**
Fernseher	95	89	DVD	–	23
MP3	–	82	Video	23	21
Radio	85	72	Comics	12	9
Musik-CDs/Kassetten	94	68	Computer	48	89
Zeitung	59	43	Internet	5	84
Bücher	38	40	Handy	–	84
Zeitschriften/Magazine	49	29	Spielkonsole	–	26

* Fehlende Werte: 1998 noch nicht in dieser Form erhoben.

(Walter Klingler, Jugendliche und ihre Mediennutzung 1998 bis 2008. In: Media Perspektiven Nr. 12/2008, S. 627; http://www.media-perspektiven.de/uploads/tx_mppublications/Klingler.pdf)

M 3 Medienbeschäftigung in der Freizeit 2011 (Jugendliche, 12 – 19 Jahre)

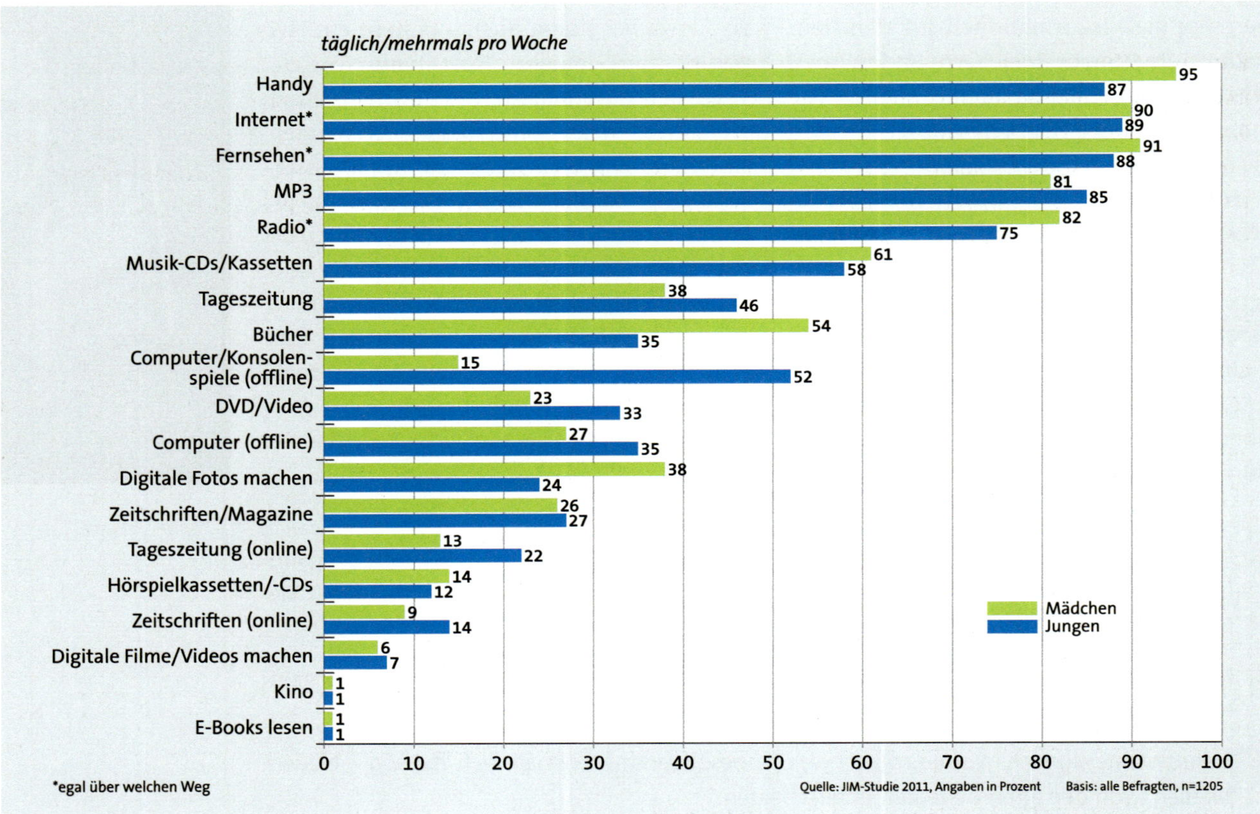

(Medienpädagogischer Forschungsverbund Südwest, JIM-Studie 2011, S. 14; www.mpfs.de)

1. Analysiert die Tabelle M 2 im Hinblick auf die Veränderung der Mediennutzung Jugendlicher in dem angegebenen Zeitraum:
   - Welche Veränderungen sind besonders auffällig?
   - Worauf sind sie zurückzuführen?

2. Beschreibt die Ergebnisse der bekannten JIM-Studie (s. Quellenangabe) für das Jahr 2011 (M 3) und achtet dabei auch auf deutliche Unterschiede zwischen Jungen und Mädchen bei einigen Medien. Wie erklärt ihr euch diese Unterschiede?
   Nähere Informationen (u. a. zum Medienbesitz Jugendlicher und zu den einzelnen Medien) findet ihr ggf. unter der angegebenen Internetadresse (Quellenangabe zu M 3).

3. Führt die in M 4 beschriebene Befragung durch und vergleicht die Ergebnisse zu Teil a) und b) des Fragebogens mit denen in M 3.

4. Diskutiert eure Ergebnisse zu Teil c) und überlegt, wovon es im Einzelnen abhängen kann, ob jemand zur täglichen Information ein bestimmtes Medium mehr als ein anderes benutzt.

Methode

M 4 Befragung zur Mediennutzung

Zur Durchführung der anonymen Befragung sollten Kopien des Fragebogens vorliegen, auf denen jede/jeder von euch in Einzel- oder Hausarbeit die notwendigen Angaben macht. Anschließend könnte eine kleine Gruppe (z. B. drei Schülerinnen/Schüler, die sich außerhalb des Unterrichts treffen können) die Auswertung der eingesammelten Kopien übernehmen. Dabei ist – auch zum Vergleich mit M 3 – wichtig, dass zumindest zu Teil a des Fragebogens das Ergebnis für Jungen und Mädchen getrennt festgestellt und jeweils in Prozent angegeben wird. Die Präsentation des Gesamtergebnisses könnte mithilfe einer Folie erfolgen.

m ❑ w ❑

a) Welche Medien nutzt du täglich mehrmals oder mehrmals wöchentlich? (Bitte ankreuzen)

Handy	???	digitale Fotos machen	???
Internet	???	DVD/Video	???
Fernseher	???	Computer (offline)	???
MP3	???	Zeitschriften/Magazine	???
Radio	???	Tageszeitung (online)	???
Musik-CDs/-Kassetten	???	Hörspielkassetten/-CDs	???
Tageszeitung	???	Zeitschriften (online)	???
Bücher	???	digitale Filme/Videos machen	???
Computer/Konsolenspiele (offline)	???	Kino	???

b) Welche Medien sind deine drei beliebtesten (meistgenutzten)?

1. ________???________
2. ________???________
3. ________???________

c) Welche Medien nutzt du zur täglichen Information? (Bitte ankreuzen)

Medien	regelmäßig	selten	nie
Fernsehen	???	???	???
Radio	???	???	???
Zeitung	???	???	???
Internet	???	???	???

(Autorentext)

2. Die Massenmedien konstruieren eine eigene Wirklichkeit

M 5 Der Zwang zur Auswahl – Nachrichten werden „gemacht“

Abb. 1

Unser Bild von der Wirklichkeit erhalten wir nur zu 10% aus eigener Anschauung und Erfahrung. Das gilt insbesondere für die Politik, zu der wir in der Regel über Fernsehen, Radio, Zeitungen, Illustrierte, Zeitschriften und Bücher Zugang haben. Grundsätzlich müssen wir uns klarmachen, dass die Massenmedien für uns eine eigene Wirklichkeit konstruieren. Aus der Vielzahl der Ereignisse, die passieren, und der Meinungen, die geäußert werden, müssen sie auswählen, weglassen, hervorheben. […]

Nur ein Bruchteil dessen, was den Medien an Informationen und Meinungsäußerungen zur Verfügung steht, kommt beim Leser, Zuhörer und Zuschauer an. Nicht alle Meldungen, die von Nachrichtenagenturen (s. M 4), Korrespondenten* und Redakteuren beschafft wurden, können veröffentlicht werden. Man kann daher Journalisten als „Schleusenwärter“ oder „Torhüter“ bezeichnen, d. h. sie können entscheiden, welche Informationen aus dem Nachrichtenstrom durchgelassen werden. Nachrichten werden also gesiebt, gefiltert, bearbeitet, gemacht.

(Paul Ackermann, Bürgerhandbuch, Bundeszentrale für politische Bildung, Bonn 2005, S. 52, 44)

Abb. 2

Die Auswahl beginnt schon beim Reporter direkt vor Ort und setzt sich in der Nachrichtenagentur fort, wo die Ereignismel-

Abb. 3

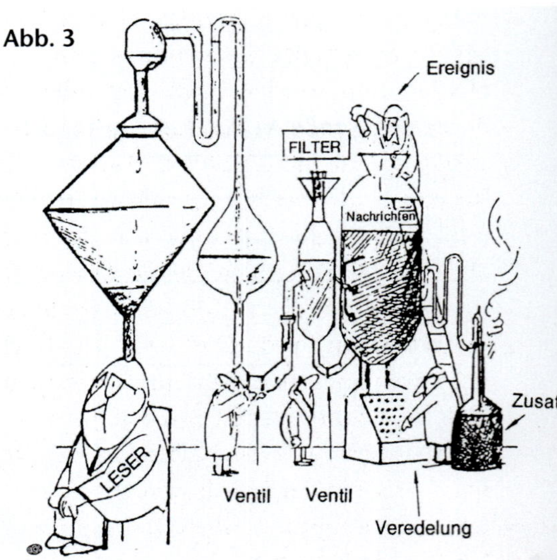

dungen gesammelt und dann an Zeitungen, Radio und Fernsehen weiterverkauft werden. In der einzelnen Zeitung, im einzelnen Fernsehsender entscheiden dann noch einmal Journalisten, was aus dem Angebot der Nachrichtenagenturen ausgewählt wird. Was schließlich in den Massenmedien erscheint, bildet also nicht die Wirklichkeit ab, sondern ist ein ausgewähltes, hergestelltes Bild von ihr. Journalisten haben es zusammengesetzt.

Auch Bilder im Fernsehen, die viele für besonders vertrauenswürdig halten, zeigen immer nur einen Ausschnitt der Wirklichkeit, den nämlich, den ein Reporter ausgesucht hat.

(pocket politik – Demokratie in Deutschland, Bundeszentrale für politische Bildung, 4. Aufl., Bonn 2011, S. 98; Verf.: Eckart Thurich)

M 6 Die Bedeutung der Nachrichtenagenturen

Nachrichtenagenturen liefern Nachrichten, die Informationen über aktuelle Ereignisse enthalten, als vorgefertigte Meldungen für Medien zur Verwendung in Zeitungen und Nachrichtensendungen. [...] Die ... Nachrichtenagenturen spielen im weltweiten Nachrichtenfluss eine zentrale Rolle (besonders seit viele Zeitungen weniger Personal haben und weniger Termine selbst besetzen können). Der heutige Journalismus wäre ohne die Nachrichtenagenturen unmöglich. Über 180 Nachrichtenagenturen gibt es zurzeit weltweit; von diesen agieren aber nur sehr wenige weltweit, die meisten versorgen nur den Pressemarkt ihres eigenen Landes. Nachrichtenagenturen schreiben grundsätzlich für alle Medien und werden auch von allen genutzt. Der große Vorteil der Nachrichtenagenturen ist die Aktualität, Universalität [weltweite Einbeziehung aller Themen] und die schnelle Lieferung von Berichten über aktuelle Ereignisse. Der große Nachteil ist, dass durch eigene Prioritätensetzungen [Entscheidungen darüber, was als Nachricht weitergegeben wird und was nicht] Meldungen untergehen und andere hervorgehoben werden oder bestimmte Sachverhalte einseitig dargestellt werden können – und dies mit großer Tragweite. Denn: Eine Nachrichtenagentur ist ein Nachrichtengroßhändler. Agenturen sind sogenannte „gatekeeper" (Torhüter). Sie entscheiden darüber, welche Nachrichten relevant genug sind, um bearbeitet und weitergeleitet zu werden, welche Ereignisse mitteilenswert sind und welche nicht oder zu welchen Ereignissen es nötig ist, Korrespondenten* oder Reporter zu schicken. Sie treffen eine Vorauswahl, denn sie werden mit Meldungen geradezu zugeschüttet.

(http://de.wikipedia.org/wiki/Nachrichten-_und_Presseagentur; Zugriff: 6.1.2008)

Blick in die Zentralredaktion der Deutschen Presseagentur in Hamburg; dpa bietet täglich im Basisdienst Meldungen im Umfang von ca. 220 000 Wörtern und ca. 800 Fotos an (Näheres: http://www.dpa.de/Zahlen-Fakten.842.0.html). Weitere große Agenturen sind AP (Associated Press), AFP (Agence France Press) und ddp (Deutscher Depeschendienst).

Nirgendwo auf der Welt ist die Konkurrenz zwischen den Nachrichtenagenturen so hart wie in Deutschland. [...] Nicht alle Medien können allerdings auf alle Dienste zurückgreifen: Die Agentur-Abonnements sind teuer (Zeitungen mit einer Auflage von

300 000 zahlen eine halbe Million Euro pro Jahr). Wenn in der Redaktion gespart werden muss, wird der Rotstift auch dort angesetzt. So gibt es viele Medien, die darauf verzichten, mehrere Agenturen gleichzeitig zu beziehen. Das führt zu Einbußen in der Auslandsberichterstattung. […] Seltener sind die Fälle, in denen eine Zeitung der Deutschen Presseagentur (dpa) kündigt. […] Auf die ausführliche Deutschland- und Regionalberichterstattung kann eben doch fast niemand verzichten. Das gilt umso mehr, als Medien, die unter solchem Finanzdruck stehen, nicht über genügend eigene Mitarbeiter verfügen, um die Berichte in Eigenregie zu verfassen.

(Susanne Fengler/Bettina Vestring, Politikjournalismus, Wiesbaden 2009, S. 51 f.)

1. Erklärt, was die Aussage bedeutet, dass die Medien eine „eigene Wirklichkeit“ konstruieren, und warum das zwangsläufig so ist (M 5).
2. Erläutert, was die Karikatur (Abb. 1) dazu zum Ausdruck bringen will. Was würdet ihr dem Fragesteller antworten?
3. Beschreibt die einzelnen Stationen und „Filter“ auf dem Wege vom Ereignis zur Nachricht, wie sie beim Empfänger (Leser, Fernsehzuschauer) ankommt (Text M 5 mit Abb. 2 und 3).
4. Beschreibt anhand von M 6 etwas näher die „zentrale Rolle“, die Nachrichtenagenturen für die Konstruktion der „Medienwirklichkeit“ spielen.
5. Welcher Unterschied besteht im Hinblick auf die Nachrichtenquellen (und damit auf die Qualität und Schnelligkeit der Berichterstattung) zwischen kleineren bzw. finanzschwächeren und größeren bzw. finanzstarken Zeitungsverlagen/Fernsehsendern?
6. Vergleicht ggf. die Titelseite einer kleineren Regionalzeitung mit der einer großen überregionalen Zeitung, die über eigene Reporter und Korrespondenten in aller Welt verfügt (die Nachrichtenquellen stehen i. d. R. zu Beginn eines Berichts entweder als Abkürzung der Nachrichtenagentur oder als Name des eigenen Korrespondenten).

M 7

a)

b)

c)

Beschreibt genau die drei Karikaturen (M 7 a–c), erläutert, was sie jeweils zum Ausdruck bringen wollen, und nehmt vor dem Hintergrund eurer Erarbeitung von M 5 und M 6 dazu Stellung.

M 8 Grundsätze der Nachrichtenauswahl

Haupteinnahmequelle ist die Werbung, als Anzeigen in der Presse und als Werbespots in Hörfunk und Fernsehen. Für diese Werbung kann ein Medienunternehmer desto höhere Preise erzielen, je höher die Verkaufsziffern seiner Zeitung oder Zeitschrift bzw. die Einschaltquoten seines Radio- oder Fernsehsenders sind. Wer aber hohe Verkaufsziffern oder hohe Einschaltquoten erreichen will, kann es sich nicht leisten, einfach nur trockene Informationen zu liefern. Er muss zugleich auch unterhalten, Neugier wecken, ständig Aufmerksamkeit erregen – und dazu seine Nachrichten entsprechend auswählen.

(pocket politik – Demokratie in Deutschland, Bundeszentrale für politische Bildung, Bonn 2006, S. 92; Verf.: Eckart Thurich)

Welche Ereignisse verdienen es, zur Nachricht zu werden? Journalisten sortieren Informationen nach sogenannten **Nachrichtenfaktoren**. Entscheidend ist das Besondere an einem Ereignis, das es von den vielen anderen Ereignissen, die sonst noch an einem Tag passieren, als etwas Außergewöhnliches abhebt. Je nach Medium können die Nachrichtenfaktoren unterschiedlich sein. Das Grundprinzip der Auswahl ist die Frage: Was interessiert die Leser, Hörer oder Zuschauer? Interessant ist immer das, was die Leser, Hörer oder Zuschauer unmittelbar betrifft. Ein gängiges Auswahlschema ist das sogenannte „GUN-Prinzip" (siehe Kasten).

(Politik & Unterricht Heft 1/2002: Medien, S. 49; Verf.: Stefanie Gerlach, Inga Squarr; http://www.politikundunterricht.de/1_02/baustein_a.htm)

Das GUN-Prinzip

G = Gesprächswert

Gesprächswert hat ein Ereignis, über das man spricht, diskutiert, sich ärgert oder sich freut. Beispiele für einen hohen Nachrichtenwert sind

- *Außergewöhnlichkeit:* „Hund beißt Mann" ist keine Nachricht, „Mann beißt Hund" ist eine Nachricht.
- *Personenbezug:* Über bekannte Personen wird häufiger berichtet. Wenn [der frühere deutsche Außenminister] Joschka Fischer mit dem Jogging anfängt oder aufhört, ist das eine Nachricht; wenn der nur wenigen Menschen bekannte Nachbar das Gleiche tut, interessiert das kaum jemanden, ist also keine Nachricht.
- *Negativität:* „Schlechte Nachrichten sind gute Nachrichten." Je schlimmer ein Ereignis ist, desto eher wird darüber berichtet. Unfälle sind alltäglich und nur dann eine Nachricht, wenn es besonders viele, besonders junge Opfer oder im Ausland deutsche Opfer gegeben hat.
- *Nähe*, vor allem geografische Nähe: Was in der eigenen Stadt passiert, interessiert die meisten mehr als ein Ereignis in Usbekistan.

U = Unterhaltung

Ein Ereignis, das in Verbindung mit der eigenen Lebenswelt steht, das verblüfft oder amüsiert, hat ebenfalls einen hohen Nachrichtenwert. Ausschlaggebend ist die Nähe zur eigenen Lebenssituation, den eigenen Wünschen und Sehnsüchten. Sogenannte Boulevardthemen, wie *Sex and Crime*, verkaufen sich besonders gut und sind deshalb für Zeitungen wichtig, die in erster Linie am Kiosk verkauft werden.

N = Neuigkeit *(oder Überraschung)*

Je unerwarteter ein Ereignis eintritt, desto eher wird es zur Nachricht. Der Rücktritt der Gesundheitsministerin hat einen höheren Nachrichtenwert als die wöchentliche Pressekonferenz des Verteidigungsministers.

(Politik & Unterricht Heft 1/2002, hg. von der Landeszentrale für politische Bildung Baden-Württemberg, Stuttgart 2002, S. 49)

M 9 „Only bad news are good news"

„'S lohnt nicht – nur innere Verletzungen …"

1. Erklärt anhand von M 8 (Z. 1–15), wovon es abhängt, ob ein Medienunternehmen (z. B. ein Zeitungsverlag oder ein Fernsehsender) wirtschaftlichen (finanziellen) Erfolg hat und Gewinn machen kann. Welcher Zusammenhang besteht zwischen den Einnahmen für Werbung, der Auflagenhöhe bzw. der Einschaltquote und der Art der Nachrichten, die verbreitet werden?

2. Erläutert im Einzelnen die im „GUN-Prinzip" zusammengefassten „Nachrichtenfaktoren" (Grundsätze für die Auswahl der Nachrichten).

3. Wie erklärt ihr euch, dass vor allem „negative" Nachrichten das Interesse der Leser bzw. Fernsehzuschauer erregen? Vergleicht dazu auch die Darstellung und die Aussageabsicht der beiden Karikaturen (M 9) und nehmt dazu Stellung.

4. Neben den im GUN-Prinzip erfassten Nachrichtenfaktoren spielt auch der Grundsatz eine Rolle, ob Nachrichten für die Menschen einen unmittelbaren Nutzen haben (wie z. B. der Wetterbericht). Nennt Arten von Nachrichten und/oder Fernsehsendungen, die zu diesem Bereich gehören.

5. Diskutiert abschließend die Frage: Wer ist nun eigentlich verantwortlich dafür, dass die Nachrichten so ausgewählt werden, wie es hier beschrieben ist? Sind es die Zeitungs- und Fernsehredakteure oder sind es die Leser und Fernsehzuschauer?

3. Medien in der Demokratie – Aufgaben und Probleme

M 10 Aufgaben der Medien in der Demokratie

Die wichtigste Regelung zur Stellung der Medien in der Demokratie enthält der Artikel 5 des Grundgesetzes, der das Recht auf freie Meinungsäußerung sichert (s. Randinfo). Das Bundesverfassungsgericht hat in seinen Urteilen freie Medien als einen unverzichtbaren Bestandteil jeder freiheitlichen Demokratie bezeichnet. Im Allgemeinen werden den Medien unter diesem Gesichtspunkt drei Aufgaben zugesprochen: „Die Massenmedien haben die Aufgabe,

- *Informationen zu verbreiten; sie sollen so umfassend, sachgerecht und verständlich wie möglich sein;*
- *zur Meinungsbildung der Bürgerinnen und Bürger beizutragen, indem sie komplizierte politische Probleme und Zusammenhänge einsichtig machen und politische Ereignisse kommentieren;*
- *die Entscheidungen der politischen Institutionen sowie das Verhalten der Amtsinhaber zu kontrollieren und Missstände zu kritisieren." (Horst Pötzsch, Die deutsche Demokratie, Bundeszentrale für politische Bildung, Bonn 2009, S. 56)*

Im Folgenden werden diese Aufgaben etwas näher erläutert.

a) Die Dinge öffentlich machen

Was in unserer Gesellschaft geschieht und was in der Politik abläuft, wird durch die Medien allen zur Kenntnis gebracht. Wenn „alle" oder ein Großteil der Menschen davon Kenntnis erhalten, können sie sich eine eigene Meinung bilden und „mitreden". D.h.: Die Medien **stellen Öffentlichkeit** her. Die wenigsten von uns verfolgen das politische Geschehen direkt – durch eigene Anschauung. Selbst von der Kommunalpolitik gelangen, obwohl sie vor unserer Haustür abläuft, die meisten Informationen nur über die Medien zu uns, über die Lokalzeitung, das Lokalradio oder eventuell über das lokale Fernsehen und die Homepage des Rathauses oder der Parteien.

Presse, Hörfunk und Fernsehen weisen zudem auf soziale Probleme hin, auf die Arbeitslosigkeit oder auf dringende Maßnahmen im Umweltschutz. Sie können aufzeigen, wo etwas geschehen soll oder wo Behörden dringend handeln müssen. Zugleich können Bürgerinnen und Bürger mithilfe der Medien ihre Interessen anmelden und Forderungen an die Politik richten. So erfahren wir beispielsweise durch den Bericht der lokalen Presse über eine Stadtratssitzung, welches Unternehmen einen städtischen Bauauftrag bekommt, ob die Argumente der Vertreter der Wirtschaft zur Ansiedlung eines Industrieunternehmens oder diejenigen einer Bürgerinitiative* über die Errichtung eines Kinderspielplatzes stichhaltiger waren und wer letztlich zum Zuge gekommen ist.

b) Die öffentliche Meinung

Medien spielen deshalb die Rolle von „Vermittlern" zwischen den politisch Verantwortlichen und der Bevölkerung. Sie machen Interessen und politisches Handeln allen bekannt und hinterfragen diese Interessen und das öffentliche Handeln kritisch. Dadurch tragen sie dazu bei, dass eine öffentliche Meinung entsteht. Öffentliche Meinung heißt, unterschiedliche Ansich-

Artikel 5

(1) Jeder hat das Recht, seine Meinung in Wort, Schrift und Bild frei zu äußern und zu verbreiten und sich aus allgemein zugänglichen Quellen ungehindert zu unterrichten. Die Pressefreiheit und die Freiheit der Berichterstattung durch Rundfunk und Film werden gewährleistet. Eine Zensur findet nicht statt.

(2) Diese Rechte finden ihre Schranken in den Vorschriften der allgemeinen Gesetze, den gesetzlichen Bestimmungen zum Schutze der Jugend und in dem Recht der persönlichen Ehre.

ten und Interessen können frei geäußert werden, ohne dass jemand fürchten muss, dass er wegen seiner Ansichten (wie in Diktaturen) verfolgt und eingesperrt wird. Im demokratischen Rechtsstaat können sich Bürgerinnen und Bürger frei informieren, eine eigene Meinung bilden und für diese in der Öffentlichkeit einstehen. Eine **freie öffentliche Meinung** ist Voraussetzung, dass Entscheidungen im Staat und in der Gemeinde demokratisch getroffen und von den Bürgerinnen und Bürgern kontrolliert werden können.

c) Kritik und Kontrolle – die Massenmedien als „vierte Gewalt"

Massenmedien haben in einem demokratischen System die Aufgabe, die Politik und ihre Institutionen, gesellschaftliche Gruppen und deren Repräsentantinnen und Repräsentanten zu kritisieren und zu kontrollieren.

Ohne Presse, Funk und Fernsehen, die Missstände aufspüren und öffentlich machen, liefe die Demokratie Gefahr, der Korruption oder der bürokratischen Willkür zu erliegen. Durch eine kritische Berichterstattung über Politik und Wirtschaft sollen Missbrauch und Fehlverhalten nicht erst im Nachhinein aufgedeckt, sondern von vornherein verhindert werden. Mit Blick auf diese Aufgabe, die Kritik- und Kontrollfunktion, werden die Medien auch oft als **vierte Gewalt** bezeichnet – in Anlehnung an die *Gewaltenteilung*, wie sie in einer demokratischen Ordnung zwischen Parlament (Gesetzgebung: Legislative), Regierung und Verwaltung (ausführende Gewalt: Exekutive) und Justiz (Rechtsprechung: Judikative) besteht (s. M 7 in Kap. 5).

So müssen Politikerinnen und Politiker hinnehmen, dass die Medien ihr Verhalten und ihre Politik in der Öffentlichkeit diskutieren und kritisch beleuchten.

d) Grenzen der Pressefreiheit

Das Grundgesetz (Artikel 5, Abs. 2) nennt drei „Schranken" für die Informations- und Meinungsfreiheit (s. S. 37). Mit „allgemeinen Gesetzen" sind z. B. das Bürgerliche Gesetzbuch* und das Strafgesetzbuch gemeint. Eine Journalistin oder ein Journalist, der einen anderen Menschen beleidigt oder etwas behauptet, was nicht der Wahrheit entspricht, verstößt gegen das **Strafgesetzbuch** – wie im Übrigen alle anderen auch – und kann sich nicht auf die Pressefreiheit berufen.

[Dem **Schutz der Jugend** dient vor allem das Gesetz über die Verbreitung jugendgefährdender, z. B. gewaltverherrlichender oder zum Rassenhass* anreizender Schriften.]

Schwierig ist die Abwägung zwischen der Freiheit der Berichterstattung und dem **Schutz der Würde des Menschen** (Art. 1 GG) oder dem Recht an der eigenen Persönlichkeit, zu dem der **Schutz der Privat- und Intimsphäre** der persönlichen Ehre und das Recht am eigenen Bild gehören (Art. 2 GG). So klagen hin und wieder Prominente, wenn die Medien auf der Jagd nach Sensationsmeldungen Bilder aus ihrem Privatleben veröffentlichen. Die Betroffenen argumentieren, ihre Privatsphäre würde dadurch verletzt. Sie können sich wehren, indem sie etwa bei unrichtigen Tatsachenbehauptungen vor Gericht eine Gegendarstellung oder Schadensersatz in Form eines „Schmerzensgeldes" einklagen. Dies gilt jedoch nicht für Werturteile* oder Meinungsäußerungen. In den letzten Jahren nehmen Klagen zu, mit denen Prominente gegen Boulevardzeitungen oder gegen die Berichterstattung in der Regenbogenpresse, die sich auf Prominentenklatsch spezialisiert hat, vorgehen.

(Herbert Uhl [Hg.], Grundwissen Politik, Ernst Klett Verlag, Stuttgart 2007, S. 178 f., 181, 185; Verf.: Christine Probst-Dobler)

1. Erläutert, welche Voraussetzungen Artikel 5 (1) des Grundgesetzes für die Arbeit der Medien schafft und was es bedeutet, dass eine „Zensur*" nicht stattfindet (M 10; Randinfo).

2. In Z. 4 ff. von M 10 heißt es, dass das Bundesverfassungsgericht (s. M 14 in Kap. 5) freie Medien als „unverzichtbaren Bestandteil jeder Demokratie" bezeichnet. Fasst die in den ersten drei Abschnitten (M 10 a–c) beschriebenen Aufgaben der Medien jeweils mit eigenen Worten zusammen und macht dabei klar, inwiefern es *gerade für eine Demokratie notwendig* ist, dass die Medien
- alle Bürgerinnen und Bürger über das politische Geschehen und auch über soziale Probleme in der Stadt, im Bundesland und im „Bund" informieren (a),
- für eine „freie Öffentlichkeit" sorgen, indem sie unterschiedliche Meinungen und Interessen zur Sprache bringen und auch selbst politische Ereignisse aus ihrer Sicht bewerten (b),
- politische Missstände und Fehlverhalten von Politikern aufdecken sowie – als eine Art „vierter Gewalt" (vgl. M 7 in Kap. 5) – kontrollieren, ob sich das Handeln von Politikern, gesellschaftlichen Gruppen und Wirtschaftsunternehmen im Rahmen der geltenden Gesetze vollzieht (c).

3. Vielleicht könnt ihr die theoretische Darstellung in M 10 an konkreten Beispielen verdeutlichen, indem ihr mitgebrachte Tageszeitungen in Partnerarbeit daraufhin untersucht, inwieweit sich die drei genannten Aufgaben in bestimmten Berichten/Kommentaren/Fotos usw. nachweisen lassen.

4. Erläutert die drei Schranken, die nach Artikel 5 (2) des Grundgesetzes die Presse- und Meinungsfreiheit begrenzen (vgl. Randinfo S. 35). Versucht zu erklären, warum die Abgrenzung zwischen der Freiheit der Berichterstattung und dem Schutz der Privat- und Intimsphäre (vgl. Abb. S. 38) nicht immer leicht ist. Worum es bei den „Klagen Prominenter" (wegen Verletzung ihres Rechts am eigenen Bild) geht, darüber könnt ihr euch ggf. am Beispiel der Prozesse informieren, die Prinzessin Caroline von Monaco vor Jahren geführt hat (sog. „Caroline-Urteile", http://de.wikipedia.org/wiki/Caroline-Urteile).

M 11 Wie Journalisten „manipulieren" können

Im Folgenden (M 11 a–c) geht es nicht mehr um die Notwendigkeit und die Problematik der ***Auswahl*** *von Nachrichten (s. M 5, M 6), sondern um die bewussten Versuche von Journalisten, ihre Leser (Zuschauer, Hörer) durch die Art der Berichterstattung in einer bestimmten Richtung unterschwellig (ohne dass es diesen bewusst wird) zu beeinflussen (sie zu „****manipulieren****").*

M 11 a Aufmachung und Wortwahl

Manipulation kann schon mit der Entscheidung über die *Platzierung einer Nachricht* beginnen: Soll sie ein Gegengewicht zu einer öffentlich verbreiteten, von der Redaktion nicht geschätzten Meinung bilden, wird sie zum „Aufmacher" hochgezogen und mit einer entsprechenden *Schlagzeile* versehen. Für arglose Leserinnen und Leser entspricht die Höhe ihrer Buchstaben der Bedeutsamkeit der Ereignisse. Kritische

Leser wissen: Die Buchstabengröße bezeugt nur die von der Redaktion zuerkannte Bedeutung und die beabsichtigte Wirkung. Ein anderer Trick ist der manipulative Gebrauch von Begriffen.

(Jens Hohnwald u. a., Zukunft gestalten – Politik, Bildungsverlag EINS, Köln, 4. Aufl. 2011, S. 186)

Zum Beispiel, wenn Beschäftigte „entlassen", „freigestellt" oder „gefeuert" werden, wenn ein Ereignis als „Niederlage", „Schlappe", „Debakel", „Teilerfolg", „Achtungserfolg" oder „Rückschlag" dargestellt wird. Man liest und hört auch häufig: „Nach Ansicht der Experten" oder „Beobachter sind der Ansicht ...", also Worte, die beim Empfänger Vertrauen einflößen sollen. Wie man mit wenigen Worten einen Text manipulieren kann, sieht man hier: Man schreibt nicht: „X sagte ...", , sondern: „X ließ sich dazu hinreißen zu sagen ...", „X, der wegen seiner politischen Uneinsichtigkeit bekannt ist, sagte ...", „X sagte erstaunlicherweise ...". Selbst mit den kleinen Anführungszeichen kann manipuliert werden. Welchen Eindruck gewinnt man, wenn man liest: „... er hielt dies für eine ‚gute' Lösung" oder „... er hielt dies für eine gute Lösung"?

(Willi Dieckerhoff/Karl Friedrichs, Jugend und Politik, Bildungsverlag EINS, Troisdorf 2008, S. 166f.)

Nachricht und Kommentar

Bundesverfassungsgericht verbietet Käfighaltung

Karlsruhe, 7. Juli:

Das Bundesverfassungsgericht hat entschieden, dass die Käfighaltung von Legehennen ein Verstoß gegen das Tierschutzgesetz ist und zukünftig verboten wird. Damit dürfen ab sofort keine neuen Legebatterien mehr gebaut werden. Bis zum Jahr 2012 haben alle Legebatterien in der Hühnerhaltung zu verschwinden.

Wichtiger Tag im Kampf für den Tierschutz

von Philipp Hau, Berlin:

Das Bundesverfassungsgericht hat eine kluge Entscheidung getroffen. Dieser Beschluss setzt der größten Tierquälerei von Nutztieren in den letzten Jahrzehnten endlich ein Ende. Bleibt nur zu hoffen, dass sich das Verbot der Käfighaltung von Hennen auch in den anderen europäischen Ländern durchsetzen wird. Bis dahin ist es allerdings noch ein weiter Weg.

(Wolfgang Mattes u. a., Politik erleben, Schöningh Verlag, Paderborn 2001, S. 99)

M 11 b Vermischung von Nachricht und Kommentar

Für eine seriöse Berichterstattung gelten zumindest zwei Grundsätze: 1. Der Journalist muss sorgfältig geprüft haben, ob das, was er als Nachricht weitergibt, überhaupt stimmt. 2. Der Journalist muss trennen zwischen der Nachricht und seiner Meinung dazu. Die Meinung gehört in einen getrennten *Kommentar*, aber die Meldung über ein Ereignis, auch wenn es dem Journalisten nicht passt, sollte so objektiv wie möglich erfolgen.

(pocket politik – Demokratie in Deutschland, Bundeszentrale für politische Bildung, Bonn 2006, S. 93; Verf.: Eckart Thurich)

Meinungen dürfen in den Medien nicht fehlen, denn in einer freien Presse sollen unterschiedliche Ansichten über wichtige Fragen zum Ausdruck kommen. Die Leser der Zeitungen – wie auch die Zuhörer und Zuschauer in Rundfunk und Fernsehen – können sich mit diesen Meinungen auseinandersetzen und ein eigenes Urteil bilden.

- Eine **Nachricht** ist eine Information, die Mitteilung einer Neuigkeit, die für eine große Zahl von Menschen interessant oder wichtig ist. Sie soll so abgefasst sein, dass sie auf die sechs W-Fragen Antworten gibt: Was geschah? Wo geschah es? Wann geschah es? Wer war daran beteiligt? Wie geschah es? Warum geschah es? Wenn zusätzliche Informationen diese Fragen erläutern, wenn Hintergründe aufgedeckt und Zusammenhänge mit anderen Sachverhalten beschrieben werden, entsteht aus der Nachricht ein *Bericht*.
- In **Kommentaren** (lateinisch: Erläuterung, Auslegung, Anmerkung) drücken Journalisten ihre eigene Meinung über Ereignisse oder Sachverhalte aus. Sie bewerten Nachrichten und zeigen aus der Sicht des kommentierenden Journalisten mögliche Folgen und Auswirkungen auf. Während Nachrichten sachlich beschreibend sein sollen, können Kommentare von der Kritik bis zur Zustimmung – etwa zu Politikern und ihren Aktivitäten – reichen.
- Der Unterschied zu den Nachrichten soll auch durch die Art und Weise, wie Kommentare präsentiert werden, erkannt wer-

den können. In Zeitungen und Zeitschriften werden sie deshalb durch den Standort und die Schrift von den übrigen Teilen abgehoben. In vergleichbarer Weise geschieht dies auch im Rundfunk, indem ein Kommentar durch den Sprecher angekündigt und der Name des Kommentators genannt wird. Im Fernsehen werden Kommentare darüber hinaus durch optische Zeichen von den Nachrichten abgehoben.

- In der Praxis wird die Trennung von Nachricht und Kommentar allerdings in vielen Fällen nicht eingehalten. So sind nicht selten Zeitungsberichte verdeckt mit kommentierenden, d.h. wertenden Aussagen durchsetzt. Nicht zuletzt drücken Boulevardzeitungen (wie die BILD-Zeitung) mit knalligen und gefühlsbetonten Überschriften Stimmungen und Meinungen aus. Mit solchen emotionalen [gefühlsbetonten] Aufreißern gelingt es ihnen, Interesse bei einem großen Leserkreis zu wecken.

Auch in den Nachrichtensendungen des Rundfunks und des Fernsehens wird die notwendige Unterscheidung zwischen Information und Meinung aufgehoben, wenn Nachrichten so und Berichte bewusst durch kommentierende Einleitungen oder Zusammenfassungen eingerahmt und bewertet werden.

(Horst Becker/Jürgen Feick/Herbert Uhl, Leitfragen Politik, Ernst Klett Schulbuchverlag, Stuttgart 1998, S. 92f.)

M 11 c „Tarnungsmanöver"

M 11 d Beispiel: Das Ende des Transrapid – Nachricht oder Kommentar?

Der folgende Artikel nimmt Bezug auf den zur Regierungszeit des bayerischen Ministerpräsidenten Stoiber (1992–2007) geplanten Bau einer Trasse für einen Magnetschwebebahn-Hochgeschwindigkeits-Zug („Transrapid"), der Fahrgäste in 10 Minuten vom Münchener Hauptbahnhof zum Flughafen (37 km) bringen sollte. Stoibers Nachfolger war Günther Beckstein (2007–2008).

Gleich zweimal war am Donnerstag ein tief enttäuschter und wütender bayerischer Ministerpräsident live zu besichtigen: Zunächst in Berlin und dann nicht einmal drei Stunden später in München erklärte Günther Beckstein (CSU) den 27. März

2008 zu einem „schwarzen Tag für den Hochtechnologiestandort Deutschland“ und betonte seine „tiefe Betroffenheit“. […] Beckstein und Müller zeigten sich wie vom Blitz getroffen: Das umstrittene Projekt […] soll nun fast doppelt so teuer werden wie bisher geschätzt: Statt 1,85 Milliarden Euro soll die Schwebebahn („Transrapid“) 3,5 Milliarden Euro verschlingen. Angesichts dieser Kostenexplosion half kein Feilschen um ein paar Millionen hin oder her. Schlagartig war das Prestigeobjekt des früheren bayerischen Ministerpräsidenten Edmund Stoiber (CSU) mausetot […].

Für die bayerische Opposition war der Donnerstag dagegen ein wahrer Freudentag. So schnell konnten die triumphierenden Stellungnahmen aus den Pressestellen von SPD, Grünen und anderen gar nicht ausgedruckt werden, wie neue, noch enthusiastischere nachgeschoben wurden.

(Neue Westfälische v. 28.3.2008, S. 3; Verf.: Ralf Müller)

1. Erklärt, was man unter „Manipulation“ versteht und mit welchen, z. T. einfachen Mitteln Journalisten die Leser ihrer Texte „manipulieren“ können (M 11 a).

2. Erläutert anhand von M 11 b den Unterschied zwischen Nachricht/Bericht und Kommentar und begründet, warum es wichtig ist, dass diese Unterscheidung in den Medien deutlich gemacht wird. Vergleicht dazu auch die beiden Beispiele (s. Rand S. 40).

3. Die Karikatur M 11 c vergleicht das Verhalten von Journalisten mit dem von Soldaten, die Tarnnetze benutzen, um ihre Waffen von außen nicht so einfach erkennbar zu machen. Erläutert, was diese Darstellung über Journalisten bei der Verbreitung von Nachrichten aussagen und wozu sie kritische Leser/Fernsehzuschauer/Radiohörer/Internetnutzer auffordern will.

4. Untersucht den Artikel M 11 d (und nach Möglichkeit einige weitere Beispiele aus aktuellen Tageszeitungen) daraufhin, inwieweit es sich um eine Nachricht oder einen Kommentar oder um eine Mischform zwischen beiden handelt. Beachtet dabei die aus M 11 b ersichtlichen Merkmale (Nachricht: Beachtung der W-Fragen, sachlich beschreibende Darstellung; Kommentar: klare Kennzeichnung als Kommentar, erkennbare Bewertungen des Journalisten zu den dargestellten Vorgängen).

M 12 Die Rolle des „Boulevardjournalismus“

Neben regionalen und lokalen Zeitungen (Beispiele: Westdeutsche Allgemeine Zeitung/WAZ [mit 26 Lokalausgaben], Neue Westfälische [mit 12 Lokalausgaben], Rheinische Post [mit 31 Lokalausgaben]) und überregionalen (bundesweit verbreiteten) Zeitungen (Beispiele: Süddeutsche Zeitung, Frankfurter Allgemeine Zeitung) spielen auf dem Tageszeitungsmarkt in Deutschland einige sog. Boulevardzeitungen, insbesondere „Bild“ (mit einer Auflage von über 3 Mio.; die „Süddeutsche“ als die zweitgrößte Tageszeitung hat eine Auflage von rd. 430 Tsd.) eine große Rolle.

M 12 a Was „Boulevard" bedeutet

Die frühen Boulevardmedien entstanden in den großen Metropolen [Hauptstädten, Weltstädten]. Die ersten Boulevardblätter waren Kaufzeitungen, die von Handverkäufern auf den großen Einkaufsstraßen, den Boulevards, vertrieben wurden. Die Zeitungen waren mit spektakulären Schlagzeilen aufgemacht, um das flanierende Publikum zum spontanen Kauf zu animieren. BILD, BILD am SONNTAG, EXPRESS, AZ und BZ sind heute die bekanntesten Boulevardzeitungen in Deutschland. Sie werden von Millionen Menschen gelesen. [...] Schließlich hat der Boulevard auch Fernsehen und Internet erobert. Dabei wird der Begriff selbst oft kritisch verwendet. So wird z. B. von „Boulevardisierung*" gesprochen, wenn beklagt wird, dass sich die Qualität des Fernsehangebots verschlechtert.

Der typische Boulevardjournalismus zeichnet sich vereinfacht durch die folgenden Punkte aus:

1. **Personalisierung**, d. h. das Geschilderte wird an einer Person festgemacht und als persönliche Geschichte erzählt;
2. **Emotionalisierung**, d. h. die Berichterstattung ist sehr gefühlsbetont und zielt darauf ab, den Leser/Zuschauer zu berühren;
3. **inhaltliche und sprachliche Simplifizierung**, also die starke Vereinfachung des Geschilderten, und schließlich
4. **die (scheinbare) Positionierung aufseiten des Lesers**, d. h., der Boulevardreporter spricht oft für seinen Leser und tritt damit deutlich aus seiner Rolle als Beobachter heraus („BILD klagt an!" „Wollen wir das wirklich?" oder auch „Da packt uns das Grauen"). Vgl. M 12 c.

(Schlagzeilen – Materialien zur Boulevardberichterstattung. Hrsg. vom Adolf Grimme Institut im Auftrag der Landesanstalt für Medien NRW in Kooperation mit der Bundeszentrale für politische Bildung, 2005, S. 2 f.)

M 12 b Beispiel: Eine Nachricht, zwei Artikel

Das Wunder von Chile: Gerettet!

Auf diesen Kuss ihres Mannes hat die Bergmanns-Frau 69 Tage lang gewartet! Gestern fiel sich das Paar nach mehr als zwei Monaten in die Arme. Endlich! Bis zum gestrigen Abend wurden die meisten der 33 verschütteten Bergleute in Chile aus 700 Meter Tiefe geborgen. Es war die spektakulärste Rettungsaktion aller Zeiten: In einer nur 53 Zentimeter schmalen Rettungskapsel schwebten die Kumpel von Copiapó aus ihrem Verlies in die Freiheit. Alles zum Wunder von Chile ...

(„Bild" v. 14.10.2010, S. 1)

Jubel in Chile über gerettete Bergleute
Reibungsloser Beginn der Bergung nach 69 Tagen/ Präsident Piñera: Ein Denkmal

COPIAPÓ, 13. Oktober. Rascher und reibungsloser als zunächst angenommen sind am Mittwoch die ersten der 33 Bergleute geborgen worden, die vor 69 Tagen nach einem Einsturz in der Mine San José nahe der nordchilenischen Stadt Copiapó eingeschlossen wurden.

Die Rettungskapsel „Phönix 2" funktionierte nach Angaben der Rettungsleitung einwandfrei. Als Erster der Eingeschlossenen wurde der 31 Jahre alte Florencia Ávalos am Mittwoch um 0.10 Uhr an die Oberfläche geholt ...

(Frankfurter Allgemeine Zeitung v. 14.10.2010, S. 1)

M 12 c „Bild"-Titel – Schlagzeilen zur Beteiligung Deutschlands an den Hilfsmaßnahmen der EU in der Verschuldungskrise Griechenlands

(Wochenschau Nr. 5, September/Oktober 2010, Sek. I: Medien, © Wochenschau Verlag, Schwalbach/Ts. 2010, S. 46)

M 12 d Die „unheimliche Macht" der „Bild"-Zeitung

Was ist das für eine Macht, die von den Mächtigen, den Schönen und den Berühmten so beäugt wird? Wie ein Schwamm saugen die „Bild"-Chefs jeden Morgen die Geschichten auf, die 33 Regionalredaktionen anbieten. 800 fest angestellte und Hunderte freie Journalisten der „Bild"-Zeitung halten die Maschine unter Dampf. […] Kein Ort der Republik, so heißt es, liegt weiter als 30 Minuten vom nächsten „Bild"-Reporter entfernt. Wer es mit seiner Story bis in die Bundesausgabe schafft, hat schon am Morgen danach mehr als sechs Millionen Menschen erreicht. Insgesamt hat „Bild" fast so viele Leser wie „Wetten, dass …?" Zuschauer. Auch wenn unter ihnen solche mit Abitur klar in der Minderheit sind, spricht „Bild" alle Bevölkerungsschichten an, ist in Ministerien und Redaktionen ebenso Pflichtlektüre wie in Chefetagen. […]

Eine unheimliche Macht. Die Hamburger Boulevardstrategen erreichen noch weit mehr Menschen, als ihr Blatt lesen. Weil es zwar immer mehr Medien gibt, diese aber immer weniger recherchieren. Die Redaktionen recyclen tagtäglich das „Bild"-Material, private Radio- und Fernsehstationen plappern es nach. Eine gute Zeile, ein gutes Thema kann so bis zu 80 Prozent der erwachsenen Deutschen erreichen. Irgendwann kommen auch die ernst zu nehmenden Zeitungen und Sendungen nicht mehr daran vorbei. „Bild" legt nach, am Wochenende verdickt die „Bild am Sonntag" (BamS) die Geschichte. „Bild, BamS, Glotze", sagte [der frühere] Kanzler Gerhard Schröder, wenn er von der Macht der Medien sprach – oft genügt das Erste: Der Rest kommt von ganz allein.

(stern Nr. 50/2000, S. 33)

Typische „Bild"-Titelseite: Das Privatleben der hessischen Kultusministerin (1999–2008) Karin Wolff wird herausgestellt (4.7.2007). Da es die erklärte Absicht der „Bild"-Zeitung ist, mit dem „Blickfang" auf der Titelseite vor allem Emotionen (Empörung, Entrüstung, Entsetzen oder auch Bewunderung, Selbstbestätigung) zu erzeugen, beziehen sich die (zumeist mit einem Foto verbundenen) Riesen-Schlagzeilen sehr häufig auf private Verhaltensweisen und Probleme prominenter Persönlichkeiten.

1. Klärt die Unterscheidung der verschiedenen Tageszeitungstypen (Einleitung zu M 12) und stellt fest, welche Arten von Tageszeitungen in euren eigenen Familien gelesen werden.

2. Erklärt, wie es zu dem Begriff „Boulevardzeitung“ kam, und erläutert möglichst mit eigenen Worten die vier Merkmale, die typisch für diese Zeitungsart sind (M 12 a).

3. Stellt fest, welche dieser Merkmale in dem „Bild“-Bericht M 12 b (im Vergleich zum Bericht der Frankfurter Allgemeinen Zeitung zu demselben Ereignis) und in den „Bild“-Schlagzeilen (M 12 c) deutlich werden.

4. Bringt nach Möglichkeit einige Exemplare der „Bild“-Zeitung und einer Regionalzeitung vom selben Tage mit in den Unterricht und vergleicht die Titelseiten – ggf. in Partner- oder Gruppenarbeit – unter den in M 12 a genannten Gesichtspunkten miteinander. Haltet die festgestellten Unterschiede an der Tafel fest und nehmt begründet dazu Stellung.

5. Beschreibt die besondere Stellung der „Bild“-Zeitung auf dem deutschen Pressemarkt (M 12 d). Wie ist der Hinweis zu erklären, dass bestimmte „Bild“-Themen „bis zu 80 % der erwachsenen Deutschen erreichen“ können?

6. „Bild“ gilt wegen der Kürze und Oberflächlichkeit der Nachrichten, wegen der am Sensationsgehalt ausgerichteten Nachrichtenauswahl und des zu Übertreibungen und Einseitigkeiten neigenden Darstellungsstils nicht gerade als seriöse und anspruchsvolle Zeitung. Warum wird sie trotzdem auch „in Ministerien, Redaktionen und Chefetagen“ gelesen? Worin besteht ihre „unheimliche Macht“?

7. Wie beurteilt ihr selbst den Charakter und die Bedeutung der „Bild“-Zeitung?

4. Facebook & Co. – Jugendliche in „sozialen Netzwerken“ des „Internet 2.0“

M 13 Soziale Netzwerke – Merkmale, Bedeutung für Jugendliche, Nutzung

• Über 1,7 Milliarden Menschen haben heute Zugang zum Internet. Sie nutzen es nicht mehr passiv, sondern sie vernetzen sich aktiv. Soziale Netzwerke sind Internetplattformen, auf denen man sich online trifft, Kontakte pflegt, sich austauscht und vernetzt. Wäre das soziale Netzwerk „Facebook“ ein Land, wäre es mit 800 Millionen Einwohnern heute das drittgrößte Land der Welt. Mit dem Schlagwort vom „Web 2.0“ wird der Wandel des Internets vom Informationsmedium zum „Mitmachnetz“ beschrieben. Internetnutzer produzieren die Inhalte des Netzes selber: Sie veröffentlichen ihre Ideen und Gedanken in modernen Tagebüchern, den Weblogs, und laden Fotos und Videos hoch, um sie einer globalen Öffentlichkeit zu präsentieren.

Ein Netzwerk dominiert die Internet-Welt
In 60 Sekunden schicken Facebook-Nutzer 230 000 Nachrichten, 95 000 Status-Updates, 80 000 Pinnwand-Einträge, teilen 50 000 Links und geben 500 000 Kommentare ab.
(http://www.sueddeutsche.de/digital/facebook-in-zahlen-ein-netzwerk-dominiert-die-internet-welt-1.1090576-2)

Sie wollen sich zeigen, als „cool" oder „sexy"!
Sie wollen sich darstellen, über sich berichten!
Sie wollen viele Freunde vorweisen können!
Sie wollen Mitglieder in witzigen Gruppen sein!
Sie wollen viele Nachrichten, auch von Fremden, erhalten!
Sie wollen kommunizieren, auch über (scheinbar) Belangloses!
Sie wollen unter sich sein, ohne Erwachsene!

(www.klicksafe.de, Social Communities – Ein Leben im Verzeichnis, 2009, S. 8; http://www.klicksafe.de/cms/upload/user-data/pdf/klicksafe_Materialien/LH_Zusatzmodul_Social_Communities.pdf)

- Zentrale Elemente eines jeden sozialen Netzwerks sind die Profilseite und die Freundesliste. Auf der *Profilseite* stellt sich der Nutzer anhand persönlicher Informationen vor (s. Kasten u.). Über die Kontakt- oder Freundesliste werden die Beziehungen zu anderen Netzwerkmitgliedern sichtbar. Die Mitglieder der sozialen Netwerke können auf ihren Seiten Fotos und Videos hochladen. Sie können Kommentare auf anderen Profilseiten hinterlassen, sich Gruppen anschließen oder welche gründen. Über ein internes Mailsystem, Diskussionsforen, Chats und Statusmeldungen schicken sich die Mitglieder Nachrichten und informieren sich gegenseitig über ihre Aktivitäten. […]

- Über das Netz können die Schüler leicht und ohne Hemmungen neue Kontakte knüpfen. Vor allem wird aber auch das real vorhandene Freundschaftsnetz online gepflegt. Nach der Schule treffen sich die Jugendlichen in den sozialen Netzwerken wieder. Von großer Bedeutung sind die *Selbstdarstellungsmöglichkeiten* auf den Plattformen. In einer Phase der Orientierung geht es Jugendlichen darum, anderen zu zeigen, wer sie sind oder gerne wären, was sie gerade machen und was sie bewegt. Dafür erhalten sie die Anerkennung der anderen Nutzer.

- Soziale Netzwerke bieten ihnen darüber hinaus aber auch die Chance, sich an Diskussionen zu politischen und sozialen Fragen zu beteiligen und an Meinungsbildungs- und Entscheidungsprozessen in unserer Gesellschaft teilzunehmen.

- Die JIM-Studie 2010 zeigt, dass soziale Netzwerke heute zum Lebensalltag von Jugendlichen gehören. 71 % der 13- bis 19-Jährigen loggen sich mehrmals wöchentlich in Online-Communitys ein (s. Abb. S. 47). Fast die Hälfte der durchschnittlich 134 Minuten, die Jugendliche täglich im Internet verbringen, dient der Kommunikation. Die Nutzung von Kommunikationsplattformen und Messengern hat unter Jugendlichen die E-Mail als häufigste Kommunikationsform abgelöst. 69 % der Jugendlichen veröffentlichen im Internet eigene Fotos und Filme.

(Bundeszentrale für politische Bildung [Hg.], Die Schulstunde als Talkshow. Privates im Netz?, Bonn 2010, S. 6f.; Verf.: Michael Lange; http://www.bpb.de/files/KR3GQ1.pdf)

Sara zeigt sich selbst

Saras Definition ihrer selbst liegt offen: Sie […] mag nette Leute, Freunde und Dating. Sie ist solo und eher unpolitisch. Ihre Lieblingsmusik, ihre -filme und ihre Hobbys … alles nachzulesen, ebenso wie ihre Größe und das Foto. Sara stellt sich dar. Öffentlich. Julia zeigt im schülerVZ 26 Fotoalben. Jedes Fotoalbum besteht aus über 50 Fotos. Sie stellt ihren Alltag dar, sich selbst und ihre Freundinnen. Sie testet ihren Selbstwert auf diesem Weg, findet auf diese Weise ihren Platz in der Gesellschaft. Marc ist stolz auf die Mitgliedschaft in 46 Gruppen mit Namen wie „Ja, ich weiß, du willst mich … stell dich hinten an" oder „Abschreiben bei Arbeiten? Wir nennen das Teamwork!". Er arbeitet nicht in und mit diesen Gruppen. Wichtig ist ihm die Liste der Gruppen als Markenzeichen seiner selbst. Etwa: „Zeige mir, in welchen Gruppen du bist, und ich sage dir, wer du bist". Lisa hat 70 „Freunde" bei schülerVZ und ist damit am unteren Ende der Wichtigkeitsskala, die sich an der Anzahl der Freundschaftseinladungen bemisst. Janina offenbart ihre enttäuschte Liebe zu einem Klassenkameraden – in einem öffentlich zugänglichen Video. Sie ist in ihrem „Dorf" […] und glaubt sich dort von Bekannten umgeben. Der Fremde von außen, in diesem Fall ihr Lehrer, irritiert sie maßlos bis zum Vorwurf: „Warum gucken Sie dort hinein?".

(www.klicksafe.de, Social Communities – Ein Leben im Verzeichnis, 2009, S. 6; Verf.: Marco Fileccia/Landeszentrale für Medien und Kommunikation; https://www.klicksafe.de/cms/upload/user-data/pdf/klicksafe_Materialien/LH_Zusatzmodul_Social_Communities.pdf)

Abb.: Online-Communities: Nutzungsfrequenz 2010

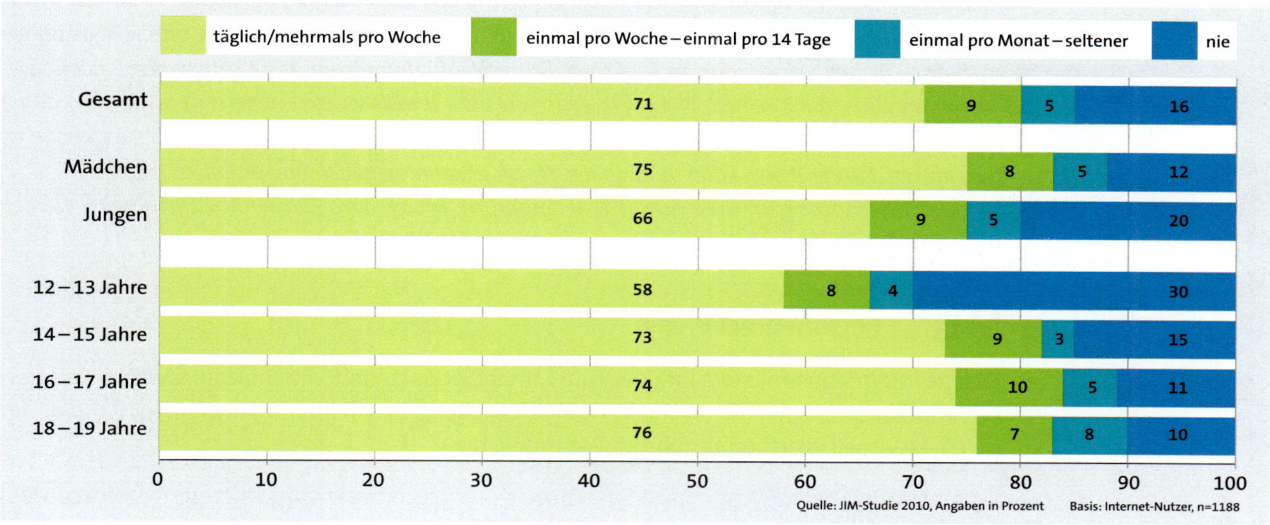

(Medienpädagogischer Forschungsverbund Südwest: JIM-Studie 2010, S. 41; www.mpfs.de)

2011 stieg der Anteil der Jugendlichen, die „täglich/mehrmals pro Woche" eine Online-Community nutzten, insgesamt auf **78%** (Mädchen **83**, Jungen **73**; 12–13 Jahre: **63**; 14–15 Jahre: **80**; 16–17 Jahre: **83**; 18–19 Jahre: **84**)

1. Erarbeitet abschnittsweise die Darstellung zu den „sozialen Netzwerken" (M13) und beantwortet – ggf. auch auf dem Hintergrund eurer eigenen Vorkenntnisse – folgende Fragen:
- Was versteht man unter einem „sozialen Netzwerk" und was bedeutet der Hinweis auf das „Web 2.0"? Welche anderen Netzwerke außer Facebook sind euch bekannt?
- Wie ist ein soziales Netzwerk aufgebaut? Welche technischen Möglichkeiten bietet es?
- Was sagt der Text über die Motive, die gerade Jugendliche zu Facebook-Nutzern werden lassen? (Z. 37ff.; vgl. Kasten S. 46 oben)
- Welche dieser Motive sind aus eurer Sicht am wichtigsten, welche weniger wichtig?
- Inwieweit spielen bei Marc und seinen vier Mitschülerinnen (s. Kasten S. 46 unten) unterschiedliche Interessen und Motive eine Rolle?

2. Beschreibt die Häufigkeit und den zeitlichen Umfang der Nutzung sozialer Netzwerke im Jahre 2010 (letzter Textabschnitt und Grafik oben) und vergleicht eure eigenen Daten mit denen der entsprechenden Altersstufe. Die Angaben beruhen auf den Ergebnissen einer repräsentativen Untersuchung, die im Internet zur Verfügung steht (Adresse in der Quellenangabe zu M13). Dort findet ihr weitere Informationen zu vielen Aspekten (z. B. zu den von Jugendlichen am meisten genutzten Netzwerken usw.).

3. Vielleicht könnt ihr durch eine kurze Befragung und Auszählung auch das Ergebnis für eure Klasse mit dem in der Grafik vergleichen.

In der Diskussion über die Nutzung sozialer Netzwerke spielt die Frage eine zentrale Rolle, wie weit man in der Darstellung der eigenen Persönlichkeit gehen sollte, wie viel „Privates" man der Netzwerk-Öffentlichkeit „preisgeben" sollte. Die beiden folgenden Materialien (M 14 und M 15) können euch dazu dienen, diese Frage an konkreten Beispielen zu diskutieren. M 14 setzt voraus, dass diejenigen von euch, die in einem Netzwerk vertreten sind, jeweils eine(n) andere(n) Schüler(in) damit beauftragen, in häuslicher Arbeit entsprechend zu recherchieren und eine Kopie des Fragebogens[1] auszufüllen. Das Ergebnis kann dann in der Klasse bekannt gegeben und diskutiert werden.
M 15 kann vollständig im Unterricht (Klassengespräch, Einzel- bzw. Partnerarbeit) erarbeitet werden (vgl. die Arbeitshinweise).

M 14 Personenrecherche

Welche Informationen findet ihr über eure Mitschülerinnen und Mitschüler in sozialen Netzwerken und anderen Seiten des World Wide Web? Recherchiert im Internet und vervollständigt (im Heft!) das Arbeitsblatt[1] so ausführlich wie möglich.

Netzrecherche über ____???____
Gefunden in folgenden Netzwerken/auf folgenden Internetseiten: ____???____

	Für wen sind die Informationen sichtbar?			
	Alle	Nur Freunde	Nicht sichtbar	Weiß nicht
Richtiger Vorname	???		???	
Richtiger Nachname		???		???
Geburtsdatum	???		???	
Freunde		???		???
Fotos	???		???	
Hobbys		???		???
Beziehungsstatus	???		???	
E-Mail-Adresse		???		???
Telefonnummer	???		???	
Postadresse		???		???
Gesamteinschätzung: Er/sie gibt im Internet nichts/wenig/einiges/viel/sehr viel von sich preis.				

(Bundeszentrale für politische Bildung [Hg.], Die Schulstunde als Talkshow. Privates im Netz?, Bonn 2010, S. 6f.; http://www.bpb.de/files/KR3GQ1.pdf, Arbeitsblatt 2)

[1] Ihr könnt den Fragebogen als Arbeitsblatt aus dem Internet ausdrucken (www.bpb.de/files/KR3GQ1.pdf, S. 19 der Broschüre „Privates im Netz?"). Formuliert und diskutiert anschließend eure jeweilige „Gesamteinschätzung".

M 15 Ist das noch privat?

Kevin hat eine besonders blöde Nachbarin. Diese schaut den ganzen Tag aus dem Fenster und beobachtet, was Kevin und seine Freunde im Garten machen. Manchmal schaut sie sogar in die Fenster von Kevins Haus hinein. Kevin stört das und sein Vater hat sich sogar schon einmal beschwert. Aber die Nachbarin meinte, schließlich sei das im Garten alles öffentlich und nicht privat. Kevins Eltern überlegen nun, einen hohen Zaun zu bauen, den sie eigentlich hässlich finden. Doch was ist das überhaupt, „privat"? Ist es privat, welches Haustier ich habe? Oder wer meine Freunde sind? Oder welche Spiele ich spiele? Oder welche Musik ich gerne höre? Oder wie oft ich meine Zähne putze? Diese Frage ist nicht einfach zu beantworten. Erwachsene sprechen übrigens gerne von der „Privatsphäre". Eine Sphäre ist ein Bereich, wie zum Beispiel eine Gaswolke, der keine klare Grenze hat. Man könnte sagen:

„Die Privatsphäre einer Person bezeichnet den Bereich, der nicht öffentlich ist, sondern der nur die eigene Person angeht."

Begriffe (für deine Liste reicht das Stichwort in Fettdruck):
Name meines **Haustiers**, mein **Vorname**, Farbe meiner **Unterwäsche**, wovor ich **Angst** habe, meine **Mathe-Note**, Namen meiner **Eltern**, ob ich **Pickel** habe, wer meine beste **Freundin/** mein bester **Freund** ist, welcher **Lehrer super** ist, wie oft ich meine **Zähne** putze, welcher **Lehrer blöd** ist, wo mein **Taschengeld** liegt, was meine beste Freundin/mein bester Freund mir im **Brief** geschrieben hat, welche **Musik** ich gerne höre, was mein **Lieblingsfilm** ist, in wen ich **verliebt** bin, wann ich **Geburtstag** habe, auf welche **Schule** ich gehe, meine **Hobbys**, wie ich mich **fühle**, **wie viele Freunde** ich habe, worüber sich meine **Eltern streiten**.

(www.klicksafe.de, Social Communities – Ein Leben im Verzeichnis, 2009, S. 33; https://www.klicksafe.de/cms/upload/user-data/pdf/klicksafe_Materialien/LH_Zusatzmodul_Social_Communities.pdf)

1. Diskutiert den Fall von Kevin in der Klasse. Was würdest du tun? Wie würden sich deine Eltern verhalten?

2. Legt in eurem Heft eine vierspaltige Liste an mit den Kategorien „auf jeden Fall privat", „nur für Freunde", „nicht eindeutig" und „kann immer öffentlich sein". Ordnet dann – jede(r) für sich – die Begriffe (s. Kasten o. r.) diesen Kategorien zu.

3. Bildet kleine Gruppen (ca. vier Personen), stellt euch gegenseitig eure Listen vor, begründet und diskutiert eure Entscheidungen über die Zuordnung der Begriffe.

M 16 Risiken und Gefahren

Internetnutzer bewegen sich in der virtuellen Welt nicht in einem geschützten Raum. Wer bewusst oder unbewusst zu freizügig mit seinen persönlichen Daten umgeht, muss mit unkalkulierbaren Folgen rechnen. Zu unterscheiden sind hier Daten, die unabsichtlich beim Surfen hinterlassen werden, *Anmeldedaten*, die bei der Registrierung für einen Dienst eingegeben werden und die normalerweise nur dem Anbieter bekannt werden, und *persönliche Informationen*, die freiwillig in den Profilen der sozialen Netzwerke preisgegeben werden.

- Beim Aufrufen von Internetseiten speichert der Webserver vom Nutzer übertragene Daten, wie zum Beispiel die Information, welche Webseiten zuvor aufgerufen wurden, welche Suchbegriffe benutzt wurden, welche Software verwendet wird und aus welchem Land der Internetnutzer stammt. In der Regel werden solche Informationen zu statistischen Zwecken gesammelt, sind aber nicht bestimmten Personen zuzuordnen.
- Aus Datenschutzgründen problematischer sind personalisierte Daten, die zum

„...KEIN SCHWEIN WEISS WER DU BIST!“

Beispiel für die Registrierung bei einem Internetdienst erforderlich sind oder die bei Gewinnspielen durch die Betreiber erhoben werden. Die Erlaubnis zur Weitergabe zum Beispiel für *Werbezwecke* lassen sich Internetanbieter oft in den allgemeinen Geschäftsbedingungen (AGB) erteilen. Es gibt jedoch auch schwarze Schafe, die sich nicht an die Gesetze halten oder als ausländischer Anbieter nicht den deutschen Gesetzen unterliegen.

- Die privaten Daten, die Nutzer freiwillig in Profilen der Online-Communitys, in Chats und Diskussionsforen veröffentlichen, sind besonders häufig von *Missbrauch* betroffen. Es gibt keine technischen Möglichkeiten, die verhindern, dass diese Daten kopiert und zweckentfremdet genutzt werden. Selbst wenn das eigene Profil aus einem sozialen Netzwerk entfernt wurde, können Informationen und Fotos später noch im Internet kursieren und auftauchen.
- Gerade unter Jugendlichen sind Fälle von **„Cybermobbing“** weit verbreitet. Typisch für Cybermobbing sind abwertende Kommentare in Gästebüchern und unter Fotos, Drohungen über E-Mail oder im Chat, die Veröffentlichung peinlicher Fotos und das Anlegen gefälschter Profile, in denen zum Beispiel ein Mitschüler als dumm, ungepflegt oder arrogant dargestellt wird. Ein Viertel der Jugendlichen kennt in seinem Bekanntenkreis Fälle von Cybermobbing (s. M 17). Mobbing ist kein Phänomen der digitalen Medien, gewinnt aber durch die Austragung der Konflikte in der Internetöffentlichkeit erheblich an Gewicht.
- Eine weitere Gefahr droht auch durch **Cybergrooming**. Bei Cybergrooming handelt es sich um das gezielte Aufbauen falscher Identitäten durch Erwachsene, mit der Absicht, in Chaträumen und Communitys Kontakt zu Kindern und Jugendlichen aufzunehmen (s. M 18). Ziel ist es, diese über ihre private Lebenssituation auszuhorchen oder zu versuchen, reale Treffen anzubahnen. Die Netzwerkbetreiber fragen zwar häufig nach dem Alter, geprüft wird es aber in den meisten Fällen nicht.

(Bundeszentrale für politische Bildung [Hg.], Die Schulstunde als Talkshow. Privates im Netz?, Bonn 2010, S. 8; http://www.bpb.de/files/KR3GQ1.pdf)

M 17 Cybermobbing

Cybermobbing, also das Beleidigen, Bedrohen oder Verunglimpfen anderer mithilfe moderner Kornmunikationsmittel, wird auch von den Jugendlichen selbst als Gefahr des Internets wahrgenommen und taucht in den unterschiedlichsten Ausprägungen und Intensitäten auf. […] Dass jemand schon einmal peinliche oder beleidigende Bilder oder Videos des Befragten im Internet verbreitet hat, bestätigen 15 % der Internetnutzer. […] In einer ähnlichen Größenordnung können die Internet-Nutzer auch darüber berichten, dass generell falsche oder beleidigende Äußerungen über die eigene Person in Umlauf gebracht wurden. […] Jeder vierte Internet-Nutzer berichtet, dass es bei Personen aus dem Freundeskreis schon Ärger gegeben hat, sei es, weil es zu Beleidigungen im Internet kam, weil Bildmaterial entweder unerlaubt eingestellt wurde oder die Betroffenen unvorteilhaft dargestellt waren. Vereinzelt kam es aber auch vor, dass nicht nur Lügen und Verunglimpfungen in Umlauf gebracht, sondern auch Fake-Accounts[1] unter falschem Namen erstellt wurden. […] Gravierender und ernster zu nehmen sind dagegen die Angaben darüber, ob das Internet innerhalb der peer group* schon dazu eingesetzt wurde, um gezielt jemanden fertigzumachen. Dies ist insgesamt bei einem knappen Viertel der Internet-Nutzer der Fall.

(Medienpädagogischer Forschungsverbund Südwest: JIM-Studie 2010 – Jugend, Information, (Multi-)Media, Stuttgart 2010, S. 48 f.; http://www.mpfs.de/fileadmin/JIM-pdf10/JIM2010.pdf; Verf.: Thomas Rathgeb, Ulrike Karg, Sabine Feierabend)

[1] Hinter Fake-Accounts steht der Nutzer nicht mit seiner realen Identität. Er legt sie z. B. bei sozialen Netzwerken zu Testzwecken an oder um Meinungen, die nicht seiner realen Person entsprechen, unter einem anderen Namen oder Spitznamen zu verbreiten. So kann man sich anonym im Netz bewegen.

M 18 Cybergrooming – Erfahrungen einer 13-jährigen „digitalen Eingeborenen"

[…] Laura (alle Namen der Jugendlichen von der Redaktion geändert) […] ist zwölf Jahre alt. Sie gehört zur Generation der Digitalen Natives, der digitalen Eingeborenen: junge Menschen, die mit dem Internet aufwachsen. Denen es selbstverständlich scheint, dass jeder Mensch ein Handy besitzt, dass man Zeitungen, wenn überhaupt, am Bildschirm liest und nach den Lösungen der Hausaufgaben googelt. Die Mehrheit dieser jungen Internetnutzer ist Mitglied bei einem sozialen Netzwerk, bei StudiVZ, MySpace oder Facebook. Die Zehn-, Zwölf- oder Vierzehnjährigen bewegen sich im Netz so selbstverständlich wie auf dem Schulhof. […]

Mit 1,9 Millionen Nutzern ist Jappy eines der kleineren sozialen Netzwerke, doch die Plattform ist vor allem bei jüngeren Nutzern beliebt. Viele Freunde von Laura haben sich dort ein Profil erstellt. Auch Johanna, Lauras beste Freundin. Sie ist 13 Jahre alt und schon fast zwei Jahre Mitglied. […] Aufgebaut ist das Jappy-Netzwerk wie eine Kontaktbörse. Bereits die Startseite verweist auf Profile anderer Nutzer, sortiert nach Alter und Geschlecht. Johannas Profil gibt Auskunft über ihre Hobbys, ihre Haarfarbe und Figur. Es ist für jedermann einsehbar. Sie hat mehrere Fotos auf ihre Seite geladen: Johanna im Bikini am Strand, Johannas kleiner Bruder im Garten und die Bilder von der letzten Klassenfahrt. Viel Spaß mache ihr Jappy, sagt Johanna, man könne sich dort wunderbar die Zeit vertreiben. Genau das ist das Geschäftsprinzip. Je länger die Nutzer bleiben, desto interessanter sind sie für die Werbekunden von Jappy; damit verdient die Firma ihr Geld. […]

Manchmal allerdings gebe es auch diese seltsamen Nachrichten, sagt Johanna. Fremde Männer schrieben ihr dann „komisches Zeug", zu ihrem Bikini-Foto zum Beispiel. Ihren Freundinnen passiere das auch ab und zu. Cyber-Grooming lautet das Fachwort für sexuelle Anmache im Internet […]. Wie verbreitet das Grooming ist, zeigt ein Selbstversuch: Wer sich als 14-jähriges Mädchen bei Jappy anmeldet, wird innerhalb weniger Stunden mit eindeutigen Anfragen konfrontiert. Männer um die 40 fragen nach sexuellen Vorlieben, schlagen Telefongespräche vor oder schicken Nacktfotos. [...]

Lehrer und Eltern bekommen von all dem selten etwas mit: Laut EU-Studie haben über die Hälfte der Eltern jener Kinder, die schon einmal verletzende oder sexuelle Onlinenachrichten bekommen haben, nichts davon gewusst. Die Digital Natives lernen früh, dass sie ganz auf sich gestellt sind. Ihre Eltern und Lehrer gehören einer Generation an, die nicht mit Computer und Internet aufgewachsen ist. Ihnen fehlen oft selbst grundlegende Informationen über die neuesten Onlineentwicklungen und darüber, wie sich Kinder im Netz verhalten. [...]

(Friederike Maria Schröter, Allein auf dem virtuellen Pausenhof, in: DIE ZEIT Nr. 47 v. 18.11.2010)

1. In M16 wird im Hinblick auf die Risiken bei der Internet-Nutzung zwischen drei Arten von Daten unterschieden. Erläutert diese Unterscheidung und macht euch vor allem klar, worin das besondere Risiko bei der Nutzung sozialer Netzwerke besteht.

2. Beschreibt die Darstellung der Karikatur (S. 50 o.), erläutert, was der Zeichner damit zum Ausdruck bringen will, und nehmt dazu Stellung.

3. Den Abschnitt über die Gefahr des „Cybermobbing" könnt ihr zusammen mit M17, den über „Cybergrooming" zusammen mit M18 erarbeiten.

a) Erläutert die verschiedenen Formen des Cybermobbing, seine Verbreitung unter jugendlichen Internet-Nutzern (M17) und berichtet im Vergleich damit über eure eigenen Erfahrungen bzw. die eurer Bekannten und Freunde. Nähere Einzelheiten findet ihr ggf. unter der zur Quelle von M17 angegebenen Internetadresse.

b) Erklärt den Begriff des „Cybergrooming" und erläutert die Bedeutung dieses Problems für Jugendliche (M16, Z. 65ff.).

Analysiert dazu den Bericht über die 13-jährige Johanna (M18) und nehmt dazu Stellung.

- Wie beurteilt ihr – ggf. aus eigener Kenntnis heraus – Jugendliche, die den Typ des „Digital Native" verkörpern?
- Inwieweit ist Johanna für ihre Erfahrung mit „komischem Zeug" selbst verantwortlich?
- Sollten eurer Beurteilung nach Jugendliche ihre Eltern (oder Lehrer) über ihre problematischen Erfahrungen informieren oder nicht? Begründet eure Entscheidung.

M19 klicksafe-Tipps für Jugendliche

Du findest, das Internet ist 'ne verdammt großartige Sache, weißt aber manchmal nicht, wie du mit den vielen Informationen und Möglichkeiten, die das WWW bietet, zurechtkommen sollst? Außerdem bist du ab und zu verunsichert darüber, wie viel du in Chats und Foren über dich erzählen darfst? Und du hast auch schon Sachen im Internet gesehen, die dich beunruhigt haben? Wir haben zu diesen und anderen Themen ein paar Tipps zusammengestellt, die dich zu einem echt fähigen Netzspezialisten machen!

Dein klicksafe-Team

1 Verhalte dich fair im Internet.
Es ist nicht in Ordnung, jemanden zu beleidigen, indem man falsche oder fiese Sachen über diese Person in Foren, Chats oder per SMS verbreitet. Auch peinliche oder brutale Filme, die per Handy aufgenommen und auf Videoportale wie YouTube gestellt werden, sind alles andere als lustig. Solltest du selbst schon mal so etwas erlebt oder mitbekommen haben – der Fachausdruck dafür ist „Cyberbullying" –, dann trau dich und sprich mit jemandem (z. B. deinen Eltern, Lehrern, ...) darüber. Du hast auch die Möglichkeit einer Anzeige, denn es ist strafbar, andere gezielt fertigzumachen. Infomaterial zu Cyberbullying findest du unter www.servicebureau.de/publication.php

2 Sei misstrauisch gegenüber Behauptungen, die du im Netz findest.
Ins Internet kann jeder etwas reinschreiben und das muss nicht immer richtig sein. Man sieht oft nicht, woher die Informationen stammen oder wer sie eingestellt hat. Das größte und beliebteste Online-Nachschlagewerk www.wikipedia.de liefert viele interessante Informationen, sei aber auch hier kritisch. Oftmals hilft es, Informationen aus dem Internet mit Büchern zu vergleichen, die das gleiche Thema behandeln. Erst dann kannst du dir sicher sein, dass die Infos wahr sind, und sie zum Beispiel für die Schule verwenden. Gute Suchmaschinen und Links findest du unter www.klicktipps.net.

3 Triff dich niemals alleine mit Menschen, die du im Chat, in einer Social Community oder per Instant Messenger kennengelernt und noch nie zuvor gesehen hast. Du kannst einfach nicht wissen, wer die Person vor dem anderen Bildschirm ist, mit der du gerade in Kontakt bist. Die 13-jährige Lisa kann in Wirklichkeit der 60-jährige Dietmar oder der 17-jährige Alex sein. Wenn du dich mit einem fremden Menschen treffen möchtest, nimm immer einen Erwachsenen mit. Weitere Infos gibt es unter www.chatten-ohne-risiko.net!

4 Gib nie deine persönlichen Daten (Name, Adresse, Telefonnummer, Fotos oder Passwörter) im Internet weiter.
Oft weiß man nicht, was mit ihnen passiert. Wenn du dir aber zum Beispiel ein Profil in einer Community wie z. B. schülerVZ einrichten willst, dann stelle das Profil auf jeden Fall so ein, dass nur deine Freunde es anschauen können. Wichtig: Achte immer darauf, was du im weltweiten Netz von dir preisgibst. Du solltest auch deine Eltern darüber informieren, dass du in einer Social Communily Mitglied bist. Es gibt auf solchen Portalen auch spezielle Infoseiten für deine Eltern.

5 Angebote im Internet, die toll und kostenlos ausschauen, können richtig viel Geld kosten.
Stell dir vor, du hast im Internet eine Webseite mit tollen Hits, Displays oder Klingeltönen fürs Handy entdeckt. Plötzlich sollst du deine Handynummer eingeben. Pass hier unbedingt auf. Den Preis sieht man oft gar nicht, weil der ganz klein irgendwo steht. Auch bei Abonnements für Hausaufgabenseiten musst du vorsichtig sein und am besten einen Erwachsenen dazuholen.

(Internet-Tipps für Jugendliche, Hg.: klicksafe, Landeszentrale für Medien und Kommunikation [LMK] Rheinland-Pfalz, 5. Aufl. Nov. 2011, S. 50 ff.; gekürzt; http://www.klicksafe.de)

1. Informiert euch über die Empfehlungen zur Vermeidung von Risiken und Gefahren der Internetnutzung. Diskutiert – ggf. auf dem Hintergrund eurer eigenen Kenntnisse und Erfahrungen – die einzelnen Tipps.

2. Unter www.klicksafe.de findet ihr weitere nützliche Hinweise (zum Umgang mit E-Mails, zum Herunterladen von Musik und Videos sowie zur Veröffentlichung von Fotos). Speziell für Probleme, die bei der Nutzung sozialer Netzwerke entstehen können, bietet – neben einem Flyer von klicksafe (http://www.klicksafe.de/themen/datenschutz/) – die von der Stadt Hamburg herausgegebene Broschüre „Ich suche Dich. Wer bist Du?" (http://www.hamburg.de/contentblob/2119788/data/flyer-ich-suche-dich.pdf).

Abb. 1

Abb. 2

M 20 Facebook gerät in die Kritik

M 20 a „Daten sind Waren"

Das Internet ist zu einem Paradies für die Datensammler der Werbewirtschaft geworden. Auf Schritt und Tritt stehen die Netzbürger unter Beobachtung – Computer durchleuchten das digitale Ich, um seine Wünsche, Sorgen und Absichten zu ergründen. Ist die Privatsphäre noch zu retten?

In jeder Sekunde, ticketitack, gewinnt Facebook sechs Mitglieder; am Ende jedes Tages sind, grob geschätzt, wieder eine halbe Million hinzugekommen.

Und kaum einer von all den erwartungsfrohen Neubürgern ahnt, dass er bei dem sozialen Netzwerk nun gleichsam Schulden hat. Weil für Facebook jeder Nutzer 100 Dollar wert ist. Weil der Nutzer zum Wirtschaftsgut geworden ist und diese 100 Dollar einspielen muss. Er kann seine Geheimnisse, seine Sehnsüchte, seine Daten herausrücken, er muss sich offenbaren, er sollte nur den naiven Gedanken aufgeben, die Segnungen von Facebook seien kostenlos zu haben; denn er muss eine Menge abwerfen, damit sich das Projekt „Eine Welt voller Freunde", das Lebenswerk des Mark Zuckerberg, auch rentiert. […]

Denn Facebook weiß nun mal mehr über seine Kunden als jeder Staat über seine Bürger: Facebook kennt ihre Freunde, den Aufenthaltsort, Facebook kennt sexuelle und sonstige Vorlieben, die ganzen, komplexen Lebensumstände.

Und all die Daten und Lebensspuren der Netzbürger sind wertvoll in doppelter Hinsicht. Sie sind Informationen, manchmal Nachrichten, Facebook enthüllt viele Geheimnisse. Und sie sind Waren. Darum sind sie für die Jagd nach Verbrechern so nützlich wie für die Jagd auf Kunden, wie sie die Werbewirtschaft erträumt. Wer herausfindet, wonach den Leuten der Sinn steht, was ihnen Sorgen oder Lust bereitet, kann mit den Befunden viel Geld verdienen.

(Manfred Dworschak: Im Netz der Späher, in: DER SPIEGEL Nr. 2/2011 v. 10.1.2011, S. 114; http://www.spiegel.de/spiegel/print/d-76229521.html)

[…] Je mehr Facebook über seine Nutzer weiß, desto mehr Dollar sind sie Werbewirtschaft und Industrie wert. Das ist Facebooks Werbemacht. Das macht den Konzern so wertvoll. Google weiß zwar auch, welche Produkte die Menschen im Internet ansteuern, und kann daher etwa Anzeigen für Windeln exakt auf die Bildschirme schicken, deren Nutzer sich häufig in Babyforen herumtreiben. Oder Anzeigen für Partnervermittlung an Nutzer, die im Internet immer nur Single-Portionen bestellen. Facebook aber hat die Menschen dazu gebracht, mit einem Klick auf den „Gefällt mir"-Button direkt zu verstehen zu geben, was sie mögen und was nicht – und kann daher seine Werbekunden noch genauer bedienen als Google. […]

(Auszug aus: Die fanatischen Vier, Verf.: Philip Bethge u. a., in: DER SPIEGEL Nr. 49 v. 5.12.2011, S. 76)

M 20 b Was mit den Daten wirklich passiert

800 Mio. Nutzer hat Internet-Gigant Facebook – und sieht sich jetzt von einem jungen Studenten herausgefordert!

Max Schrems (23) aus Wien fand einen Weg, Facebook zu zwingen, seine persönlichen Nutzerdaten herauszugeben. Seine Datenauflistung, von Facebook auf CD gebrannt und zugeschickt, umfasste 1200 A-4-Seiten! „Nachrichten, Profileinträge, Chatprotokolle aus den letzten drei Jahren – nichts war gelöscht worden!" Für ein Studienprojekt hatte Schrems Facebook analysiert und herausgefunden: Facebook speichert tatsächlich die Aktivitäten seiner

Nutzer – über Jahre, auch wenn der Nutzer glaubt, sie gelöscht zu haben (z. B. einen Profileintrag entfernt hat). Weil Facebook seine Europa-Aktivitäten über eine Tochterfirma in Irland führt, können sich Nutzer auf irisches und europäisches Datenschutzrecht berufen. Jeder Facebook-Nutzer hat danach das Recht, eine Kopie der Daten anzufordern, die Facebook über ihn gespeichert hat. Nutzern, die auch ihre Daten einsehen wollen, rät Schrems: „Beharrlich sein, nicht abwimmeln lassen. Das Recht ist auf Ihrer Seite!" Schrems hat bei der zuständigen irischen Datenschutzbehörde 22 Anzeigen gegen Facebook erstattet – nun muss geprüft werden, ob Rechtsverstöße vorliegen. Sein Facebook-Profil will er behalten, fordert aber mehr Transparenz und Macht für die Nutzer.

(http://www.bild.de/digital/internet/facebook/student-deckt-auf-was-wirklich-mit-den-daten-passiert-20203562.bild.html; 29.9.2011)

Verbraucherministerin Ilse Aigner (CSU) geht mit dem Internetkonzern Facebook hart ins Gericht. Das Angebot des Facebook-Managements an die weltweit mehr als 800 Millionen Nutzer, ihr gesamtes Leben künftig in einer „Timeline" zu veröffentlichen, sei „absurd", kritisierte sie im Interview mit dem Handelsblatt. „Die Aufforderung von Facebook, die letzten Datenlücken im Internet schnell zu schließen, ist genau das Gegenteil dessen, was wir unter Medienkompetenz verstehen, nämlich sparsam mit persönlichen Daten umzugehen." Hintergrund von Aigners Kritik ist die von Facebook geplante kommerzielle Nutzung der Lebensdaten.
Die Ministerin will jetzt in Europa für einen strengeren Datenschutz eintreten. Ihr Ziel sei „ein besserer Schutz der persönlichen Daten der Verbraucher – unabhängig davon, in welchem EU-Land sie leben oder in welchem Land die Unternehmen, die ihre Daten verarbeiten, ihren Sitz haben". Wer sich daran nicht halte, solle „keine Geschäfte mehr in unserem Binnenmarkt machen".

(Daniel Delhaes, in: Handelsblatt v. 28.12.2011, S. 1)

1. Erläutert mit eigenen Worten den Hinweis, dass jeder Facebook-Nutzer „100 Dollar wert ist", weil er „zum Wirtschaftsgut geworden ist" (M 20 a). Erklärt dazu den im letzten Abschnitt (Z. 33 ff.) formulierten Zusammenhang zwischen Kundendaten, Werbewirtschaft und Facebook-Gewinnen.

2. Beschreibt die beiden Abbildungen (S. 54), klärt, was sie zum Ausdruck bringen wollen, und nehmt dazu Stellung.

3. Überlegt: Sollte man die „Unersättlichkeit" (s. Abb. 1) von Facebook überhaupt kritisieren? Fördert die „Facebook-Ökonomie" nicht die Wirtschaftsentwicklung in Deutschland? Warum sind „Verbraucherschützer entsetzt" (Schlagzeile der Süddeutschen Zeitung v. 9.6.2011)?

4. Beschreibt, was die „Bild"-Zeitung im September 2011 dazu veranlasste, von einem „Skandal bei Facebook" zu reden (M 20 b).
- Was hat der österreichische Student aufgedeckt? Worin lag der Skandal?
- Warum ist es für deutsche Facebook-Nutzer schwer, Rechtsansprüche gegen Facebook geltend zu machen?

5. Wie beurteilt ihr die beschriebene Praxis von Facebook und die Initiative der deutschen Verbraucherministerin (s. Kasten o.)?

Kompetenzcheck

Bewerte die Aussagen 1 bis 4 sowie 10 und 11 als „richtig" oder „falsch" und begründe deine jeweilige Entscheidung.
Löse die übrigen Aufgaben entsprechend den jeweiligen Arbeitshinweisen.

1. Als „Neue Medien" bezeichnet man Medien (z.B. Handys, Fernseher, Computer), die man sich vor nicht mehr als drei Jahren neu angeschafft hat.
2. Die Nutzung (täglich/mehrmals pro Woche) von Handy, Internet und Fernseher liegt bei 12- bis 19-jährigen Jugendlichen fast gleich hoch.
3. Jungen beschäftigen sich deutlich häufiger mit Büchern als Mädchen.
4. Vor rd. 15 Jahren haben nur 5 % der 12- bis 19-Jährigen das Internet genutzt, heute sind es über 90 %.
5. Bringe die folgenden Begriffe, die den Weg von einem Ereignis zum Zeitungsleser markieren, in die richtige Reihenfolge: Zeitungsredaktion, Reporter/Informant, Nachrichtenagentur, Zeitungsleser.
6. Erläutere den Begriff „GUN-Prinzip" und die Aussage „Journalisten sind Schleusenwärter".
7. Erkläre den Unterschied zwischen einer „Nachricht" und einem „Kommentar" und begründe, warum in einer guten Zeitung zwischen diesen beiden Textsorten klar unterschieden werden sollte.
8. Die Massenmedien haben in einer Demokratie die Aufgabe, die Öffentlichkeit über die politischen Ereignisse sachlich zu informieren, aber nicht, politische Entscheidungen und Politiker zu kritisieren und die persönliche Meinung der Journalisten zu verbreiten.
9. Benenne einige Merkmale, durch welche sich Boulevardzeitungen von anderen Tageszeitungen unterscheiden.
10. Als „soziale Netzwerke" bezeichnet man Freundesgruppen von Jugendlichen („Cliquen"), die sich in ihrer Freizeit zu gemeinsamen Unternehmungen (Diskobesuch, Kino usw.) treffen.
11. 12- bis 19-jährige Jugendliche verbringen täglich durchschnittlich mehr als zwei Stunden im Internet.
12. Erkläre den Begriff „Cybergrooming".
13. Beschreibe die Darstellung der beiden folgenden Karikaturen und erläutere, auf welche Themen (welche Materialien) des Kapitels sie sich jeweils beziehen und was sie dazu zum Ausdruck bringen wollen. Wie beurteilst du die jeweilige Aussageabsicht? – Was man bei der Analyse von Karikaturen grundsätzlich beachten soll, findest du ggf. im Anhang, S. 521 ff.

14. Untersuche die folgende Grafik zu den Motiven und Einstellungen Jugendlicher (12 bis 19 Jahre) zur Nutzung von „Communities“ wie z. B. Facebook oder schülerVZ und bewerte die einzelnen Aussagen aus deiner Sicht. Welche sind ggf. für dich persönlich maßgeblich, welche weniger oder gar nicht? Begründe deine Beurteilung.

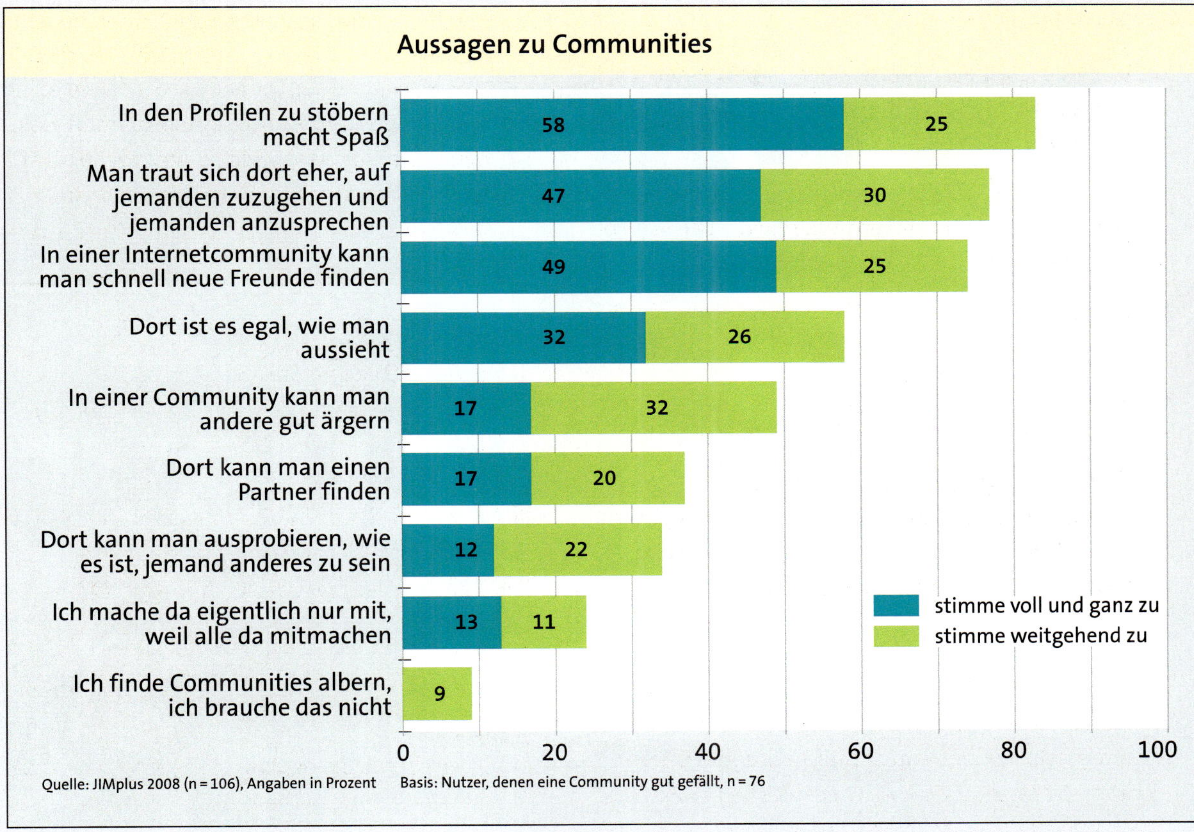

(http://mpfs-neu.de.server422-han.de-nserver.de/fileadmin/JIM-pdf08/JIM08_50.pdf; JIMplus 2008; www.mpfs.de)

AUSVERK

HILGERS
Umschlagbahnhof
DB
CRONOS
RINNE
HOYER GROUP

3

Was leistet der Markt? – Wie Märkte und Preise den Wirtschaftsprozess lenken

Zur Orientierung

Die Wirtschaft eines Landes ist ein fast unüberschaubarer Bereich. In Deutschland treffen Millionen Menschen tagtäglich unzählige Entscheidungen, die mit der Herstellung, dem Verkauf und dem Kauf von Gütern zu tun haben, und man kann sich fragen, wie das alles so ineinandergreift und aufeinander abgestimmt ist, dass es funktioniert und nicht etwa zu einem Chaos führt. Welche grundsätzlichen Fragen in einer Wirtschaft geregelt werden müssen und wie das im Prinzip geschehen kann, das erfahrt ihr im ***ersten Abschnitt*** *des Kapitels.*

In einem ***zweiten Abschnitt*** *gehen wir der Frage nach, was man eigentlich unter einem „Markt" zu verstehen hat, inwiefern es ganz unterschiedliche Märkte gibt und sie dennoch alle etwas gemeinsam haben.*

Wer bestimmt, wie teuer etwas ist? Wie entstehen Preise auf den Märkten und warum funktioniert der Preisbildungsmechanismus manchmal nicht so, wie er eigentlich soll? Auf diese Fragen wollen wir im ***dritten Abschnitt*** *eingehen.*

Wie man sich über die unzähligen wirtschaftlichen Einzelaktionen von Menschen in Haushalten und Betrieben und deren wirtschaftliche Beziehungen zueinander einen Überblick verschaffen kann, das wollen wir in einem ***vierten Abschnitt*** *anhand eines Modells, des Modells des „Wirtschaftskreislaufs", verdeutlichen.*

Kompetenzen

Nach der Erarbeitung dieses Kapitels solltet ihr Folgendes wissen und können:

- erläutern, welche Aufgaben jede Wirtschaftsordnung lösen muss;
- begründen, warum das Knappheitsproblem der Ursprung wirtschaftlichen Handelns ist;
- erläutern, was „Opportunitätskosten" sind und wann sie entstehen;
- erläutern, was man unter einem „Markt" versteht und was allen Märkten gemein ist;
- einen computerunterstützten Vortrag halten;
- erklären, wie Preise entstehen (sollen), und erläutern, warum in der Realität manchmal die Preisbildung nicht so verläuft, wie in der Theorie angenommen wird;
- begründen, warum Wettbewerb in der Wirtschaft so wichtig ist;
- eine „Markterkundung" durchführen;
- das Modell des „Wirtschaftkreislaufs" erläutern und darlegen, was bei der Arbeit mit Modellen zu beachten ist.

1. Wer regelt die Wirtschaft?

M1 Die drei großen Fragezeichen der Wirtschaft

Wovon hängt es ab, was du oder deine Eltern morgen im Supermarkt kaufen können? Wer hat denn eigentlich entschieden, was dort angeboten wird? Für diese und ähnliche Fragen haben Wissenschaftler, die sich mit dem beschäftigen, was in der Wirtschaft geschieht, Antworten gesucht und auch gefunden. Die Ökonomen, so heißen diese Wissenschaftler, meinen, jedes Land auf der Welt muss für sich „die drei großen Fragen“ der Wirtschaft beantworten. Diese Fragen lauten:

1. Was und wie viel soll von einer Sache hergestellt und angeboten werden?

Mit dieser Frage schlagen sich Betriebe wie die Bäckerei herum – Kuchen oder Brot? – genauso wie andere Unternehmen oder Regierungen rund um den Globus: Soll Erdöl für die Herstellung von Benzin genommen werden oder für die Produktion von Plastikblumen? Soll aus Stahl ein Auto werden oder ein Taschenmesser? Soll auf dem Grundstück in der Innenstadt eine Schule, eine Bank oder eine Diskothek gebaut werden?

2. Wer übernimmt die Herstellung?

Der Bäcker oder die Brotfabrik? Japan oder Deutschland? Brasilien oder Mecklenburg-Vorpommern? Die Regierung oder der Privatmann?

3. Wie kann alles verteilt werden? Wer kriegt wie viel von was?

Diese Fragen zu beantworten ist nicht einfach! Wer soll die Entscheidungen treffen? Was muss dabei beachtet werden und welche Folgen haben die getroffenen Entscheidungen? Mit diesen Fragen wollen wir uns in den nächsten Materialien beschäftigen.

Ausgangspunkt für jegliches wirtschaftliche Handeln – so meinen die Ökonomen – sind Tatsachen, die du auch schon oft genug am eigenen Leibe gespürt hast. Das sollen dir die nächsten Materialien vor Augen führen!

(Autorentext nach: Winand von Petersdorff, Das Geld reicht nie, Ein Wirtschaftsbuch für Jugendliche, Frankfurter Allgemeine Buch, Frankfurt am Main 2007, S. 12f.)

M2 Von der Knappheit und den Kosten

a) Von allem gibt es immer zu wenig

Meine Tochter Ella hat ein Problem. Jede Woche besucht sie einmal den Klarinettenunterricht und dreimal das Basketballtraining. Als Schülerin muss sie Hausaufgaben machen. Hin und wieder soll sie im Haushalt helfen. Schließlich braucht sie Zeit zum Chillen, zum Chatten, zum Shoppen und um sich mit Freunden zu treffen. Sie würde gerne zusätzlich noch Saxophon lernen, Gesangsstunden nehmen, bei einer Musicalaufführung mitmachen, regelmäßig reiten, schwimmen und öfter ausschlafen. Ella bräuchte für ihr Wunschprogramm doppelt so viel **Zeit**, wie sie hat.

Auch mehr **Geld** wäre nötig, denn Reitstunden sind nicht umsonst. Und ein Chauffeur wäre nicht schlecht, der sie

schnell zu ihren Terminen bringt. Meistens sind die Wünsche einer Person größer als ihre Fähigkeiten und Mittel, diese zu erfüllen. **Knappheit** nennen das die Leute, die sich mit Wirtschaft wissenschaftlich befassen.

Meine 16-jährige Tochter hat also genau dieses Knappheitsproblem: Ihr fehlen Zeit und Geld. Sie ist damit ein ganz normaler Mensch. Alle Menschen wollen immer mehr von irgendetwas: mehr Zeit, mehr Schnitzel, mehr Cola, mehr Autos, mehr Gesundheit, mehr Liebe, mehr Benzin, mehr saubere Luft, mehr Ferien, mehr Tickets für das Champions-League-Finale oder mehr Schokolade.

Wie dieses Problem meiner Tochter und all ihrer Mitmenschen am besten gelöst oder zumindest behandelt werden kann, davon handelt die Wirtschaft.

b) Kuchen statt Brötchen oder: Was kostet die Welt?

Knappheit zwingt dazu, Entscheidungen zu treffen. Wenn Ella das Basketballtraining besucht, dann fehlt ihr die Zeit an anderer Stelle. Wenn sie einmal in der Woche zu H & M geht, spart sie nicht genügend Geld für einen iPod. **Jede Entscheidung für irgendetwas kostet.** Und das ist schon einer der wichtigsten Gedanken der Wirtschaftwissenschaft – oder der Ökonomie, wie sie auch genannt wird. Wir denken uns in eine Bäckerei hinein, die genau 50 Kilogramm Mehl und ein paar andere Zutaten im Lager hat. Der Bäcker hat zwei Möglichkeiten, das Mehl zu verbacken: Brot oder Kuchen. Die Entscheidung hat schwerwiegende Folgen: Mit jedem Kuchen, den er backt, kann er weniger Brot backen. Und umgekehrt.

Das ist ein Resultat des Mangels. Mehl ist nicht unendlich vorhanden. Zeit auch nicht. Deswegen erfordert die Entscheidung gleichzeitig einen Verzicht. Einfacher gesagt: Jede Wahl kostet. Die Ökonomen sagen: **Jede Entscheidung erzeugt „Opportunitätskosten"**, Kosten für etwas, was in der gegenwärtigen Situation „opportun" (lat.: zweckmäßig, angebracht) ist. Mit diesem Wort meinen sie nicht unbedingt Geldbeträge. Kosten sind in einem umfas-

(Ökonomisches Institut der Universität Oldenburg)

senderen Sinn gemeint: Sie bezeichnen den Wert einer entgangenen Möglichkeit [des Nutzens, den ein anderes, nicht gewähltes Gut erbracht hätte].
Ein anderes Beispiel verdeutlicht das: Ein Schüler will sich auf eine Mathematikprüfung am nächsten Tag vorbereiten. Die Vorbereitung kostet ihn einen Teil seines Nachtschlafes. Außerdem muss er seiner Freundin absagen, mit der er verabredet war. Ein guter Schlaf und ein Treffen mit der Freundin sind die Opportunitätskosten des Mathelernens. Ist die Freundin nachtragend und schlecht gelaunt beim nächsten Rendezvous, vergrößern sich die Opportunitätskosten des Schülers noch. In anderen Worten: Die Kosten entstehen, weil man sich entscheiden muss, weil man nicht alles haben kann: Das Leben ist kein Kindergeburtstag, kein Wunschkonzert. Es ist eben nicht alles unendlich vorhanden.

(Winand von Petersdorff, Das Geld reicht nie, Ein Wirtschaftsbuch für Jugendliche, Frankfurter Allgemeine Buch, Frankfurt am Main 2007, S. 9ff.)

1. Erläutert die „drei großen Fragen“ einer Wirtschaft – ggf. auch mit weiteren Beispielen – und begründet, warum jede Wirtschaft eines Landes diese Fragen beantworten muss.

2. Am Beispiel der Tochter Ella werden das „Knappheitsproblem“ und die „Opportunitätskosten“ (M 2 a und b) verdeutlicht. Wie sähen die Texte aus, wenn du als Beispielperson hättest herhalten müssen? Schreibe die Texte so um, dass diese beiden Sachverhalte mit deinen persönlichen Beispielen erklärt werden können. Also: Unter welchen Knappheitsproblemen leidest du und wie sehen deine persönlichen Opportunitätskosten aus?

3. Knappheitsproblem und Opportunitätskosten werden auch als „Triebfeder[1] wirtschaftlichen Handelns“ angesehen. Begründet, warum man das so sehen kann.

[1] **„Triebfeder“** ist ein Begriff aus dem technischen Bereich: Das ist eine Feder, die etwas zum Antrieb bringt, z. B. in einem Uhrwerk. Der Begriff wird aber sehr häufig auch im übertragenen Sinne verwendet, und zwar im Sinne von Anlass, Ursache, Grund.

M 3 Die „drei großen Fragen“ und mögliche Antworten

Du kannst natürlich für dich selbst entscheiden, wofür du deine Kraft und Energie einsetzen willst, worauf du verzichten willst, weil du vielleicht anderes bevorzugst. Aber wie soll in einem großen Land dafür gesorgt werden, dass mit allem, was knapp ist, sorgsam umgegangen wird und eine sinnvolle Verteilung erfolgt, ohne dass ein Chaos entsteht und alle Menschen weitgehend zufrieden sind? In der Vergangenheit haben sich als ernst zu nehmende Möglichkeiten, diese Fragen zu beantworten, hauptsächlich **zwei** herausgestellt:

Entweder bestimmt der **Staat**, wer welches Getreide anbaut, wie viel Mehl und Brot gebacken wird und wie es verteilt wird. Das nennt man ***Planwirtschaft***; denn es muss langfristig geplant werden, was die Menschen in einem Land wohl brauchen. Diese Aufgabe muss eine zentrale Planungsbehörde übernehmen. Doch man hat festgestellt – z. B. auch in der ehemaligen DDR* (Deutsche Demokratische Republik) –, dass solche zentralen Planungsbehörden es nicht so gut geschafft haben, die Menschen eines Landes mit allem zur rechten Zeit zu versorgen. Bis 1990 herrschten in Osteuropa Planwirtschafts-Systeme, die aber aus vielen Gründen scheiterten.

Die meisten haben auf ein anderes System umgeschaltet: das System der ***Marktwirtschaft***. Das ist die

zweite Möglichkeit, die Menschen mit den gewünschten Gütern und Dienstleistungen (z. B. Friseurbesuch) zu versorgen.
Die ganze Welt wird als Marktplatz angesehen, auf dem Käufer und Verkäufer sich treffen und Preise für Dinge aushandeln, die sie kaufen und verkaufen wollen.

(Autorentext nach: Winand von Petersdorff, Das Geld reicht nie, Ein Wirtschaftsbuch für Jugendliche, Frankfurter Allgemeine Buch, Frankfurt am Main 2007, S. 14 ff.)

1. Erläutert anhand von M 3 die beiden unterschiedlichen Prinzipien einer planwirtschaftlich und einer marktwirtschaftlich organisierten Wirtschaft.

2. In M 3 werden euch zwei Möglichkeiten zur Beantwortung der drei großen Fragen vorgestellt. Wir stellen euch in M 7 das System der Marktwirtschaft etwas näher vor. Im Band für die Jahrgangsstufe 9 erfahrt ihr noch mehr darüber und auch über das System der Planwirtschaft, das heute eigentlich nur noch in Nordkorea und Kuba herrscht. Wer schon jetzt mehr darüber erfahren möchte, kann z. B. in den im Internet zur Verfügung stehenden Lexika der Bundeszentrale für politische Bildung (z. B. im „Lexikon der Wirtschaft") nachschlagen (ht tp://www.bpb.de/nachschlagen/lexika/lexikon-der-wirtschaft).

2. Was alle Märkte gemeinsam haben

Im Band 5/6 von „Politik/Wirtschaft" habt ihr bereits gelernt, wie wichtig es für die Menschen war, dass sich Märkte entwickelten, auf denen sie handeln konnten. Sie boten Dinge zum Verkauf an und konnten dort auch Waren kaufen, die sie selbst dringend benötigten.
Diese jahrhundertealten (Wochen-)Märkte gibt es zwar immer noch (s. Foto S. 58 und M 7), aber mittlerweile haben sich ganz viele unterschiedliche Märkte herausgebildet. Aber alle haben ganz bestimmte Elemente gemeinsam! Wann spricht man überhaupt von einem „Markt" und was findet dort eigentlich statt? Darüber sollt ihr etwas in den nächsten Materialien erfahren.

M 4 Was ist ein Markt?

Wer trifft sich auf einem Markt?

Da Menschen nicht alles selbst herstellen können oder zur Verfügung haben, was sie möchten, suchen sie Gelegenheiten, es zu erwerben. Und wenn sie Menschen finden, die das Gesuchte anbieten und verkaufen wollen, treffen sich die Käufer (**Nachfrager**) und die Verkäufer (**Anbieter**), um ihre Geschäfte zu tätigen. Damit ist schon ein Markt entstanden:
Es treffen sich Menschen, die bestimmte Güter haben wollen, um sie zu gebrauchen oder zu konsumieren (**Konsumenten**), und Menschen, die diese Güter anbieten und hergestellt haben (**Produzenten**). Andere haben zwar keine Güter hergestellt, die sie verkaufen können, müssen aber auch Geld verdienen, um leben zu können, und sie bieten deshalb ihre Dienstleistungen oder ihre Arbeitskraft an. Anbieter auf einem Markt wollen so hohe Preise wie möglich erzielen, um auch möglichst viel zu verdienen. Die Nachfrager wollen qualitativ hochwertige Produkte zu einem günstigen Preis kaufen.

Und wenn sich beide einig geworden sind, dann wechselt der Eigentümer. Der neue Besitzer darf über das erworbene Gut so verfügen, wie er es möchte, und der „Verkäufer" darf mit dem Geld des Käufers wieder andere Güter kaufen. Die Wirtschaftswissenschaftler sagen: *„Die Verfügungsrechte über die Güter sind getauscht worden".*

Wo befinden sich Märkte?

Nun finden solche Tauschaktionen nicht nur an ganz konkreten Orten statt. Sehr viele Märkte sind überhaupt gar *nicht an einen geografischen Ort* gebunden. Der Ort, wo sich Anbieter und Nachfrager austauschen über ihre Angebote und Kaufwünsche, ist manchmal eher als ein Treffpunkt in Gedanken zu verstehen oder im Internet. Das muss nicht auf einem Wochenmarkt sein oder in einem Supermarkt. Auch dort, wo zwei Personen z. B. am Telefon ein Geschäft tätigen, entsteht ein Markt. Wenn ein Jubilar zu seinem 30. Geburtstag eine Sängerin auftreten lassen will, die von einer Band begleitet wird, und er deshalb bei einer Künstleragentur anruft und am Telefon die Sängerin engagiert, hat eine Tauschaktion stattgefunden, ohne dass sich Personen gegenübergestanden haben. Oder wenn jemand im Internet seine alten DVDs anbietet und dafür einen Käufer findet, der diese per Mausklick bestellt, hat eine Tauschaktion stattgefunden, ohne dass sich Käufer und Verkäufer gegenübergestanden haben. *Ein **Markt** ist also **kein konkreter Ort**, sondern eher **ein Verfahren, ein Mechanismus**, mit dem in einer arbeitsteiligen Wirtschaft Güter gegen Geld getauscht werden.*

Was wird auf Märkten angeboten, was wird auf Märkten nachgefragt?

Da können **Sachgüter** gehandelt werden (z. B. T-Shirts, Bücher) oder **Dienstleistungen*** angeboten und nachgefragt werden

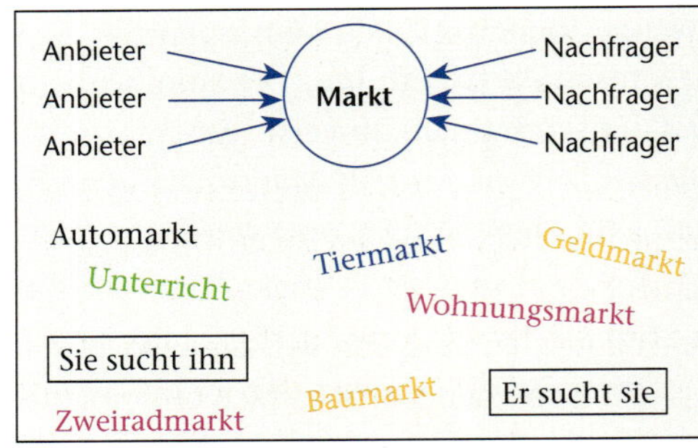

(Versicherung, Friseur). Je nachdem, ob z. B. Sachgüter, Dienstleistungen oder Immobilien (z. B. Grundstücke, Gebäude) umgeschlagen werden, sprechen wir von einem **Warenmarkt**, einem **Dienstleistungsmarkt** oder einem **Immobilienmarkt**, usw. (vgl. M 6).

Wer darf am Marktgeschehen teilnehmen?

Es kann nicht jeder so ohne Weiteres Marktteilnehmer werden und sein. Es müssen ganz bestimmte *Spielregeln* beachtet werden. Und je ausgefeilter das Regelsystem ist, desto wirkungsvoller und reibungsloser funktioniert das Marktgeschehen. Wenn jeder weiß, dass man z. B. auf einem *Wochenmarkt „Standgeld" zu bezahlen hat oder bei ebay glaubwürdig sein muss, um dort Dinge zum Kauf anbieten zu dürfen, oder der Käufer weiß, dass er im Voraus bezahlen muss, läuft alles geregelt ab.* Solche „Spielregeln" vermindern die Unsicherheit für die am Wirtschaftsgeschehen Beteiligten, denn jeder weiß, woran er sich zu halten hat und woran andere sich zu halten haben. **Rechtliche Vorschriften** z. B. sind solche Spielregeln. Diese Vorschriften erlässt der **Staat** z. B. in Form von **Gesetzen**. Darf eine Boy-Group, die aus 15- und

16-jährigen Jugendlichen besteht, eigentlich Verträge abschließen? Zählen ihre Auftritte und Reisen nicht zur „Kinderarbeit“, die durch das Jugendarbeitsschutzgesetz zunächst einmal generell verboten ist? Wer entscheidet über die Verwendung der Einkünfte? Oder wie lange darf ein Supermarkt geöffnet haben, an wen darf in einer Gaststätte Alkohol ausgeschenkt werden und was geschieht, wenn der Gastwirt sich nicht an die Bestimmungen hält? Wer darf in einer Werkstatt Autos reparieren oder Lehrlinge ausbilden?

Wer z. B. ein Open-Air-Konzert veranstalten will, muss Genehmigungen einholen, Platzgebühren bezahlen, Sicherheitsvorkehrungen treffen, für öffentliche Toiletten sorgen, Sanitätsräume und Personal beschaffen u.v.a.m., sonst darf er dieses Ereignis gar nicht „anbieten“, und wenn die Besucher nicht wüssten, dass darauf geachtet wird, dass all diese Vorschriften auch beachtet werden, würden sie sehr wahrscheinlich dieses Konzert nicht besuchen und kein Geld dafür ausgeben.

(Autorentext)

Bei M 4 handelt es sich um einen Sachtext, der viele Informationen enthält. Wie ein solcher Text bearbeitet werden könnte, habt ihr schon im Band 5/6 (S. 192) gelernt. Bei diesem Text ist schon viel „Vorarbeit“ geleistet worden: Wesentliche Begriffe sind fett gedruckt, einzelne Sinnabschnitte sind schon mit Überschriften versehen. Damit ist auch schon die Gliederung für ein ***Kurzreferat*** *(vgl. Methode S. 528 f.) oder z. B.* ***eine PowerPoint-Präsentation*** *vorgegeben:*

Thema: *Was ist ein Markt?*

Gliederungspunkte:

a. Wer trifft sich auf einem Markt?
b. Wo befinden sich Märkte?
c. Was wird auf Märkten angeboten, was wird auf Märkten nachgefragt?
d. Wer darf am Marktgeschehen teilnehmen?

Wir schlagen euch zur Bearbeitung von M 4 folgende zwei Möglichkeiten vor:

1. Stellt für einen ***Kurzvortrag*** *die* ***Stichwortzettel*** *für die jeweiligen Gliederungspunkte zusammen (in einer Gruppenarbeit mit vier Schülern kann arbeitsteilig vorgegangen werden) und entscheidet, wer den Vortrag halten soll.*

2. Erstellt die ***Folien für eine Präsentation*** *zu den jeweiligen Gliederungspunkten (Stichworte/kurze Sätze/Bilder). Auch hierbei kann in einer Gruppenarbeit arbeitsteilig gearbeitet werden. Überlegt, ob es nur einen Referenten geben soll oder ob ggf. alle Gruppenmitglieder an dem Vortrag und der Erläuterung der Präsentation beteiligt sein sollen. Bei der Erstellung einer Powerpoint-Präsentation sollte man allerdings vieles beachten. Deshalb haben wir euch in M 5 wichtige Gesichtspunkte zusammengestellt.*

Methode

M5 Computergestützte Präsentation (PowerPoint)

5 Regeln zur wirkungsvollen Foliengestaltung
1. sauberes, einfaches Folienlayout
2. gut lesbare Schrift
3. nur ein Bildelement pro Folie
4. kurze, leicht verständliche Informationen
5. ähnliche Gestaltungsmittel für alle Folien

Wie langweilt man die Zuhörer?
1. zu viele Folien
2. zu viele Spielereien
3. zu viel Text

Überall wird heute präsentiert – in Schulen und Universitäten, in der Arbeitswelt, im Vereinsleben, in der Politik. Von einer guten Präsentation erwartet das Publikum mittlerweile in der Regel, dass sie computerunterstützt gestaltet wird. PowerPoint hat sich dabei als das Programm zur Herstellung von Folien etabliert, das weltweit am häufigsten zum Einsatz kommt. Gut gemachte Präsentationen helfen dem Publikum, dem Vortrag zu folgen, machen ihn lehrreicher und führen dazu, dass die Kompetenz der Vortragenden hoch bewertet wird. Hier findet ihr Ratschläge, wie man bei der Erstellung einer Präsentation am besten vorgehen sollte:

1. Inhaltliche Vorbereitung

Eine Präsentation beginnt immer mit der **inhaltlichen Vorbereitung**. Aus diesem Grund kann die Gestaltung von Folien nicht am Anfang stehen. Haltet euch an folgende Vorgehensweise:

1. Planung des Vortrags

1.1 Was will ich sagen?

1.2 Wie gebe ich meinem Vortrag eine angemessene Struktur?

2. Gestaltung der Folien

2.1 Welche Informationen auf den Folien können meinen Vortrag inhaltlich unterstützen?

2.2 Welche formale Gestaltung der Folien fördert die Aufmerksamkeit des Publikums?

2. Die häufigsten Fehler

Das Computerprogramm bietet zahlreiche Animations- und Spielmöglichkeiten an. Die technischen Möglichkeiten sollten jedoch nicht in übertriebener Weise genutzt werden. Spielereien lenken vom Inhalt ab. Außerdem kann man heute davon ausgehen, dass die Mehrheit der Zuschauer das Programm kennt. Das Gleiche gilt mittlerweile für den Einsatz vorgefertigter Folienlayouts und sogenannter Clipart-Bilder. Problematisch ist es, wenn die Folien vom eigentlichen Vortrag ablenken, zum Beispiel, wenn auf den Folien etwas anderes steht als das, worüber die Vortragenden sprechen. Als besonders hinderlich gilt die Verwendung von längerem Textabschnitten in den Folien. Hilfreich sind demgegenüber Aufzählungen in Form von kurzen Sätzen.

3. So geht es gut und schnell:

- Einigt euch auf ein durchgängiges Folienlayout.
- Verwendet gut lesbare Schrifttypen. Setzt Farben behutsam ein. (Präsentationen für Kinder können etwas bunter gestaltet werden als für Erwachsene.)
- Wählt möglichst keinen schneeweißen Hintergrund. Er blendet leicht und führt zu Ermüdung.
- Orientiert euch bei der Bestimmung der Textmenge für die Präsentation an der folgenden Faustregel:

Die „3-mal-7-Regel": – maximal 7 Zeilen pro Folie
– pro Zeile höchstens 7 Wörter
– 7 Folien für eine Kurzpräsentation insgesamt

4. Worauf ihr besonders achten solltet:

Jedes Foto im Internet ist urheberrechtlich geschützt und darf daher nicht beliebig durch andere Nutzer verwendet werden. Für den Unterricht gilt: Wenn die Präsentation nur innerhalb eurer Klasse gezeigt wird, gilt das nicht als Veröffentlichung. Hierzu dürft ihr Bilder aus dem Internet verwenden. Wenn die Präsentation auf einer Schulveranstaltung gezeigt oder in die Homepage eurer Schule eingestellt wird, gilt diese Freiheit nicht. Dafür könnt ihr auf legale Art Fotos verwenden, wenn ihr euch aus Internetadressen bedient, in denen Privatleute ihre Fotos ausdrücklich zur kostenlosen Nutzung zur Verfügung stellen.

(Nach: Wolfgang Mattes [Hg.], Team, Band 3, Schöningh Verlag, Paderborn 2010, S. 172f.)

M 6 Marktarten

Marktarten	Beispiele
Warenmärkte (Konsumgüter- und Produktionsgüter-märkte)	Handel mit Konsumgütern für den Endverbraucher, z. B. Getränke, Bücher, Möbel; Handel mit Produktionsgütern, die wiederum zur Herstellung anderer Güter eingesetzt werden, z. B. Maschinen, Rohstoffe, Werkzeuge.
Dienstleistungsmärkte	Die Dienste werden entweder an Personen verrichtet (z. B. beim Friseur oder beim Arzt) oder sie werden an Sachen vorgenommen (z. B. Reparaturen oder Gütertransport).
Immobilienmärkte	Auf diesen Märkten wird mit Grundstücken und Gebäuden (Wohn- und Bürogebäude) gehandelt, welche verpachtet, verkauft oder vermietet werden.

(Autorentext)

Notiere in dein Heft, zu welchen Märkten die folgenden Produkte oder Anbieter gehören: a) Sonnenstudio, b) Wohnungsbaugesellschaft, c) Gitarrenunterricht, d) Supermarkt, e) Reifenlieferant für die Automobilindustrie, f) Fitnessstudio, g) Autohaus, h) Wohnungsvermittler

3. Wie Angebot und Nachfrage den Preis bestimmen (sollen)

Ihr wisst jetzt, dass es sehr viele unterschiedliche Märkte gibt, die aber immer nach denselben Prinzipien funktionieren:

- *Es gibt Käufer und Verkäufer, die*
- *nach dem Prinzip „Angebot und Nachfrage"*
- *Güter, Dienstleistungen, Immobilien u. a. m. tauschen und sich dabei an*
- *rechtliche Bestimmungen halten müssen.*

Was also auf Märkten geschieht, wisst ihr nun! Und wie auf Märkten Preise zustande kommen, habt ihr bereits in der Jgst. 5 oder 6 erfahren (vgl. Band 5/6, S. 88 f.).

*Mit M 7 erinnern wir noch einmal an dieses Preisbildungsprinzip. Wir wollen aber dann näher erläutern, warum unser Wirtschaftssystem **„Marktwirtschaft"** heißt und welche Vorteile sich aus dieser Art des Wirtschaftens ergeben können.*

M7 Marktwirtschaft

Um das System der ***Marktwirtschaft*** (vgl. den Hinweis in M3) zu verstehen, gehen wir noch einmal auf einen Wochenmarkt. Dort bieten zehn Händler Äpfel an. Alle haben die gleiche Sorte in der gleichen Größe, ein Apfel sieht aus wie der andere. Doch ein Verkäufer verlangt 1,50 Euro pro Kilo, drei fordern 1,45 Euro, vier wollen 1,40 Euro für die gleiche Menge, und bei zwei Händlern beträgt der Preis 1,38 Euro. Logisch, dass die beiden Apfelverkäufer, die 1,38 Euro verlangen, ihre Ware als Erste verkauft haben. Erst wenn es keine Äpfel zu 1,38 Euro mehr gibt, wenden sich die Käufer dem Stand mit den nächstbilligen Preisen zu. Nach wenigen Stunden haben sechs Apfelhändler ihr Obst verkauft, nur die vier teuersten sind auf ihrer Ware sitzen geblieben. Sie haben nun die Wahl: Entweder sie warten weiter, oder sie senken die Preise, um ihre Äpfel verkaufen zu können. Da sie auch Geld verdienen wollen, bieten sie das Obst nun ebenfalls für 1,40 Euro oder sogar für 1,38 Euro an.

Am nächsten Tag sind wieder zehn Apfelhändler auf dem Markt, die alle 1,38 Euro für ihre Ware verlangen. Plötzlich taucht ein neuer Verkäufer auf, der Bananen anbietet. Und zwar für 2 Euro das Kilo. Da die Käufer Äpfel schon etwas langweilig finden, stürzen sie sich auf die Bananen, obwohl sie teurer sind als die Äpfel. Im Handumdrehen ist der Tisch des Bananenhändlers leer. Die Apfelverkäufer sind frustriert, weil ihr Geschäft trotz einheitlicher Preise kaum in Gang kommt. Schließlich senken sie ihre Preise auf 1 Euro, um doch noch Käufer anzulocken. Alle zehn verdienen deutlich weniger als am Vortag. Vier von ihnen entscheiden deshalb schnell, am nächsten Tag auch Bananen anzubieten, und zwar zum gleichen Preis wie der Bananenmann. Doch sie haben den Appetit der Kunden auf Bananen überschätzt. Es gibt nicht fünfmal so viele Käufer, die bereit sind, 2 Euro für ein

Gewinn: Der Gewinn ist das Maß für den wirtschaftlichen Erfolg eines Unternehmens. Ein Unternehmen macht Gewinn, wenn es am Ende des Jahres einen Überschuss erwirtschaftet hat, das heißt, wenn die Einnahmen höher sind als die Ausgaben. Das ist für jedes Unternehmen überlebenswichtig. Denn nur dann, wenn ein Überschuss erwirtschaftet wurde, steht auch wieder Geld für neue Anschaffungen und für die Entwicklung neuer Produkte zur Verfügung. Außerdem will ja auch der Unternehmer etwas verdienen. Ein Einkommen bezieht er aus dem Gewinn. Gleichzeitig ist der Gewinn der Ausgleich für das „unternehmerische Risiko“, also dafür, dass der Unternehmer Kapital in seine Firma gesteckt hat, das er im Falle eines Verlustes nicht mehr zurückbekommt.
(Was ist Was? special, Wirtschaft, Tessloff Verlag, Nürnberg 2002, S. 33f.)

Kilo Bananen zu zahlen. Also müssen alle die Preise senken, bis sie genügend Abnehmer für ihre Bananen finden.
Diese Geschichte zeigt zweierlei.
Erstens: Wenn mehrere Händler die gleiche Ware anbieten und genug davon vorhanden ist, sinken die Preise auf das für die Käufer günstigste Niveau, das den Händlern aber noch erlaubt, einen kleinen Gewinn aus ihren Geschäften zu erwirtschaften.
Zweitens: Wenn die Verkäufer frei entscheiden können, versuchen sie, ihr Angebot durch neue Produkte zu erweitern, um ihren **Gewinn** (s. Kasten S. 66 u. l.) zu erhöhen. Wenn die Profite groß genug sind, werden auch andere Händler angelockt, die ebenfalls diese neuen Produkte verkaufen. Es entsteht **Wettbewerb**. Vom Wettbewerb haben auch die Käufer etwas: eine größere Auswahl zu den günstigsten Preisen.

(Christine Oppermann, Nachgefragt: Wirtschaft, Basiswissen zum Mitreden, Loewe Verlag, Bindlach 2003, S. 16)

1. Erklärt, welche Interessen sich auf einem Wochenmarkt begegnen und nach welchem Prinzip sich die Preise entwickeln (M 7).
2. Welche Informationen werden sowohl den Anbietern als auch den Nachfragern durch die Preise gegeben?
3. Welche Vorteile hat es in diesem Beispiel, dass auf dem Wochenmarkt Wettbewerb herrscht?

M 8 Preisbildung im Modell: Wettbewerb und Preis

a) Voraussetzungen:

Ob der in M 7 beschriebene Wochenmarkt in der dargestellten Weise funktioniert, hängt von einer wichtigen Voraussetzung ab: Es muss mehrere, voneinander unabhängige Anbieter geben, die sich an die notwendigen „Spielregeln" halten. Gäbe es nur einen einzigen Anbieter, der also keine Konkurrenten auf dem Markt hätte, hätten die Nachfrager keine Auswahl unter verschiedenen Verkaufsangeboten und damit auch keinen oder nur einen sehr begrenzten Einfluss auf den Preis. Eine ähnliche Situation ergäbe sich, wenn z. B. zwei oder mehrere Obstverkäufer sich zusammentun und untereinander absprechen würden, ihre Äpfel nur zu einem bestimmten gleichen Preis zu verkaufen und ihn unter keinen Umständen zu verändern. Auch auf diese Weise entstünde kein Wettbewerb unter den Anbietern um die Gunst der Käufer, und die Käufer hätten keinen Vorteil von einer solchen „Marktwirtschaft". Die **Spielregeln** – in diesem Fall zum einen die Möglichkeit für alle Anbieter, die ein Interesse daran haben, am Markt teilzunehmen (*freier Marktzutritt*), zum anderen das Verbot, *Preisabsprachen* zu treffen, die den Wettbewerb verhindern – müssen also eingehalten und von staatlichen Stellen *kontrolliert* werden, wenn der Markt so funktionieren soll, wie die marktwirtschaftliche Ordnung es vorsieht (über diese staatliche „Wettbewerbspolitik" erfahrt ihr in Kapitel 12, Abschnitt 4, S. 317 ff. Genaueres).

(Autorentext)

b) Wie der Gleichgewichtspreis entsteht

Was ihr schon wisst und noch ein wenig mehr!

Angebot und Nachfrage

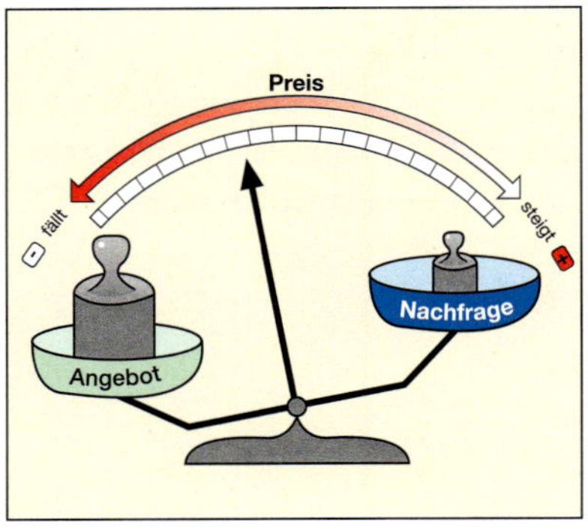

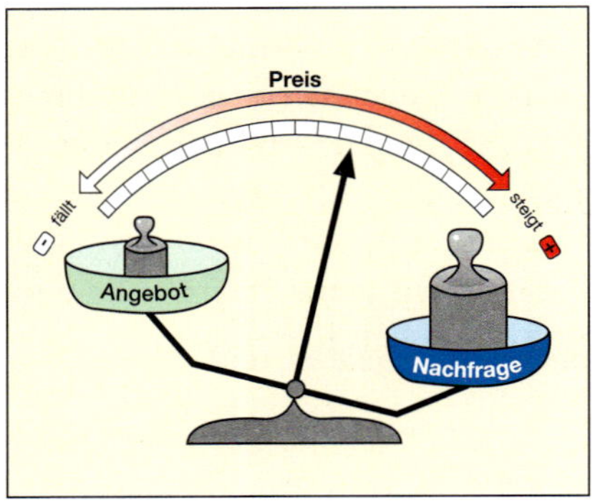

Im Einzelnen vollzieht sich im Modell der Preisbildungsprozess so:

Grundsätzlich wird von einem Gut umso mehr gekauft, je billiger dieses Gut ist. Umgekehrt wird von einem Gut umso weniger gekauft, je teurer dieses Gut ist.

Ein *sinkender Preis erhöht die Nachfrage* nach einem Gut, weil entweder neue Käufer für dieses Produkt gewonnen werden können oder aber die bisherigen Käufer noch mehr von diesem Gut kaufen.

Die *Anbieter* verhalten sich genau umgekehrt wie die Nachfrager. Sie bieten eine bestimmte Menge eines bestimmten Gutes nur unter der Voraussetzung an, dass der erzielbare Preis mindestens einen bestimmten Betrag erreicht. Zumindest aber müssen die Kosten gedeckt sein. Grundsätzlich gilt: Je höher der erzielbare Marktpreis ist, desto mehr Anbieter werden ihre Waren anbieten, und desto größer wird das Angebot auf dem Markt sein. Demnach besteht auch beim Angebot ein Zusammenhang zwischen *Preis und Menge*.

Wenn sich die Vorstellungen der Anbieter und Nachfrager bei einem ganz bestimmten Preis, zu dem sie verkaufen bzw. kaufen wollen, treffen, sprechen wir von einem **Gleichgewichtspreis**: Bei diesem Preis gleichen sich angebotene und nachgefragte Menge, sie sind deckungsgleich.

Wie kommt es nun aber dazu, dass sich die

Vorstellungen der Anbieter und Nachfrager bei einem bestimmten Preis einpendeln? Stellt euch Folgendes vor: Wenn die Nachricht die Runde macht, man könne z. B. ein Kilo Orangen für 25 Euro verkaufen, wird das viele Händler auf den Markt locken, weil sie meinen, mit Orangen könne man schnell viel Geld verdienen. Sie müssen aber ernüchtert feststellen, dass sie zu diesem Preis ihre Orangen gar nicht loswerden: Es besteht ein zu hohes Angebot an Orangen, ein **Angebotsüberhang**.

Nur wenn sie die Preise senken, werden sie Orangen verkaufen können. Jetzt setzt Konkurrenz unter den Verkäufern ein: Wer zuerst billiger ist als die anderen, hat bessere Chancen, seine Ware loszuwerden! Sie unterbieten sich mit dem Preis gegenseitig und versuchen so, ihre Waren zu verkaufen. Der Preis sinkt also tendenziell, aber nur bis zu einer bestimmten Höhe. Denn die Anbieter können ja nicht endlos billig anbieten. Sie müssen wenigstens ihre Kosten hereinbekommen. Deshalb werden einige Anbieter bei dem Preiswettbewerb irgendwann nicht mehr mitmachen können und aus dem Markt ausscheiden müssen.

Ist jetzt der Preis mittlerweile so niedrig wie möglich geworden, wollen viele Kunden Orangen kaufen, aber: Nun sind nicht mehr genügend da! Jetzt ist die umgekehrte Situation entstanden: Es besteht eine zu hohe Nachfrage, ein **Nachfrageüberhang**: Es wird mehr nachgefragt als angeboten. Dieser Nachfrageüberschuss führt nun wieder zu höheren Preisen, da die Anbieter merken, dass eine starke Konkurrenz unter den Nachfragern besteht. Denn einige werden bereit sein, einen höheren Preis zu zahlen, um überhaupt Orangen zu bekommen. Gleichzeitig schreckt der steigende Preis bereits einige Käufer vom Kauf ab, weil sie sich die teurer werdende Ware nicht mehr leisten können oder wollen. Erst bei einem ganz bestimmten Preis gleichen sich dann nachgefragte und angebotene Mengen aus. Durch diesen **Preismechanismus** wird automatisch das Marktgleichgewicht hergestellt. Bei dem Gleichgewichtspreis – und nur bei diesem – ist der Markt geräumt. Kein Anbieter sitzt mehr auf unverkauften Waren, kein Käufer ist vorhanden, der zu diesem Preis keine Waren erhalten hat. So ist es jedenfalls in der Theorie!

(Autorentext)

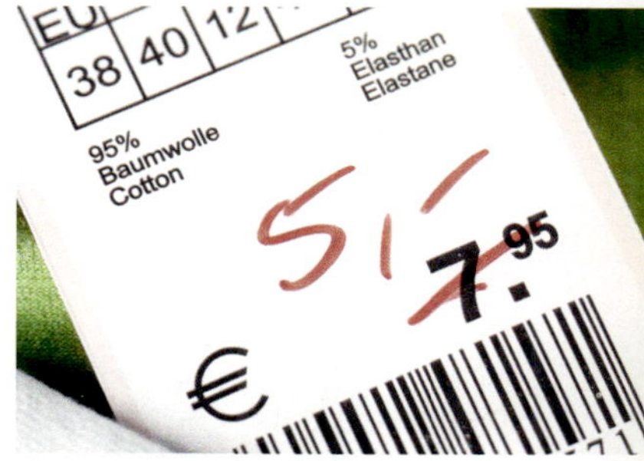

Schwache Nachfrage oder ein Überangebot bewirken fallende Preise.

1. Erläutert die Voraussetzungen, die für marktwirtschaftliches Geschehen gegeben sein müssen (M 8 a).
2. Erklärt, wann man von einem „Gleichgewichtspreis" spricht.
3. Erklärt, wie er zustande kommt. Dabei müsst ihr auch die Begriffe „Angebotsüberhang" und „Nachfrageüberhang" verwenden.
4. Steigt, sinkt oder bleibt der Preis? Übertragt die Übersicht in euer Heft und entscheidet, wie sich der Preis entwickelt

Angebots- und Nachfrageentwicklungen	**Preis**
Das Angebot bleibt, die Nachfrage steigt.	steigt
Das Angebot bleibt, die Nachfrage bleibt.	???
Das Angebot bleibt, die Nachfrage sinkt.	???
Das Angebot steigt, die Nachfrage steigt.	???
Das Angebot steigt, die Nachfrage bleibt.	???
Das Angebot steigt, die Nachfrage sinkt.	???
Das Angebot sinkt, die Nachfrage steigt.	???
Das Angebot sinkt, die Nachfrage bleibt.	???
Das Angebot sinkt, die Nachfrage sinkt.	???

M 9 Wettbewerb und Konzentration

a) Frau Martens bekommt Konkurrenz

Seit heute Morgen um neun steht Frau Martens schon im Laden hinter der Theke. Doch nur sieben Kunden waren bisher da. Jetzt ist es schon drei Uhr, und es ist niemand mehr in ihr Geschäft gekommen. Frau Martens schaut in Richtung Eingangstür. Draußen laufen Leute mit Plastiktüten des Supermarkts vorbei, der gerade zwei Straßen weiter aufgemacht hat. Seitdem dieser Supermarkt da ist, gehen die Umsätze von Frau Martens' Lebensmittelladen stetig zurück. Seufzend holt Frau Martens Block und Bleistift aus der Schublade, um zu überlegen, wo sie noch sparen könnte. Sie hat bereits einige Artikel, die sich nicht rentieren, aus dem Sortiment genommen und viele Waren im Preis reduziert. Doch sie weiß, dass sie im Preiskampf mit dem Supermarkt, der viel größere Stückzahlen einkaufen kann und deshalb viel höhere Rabatte bekommt, nicht mithalten kann. „Wenn das so weitergeht", denkt sie, „muss ich noch Anja entlassen. Dabei habe ich sie erst vor einem Jahr eingestellt. Aber das Gehalt einer Festangestellten mit all den Lohnnebenkosten* (s. Kasten) kann ich mir bald nicht mehr leisten!" Sie runzelt die Stirn. „Es sei denn ..., ich würde mich selbst einer Supermarktkette anschließen. Dann hätte ich vielleicht noch eine Chance." Sie schaut sich um, blickt auf die vollen Regale, die Kasse, die Einkaufskörbe. Bei dem Gedanken, ihren alteingesessenen Laden in die Filiale einer Kette zu verwandeln, wird ihr dann doch ein wenig anders zumute. Gerade als sie sich vorstellt, wie das neue Firmenschild über dem Eingang aufgehängt wird, betritt eine junge Frau das Geschäft. „Letztens habe ich bei Ihnen fantastische Erdbeeren gekauft. Die waren viel besser als alles, was man sonst so in Supermärkten findet. Haben Sie die noch?", fragt sie Frau Martens. Die schüttelt den Kopf: „Die kommen morgen wieder rein, die werden frisch vom Bauern Börder aus dem Nachbardorf geliefert." „Na, dann komme ich morgen wieder!", ruft die Frau fröhlich und verlässt den Laden. Frau Martens schaut ihr verblüfft nach. Ihr ist just in diesem Moment eingefallen, wie sie ihr Geschäft vielleicht retten kann, ohne ihre Ei-

Lohnnebenkosten
Ein Unternehmer stellt Mitarbeiterinnen und Mitarbeiter ein, die für ihn arbeiten und dafür bezahlt werden. Für den Unternehmer entstehen dadurch Arbeitskosten, die auch „Personalkosten" genannt werden. Sie setzen sich aus verschiedenen Teilen zusammen: Es sind die Löhne und Gehälter, die direkt an die Arbeitnehmer ausgezahlt werden. Dazu kommen die Lohnnebenkosten. Das sind im Wesentlichen die Beiträge für die Sozialversicherungen* (Kranken-, Pflege-, Renten- und Arbeitslosenversicherung). Der Unternehmer ist verpflichtet, einen Teil dieser Beiträge – meist die Hälfte – zu übernehmen. [...]
(http://www.hanisauland.de/lexikon/l/lohnnebenkosten.html)

genständigkeit aufgeben zu müssen. Sie notiert: „Frische Waren aus der Region ... hausgemachte Produkte ... Biolebensmittel ...“ Bald ist sie überzeugt: Mit einem ganz neuen Geschäftskonzept wird sie sich im Wettbewerb behaupten können.

(Bundesverband deutscher Banken [Hg.], WIE? Wirtschaft erleben 3, Berlin 2009, S. 34 f.)

b) Unternehmen kämpfen um die Gunst der Kunden. Das ist nicht selbstverständlich.

Um die Wette laufen, das hat jeder schon einmal gemacht. Um die Wette schwimmen, das ist auch beliebt. Bei Olympischen Spielen geht es dabei sogar um Medaillen. Wer dort ins Wasser springt (s. Foto), kämpft um Gold, Silber und Bronze. Die Zuschauer sprechen dann oft von einem Wettkampf oder, etwas allgemeiner, von einem Wettbewerb. Im Kern geht es bei einem **Wettbewerb** immer um ein Kräftemessen mehrerer Kandidaten. Also darum, wer schneller ist. Schlauer. Oder lustiger. Kurz: wer besser ist.

In der Wirtschaft ist das nicht anders. Der kleine Bäcker an der Ecke, der seine Brötchen noch von Hand macht, steht im Wettbewerb mit dem Fabrikbesitzer, der Brötchen mit großen Maschinen herstellt und im Supermarkt verkauft. Im Spielzeugladen kämpfen Prinzessin Lillifee und Hello Kitty um Fans. Und wenn Erwachsene sich ein neues Auto kaufen wollen, haben sie eine große Auswahl, zum Beispiel unter Autos von Volkswagen, Renault oder auch Ford. Fast immer gibt es mehrere Hersteller, die versuchen, mit ihren Produkten die Kunden zu überzeugen und möglichst viel zu verkaufen.

Das ist nicht selbstverständlich. Denkbar wäre auch, dass ein Unternehmen alle Brötchen backt. Und ein anderes alle Autos

Die beiden Briten Torn Daley und Max Brickof im Synchronsprung-Wettbewerb der Commonwealth-Spiele 2010 in Indien

baut. Solche Unternehmen hätten dann jeweils ein „Monopol“, sagt man. Ein **Monopol*** ist das Gegenteil von Wettbewerb und, so glauben viele Menschen, meistens die schlechtere Lösung. Sie sind davon überzeugt, dass Wettbewerb entscheidend dafür ist, dass neue Ideen, Produkte und Technologien entstehen – denn wer immer wieder

gegen andere antreten und um Kunden kämpfen muss, der muss sich ständig etwas Neues einfallen lassen. Er will und muss besser sein als die anderen. Dabei hilft auch, wenn seine Brote, Spielzeuge oder Autos von besonders guter Qualität sind und zugleich günstig. Andernfalls kaufen die Kunden bei anderen ein, und das Unternehmen muss schließen. Dass Firmen entstehen, Firmen vergehen, das gehört zum Wettbewerb dazu.

(Arne Storn, in: DIE ZEIT Nr. 42 v. 14.10.2010; http://www.zeit.de/2010/42/Wirtschaft-fuer-Kinder/komplettansicht)

1. In M 8 habt ihr erfahren, wie wichtig der Wettbewerb ist, damit es zu einem Gleichgewichtspreis kommen kann. In M 9 a wird ein anderer Aspekt von Wettbewerb angesprochen: Mit den niedrigen Preisen des Supermarkts kann Frau Martens zwar nicht mithalten, aber sie muss trotzdem nicht „aus dem Markt ausscheiden". Wie gelingt ihr das?
2. In M 9 b wird der sportliche Wettbewerb auch auf den wirtschaftlichen Wettbewerb übertragen. Zeigt am Beispiel von Frau Martens, warum das nur in begrenztem Maße möglich ist.
3. Erklärt, was man unter einem Monopol versteht.
4. Erläutert die im Text genannten Vorteile, die durch das Vorhandensein von Wettbewerb entstehen können.
5. Wie passt die Karikatur zum Textinhalt?

M 10 Preisbildung in der Realität – drei Beispiele

a) Die Preise von Beyoncé, den Rolling Stones oder die Macht der Nachfrage: Wie man Egoisten zähmt

Im Frühjahr 2007 tourte die Sängerin Beyoncé Knowles (s. Foto) durch Deutschland. In vier Städten machte sie Station. Die Hallen fassten zehntausende Plätze. Die Karten kosteten zwischen 50 und 90 Euro. Das ist viel Geld für die zumeist 12 bis 16 Jahre alten Besucher. Trotzdem waren die Konzerte schnell ausverkauft.

Wie begehrt die Karten waren, zeigte sich im Internetauktionshaus Ebay, wo 70-Euro-Karten für 100 Euro gehandelt wurden. Vor der Frankfurter Festhalle standen am Konzerttag Leute, die ihre Karten für 150 bis 250 Euro weiterverkaufen wollten.

Die Karten waren knapp. Und mehr gab es nicht. Deshalb wetteiferten die Leute um die wenigen Karten, die noch da waren. Jeder versuchte, dem Kartenbesitzer mehr Geld zu bieten als die anderen. So stieg der Preis der Karte. Sie ging schließlich an den, der am meisten dafür bot. Die Regel dazu lautet: Übersteigt die Nachfrage (nach Karten) das Angebot (an Karten), dann steigt der Preis so lange, bis die überzähligen Nachfrager abgesprungen sind und die Nachfrage (nach Karten) gleich dem Angebot (nach Karten) ist.

Wenn doch alle Beyoncé lieben, hätte sie möglicherweise die Tickets für ihre Konzerte noch teurer machen können, um mehr Geld zu verdienen. Warum hat sie das nicht gemacht?

Sie und ihr Manager haben sich das genau überlegt. Sie werden zum Beispiel darüber nachgedacht haben, wie viel Geld ihr Publikum im Monat übrig hat.

Eine Überlegung lautet:

Die meisten Fans sind auf Taschengeld angewiesen. Wissenschaftler haben Folgendes herausgefunden: Zehn- bis Dreizehnjährige haben im Schnitt rund 28 Euro Taschengeld im Monat. Dazu kommen noch Geldgeschenke: Ungefähr 80 Euro zu Weihnachten und 80 Euro zum Geburtstag. Fürs Handy geben die Jugendlichen im Monat 13 Euro aus.
Eltern legen noch einmal das Gleiche drauf. Wird Beyoncé zu teuer, verlieren selbst große Anhänger das Interesse an ihr. Denn sie wollen trotzdem weiter nicht aufs Handytelefonieren verzichten und trotzdem weiter ab und zu mal ins Kino gehen können. (Denkt an die „Opportunitätskosten" [M 2]!) Die Freiheit der 1981 geborenen Sängerin, Tickets teuer zu machen, wird begrenzt durch das Taschengeld ihrer treuen Kunden. Der knapp 40 Jahre ältere Sänger Mick Jagger kann es sich leisten, rund 190 Euro für den besten Sitzplatz bei einem Konzert mit seiner Gruppe Rolling Stones in einem Fußballstadion zu verlangen. Die Anhänger der älteren Herrn sind zwischen 25 und 65 Jahre alt und längst nicht mehr aufs Taschengeld angewiesen. Wer viel Geld hat, kann mehr ausgeben, zum Beispiel für Konzerte.

Es könnte aber noch eine andere Erklärung

für den Preisunterschied zwischen Beyoncé-Karten und Stones-Karten geben, die der amerikanische Ökonom Steven E. Landsburg aufgeschrieben hat: Beyoncé ist einigermaßen billig, weil ihre jugendlichen Fans gerne neben dem Ticket noch Beyoncé-T-Shirts, Beyoncé-Bücher oder Beyoncé-Düfte kaufen. Die Sängerin kommt auch so auf ihren Schnitt. Stones-Fans kaufen grundsätzlich nur Bier. Grundsätzlich stehen Beyoncé und Mick Jagger aber trotzdem vor folgendem Zwiespalt: Verlangen sie zu viel Geld für das Ticket, bricht auch ihnen das Publikum weg. Verlangen sie zu wenig Geld, bricht ihnen der Gewinn weg. Beyoncé muss genauso praktisch denken wie ein Bäcker oder ein Kaufmann. Das tut sie auch.

Offensichtlich

hängen Preis und Nachfrage (Kaufwunsch) zusammen. Kunden kaufen etwas, wenn sie es haben wollen und wenn sie Geld dafür locker machen können. Der Anbieter hingegen setzt den Preis hoch genug, damit für ihn Gewinn bleibt, und so hoch wie gerade möglich, ohne Kunden abzuschrecken. Er will für sich das Beste herausholen: viel Gewinn.
Der Trost aus diesem Mechanismus lautet: Wir Kunden sind Verkäufern, Sängern und anderen Anbietern nicht hilflos ausgeliefert. Sie müssen aus Eigennutz unsere Wünsche und unsere Zahlungsbereitschaft ergründen und respektieren, damit sie nicht auf ihrer Ware sitzen bleiben. Es schadet ihnen, wenn sie zu viel Geld verlangen.

(Winand von Petersdorff, Das Geld reicht nie, Ein Wirtschaftsbuch für Jugendliche, Frankfurter Allgemeine Buch, Frankfurt am Main 2007, S. 20ff.)

b) Winterreifen: Preisexplosion vorbei

Der Kälteeinbruch und die Winterreifenpflicht haben [im Winter 2010] zu einem Ansturm auf die Reifen geführt. Die Folge: lange Wartezeiten und explodierende Preise. Doch nun zeichnet sich wieder Entspannung ab.
„Die Lage normalisiert sich deutlich", sagte der geschäftsführende Vorsitzende des Bundesverbands Reifenhandel, Peter Hülzer. Ein ungewöhnlich früher Kälteeinbruch

mit anhaltendem Schnee sowie die neue Winterreifenpflicht führten zu einer bisher unüblichen Nachfragespitze: „Wir sind in den vergangenen drei Wochen quasi überrannt worden.“ […] Nach wie vor müssten Autofahrer an verschiedenen Orten längere Wartezeiten bei der Montage in Kauf nehmen, sagte Hülzer. […] Die Preise für Winterreifen hätten im Einzelhandel im Schnitt um 10 bis 20 Prozent höher als im Vorjahr gelegen.

Vorübergehend hätten einige Großhändler die Engpässe aber auch ausgenutzt und horrende Preiserhöhungen „von 200 Prozent und mehr“ verlangt, kritisierte Hülzer. Auch diese Übertreibung habe sich jetzt wieder beruhigt. Dies sei aber nicht seriös gewesen. „Diese Großhändler haben deutlich überzogen und müssen damit rechnen, dass sie von Einzelhändlern nun ausgelistet [von der Lieferliste gestrichen] werden.“

Insgesamt sei mit einem höheren Preisniveau bei Autoreifen zu rechnen, erläuterte Hülzer. „Im Jahr 2011 müssen sich die Verbraucher sowohl bei Sommer- wie auch bei den nächsten Winterreifen auf weitere Preissteigerungen zwischen fünf und zehn Prozent einstellen.“ Dies sei vor allem den deutlich höheren Preisen für den Reifen-Rohstoff Kautschuk geschuldet.

(http://www.news.de/print/855094833/preisexplosion-vorbei/; sgo/news.de/dpa; 10.12.2010)

c) Pünktlich zum Ferienbeginn: Benzinpreise werden wohl steigen

Wer am Wochenende mit dem Auto in die Pfingstferien startet, sollte am besten heute nochmal tanken. „Rein zufällig“ werden die Benzinpreise wohl morgen wieder kräftig steigen.

Am Freitag beginnen in Bayern und Baden-Württemberg die zweiwöchigen Pfingstferien, in etlichen anderen Bundesländern startet ein langes Wochenende bis einschließlich Dienstag (14. Juni). Der ADAC* rechnet damit, dass es auf vielen Autobahnen – gerade in Süddeutschland – wieder zu erheblichen Staus und Behinderungen kommen wird. Aber nicht nur über stockenden Verkehr werden sich die Autofahrer ärgern dürfen. Rechtzeitig zu Ferienbeginn werden wohl auch die Preise für Benzin und Diesel kräftig steigen. „Wir rechnen damit, dass die Ölkonzerne ab Freitag rund drei Cent auf den Benzinpreis draufpacken“, sagte ADAC-Sprecher Andreas Hölzel […]. Auch der Präsident des Bundeskartellamtes*, Andreas Mundt, befürchtet zu Pfingsten wieder steigende Benzinpreise. Marktbeobachtungen der Behörde hätten zwar gezeigt, dass weder die Nachfrage noch der Beschaffungspreis an solchen Tagen signifikant [in deutlicher Weise] anstiegen […]. Dennoch erhöhten die Anbieter meist zu Feiertagen und zum Wochenende ihre Preise. […]

(Augsburger Allgemeine Zeitung, 9.6.2011; Verf.: Sascha Borowski)

In M10 werden drei Beispiele dafür vorgestellt, wie Preise zustande gekommen sind. Ihr könnt den Beispielen entsprechend Gruppen bilden und untersuchen, ob ihr mit eurem anhand der vorherigen Materialien erworbenen Wissen die Preisbildung erklären könnt. Dabei sollt ihr folgende Fragen beachten:

- Werden die Preise von Angebot und Nachfrage beeinflusst?
- Spielen noch andere Gesichtspunkte eine Rolle – wenn ja, welche?
- Besteht Wettbewerb?

Methode

M 11 Projekt Markterkundung

Wir schlagen euch vor, eine Markterkundung durchzuführen. Dabei könnt ihr in folgenden Schritten vorgehen.

1. Ein Produkt auswählen

Einigt euch zuerst auf ein Produkt, z. B. iPod, Sportschuhe oder Computerspiel, Sprachreisen, Tankstellen u. a. m. Selbstverständlich könnt ihr euch auch in Gruppenarbeit auf unterschiedliche Produkte oder Dienstleistungen spezialisieren.

2. Informationen über das Produkt besorgen

- Befragt Erwachsene, worauf man beim Einkauf dieses Produkts achten sollte.
- in Testheften der „Stiftung Warentest" nachschauen
- Was sagt die Werbung über das Produkt?
- bei einer Verbraucherberatungsstelle Informationen über das Produkt einholen
- Welche Informationen gibt es im Internet?

3. Auswahlkriterien festlegen

- Welche **Eigenschaften des Produkts** sind euch besonders wichtig?
- Wie viel Geld wollt ihr maximal ausgeben?

4. Angebote einholen

Welche Angebote gibt es, die euren Vorstellungen (Preis, Ausstattung) entsprechen? Stellt Preisvergleiche an:

- in Fachgeschäften und Warenhäusern
- in Versandhauskatalogen
- im Internet
- in der Werbung in Zeitschriften/Zeitungen

5. Marktübersicht erstellen

Stellt in eurem Klassenzimmer auf einem Plakat die Ergebnisse eurer Erkundung vor.

(Autorentext)

4. Ein Modell verschafft Überblick – der „einfache Wirtschaftskreislauf"

Die Volkswirtschaft besteht aus Millionen von Menschen, die so viele ökonomische Aktivitäten tätigen, dass man den Überblick verlieren kann: kaufen, verkaufen, arbeiten, Leute einstellen, produzieren und so weiter.
Wie kann es gelingen, z. B. am Ende eines Jahres festzuhalten, was alles in einer Volkswirtschaft geschehen ist, ob ein Land erfolgreich gewirtschaftet hat? Man muss ein Verfahren haben, mit dem alle wirtschaftlichen Aktionen erfasst werden können. Ein solches Verfahren ist schon früher entwickelt worden, als ihr vielleicht meint, nämlich schon im 18. Jahrhundert.

M 12 Ein Modell verschafft einen Überblick

Der Gedanke, das volkswirtschaftliche Geschehen als einen Kreislauf anzusehen und zu erfassen, entstand schon im 18. Jahrhundert. François Quesnay (1694–1774), Leibarzt am Hofe des französischen Königs Ludwigs XV., entwickelte ein „ökonomisches Tableau", das erste Schema des wirtschaftlichen Kreislaufs, das die wechselseitigen Beziehungen der Geld- und Güterströme aufzeigte. Das **Kreislaufmodell** (s. S. 79) ist in seinem Grundaufbau leichter zu verstehen, weil es aus der Vielzahl der Beziehungen in einer Volkswirtschaft nur die wesentlichen Tatbestände erfasst. Es lässt das für diese Betrachtungsweise Unwichtige weg und vereinfacht dadurch die komplizierten Zusammenhänge. Es geht von folgenden Überlegungen aus:

- Du selbst z. B. bildest mit deiner Familie eine Wirtschaftseinheit, die **„privater Haushalt"** genannt und deren wirtschaftliche Tätigkeit als **Konsum** bezeichnet wird. Konsum heißt (aus dem Lateinischen „consumere") übersetzt: Verbrauch. In deinem Haushalt werden täglich viele Dinge gebraucht und verbraucht: Haushaltsgeräte, Fernseher, iPods, Computer, Mineralwasser, Obst, Strom, Brot, Käse u. v. a. m. Nicht alle Menschen in der Bundesrepublik leben in Familien. Manchmal leben ältere Menschen allein oder zu zweit oder auch junge Menschen, die nicht mehr bei den Eltern wohnen wollen oder können (sog. Singles). Der Anteil derjenigen Menschen, die nicht in einer Familie leben, nimmt ständig zu. Deshalb wird nicht von der Wirtschaftseinheit „Familie" gesprochen, sondern von „Haushalten", egal wie viele Personen ihnen angehören.
- Die Haushalte kaufen die gewünschten Güter von den unterschiedlichsten **Unter-**

nehmen, die sie hergestellt haben (Produktion) und über den Handel zum Kauf anbieten. Es gibt auch Unternehmen, die nichts produzieren, sondern ihre **Dienstleistungen*** anbieten, z. B. Friseure oder Versicherungen. Die Unternehmen bilden eine weitere Wirtschaftseinheit, die im Kreislaufmodell erfasst wird.

- Zwischen den Haushalten und den Unternehmen bestehen also folgende Beziehungen: Die Unternehmen produzieren Güter aller Art (**Konsumgüter**) und bieten diese oder auch **Dienstleistungen** den Haushalten zum Kauf an (**Angebot**). Auf diese Weise erzielen sie ihre *Einnahmen*. Für die Güter und Dienstleistungen zahlen die Haushalte den Unternehmen **Konsumausgaben (Nachfrage)**. Das dazu notwendige Einkommen erhalten die Menschen in den Haushalten dafür, dass sie für die Unternehmen ganz bestimmte *Leistungen* erbringen: Sie arbeiten dort und erhalten dafür Lohn oder Gehalt, vermieten ggf. an sie Grundstücke oder leihen ihnen für die Produktion Geld und bekommen dafür Zinsen. Anders formuliert: Sie „verkaufen“ an die Unternehmen die sog. **Produktionsfaktoren*: Arbeit, Boden*** und **Kapital***.
- Für die grafische Darstellung dieser Beziehungen muss man Folgendes bedenken: Es gibt so viele Haushalte und Unternehmen in einer Volkswirtschaft, dass man sie nicht alle einzeln erfassen kann. Das ist auch nicht nötig, denn es sollen ja die wirtschaftlichen Aktivitäten zwischen den Unternehmen und den Haushalten allgemein erfasst werden, nicht zwischen dem Haushalt „Müller“ und dem Unternehmen „Weber“. Deshalb fasst man alle Haushalte und alle Unternehmen zu jeweils einer Einheit (einem *„Sektor“*) zusammen.
- Haushalte und Unternehmen haben auf zweierlei Märkten miteinander zu tun. Auf den **Gütermärkten** bzw. **Dienstleistungsmärkten** sind die Haushalte Käufer (sie kaufen Waren und Dienstleistungen*) und die Unternehmen sind Verkäufer.

Auf den Märkten für die **Produktionsfaktoren*** (Faktormärkten) sind die Haushalte Verkäufer (sie verkaufen den Gebrauch ihrer Arbeitskraft, die Nutzung ihrer Grundstücke und Gebäude sowie ihres Kapitals* für die Herstellung von Gütern), und die Unternehmen sind Käufer. Sie verwenden die Einnahmen aus den Güterverkäufen teilweise dazu, um die Produktionsfaktoren zu bezahlen (z. B. die Arbeitskräfte zu entlohnen); einen anderen Teil verwenden sie für den Kauf von Rohstoffen und Maschinen.

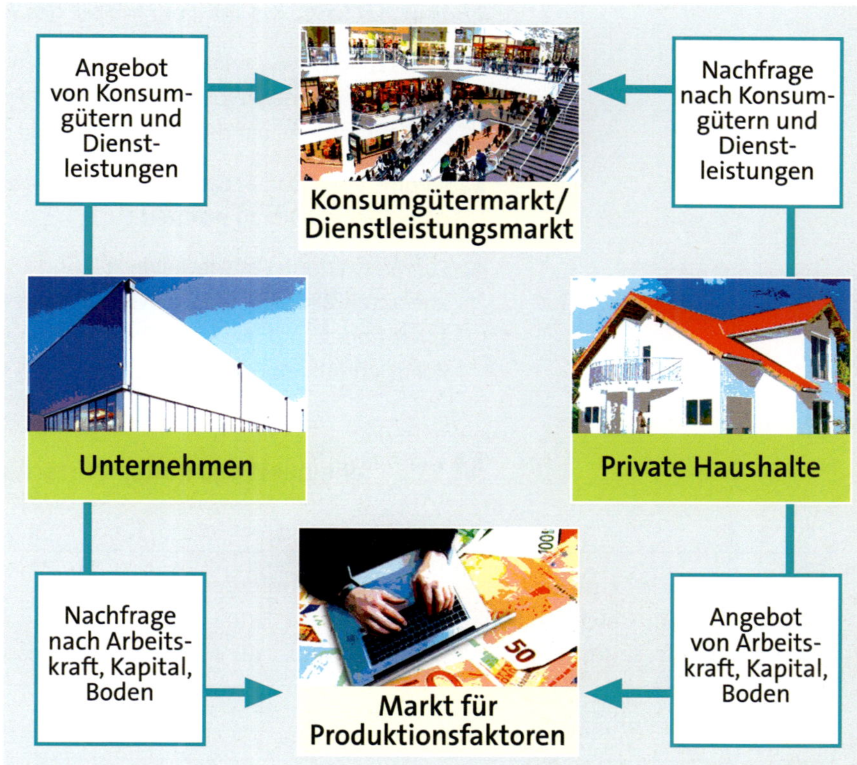

Dieses Kreislaufdiagramm, das nur die zwei Sektoren „Haushalt“ und „Unternehmen“

betrachtet, ist sehr vereinfacht. Am wirtschaftlichen Geschehen sind auch noch andere Einheiten beteiligt, z. B. der „Staat“ oder das „Ausland“.
Es gibt Modelldarstellungen, in denen auch sie erfasst sind, doch wir wollen uns auf diese beiden Sektoren beschränken. Ihr sollt erst einmal das Grundmodell kennenlernen, und dafür reichen die zwei Sektoren aus.

(Autorentext)

1. Klärt zunächst, was mit dem Modell des Wirtschaftskreislaufs (M 12) erfasst werden soll.

2. Um das Schaubild erklären zu können, müsst ihr die im Text fett gedruckten Begriffe möglichst mit eigenen Worten erläutern können. Am besten schreibt ihr euch die Begriffe auf „Vokabelkarten“ auf und hört sie euch gegenseitig ab.

3. Nehmt euch das Schaubild vor und versucht nun, die wirtschaftlichen Prozesse mithilfe dieses Schaubilds zu erläutern.

4. Euer Verständnis der Modelldarstellung könnt ihr testen, indem ihr die in M 13 angebotenen konkreten Beispiele in den Wirtschaftskreislauf einordnet. Ihr könnt auch selbst einige Beispiele finden und diese als „Test“ von euren Mitschülern oder eurem Politiklehrer oder eurer Politiklehrerin einordnen lassen.

M 13 Wie passt das in den Wirtschaftskreislauf?

a Du kaufst dir eine Eintrittskarte für das Heimspiel von Schalke 04 gegen Bayern München.

b Außerdem willst du deine treue Anhängerschaft zeigen und kaufst dir den neuesten Fanschal.

c Du verdienst dir regelmäßig etwas dazu und mähst bei deiner Oma den Rasen.

d Die Eltern deiner Freundin wollen im Sommer nach Spanien fliegen und buchen ein Ticket bei einer deutschen Fluggesellschaft.

e Dein größerer Bruder kommt nie mit seinem Taschengeld aus. Deshalb verdient er sich etwas dazu und trägt für ein Fitness-Center Werbeprospekte aus.

f Schon lange wolltest du Rastazöpfe tragen. 70 € kostet der Spaß!

g Dein Onkel ist schon längere Zeit arbeitslos. Mit einer Annonce in der Zeitung sucht er eine Stelle als Mechatroniker und wird auch von einer Firma eingestellt. (Zweimal „verbuchbar“!)

h Einen Teil des Gewinns des letzten Geschäftsjahres verwendet Unternehmer R., um Maschinen für die neue Produktionshalle zu kaufen.

(Autorentext)

M 14 Was biologische und ökonomische Modelle gemeinsam haben

Biologielehrer im Gymnasium lehren die Grundlagen der Anatomie mit Nachbildungen des menschlichen Körpers aus Plastik. Diese Modelle haben alle wichtigen Organe – das Herz, die Leber, die Nieren und so fort. Das Modell ermöglicht es dem Lehrer, auf einfache Weise zu zeigen, wie die wichtigsten Körperteile zusammenpassen. Selbstverständlich sind diese Plastik-Modelle keine wirklichen menschlichen Körper, und niemand würde das Modell als eine lebende Person ansehen. Derartige Modelle sind vereinfacht und lassen viele Einzelheiten weg. Trotz dieses Abstands zur Wirklichkeit ist das Studium des Modells nützlich, um zu lernen, wie der menschliche Körper funktioniert.

Auch Ökonomen verwenden Modelle, um etwas über die Welt zu lernen. Aber statt Plastik werden bei der Modellierung Diagramme und Gleichungen verwendet. Wie im Plastikmodell des Biologielehrers fehlen viele Einzelheiten, damit man das Wesentliche besser sieht. So wie das Modell des Biologielehrers nicht alle Muskeln und Kapillaren des Körpers enthält, zeigt auch das ökonomische Modell nicht jede Einzelheit der Volkswirtschaft. Und zwar werden die Details ausgeschlossen, die für die Untersuchung einer bestimmten Frage unbedeutend sind: Die Realität wird vereinfacht, um das Verständnis der Wirklichkeit zu verbessern. So arbeiten die Biologie, die Physik – und eben auch die Ökonomie (Wirtschaftswissenschaften). Man muss bei der Erstellung eines Modells vorab nur die Entscheidung darüber treffen, was für das Untersuchungsziel oder den Untersuchungsgegenstand als wesentlich und was als vernachlässigbar anzusehen ist.

(Nach: N. Gregory Mankiw/Mark P. Taylor, Grundzüge der Volkswirtschaftslehre, Schäffer-Poeschel Verlag, 4. Auflage, Stuttgart 2008; übers. von Adolf Wagner und Marco Herrmann, S. 26)

1. Erklärt, was ökonomische und biologische Modelle gemeinsam haben und was sie voneinander unterscheidet.

2. Worin bestanden im Modell des Wirtschaftskreislaufs die Vereinfachungen der Realität?

Kompetenzcheck

1. Wofür eine Wirtschaftsordnung sorgen muss!

Knappheit und Opportunitätskosten – das scheinen schwierige Probleme für Schüler zu sein! Die folgenden Anfragen und Antworten waren im Internet zu finden.

a) Dringende Anfrage, aber überhaupt keine Antwort! Zeigt, was ihr in eurem Politikunterricht gelernt habt!

Knappheitsproblem und Opportunitätskosten (16 Views)

offline

26 Posts
Ranking 0

Hi.
Könnte mir jemand die Begriffe "Knappheitsproblem und Opportunitätskosten" in Verbindung mit dem Thema "Wirtschaft" anhand von (kurzen persönlichen)Beispielen erklären ?
Ich wäre echt dankbar dafür. :D

BugglesBand stellte diese Frage am 25.04.2010 - 17:39 Uhr

Leider noch keine Antworten vorhanden!

(http://www.e-hausaufgaben.de/Thema-151431-Knappheitsproblem-und-Opportunitätskosten.php)

b) Was machen wir hiermit? Ist die Antwort zufriedenstellend?

Anjuschka Buu

Gelöste Frage — Nächste Frage »

Könnt ihr mir das Knappheitsproblem in der Wirtschaft erläutern?

vor 1 Jahr — Missbrauch melden

Kartoffe...

Beste Antwort - Ausgewählt durch Abstimmung

Die Grundbedürfnisse der Menschen richten sich nach dem, was ihnen die Werbung einredet, danach richtet sich die Nachfrage, gibt es viel Nachfrage, dann steigt die Anzahl der Produzenten die ähnliche, teilweise qualitativ mindere Ware herstellen, weil diese gerade "in" ist, die Nachfrage bestimmt den Preis, und der Gewinn kommt den obersten Geschäftsleuten zugute.

Es mangelt weder an Güter noch an Geld - Es scheitert meistens an der gerechten Verteilung!

vor 1 Jahr — Missbrauch melden

(http://de.answers.yahoo.com/question/index?qid=20101027114552AAXdlmv)

2. Was alle Märkte gemeinsam haben!

1. Schneide aus Zeitungen und Zeitschriften mindestens 12 Anzeigen aus und versuche, alle dir bekannten Marktarten damit „abzudecken".
2. Klebe die Anzeigen geordnet auf ein Plakat auf, stelle sie deinen Mitschülern vor und begründe deine Entscheidungen.
3. Viele unterschiedliche Marktarten – aber was ist allen gemeinsam?

3. Wie Angebot und Nachfrage den Preis bestimmen (sollen)

Brot wird noch teurer

Die deutschen Bäcker rechnen mit steigenden Brotpreisen. „Die Rohstoffpreise ziehen an. Gerade Getreide wird durch die wachsende Weltbevölkerung stärker nachgefragt“, sagte Peter Becker, Präsident des Zentralverbands des Deutschen Bäckerhandwerks, am Montag. Diese Entwicklung werde durch […] hohe Personalkosten in Deutschland noch verschärft. Schon im Vorjahr war Brot teurer geworden. Nach Angaben des Marktforschungsunternehmens GfK sind die Preise im Dezember 2010 um sieben Cent je Kilogramm gestiegen. Ein Brot kostet im Durchschnitt 2,09 Euro.

Der Wettbewerb mit den Discountern stelle eine weitere Herausforderung dar. „Gegen Billig kommen wir nicht an, deswegen setzen wir auf Qualität und regionale Vielfalt“, sagte Armin Werner, Hauptgeschäftsführer des Zentralverbands. Aldi Süd hat seit 2009 Backautomaten in seinen Filialen aufgestellt. Der Zentralverband verklagte den Discounter: „Wir vermuten, dass in den Backautomaten nicht gebacken, sondern das Brot nur aufgewärmt wird“, sagte Werner. Der Rechtsstreit dauert an. […] Die Zahl der Betriebe nimmt seit Jahren ab. 1999 gab es noch 20 000 Bäckereien, jetzt liegt die Zahl bei 14 740. Insgesamt sind 293 300 Menschen im Bäckerhandwerk beschäftigt. Zudem haben die Betriebe Nachwuchsmangel. 35 000 Auszubildende gab es im Bäckerhandwerk 2010, das waren 275 weniger als 2009. Der Zentralverband versucht nun, Lehrlinge verstärkt über Facebook und StudiVZ zu erreichen. […]

(Horst Schlitter, 22.3.2011; http://www.tagesspiegel.de/wirtschaft/brot-wird-noch-teurer/3974718.html)

Arbeitet heraus, welche Faktoren in diesem Beispiel für die Preisentwicklung verantwortlich gemacht werden. Nehmt dabei auch den Wettbewerb unter die Lupe! Welchen Einfluss übt er sowohl auf die Preise als auch auf andere Entwicklungen aus? Erläutert die Zusammenhänge.

4. Überblick bewahren – der einfache Wirtschaftskreislauf

Vergleiche dieses Schaubild mit dem in M 12. Welche Gemeinsamkeiten findest du, was unterscheidet die beiden Schaubilder voneinander?

Der einfache Wirtschaftskreislauf

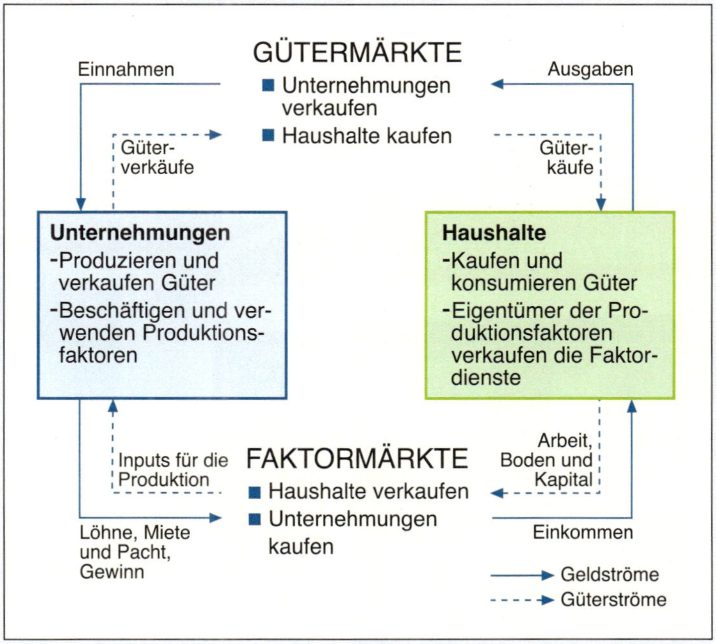

(Grafik aus: N. Gregory Mankiw/Mark P. Taylor, Grundzüge der Volkswirtschaftslehre, Schäffer-Poeschel Verlag, 4. Auflage, Stuttgart 2008; übers. von Adolf Wagner und Marco Herrmann, S. 28)

Umtausch

verbraucherzentrale
verbraucherzentrale
Welche Krankenkasse passt zu mir?
verbraucherzentrale
Welche Versicherungen brauche ich?

„König Kunde?" – Verbraucherrechte und Verbraucherschutz

4

Zur Orientierung

„Bei uns ist der Kunde König!" – diese Äußerung habt ihr bestimmt schon häufiger gehört. Doch manchmal sieht das ganz anders aus, denn Kaufen und Verkaufen sind manchmal ganz schön „vertrackte" Angelegenheiten. Was ihr beim Kauf von Gütern auf jeden Fall beachten müsst und was man unter einem Kaufvertrag versteht, das wird in einem ***ersten Abschnitt*** *dargestellt.*

Im ***zweiten Abschnitt*** *geht es um eure Rechte als Verbraucher, aber auch um rechtliche Vorschriften, die ihr z. B. einhalten müsst, wenn ihr als Verbraucher das Internet nutzt.*

Warum Supermärkte häufig auch als „Käuferfallen" bezeichnet werden, das erfahrt ihr im ***dritten Abschnitt*** *dieses Kapitels. Dort wird auch ein Vorschlag unterbreitet, die „Verkaufstricks" in Supermärkten einmal selbst zu erkunden.*

Wer euch helfen und beraten kann, wenn Probleme auftauchen, darum geht es in einem ***vierten Abschnitt****. Dort stellen wir euch Informationsmöglichkeiten für den Verbraucher vor, die auch ihr nutzen könnt.*

Kompetenzen

Nach der Erarbeitung dieses Kapitels solltet ihr Folgendes wissen und können:

- erläutern, wer Kaufverträge abschließen kann und was dabei beachtet werden muss;
- erklären, wie ein Kaufvertrag zustande kommt;
- erläutern, was der „Taschengeldparagraph" aussagt, und diesen bei der Bearbeitung von Fallbeispielen anwenden;
- angeben, welche Rechte ihr als Käufer habt und worauf zu achten ist, wenn man im Internet als Verbraucher auftritt;
- darlegen, unter welchen Voraussetzungen man sich Filme, Musik oder Bilder „herunterladen" bzw. diese selbst verwenden kann;
- beschreiben, mit welchen Verkaufstricks im Supermarkt Waren angeboten werden;
- Informationsmöglichkeiten für Verbraucher kennen und sie auch nutzen;
- Erkundungen in einem Supermarkt und in einer Verbraucherberatungsstelle planen und durchführen.

1. Welche Geschäfte können Jugendliche tätigen?

Kinder und Jugendliche verfügen heute über beträchtliche finanzielle Mittel – das habt ihr schon im Band 5/6 (Kap. 7: Was können wir uns leisten? – Mit dem Einkommen auskommen) erfahren. Zur Erinnerung: 6- bis 13-Jährige erhalten jährlich 2,5 Milliarden Euro in Form von Taschengeld und Geldgeschenken. Können Kinder und Jugendliche eigentlich frei über ihr Geld verfügen oder gibt es Grenzen, die ihnen gesetzt werden? In den folgenden Materialien sollen zu dieser Frage Antworten gegeben werden.

M1 Sarah und das Schnäppchen

Nach einem stressigen Schultag geht die 15-jährige Sarah mit zwei Freundinnen zum Bummeln in die Stadt. In einem Geschäft entdecken die drei ein schickes Kleid, das um 30 Prozent heruntergesetzt ist und nur noch 40 Euro kostet. Zum Glück war Sarah in den letzten Monaten sparsam mit ihrem Taschengeld und hat genau diesen Betrag noch übrig. Ohne lange zu überlegen, bezahlt sie das Kleid mit ihrem Taschengeld und freut sich über das Schnäppchen. Doch die Freude hält nicht lange an – Sarahs Eltern finden 40 Euro viel zu teuer und meinen, dass Sarah bereits genug Kleider habe. Sie verlangen von Sarah, das Kleid zurückzugeben. Sarahs Vater meint: „In deinem Alter brauchst du unsere Erlaubnis, wenn du dir etwas kaufen willst!“

(Wochenschau, Nr. 6/2010, S. 25)

M2 Ist Sarah „geschäftsfähig“?

a) Auszüge aus dem Bürgerlichen Gesetzbuch (BGB*)

§ 104 (Geschäftsunfähigkeit)
Geschäftsunfähig ist:
1. wer nicht das siebente Lebensjahr vollendet hat,
2. wer sich in einem die freie Willensbestimmung ausschließenden Zustande krankhafter Störung der Geistestätigkeit befindet, sofern nicht der Zustand seiner Natur nach ein vorübergehender ist.

§ 105 (Nichtigkeit der Willenserklärung)
(1) Die Willenserklärung eines Geschäftsunfähigen ist nichtig.
(2) Nichtig ist auch eine, die im Zustand der Bewusstlosigkeit oder vorübergehenden Störung der Geistestätigkeit abgegeben wird.

§ 106 (Beschränkte Geschäftsfähigkeit Minderjähriger)
Ein Minderjähriger, der das siebente Lebensjahr vollendet hat, ist nach Maßgabe der § 107 bis 113 in der Geschäftsfähigkeit beschränkt.

§ 107 (Einwilligung des gesetzlichen Vertreters) Der Minderjährige bedarf zu einer Willenserklärung, durch die er nicht lediglich einen rechtlichen Vorteil erlangt, der Einwilligung seines gesetzlichen Vertreters.

§ 108 (Vertragsschluss ohne Einwilligung) (1) Schließt der Minderjährige einen Vertrag ohne die erforderliche Einwilligung des gesetzlichen Vertreters, so hängt die Wirksamkeit des Vertrags von der Genehmigung des Vertreters ab. […]

§ 110 („Taschengeldparagraph") Ein von dem Minderjährigen ohne Zustimmung des gesetzlichen Vertreters geschlossener Vertrag gilt als von Anfang an wirksam, wenn der Minderjährige die vertragsmäßige Leistung mit Mitteln bewirkt, die ihm zu diesem Zweck oder zu freier Verfügung von dem Vertreter oder mit dessen Zustimmung von einem Dritten überlassen worden sind.

(Zit. nach: BGB, Beck, Deutscher Taschenbuch Verlag, München, 57. Aufl. 2006; Verf.: Ludwig Althaus)

b) Erläuterungen

Minderjährige:	Kinder und Jugendliche im Alter bis zu 17 Jahren
Geschäftsfähigkeit:	die Fähigkeit, ab dem Alter von 18 Jahren einen gültigen Vertrag schließen zu können
gesetzliche Vertreter:	z. B. Eltern, Vormund
Willenserklärung:	Äußerung gegenüber einer anderen Person mit der Absicht, eine Rechtsfolge herbeizuführen, z. B. einen Gegenstand zum Kauf anbieten
Wirksamkeit von Verträgen:	Gültigkeit von Verträgen; der Vertrag ist in Ordnung
Widerruf:	einen Vertrag wieder rückgängig machen wollen
vertragsmäßige Leistung:	Erfüllung der Pflicht aus dem Vertrag; z. B. der Verbraucher bezahlt und nimmt die Ware ab, der Verkäufer liefert und nimmt das Geld

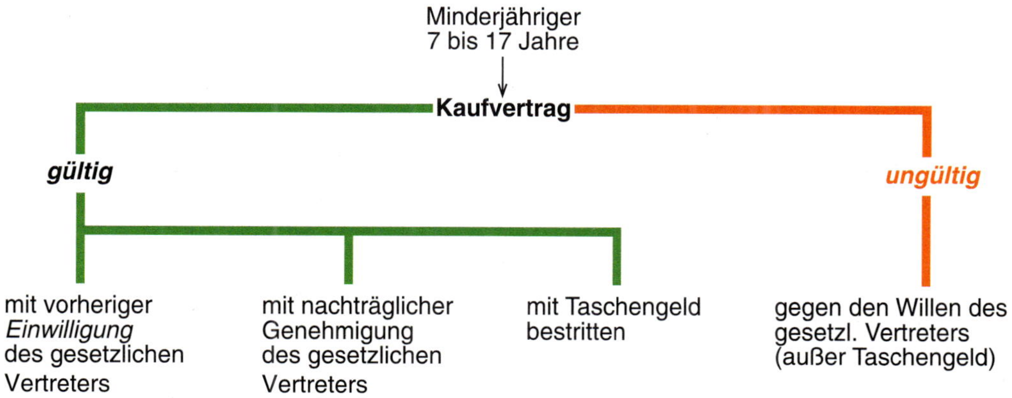

(Verbrauchererziehung in der Sek. I, hrsg. vom Landesinstitut für Curriculumentwicklung, Lehrerfortbildung und Weiterbildung, Neuss, S. 78 f.)

M 3 Taschengeldkäufe: Was geht – was geht nicht?

Kinder dürfen von ihrem Taschengeld nicht alles kaufen. Kinder unter sieben Jahren sind nicht geschäftsfähig. Alle Käufe, die sie tätigen, gelten „nur schwebend". Ihre Eltern können das Gekaufte zurückbringen, wenn sie mit dem Kauf nicht einverstanden sind.

Kinder und Jugendliche unter 18 Jahren sind nur beschränkt geschäftsfähig. Das heißt, sie dürfen bestimmte Käufe ebenfalls nicht tätigen. Das gilt für

- alle Käufe, für die ein Vertrag unterschrieben werden muss, z. B. bei Ratenkäufen oder Abonnements;
- alle Produkte, die Kinder und Jugendliche nach dem Gesetz gar nicht besitzen dürfen, also Alkohol, Zigaretten, Waffen;
- alle Dinge, die so teuer sind, dass sie ein Kind/ein Jugendlicher mit dem normalen Taschengeld nicht bezahlen kann und eher aus „Sonderzahlungen" (Geldgeschenke) bestreiten muss.

(Autorentext)

M 4 Fallbeispiele: Welche Geschäfte sind erlaubt?

Fall 1 Der 10-jährige Peter bekommt von seiner Mutter 15 Euro, um Schulsachen zu kaufen. Statt für Hefte und Stifte gibt Peter das Geld für zwei Computerzeitschriften aus. Die Mutter nimmt die Zeitschriften mit in das Geschäft und fordert von dem Verkäufer das Geld zurück.

Fall 2 Zu ihrem 14. Geburtstag bekommt Jessica von ihren Großeltern 50 Euro geschenkt. Ihre Eltern finden zwar, dass die Großeltern es zu gut mit Jessica meinen, sagen aber nichts. Als Jessica das komplette Geld für neue Kleidung ausgibt, wird es den Eltern jedoch zu viel. Sie wollen, dass Jessica die Kleidung zurückgibt.

Fall 3 Der 17-jährige Johannes möchte sich schon lange einen MP3-Player kaufen. Zufällig hat sich sein Freund Leon gerade ein neues Gerät gekauft und bietet Johannes sein altes für 50 Euro an. Johannes willigt ein und leistet eine Anzahlung von 30 Euro. Den Rest will er vom Taschengeld des nächsten Monats zahlen. […]

Fall 4 Claudia wird nächsten Monat 16 Jahre und meint zu ihrem Freund Hussein: „Wenn ich 16 bin, kann ich mir endlich, ohne meine Eltern zu fragen, von meinem Taschengeld ein günstiges Prepaid-Handy kaufen." Hussein hat Bedenken und sagt: „Da brauchst du doch erst das Einverständnis deiner Eltern."

Fall 5 Der 14-jährige Felix ist ein großer Fußballfan und will eine Sportzeitschrift abonnieren. Die jeden Monat anfallenden Kosten von 15,80 Euro kann er problemlos von seinem Taschengeld zahlen. Sein Freund Niko meint jedoch, dass Felix trotzdem die Zustimmung seiner Eltern braucht.

(Wochenschau Nr. 6/2010, S. 27)

1. Klärt mit Hilfe der Materialien M 2 und M 3, ob Sarah (M 1) geschäftsfähig ist und ob sie das Kleid behalten darf, das sie als „Schnäppchen" ergattert hat.

2. Prüft die Fallbeispiele in M 4 und entscheidet, welche der dargestellten Geschäfte erlaubt sind.

M 5 Vertrag ist Vertrag – oder nicht?

Ob wir im Kaufhaus einkaufen, eine Zeitung wortlos am Kiosk kaufen oder ein Kleid beim Emma-Versand bestellen, es kommt immer ein gültiger Kaufvertrag zustande. Wichtig ist, dass von zwei Seiten übereinstimmende **Willenserklärungen** abgegeben werden: vom Anbieter einer Ware (er möchte etwas verkaufen) sowie von ihrem möglichen Käufer (er möchte etwas kaufen). Ob diese Willenserklärungen mündlich, schriftlich oder sonstwie geäußert werden, ist im Prinzip belanglos; es gibt natürlich Geschäfte, bei denen die Einhaltung einer bestimmten Form ratsam ist (z. B. bei Grundstückskäufen o. Ä.).

(Nach: Stiftung Verbraucherinstitut [Hg.], Verbraucherbildung in der Schule, Volk und Wissen, Berlin 1993, S. 171; Verf.: Hildegard Mackert, Jürgen Strehlow, Matthias Heyland)

Betrachtet die vier Fotos. Entscheidet und begründet: Kommt nach der Darstellung in M 3 in den hier dargestellten vier Fällen ein Kaufvertrag zustande?

2. Verbraucher und ihre Rechte

In diesem Unterabschnitt beschäftigen wir uns mit der Frage, unter welchen Voraussetzungen Verbraucher getätigte Geschäfte wieder rückgängig machen können. Auch hier gehen wir von Fallbeispielen aus: Thomas will gekaufte Joggingschuhe umtauschen und Marco hat im Internet einen Vertrag abgeschlossen, den er gar nicht wollte.

M6 Umtausch ausgeschlossen?

Thomas hat sich schon lange für ein bestimmtes Paar Joggingschuhe entschieden. Deshalb freut er sich sehr, als seine Mutter ihm endlich erlaubt, sich nun die gewünschten Schuhe zu kaufen.
Zielgerichtet verlangt er im Sportgeschäft seine „Marke“, probiert sie kurz an und freut sich, dass dieses Paar im Preis heruntergesetzt ist. „Da hab' ich aber Glück gehabt“, denkt er und kann gar nicht schnell genug nach Hause kommen, um die Schuhe dort stolz „vorzuführen“. „Mensch, die sehen ja echt super aus!“, meint Klaus, als er sie prüfend in den Händen hält. „Aber leider haben sie einen Riss! Hast du den denn nicht gesehen?“
Thomas bekommt einen Schrecken: „Wo? Zeig' her!“ Tatsächlich, an einer Stelle am rechten Schuh sind Leder und Sohle nicht richtig verschweißt. „Was mach ich nun? Vielleicht waren sie deshalb im Preis heruntergesetzt!“, befürchtet Thomas. „Die Verkäuferin sagte noch zu mir: ‚Heruntergesetzte Ware ist vom Umtausch ausgeschlossen‘. Von einem kaputten Schuh hat sie aber nichts gesagt! So eine Gemeinheit!“
Auch für solche Fälle findet man im BGB entsprechende Bestimmungen, die in M7 zusammengefasst werden. Auch die Internetseite der nordrhein-westfälischen Verbraucherzentrale (s. S. 103) bietet gute Hilfen zu vielen Fragen des Verbraucherrechts.
(Autorentext)

M7 Rechte und Pflichten von Käufern und Verkäufern

Der Käufer hat einen Anspruch darauf, dass die gelieferte Ware in einwandfreiem Zustand ist. Eine mangelhafte Lieferung kann folgende Mängel aufweisen:

Mängelarten

Art	Menge	Qualität	Beschaffenheit
= falsche Ware, z. B. Rotwein statt Weißwein	= zu viel oder zu wenig, z. B. 30 Stück statt 20	= andere Qualität, z. B. schlechtere Handelsklasse	= verdorbene oder beschädigte Ware, z. B. neuer Schrank hat Kratzer

Wenn man eine Sache gekauft hat, soll sie auch funktionieren. Dafür ist der Verkäufer verantwortlich, auch wenn er im Grunde nichts dafür kann, dass das Gerät einen Fehler hat. Er muss dafür „Gewähr leisten", dass die „Kaufsache" keine wesentlichen „Mängel" hat. Wenn etwas nicht stimmt, kann der Käufer seine *„Gewährleistungsrechte"* geltend machen, das heißt *Wandlung, Minderung* oder *Ersatzlieferung* verlangen. Häufig werden diese wichtigen Käuferrechte mit dem Begriff des „Umtauschs" in einen Topf geworfen: Beim Umtausch geht es aber lediglich darum, dass der Käufer es sich selbst anders überlegt hat.

Gewährleistung wird die Haftung eines Verkäufers oder Handwerkers gegenüber dem Kunden genannt, dass die Ware oder die Handwerkerleistung keine erheblichen Mängel hat.

Wandlung wird die „Rückumwandlung" eines Vertrages genannt, wenn Mängel vorliegen. Jeder erhält grundsätzlich das zurück, was er gegeben hat.

Minderung ist die Herabsetzung des Kaufpreises für den Fehler einer Sache, wenn der Käufer sich entschließt, sie zu behalten. Er bekommt, wenn er schon bezahlt hat, einen Teil des Kaufpreises zurück.

Ersatzlieferung bedeutet, dass der Käufer ein gleiches – aber einwandfreies – Produkt als Ersatz erhält.

Nachbesserung ist die (im Gesetz bei Kaufverträgen eigentlich gar nicht vorgesehene) Möglichkeit für den Verkäufer, die fehlerhafte Sache zu reparieren. Diese Möglichkeit schaffen sich viele Verkäufer durch das „Kleingedruckte" (s. M 11).

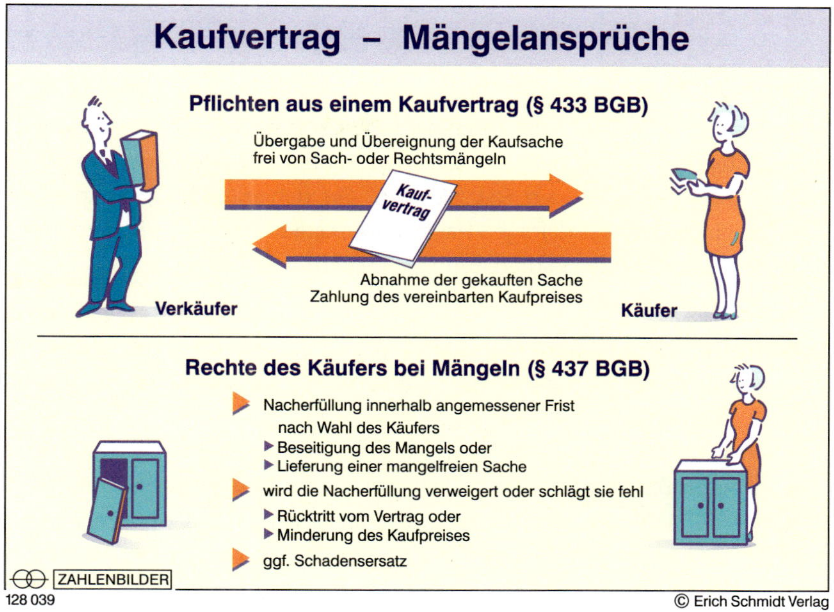

Umtausch hat mit Gewährleistung nichts zu tun. Hier ist es der Kunde, der nicht genau genug hingeschaut hat oder dem einfach die Farbe seiner Hose nicht mehr gefällt. Viele Läden geben – für bestimmte Artikel und meist nur *innerhalb einer (bestimmten) Frist* – Gelegenheit, Sachen umzutauschen. Einen Anspruch hierauf hat der Verbraucher immer nur dann, wenn auf irgendeine Weise ein Umtauschrecht eingeräumt worden ist. In aller Regel erhält der Kunde aber nicht den ursprünglich gezahlten Kaufpreis zurück, sondern muss mit einem Gutschein zufrieden sein. Den kann er dann bei einem anderen Einkauf verwerten.

(Autorentext nach: Edda Castelló/Nikolaus Jürgens, Das lasse ich mir nicht gefallen!; Rechtsratgeber gegen Alltagsärger, Rowohlt, Reinbek 1987, S. 28–29)

Klärt mit Hilfe von M 7, ob Thomas das im Preis reduzierte Paar Joggingschuhe umtauschen kann oder ob es noch andere Möglichkeiten der „Wiedergutmachung" gibt. Verwendet dabei auch die entsprechenden juristischen Fachbegriffe, die ihr bei dem in M 8 vorgeschlagenen Rollenspiel einsetzen könnt.

Methode

M8 Rollenspiele durchführen und besprechen

Thomas und Klaus haben aufgrund der Informationen schnell eine Lösung des Problems gefunden, wenn auch kleine Spitzfindigkeiten zu beachten waren. Auf jeden Fall hat es ihnen richtig Spaß gemacht, den Fall zu lösen. Sie gehen zum Sportgeschäft zurück und fragen nach der Verkäuferin. Stellt – nach entsprechender Vorbereitung – in einem Rollenspiel ein mögliches Gespräch dar.

Rollenspiel: Warum macht man das?

Im Rollenspiel schlüpfen die Spielerinnen und Spieler in die Haut einer anderen Person. Das ist ungefähr so wie bei einer Theaterrolle. Allerdings ist das Spiel nicht fest vorgeschrieben. Ihr müsst überlegen, wie sich die Personen, die ihr spielt, in dieser Situation verhalten könnten. Alle Spielerinnen und Spieler können dann ihre Rolle selbst ausgestalten.

Wenn man sich in eine andere Person hineinversetzt, kann man viel lernen. Spielt man zum Beispiel jemanden, der geschlagen, verletzt oder beleidigt wurde, kann man lernen, wie man sich als Opfer in einem Streit fühlt. Für den Umgang mit Konflikten kann man im Rollenspiel üben, wie man sich in einem echten Konflikt verhalten sollte.

Bevor ihr mit der Planung von Rollenspielen in Gruppen beginnt, müsst ihr in der Klasse gemeinsam überlegen, welche Situation vorgespielt werden soll, zum Beispiel ein Streit, eine Unterhaltung, eine Szene in einem Spielfilm, eine Fernsehsendung etc.

Worauf müsst ihr besonders achten?

Rollenspiele gliedern sich in die *Vorbereitungsphase*, die *Spielphase* und die *Besprechungsphase*. Zunächst müsst ihr euch in Spielgruppen einteilen. Denkt auch daran, Rücksicht auf die anderen Gruppen zu nehmen. Seid also nicht zu laut.

Verhalten der Spielgruppe

Einigt euch darauf, welche Szene ihr spielen wollt.

- Verteilt die Rollen innerhalb eurer Gruppe.
- Sprecht euch darüber ab, wie sich die einzelnen Mitspieler ihrer Rolle entsprechend verhaften sollen.
- Plant den Ablauf eurer Spielszene.
- Übt das Rollenspiel, ohne laut zu werden, und besprecht, was ihr verbessern könnt.
- Achtet darauf, dass ihr euer Spiel nach der vereinbarten Zeit zu Ende führt.
- Macht keinen Quatsch!

Verhalten der Beobachter

In einem Rollenspiel sind die Beobachter nicht nur Zuschauer. Sie sind sozusagen die Schiedsrichter und Mitdenker. Achtet als Beobachter besonders auf die folgenden Fragen:

1. Haben die Personen ihre Rolle glaubwürdig vorgestellt?
2. Ist das Rollenspiel so verlaufen, wie es während der Vorbereitung abgesprochen wurde?
3. Was könnte man verbessern?

Nach jedem Rollenspiel gibt es eine Besprechungsrunde, in der sich die Beobachter zu diesen Fragen äußern.

(Wolfgang Mattes, Methoden für den Unterricht, Schöningh Verlag, Paderborn 2004, S. 106)

M9 Abzocke im Internet

Eine schöne Bescherung: Marco, 17 Jahre alt, wollte seiner Freundin Susanne nur eine E-Card mit Glückwünschen zum Geburtstag schicken. Als „Dank“ ist ihm heute eine Rechnung über 145,56 Euro ins Haus geflattert: Angeblich hat er auf der Homepage, von der er die E-Card verschickt hat, übersehen, dass man beim Absenden der Grußkarte ein Abo für Klingeltöne für ein ganzes Jahr abgeschlossen hat. Nun ist guter Rat teuer – wer kann Marco bei seinen Problemen helfen?

(KONSUMWELT kompakt: Verbraucherschutz in Deutschland, © Verbraucherzentrale Bundesverband e.V./Stiftung Warentest; Stand: 11/2010; www.vzbv.de; www.test.de)

M 10 a Abzocke im Internet – was tun?

Gratis-SMS-Dienste, kostenlose Ahnenforschung, Intelligenztests oder Berufsberatung – kurze Anmeldung genügt und nach ein paar Wochen kommt plötzlich unerfreuliche Post: Ihr habt angeblich einen Vertrag abgeschlossen und sollt eine saftige Rechnung zahlen.

Onlineabzocke läuft längst im großen Stil. Dabei ist die Masche immer ähnlich. Beim ahnungslosen Surfen im Netz lassen sich schnell dubiose Internetseiten mit verlockenden Gratisangeboten finden: Kostenlose SMS verschicken, Gedichte oder Tattoomotive gratis runterladen oder einen IQ-Test machen – doch statt tatsächlich kostenlosen Service zu bieten, will der Anbieter später eine einmalige Nutzungsgebühr für seine Dienste, und die kann dann locker dreistellig sein. Andere Seitenbetreiber wollen euch mit einem Eintrag ins Anmeldeformular gleich ein zweijähriges Abonnement angedreht haben. Doch davon wisst ihr gar nichts.

Tausende tappen in die Internet-Falle

Nach der Rechnung folgt meist ziemlich schnell die erste Mahnung, manchmal auch ein Anwaltsschreiben mit Zahlungsaufforderung oder gar die Drohung mit einem Inkasso-Unternehmen, das die Schulden bei euch eintreiben will. Spätestens dann kommt ihr mächtig ins Schwitzen. Um es gleich vorab zu sagen: Ihr seid nicht allein. Tausende von Verbrauchern werden so täglich im Internet reingelegt. Doch was ist da eigentlich schiefgelaufen? „Das ist ein ganz typisches Beispiel für Internet-Abzocke", sagt Thomas Bradler, Jurist bei der Verbraucherzentrale NRW. Die Anbieter setzen nämlich darauf, dass der User den **Preishinweis** ganz schlecht findet, weil er zum Beispiel nur im Kleingedruckten steht. Manchmal ist der Hinweis auf die **Folgekosten** auch farblich so getarnt, dass man ihn ganz leicht übersehen kann. Doch so geht es nicht. „Der Anbieter muss darauf hinweisen, dass das Angebot **kostenpflichtig** ist, und zwar so, dass man es auch sofort findet. Wird der Preis irgendwo auf der Seite versteckt, nennt der Gesetzgeber das **‚arglistige Täuschung'**. Und dagegen kann man vorgehen." Außerdem kommt nach Ansicht der Verbraucherzentrale überhaupt kein wirksamer kostenpflichtiger Vertrag zustande, wenn der Preis so versteckt wird, dass der Verbraucher ihn nicht entdeckt.

14 Tage Rücktrittsrecht

Und noch etwas muss der Online-Anbieter tun. Er muss euch darüber informieren, dass ihr innerhalb von zwei Wochen von einem so geschlossenen Vertrag zurücktreten könnt. Dieses sogenannte **„Widerrufsrecht"** gilt für sämtliche Internetgeschäfte. Allerdings hüllen sich auch hier die Internet-Abzocker gerne in Schweigen. Oft kommt die Rechnung erst, wenn die Zwei-Wochen-Frist längst verstrichen ist. Trotzdem gilt: Hat euch der Anbieter nicht ausdrücklich über euer Recht auf Widerruf informiert, kann der Vertrag sogar unbefristet widerrufen werden. Dann kommt es also gar nicht mehr darauf an, ob der Vertrag überhaupt jemals wirksam geschlossen wurde. Somit gibt es also schon zwei gute Gründe, warum der Anbieter mit dieser linken Nummer nicht durchkommen dürfte.

Verträge anfechten

Was also ist zu tun, wenn euch unberechtigt eine Rechnung ins Haus flattert? Wem so etwas passiert, der sollte den Vertragsschluss in jedem Fall schriftlich bestreiten und den Vertrag „hilfsweise widerrufen"

und „wegen arglistiger Täuschung" anfechten. […] Es gibt […] noch einen triftigen Grund, warum ein Vertrag ungültig sein kann. Und zwar wenn der, der den Vertrag angeblich abgeschlossen hat, **noch minderjährig** ist.

Verträge mit Minderjährigen sind ungültig

Grundsätzlich ist es so, dass **Minderjährige nur im Rahmen ihres Taschengeldes** wirksam eigene Verträge abschließen können. Kostenpflichtige Abonnements, wie zum Beispiel ein Jahresvertrag für einen kostenlosen SMS-Service, müssten Eltern erst genehmigen. Ist so ein Vertrag ohne Einwilligung der Eltern zustande gekommen, sollten die Erziehungsberechtigten dem Anbieter mitteilen, dass der Vertrag nicht genehmigt wird. […]

(kat; http://www.checked4you.de/UNIQ131586286330125/doc137400A.html)

M 10 b Neues Gesetz: Regierung will Verbraucher vor Kostenfallen im Internet schützen

Verbraucher sollen künftig besser vor Abo- und Kostenfallen im Internet geschützt werden. Das Bundeskabinett hat gestern einen entsprechenden Gesetzentwurf beschlossen. Demnach wird ein neuer Internetbutton eingeführt, der „Abzocke" im Netz verhindern soll. „Verbraucher sind nur zur Zahlung verpflichtet, wenn sie bei der Bestellung ausdrücklich bestätigen, dass sie die Kostenpflicht kennen", sagte Justizministerin Sabine Leutheusser-Schnarrenberger (FDP). Rechnungen für scheinbare Gratisleistungen liefen künftig ins Leere. […]

Mit ihrem Vorstoß will die Regierung gegen dubiose Geschäftsmodelle im Internet vorgehen. Denn Nutzer werden immer häufiger in Kostenfallen gelockt: Obwohl Angebote kostenfrei aussehen – etwa Hausaufgabenhilfen, Gewinnspiele oder Routenplaner –, flattern nach einem Klick Rechnungen ins Haus. Werden diese nicht beglichen, werden Gerichtsverfahren angedroht. […]

Künftig muss der Bestellbutton unmissverständlich und gut lesbar auf die Zahlungspflicht hinweisen. Der Schutz vor Kostenfallen gilt immer, wenn Waren oder Dienstleistungen online geordert werden. […] Das Gesetz soll Anfang 2012 in Kraft treten.

(Heike Anger, in: Handelsblatt Nr. 164 v. 25.8.2011, S. 15)

M 11 AGB – der Teufel steckt im Kleingedruckten

*Zu den allgemeinen Regelungen können die jeweiligen Verkaufspartner noch zusätzliche **„Allgemeine Geschäftsbedingungen"** (AGB) festlegen, die sie für ihre Verkäufe geltend machen. Und manchmal erlebt man böse Überraschungen, denn der Teufel steckt im Kleingedruckten! Doch grundsätzlich gilt: Die Allgemeinen Geschäftsbedingungen dürfen nicht gegen die Grundgedanken des „Bürgerlichen Gesetzbuches*" verstoßen! Eine gewisse Unsicherheit besteht z. B. bei Vertragsformen im Zusammenhang mit **Online-Handel**, denn hier gilt, dass sich Anbieter online bestellter Waren durch die Verwendung von AGBs rechtlich absichern wollen. Dabei ist immer wieder zu beobachten,* *dass die Firmen die Rechte ihrer Kunden übermäßig einschränken. Hierdurch werden häufig die von Rechtsprechung und Gesetzen gezogenen Grenzen überschritten, sodass die AGB unwirksam sind und im Konfliktfall einer späteren gerichtlichen Überprüfung nicht standhalten. Generell gilt aber, dass auch für den Internethandel das AGB-Gesetz Anwendung findet.*

- Besonders wichtig bei Online-Käufen sind die Allgemeinen Geschäftsbedingungen (AGB, vom Händler aufgestellte Regeln über die Abwicklung des Kaufvertrags). Der Grund: Da Anbieter und Kunde sich nicht begegnen, können sie keine mündlichen Vereinbarungen treffen. Die AGB des Händlers gelten jedoch nur, wenn sie wirksam in ihren Vertrag einbezogen wurden. Der Verkäufer muss den Käufer vor oder spätestens bei Vertragsschluss mündlich oder schriftlich auf seine AGB hinweisen. Der Käufer muss die Gelegenheit haben, sich den Text der AGB anzusehen.
- Bei Bestellungen im Internet dürfen die AGB nicht versteckt auf der Website des Anbieters abgelegt sein. Der Kunde muss sie in angemessener Größe wahrnehmen können, bevor er die Bestellung an den Anbieter abschickt (ein gut erkennbarer Link zu den AGB genügt). Drucken Sie die am Bildschirm lesbaren Geschäftsbedingungen aus. Das ist für Beweiszwecke sinnvoll, wenn die Klausel, auf die Sie sich berufen, später im Netz verschwunden ist. Bedenken Sie: Beim Vertragsabschluss erklären Sie sich mit den AGB automatisch einverstanden, soweit Sie die Gelegenheit hatten, sie vorher zu lesen. Finden Sie die AGB erst bei der verpackten Ware, brauchen Sie sie nicht zu beachten.
- AGB sind nur wirksam, wenn sie mit dem AGB-Gesetz im Einklang sind. Sie dürfen weder überraschend sein noch den Kunden benachteiligen. Überraschend ist eine Klausel, wenn Sie nicht mit ihr rechnen müssen. Unwirksam wäre etwa eine AGB, die den Kauf eines Scanners an die Teilnahme an einem kostenpflichtigen Workshop für digitale Bild-Verarbeitung koppelt. Das AGB-Gesetz enthält darüber hinaus eine umfangreiche Liste von Anhaltspunkten für unwirksame Bestimmungen. So darf der Verkäufer die Gewährleistungsrechte des Kunden beim Kauf neuwertiger Produkte nicht ausschließen.

(http://www.rechtsberatungs-hotline.de; Verf.: Karsten Pantke; Zugriff: 28.2.2006)

M 12 Surftipps fürs Netz

Damit es erst gar nicht zu ungewollten Verträgen, hohen Rechnungen und Drohbriefen kommt, solltet ihr folgende Tipps unbedingt beherzigen:

- Schaut euch die Seiten im Netz, die mit Gratisangeboten locken, immer ganz genau an. Nicht jeder Anbieter von kostenlosem Service ist unseriös. Doch lassen sich solche Dienstleister im Web auf den ersten Blick nur schwer voneinander unterscheiden. Bevor ihr euch auf einer Online-Seite anmeldet, studiert genau die Bedingungen des Seitenbetreibers. Wichtige Hinweise, auch zu Kosten, finden sich in den sogenannten „AGB" (Allgemeine Geschäftsbedingungen). Das ist mühsam zu lesen, aber schließlich stimmt ihr bei Vertragsabschluss diesen AGB zu! Das heißt aber nicht, dass alles, was dort drin steht, auch gültig ist.
- Häufig sitzen dubiose Online-Anbieter im Ausland. Dann kann es auch mit der Reklamation schwierig werden. Werft mal ei-

nen Blick in das „Impressum“. Hier müssen der Name und der Sitz der Firma mit Adresse stehen. Ist dort nur ein Postfach angegeben, ist das ein schlechtes Zeichen.

- Manchmal locken die Anbieter mit Gewinnspielen. Vorsicht: Die Preise sollen häufig von den wahren Kosten ablenken. Schaut euch immer die Vertragsbedingungen an. Ist dort vielleicht die Rede von Mindestlaufzeiten oder Kündigungsfristen? Das ist meist ein Hinweis auf einen Vertrag.
- Beweise sichern: Einmal ins Visier geratene Anbieter können schnell das Seitenlayout ändern. Wer einen Ausdruck der Ursprungsseite macht, hat später bessere Karten. Druckt euren E-Mail-Kontakt aus. So könnt ihr auch später beweisen, dass der Anbieter euch möglicherweise nicht ordnungsgemäß über eure Rechte und andere Vertragsbedingungen aufgeklärt hat.
- Seid vorsichtig mit persönlichen Daten. Ihr solltet immer genau wissen, wem ihr Namen, Adresse oder Bankdaten anvertraut.

(http://www.checked4you.de/UNIQ131586286330125/doc137400A.html; Verf.: Katja Göbel)

1. Erläutert die in M 10 und M 11 dargestellten „Internet-Fallen“, die häufig übersehen werden können.

2. Wie wird der Verbraucher geschützt? Welche Rechte hat er und unter welchen Voraussetzungen sind geschlossene Verträge ungültig?

3. Begründet, wie ihr in Marcos Fall (M 9) handeln würdet.

4. Schaut euch auch die in M 12 angebotenen Tipps an und erzählt von eigenen Erfahrungen, die ihr beim Surfen und Einkaufen im Internet gemacht habt.

Diese Internetseite der Verbraucherzentrale Nordrhein-Westfalen ist speziell für Jugendliche eingerichtet: http://www.checked4you.de/UNIQ115364845719021/doc116319A.html (© Verbraucherzentrale Nordrhein-Westfalen e. V.). Dort könnt ihr zu einigen Verbraucherthemen gute Hinweise bekommen.

M 13 Recht und Unrecht im Internet

a) Drei Fälle – Vorschlag für eine Gruppenarbeit

Die neuesten Hits aus den Charts auf den iPod hochladen, einen Hollywood-Blockbuster auf den PC „ziehen" oder Fotos von Promis auf schülerVZ online stellen – heutzutage alles kein Problem. Doch was darf man überhaupt runterladen? Und welche Downloads sind illegal?

Aufgabe:
Bildet drei Gruppen. Anhand der folgenden Sachinformation könnt ihr z. T. Antworten auf die jeweils gestellten Fragen finden. Recherchiert dazu auch im Internet und sammelt Informationen. Stellt eure Ergebnisse in der Klasse vor.

Filmindustrie kündigt rechtliche Schritte gegen illegale Downloads an

Hollywoods Filmbranche will härter gegen „Download-Piraterie" vorgehen, die für die Filmindustrie massive Verluste bedeutet. Wer illegal Filme herunterlädt, soll in Zukunft härter bestraft werden.

Fußball-Fan von Presseagentur angezeigt

Er wollte nur Fotos seiner Lieblingsspieler des 1. FC Köln auf seine Homepage setzen: Nun wurde ein Fußball-Fan aus Bayern angezeigt, weil er Bilder dazu benutzte, an denen eine Presseagentur die Rechte besitzt.

17-jähriger Schüler aus Köln von Musiklabel verklagt

Ein Schüler aus Köln wurde von dem Musiklabel „Cologne Records" verklagt. Er hat Songs von Interpreten des Labels in einer illegalen Tauschbörse heruntergeladen. Nun droht ihm eine hohe Geldstrafe.

Gruppe 1

Ihr habt euch bisher Filme als DVD gekauft oder in der Videothek ausgeliehen. Nun wollt ihr in Tauschbörsen und Download-Portalen kostenlos Kinofilme runterladen. Doch ist das überhaupt erlaubt?
Was kann passieren, wenn man illegal Filme aus dem Internet herunterlädt? Wo sind im Internet Gratis-Angebote zu finden? Welche sind legal und welche nicht?

Gruppe 2

Die Verkaufszahlen in der Musikindustrie sind wegen illegaler Downloads deutlich zurückgegangen. Deshalb soll mit aller Härte gegen die Download-Piraten vorgegangen werden.
Welche Möglichkeiten gibt es, gegen illegale Downloads vorzugehen und wie kann man sich wehren?

Gruppe 3

Du hast Fotos eurer Lieblingsband aus dem Internet heruntergeladen und in deinem Profil in einem sozialen Netzwerk gepostet. Der Fotograf will dich nun wegen Verletzung seiner Rechte verklagen. Welche Daten von Dritten darf man im Internet downloaden und weiterverbreiten? Was ist legal, was illegal? Was kann man tun, wenn eine Abmahnung ins Haus flattert? Was versteht man unter Urheberrecht, und was kann euch bei der Verletzung von Urheberrechten passieren?

b) Recht und Unrecht im Internet – Sachinformation

Tauschbörsen und Downloadportale (Musik/Film) sind in den Weiten des Internets in den unterschiedlichsten Formen zu finden. Doch viele Nutzer wissen gar nicht, was erlaubt ist und was nicht. Das böse Erwachen kommt meist erst, wenn eine Abmahnung und eine Schadensersatzforderung im Briefkasten landen. […]

- Das **Urheberrecht** schützt die Urheber, also die „Schöpfer" von kreativen Werken wie z. B. Texte, Fotos, Filme. Allein der Urheber entscheidet, ob, wann und wer sein

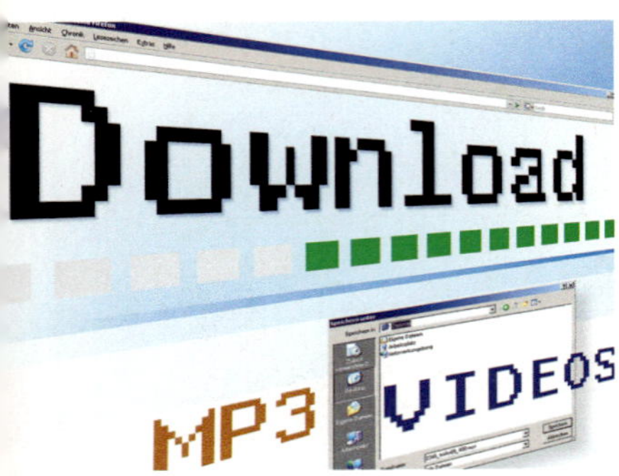

„Werk“ nutzen und verbreiten darf. Grundsätzlich muss der Urheber daher um Erlaubnis gefragt werden. Unter sehr engen Voraussetzungen darf ein „Werk“ ausnahmsweise auch ohne die Erlaubnis des Urhebers genutzt werden. Konkret bedeutet das: Im deutschen Urheberrecht ist es möglich, sich unter bestimmten Voraussetzungen einzelne Kopien von einem Werk, z. B. einer CD, anzufertigen. Danach darf eine Kopie angefertigt werden, wenn dies **ausschließlich zum privaten Gebrauch** erfolgt und **ein Kopierschutz nicht umgangen wird**. Dies bedeutet, dass man zwar zur musikalischen Untermalung für das Familienurlaubsvideo urheberrechtlich geschützte Musik verwenden und das Video dann im Familien- oder Freundeskreis zeigen darf.

- Nicht erlaubt ist hingegen, das Video mit der Musik danach öffentlich vorzuführen oder zu verbreiten, zum Beispiel auf einer Videoplattform oder in einem sozialen Netzwerk. Der einfachste und sicherste Weg für Verbraucher ist, sich Kopien nur von solchen Dingen zu machen, bei denen sie genau wissen, woher sie stammen – also zum Beispiel, wenn ein Freund eine CD besitzt und diese nicht kopiergeschützt ist. Eine Weitergabe an Unbekannte ist von vornherein verboten. Außerdem darf keine „offensichtlich rechtswidrige Quelle“ für die Kopie genutzt werden.
- Inhalte aus dem Internet sind oft urheberrechtlich geschützt oder die Nutzung ist durch Nutzungsbestimmungen beschränkt. Der aus dem Internet abrufbare Song darf nicht unbedingt beliebig oft heruntergeladen und kopiert werden, so wie die in einem Ladengeschäft erworbene CD. Aber auch für das im Internet abrufbare Foto, das gegebenenfalls öffentlich genutzt werden soll (z. B. auf einer Online-Verkaufsplattform), bedarf es der Erlaubnis des Urhebers. Wichtig: Wird ein selbst erstelltes Foto ins Internet gestellt, auf dem auch andere Personen erkennbar abgelichtet sind, ist deren Privatsphäre zu respektieren. D. h., man muss sich zuvor deren Erlaubnis für die Veröffentlichung einholen.
Illegal eingestellte Werke herunterzuladen ist rechtswidrig. Als Verbraucher sollte man nur solche Werke herunterladen, bei denen man weiß, dass diese nicht aus illegalen Quellen stammen. Dieses Problem stellt sich oft bei Tauschbörsen.
- Aufgrund der enormen Zunahme von illegalen Downloads greift die Musikindustrie seit einigen Jahren zu rechtlichen Mitteln. Im Jahr 2004 wurden erstmals Privatpersonen juristisch verfolgt, die mit Uploads gegen das Urheberrecht verstoßen hatten. Seitdem wurden alleine von der Musikindustrie rund 100 000 Verfahren wegen Urheberrechtsverletzungen im Internet in die Wege geleitet. Die Zahl der illegalen Downloads hat sich dadurch von über 600 Millionen auf etwa 316 Millionen (2008) nahezu halbiert. Im Jahr 2009 gab es laut dem Bundesverband der Musikindustrie mehr als 13 000 Zivilverfahren*.
Doch nicht nur im Musikbereich greifen die Rechteinhaber härter durch, sondern auch im Bereich der illegalen Uploads und Downloads von Spielfilmen und der unberechtigten Nutzung von Bildmaterial. Dabei gibt es Gratis-Musik aus dem Internet auch ganz legal (siehe etwa www.tonspion.de) und mit dem Segen der Musikindustrie: Viele Musiklabels haben mittlerweile erkannt, dass es durchaus verkaufsfördernd sein kann, wenn man in sozialen Netzwerken Songs zum kostenlosen Download anbietet.

Hilfreiche Internet-Adressen:

- www.test.de (Suchbegriffe: „Musicload“, „illegale Downloads“, „Internet und Datenschutz“, „Urheberrecht“)

- www.verbraucherbildung.de (Suchbegriffe: „illegale Downloads“, „Datenschutz“)
- www.irights.info/index.php?id=791
- www.surfer-haben-rechte.de (Suchbegriffe: „Tauschbörsen“, „Urheberrecht“)
- www.klicksafe.de (Suchbegriffe: „Downloads“, „Datenschutz“ sowie unter Materialien: „Musik im Netz“, „Nicht alles, was geht ist auch erlaubt!“ und „Runterladen ohne Reinfall“)
- www.respectcopyrights.de
- www.checked4you.de

(M 13 a und b aus: KONSUMWELT kompakt: Recht und Unrecht im Internet, © Verbraucherzentrale Bundesverband e. V./Stiftung Warentest, Stand: 9/2010; www.vzbv.de; www.test.de)

3. „Käuferfalle“ Supermarkt

M 14 Warum wir immer mehr kaufen, als wir brauchen!

Ihr kennt das: Man will nur mal schnell im Supermarkt eine Flasche Cola holen und steht zehn Minuten später mit 15 verschiedenen Sachen an der Kasse. Wissenschaftler sprechen von 30 % bis 60 % Spontankäufen im Lebensmittelmarkt. Wie kommt das? Der Parcours (Durchgang) durch die Regale ist generalstabsmäßig auf deine menschlichen Schwächen ausgelegt!

Damit ihr auch weiterhin mehr kauft, als ihr eigentlich wollt, nimmt die Konsumforschung euch, die Kunden, unter die Lupe. Wissenschaftler messen die Herzfrequenz und die Körpertemperatur von Versuchspersonen beim Einkauf, installieren im Supermarkt Video- und Fotokameras, bauen elektronische Schwellen in den Ladenfußboden ein, beobachten jeden Handgriff. So analysiert, wird das Einkaufsverhalten des Einzelnen vorhersehbar und damit manipulierbar.

Nicht in die Höhle …

Normalerweise haben Menschen Angst, ihnen unbekannte Räume zu betreten, auch wenn es nur Supermärkte sind. Deshalb wird dem meist fensterlosen Verkaufsraum durch geschickte *Beleuchtung* der „Höhlencharakter“ genommen. Warmes Licht und oft auch Pflanzen im Eingangsbereich helfen die Schwellenangst zu überwinden, auch der Rest ist bis in die hintersten Winkel hell und freundlich ausgeleuchtet.

Licht, Spiegel und Farbe

Als Kunden werdet ihr erst mal gebremst. Ihr habt noch euren „Straßenschritt" drauf, und das ist natürlich zu schnell. Gestoppt werdet ihr von in *sonniges Licht* getauchten Obst- und Gemüsebergen. Durch die geschickte Anordnung von *Spiegeln* sollt ihr das Gefühl haben, euch aus einem Paradies an frischer Ware das Beste aussuchen zu können.

An der Fleischtheke wird nicht mit Spiegeln gearbeitet, dafür aber manchmal mit *farbigem Licht*. Unter einer speziellen Rotlichtlampe sieht selbst ein blasses, wässriges Schnitzel nach 1-A-Qualität aus.

Musik, Temperatur und Düfte

„Ein stiller Laden, der wirkt tot", sagen Verkaufsprofis. Deshalb wird die *Hintergrundmusik* teilweise direkt über Satellit in die Verkaufsräume eingespeist – vormittags Schlager für die Hausfrauen, nachmittags Popmusik für die Teenies. Am besten sind eingängige Melodien mit 72 Bassschlägen pro Minute: Dies entspricht der Pulsfrequenz eines gesunden, ausgeglichenen Menschen.

Zur Verbesserung der Einkaufsatmosphäre trägt ebenfalls eine *konstante Temperatur* von 19°C bei.

Vereinzelt soll auch überlegt werden, die Nasen der Kunden mit verkaufsanregenden *Düften* zu umgarnen: „aprilfrischer" Frühlingsduft neben den Waschmitteln, Pizzageruch rund um die Tiefkühlpizza, frischer Kuchenduft beim Gebäck.

Wege durch das Labyrinth

Das kennt ihr, oder? Der Weg zu den Sachen, die ihr am häufigsten braucht, führt – ob ihr wollt oder nicht – an allen Regalen und Theken vorbei. Das ist natürlich kein Zufall. Ihr sollt bei jedem Besuch mit der gesamten Warenpalette konfrontiert werden. Der erste Gang, rechts an der Wand, führt euch fast immer erst mal bis ans Ende des Raumes. Dann geht es gegen den Uhrzeigersinn *immer links herum*. Dieser Hang zu Linkskreisen ist 95 % aller Menschen angeboren. Die Gänge selbst sind mit Bedacht nicht zu eng und nicht zu breit angelegt. Wären sie zu eng, könnte Folgendes passieren: Ein Kunde, der etwas aus dem Regal genommen hat, wird versehentlich vom Einkaufswagen eines anderen Kunden gestreift. Erwiesenermaßen legt der erste Kunde bei der Berührung die Ware reflexartig wieder zurück […]. Ist der Gang zu breit, geht ihr zu schnell durch den Laden. Die „Durchfahrt" ist mit Absicht nicht immer unproblematisch. […] Im Slalom müsst ihr um Körbe mit Sonderangeboten herumfahren, Packpaletten versperren euch den Weg und oft kommen keine zwei Einkaufswagen aneinander vorbei. Die neueste Idee, den Vorwärtsdrang der Kunden zu bremsen, sind riesige Aufkleber auf dem Fußboden.

So soll beispielsweise vor dem Süßwarenregal eine quadratmetergroße, dreidimensional wirkende Schokoladentafel den Appetit anregen.

Platzierung in den Regalen

In den Regalreihen sind die Produkte so angeordnet, dass ihr auf die teuren Sachen zuläuft, während sich die preiswerteren in eurem Rücken befinden. Salz, Streichhölzer, Toilettenpapier oder Zucker müsst ihr zudem oft erst suchen, damit ihr auf dem Weg zu diesen „Artikeln des täglichen Bedarfs“ möglichst viele Produkte streift, die ihr nicht so oft braucht. Direkt neben den alltäglichen Waren befinden sich auch häufig „Impulswaren“ – teure Luxusartikel, die man spontan haben will, wenn man sie sieht. Im Regal selbst geht dein Blick – wie beim Lesen – automatisch von links nach rechts. Also wird das teurere Produkt dort platziert, wo deine Augen am Schluss verweilen.

Auch bei der Höhe der Platzierung im Regal gibt es Unterschiede. So steht die teuerste Marmelade in Augenhöhe, die etwas günstigere wird ganz oben oder auf mittlerer Höhe eingeräumt, und die billigste werdet ihr meist im untersten Regal finden. „Ein Artikel, der in Kniehöhe im Regal platziert ist und dort 30-mal verkauft wird, bringt es in Hüfthöhe auf 70 Verkäufe, in Augenhöhe aber auf 100!“, sagen die Verkaufsprofis.

Sondersupergünstigpackung

Manchmal werdet ihr auch mit einer ungewöhnlich großen Menge der gleichen Ware verlockt. Ein riesiger Stapel Kartoffelchips – am besten noch auf einer Packpalette mitten im Gang – sieht nach einem günstigen Großeinkauf des Anbieters aus. Ein Sonderangebot! Aber ähnlich wie beim sogenannten „Doppelpack“, der Familien- oder der Vorratspackung solltet ihr lieber kurz nachrechnen. Die 500g-Sondersupergünstigpackung ist oft kaum preiswerter oder sogar teurer als die normale Packung.

Damit das Einkaufen nicht zur Routine wird und ihr auch mal wieder neue Produkte entdeckt, wird regelmäßig umgeräumt. Plötzlich ist das Knäckebrot nicht mehr da, wo es monatelang gelegen hat, oder es versperren „Stopper“-Regale den gewohnten Weg zur Tiefkühltruhe.

Quengelware an der Kasse

Als eine moderne Form der Wegelagerei entpuppen sich Regale und Körbe im Kassenbereich. In der Regel steht man dort in der Warteschlange und greift ungehemmt und aus Langeweile nach Zeitschriften, Süßigkeiten und Alkohol. Eine besonders lukrative Zielgruppe sind dort auch Kinder, die ihren Eltern mit Geschrei und Tränen ein Überraschungsei abtrotzen. Man nennt diese Produkte auch Quengelware. Der Umsatz in der Kassenzone ist gut zehnmal höher als in anderen Bereichen des Lebensmittelgeschäfts.

(Nach: http://www.checked4you.de/UNIQ12002 3216520964/doc5672A.html; Zugriff: 12.10.2004)

1. Beschreibt die in M 14 angeführten Tricks, mit denen Kunden zum Kaufen „verführt" werden sollen, und berichtet davon, wenn ihr diese „Tricks" selbst schon in Supermärkten habt beobachten können.
Weitere Hinweise auf „Fallen im Supermarkt" findet ihr unter der Internetadresse www.ksta.de/html/artikel/1176113294486.shtml

2. Wir schlagen euch vor, all dies auch einmal vor Ort zu überprüfen. Stellt eine Liste von Geschäften zusammen, die ihr – in kleineren Gruppen – erkunden könntet. Für die nähere Planung und Durchführung geben wir euch im Folgenden Hinweise und Hilfen.

Methode M 15 Erkundung eines Supermarkts

Überlegt und entscheidet, welche Supermärkte in eurer Nähe für eine Erkundung infrage kommen und welche davon ihr in kleineren Gruppen (in der unterrichtsfreien Zeit) erkunden wollt. Eine Terminabsprache oder Erlaubnis des Marktes ist nicht unbedingt erforderlich, aber ein Vorgespräch mit dem Supermarkt-Leiter ist ratsam. Auf jeden Fall solltet ihr eine Bescheinigung der Schule bei euch haben, in der bestätigt wird, dass ihr Schülerinnen und Schüler eurer Schule seid und die Erkundung zu Unterrichtszwecken macht.

Für die Erkundung der „Verkaufstricks" könnt ihr euch an die Darstellung in M 14 halten (vgl. auch die Checkliste unten). Darüber hinaus könntet ihr Folgendes in Betracht ziehen:

- Beobachtet Käuferinnen und Käufer hinsichtlich ihres Verhaltens im Supermarkt (Linksdrall, Griffhöhe usw.).
- Notiert Angaben über die jeweilige Verweildauer der Käuferinnen und Käufer.
- Befragt Käuferinnen und Käufer darüber, wir sie ihren Einkauf empfinden (angenehm, stressig usw.) und worauf sie das jeweils zurückführen.

Vor eurer Erkundung ist es ganz wichtig, dass ihr festlegt, was genau ihr fragen wollt, wie der *Fragebogen* für die Befragung aussehen soll, wie die Ergebnisse fixiert werden sollen und wie ihr den Fragebogen auswerten wollt.

Für die Dokumentation eurer Ergebnisse gibt es verschiedene Möglichkeiten:

- Bildervortrag vor einer anderen Klasse und/oder vor den Eltern/Lehrern. Die Bilderserie könnte einer Politiklehrerin/einem Politiklehrer für den Unterricht überlassen werden.
- schriftliche/bildliche Dokumentation als Ausstellung
- Erstellung einer Informationsbroschüre für eine Verbraucherberatung: „Verkaufsstrategien im Supermarkt"

Checkliste: Verkaufstricks in Supermärkten

Name und Adresse des Supermarkts:	
Tricks	**Erkundungsergebnisse**
Eingang (Licht/Farbe)	???
Anordnung der Regale	???
Platzierung in den Regalen	???
Musik	???
…	???

(Autorentext)

4. Informationsmöglichkeiten für den Verbraucher

Verbraucher haben nicht immer gleich das BGB zur Hand oder wissen, dass sie dort nachschlagen können, um sich über ihre Rechte zu informieren. Außerdem sind Gesetzestexte nicht so leicht zu lesen – das habt ihr ja sicher auch gemerkt. Außerordentlich gute Informationsmöglichkeiten bieten die Verbraucherzentralen der einzelnen Bundesländer, die in verschiedenen Städten mit Beratungsstellen vertreten sind. Mit der in M 16 a abgebildeten Internet-Seite stellt sich die Verbraucherzentrale (VZ) Nordrhein-Westfalen vor: Stellt fest, wo in eurer Region die nächste Verbraucherberatungsstelle ist. Vielleicht könnt ihr diese Beratungsstelle einmal aufsuchen, um euch vor Ort ein Bild von den Aufgaben der Mitarbeiterinnen und Mitarbeiter zu machen (s. M 16 c).
Eine wichtige Rolle bei der Verbraucherberatung spielt auch die Stiftung Warentest. Sie stellt auf ihrer Internetseite wichtige Informationen und oft sehr praktische Hilfen bei Kaufentscheidungen zur Verfügung. Darüber informiert kurz M 17.

M 16 a Verbraucherzentrale Nordrhein-Westfalen

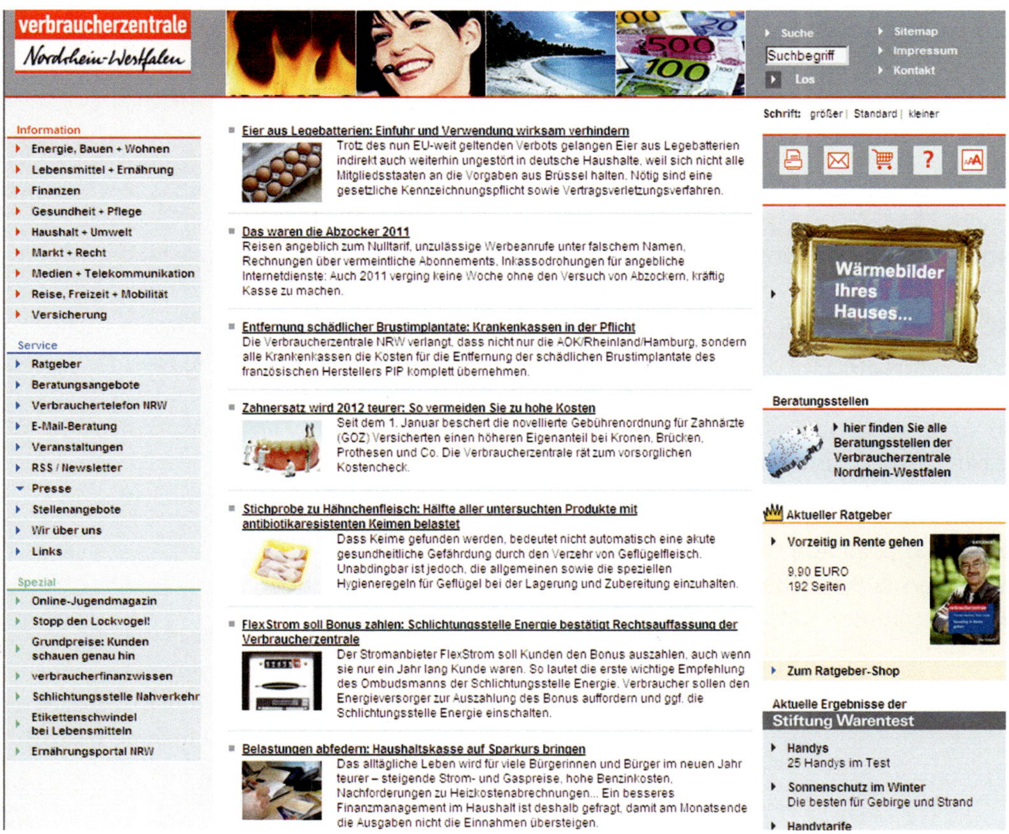

Wir über uns
Ziel unserer Arbeit ist es, Verbraucherinnen und Verbraucher in allen wesentlichen Fragen des privaten Konsums neutral zu informieren, zu beraten und gegenüber Wirtschaft, Verwaltung, Politik und Gesetzgeber zu vertreten. […] Mehr als 430 000 Verbraucherinnen und Verbraucher setzen jährlich auf den qualifizierten Rat unserer Fachleute in 19 Beratungsstellen, am Verbrauchertelefon oder im Internet.
(http://www.verbraucherzentrale-nrw.de/UNIQ115365022318374/link10A.html)

M 16 b Hier gibt's Beratungsstellen

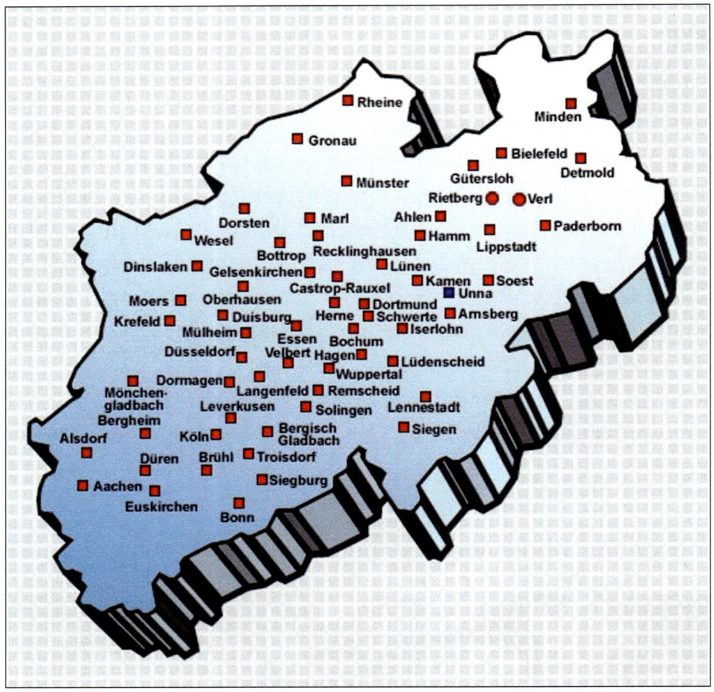

- Beratungsstellen
- Nur Energieberatung
- Nur Umweltberatung

(http://www.vz-nrw.de/UNIQ132620321804722/link357A.html)

Methode M 16 c Erkundung einer Verbraucherberatungsstelle

- **Vorbereitung der Erkundung**

1. Erkundet, wo sich die nächste Verbraucherberatungsstelle befindet.
2. Vereinbart mit der Lerngruppe einen Gesprächstermin mit der Beratungsstelle.
3. Entwickelt Fragen als Leitfaden für das Gespräch, bezieht euch dabei auch auf aktuelle Themen (z. B. aus der Zeitung).
4. Beispiele für Fragen sind:
   - Über welche Produkte und Dienstleistungen informieren Sie?
   - Gibt es Schwerpunktbereiche?
   - Welche Informationen werden am häufigsten nachgefragt?
   - Kann sich jeder beraten lassen?
   - Welche Personengruppen suchen am häufigsten Rat?
   - Wie viel kostet die Beratung?
   - Woher bekommt der Berater seine Informationen?
   - Wie wird man Verbraucherberater?
5. Legt fest, wer von euch die Fragen stellt.
6. Bestimmt einzelne Gruppenmitglieder, die jeweils die Antworten zu einer der gestellten Fragen protokollieren, oder nehmt ein Aufnahmegerät für die Antworten mit. (Beachtet, dass ihr vorher fragen müsst, ob ihr aufnehmen dürft!)

- **Durchführung der Erkundung**
- **Auswertung der Erkundung**

7. Lest eure Notizen im Unterricht vor bzw. hört eure Aufnahmen an. Sind eure Fragen ausreichend beantwortet worden oder müsst ihr noch einmal (telefonisch) nachfragen?

Was ist euch noch aufgefallen? War die Beraterin oder der Berater freundlich?

8. Habt ihr neben euren Fragen noch weitere interessante Informationen erhalten? Wenn ja, welche?

9. Überlegt, welche Unterschiede zwischen einer direkten Beratung in der Verbraucherberatungsstelle und einer telefonischen Beratung bestehen.

10. Überlegt, für wen die Ergebnisse eurer Erkundung von Interesse sein könnten. Ihr könnt eine Wandzeitung als Information für andere Schüler und Lehrer erstellen. Ihr könnt aber auch auf einem Elternabend von eurer Erkundung berichten. Vielleicht kommt auch die Beraterin oder der Berater dazu, wenn ihr sie oder ihn einladet.

(http://www.test.de/unternehmen/schule_unterricht/lehrmaterial/markt-warentest/)

M 17 Die Stiftung Warentest stellt sich vor

94 Prozent aller Deutschen kennen die Stiftung Warentest. Ein Drittel davon verlässt sich bei wichtigen Kaufentscheidungen auf ihre Testergebnisse. 1964 wurde sie vom Deutschen Bundestag gegründet. Schon rund 87 000 Produkte mussten sich seither dem kritischen Urteil der Warentester unterziehen.

Die Stiftung Warentest prüft Produkte und Dienstleistungen nach wissenschaftlichen Methoden in unabhängigen Instituten und veröffentlicht die Ergebnisse in ihren Publikationen.

Als unabhängige Stiftung […] ist sie frei bei der Testplanung und bei der Entwicklung und Anwendung ihrer Testkriterien. Sie kauft Produkte anonym im Handel ein und nimmt Dienstleistungen verdeckt in Anspruch.

Oberstes Gebot ist die Neutralität. Die Stiftung darf laut Satzung keine Einnahmen durch Werbeanzeigen erzielen. Deshalb bekommt sie eine jährliche Ausgleichszahlung vom Staat, die rund 14 Prozent ihres Etats ausmacht. Zum größten Teil finanziert sie sich aber durch den Verkauf ihrer Publikationen.

(http://www.test.de/unternehmen/ueberuns; Zugriff: 22.11.2011)

Kompetenzcheck

1. Welche Geschäfte können Jugendliche tätigen?

a) Karikatur

1. Beschreibt zunächst die Karikatur und arbeitet dann die Aussageabsicht des Zeichners heraus.
2. Angenommen, der kleine Fernsehzuschauer befolgt den Rat: Wie stellt sich die rechtliche Situation dar?

b) Fallbeispiele

1. Ein siebenjähriges Kind soll Schulsachen kaufen. Die Mutter gibt ihm Geld dafür. Neben den vereinbarten Heften kauft das Kind auch ein Stofftier.
War das rechtsgültig? Wovon hängt es ab, ob das Kind das Stofftier behalten darf oder der Verkäufer es zurücknehmen muss?
2. Ein 16-jähriger Junge will einen Motorroller kaufen. Er hat 200 Euro von seinem Taschengeld und seinen Einnahmen durch Nebenjobs sparen können. Da dieses Geld nicht reicht, bietet der Verkäufer einen Ratenkauf an. Der Junge unterschreibt. Bald darauf verliert er den Nebenjob und kann seine Raten nicht mehr zahlen. Daraufhin bringt er den Roller zurück.
Wovon hängt es ab, ob der Junge den Motorroller behalten darf oder ihn zurückgeben muss?
3. Ein 13-jähriger Junge hat 80 Euro gespart und kauft sich dafür Computerspiele. Sein Vater will, dass er die Sachen zurückbringt. Sein Taschengeld hatte der Junge zur freien Verfügung.
Darf der Junge die Computerspiele behalten?

2. Verbraucher und ihre Rechte

Dumm gelaufen!

1. Beschreibe die Zeichnung und erläutere, was der Zeichner damit zum Ausdruck bringen will.
2. Kann der Mann die Hose umtauschen? Begründet eure Entscheidung!

3. Ein Quiz

Entscheidet, wie viele Antworten richtig sind: eine, zwei oder drei?

A Ein Kaufvertrag ist
a) immer gültig, auch wenn er von Minderjährigen abgeschlossen wurde.
b) ungültig, wenn der Händler den Käufer bewusst getäuscht hat.
c) gültig, wenn der Käufer schriftlich, mündlich oder stillschweigend das Angebot angenommen hat.

B Gewährleistung bedeutet,
a) dass ein Händler auf jeden Fall Produkte innerhalb von sechs Monaten nach dem Kauf kostenlos reparieren muss, auch wenn sie unsachgemäß behandelt wurden.
b) nicht dasselbe wie Garantie.
c) dass der Kunde mithilfe des Kassenzettels nachweisen muss, wann er das Produkt gekauft hat.

C Widerrufsrecht
a) bedeutet, dass man den Kauf rückgängig machen kann.
b) gilt nur für das Internet.
c) gilt für eine Frist von 14 Tagen, bei Internet-Auktionen für vier Wochen.

D Die Allgemeinen Geschäftsbedingungen
a) werden auch als das „Kleingedruckte" bezeichnet.
b) dürfen nicht gegen Gesetze verstoßen.
c) müssen Händler nur vorzeigen, wenn es der Kunde verlangt.

E Wenn eine Ware fehlerhaft ist,
a) kann man nichts machen, wenn man sie zum reduzierten Preis gekauft hat.
b) muss man das immer sofort nach dem Kauf reklamieren.
c) muss der Kunde akzeptieren, dass der Händler keine neue Ware liefert, sondern sie zunächst repariert.

F Wenn man über das Internet einkauft,
a) ist es Aufgabe des Kunden zu recherchieren, ob das Angebot etwas kostet.
b) muss der Verkäufer an deutlich sichtbarer Stelle über AGB und Widerrufsrecht informieren.
c) sollte man die AGB immer sorgfältig lesen.

(Wolfgang Mattes [Hg.], TEAM 7/8, Schöningh Verlag, Paderborn 2009, S. 113)

4. Käuferfalle Supermarkt

1. Beschreibt zunächst das Bild.
2. Hat der Zeichner Recht? Begründet eure Beurteilung.

E51
Datenspeicherung
Datenspeicherung
Optionen
OK

Arzt zu teuer!
Brille geliehen!
Gesundheitsversorgung - ein Lu
Arme und Wohnungslose können sich Gesundheit nicht mehr leisten!
Der Sozialstaat gehört allen!
Menschen in Armut und Wohnungsnot haben ein Recht auf Wohnen, Arbeit, Gesundheit
Eine Aktion der BAG Wohnungslosenhilfe im Europäischen Jahr gegen Armut und soziale Ausgrenzung

Deutschland braucht Sie.
FDP
Die Liberalen
SPD
CDU
DIE LINKE.
BÜNDNIS 90
DIE GRÜNEN
DEINE
STIMME
ZÄHLT!

DEM DEUTSCHEN VOLKE

Wer bestimmt, was im Staat geschieht? – Grundzüge unserer politischen Ordnung

5

Zur Orientierung

*In diesem Kapitel sollt ihr im **ersten Abschnitt** erfahren, welche Bedeutung das Grundgesetz für die Gestaltung unserer politischen Ordnung hat und was es bedeutet, dass die Bundesrepublik eine Demokratie ist, dass wir in verschiedenen Bundesländern, in einem „Sozialstaat" und in einem „Rechtsstaat" leben.*
*In einem **zweiten Abschnitt** geht es dann um die wichtigsten politischen „Akteure": die im Grundgesetz festgelegten Personen und Institutionen (Einrichtungen), die für die Gestaltung der praktischen Politik verantwortlich sind: den Bundestag und die Bundesregierung, den Bundesrat und das Bundesverfassungsgericht sowie den Bundespräsidenten.*
*Zu den politischen „Akteuren" gehören nicht zuletzt die politischen Parteien, deren unersetzliche Aufgabe für das Funktionieren unserer Demokratie wir in einem **dritten Abschnitt** kurz beschreiben.*

Kompetenzen

Nach der Erarbeitung dieses Kapitels solltet ihr Folgendes wissen und können:

- die allgemeine Bedeutung des Grundgesetzes für die politische Ordnung der Bundesrepublik Deutschland erläutern und beurteilen;
- wichtige Merkmale benennen, die unsere politische Ordnung als Demokratie und als Bundesstaat kennzeichnen;
- mit eigenen Worten erläutern, was es bedeutet, dass wir in einem Sozialstaat und in einem Rechtsstaat leben;
- Zusammensetzung und Hauptaufgaben des Bundestags, der Bundesregierung, des Bundesrats und des Bundesverfassungsgerichts beschreiben;
- die Stellung und Aufgabe des Bundespräsidenten erläutern;
- erklären, inwiefern die politischen Parteien eine entscheidende Rolle für das Funktionieren unserer Demokratie spielen;
- Kurzdarstellungen zu wichtigen Personen, Daten und Fakten der sechs Bundestagsparteien erstellen und präsentieren.

1. Was für ein Staat ist die Bundesrepublik? – Gestaltungsgrundsätze der Verfassung

M 1 „Staat" und „Verfassung"

Abb. 1

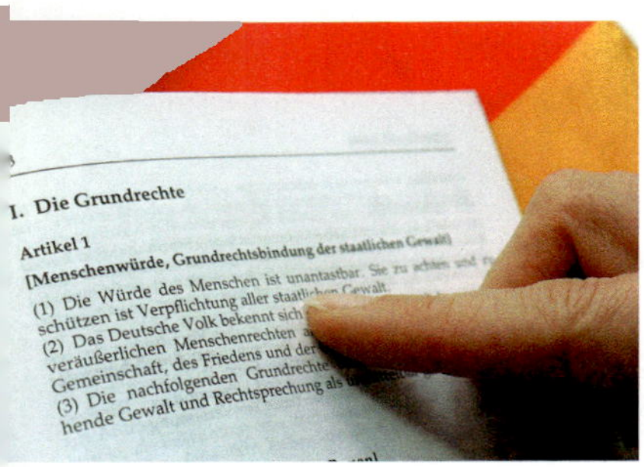

Abb. 2

• Im Pass wird in einer Zeile nach der „Staatsangehörigkeit" gefragt (s. Abb. 1). Bei den meisten von uns steht da: Deutsch. Bei unseren Nachbarn würde da vermerkt sein, dass sie zum Beispiel die polnische oder die niederländische Staatsangehörigkeit haben. Kinder haben meist die gleiche Staatsangehörigkeit wie ihre Eltern. Was bedeutet *Staat*? Das Wort kommt vom lateinischen „status" und vom italienischen „stato" und heißt so viel wie „Zustand" oder „Verfassung". [...] Staat meint eine Vereinigung vieler Menschen, die (freiwillig) in einem bestimmten, abgegrenzten Gebiet leben. Meistens ist ein Staat über einen längeren Zeitraum gewachsen, seine Bürger sind durch die gleiche Staatsangehörigkeit verbunden. Man nennt diese Gemeinschaft das *Staatsvolk*; das Gebiet, auf dem das Staatsvolk lebt, ist das *Staatsgebiet*. Dazu gehört auch der Luftraum darüber und ggf. ein bestimmter Streifen am Küstenmeer, meistens drei Seemeilen. Ein Staat ist normalerweise von keiner anderen Macht abhängig, er gibt sich seine eigenen Gesetze. [...] „Staatsorgane" üben die *Staatsgewalt* aus. Sie sorgen dafür, dass die Gesetze eingehalten werden und dass die Unabhängigkeit des Staates von keiner anderen Macht bedroht wird. [...]

• In seiner *Verfassung* legt ein Staat fest, nach welchen Regeln er organisiert ist und wie das Zusammenleben der Menschen funktionieren soll. Die Verfassung beschreibt das *politische System*, also wie das Land regiert werden soll. Soll es zum Beispiel eine frei gewählte Regierung oder einen König geben? Welche Rolle sollen Parteien spielen? Es wird festgelegt, was die Regierung darf, was sie nicht darf, welche Macht die Polizei, die Streitkräfte oder andere Staatsorgane haben. Vor allem aber ist festgeschrieben, welche *Grundrechte* den einzelnen Menschen zustehen, damit sie frei und ohne staatlichen Zwang leben und arbeiten können (vgl. Abb. 2). Kein anderes Gesetz darf den Bestimmungen dieser Grundordnung widersprechen. In Deutschland (Bundesrepublik Deutschland) wird die Verfassung Grundgesetz genannt (Abb. 3). Das Grundgesetz gibt es seit der Staatsgründung der Bundesrepublik Deutschland im Jahr 1949.

(Gerd Schneider/Christiane Toyka-Seid, Das junge Politik-Lexikon, Bundeszentrale für politische Bildung, Bonn, 3. Aufl. 2009, S. 280, 308)

Abb. 3

GRUNDGESETZ

FÜR DIE BUNDESREPUBLIK DEUTSCHLAND

INHALT

1. Im Allgemeinen gebrauchen wir den Begriff „Staat“, ohne darüber nachzudenken, was er bedeutet. Erläutert die drei wichtigsten Merkmale, die einen Staat ausmachen (Z. 12ff.), und stellt mithilfe einer Landkarte (Atlas) fest, mit welchen (neun) Staaten Deutschland gemeinsame Grenzen hat („Nachbarstaaten“ Deutschlands). (M1)

2. Der Text deutet an, dass in einem Staat auch Menschen leben können, die nicht die entsprechende „Staatsangehörigkeit“ haben. An welche Menschen ist da gedacht?

3. Wie steht es mit der Sprache? Kennt ihr einerseits Staaten, in denen offiziell mehr als eine Sprache gesprochen wird, und andererseits Sprachen, die offiziell in mehreren Staaten gesprochen werden?

4. Erläutert die Bedeutung, die eine „Verfassung“ für einen Staat und die darin lebenden Menschen hat (Z. 31 ff.), und vergleicht dazu auch die Inhaltsübersicht über die deutsche Verfassung, das „Grundgesetz für die Bundesrepublik Deutschland“ (s. Abb. 3).

Hinweis: In diesem Kapitel werden mehrfach bestimmte Artikel des Grundgesetzes zitiert oder es wird auf sie verwiesen. Die Seite http://www.bpb.de/nachschlagen/gesetze/grundgesetz/ führt euch zu einer gut gegliederten Ausgabe des Grundgesetzes (Abkürzung GG), in der ihr ggf. nachschlagen könnt.

M2 Die „Verfassung in Kurzform“

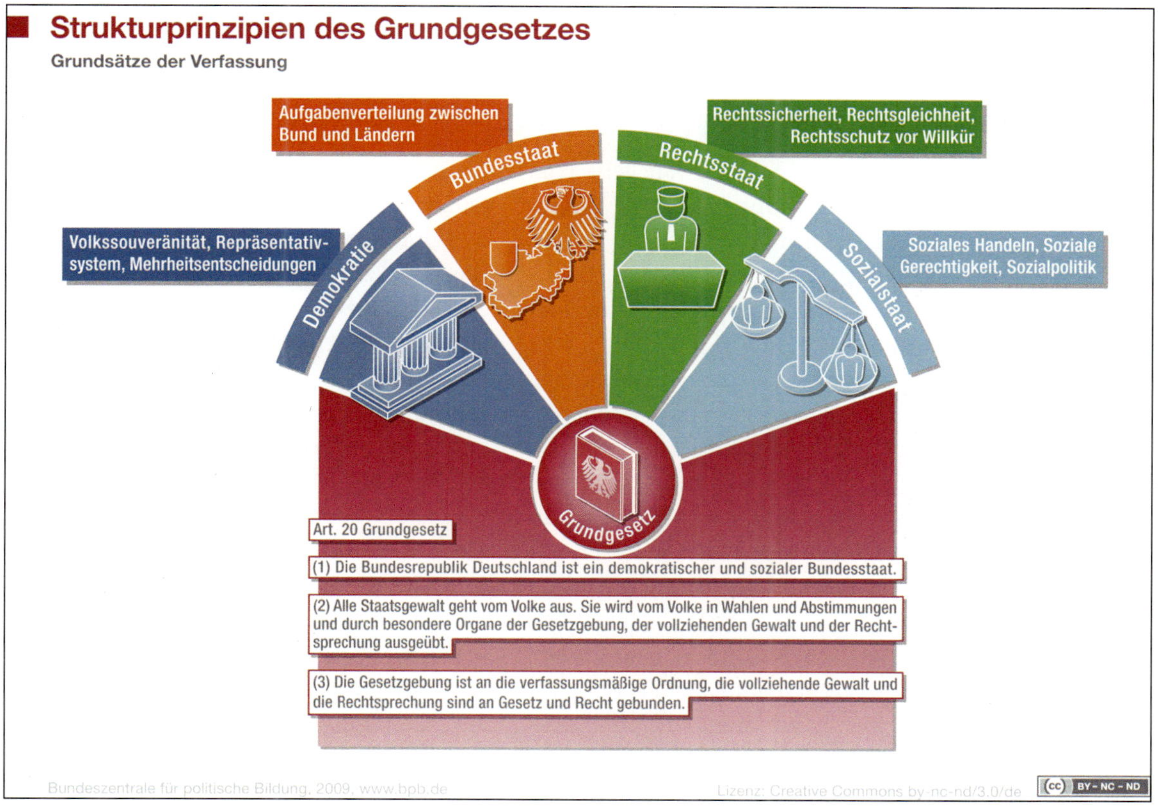

Die ersten drei Absätze des Artikels 20 des Grundgesetzes (s. Grafik), die man auch als „Verfassung in Kurzform“ bezeichnet, enthalten – in unterschiedlicher Formulierung – vier Grundsätze für die Gestaltung unserer politischen Ordnung. Man spricht auch von den vier „Strukturprinzipien“: Demokratie, Bundesstaatlichkeit, Sozialstaatlichkeit und Rechtsstaatlichkeit. Diese Prinzipien werden in Artikel 79 als unveränderlicher Teil des Grundgesetzes festgelegt und in anderen Artikeln z. T. näher erläutert.

(Autorentext)

Wenn man von der „Struktur“ eines Gegenstandes spricht, meint man im Allgemeinen, dass ein Ganzes aus mehreren wichtigen Teilen besteht, die einander zugeordnet sind und zusammen das Wesen dieses Gegenstandes ausmachen (so besteht z. B. die Struktur eines Hauses i. d. R. aus den Außenmauern, dem Dach sowie Fenstern und Türen).
Stellt fest, welche drei der vier „Strukturprinzipien“, die die gesamtstaatliche Ordnung der Bundesrepublik ausmachen, in einem einzigen Satz angesprochen werden und welches Prinzip nicht direkt genannt, sondern (in Absatz 3) umschrieben wird (s. Abb.). Versucht mit eigenen Worten zu erläutern, was diese Umschreibung besagt.
Hinweis: Die nähere Bedeutung der vier Prinzipien wird in den Stichworten, die den vier Segmenten der Grafik zugeordnet sind, angesprochen. Darauf – wie auch auf den Grundsatz der „Gewaltenteilung“, der in Absatz 2 beschrieben wird – braucht ihr an dieser Stelle nicht einzugehen. In den folgenden Materialien werden wir die Bedeutung der Prinzipien im Einzelnen verständlich und anschaulich darstellen

M 3 Wir leben in einer Demokratie

Mit dem Satz „Alle Staatsgewalt geht vom Volke aus“ legt das Grundgesetz die **Demokratie** als Staatsform fest. Das Wort kommt aus dem Griechischen und bedeutet **Herrschaft des Volkes**. Nicht ein einzelner Mensch, z. B. ein König (Monarchie), oder eine Gruppe besonders mächtiger Bürger, wie z. B. die Adeligen (Aristokratie), sollen in der Demokratie die politischen Entscheidungen fällen, sondern das Volk, d. h. heute: alle wahlberechtigten Bürgerinnen und Bürger. Allerdings ist die Form der **direkten Demokratie**, in der alle Wahlberechtigten direkt entscheiden (wie etwa in manchen Fragen in der Schweiz und in Kalifornien), in einem so großen und bevölkerungsreichen Staat wie der Bundesrepublik organisatorisch nur schwer durchzuführen. Das Grundgesetz hat einen anderen Weg der Beteiligung der Bürgerinnen und Bürger an den politischen Entscheidungen festgelegt: Das Volk kann durch **Wahlen**, für die Parteien Kandidaten aufstellen, Vertreter, d. h. **Repräsentanten**, in die Parlamente entsenden. Diese sollen dann für die Dauer der Wahlperiode die politischen Entscheidungen fällen.

(Herbert Uhl [Hg.], Grundwissen Politik, Ernst Klett Verlag, Stuttgart 2007, S. 123; Verf.: Paul Ackermann/ Katrin Hirseland)

Mehrheitsprinzip

In einer Demokratie gilt der Grundsatz, dass bei Wahlen und Abstimmungen die Mehrheit entscheidet und dass die Minderheit die Mehrheitsentscheidung anerkennt. Sie hat dafür die Chance, bei künftigen Wahlen und Abstimmungen ihrerseits die

Mehrheit zu erringen, und kann erwarten, dass dann ihre Entscheidungen respektiert werden. Das Mehrheitsprinzip ist eine Kompromisslösung. Die Entscheidung der Mehrheit muss nicht „richtig" sein. Das Mehrheitsprinzip gewährleistet aber, dass Konflikte friedlich ausgetragen werden.

(Horst Pötzsch, Die deutsche Demokratie, Bundeszentrale für politische Bildung, Bonn, 5. Aufl. 2009, S. 37)

Die Bedeutung von Wahlen für die repräsentative Demokratie

- Wahlen sind die *einfachste* Form politischer Beteiligung. Für die Mehrheit der Bürger sind sie die einzige Form der direkten Teilnahme am politischen Prozess. Alle anderen Arten von Partizipation sind mit einem deutlich höheren Aufwand verbunden.
- Wahlen sind die *wichtigste* Form politischer Beteiligung in der Demokratie. Ohne Wahlen ist Demokratie nicht denkbar. Durch Wahlen wird die politische Führung bestimmt und der politische Kurs der nächsten Legislaturperiode festgelegt.
- Wahlen sind das *wirksamste* Instrument demokratischer Kontrolle: Wenn die Wähler mit der Politik der Regierenden unzufrieden sind, können sie diese abwählen und einen Machtwechsel herbeiführen. […]

(Horst Pötzsch, Die deutsche Demokratie, Bundeszentrale für politische Bildung, Bonn, 5. Aufl. 2009, S. 37)

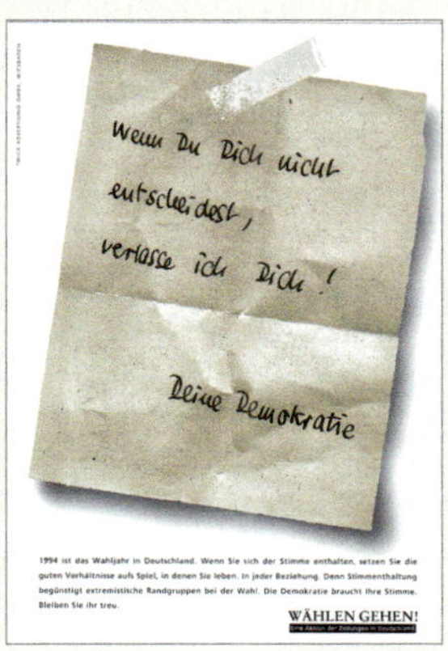

Abb. 1: In Glarus (5 645 Einwohner) in der Schweiz versammeln sich an jedem ersten Sonntag im Mai die Stimmbürgerinnen und Stimmbürger, um politische Probleme zu diskutieren und Beschlüsse zu fassen. Jeder Glaruser Bürger hat das Recht, auf der Bühne (Ringmitte) Anträge zu stellen, Kritik oder Zustimmung vorzubringen. Alle Stimmberechtigten stehen auf dem Podest. Abstimmungen erfolgen durch Handzeichen. Diese Form der „direkten Demokratie" gibt es nur noch in Glarus.

(Informationen zur politischen Bildung, Heft 165/1992, S. 15; Verf.: Hans Helmuth Knütter)

Abb. 2: Die 598 gewählten Abgeordneten des Deutschen Bundestages vertreten („repräsentieren") rd. 62,2 Mio. wahlberechtigte Bürgerinnen und Bürger.

1. Erklärt die Herkunft und die Bedeutung des Begriffs „Demokratie“ sowie die Begründung dafür, dass in den heutigen demokratischen Staaten das Volk seine Macht nicht mehr (wie im antiken Athen oder in der schweizerischen Gemeinde Glarus; vgl. Abb. 1) in direkter Form ausübt (auf bestimmte Formen der Volksabstimmung, insbesondere auf der Ebene der Bundesländer und der Gemeinden, gehen wir an dieser Stelle nicht ein).

2. Erläutert die im Grundgesetz festgelegte und im Text beschriebene Form der „repräsentativen*“ Demokratie anhand des Beispiels der Mitbestimmung in der Schule:
   - Wer sind die eure Klasse (das „Klassenvolk“) vertretenden Mitschülerinnen/Mitschüler?
   - Wie sind sie eure „Repräsentanten“ geworden?
   - Welcher Versammlung („Schülervertretung“, „Schülerparlament“) gehören sie an?
   - Wie lange dauert eine „Wahlperiode“?
   - Worin liegen entscheidende Unterschiede zwischen dem „Schülerparlament“ und dem Bundestag als dem Parlament der Bundesrepublik?

3. Neben dem Prinzip der „Volkssouveränität*“ und dem der Repräsentativität (vgl. Grafik in M 2, S. 111) ist das Mehrheitsprinzip ein entscheidendes Merkmal jeder Form von Demokratie. Erläutert, woraus sich seine Bedeutung ergibt und welche Konsequenzen es für das Zusammenleben in einem demokratischen Staat hat.

4. Erläutert die alles entscheidende Bedeutung, die Wahlen für die repräsentative Demokratie haben (Kasten S. 113). Erläutert die drei genannten Gesichtspunkte möglichst mit eigenen Worten.

M 4 Wir leben in einem Bundesstaat

a) Deutschland ist ein Bundesstaat. So bezeichnet man den Zusammenschluss mehrerer Staaten zu einem übergeordneten Gesamtstaat. Bei uns nennt man die einzelnen Staaten Bundesländer, das sind zum Beispiel Nordrhein-Westfalen, Brandenburg oder Bayern. Es gibt insgesamt 16 Bundesländer, darunter auch die sogenannten Stadtstaaten Berlin, Hamburg und Bremen. Die politische Macht wird aufgeteilt zwischen der Bundesregierung in Berlin (man spricht oft von dem „Bund“) und den Regierungen der einzelnen Bundesländer. So vertritt zum Beispiel der Bund das Land nach außen (Au-

Übersicht: Aufgabenverteilung auf einen Blick

	Wichtige Aufgaben
Gemeinden	Müllabfuhr, Kanalisation, Sozialhilfe, Baugenehmigungen, Meldewesen, Kindergärten, Schulbau, Grünanlagen, öffentlicher Nahverkehr, Wasser- und Energieversorgung
Länder	Schulen, Universitäten, Polizei, Rechtspflege, Gesundheitswesen, Kultur, Wohnungsbauförderung, Steuerverwaltung
Bund	Soziale Sicherung (Schwerpunkt Renten- und Arbeitslosenversicherung), Verteidigung, auswärtige Angelegenheiten, Verkehrswesen, Geldwesen, Wirtschaftsförderung, Forschung

ßenpolitik). Diese Form der Machtverteilung zwischen Bund und Bundesländern nennt man *Föderalismus*. Der Begriff kommt vom lateinischen Wort „foedus“, das heißt „Bündnis“, „Staatsvertrag“. Die einzelnen Bundesländer bestimmen mit ihren Regierungen, in denen auch ein Ministerpräsident oder eine Ministerpräsidentin sowie Minister und Ministerinnen sitzen, über die Organisation der Polizei oder auch die Schul- und Kulturpolitik. […]

Die *Aufgabenverteilung* (vgl. Kasten S. 114 u.) dieser beiden politischen Ebenen – Bund und Länder – ist im Grundgesetz geregelt. Die Länder führen auch die meisten Bundesgesetze mit ihren Beamten aus, denn der Bund verfügt nur in wenigen Bereichen, wie z. B. Bundeswehr, Bundesgrenzschutz und Zoll, über eigene Behörden. Der Bund wiederum beteiligt sich mit finanziellen Zuschüssen an vielfältigen Projekten der Länder. Die wirtschaftliche Leistungskraft der Bundesländer ist sehr unterschiedlich.

(Gerd Schneider/Christiane Toyka-Seid, Das junge Politik-Lexikon, Bundeszentrale für politische Bildung, Bonn, 3. Aufl. 2009, S. 51)

b) Nordrhein-Westfalen wurde nach dem Ende des Zweiten Weltkriegs* (1946) aus zwei preußischen* Provinzen (Rheinprovinz und Provinz Westfalen) gebildet, zu denen 1947 das Land Lippe-Detmold hinzukam. Die drei Landesteile werden im Landeswappen (s. Abb. 1) durch den Rhein (linke grün-weiße Seite), das „Westfalenross“ (ein steigendes „Sachsenross“) für Westfalen (rechte rot-weiße Seite) und die „Lippische Rose“, das Wappen der Grafen von Lippe (unten in der Mitte) symbolisiert. Landeshauptstadt mit Sitz des Landesparlaments (Landtags; s. Abb. 2) und der Landesregierung ist Düsseldorf. Seit der Landtagswahl 2010 wird Nordrhein-Westfalen von einer Koalition* (SPD und Bündnis 90/DIE GRÜNEN) regiert. Das Foto (Abb. 3) zeigt die Ministerpräsidentin Hannelore Kraft (SPD) bei einer Rede im Landtag und auf der Regierungsbank vorn ihre Stellvertreterin und Schulministerin Sylvia Löhrmann (Bündnis 90/DIE GRÜNEN).

(Autorentext)

Abb. 1

Abb. 2

Abb. 3

Was das Besondere an Nordrhein-Westfalen ist? Borussia Dortmund vielleicht, der Deutsche Fußballmeister von 2012, oder der FC Schalke 04, der 2011 Deutscher Pokalsieger wurde? Der Karneval, der jedes Jahr Millionen Menschen zu den Rosenmontagszügen lockt? Der Kölner Dom, eine der prächtigsten Kirchen der Welt?
Schwer zu beantworten, die Frage. Auf jeden Fall ist Nordrhein-Westfalen, kurz NRW genannt, nicht irgendein Bundesland. Nirgendwo in Deutschland gibt es mehr Menschen, mehr große Städte und mehr Unternehmen. Das Herzstück von NRW sind die beiden Regionen Ruhrgebiet und Rheinland, wo eine Großstadt oft direkt an die nächste grenzt. Im Umkreis von nur 60 Kilometern finden sich 9 der 20 größten Städte Deutschlands, etwa Köln, Dortmund und Essen. Insgesamt leben etwa 18 Millionen Menschen in NRW – mehr als in ganz Ostdeutschland. Die hohe Einwohnerzahl ist aber nicht der einzige Rekord, den NRW zu bieten hat. Wäre Nordrhein-Westfalen ein eigener Staat und nicht nur ein Teil von Deutschland, dann hätte dieser Staat mehr Wirtschaftskraft als Polen, Saudi-Arabien oder die Türkei. Dabei sah es vor einigen Jahren gar nicht so gut aus für das Land. Das Problem war, dass die wichtigste aller Erwerbsquellen weggebrochen war, der Kohlebergbau. Bis in die 1970er-Jahre hatten Hunderttausende Männer in Kohlebergwerken tief unter dem Ruhrgebiet gearbeitet. Doch dann wurde es billiger, Kohle im Ausland zu kaufen. Die meisten Bergwerke mussten schließen, die Menschen wurden arbeitslos. Aber nach und nach entstanden neue Arbeitsplätze, beispielsweise bei Banken oder Versicherungen. Heute steht NRW wieder gut da.
Wegen der vielen Menschen und wichtigen Unternehmen waren Landtagswahlen in Nordrhein-Westfalen immer schon etwas wichtiger als die Wahlen in anderen Bundesländern.
(Dein SPIEGEL, Nr. 5/2010, S. 17; Verf.: Guido Kleinhubbert)

c) Die deutschen Länder – ein Quiz

Bundesländer:	Hauptstädte:	Einwohner in Mio.:
1. Baden-Württemberg	A Berlin	a) 18,0
2. Bayern	B Bremen	b) 12,2
3. Berlin	C Dresden	c) 10,5
4. Brandenburg	D Düsseldorf	d) 7,9
5. Bremen	E Erfurt	e) 6,1
6. Hamburg	F Hamburg	f) 4,5
7. Hessen	G Hannover	g) 4,0
8. Mecklenburg-Vorpommern	H Kiel	h) 3,4
9. Niedersachsen	I Magdeburg	i) 2,8
10. Nordrhein-Westfalen	J Mainz	j) 2,6
11. Rheinland-Pfalz	K München	k) 2,6
12. Saarland	L Potsdam	l) 2,5
13. Sachsen	M Saarbrücken	m) 1,8
14. Sachsen-Anhalt	N Schwerin	n) 1,7
15. Schleswig-Holstein	O Stuttgart	o) 1,1
16. Thüringen	P Wiesbaden	p) 0,7

1. Beschreibt mit eigenen Worten, inwiefern die Bundesrepublik, wie der Name schon zeigt, ein „Bundestaat" (und damit kein „Zentralstaat") ist und inwiefern diese Ordnung auch der Verteilung der gesamtstaatlichen Macht dient (man spricht von zwei staatlichen „Ebenen", zu denen als dritte noch die Ebene der Kreise und Gemeinden, die sog. „kommunale" Ebene, hinzukommt). (M 4 a)

2. Erläutert an Beispielen (s. „Übersicht" S. 114 u.), wie die politischen Aufgaben zwischen „Bund", Ländern und Gemeinden verteilt sind, die beiden Ebenen des „Bundes" und der Länder aber auch miteinander verflochten sind (Z. 28 f.; auf den Bundesrat als das Staatsorgan, durch das die Länder an der Gesetzgebung des Bundes beteiligt sind, gehen wir in M 42 näher ein).

3. Wie die „Übersicht" (S. 114 u.) zeigt, fällt das Schulwesen in den Zuständigkeitsbereich der Bundesländer. Vielleicht könnt ihr aus eurer Kenntnis heraus sagen, inwiefern die sich daraus ergebende Konsequenz unterschiedlicher Schulsysteme und Lehrpläne in den einzelnen Bundesländern immer wieder Anlass zur Kritik am „Föderalismus" (Z. 17) gibt.

4. Wie beurteilt ihr aus eurer Sicht diese Kritik?

5. Beschreibt die Entstehung des Bundeslandes Nordrhein-Westfalen, erklärt die Gestaltung des Landeswappens und der Landesflagge und erläutert, unter welchen Gesichtspunkten Nordrhein-Westfalen eine besondere Stellung und Bedeutung unter den Bundesländern einnimmt (M 4 b mit Kasten S. 116 oben).

6. Prüft euer Wissen über die Lage der deutschen Bundesländer und ihrer Hauptstädte sowie über die Bevölkerungszahlen, indem ihr in eine vergrößerte Kopie der Karte M 4 c die entsprechenden Eintragungen macht (ggf. in Partnerarbeit). Zur Kontrolle der Richtigkeit eurer Angaben könnt ihr ggf. die Internetseite http://de.wikipedia.org/wiki/Land_(Deutschland) heranziehen.

M 5 Wir leben in einem Sozialstaat

Abb. 1

In Berlin sind auf einer Plexiglas-Wand entlang einem Fußgängerweg an der Spree in der Nähe des Deutschen Bundestags Auszüge aus dem Grundgesetz angebracht (s. Abb. 1). Sie sollen augenfällig machen, welche Bedeutung das Grundgesetz für die politische Ordnung der Bundesrepublik hat.

● Darunter findet sich auch der auf dem Foto zu sehende Satz aus Artikel 6 des Grundgesetzes: „Jede Mutter hat Anspruch auf den Schutz und die Fürsorge der Gemeinschaft". Dieser Satz bringt an einem konkreten Beispiel aus eurem eigenen Erfahrungsbereich

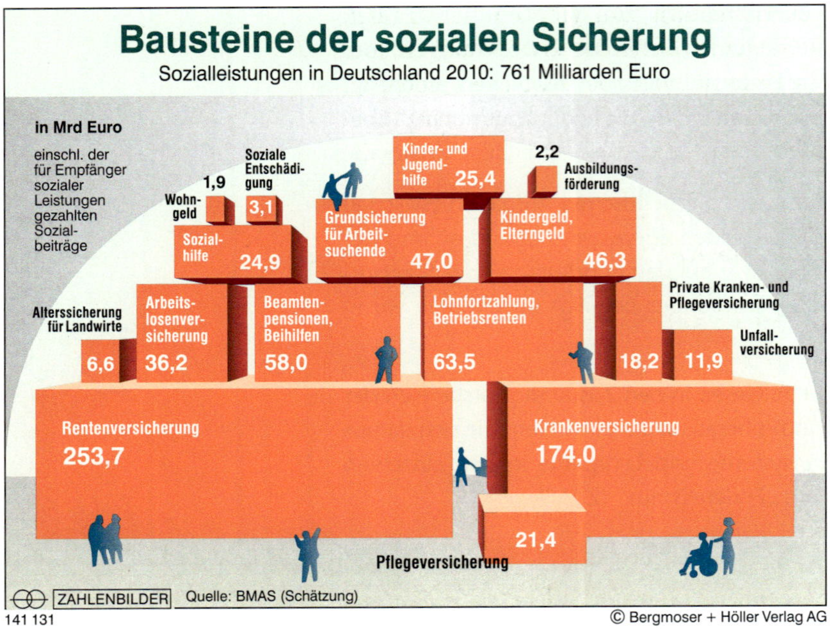

Abb. 2

der Familie zum Ausdruck, was es bedeutet, dass in Artikel 20 des Grundgesetzes die Bundesrepublik als ein „sozialer Bundesstaat" bezeichnet wird (s. M 2). „Sozial" heißt vom Wortsinn her (von lat. socius – als Adjektiv: gemeinsam, gemeinschaftlich; als Substantiv: Gefährte, Mitmensch) so viel wie „gesellschaftlich" oder „auf die Gesellschaft bezogen". Im politischen Sprachgebrauch bedeutet es, dass die (staatliche) Gemeinschaft niemanden allein lassen soll, der sich in einer Lage befindet, die ihn in besonderer Weise belastet, in der er sich allein nicht ausreichend helfen kann und deshalb die Hilfe (d. h. i. d. R. eine finanzielle Unterstützung) des Staates braucht.

• Warum haben Mütter bzw. Familien Anspruch auf die „Fürsorge" des Staates? Kinder großzuziehen, ist keine einfache Aufgabe. Einerseits bereichern sie natürlich das Leben, andererseits sind Eltern in besonderem Maße finanziellen, körperlichen und seelischen Belastungen ausgesetzt. Sie benötigen ein ausreichendes Einkommen für Ernährung und Kleidung der Kinder, für bezahlbare Wohnungen, für Kindergärten usw. Wenn ihr euch in Klasse 5/6 mit dem Thema „Familie" beschäftigt habt, könnt ihr sicherlich sagen, welche Aufgaben Familien mit der Erziehung ihrer Kinder für die gesamte Gesellschaft erfüllen. Deshalb unterstützt der Staat die Familien in besonderer und vielfältiger Weise. Die beiden folgenden Maßnahmen könnt ihr sicherlich an dieser Stelle selbst erläutern: den Mutterschutz (Mutterschaftsgeld) und das Kindergeld. Ihr könnt euch dazu bei euren Eltern erkundigen oder auf der Internetseite des Bundesfamilienministeriums informieren (http://www.bmfsfj.de/BMFSFJ/Familie/leistungen-und-foerderung.html).

• Wie die nebenstehende Grafik zeigt, ist die „Familienförderung", zu der u. a. auch verschiedene steuerliche Vergünstigungen für Familien gehören, nur ein Teil der „Sozialleistungen*", die der „Sozialstaat" im Rahmen seiner *„Sozialpolitik*"* erbringt. Im Allgemeinen werden die sozialpolitischen Maßnahmen, über die im Grundgesetz nichts Näheres gesagt wird und über deren Ausgestaltung und Höhe politisch entschieden werden muss, zwei Zielbereichen zugeordnet: dem Bereich der *„sozialen Sicherung"* und dem des *„sozialen Ausgleichs"*.

Die **soziale Sicherung** soll die Lebensbedingungen der Menschen sichern und verbessern. Sie besteht aus den Leistungen der „Sozialversicherung*", d. h. der verschiedenen Zweige der gesetzlichen Pflichtversicherung für alle Angestellten und Arbeiter (Rentenversicherung, Arbeitslosenversicherung, Krankenversicherung, Pflegeversicherung), sowie u. a. aus der „Grundsicherung für Arbeitssuchende" (auch „Arbeitslosengeld II" oder „Hartz IV"* genannt) und der Sozialhilfe*.

Zum **sozialen Ausgleich** gehören alle Maßnahmen, die dazu dienen sollen, zu große Unterschiede in den Einkommens- und Lebensverhältnissen ein Stück weit zu verringern. Das soll vor allem dadurch erreicht werden, dass Bezieher hoher Einkommen einen deutlich höheren Prozentsatz an Steuern zu zahlen haben als geringer Verdienende. Aber auch die Leistungen der Familienförderung und das Wohngeld* gehören zu diesem Bereich.

- **Finanziert** werden die Leistungen der Renten-, Arbeitslosen-, Kranken- und Pflegeversicherung zum größten Teil aus den Beiträgen, welche die Erwerbstätigen und die Unternehmen, bei denen sie beschäftigt sind, in diese Versicherungen einzahlen (der Staat zahlt hier nur Zuschüsse, die durchschnittlich 20% der gesamten Leistungen ausmachen). Für alle übrigen Sozialleistungen* (auch für „Hartz IV*") kommt der Staat, d.h. die Gemeinschaft der Steuerzahler, ganz auf.

(Autorentext)

1. Erläutert – ausgehend von der Bedeutung des Wortes „sozial" und dem Beispiel der „Familienförderung" –, was es bedeutet, dass sich die Bundesrepublik Deutschland als „Sozialstaat" versteht. Welcher Grundgedanke liegt diesem Verständnis zugrunde? (M 5, Z. 8–29)

2. Eine nähere Darstellung zur Sozialpolitik, zu den Sozialleistungen und ihrer Finanzierung wird der Band „Politik/Wirtschaft" für die Klasse 9 enthalten. Klärt an dieser Stelle die Bedeutung der Unterscheidung nach den Bereichen „soziale Sicherung" und „sozialer Ausgleich", auch im Hinblick auf die Finanzierung der damit verbundenen Sozialleistungen. (Z. 55 ff.)

3. Bei der Auswertung der Grafik (S. 118) könnt ihr euch auf die Beantwortung folgender Fragen beschränken:
- Wie hoch ist der Anteil der Leistungen aus den vier Pflichtversicherungen (vgl. Z. 70 ff.) an den gesamten Sozialleistungen?
- Was ist im Hinblick auf die Finanzierung dieser Leistungen zu bedenken?
- Welche der in der Grafik aufgeführten Leistungen gehören zur „Familienförderung"?

M 6 Wir leben in einem Rechtsstaat

Der Begriff „Rechtsstaat" kommt im Grundgesetz nur an einer Stelle vor, an der es heißt, dass die verfassungsmäßige Ordnung in den Bundesländern den Grundsätzen des „demokratischen und sozialen Rechtsstaats" entsprechen muss (Art. 28 [1]). Was der Begriff beinhaltet, bringt Artikel 20 (3) zum Ausdruck; dort heißt es: „Die Gesetzgebung ist an die verfassungsmäßige Ordnung, die vollziehende Gewalt und die Rechtsprechung sind an Recht und Gesetz gebunden." (vgl. M 2).

Dieser Satz setzt zum einen voraus, dass die Macht im Staat auf drei „Gewalten" verteilt sein soll, die sich gegenseitig kontrollieren: die gesetzgebende Gewalt, die vollziehende Gewalt und die Rechtsprechung. Auf diesen Grundsatz der *„Gewaltenteilung"* werden wir in M 7 näher eingehen. Der Satz fordert zum anderen, dass alles Handeln der staatlichen Einrichtungen das Recht und die Gesetze beachten muss; man spricht daher auch von der „Herrschaft des Rechts". Der Gegensatz dazu wäre z.B. eine Diktatur, in der der Diktator (Alleinherrscher) seine Entscheidungen nach eigenem Gutdünken trifft; das wäre dann eine „Willkürherrschaft".

Aus weiteren Artikeln des Grundgesetzes ergibt sich eine Reihe weiterer Grundsätze (Prinzipien), die als *Merkmale eines Rechtsstaats* gelten und die wir hier kurz und an Beispielen erläutern wollen:

- Grundsatz der *Rechtsgleichheit*: Die Gesetze gelten für alle Bürgerinnen und Bürger gleich. Es darf z.B. keine Rolle spielen, ob jemand reich und mächtig ist; auch wer arm ist, muss zu seinem Recht kommen.
- Grundsatz der *Rechtssicherheit*: Gesetze müssen veröffentlicht werden. Der Einzelne muss sich auf die bestehenden Gesetze verlassen und vorhersehen können, welche rechtlichen Folgen sein Handeln haben kann. Gesetze dürfen auch nicht rückwirkend gelten. Niemand darf also für eine Tat bestraft werden, die zu diesem Zeitpunkt nicht verboten war. Ein rechtskräftig Verurteilter darf für dieselbe Tat nicht ein zweites Mal bestraft werden.
- Grundsatz der *Freiheitssicherung* gegenüber dem Staat: Alles staatliche Handeln muss die Grund- und Menschenrechte des Einzelnen garantieren. Wer im Gefängnis sitzt, darf weder körperlich noch seelisch misshandelt werden. Angeklagte haben ein Recht auf ein faires Verfahren und eine angemessene Verteidigung.
- *Rechtsbindung der Gesetzgebung*: Das Parlament (die gesetzgebende Gewalt) darf keine Gesetze beschließen, die mit dem Grundgesetz nicht übereinstimmen. So kann z.B. der Deutsche Bundestag nicht die Einführung der Todesstrafe beschließen; das würde Art. 102 des Grundgesetzes widersprechen.
- Grundsatz der *Verhältnismäßigkeit* (Übermaßverbot): Wenn der Staat eingreift, darf er nicht überreagieren. Ein Falschparker darf nicht gleich verhaftet werden. Ein Schüler, der dauernd schwänzt, kann ggf. durch die Polizei zu Hause abgeholt und zur Schule gebracht werden. Aber die Polizisten dürfen das nicht mit gezogener Pistole tun oder dem Schüler Handschellen anlegen.
- *Rechtsweggarantie*: Jeder hat das Recht, ein Gericht anzurufen, wenn er sich in seinen Rechten – auch durch die staatliche Gewalt – verletzt fühlt.

(Autorentext)

Abb. 1

M 7 Die Teilung der Staatsgewalt

Man unterscheidet drei Formen der Staatsgewalt:

- die gesetzgebende Gewalt (*Legislative*; von lat. lex, legis – Gesetz)
- die vollziehende Gewalt (*Exekutive*; von lat. exequi – ausführen, durchführen)
- die Recht sprechende Gewalt (*Judikative*; von lat. iudicare – Recht sprechen)

Für die Ausübung dieser drei Gewalten gilt der Grundsatz der Gewaltenteilung, d.h., die drei Gewalten dürfen nicht in einer Hand liegen. Die heute noch maßgebliche Begründung dafür ist bereits im Jahre 1748 von dem französischen Philosophen Charles de Montesquieu* entwickelt worden.

Sein Grundsatz lautete: Die Freiheit jedes Einzelnen kann am besten gesichert werden, wenn die Staatsgewalt auf verschiedene Einrichtungen (Organe) aufgeteilt wird. Die Macht soll zwischen denen geteilt werden, die die Gesetze beschließen, die die Beschlüsse ausführen und die laufenden

Geschäfte führen, und schließlich denjenigen, die Recht sprechen (s. Abb. 3). Dieser Grundsatz ist auch in Artikel 20 (2) des Grundgesetzes formuliert (s. M2).

Die drei Gewalten sollen sich gegenseitig kontrollieren und in ihrer Machtausübung beschränken. Die Gewaltenteilung gilt als eine wichtige Grundlage der Demokratie und ein *zentrales Merkmal des Rechtsstaats*. Zur Gefahr, die entstände, wenn es die Gewaltenteilung nicht gäbe, heißt es bei Montesquieu: „Es wäre das allgemeine Verderben, wenn ein einzelner Mensch … alle drei Gewalten ausüben würde und dadurch Macht bekäme, sowohl Gesetze zu schaffen als auch die Beschlüsse auszuführen und über Verbrechen und Zwistigkeiten richterliche Entscheidungen zu treffen.“

(Autorentext)

Abb. 2

Abb. 3

 61 110

1. Erklärt, inwiefern man in einem Rechtsstaat von der „Herrschaft des Rechts“ sprechen kann. Welche Beziehung zwischen der Verfassung (dem Grundgesetz), der Gesetzgebung und der staatlichen Machtausübung muss in einem Rechtsstaat gegeben sein? (M 6)

2. Erläutert die im zweiten Teil des Textes (Z. 29 ff.) aufgeführten Grundsätze des Rechtsstaats und versucht, jeweils weitere Beispiele zu finden.

3. Erklärt die Wortbedeutung der drei Begriffe, mit denen drei Formen der Staatsgewalt unterschieden werden (M 7), und stellt anhand der Grafik (Abb. 3) fest, welche Institutionen, auf die wir im nächsten Abschnitt dieses Kapitels näher eingehen werden, den drei Gewalten zuzuordnen sind.

4. Inwiefern kommt in der Grafik auch zum Ausdruck, dass die Bundesrepublik ein Bundesstaat (vgl. M 4) ist?

5. Gebt mit eigenen Worten die Begründung wieder, die der französische Staatsphilosoph Montesquieu bereits vor über 260 Jahren gegeben hat (Z. 34 ff.). Welcher zentrale politische Wertbegriff steht im Mittelpunkt seiner Begründung für die Notwendigkeit der Gewaltenteilung?

6. Beschreibt genau die beiden Karikaturen (Abb. 1 und 2) und erläutert, was sie zum Ausdruck bringen wollen und welchen Textaussagen sie sich zuordnen lassen.

M 8

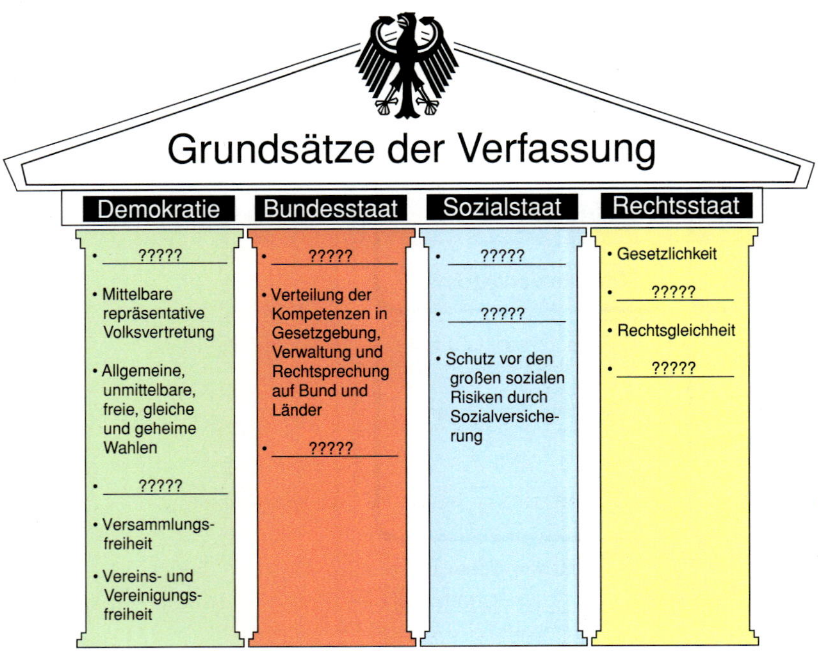

Begriffe, die in die Grafik eingefügt werden sollen:
1. Länderregierungen
2. Kindergeld
3. Pressefreiheit
4. Bundesrat
5. Gewaltenteilung
6. Wohngeld
7. Rechtssicherheit
8. Alle Staatsgewalt geht vom Volke aus.

(Nach: Xaver Fiederle [Hg.], P wie Politik, Band 3, Schöningh Verlag, Paderborn 2001, S. 198)

Erläutert zum Abschluss eurer Erarbeitung des Abschnitts über die vier Verfassungsgrundsätze (vgl. M 2) die Begriffe in der Abbildung und gebt an, an welchen Stellen die danebenstehenden Begriffe einzutragen sind.

2. Wer entscheidet über die Politik? – Die Institutionen unseres politischen Systems

M 9 „Bundes…“ – Was gehört zusammen?

1

2

3

4

5

6

Verbinde in deinem Heft die Verfassungsorgane mit den dazugehörigen Umschreibungen und ordne die Fotos zu.

Bundes
- - tag
- - rat
- - regierung
- - verfassungsgericht
- - versammlung
- - präsident

- Hüter des Grundgesetzes
- Bundesorgan, durch das die Bundesländer bei der Gesetzgebung und Verwaltung des Bundes mitwirken
- Staatsoberhaupt der Bundesrepublik Deutschland
- Wahlgremium, das das Staatsoberhaupt wählt
- Volksvertretung der Bundesrepublik Deutschland
- das mit der Leitung des Staates beauftragte Verfassungsorgan

M 10 Der Bundestag – das Parlament

Abb. 1
(Dein SPIEGEL Nr. 4/2010, S. 21)

Der Bundestag ist das *Parlament*, das heißt die Volksvertretung, der Bundesrepublik Deutschland. Er setzt sich zusammen aus den Vertretern des Volkes der Bundesrepublik. Sie heißen Bundestagsabgeordnete und werden alle vier Jahre von den Bürgern der Bundesrepublik in den Bundestagswahlen gewählt.

- Tritt nach einer Wahl ein Bundestag zusammen, wählt er seinen *Präsidenten*, das heißt seinen Vorsitzenden, und mehrere Stellvertreter. Sie bilden das *Präsidium*, das heißt den Vorstand des Bundestages. Der Bundestagspräsident leitet die Sitzungen des Bundestages. Er kann den Bundestag jederzeit zu einer Sitzung einberufen. Er muss ihn einberufen, wenn ein Drittel der Abgeordneten oder der Bundespräsident oder der Bundeskanzler es verlangen.
- Der Bundestag verhandelt grundsätzlich öffentlich, das bedeutet, jeder Bürger kann den Beratungen zuhören. Die *Hauptaufgaben* des Bundestages sind:
  - *Gesetze* zu beschließen, die vorher in den Ausschüssen* eingehend beraten worden sind;
  - den *Bundeskanzler* zu wählen;
  - die Arbeit der *Bundesregierung zu kontrollieren*, das heißt zu beaufsichtigen und zu überwachen. […]
- Zum Abgeordneten des Bundestages kann jeder Bürger gewählt werden, der

selbst wählen darf. Er muss volljährig sein und seit mindestens einem Jahr die deutsche Staatsangehörigkeit besitzen. In der Regel sind Bundestagsabgeordnete Mitglieder von *Parteien*. Sie haben ein freies Mandat. Weder ihre Wähler noch ihre Parteien können sie zu einer Entscheidung oder Handlung zwingen. […]

- Eine Partei hat jedoch nur dann Macht, wenn sie im Widerstreit mit anderen Parteien mit einem festen Standpunkt auftreten kann. Es wird also von den Mitgliedern einer *Fraktion** erwartet, dass sie sich der Entscheidung der Mehrheit in der Fraktion unterwerfen. Man nennt das Fraktionsdisziplin. […] In der Bundesrepublik darf jedoch kein Abgeordneter zur Fraktionsdisziplin gezwungen werden. Ein sogenannter Fraktionszwang ist im Grundgesetz der Bundesrepublik verboten.

(Hilde Kammer/Elisabet Bartsch, Jugendlexikon Politik, Rowohlt Taschenbuch Verlag, Hamburg 2011, S. 46, 48, 82)

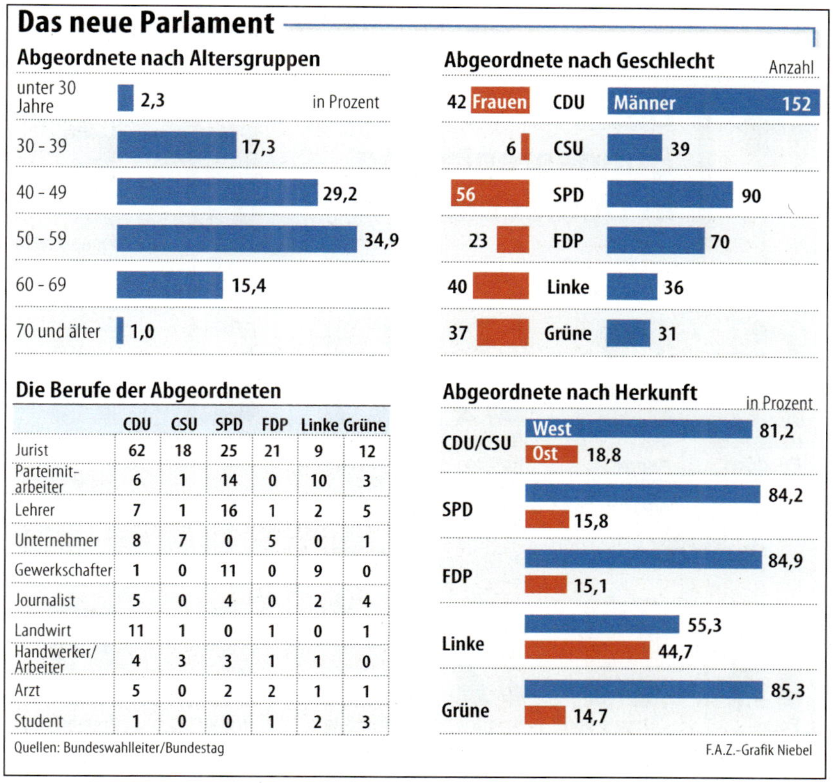

Die Berufe der Abgeordneten

	CDU	CSU	SPD	FDP	Linke	Grüne
Jurist	62	18	25	21	9	12
Parteimitarbeiter	6	1	14	0	10	3
Lehrer	7	1	16	1	2	5
Unternehmer	8	7	0	5	0	1
Gewerkschafter	1	0	11	0	9	0
Journalist	5	0	4	0	2	4
Landwirt	11	1	0	1	0	1
Handwerker/Arbeiter	4	3	3	1	1	0
Arzt	5	0	2	2	1	1
Student	1	0	0	1	2	3

Quellen: Bundeswahlleiter/Bundestag

Abb. 2

1. Beschreibt anhand von M 10 die Bedeutung des Bundestags als des Zentrums der demokratischen Ordnung der Bundesrepublik (vgl. M 3). Ihr könnt dabei den Text in Verbindung mit dem Foto erarbeiten, das die Sitzordnung der bei Bundestagssitzungen anwesenden Gruppen zeigt. Beachtet dabei auch folgende Fragen:
- Worin bestehen die Hauptaufgaben des Bundestags?
- Welche Personen bilden eigentlich den Bundestag? Welche Voraussetzungen müssen sie erfüllen?
- An welchen Prinzipien soll/kann sich ihr Verhalten bei Abstimmungen orientieren?
- Welche beiden weiteren Staatsorgane können an Bundestagssitzungen teilnehmen? Wie kommt diese Unterscheidung in der Sitzordnung zum Ausdruck?
- Wie ist der Bundestag organisiert (Einberufung, Leitung, Fraktionen*, Ausschüsse*)?

2. Analysiert die in der Grafik (Abb. 2) dargestellte Zusammensetzung des Bundestags unter dem Gesichtspunkt, dass der Bundestag zwar das deutsche Volk „repräsentiert" (vgl. M 3), aber kein „Spiegelbild" des Volkes ist. Stellt dazu die Besonderheiten zusammen, die euch im Hinblick auf die Altersgruppen, die Berufszugehörigkeit, die Verteilung nach Männern und Frauen und die Verteilung nach der Herkunft aus West- und Ostdeutschland auffallen, und achtet bei den zuletzt genannten drei Kategorien auch auf Unterschiede zwischen den Parteien.

3. Wie erklärt ihr euch die festgestellten Besonderheiten und wie beurteilt ihr sie?

M 11 Die Bundesregierung

Abb. 1

Umweltminister ist seit Mai 2012 Peter Altmaier (CDU).

Abb. 2

Die Bundesregierung regiert die Bundesrepublik. Sie ist oberste ausführende, man sagt auch vollziehende Gewalt: Sie hat die Verantwortung, dass die vom Bundestag beschlossenen Gesetze ausgeführt werden. Der Bundestag ist die Vertretung des Volkes der Bundesrepublik. Die Bundesregierung bringt Gesetze ein, das bedeutet, sie schlägt Gesetze vor, wie auch Bundesrat und Bundestag. Sie regelt außerdem die Beziehungen der Bundesrepublik zu anderen Staaten. Die Bundesregierung wird entweder von einer Partei gebildet, oder es schließen sich mehrere Parteien zu einer *Koalition*, das heißt zu einem Bündnis, zusammen. Man spricht in diesem Fall von einer Koalitionsregierung*. Die Zusammensetzung der Bundesregierung hängt von dem Ergebnis der Bundestagswahl ab. Der Bundeskanzler wird auf Vorschlag des Bundespräsidenten vom Bundestag gewählt und dann vom Bundespräsidenten ernannt. Die Bundesminister werden auf Vorschlag des Bundeskanzlers vom Bundespräsidenten ernannt und auch entlassen.

Wird eine *Koalitionsregierung* gebildet, sind vor der Ernennung der Bundesminister ausführliche Besprechungen zwischen dem Kanzler und den Parteien notwendig. Parteien haben unterschiedliche Auffassungen, wie das Zusammenleben der Menschen im Staat geregelt werden soll. In sogenannten

Koalitionsgesprächen wird versucht, die unterschiedlichen Meinungen aufeinander abzustimmen. […] Der *Bundeskanzler* bestimmt die Richtlinien der Politik und ist dadurch den Ministern übergeordnet.
Jeder Bundesminister leitet seinen Aufgabenbereich – das ist ein Ressort – in eigener Verantwortung. Er darf sich dabei jedoch nicht in Widerspruch setzen zu den Richtlinien des Bundeskanzlers. Meinungsverschiedenheiten zwischen den Bundesministern werden von der Bundesregierung durch Mehrheitsbeschluss entschieden. In diesem Kollegium ist der Kanzler ‚primus inter pares', das heißt ‚Erster unter Gleichgestellten'.

(Hilde Kammer/Elisabet Bartsch, Jugendlexikon Politik, Rowohlt Taschenbuch Verlag, Hamburg 2011, S. 42f.)

Bundeskanzler-Silbenrätsel

_ _ _ _ ? _ _ _ _ _ _
Stellvertreter des Bundeskanzlers

? _ _ _ _ _ _ _ _ _ _ _ _ _ _ _ _
„Gegenspieler" des Bundeskanzlers

_ _ ? _ _ _ _ _ _
Wählt den Bundeskanzler

? _ _ _ _ _ _ _ _ _ _ _ _ _
Anderer Begriff für Bundeskanzler

? _ _ _ _ _ _
Formel bei der Amtsübernahme des Bundeskanzlers

_ _ _ ? _ _ _ _ _
An der Bundesgesetzgebung beteiligtes Organ

_ _ ? _ _ _ _ _
Zusammenschluss von Abgeordneten der gleichen Partei

_ _ _ _ _ ? _
Name eines früheren Bundeskanzlers

_ _ _ _ _ _ _ _ _ _ ? _
Der Kanzler bestimmt die politischen …

_ _ ? _ _ _ _ _
Vom Kanzler dem Präsidenten zur Ernennung vorgeschlagen

_ _ _ _ _ _ _ _ _ _ _ _ _ ? _ _ _ _ _
Zusammenschluss von Parteien im Parlament, um regieren zu können

_ _ ? _ _ _ _ _ _ _ _
Verbindliche Aussagen über das Amt des Kanzlers befinden sich im …

_ _ _ _ ? _ _ _ _ _ _ _ _ _ _
Vorschlagsberechtigter für das Amt des Kanzlers gegenüber dem Bundestag

_ _ _ _ _ _ ? _ _ _
Den Kanzler zur Erledigung seiner Aufgaben unterstützende Behörde

Silben:
AMT – AMTS – BUN – BUN – BUNDES – CHEF – DENT – DES – DES – EID – FRAK – FÜHRER – GE – GRUND – KANZ – KANZ – KOA – LER – LER – LINIEN – LITION – MI – NISTER – OPPO – PRÄ – RAT – REGIER – REGIER – RICHT – SCHMIDT – SETZ – SI – SI – TAG – TION – TIONS – UNGS – UNGS – VIZE

Hinweis: Der größte Teil – aber nicht alle – der richtigen Begriffe kommt auch in den vorhergehenden Materialien vor.
Die Lösung ergibt den Vor- und Nachnamen des ersten Bundeskanzlers:
? ? ? ? ? ?   ? ? ? ? ? ? ? ?

(P wie Politik, RS 10, hg. von Xaver Fiederle und Franz Filser, Schöningh Verlag, Paderborn 1989, S. 68; Verf.: Werner Schnatterbeck)

1. Erläutert die Aufgaben der Bundesregierung und ihre Stellung im Verhältnis zum Parlament. Wie gelangen der/die Bundeskanzler/in und die Bundesminister/innen in ihr jeweiliges Amt?

2. Verschafft euch einen Überblick über die Mitglieder der Bundesregierung (2009 – 2013) und versucht die Politikbereiche, für die sie zuständig sind, jeweils etwas konkreter zu erläutern. Welche der Ministerinnen und Minister sind euch aus den Medien mehr, welche weniger oder gar nicht bekannt? Recherchiert nach der Bundestagswahl 2013 die Zusammensetzung der neuen Regierung.

3. Erklärt, wovon es abhängt, welche Partei den Bundeskanzler/die Bundeskanzlerin stellt, und welche besondere Stellung er/sie im Hinblick auf die Verteilung der Ministerposten und die Bestimmung der politischen Richtung einnimmt, die während einer Regierungsperiode verfolgt werden soll.

4. Erläutert, welche besondere Bedeutung den „Koalitionsverhandlungen" vor der Bildung der Regierung zukommt.

5. Bisher waren alle Regierungen der Bundesrepublik Koalitionsregierungen. Recherchiert im Internet oder in einem Lexikon, mit welchen Parteien die bisherigen Bundeskanzler (s. Abb. 2) Koalitionen gebildet haben, und erstellt dazu eine entsprechende Liste.

6. Überprüft euer Wissen über die Bundesregierung anhand des „Bundeskanzler-Silbenrätsels" (s. Kasten). Schreibt die gesuchten Begriffe der Reihenfolge nach in euer Heft (Einzel- oder Partnerarbeit).

M 12 Der Bundesrat – die Vertretung der Länder

Abb. 1

- Die Bundesrepublik Deutschland ist ein Bundesstaat; sie besteht aus 16 Bundesländern. Die Interessen der Bundesländer vertritt der Bundesrat. Durch ihn wirken die Bundesländer bei der Gesetzgebung und bei der Verwaltung der Bundesrepublik mit. Der Zustimmung des Bundesrates bedürfen alle Gesetze, die die Verwaltung der Bundesländer betreffen, außerdem Gesetze, die das Grundgesetz ändern, und Gesetze, die Verträge mit anderen Staaten enthalten. Diese Gesetze werden als *Zustimmungsgesetze* bezeichnet. Gegen alle anderen Gesetze kann der Bundesrat *Einspruch* erheben, der aber vom Bundestag zurückgewiesen werden kann. Die vom Bundesrat abgelehnten Gesetze müssen im Bundestag erneut beraten werden. Eine Aufgabe hat der Bundesrat also bei der Gesetzgebung, die zweite Aufgabe ist seine Mitwirkung in der Verwaltung. [...]
- Jedes Bundesland schickt wenigstens drei Vertreter in den Bundesrat. Länder mit über 2 Millionen Einwohnern schicken vier, mit über sechs Millionen schicken fünf, mit über sieben Millionen sechs Vertreter. Die Vertreter der Bundesländer sind Mitglieder der jeweiligen *Landesregierungen*. Sie werden nicht gewählt, sondern von ihren *Regierungen* in den Bundesrat entsandt. Sie müssen die Anweisungen ihrer Regierungen befolgen. Daher dürfen Bundesratsmitglieder nicht auch Mitglieder des Bundestages sein. Mitglieder des Bundesrates haben Zutritt zu den Sitzungen des Bundestages und können dort sprechen. [...] Die Bundesregierung muss den Bundesrat über ihre Handlungen und Pläne unterrichten. Der Präsident, der Vorsitzende des Bundesrates, wird auf ein Jahr gewählt. *Bundesratspräsident* ist immer der Ministerpräsident eines Bundeslandes. Der Bundesratspräsident ist der Stellvertreter des Bundespräsidenten.

(Hilde Kammer/Elisabet Bartsch, Jugendlexikon Politik, Rowohlt Taschenbuch Verlag, Hamburg 2011, S. 40f.)

Abb. 2

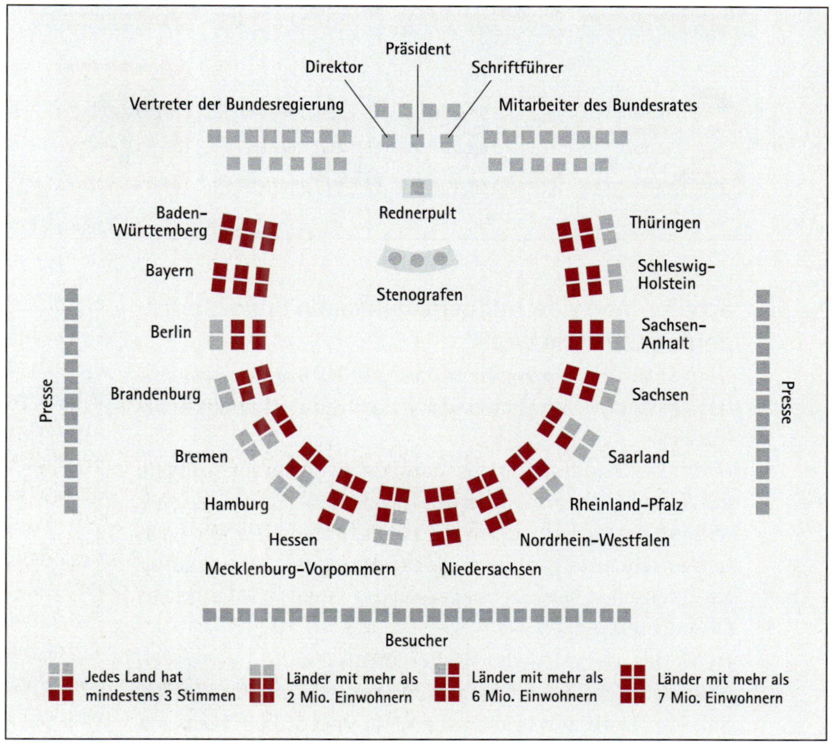

Was es bedeutet, dass die Bundesrepublik ein Bundesstaat ist, habt ihr schon in M4 erfahren. Dort wurde auch schon darauf hingewiesen, dass die Bundesländer durch den Bundesrat an der Gesetzgebung des Bundes beteiligt sind. Beschreibt anhand von M12,
- aus welchen Personen sich der Bundesrat zusammensetzt,
- welche Regeln für das Abstimmungsverhalten der Mitglieder bestehen und
- wovon es abhängt, welche Gesetze der *Zustimmung* des Bundesrats bedürfen und bei welchen er nur einen *Einspruch* einlegen kann (Z. 7ff).

M 13 Der Bundespräsident – das „Staatsoberhaupt"

An der Spitze der Bundesrepublik Deutschland steht als Staatsoberhaupt der Bundespräsident. [...] Der Bundespräsident wird für die Dauer von fünf Jahren von der Bundesversammlung (s. M15) gewählt. Er kann für fünf Jahre wiedergewählt werden, das jedoch nur einmal. Die Bundesversammlung setzt sich zur Hälfte aus allen Mitgliedern des Bundestages zusammen, zur anderen Hälfte aus Mitgliedern, die die Landtage der Bundesländer gewählt haben. Zum Bundespräsidenten kann jeder Deutsche gewählt werden, der über 40 Jahre alt ist und das Recht hat, zu wählen und gewählt zu werden.
Der Bundespräsident ist nicht für die Politik der Bundesrepublik verantwortlich. In schwierigen Fällen jedoch liegen besonders

Schüler-Interview mit dem damaligen Bundespräsidenten Christian Wulff

Dein SPIEGEL: Wozu gibt es das Amt des Bundespräsidenten überhaupt? Wir haben doch eine Bundeskanzlerin als Chefin.

Wulff: Der Bundespräsident kümmert sich um die Kontakte ins Ausland, zu ausländischen Präsidenten und Königshäusern. Als Staatsoberhaupt vertritt er Deutschland in der Welt. In Deutschland selbst soll er über den Parteien stehen und für alle Menschen ansprechbar sein, das ist der Gedanke des Grundgesetzes.

Heißt das, dass Sie jeder Bürger anrufen kann?

Nein, das nicht. Aber es kann sich jeder an mich wenden. Das Bundespräsidialamt bekommt im Jahr über 50000 Briefe von den Bürgern. Jeder einzelne Brief wird beantwortet. Wenn uns beispielsweise eine Mutter von sieben Kindern schreibt, dass sie gerade ihre Stelle verloren hat und ihr die Wohnung gekündigt wurde, dann versuchen meine Mitarbeiter zu helfen.

Was genau sind Ihre Aufgaben?

Eigentlich habe ich ständig Besuch: Ich empfange Gäste aus dem Ausland, sehr oft sind das Politiker. Es kommen aber auch Schriftsteller oder Künstler. Ich begrüße Botschafter, die neu nach Deutschland kommen, oder verabschiede sie wieder in ihre Heimat. Und ich ehre Menschen, zeichne sie aus mit einem Orden, dem Bundesverdienstkreuz. Das kann der Fußball-Bundestrainer Jogi Löw genauso sein wie eine Frau, die sich ehrenamtlich um kranke Kinder kümmert.

Haben Sie eigentlich auch etwas zu sagen, oder dürfen Sie immer nur Orden verteilen und schön essen gehen?

Bestimmen kann der Bundespräsident ganz wenig. Die großen politischen Entscheidungen liegen beim Parlament, also der Vertretung aller Bürgerinnen und Bürger, und bei der Regierung. Ich kann als Bundespräsident aber auf andere Art und Weise Einfluss nehmen. Ich treffe mich regelmäßig mit den Parteichefs, den Ministern oder der Bundeskanzlerin. Sie war gerade hier zum Mittagessen. Dann reden wir über unser Land oder über die Ängste der Menschen. Diese Gespräche sind sehr vertraulich. Dabei kann ich das eine oder andere Mal anstehende Entscheidungen möglicherweise mit beeinflussen.

Dann hatten Sie aber früher als Ministerpräsident mehr Macht, oder?

Ja. Wenn man unter Macht versteht, dass man bestimmen und entscheiden kann, dann habe ich heute als Bundespräsident keine Macht – dafür aber mehr Einfluss. Denn wenn der Bundespräsident etwas sagt, dann hören viele Leute genau zu und nehmen das auch ernst.

(Dein SPIEGEL Nr. 12/2010, S. 10f.)

wichtige Entscheidungen allein beim Bundespräsidenten, zum Beispiel entscheidet er allein, ob ein im dritten Wahlgang gewählter Kandidat Bundeskanzler wird oder der Bundestag aufgelöst wird. [...] Die anderen Aufgaben des Bundespräsidenten ergeben sich aus seiner Stellung als Staatsoberhaupt: Er repräsentiert, das heißt, er vertritt die Bundesrepublik nach außen und nach innen. Es stehen ihm dafür unter anderem die folgenden Rechte zu:

- Er empfängt und beglaubigt Botschafter fremder Staaten,
- er unterzeichnet Verträge mit anderen Staaten, die durch seine Unterschrift in Kraft treten,
- er unterzeichnet nach eigener Entscheidung die vom Bundestag beschlossenen Gesetze und verkündet sie im Bundesgesetzblatt,
- er ernennt den vom Bundestag gewählten Bundeskanzler,
- er kann begnadigen, das bedeutet, er kann die Strafe eines Verurteilten mildern oder aufheben,
- er verleiht das Bundesverdienstkreuz.

(Hilde Kammer/Elisabet Bartsch, Jugendlexikon Politik, Rowohlt Taschenbuch Verlag, Hamburg 2011, S. 40)

Joachim Gauck, Bundespräsident seit 18.3.2012

Bundespräsident Gauck empfängt den neuen Botschafter von Kirgistan, Bolon Otubaev (13.4.2012)

Bundespräsident Gauck bei der Preisverleihung (der Herbert-Quandt-Stiftung und der Initiative Bürgerstiftungen) an Bürgerstiftungen, die sich für die Begegnung von Menschen aus verschiedenen sozialen Gruppen einsetzen (29.3.2012)

Mit militärischen Ehren empfängt Bundespräsident Gauck seinen ersten Staatsgast, den Präsidenten der Mongolei, Tsakhia Elbegdor (29.3.2012)

Bundespräsident Gauck trifft zu seinem ersten Staatsbesuch in Polen (Warschau) ein (26.3.2012)

1. Beschreibt die Regelungen, die für die Wahl des Bundespräsidenten gelten (persönliche Voraussetzungen, Zusammensetzung der Bundesversammlung [vgl. M 15], Amtsdauer).

2. Erläutert die Stellung des Bundespräsidenten und seine Aufgaben und berücksichtigt dabei auch die Antworten des damaligen Bundespräsidenten Christian Wulff auf die Fragen der Schüler (s. Interview Kasten S. 130) und die Fotos S. 131 unten.

3. Wie schätzt ihr die Einflussmöglichkeiten des Bundespräsidenten auf die Entscheidungen zur Lösung politischer Probleme ein?

M 14 Das Bundesverfassungsgericht – Hüter der Verfassung

Abb. 1: Der Zweite Senat des Bundesverfassungsgerichts bei der Verkündung eines Urteils am 8.2.2011

Das Bundesverfassungsgericht mit Sitz in Karlsruhe wird als „Hüter der Verfassung" bezeichnet. Es hat darüber zu wachen, ob die vom Bundestag und Bundesrat verabschiedeten Gesetze mit dem Grundgesetz vereinbar sind. Es achtet darauf, dass die Regierung sich bei der Ausübung der Macht an die geltenden Gesetze hält. Schließlich kontrolliert es auch, ob Entscheidungen der Gerichte mit den Grundsätzen der Rechtsprechung vereinbar sind.

• Das Bundesverfassungsgericht wird nicht von sich aus, sondern nur auf Antrag tätig. Auch einzelne Bürger können in Karlsruhe Verfassungsbeschwerde einlegen, wenn sie sich in ihren Grundrechten verletzt fühlen. Dies geht allerdings erst, wenn der vorherige Rechtsweg ausgeschöpft ist. In der Organisation der staatlichen Ordnung in der Bundesrepublik Deutschland nimmt das Bundesverfassungsgericht eine herausragende Stellung ein, weil es Regierung und Parlament kontrolliert und die Unabhängigkeit der Gerichte garantiert.

• Das Bundesverfassungsgericht besteht aus *zwei Senaten* mit je acht Bundesrichtern. Je zur Hälfte werden die Richter vom Bundestag und vom Bundesrat gewählt.

Immer wieder beschäftigt sich das Bundesverfassungsgericht mit Fällen, die in der Öffentlichkeit mit großer Aufmerksamkeit verfolgt werden. Dazu gehört zum Beispiel die Frage, ob der Einsatz deutscher Soldaten bei UN-Einsätzen im Ausland mit dem Grundgesetz vereinbar ist oder nicht, ob eine rechtsradikale Partei wie die NPD verboten werden soll oder nicht und vieles andere mehr. Manchmal werden seine Entscheidungen auch kritisiert, weil die Kritiker der Ansicht sind, dass es sich zu sehr in die Politik einmischt und Entscheidungen trifft, die eigentlich im Bundestag, Bundesrat und in der Bundesregierung getroffen werden müssten (vgl. Abb. 2).

(Hilde Kammer/Elisabet Bartsch, Jugendlexikon Politik, Rowohlt Taschenbuch Verlag, 10. Aufl., Hamburg 2004)

Abb. 2

Wichtige Urteile des Bundesverfassungsgerichts:

1. Rauchverbot: In den meisten Kneipen und Restaurants darf nicht geraucht werden. Dagegen klagte ein Wirt. Doch das Gericht entschied: Der Staat darf das Rauchen verbieten. Es gibt aber Ausnahmen bei manchen Kneipen.

2. Online-Untersuchung: Die Polizei möchte gern heimlich die Computer von Verdächtigen durchsuchen können – die Richter haben das aber nur unter sehr strengen Voraussetzungen erlaubt.

3. Steuern sparen: Wer einen weiten Weg zur Arbeit hat, muss etwas weniger Steuern zahlen. Der Staat wollte das ändern, um mehr Geld einzunehmen. Die Richter erklärten die Änderung aber für ungültig.

(Dein SPIEGEL Nr. 3/2011, S. 25)

***Dein SPIEGEL*: Herr Voßkuhle, Sie sind der Präsident des Bundesverfassungsgerichts in Deutschland. Wer hat mehr Macht – Bundeskanzlerin Angela Merkel oder Sie?**

Voßkuhle: Frau Merkel leitet die Regierung, das gibt ihr schon sehr viel Macht. Aber sie muss sich beim Regieren an Spielregeln halten. Und wenn die Politiker im Bundestag neue Gesetze erlassen, dann gelten auch dabei bestimmte Spielregeln. Die Richter am Verfassungsgericht überwachen, dass alle sich an diese Regeln halten. Wenn man das mit einem Fußballspiel vergleicht, dann sind Regierung und Parlament die Spieler, und wir sind der Schiedsrichter. Wenn der Schiedsrichter sagt: „Kein Tor", dann ist das auch kein Tor.

Wie viele Verfassungsrichter gibt es?

Es gibt zwei Gruppen, in jeder sind acht Richter. Man nennt das den Ersten und den Zweiten Senat. Die beiden Gruppen arbeiten unabhängig voneinander, das heißt, jeder Senat kümmert sich um seine eigenen Fälle.

Wie sieht ein normaler Arbeitstag bei Ihnen aus?

Ihr seht, dass hier sehr viele Akten stehen. Alle zwei Wochen beraten sich die Richter eines Senats drei Tage lang, und dafür müssen wir die ganzen dicken Akten lesen. Bei besonders wichtigen Verfahren gibt es auch eine öffentliche Verhandlung. Dann treffen wir uns im größten Saal des Gerichts, dem Sitzungssaal. Am Ende eines Verfahrens schreiben wir gemeinsam eine Entscheidung, die manchmal über hundert Seiten lang ist und in der wir erklären, warum die Regeln des Grundgesetzes verletzt oder nicht verletzt sind.

Kann jeder vor dem Verfassungsgericht klagen? Sogar Kinder?

Ja, auch Kinder können klagen. Die Grundrechte gelten auch für sie. Aber meist ist es so, dass die Eltern die Rechte ihrer Kinder hier durchsetzen wollen.

Kann das Bundesverfassungsgericht ein Gesetz denn einfach ändern?

Nein, es kann nur sagen, dass das Gesetz gegen die Regeln verstößt. Dann geben wir gewissermaßen das Gesetz zurück an die Regierung und das Parlament. Die müssen es jetzt neu und besser machen.

Warum tragen Sie bei einer Gerichtsverhandlung besondere rote Gewänder?

Diese Gewänder sollen zeigen, dass der Andreas Voßkuhle dort nicht als Privatperson sitzt und nach seinen persönlichen Vorlieben entscheidet, sondern als Amtsträger, Verfassungsrichter, der allein dem Grundgesetz verpflichtet ist. Und Rot war immer eine Farbe der hochgestellten Persönlichkeiten. Könige trugen früher rote Mäntel oder auch wichtige Beamte im Mittelalter.

(Schüler-Interview mit dem Präsidenten des Bundesverfassungsgerichts, in: Dein SPIEGEL Nr. 3/2011, S. 24f.)

Andreas Voßkuhle, Richter am Bundesverfassungsgericht seit 2008; seit März 2010 ist er dessen Präsident und Vorsitzender des Zweiten Senats

1. Erläutert mit eigenen Worten, was es bedeuten soll, wenn das Bundesverfassungsgericht als „Hüter der Verfassung" bezeichnet wird (M14, Text und Kasten S. 133 unten). Worin besteht seine „herausragende Stellung in der Organisation der staatlichen Ordnung"?

2. Unter welchen Voraussetzungen und in welchen Angelegenheiten können sich auch einzelne Bürger an das Bundesverfassungsgericht wenden?

3. Eine schwierige, immer wieder diskutierte Frage ist, inwieweit das Bundesverfassungsgericht sich mit seinen Entscheidungen zu sehr in die praktische, von Parlament und Regierung beschlossene Politik „einmischt". Vergleicht dazu auch, was die Karikatur (Abb. 2) zum Ausdruck bringen will, und untersucht die drei aufgeführten Urteile unter diesem Gesichtspunkt (s. Kasten S. 133 oben). Zu welchem Urteil kommt ihr selbst bei diesen Beispielen?

M 15 Regierungssystem und Staatsorgane im Überblick

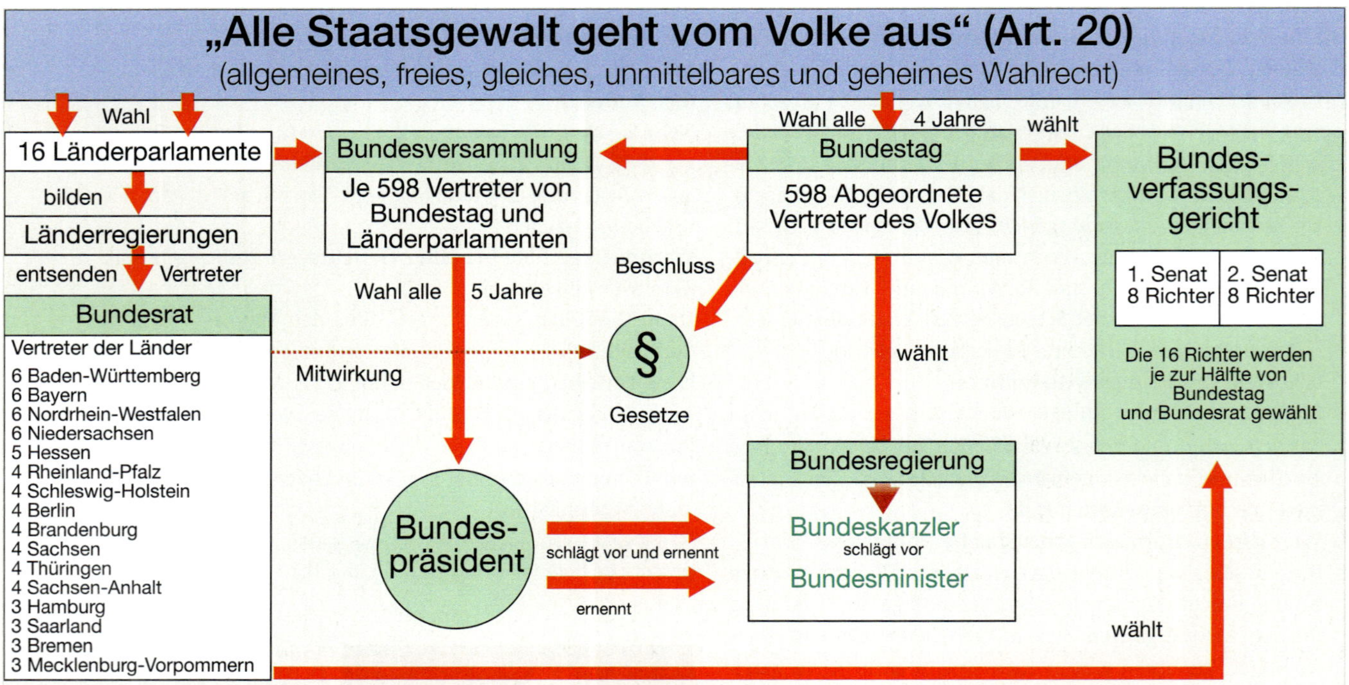

Das Schaubild M 15 gibt einen zusammenfassenden Überblick über die in M 10 bis M 14 im Einzelnen beschriebenen Staatsorgane (Institutionen des politischen Systems) der Bundesrepublik. Es kann euch zur Sicherung eurer Kenntnisse dienen, indem ihr euch ihre Zusammensetzung, ihre Hauptaufgaben und ihre Beziehungen untereinander noch einmal klarmacht.

3. Welche Bedeutung haben die Parteien? – Wir erstellen Kurzporträts der Bundestagsparteien

M 16 Wozu brauchen wir Parteien?

- Parteien sollen der Demokratie beim Funktionieren helfen: Sie sollen sicherstellen, dass die unterschiedlichen Interessen der Bevölkerung in politische Entscheidungen umgesetzt werden und dass umgekehrt die Ideen der Politiker bei den Bürgern ankommen.

In der modernen Massendemokratie kann der Bürger den politischen Entscheidungsprozess auf sich allein gestellt kaum beeinflussen. Politische Beteiligung vollzieht sich in erster Linie über die Mitarbeit in Parteien. [...]

Jeder Bürger kann *Mitglied* einer Partei werden, aber er muss sich für eine Partei entscheiden: Mehrfachmitgliedschaften sind in den Parteisatzungen in der Regel untersagt. Insgesamt sind in Deutschland etwa 2,5 Millionen Menschen Mitglied einer Partei. Das sind etwa vier Prozent der Wahlberechtigten. Eine Gruppe von politisch interessierten Menschen gilt nach dem Grundgesetz und Parteiengesetz jedoch nur dann als Partei, wenn sie laufend und dauerhaft Politik machen und in ein Parlament auf Bundes- oder Landesebene gewählt werden will. Dies unterscheidet Parteien von Bürgerinitiativen oder anderen Interessenverbänden. [...]

- Zentrale *Aufgabe der Parteien* ist es, an Wahlen teilzunehmen, politische Ideen und Forderungen in Parteiprogrammen zu bündeln und Personal für politische Ämter bereitzustellen, wie etwa Bundestagsabgeordnete oder Stadträte. Außerdem sollen sie in der Gesellschaft für Akzeptanz der Politiker-Entscheidungen sorgen, die Menschen für Politik interessieren und zum Wählen bewegen. Im Wahlkampf werden Parteien daher besonders aktiv und betonen ihre inhaltlichen und personellen Unterschiede.
- [...] Die Parteien wirken zwar nicht allein an der politischen Meinungs- und Willensbildung mit, bestimmen aber das politische Leben in einem Maße, dass das politische System der Bundesrepublik Deutschland als Parteienstaat oder Parteiendemokratie bezeichnet wird. Dieser besonderen Rolle der Parteien trägt das Grundgesetz Rechnung, indem es in Art. 21 (s. Randinfo) ihre Aufgabe benennt und bestimmte Regeln für ihre „innere Ordnung" und ihre Finanzierung festlegt (s. Kasten).

(Zusammengestellt aus: http://www.bpb.de/themen/NZ35OO,1,0,Parteien_fuer_Einsteiger.html und http://www.bpb.de/themen/7VB306,0,Parteien.html; Verf.: Sebastian Gievert)

Artikel 21 [Parteien]
(1) Die Parteien wirken bei der politischen Willensbildung des Volkes mit. Ihre Gründung ist frei. Ihre innere Ordnung muss demokratischen Grundsätzen entsprechen. Sie müssen über die Herkunft und Verwendung ihrer Mittel sowie über ihr Vermögen öffentlich Rechenschaft geben.

Die größte Versammlung jeder Partei ist der **Parteitag**: Er findet in der Regel einmal im Jahr statt und dauert mehrere Tage. Teilnehmer sind gewählte Delegierte, das heißt Abgesandte aus allen Teilen des Landes. Diese Vertreter der sogenannten unteren Gruppen sind unter anderem bevollmächtigt, die Mitglieder für den Vorstand der Partei zu wählen, der die wichtigsten Aufgaben der Partei übernimmt.
Je reger die Mitarbeit in den unteren Gruppierungen einer Partei ist, umso geringer ist die Gefahr, dass der Parteivorstand allein über die Ziele und Maßnahmen seiner Partei entscheidet.
Die **Ausgaben** der Partei, zum Beispiel für Mitarbeiter, Büros, Werbung und Wahlkämpfe, werden zum größten Teil aus Mitgliedsbeiträgen und Spenden bezahlt. In der Bundesrepublik wird ein Teil der Ausgaben für die Wahlkämpfe aus Steuermitteln ersetzt.

(Hilde Kammer/Elisabet Bartsch, Jugendlexikon Politik, Rowohlt Taschenbuch Verlag, Hamburg 2011, S. 168)

1. Erläutert mit eigenen Worten, welche Aufgabe Parteien für das „Funktionieren der Demokratie“ haben. Inwiefern wird diese Aufgabe auch als „Vermittlungsfunktion“ bezeichnet?

2. Was unterscheidet die politische Beteiligung an Wahlen (vgl. M 3) von der über die Mitarbeit in den Parteien?

3. Worin seht ihr Gründe dafür, dass nur so wenige Wahlberechtigte Mitglieder einer Partei sind (zählt man nur die Mitglieder der fünf Bundestagsparteien, sind es nur 2,3 % = 1,4 Mio. der rd. 62 Mio. Wahlberechtigten)?

4. Welche Voraussetzungen müssen erfüllt sein, wenn eine Gruppe von Menschen als Partei im Sinne des Grundgesetzes anerkannt sein und an Wahlen teilnehmen will?

5. Wie kommt die Forderung des Grundgesetzes, dass die innere Ordnung der Parteien demokratischen Grundsätzen entsprechen muss, im Aufbau der Partei zum Ausdruck (s. Kasten)?

6. Wie lässt sich begründen, dass den Parteien ein Teil der Wahlkampfkosten aus Steuermitteln ersetzt werden?

M 17 Die Bundestagsparteien – Personen und Ämter

In M 17 haben wir Fotos von prominenten Vertretern und Vertreterinnen der Bundestagsparteien zusammengestellt. Viele von ihnen werdet ihr zumindest dem Namen und der Parteizugehörigkeit nach kennen. Erstellt im Unterrichtsgespräch eine nach den Parteien geordnete Liste, in der ihr neben dem Namen und der Parteizugehörigkeit auch das Amt/die Ämter notiert, welche die Abgebildeten in ihrer Partei und/oder in einer Regierung einnehmen.

Methode M 18 Erstellung von Kurzporträts der Bundestagsparteien

Über die Parteien, insbesondere ihre politischen Ziele und Programme sowie ihre Entwicklung in der Geschichte der Bundesrepublik werdet ihr im nächsten Band dieses Unterrichtswerks („Politik/Wirtschaft", Band 9) Näheres erfahren. An dieser Stelle schlagen wir euch vor, kurze, übersichtlich und anschaulich gehaltene Darstellungen der sechs Bundestagsparteien zu erstellen, die sich im Wesentlichen auf wichtige *Personen, Daten* und *Fakten* beschränken.

Das könnte am besten in *Gruppenarbeit* erfolgen, und zwar in der Weise, dass sich für jede der Parteien eine annähernd gleich große Gruppe bildet, deren einzelne Mitglieder zunächst in einer häuslichen Vorbereitungsarbeit die geforderten Informationen (s. u.) anhand einer Internetrecherche und/oder eines Lexikons notieren und ggf. auch weitere Materialien (z. B. Fotos) in den Unterricht mitbringen.

Die Gruppenarbeit im Unterricht könnte dann darin bestehen, die gesammelten Informationen untereinander abzustimmen und gemeinsam eine anschaulich gegliederte *Wandzeitung* zu erstellen. Ein oder zwei Mitglieder der Gruppe könnten das fertige Ergebnis dann in einem Kurzvortrag (Erläuterung der Wandzeitung, ergänzende Mitteilungen, Kommentare) der Klasse präsentieren.

Das jeweilige Kurzporträt sollte nach Möglichkeit Antworten auf die folgenden Fragen enthalten:

- Wann (in welchem geschichtlichen Zusammenhang) wurde die Partei gegründet?
- Welche allgemeinen – auch in ihrem Namen zum Ausdruck kommenden – politischen Ziele (zentrale Begriffe) will sie erreichen bzw. werden von ihr besonders betont?
- Wie viele Mitglieder hat die Partei und wie ist die Mitgliederentwicklung in den letzten Jahrzehnten verlaufen?
- Seit wann ist die Partei im Bundestag vertreten?
- Welche Wahlergebnisse hat sie bei den letzten fünf Bundestagswahlen (1994, 1998, 2002, 2005, 2009) erzielt (Angaben in Prozent)?
- Wer ist seit wann der/die Vorsitzende, wer der/die Generalsekretär(in)?
- Wie viele Bundestagsabgeordnete stellt sie zurzeit?
- Wer führt den Vorsitz der Bundestagsfraktion?
- Ist sie (wann war sie) in der Regierung (in welcher Koalition) vertreten?
- Hat sie (wann hat sie) den/die Bundeskanzler(in) gestellt?
- Hat sie (wann hat sie) den Außenminister (Vizekanzler) gestellt?
- In welchen Bundesländern stellt sie ggf. zurzeit den Ministerpräsidenten/die Ministerpräsidentin?
- Hat die Partei eine Jugendorganisation? Wie heißt sie ggf.? Mit welchem Alter kann man Mitglied werden?

Ergänzend dazu könntet ihr euer Urteil über den Internetauftritt (Homepage) der jeweiligen Partei abgeben (www.cdu.de, www.csu.de, www.spd.de, www.fdp.de, www.gruene.de, www.die-linke.de), z. B. im Hinblick auf die Gestaltung und die Möglichkeit, die Informationen zu finden, die man sucht.

Im Übrigen weisen wir euch für eine Internetrecherche auf die entsprechenden Wikipedia-Seiten (sehr umfangreich, aber mit vollständiger Information und Abbildungen) und besonders auf die folgende Seite hin:
http://www.bpb.de/politik/grundfragen/parteien-in-deutschland/

(Autorentext)

Kompetenzcheck

1. Ein Quiz

Notiere deine Antworten im Heft und begründe sie.

5-mal A plus 5-mal B plus 5-mal C

1. Staatsoberhaupt der Bundesrepublik Deutschland ist
   (A) der Bundeskanzler.
   (B) der Bundespräsident.
   (C) der Bundestagspräsident.

2. Die gewählte Volksvertretung der Bürgerinnen und Bürger in Deutschland ist
   (A) der Bundestag.
   (B) der Bundesrat.
   (C) der Landtag.

3. Nach Artikel 63 GG wird der deutsche Bundeskanzler
   (A) vom Volk direkt gewählt.
   (B) vom Bundestag gewählt.
   (C) vom Bundespräsidenten bestimmt.

4. Nach dem Artikel 38 GG gehört folgendes Merkmal nicht unbedingt zu einer demokratischen Wahl:
   (A) Wahlen sind frei.
   (B) Wahlen sind geheim.
   (C) Es besteht Wahlpflicht.

5. Der Bundesrat setzt sich zusammen aus
   (A) den Vertretern der Regierungen der Bundesländer.
   (B) den Vertretern der Parlamente der Bundesländer (Landtage).
   (C) den Vertretern der Fraktionen des Bundestages.

6. Nach Artikel 38 GG sind die Abgeordneten des Deutschen Bundestages
   (A) verpflichtet, sich strikt an die Beschlüsse der Partei zu halten.
   (B) an die Aufträge und Weisungen ihrer Wähler gebunden.
   (C) nur ihrem Gewissen unterworfen.

7. Wahlen zum Deutschen Bundestag finden
   (A) alle vier Jahre,
   (B) alle fünf Jahre,
   (C) alle sechs Jahre statt.

8. Die Partei oder die Parteien, die in einem Parlament in der Minderheit sind, bilden
   (A) die Fraktion.
   (B) die Opposition.
   (C) die Exekutive.

9. Im Artikel 21 GG ist als wichtigste Aufgabe der politischen Parteien festgelegt:
   (A) Die Parteien arbeiten daran, die Zahl ihrer Wählerinnen und Wähler zu vergrößern.
   (B) Die Parteien legen in Parteiprogrammen fest, welche politischen Ziele sie verwirklichen wollen.
   (C) Die Parteien wirken an der politischen Willensbildung des Volkes mit.

10. Eine vom Bundestag verabschiedete Regelung, an die alle Staatsbürger sich halten müssen, nennt man
   (A) ein Gesetz.
   (B) einen Regierungsbeschluss.
   (C) eine Verordnung.

11. Die Bundesregierung besteht aus
   (A) dem Bundeskanzler und den Ministerpräsidenten der Länder.
   (B) dem Bundespräsidenten, dem Bundeskanzler und den Ministern.
   (C) dem Bundeskanzler und den Ministern.

12. Nach Artikel 50 GG wirken die 16 Bundesländer an der Gesetzgebung des Bundes mit
   (A) durch den Bundespräsidenten.
   (B) durch den Bundesrat.
   (C) durch die Landesregierungen.

13. Nach Artikel 54 GG wird alle fünf Jahre der Bundespräsident gewählt
   (A) vom Volk.
   (B) vom Bundestag.
   (C) von der Bundesversammlung.

14. Einen Zusammenschluss von zwei oder mehr Parteien in einem Parlament mit dem Ziel, eine regierungsfähige Mehrheit zu bilden, nennt man
   (A) eine Fraktion.
   (B) eine Koalition.
   (C) eine Opposition.

15. Zur Staatsform der demokratischen Republik gehört auf keinen Fall, dass
   (A) das Staatsoberhaupt ein König oder eine Königin ist.
   (B) das Volk in regelmäßigen Abständen das Parlament wählt.
   (C) alle Staatsgewalt vom Volk ausgeht.

Das Quiz ist richtig gelöst, wenn die Antworten A, B und C jeweils fünfmal vorkommen.

(Wolfgang Mattes [Hg.], Team, Band 3, Schöningh Verlag, Paderborn 1999, S. 158; leicht verändert)

2. 8-mal richtig und 8-mal falsch

Notiere deine Antworten im Heft und begründe sie.

1. Unter „direkter Demokratie" versteht man, dass der Wille des Volkes durch ein gewähltes Parlament ausgedrückt wird.
2. Im Parlament werden die Beschlüsse der Regierung ausgeführt.
3. In Artikel 38 des Grundgesetzes steht, dass die Abgeordneten ein freies Mandat haben, also an Aufträge und Weisungen nicht gebunden sind.
4. Das Parlament kontrolliert die Regierung.
5. Die Wählerinnen und Wähler nennt man auch „Repräsentanten".
6. Die Rechtsprechung richtet sich nach der jeweiligen politischen Mehrheit im Bundestag bzw. nach der Regierung.
7. Die Justiz ist unabhängig von der Verwaltung und der Gesetzgebung.
8. Die Regierungen der einzelnen Bundesländer sind der Bundesregierung unterstellt.
9. Menschen- und Freiheitsrechte sind die Grundlage des Rechtsstaates.
10. Der Regierungschef in einem Rechtsstaat ist zugleich der oberste Richter.
11. Der Bundeskanzler wird von der Mehrheit der Abgeordneten gewählt.
12. Die Regierung entscheidet, welche Parteien an Landtags- und Bundestagswahlen teilnehmen dürfen.
13. Der Staat ist gegenüber sozial schwachen Bürgern und Familien zu Sozialleistungen verpflichtet.
14. Terroristen haben keinen Anspruch auf ein ordentliches Gerichtsverfahren.
15. Ausländer, die die deutsche Staatsangehörigkeit angenommen haben, dürfen an Wahlen teilnehmen.
16. Im Bundesrat hat das Land Nordrhein-Westfalen mehr Stimmen als das Saarland.

3. Welcher Artikel ist gemeint?

Im Grundgesetz findest du einen Artikel, der bestimmte Regelungen für die Parteien enthält. Setze (im Heft) die folgenden Textbausteine in der richtigen Reihenfolge zusammen:

muss demokratischen | **öffentlich Rechenschaft geben** | **und Verwendung ihrer Mittel**

Sie müssen über die Herkunft | **Ihre Gründung** | **wirken bei der**

Ihre innere Ordnung | **Grundsätzen entsprechen.** | **politischen Willensbildung**

Die Parteien | **des Volkes mit.** | **sowie über ihr Vermögen** | **ist frei.**

(http://www.bpb.de/files/QLE500.pdf; Verf.: Lothar Scholz)

Um welchen Artikel handelt es sich?

Wozu brauchen wir
Die Bedeutung

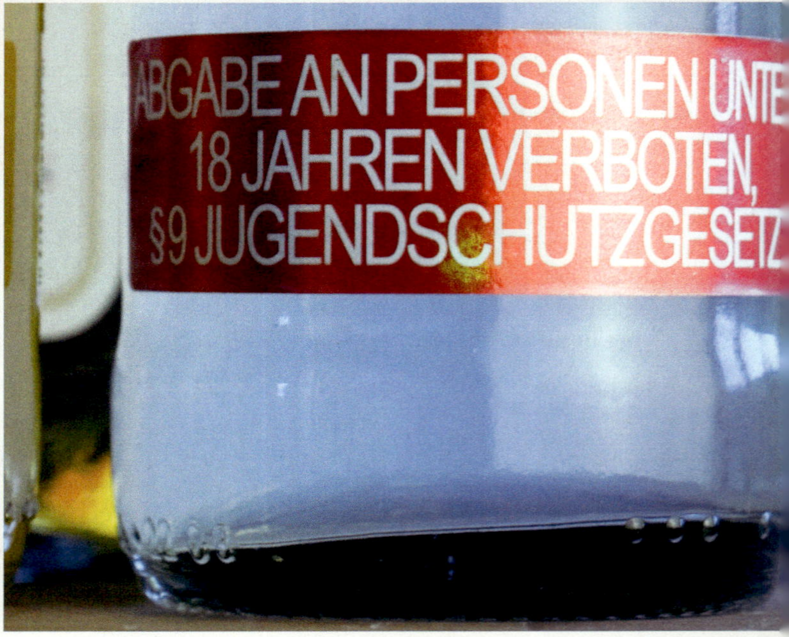

eine Rechtsordnung? – der Grund- und Menschenrechte

6

Zur Orientierung

*Im **ersten Abschnitt** dieses Kapitels wollen wir zunächst etwas näher erklären, warum wir eine „Rechtsordnung" brauchen, inwiefern sie sich am Leitziel der Gerechtigkeit orientieren muss und welche grundlegenden Freiheiten in unserem Grundgesetz den hier lebenden Menschen garantiert werden.*
*Im **zweiten und dritten Abschnitt** sollt ihr erkunden, wie die Idee weltweit geltender Menschenrechte auch heute noch in vielen Ländern der Welt massiv missachtet wird und wie die Menschenrechte international geschützt werden.*
*Schließlich (**vierter Abschnitt**) wollen wir aufzeigen, welche Rechte und Pflichten sich aus wichtigen gesetzlichen Regelungen für Jugendliche ergeben.*
*Die Informationen dazu bilden zugleich die Voraussetzung für die Durchführung eines **Projekts**: den Besuch einer **Gerichtsverhandlung**, der euch einen konkreten Einblick in das praktische Funktionieren unserer Rechtsordnung verschaffen kann.*

Kompetenzen

Nach der Erarbeitung dieses Kapitels solltet ihr Folgendes wissen und können:

- erläutern, wozu wir eine staatliche Rechtsordnung brauchen, und den Unterschied zwischen Recht und Gerechtigkeit erklären;
- die Bedeutung des Grundgesetzes für die gesetzliche Ordnung erläutern;
- wichtige Grundfreiheiten und Grundrechte, die im Grundgesetz der Bundesrepublik Deutschland verankert sind, benennen und ihre Bedeutung an Beispielen erläutern;
- den Unterschied zwischen Menschenrechten, Grundrechten und Bürgerrechten erklären;
- erklären, inwiefern die Menschenrechte eine wichtige Grundlage unserer Verfassung darstellen;
- Beispiele für Menschenrechtsverletzungen unterschiedlicher Art beschreiben und beurteilen;
- einige wichtige internationale Vereinbarungen zum rechtlichen und politischen Schutz der Menschenrechte kennen;
- eine Internetrecherche zur Arbeit international tätiger Menschenrechtsorganisationen durchführen;
- beschreiben, in welchen Schritten Kinder und Jugendliche in unsere Rechtsordnung hineinwachsen;
- Unterschiede zwischen dem Jugendstrafrecht und dem allgemeinen Strafrecht benennen;
- das Projekt „Besuch einer Gerichtsverhandlung" vorbereiten, durchführen und auswerten.

1. Wozu brauchen wir eine Rechtsordnung?

M 1 „Das Zusammenleben muss geregelt werden“

Wie oft werden die Paragraphen, die Bestimmungen, die das äußere Zusammenleben der Menschen regeln, gescholten!

Da ärgert sich der Autofahrer: Er hat ein Strafmandat bekommen wegen Überschreitung der 50-km/h-Begrenzung, die im Stadtverkehr vorgeschrieben ist. Herr Müller findet es lächerlich, dass ihn Herr Meier angezeigt hat, nur weil er sich ein paar Mauersteine mitgenommen hat, die Herr Meier auf seinem Grundstück gelagert hatte. Die Kinder ärgern sich, weil ihnen verboten wird, die Garagentür von Herrn Lehmann mit Inschriften zu versehen. Alle Erwachsenen sind mit dem Staat unzufrieden, der ihnen Steuern abnimmt.

Aber nun sehen wir uns die Angelegenheit einmal von der anderen Seite an! Da sind die Fußgänger, Mütter mit kleinen Kindern, Schulkinder, alte, gehbehinderte Leute: Sie kommen im Straßenverkehr in Gefahr, weil der Autofahrer ohne Beachtung der 50-km/h-Begrenzung durch die Straßen rast. Herr Meier hat viel Geld für die Mauersteine ausgegeben und sie mühsam herangekarrt – nun nimmt sie ihm Herr Müller einfach fort. Herrn Lehmanns Garagentür muss wegen der „Inschriften“ neu gestrichen werden. Der Staat hat, wenn er auf die Steuern verzichtet, kein Geld mehr für die Dinge, die wir alle haben wollen: gute Schulen, moderne Krankenhäuser, neue Straßen. Wir sehen, es stehen sich hier zwei ganz verschiedene Seiten gegenüber: Die einen möchten etwas ganz Bestimmtes tun, so schnell fahren, wie sie wollen; sich nehmen, was sie gerade brauchen. Die anderen wollen sich das nicht gefallen lassen: Sie wollen nicht durch die Autofahrer gefährdet werden; sie wollen ihre Garagentür, ihr Haus nicht beschädigen lassen. Jochen Schneider findet es heute vielleicht nicht der Rede wert, wenn er mit seinem Fahrrad den Kotflügel vom Auto der Frau Müller zerkratzt hat; am nächsten Tag ist er empört, weil ihm ein Klassenkamerad die Speichen seines Fahrrades verbogen hat.

Nun stellen wir uns einmal vor, wie es wäre, wenn nicht geregelt wäre, was man tun darf und was verboten ist: Der Stärkere, der Klügere, der Mächtigere könnte sich nehmen, was er wollte. Er nähme dem Schwächeren das neue Moped fort, er besorgte sich von allem das Beste. Der Schwächere könnte sich ohne Hilfe nicht wehren, er wäre dem Stärkeren hilflos ausgeliefert. Dass das nicht geht, müssen selbst die einsehen, die sich heute noch stark und den Schwächeren überlegen vorkommen. Auch sie können durch Krankheit, durch Unglücksfall, durch Alter eines Tages zu den Schwächeren gehören. Der Staat hat daher eine Ordnung geschaffen, durch die das Zusammenleben der Menschen weitgehend geregelt wird. Diese Ordnung nennen wir die Rechtsordnung.

(Ilse Staff, Rechtskunde für junge Menschen, Diesterweg, Frankfurt a. M. 1979, S. 7 f.)

M 1 zeigt an Beispielen aus dem Alltag, warum wir Bestimmungen benötigen, die das äußere Zusammenleben der Menschen regeln. Erklärt mit eigenen Worten, warum eine solche staatliche „Rechtsordnung“ notwendig ist.

M2 „Das Recht begleitet uns auf Schritt und Tritt“

Muss man überhaupt was vom Recht wissen? Das Recht brauchen doch nur die Juristen. Und die Streithanseln.

Das meinen viele Leute und denken, dass sie das Recht nichts angeht. **Dabei ist das tägliche Leben voller Rechtsbeziehungen.** Aber: Schaun wir doch mal rein ins Recht! Das Recht begleitet uns ständig, auf Schritt und Tritt, ein Leben lang. Wir stehen in vielfältigen Rechtsbeziehungen zur staatlichen Ordnung und zu unseren Mitmenschen. Als Teilnehmer am Straßenverkehr, im Berufsleben und im Privaten. Das Recht ist stets da, auch wenn wir es nicht merken.

Doch **auch im ganz normalen Alltag begegnet uns das Recht**, und zwar viel öfter, als wir glauben.

Wir alle kommen jeden Tag in einer Vielzahl von Fällen mit dem Recht in Berührung.

Wir geben rechtserhebliche Erklärungen ab, lösen Rechtsfolgen aus oder werden von rechtlichen Bestimmungen betroffen:

- Der Kauf der Tageszeitung am Kiosk zum Beispiel ist rechtlich betrachtet ein sehr kompliziertes Geschäft.
- Auch das Herstellen einer Telefonverbindung ist ein rechtlicher Vorgang, ebenso wie etwa das Anschalten des Gasherdes oder der elektrischen Beleuchtung.
- Mit dem Besuch beim Arzt kommt ein Behandlungsvertrag zustande, selbst wenn davon nicht die Rede ist.
- Das bloße Vergessen der Zahlungsbedingungen im „Kleingedruckten“ kann weit reichende rechtliche Bedeutung haben.
- Und das unachtsame Fußballspiel neben der belebten Straße kann ebenso schnell zum folgenschweren Rechtsfall werden wie eine kurze Unaufmerksamkeit beim Lenken eines Fahrzeugs.

In diesen und sehr vielen anderen Fällen lösen wir rechtliche Folgen aus, ohne es zu merken. Umgekehrt gibt es im Leben jedes Bürgers auch Ereignisse, bei denen die rechtliche Bedeutung sofort erkennbar ist:

- So etwa, wenn beim Kauf einer Eigentumswohnung der Notar über die rechtliche Tragweite des Geschäfts belehrt.
- Ebenso, wenn es darum geht, die Formulare für die Steuererklärung oder andere amtliche Vordrucke für diese oder jene Behörde wahrheitsgemäß und vollständig auszufüllen.
- Wenn rechtliche Schwierigkeiten auftre-

ten, weil die gekaufte Sache Mängel aufweist oder weil der Unfallgegner seine Schuld bestreitet.

- Und natürlich bei der gerichtlichen Auseinandersetzung, an der jemand als Kläger oder Beklagter, als Angeklagter oder als Zeuge beteiligt ist.

So vergeht kein Tag, an dem uns allen das Recht nicht vielfach begegnet. Nur manchmal bemerken wir es. In den meisten Fällen aber hat unser Verhalten rechtliche Auswirkungen, ohne dass es uns bewusst wird.

Das Recht umgibt uns also ständig.

Ja, gleichsam wie ein Mantel, der uns sehr gut passt.

Und von dem wir deshalb nur wenig spüren.

Stimmt, obwohl das Recht unsere Freiheit auch in vielfältiger Weise beschränkt:

- So muss man bei Rot sein Fahrzeug anhalten, auch wenn man es eilig hat.
- Verbotsschilder hindern uns, ein Naturschutzgebiet zu betreten, an einer bestimmten Stelle zu baden oder den Hund im Park frei laufen zu lassen.
- Selbst der Eigentümer darf auf seinem Grundstück nicht bauen, was und wie er will.
- Gesetze regeln die Schulpflicht, [...] die Steuerpflicht, die Unterhaltspflicht, die Meldepflicht, die Streupflicht...

Unser geltendes Recht ist in vielen tausend Bestimmungen enthalten. [...]

So ist es nicht verwunderlich, dass den meisten Menschen das Recht nahezu unbekannt ist. Selbst von so wichtigen Gesetzeswerken wie [...] dem Grundgesetz, dem Bürgerlichen Gesetzbuch* oder dem Strafgesetzbuch haben nur wenige eine zutreffende Vorstellung.

(Joachim Feldmann, Alles was Recht ist, München 1997; www.km.bayern.de/llz/web/120007/12000700.html)

1. „Das Recht umgibt uns ständig." Erläutert, was der Autor mit diesem Hinweis meint.

2. Macht euch die Bedeutung der aufgeführten Beispiele klar und ergänzt sie durch solche, in denen ihr selbst schon einmal „gespürt" habt, dass das Alltagsleben von Rechtsbeziehungen geprägt ist.

Unsere Rechtsordnung besteht aus den Gesetzen und sonstigen Rechtsvorschriften, die die Parlamente der Bundesrepublik – als die gesetzgebenden („legislativen") Organe – beschlossen haben. Was also „Recht" ist, kann man feststellen und überprüfen. Aber sind die Gesetze auch immer „gerecht"?

M 3 Recht und Gerechtigkeit

Von „Recht" lässt sich bei einer sozialen Ordnung nur dann sprechen, wenn sie an der Idee der Gerechtigkeit orientiert ist. Zum Recht gehört nicht, dass die Gerechtigkeit vollständig verwirklicht wird. Angesichts der Unvollkommenheit des Menschen dürfte das nicht erreichbar sein. Entscheidend ist aber, dass sich das Recht am *Leitziel der Gerechtigkeit* orientiert und somit Gerechtigkeit zu verwirklichen sucht. [...]

Über die Gerechtigkeit wurde von allen großen abendländischen Philosophen nachgedacht. [Das] führte nicht zu so vollständiger Übereinstimmung, dass die Gerechtigkeit allgemeingültig definiert werden könnte, aber über einige Grundfragen wurde doch weitgehende Einigung erzielt. So werden von allen Philosophen *zwei Merkmale* der Gerechtigkeit herausgehoben:

- Das Verhalten aller ist nach der gleichen Regel zu beurteilen. Für alle hat das gleiche Maß zu gelten: *Gleiches ist gleich, Ungleiches ungleich zu behandeln.* Umgekehrt ausgedrückt: Zweierlei Maß ist willkürlich und damit ungerecht.
- Als weiteres Merkmal der Gerechtigkeit wird betont, dass „Jedem das Seine" zukommen müsse. Jeder soll das (aber auch nur das) erhalten, was ihm gebührt. [...]

Die Diskussion der beiden Merkmale zeigt aber auch, dass bei der Anwendung der beiden Gerechtigkeitsmerkmale zusätzliche Entscheidungen darüber notwendig sind, *worin sich im Einzelfall die Menschen gleichen und worin nicht und was denn „das Seine" ist, das dem Einzelnen gebührt.* Über die Werte, die bei derartigen Entscheidungen zu beachten sind, geben das *Grundgesetz* und die Länderverfassungen, vor allem deren Grundrechtskataloge, wichtige Hinweise (s. dazu M 4).

(Dieter Fuchs/Ewald Schellenberger, Recht. Ein Arbeitsbuch für die Kollegstufe, Schöningh Verlag, Paderborn, 10. Aufl. 2002, S. 8 ff.)

Justitia war die römische Göttin der Gerechtigkeit. Ihre drei Attribute haben symbolische Bedeutung: Sie spricht Recht ohne Ansehen der Person (Augenbinde), wägt Argumente, die für und gegen einen Angeklagten sprechen, sorgfältig ab (Waage) und setzt eine ggf. verhängte Strafe mit Macht durch (Schwert).

1. Versucht, das Verhältnis der beiden Begriffe Recht und Gerechtigkeit mit eigenen Worten zu erläutern.

2. Klärt – ggf. an konkreten Beispielen – die Bedeutung der beiden allgemeinen Grundsätze, an denen man sich nach allgemeiner Auffassung orientieren muss, wenn man das Prinzip der Gerechtigkeit verwirklichen will (Z. 17 ff.).

3. Erklärt, warum es schwierig bzw. fast unmöglich ist, diese beiden Grundsätze konkret und für jeden Einzelfall zu bestimmen (Z. 32 ff.).

4. Erklärt die Darstellung der „Justitia". Welches Merkmal von Gerechtigkeit soll durch die Augenbinde symbolisiert werden? Worauf sollen Waage und Schwert hinweisen?

M 4 Die Bedeutung des Grundgesetzes für die gesetzliche Ordnung

Liebesbriefe schreibt man, wenn man verliebt ist. Klassenarbeiten schreibt man, wenn der Lehrer das will.

Ein Tagebuch schreibt man, um festzuhalten, was man erlebt hat. Eine SMS schreibt man, wenn man schnell etwas mitzuteilen hat. [...]. Aber wer schreibt wann und warum eine Verfassung?

- Es gibt Verfassungen, die sind geschrieben im Rausch, im Hochgefühl, da hört man die Glocken läuten. So eine Verfassung war die erste deutsche Verfassung, die von deutschen Demokraten 1848 gegen die Könige, die Fürsten und ihre Soldaten auf den Barrikaden in den deutschen Städten erkämpft und dann 1849 im Namen des Vol-

Köln im Jahre 1945

kes von der deutschen Nationalversammlung in der Frankfurter Paulskirche beschlossen wurde. Es gibt aber auch Verfassungen, die sind geschrieben in einer Mischung aus Hoffnung und Verzweiflung, so wie ein Liebeskummerbrief.

So eine Verfassung ist das Grundgesetz der Bundesrepublik Deutschland aus dem Jahr 1949, geschrieben, als Deutschland in Trümmern lag (s. Foto). Man sieht es diesem Grundgesetz nicht mehr an: Es ist vor über sechzig Jahren im Dreck entstanden, in Schutt und Elend. [...]

Der Zweite Weltkrieg* war erst ein paar Jahre vorbei, und den meisten Deutschen war bewusst geworden, welchem Verbrecher sie nachgelaufen waren und welche furchtbaren Verbrechen Hitler* und die Nazis begangen hatten.

Das Grundgesetz macht sich daher, wie ein Tagebuch beinah, Gedanken über die zurückliegenden Jahre der Verachtung und Verfolgung von Millionen von Menschen. Das Grundgesetz zieht seine Folgerungen daraus.

- Es gibt jedem Menschen die gleichen Rechte, und es hält die *Grundfreiheiten* ganz hoch: Meinungsfreiheit, Pressefreiheit, Versammlungsfreiheit, die Freiheit, einigermaßen unbehelligt leben zu können.

Und das Grundgesetz gibt den Gerichten, vor allem dem *Bundesverfassungsgericht* in Karlsruhe, die Aufgabe, darüber zu wachen, dass diese Regeln auch eingehalten werden (s. M 14 in Kap. 5). Es stellt Regeln auf, die verhindern sollen, dass Deutschland noch einmal auf die schiefe Bahn gerät. [...]

Manche meinen, eine Verfassung sei auch nur „irgendein Gesetz", wie es in jedem Land Tausende gibt – Arbeitsgesetze, Schulgesetze, Strafgesetze oder etwa die Gesetze, die regeln, wann man den Führerschein machen oder wann man heiraten darf. Doch die Verfassung ist nicht irgendein Gesetz, wie es jede Woche im Bundestag gemacht wird und wieder geändert werden kann. In einer Verfassung steht nicht nur drin, dass die deutsche Fahne schwarz-rot-gold ist.

Die Verfassung ist etwas ganz Tiefschürfendes: Sie ist die *Grundlage für alle anderen Gesetze*. Der Name der deutschen Verfassung sagt das deutlich: **Grundgesetz**.

- Deswegen kann das Grundgesetz auch nicht so einfach geändert werden wie die anderen Gesetze, es reicht nicht, wie sonst, die einfache Mehrheit der Stimmen. Das Grundgesetz kann nur dann geändert werden, wenn zwei Drittel der Mitglieder des Bundestags und zwei Drittel der Mitglieder des Bundesrats zustimmen. Und es gibt sogar *Vorschriften im Grundgesetz, die niemals geändert werden dürfen*: der Artikel 1 über den Schutz der Menschenwürde und der Artikel 20, in dem steht: „Die Bundesrepublik ist ein demokratischer und sozialer Bundesstaat. Alle Staatsgewalt geht vom Volke aus." An diesen Kernsätzen darf, so steht es ausdrücklich im Grundgesetz, nicht gerüttelt werden, sie sollen ewig gelten. [...]

(Heribert Prantl, Recht so! In: Fluter Nr. 38, Bundeszentrale für politische Bildung, Bonn 2011; www.bpb.de/files/9TEQ5O.pdf)

1. Erläutert im Klassengespräch, unter welchen Umständen und aus welchen historischen Erfahrungen das Grundgesetz entstanden ist und was mit seinen Bestimmungen auf jeden Fall verhindert werden sollte (Z. 19ff.).

2. Erklärt, was das Grundgesetz allen Bürgerinnen und Bürgern garantiert, welche Freiheitsrechte es betont und wovor es die Bürgerinnen und Bürger schützt (Z. 41 ff.).

3. Erklärt, inwiefern das Grundgesetz nicht „irgendein Gesetz" (Z. 59) ist.

4. Erläutert die Bedeutung der zitierten „Kernsätze" (Z. 75 ff.) und informiert euch im Grundgesetz (www.bpb.de/files/LW5781.pdf) über den Wortlaut des Artikels 79 (3), in dem bestimmte Vorschriften des Grundgesetzes für unabänderlich erklärt werden (sog. „Ewigkeitsklausel").

M 5 Grundrechte, Menschenrechte, Bürgerrechte

Als **Grundrechte** bezeichnet man die in unserer Verfassung, dem Grundgesetz, niedergelegten und durch die Verfassung garantierten Rechte jedes Einzelnen, insbesondere in seinem Verhältnis zum Staat: Die Grundrechte sollen vor allem den Freiheitsspielraum des Einzelnen sichern und ihn vor staatlichen Übergriffen schützen (man bezeichnet diese Rechte deshalb auch als *„Freiheitsrechte"* oder auch *„Abwehrrechte"*). Die Staatsgewalt ist in allen Handlungen und Entscheidungen an die Grundrechte gebunden. Wie die geschichtliche Erfahrung, z. B. aus der Zeit des Nationalsozialismus*, zeigt, sind die Grundrechte nichts Selbstverständliches. Sie beeinflussen den Alltag jedes Einzelnen und das Zusammenleben aller in Staat und Gesellschaft.

Bei den Grundrechten kann man unterscheiden zwischen *allgemeinen Menschenrechten* und *Bürgerrechten*. **Menschenrechte** gelten für alle Menschen, unabhängig von ihrer ethnischen* Herkunft, ihrer Staatsangehörigkeit usw.; sie sind „überstaatlich", zur Natur des Menschen gehörende, dem Menschen sozusagen angeborene Rechte. Das Grundgesetz weist auf dieses Verständnis hin, indem es zu Beginn (Art. 1, Abs. 1, Satz 1) die Menschenwürde als „unantastbar" bezeichnet und sich zu den „unverletzlichen und unveräußerlichen Menschenrechten als Grundlage jeder menschlichen Gemeinschaft" bekennt. Wichtige Menschenrechte sind z. B. das Recht auf Leben und körperliche Unversehrtheit, das Recht auf die freie Entfaltung der Persönlichkeit, die Glaubensfreiheit und die Meinungsfreiheit (vgl. M 6).

Neben den Menschenrechten enthält das Grundgesetz auch Grundrechte, die *nur deutschen Staatsbürgern* zustehen und die daher auch als **Bürgerrechte** bezeichnet werden. Während die Formulierung der Menschenrechte mit den Worten beginnt: „Jeder hat das Recht ...", beginnt die Nennung der Bürgerrechte mit den Worten „Alle Deutschen haben das Recht ...". Die Bürgerrechte werden in Artikel 8 (Versammlungsfreiheit), 9 (Vereinigungsfreiheit), 11 (Freizügigkeit) und 12 (Berufsfreiheit) aufgeführt.

Über den Grundrechtskatalog (Art. 1–19 GG) hinaus enthält das Grundgesetz als weitere Grundrechte noch das Widerstandsrecht (Art. 20, Abs. 4), das Wahlrecht (Art. 38) und bestimmte Rechte im Rahmen der Rechtsprechung und des Gerichtswesens (Art. 101, 103, 104).

(Autorentext)

Artikel 1 des Grundgesetzes, das am 23. Mai 1949 vom Parlamentarischen Rat* in Bonn verabschiedet worden ist (Faksimile im Haus der Geschichte in Bonn)

Am Berliner Reichstagsufer (Rückseite des Jakob-Kaiser-Hauses), unweit des Reichstagsgebäude, sind in eine Glaswand die ersten 19 Artikel des Grundgesetzes eingraviert, Nachts sind die Texte grünlich beleuchtet.

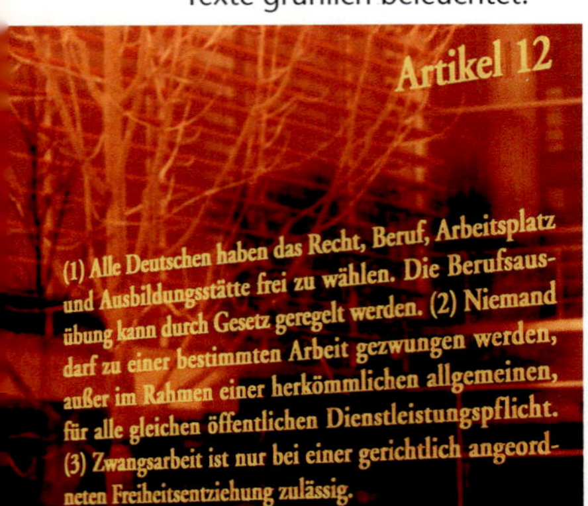

M6 Wichtige Freiheitsrechte (Auszüge)

Artikel 1 (Menschenwürde; Grundrechtsbindung der staatlichen Gewalt)

(1) Die Würde des Menschen ist unantastbar. Sie zu achten und zu schützen ist Verpflichtung aller staatlichen Gewalt.

(2) Das Deutsche Volk bekennt sich darum zu unverletzlichen und unveräußerlichen Menschenrechten als Grundlage jeder menschlichen Gemeinschaft, des Friedens und der Gerechtigkeit in der Welt.

(3) Die nachfolgenden Grundrechte binden Gesetzgebung, vollziehende Gewalt und Rechtsprechung als unmittelbar geltendes Recht.

Artikel 2 (Allgemeines Freiheitsrecht)

(2) Jeder hat das Recht auf Leben und körperliche Unversehrtheit. Die Freiheit der Person ist unverletzlich. In diese Rechte darf nur aufgrund eines Gesetzes eingegriffen werden.

Artikel 3 (Gleichheit vor dem Gesetz)

(1) Alle Menschen sind vor dem Gesetz gleich.

(2) Männer und Frauen sind gleichberechtigt. Der Staat fördert die tatsächliche Durchsetzung der Gleichberechtigung von Frauen und Männern und wirkt auf die Beseitigung bestehender Nachteile hin.

(3) Niemand darf wegen seines Geschlechtes, seiner Abstammung, seiner Rasse, seiner Sprache, seiner Heimat und Herkunft, seines Glaubens, seiner religiösen oder politischen Anschauungen benachteiligt oder bevorzugt werden. Niemand darf wegen seiner Behinderung benachteiligt werden.

Artikel 4 (Glaubens- und Gewissensfreiheit)

(1) Die Freiheit des Glaubens, des Gewissens und die Freiheit des religiösen und weltanschaulichen Bekenntnisses sind unverletzlich.

(2) Die ungestörte Religionsausübung wird gewährleistet.

Artikel 5 (Meinungsfreiheit)

(1) Jeder hat das Recht, seine Meinung in Wort, Schrift und Bild frei zu äußern und zu verbreiten und sich aus allgemein zugänglichen Quellen zu unterrichten. Die Pressefreiheit und die Freiheit der Berichterstattung durch Rundfunk und Film werden gewährleistet. Eine Zensur findet nicht statt.

(2) Diese Rechte finden ihre Schranken in den Vorschriften der allgemeinen Gesetze, den gesetzlichen Bestimmungen zum Schutze der Jugend und in dem Recht der persönlichen Ehre.

Artikel 8 (Versammlungsfreiheit)

(1) Alle Deutschen haben das Recht, sich ohne Anmeldung oder Erlaubnis friedlich und ohne Waffen zu versammeln.

(2) Für Versammlungen unter freiem Himmel kann dieses Recht durch Gesetz oder aufgrund eines Gesetzes beschränkt werden.

Artikel 9 (Vereinigungs- und Koalitionsfreiheit)

(1) Alle Deutschen haben das Recht, Vereine und Gesellschaften zu bilden.

(2) Vereinigungen, deren Zwecke oder deren Tätigkeit den Strafgesetzen zuwiderlaufen oder die sich gegen die verfassungsmäßige Ordnung oder gegen den Gedanken der Völkerverständigung richten, sind verboten.

Artikel 11 (Freizügigkeit)
(1) Alle Deutschen genießen Freizügigkeit im gesamten Bundesgebiet.

Artikel 12 (Berufsfreiheit)
(1) Alle Deutschen haben das Recht, Beruf, Arbeitsplatz und Ausbildungsstätte frei zu wählen.

Grundrechte im Alltag

Eine Schülerin, die morgens beim Frühstück Zeitung liest, sich per Handy mit einer Freundin für den Abend verabredet und sich dann noch mit den Geschwistern darüber unterhält, ob sie lieber eine Lehre in einem Verlag oder eine Schauspielausbildung machen will, braucht dafür keine Grundrechte. Sie nimmt einfach als freies Mitglied der Gesellschaft am Leben teil.

Die Grundrechte sorgen aber dafür, dass sie das auch in Ruhe tun kann. Die Zeitung, die die Schülerin liest, ist nicht zensiert. Wollte eine staatliche Stelle das versuchen, stünde dem ein erstes Grundrecht entgegen: die Pressefreiheit. Am Handy spricht die junge Frau mit der Freundin, ohne dass der Staat mithört. Dabei hilft die Telekommunikationsfreiheit – wenn die Schülerin oder ihre Freundin nicht gerade in Verdacht stehen, mit Drogen zu handeln oder terroristische Anschläge vorzubereiten. Welche Ausbildung sie machen, welchen Beruf sie ergreifen will, geht den Staat erst einmal nichts an. Wollte er Regeln für die Ausbildung aufstellen, zum Beispiel die Zahl der Lehrstellen in Verlagen begrenzen, bekäme er es mit dem Recht auf Berufsfreiheit zu tun. Das sieht ein wenig anders aus, wenn die Frau studieren will. Hier kann sie nicht nur verlangen, vom Staat in Ruhe gelassen zu werden, im Gegenteil: Sie braucht ihn, weil er den Studienplatz zur Verfügung stellt. Wenn sie die nötigen Voraussetzungen erfüllt, kann sie diesen Platz verlangen, auch das ist Teil der Berufsfreiheit. Lassen wir die Schülerin jetzt zur Schule gehen. Selbst wenn das eine Privatschule sein sollte, kontrolliert hier der Staat, ob bestimmte Standards eingehalten werden. Und er muss zum Teil auch mithelfen, solche Schulen zu finanzieren.

Wollte sie schon heiraten, dann könnte sie das gar nicht, wenn der Gesetzgeber nicht vorher geregelt hätte, was eine Ehe ist, dass es überhaupt einen Trauschein gibt und welche Folgen er hat. Auch dazu verpflichten den Staat die Grundrechte. Und nicht nur bei Bundestagswahlen oder bei der Stellensuche, sondern auch in dieser Ehe hat sie als Frau die gleichen Rechte wie der Mann. Das ist heute eine Selbstverständlichkeit, aber letztlich Folge einer neueren Entwicklung, die auch auf den Gleichheitssatz des Grundgesetzes zurückgeht.

(Informationen zur politischen Bildung Nr. 305, 4. Quartal 2009: Grundrechte, Bundeszentrale für politische Bildung, Bonn 2010, S. 4; Verf.: Gudula Geuther; http://www.bpb.de/files/VJVTUB.pdf)

1. Satz 1 des Artikels 1 ist der oberste Leitsatz unseres Grundgesetzes. Versucht, die besondere Bedeutung dieses Satzes zu erklären, und überlegt, in welchem Zusammenhang der Satz 1 mit dem Satz 3 steht. (Zum Zusammenhang von Satz 1 und Satz 2 s. später M 10.)
2. Überlegt, inwiefern gerade die Freiheitsrechte für eine Demokratie von besonderer Bedeutung sind und warum sie auch „Abwehrrechte" genannt werden. Was soll abgewehrt werden?
3. Erklärt, was man unter Grundrechten, Menschenrechten und Bürgerrechten versteht (M 4). Vergleicht die einleitenden Formulierungen von Art. 2, 5, 8, 9 und 12 und versucht, die Artikel den unterschiedlichen Arten von Rechten zuzuordnen (vgl. Bilder am Rand).
4. Beschreibt anhand der dargestellten Beispiele (s. Kasten), welche Rolle die Grundrechte für das alltägliche Leben spielen können. Listet auf, welche Grundrechte hier zur Geltung kommen.
5. Seht selbst im Grundgesetz nach (http://www.bpb.de/nachschlagen/gesetze/grundgesetz/) und schreibt die Grundrechte auf, die in M 6 nicht aufgeführt werden.

M 7 Wer schafft des Rätsels Lösung?

Löst im Heft dieses Begriffsrätsel und schreibt hinter jede Kästchenreihe die entsprechende Artikelnummer. Die gesuchten Begriffe könnt ihr den Grundrechtsartikeln entnehmen. Die gelb unterlegten Kästchen ergeben von oben nach unten gelesen ein wichtiges Grundrecht. (Hinweis: Umlaute = zwei Buchstaben, z. B. ä = ae) Den Text des Grundgesetzes könnt ihr unter www.bpb.de/files/LW5781.pdf finden.

1. Männer und Frauen sind __?__
2. Jeder hat das Recht auf Leben und körperliche __?__
3. Niemand darf gegen sein __?__ zum Kriegsdienst mit der Waffe gezwungen werden.
4. Die Wohnung ist __?__
5. Eigentum __?__
6. Alle Deutschen genießen __?__ im ganzen Bundesgebiet.
7. Politisch Verfolgte genießen __?__
8. Das gesamte __?__ steht unter der Aufsicht des Staates.
9. Alle Deutschen haben das Recht, sich ohne Anmeldung oder Erlaubnis __?__ und ohne Waffen zu versammeln.
10. Alle Deutschen haben das Recht, Beruf, Arbeitsplatz und __?__ frei zu wählen.
11. Ehe und __?__ stehen unter dem besonderen Schutze der staatlichen Ordnung.
12. Das Deutsche Volk bekennt sich darum zu unverletzlichen und unveräußerlichen __?__ als Grundlage jeder menschlichen Gemeinschaft, des Friedens und der Gerechtigkeit in der Welt.
13. Alle Deutschen haben das Recht, __?__ und Gesellschaften zu bilden.
14. Die __?__ und die Freiheit der Berichterstattung durch Rundfunk und Film werden gewährleistet.

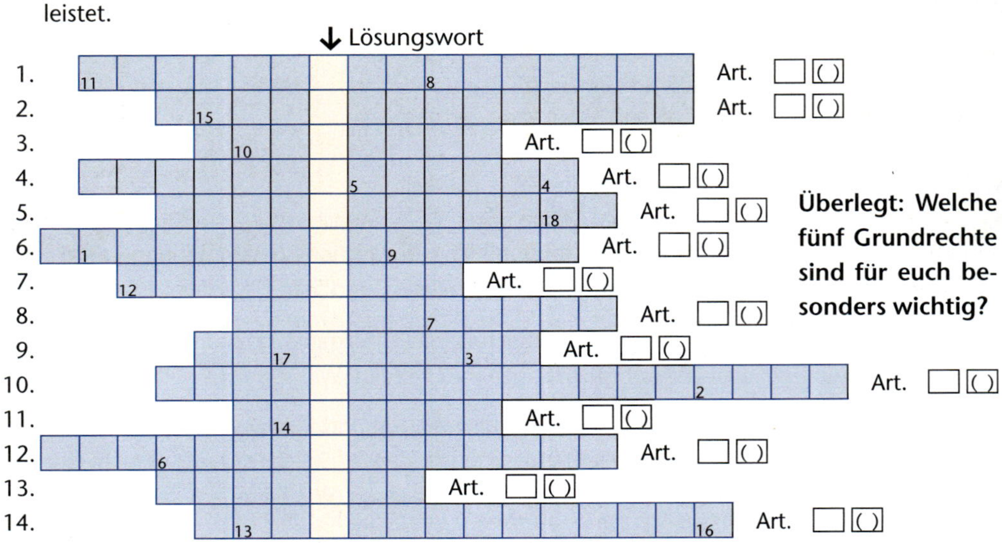

Überlegt: Welche fünf Grundrechte sind für euch besonders wichtig?

Die Buchstaben in den Feldern, die mit einer Ziffer versehen sind, bezeichnen ein weiteres wichtiges Grundrecht.

Was ist darunter zu verstehen?

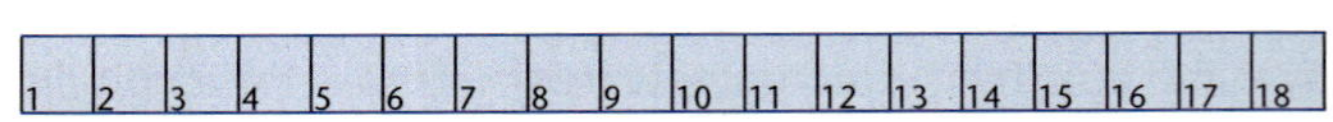

(http://www.bpb.de/files/F6XFET.pdf)

2. Die weltweite Bedeutung der Menschenrechte

Wie ihr schon bei der Betrachtung des Artikels 1 unseres Grundgesetzes (M 6) habt sehen können, bilden die Menschenrechte eine wichtige Grundlage unserer Verfassung.

In diesem Abschnitt sollt ihr einiges über die Bedeutung von Menschenrechten und die Bemühungen erfahren, sie zu schützen und Verletzungen dieser Menschenrechte in aller Welt zu bekämpfen.

Wir schlagen euch vor, zunächst einmal über dieses Vorverständnis nachzudenken und über die Bedeutung, die das Thema für euch hat, miteinander zu sprechen.
Vielleicht könnt ihr in eurem Gespräch auch konkrete Beispiele für Missachtungen und Verletzungen solcher Rechte nennen. Nehmt ggf. auch Bezug auf aktuelle Meldungen und Berichte in der Presse und im Fernsehen.

GG Art. 1 Satz 2:
„Das Deutsche Volk bekennt sich [...] zu unverletzlichen und unveräußerlichen Menschenrechten als Grundlage jeder menschlichen Gemeinschaft, des Friedens und der Gerechtigkeit in der Welt."

Mit Tausenden von Kerzen bekennen sich am 60. Jahrestag (10.12.2008) der Unterzeichnung der „Allgemeinen Erklärung der Menschenrechte" (siehe unten M 10 und M 11) Hunderte von Menschen am Pariser Platz vor dem Brandenburger Tor in Berlin zu den Menschenrechten.

M 8 Menschenrechtsverletzungen in aller Welt

Die Jahresberichte der Menschenrechtsorganisation „amnesty international" dokumentieren Jahr für Jahr Verstöße gegen Menschenrechte in allen Teilen der Welt; der Amnesty-Jahresreport 2011 dokumentiert für das Jahr 2010 Menschenrechtsverletzungen in 157 Ländern. Amnesty bewertet auch den Vollzug der Todesstrafe als Verletzung der Menschenrechte (s. die folgende Übersicht); die Vereinten Nationen (engl.: United Nations Organization = UNO) haben die Todesstrafe geächtet, ringen aber seit Langem um ihr Verbot. Zwei Drittel aller Staaten haben sie abgeschafft (s. Randinfo S. 152).*

Heute haben sich etwa zwei Drittel aller Staaten von der **Todesstrafe** abgewandt. Wie amnesty international berichtet, halten weltweit noch 58 Staaten und Territorien an der Todesstrafe fest. Soweit bekannt, wurden 2009 in 18 Ländern mindestens 714 Hinrichtungen durchgeführt, davon 388 im Iran, 120 im Irak, 69 in Saudi-Arabien und 52 in den USA. Die tatsächlichen Zahlen dürften jedoch weit höher liegen. Die Volksrepublik China verweigert eine Offenlegung der Zahlen zu Verurteilung und Vollstreckung. Amnesty geht von tausenden Hinrichtungen in China aus. In 35 Staaten ist die Todesstrafe zwar formell noch in Kraft, wird faktisch aber nicht mehr angewandt. 9 Staaten sehen die Todesstrafe nur für besondere Straftaten (z.B. unter Kriegsrecht) vor. In 95 Ländern ist sie dagegen vollständig abgeschafft. Auch 14 US-Bundesstaaten (und Washington D.C.) verzichten auf die Todesstrafe.

(Autorentext)

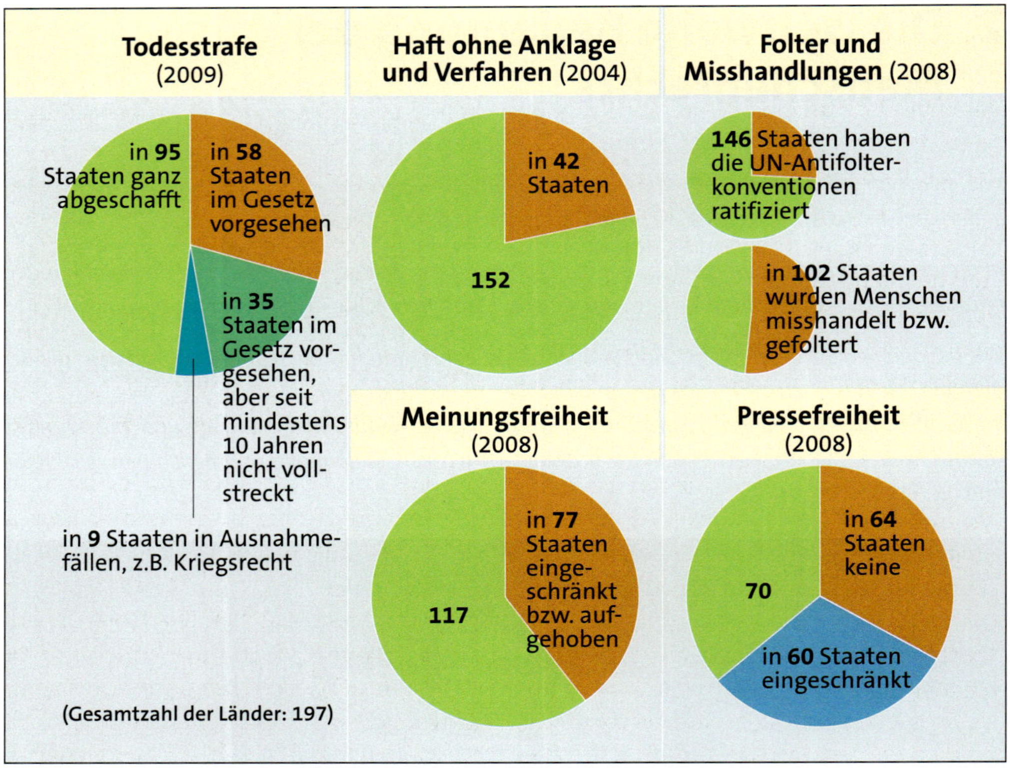

1. Verschafft euch einen Überblick über die Verbreitung von Menschenrechtsverletzungen in aller Welt. Welche der aufgeführten Arten von Verletzungen haltet ihr für besonders, welche für weniger gravierend?

2. Diskutiert aus eurer Sicht die Bedeutung der Todesstrafe (vgl. Randinfo). Sollte sie eurer Meinung nach von der UNO nicht nur „geächtet", sondern grundsätzlich als Menschenrechtsverletzung eingestuft und verboten werden? Begründet eure Position.
Näheres über die Menschenrechtssituation in den einzelnen Erdteilen findet ihr ggf. auf der Internetseite von amnesty international (http://www.amnesty.de/amnesty-international-report-2011).

M 9 Beispiele für Menschenrechtsverletzungen

M 9 a Menschenrechtsverletzungen gegen Frauen

• Terre des Femmes, eine gemeinnützige Menschenrechtsorganisation für Frauen und Mädchen mit Sitz in Tübingen, kämpft gegen das expandierende *Geschäft mit der „Ehevermittlung" von Ausländerinnen* an deutsche Männer und prangert Menschenrechtsverletzungen durch diese Art von Frauenhandel an. So bieten Heiratsvermittler Frauen nicht nur in Zeitungen und Zeitschriften, sondern auch in Katalogen und im Internet an. Bei Nichtgefallen hat der Kunde ein „Rückgaberecht". Dabei kommt den „Eheanbahnern" und ihren Kunden das deutsche Ausländergesetz zu Hilfe. § 19 dieses Gesetzes macht das Aufenthaltsrecht der ausländischen Ehefrau vom Fortbestand der Ehe abhängig. Nach einer Scheidung muss sie ausreisen und steht in ihrem Herkunftsland häufig nicht nur wirtschaftlich vor dem Nichts. Noch bedrückender stellt sich das Problem bei Scheinehen dar. Ausländerinnen, die „rechtmäßig" mit einem Deutschen verheiratet sind, werden als Prostituierte an Bordelle vermittelt und können bei eventuellen Razzien eine legale Aufenthaltserlaubnis nachweisen. Händlerringe nutzen dieses Verfahren längst als sichere und lukrative Einnahmequelle. […] Die Polizei bleibt bei der Verfolgung dieser Straftaten häufig machtlos, das perfide System der Einschüchterung funktioniert. Aus Angst vor weiteren Repressalien wagen die Opfer nicht, gegen die Täter auszusagen. Ein Teufelskreis, in dem die organisierte Kriminalität* blüht und mit immer besseren Netzwerken im ganzen Land immer bessere Geschäfte macht.

- Dass das Unrecht geschlechtsspezifischer Menschenrechtsverletzungen gegen Frauen jedoch langsam tiefer in das Bewusstsein der Öffentlichkeit dringt, zeigt das Beispiel der Proteste gegen die *Genitalverstümmelung*. Die gefährliche Beschneidungspraxis afrikanischer Völker war bis vor einigen Jahren einer breiten Öffentlichkeit in Deutschland unbekannt. Dann schockierte der Lebensbericht des somalischen Fotomodells Waris Dirie, die die Beschneidung selbst erleben musste, die Leser. In ihrem Buch „Wüstenblume" beschreibt sie stellvertretend für ihre Leidensgenossinnen die grausame „Operation", von der jedes Jahr weltweit zwei Millionen Mädchen betroffen sind. Den Opfern wird dabei unter hygienisch völlig unzureichenden Bedingungen und ohne Betäubung die Klitoris, in manchen Fällen auch die Schamlippen abgetrennt. Viele Mädchen überleben die blutige Prozedur nicht. Etwa zehn Prozent der Betroffenen sterben aufgrund von Organschädigungen, Blutverlust oder infolge späterer Infektionen. Die Überlebenden leiden häufig lebenslang an schlimmen gesundheitlichen Konsequenzen. Komplikationslose Geburten macht das Narbengewebe häufig unmöglich, sodass die hohe Mütter- und Kindersterblichkeit in Afrika auch eine Folge der Verstümmelungen ist. Die Beschneidungspraktiken sind Ausdruck jahrhundertelanger Traditionen und fester Bestandteil vieler Kulturen. Sie sollen die Keuschheit der Mädchen vor der Ehe gewährleisten. Frauen, die sich diesem Ritus entziehen, werden gesellschaftlich geächtet. Die Weltgesundheitsorganisation (WHO*), die Vereinten Nationen (UNO) und die Internationale Kindernothilfe (UNICEF*) verurteilen weibliche Genitalverstümmelung als Menschenrechtsverletzung. […]

(Anett Krimke, Nette Russinnen suchen …, in: Das Parlament Nr. 31/32 v. 28.7/4.8.2000, S. 16)

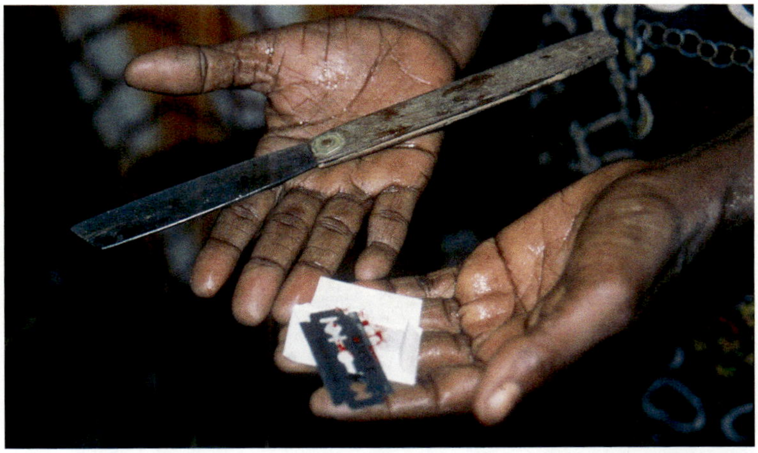

Auf Initiative der Menschenrechtsorganisation TARGET fassten hohe islamische Gelehrte im November 2006 in Kairo folgenden Beschluss: „Weibliche Genitalverstümmelung verstößt gegen die höchsten Werte des Islam und ist deshalb ein strafbares Verbrechen." (www.target-human-rights.com).
Der Anteil der Frauen, die von Genitalverstümmelung betroffen sind, ist besonders in folgenden Ländern sehr hoch:
Ägypten (91 %), Äthiopien (74), Guinea (96), Mali (85), Sudan (89).
(www.weltbevoelkerung.de/)

Verhaftungen von Regierungskritikern und von Menschenrechtsaktivisten gehören in mehreren Ländern zum Alltag. Anwälte, die sie vor Gericht verteidigen wollen, werden eingeschüchtert.

M9b Chinesische Bürgerrechtlerin Wang Lihong zu neun Monaten Haft verurteilt

Der Präsident der Akademie der Künste, Prof. Klaus Staeck (l.), und Aktivisten von Amnesty International halten am 16.4.2011 am Pariser Platz vor dem Brandenburger Tor in Berlin Schilder hoch. Sie forderten Aufklärung über das Verschwinden des chinesischen Künstlers Ai Weiwei und die Freilassung des inhaftierten chinesischen Journalisten und Dichters Shi Tao.

Ungeachtet internationaler Proteste ist die bekannte chinesische Bürgerrechtlerin Wang Lihong (s. Foto) am Freitag (9.9.2011) zu neun Monaten Haft verurteilt worden. Ein Volksgericht in Peking befand die 55-Jährige der Unruhestiftung für schuldig. Ein Großaufgebot von Polizei in Uniform und Zivil riegelte das Gericht ab. Viele Unterstützer waren bereits im Vorfeld abgefangen worden. Vergeblich versuchten zehn ausländische Diplomaten, darunter auch eine deutsche Vertreterin, an der Urteilsverkündung teilzunehmen. [...
Menschenrechtsgruppen kritisierten den Prozess, der von schweren Verfahrensfehlern überschattet gewesen sei. Amnesty International wies darauf hin, dass Wang Lihong nur ihre verfassungsgemäßen Rechte ausgeübt habe. Auch der deutsche Menschenrechtsbeauftragte Markus Löning hatte ihre sofortige Freilassung gefordert. Sowohl die Vorwürfe gegen Wang Lihong als auch die unangemessen lange Untersuchungshaft erwecken den Eindruck politischer Verfolgung", sagte Löning nach dem Prozess. China müsse endlich die *Meinungs- und Versammlungsfreiheit* seiner Bürger respektieren.

(dpa, in: http://www.taz.de/!77797/)

Die Aktivistin hatte sich in den vergangenen Jahren einen Namen für ihren unerschrockenen Einsatz in mehreren *Bürgerrechtsfällen* gemacht. Sie war im März festgenommen worden, als chinesische Sicherheitskräfte gegen mögliche Proteste nach dem Vorbild der arabischen Welt vorgingen. Die Vorwürfe gegen Wang beziehen sich auf eine Demonstration vor einem Jahr in der Stadt Fujian in Südchina, wo drei Blogger vor Gericht standen, die die Regierung kritisiert hatten. […] Zuletzt hatte China den Regimekritiker und Künstler Ai Weiwei festgenommen (s. Foto). Er wurde nach zweieinhalb Monaten Haft im Juni entlassen – ihm hatte man „Wirtschaftsverbrechen“ vorgeworfen.

(fab/dpa/AP; http://www.spiegel.de/politik/ausland/0,1518,779792,00.html; 12.8.2011)

Ai Weiwei nach seiner Freilassung am 23.6.2011

M9c Iran: Menschenrechtsanwältin zu elf Jahren Haft verurteilt

Teheran – Die Schikanen des iranischen Regimes gegen Menschenrechtler und Regierungskritiker gehen unvermindert weiter: Ein Gericht hat die bekannte Menschenrechtsanwältin Nasrin Sotoudeh zu elf Jahren Haft verurteilt. Die Richter hätten dem Verteidiger seiner Frau am Sonntag mitgeteilt, dass gegen Sotudeh elf Jahre Haft sowie ein 20-jähriges Berufs- und Ausreiseverbot verhängt worden seien, sagte Sotoudehs Ehemann, Resa Chandan, am Montag der Nachrichtenagentur AFP.

Der 45-Jährigen waren seinen Angaben zufolge „Angriffe auf die nationale Sicherheit“, „Propaganda gegen die Staatsführung“ sowie die Mitgliedschaft im „Zentrum der Verfechter der Menschenrechte“, einer Menschenrechtsgruppe der Friedensnobelpreisträgerin Shirin Ebadi, zur Last gelegt worden. Sie sei in diesen Punkten schuldig gesprochen worden, sagte ihr Mann. Sotoudeh, die zwei Kinder hat, war Anfang September festgenommen worden. Die Anwältin vertrat minderjährige Straftäter in Todeszellen und Oppositionelle, die im Zusammenhang mit den Protesten gegen die Wiederwahl von Präsident Mahmud Ahmadinedschad im Juni 2009 festgenommen wurden. Nach den Massendemonstrationen wurden zahlreiche Journalisten, Menschenrechtsvertreter, Anwälte und politi-

Die iranische Rechtsanwältin Shirin Ebadi, Friedensnobelpreisträgerin 2003, demonstriert zusammen mit iranischen Frauenrechtlerinnen für die Freilassung von Nasrin Sotoudeh vor dem UNO-Gebäude in Genf (20.10.2010).

sche Gegner der Regierung zu Haftstrafen verurteilt. Gegen Hunderte Demonstranten verhängten Gerichte lange Gefängnisstrafen. Einige wurden auch zum Tode verurteilt.

Scharfe Kritik an der Verurteilung Sotoudehs übte laut BBC die New Yorker Menschenrechtsorganisation „International Campaign for Human Rights in Iran" (ICHRI). „Das ist ein klar politisches Urteil, das darauf abzielt, Irans führende Verteidigerin der Menschenrechte an ihrer Arbeit zu hindern", sagte ein Sprecher.

(anr/AFP/Spiegel Online, 10.01.2011; http://www.spiegel.de/politik/ausland/0,1518,738607,00.html)

1. Die Materialien M 9 a–c zeigen Beispiele für Menschenrechtsverletzungen in verschiedenen Ländern und in unterschiedlichen Bereichen. Untersucht die Materialien ggf. in arbeitsteiliger Gruppenarbeit:
   - Welcher Art sind die genannten Menschenrechtsverletzungen? Welche Menschen zustehenden Rechte werden eurer Meinung nach jeweils verletzt? Welches Ausmaß, welches Gewicht haben diese Verletzungen?
   - Wer sind die Opfer? Von wem gehen diese Verletzungen aus? Sind Motive der Personen, die die Rechte verletzen, erkennbar? Was wollen sie erreichen?
   - Wie könnten solche Menschenrechtsverletzungen verhindert werden? Werden im jeweiligen Material Schutzmaßnahmen oder Reaktionsmöglichkeiten genannt? Welche weiteren Möglichkeiten seht ihr? Welche Organisationen oder Institutionen, die sich mit den dargestellten Verletzungen befassen, werden genannt? Was können oder konnten sie bewirken?

2. Wenn ihr wissen wollt, wie sich die Situation der Menschenrechte in unterschiedlichen Ländern insgesamt darstellt und sich entwickelt hat: Der aktuelle Jahresbericht der Menschenrechtsorganisation „Amnesty International" enthält zu jedem einzelnen der in dem Report berücksichtigten Länder eine informative Darstellung. Genaueres zum aktuellen Bericht findet ihr evtl. in eurer Schulbibliothek oder unter www.amnesty.de (vgl. Arbeitshinweis 2. zu M 8).

3. In den Medien wird an fast jedem Tag über Menschenrechtsverletzungen berichtet. Sammelt entsprechende Meldungen aus Tageszeitungen, Veröffentlichungen in Zeitschriften oder Fachblättern von Menschenrechtsorganisationen, im Internet veröffentlichte Pressemitteilungen zu aktuellen Ereignissen usw. Die Ergebnisse eurer Recherche könnt ihr auf einer Wandzeitung zusammenstellen.

M 10 Die Allgemeine Erklärung der Menschenrechte der Vereinten Nationen*

Die Allgemeine Erklärung der Menschenrechte (AEMR) wurde am 10. Dezember 1948 von der Vollversammlung der Vereinten Nationen* (United Nations = UN, UNO) ohne Gegenstimme verabschiedet, also schon vor der Gründung der Bundesrepublik Deutschland und damit vor der Formulierung des deutschen Grundgesetzes. Deutschland, das im Zweiten Weltkrieg* so viel Leid und Schrecken in der Welt verbrei-

Als Vorsitzende der UN-Menschenrechtskommission war Eleanor Roosevelt maßgeblich an der Ausarbeitung der Allgemeinen Erklärung der Menschenrechte beteiligt. Näheres zu ihrer Bedeutung s. unter http://de.wikipedia.org/wiki/Eleanor_Roosevelt. Hier ist sie mit einem Poster der Deklaration in spanischer Sprache zu sehen.

tet hatte, konnte deshalb damals noch nicht Mitglied der UN sein.
Die Menschenrechtserklärung war durch eine Kommission unter dem Vorsitz von Eleanor Roosevelt (s. Foto), der Ehefrau des drei Jahre zuvor verstorbenen amerikanischen Präsidenten Franklin D. Roosevelt, in zweijähriger Arbeit erstellt worden.
Das Neue und geradezu Revolutionäre der Erklärung lag darin, dass damit begonnen wurde, die Menschenrechte auf internationaler Ebene zu schützen, ihre Achtung und ihren Schutz nicht mehr nur als Angelegenheit nationaler Staaten zu betrachten, sondern als Aufgabe aller Nationen. Die beiden ersten Artikel dieser Erklärung lauten:

Artikel 1
Alle Menschen sind frei und gleich an Würde und Rechten geboren. Sie sind mit Vernunft und Gewissen begabt und sollen einander im Geiste der Brüderlichkeit begegnen.
Artikel 2
Jeder hat Anspruch auf alle in dieser Erklärung verkündeten Rechte und Freiheiten, ohne irgendeinen Unterschied, etwa nach Rasse, Hautfarbe, Geschlecht, Sprache, Religion, politischer oder sonstiger Anschauung, nationaler oder sozialer Herkunft, Vermögen, Geburt oder sonstigem Stand. [...]

(Autorentext)

Erläutert möglichst mit eigenen Worten, von welchen Grundüberzeugungen und allgemeinen Zielen sich die Verfasser der UN-Menschenrechtserklärung (AEMR) leiten ließen (M 10).

1. Untersucht dazu genauer die Artikel 1 und 2:
a) Welche Überzeugungen werden in Artikel 1 genannt? Wie werden diese durch die Art der Formulierungen bekräftigt? Welche Begriffe erscheinen euch hier besonders wichtig?
b) Welche Bedeutung kommt dem Artikel 2 zu?

2. Worin lag das Neue und Besondere dieses grundlegenden Dokumentes?

3. Vergleicht den Art. 1 des Grundgesetzes (s. M 6) mit dem Art. 1 der Allgemeinen Erklärung der Menschenrechte. Beachtet dabei vor allem den Absatz 2 des Grundgesetzartikels.
Den vollständigen Text der UN-Menschenrechtserklärung findet ihr ggf. auf der Internetseite http://www.ohchr.org/EN/UDHR/Pages/Language.aspx?LangID=ger

3. Internationaler Schutz der Menschenrechte in der Praxis

M 11 Wichtige „Konventionen" als besondere Instrumente des internationalen Menschenrechtsschutzes

12-jähriger Kindersoldat im Kongo (2003). Der kongolesische Rebellenführer Thomas Lubanga, der im Bürgerkrieg im Kongo (2002/2003) zwangsweise Kinder zu Soldaten gemacht und eingesetzt hatte, wurde am 14. März 2010 vom *Internationalen Strafgerichtshof** in Den Haag wegen dieser „Kriegsverbrechen" verurteilt.

Seit ihrer Allgemeinen Erklärung der Menschenrechte aus dem Jahr 1948 haben sich die Vereinten Nationen immer wieder darum bemüht, den Schutz der Menschenrechte durch völkerrechtlich verbindliche Abkommen (sog. „Konventionen") zu stärken.

© Bergmoser + Höller Verlag AG 615 531

M 12 Menschenrechtsschutz in Europa

Auf europäischer Ebene eröffneten die Mitgliedstaaten des **Europarates*** bereits im Jahr 1950 durch die **„Europäische Konvention zum Schutze der Menschenrechte und Grundfreiheiten"** den einzelnen Bürgerinnen und Bürgern das Recht, unmittelbar vor dem **Europäischen Gerichtshof für Menschenrechte** mit Sitz in Straßburg (s. Foto) Klage zu erheben, wenn sie sich von nationalen Gerichten in ihren Rechten verletzt fühlen. Diese Konvention setzte Maßstäbe auch für andere Kontinente.

Am 7. Dezember 2000 wurde die **„Charta der Grundrechte“** der **Europäischen Union** unterzeichnet und verkündet. Sie soll den Grundrechtsschutz der Bürgerinnen und Bürger Europas verbessern und nennt neben traditionellen Rechten auch „moderne“, bürgerlich-politische Rechte (Datenschutz, Bioethik und Informationszugang). Die EU setzt sich weltweit für den Schutz von Demokratie und Menschenrechten ein. Seit einigen Jahren führt sie einen Dialog über Menschenrechte mit Ländern wie Russland, China und Iran. Darüber hinaus werden gemeinsame Maßnahmen der EU und anderer Organisationen, die sich für die Achtung der Menschenrechte einsetzen, unterstützt. Partnerorganisationen sind z. B. die Vereinten Nationen* und das Internationale Komitee des Roten Kreuzes.

(Autorentext)

Der Europäische Gerichtshof für Menschenrechte in Straßburg

M 13 Ein Urteil des Europäischen Gerichtshofs für Menschenrechte

Eine Pflegerin hatte ihren Arbeitgeber kritisiert und angezeigt. Daraufhin erhielt sie die Kündigung – zu Recht, befanden deutsche Gerichte. Der Europäische Gerichtshof für Menschenrechte ist anderer Meinung: Er stärkt die Meinungsfreiheit von Arbeitnehmern und spricht der Pflegerin eine Entschädigung zu. Die fristlose Kündigung […] wegen der Veröffentlichung von Missständen bei ihrem Arbeitgeber verstößt gegen die Menschenrechtskonvention. Das entschied der Europäische Gerichtshof für Menschenrechte (EGMR) in einem am Donnerstag verkündeten Urteil. Die Straßburger Richter schützen damit sogenannte *Whistleblower* – Arbeitnehmer, die auf Missstände in Unternehmen oder Institutionen öffentlich aufmerksam machen.

Im konkreten Fall hatte die Berliner Altenpflegerin A. ihren Arbeitgeber, einen Klinikbetreiber, des Betrugs beschuldigt. Sein Betrieb habe zu wenig Personal und sei deshalb nicht in der Lage, die Bewohner eines Pflegeheims ausreichend zu versorgen.

(Süddeutsche Zeitung Online, 21.07.2011; http://www.sueddeutsche.de/karriere/europaeischer-gerichtshof-fuer-menschenrechte-urteil-kuendigung-wegen-kritik-an-arbeitgeber-ist-ungerechtfertigt-1.1122858; Verf.: Sebastian Gierke)

1. Erläutert, in welchem Verhältnis die in der Grafik (M 11) aufgeführten verbindlichen UN-Abkommen („Konventionen“, von lat. convenire – übereinkommen) zu der „Allgemeinen Erklärung der Menschenrechte“ (M 10) stehen. Was soll mit ihnen erreicht werden?

2. Stellt am Beispiel des in afrikanischen und asiatischen Bürgerrechtsstaaten verbreiteten Problems der „Kindersoldaten“ (s. Foto in M 11) fest, in welcher Weise die jeweiligen Rechte in einer solchen Konvention formuliert sind. Ihr findet die auf „Kindersoldaten“ bezogene Formulierung unter der Internetadresse http://www.national-coalition.de/pdf/UN-Kinderrechtskonvention.pdf (s. dort Artikel 38).

3. Für die Menschen in den Ländern Europas spielen die drei in M 12 vorgestellten Institutionen eine wichtige Rolle.
- Erklärt am Beispiel von M 13, was es für die europäischen Bürger bedeuten kann, dass der Europäische Gerichtshof für Menschenrechte eingerichtet worden ist.
- Versucht einzuschätzen, was die Europäische Konvention zum Schutz der Menschenrechte, die Einrichtung eines Europäischen Gerichtshofes für Menschenrechte und die Charta der Grundrechte für die Bürgerinnen und Bürger Europas bedeuten.

4. Zur „Menschenrechtspolitik" gehört auch, dass viele Einzelstaaten sich um die Sicherung der Menschenrechte in ihrem Land und deren weltweite Geltung kümmern. Recherchiert, welche Schwerpunkte die Bundesregierung mit ihrem „Aktionsplan" setzen will. Informationen dazu findet ihr im „9. Menschenrechtsbericht der Bundesregierung" auf den Seiten 234 ff. (http://www.auswaertiges-amt.de/DE/Aussenpolitik/Menschenrechte/9.MR.Bericht_node.html; vgl. auch die Seite http://www.auswaertiges-amt.de/DE/Aussenpolitik/Menschenrechte/Uebersicht_node.html).

Wir schlagen euch vor, dass ihr euch (zum Abschluss oder in Begleitung der Arbeit an diesem Abschnitt) einen Eindruck verschafft von der vielfältigen Arbeit der wichtigsten ***„Nichtregierungsorganisationen"*** *(NRO), die sich den Kampf für die Sicherung der Menschenrechte in aller Welt zum Ziel gesetzt haben.*

M 14 Nichtstaatliche Menschenrechtsarbeit – eine Internetrecherche

Über die Homepages der im Folgenden aufgelisteten Organisationen (und ggf. zusätzlich über http://de.wikipedia.org/wiki/Menschenrechtsorganisationen) könnt ihr euch über jede informieren (ihre Ziele, ihr besonderes Arbeitsgebiet, ihre Arbeitsweise und wichtige bisherige Erfolge). Die Recherche könnt ihr entweder einzeln oder in kleinen Gruppen in häuslicher Arbeit vornehmen. Die Ergebnisse zu jeder Organisation sollten dann kurz in der Klasse vorgestellt werden.

- Amnesty International: www2.amnesty.de und http://de.wikipedia.org/wiki/Amnesty_International
- Forum Menschenrechte: http://forum-menschenrechte.de/cms/front_content.php?id art=245
- Gesellschaft für bedrohte Völker: www.gfbv.de
- Human Rights Watch: www.hrw.org
- Internationale Gesellschaft für Menschenrechte: www.igfm.de
- Peace Brigades International: www.pbideutschland.de/1266.html
- Pro Asyl: www.proasyl.de
- Reporter ohne Grenzen: www.reporter-ohne-grenzen.de
- Terre des femmes: www.frauenrechte.de/tdf/
- Terre des hommes: www.tdh.de

(Autorentext)

4. Jugendliche in der Rechtsordnung der Bundesrepublik

Der folgende Fragebogen bietet euch Gelegenheit, euer eigenes Vorwissen zu einigen gesetzlichen Regelungen zu testen, von denen ihr jetzt oder in wenigen Jahren betroffen sein könnt. Mithilfe von M 17 könnt ihr zu jedem der aufgeführten Fälle die richtige Lösung erarbeiten, ggf. in Gruppenarbeit.

M 15 Wer kennt sich aus?

	Ja	Nein
(1) Simone (18) will ihren Freund Eric heiraten. Ihre Eltern sind dagegen. Dürfen die beiden trotzdem heiraten?	???	???
(2) Nach dem Tod von Oma Felicia Reich zeigt sich bei der Testamentseröffnung, dass sie ihren einjährigen Enkel Paul zum Gesamterben ihres Vermögens gemacht hat. Kann Paul das Erbe antreten, d. h. erhalten?	???	???
(3) Der 13 Jahre alte Schüler Kevin meldet sich vom Religionsunterricht mit der Begründung ab, dass der Unterricht bei Herrn Stumpf langweilig sei. Kommt Kevin mit dieser Abmeldung durch?	???	???
(4) Während sein Bruder Max (16) auf einer Klassenfahrt ist, holt Moritz (14) dessen neues Moped aus der Garage und macht eine „Probefahrt“. In einer unübersichtlichen Kurve fährt er die Fußgängerin Martha Wiesel an und verletzt sie.		
a) Muss Moritz für den angerichteten Schaden haften?	???	???
b) Kann Moritz wegen Körperverletzung strafrechtlich verfolgt werden?	???	???
(5) Vor dem Amtsgericht wird ein Verkehrsunfall mit Todesfolge verhandelt. Einzige Zeugin ist ein 16-jähriges Mädchen. Wegen der großen Bedeutung der Zeugenaussage und der Schwere des Falles müsste das Mädchen eigentlich vereidigt werden. Darf es vereidigt werden?	???	???
(6) Der 16 Jahre alte Tobias bekommt von seinem Vater das monatliche Taschengeld. Allerdings verwendet er es nicht wie vereinbart für seine persönlichen Ausgaben, sondern setzt den gesamten Betrag im Lottospiel ein. Er gewinnt auf Anhieb 50 000 Euro.		
a) Darf sich Tobias von dem Geld ein Moped kaufen?	???	???
b) Darf sein Vater von dem Geld ein Auto kaufen?	???	???
(7) Der 14-jährige Klaus kauft sich eine teure Lederjacke. Als er damit nach Hause kommt, gerät sein Vater in Wut. Er bringt die Jacke unverzüglich zum Händler zurück und fordert die Herausgabe des Geldes. Muss der Händler die Jacke zurücknehmen?	???	???

(RAAbits Sozialkunde/Politik, Mai 2003, Grundwissen Jugend und Recht, M 1; Verf.: Tilmar Hummerich-Ferbers)

M 16 „Ich wünschte, ich wäre 16 …"

Welcher 12-, 13- oder 14-Jährige hat nicht schon einmal diesen Wunsch ausgesprochen! Wegfall von lästigen Verboten und Vorschriften, mehr Freiheit, Mündigkeit* und ein paar ganz handfeste Rechte, die einem dann endlich zustehen!

Sicherlich fällt da manchem Jugendlichen noch mehr ein; und manch einer sehnt sich danach, schon 18 zu sein, weil dann die Volljährigkeit winkt. Dass ein Jugendlicher mündig werden will, ist ein ganz natürlicher Wunsch; das ist übrigens auch das Erziehungsziel der für ihn verantwortlichen Erwachsenen, vor allem der Eltern. Mündigkeit fällt einem nicht über Nacht in den Schoß. Dazu bedarf es eines Entwicklungsprozesses, der auch weitgehend altersabhängig ist.

Der Gesetzgeber sieht deshalb „Stufenpläne" vor, in denen Minderjährigen die Rechte und Pflichten Schritt für Schritt erwachsen. Die Sprache des Rechts bemüht sich um Klarheit und Präzision und nimmt dabei unschöne Wortschöpfungen in Kauf: Wer nicht volljährig ist, ist minderjährig. Wer keine uneingeschränkten Rechte hat, verfügt über beschränkte. Bis zum 14. Lebensjahr ist man ein Kind, zwischen 14 und 18 ein Jugendlicher. Gesetzgebung muss sich weitgehend an einem durchschnittlichen Reifegrad orientieren und kann im Allgemeinen auf den persönlichen Entwicklungsstand keine Rücksicht nehmen. Sicherlich gibt es 15-jährige Jugendliche, die mit einem Film „ab 16" besser zurechtkommen als manche 17-Jährige.

(ZEITLUPE Nr. 19. Hrsg. Bundeszentrale für politische Bildung, Bonn 1986, S. 3)

M 17 Was ist ab welchem Alter erlaubt?

Für (fast) alles gibt es eine gesetzliche Regelung. Aber was ist ab welchem Alter erlaubt? woodZ hat Gesetzestexte durchwühlt…

Du kennst das nur zu gut: […] Wieso bekommen alle mehr Taschengeld als du – und warum dürfen deine Freunde zusammen in Urlaub fahren und du nicht? […]

- Nicht erschrecken, aber einen rechtlichen Anspruch auf **Taschengeld** hast du eigentlich nicht. Somit entfällt auch die Frage, wie viel du ab welchem Alter kriegen musst. Jugendämter und -einrichtungen geben zwar Leitfäden für Taschengeld-Summen heraus, die Entscheidung, ob und wie viel du bekommst, liegt jedoch bei deinen Eltern.

Selbst wenn du finanziell reich gesegnet sein solltest, darfst du unter 18 ohne die Erlaubnis deiner Erziehungsberechtigten keine **Anschaffungen** über 500 Euro machen. Das wird in der Praxis zwar meist vernachlässigt – vor allem, wenn du bar bezahlst –, ist aber gesetzlich festgelegt.

- Selbst ein bisschen **Kohle verdienen** darfst du mit dem Einverständnis deiner Eltern bereits ab 13 Jahren bis zu drei Stunden am Tag – allerdings nur mit leichten Arbeiten, wie etwa Prospekte austeilen, Babysitten oder bei der Nachbarin den Rasen mähen. Ab 15 darfst du bis zu acht Stunden täglich (5-Tage-Woche) arbeiten, allerdings nur bis 22 Uhr. Wenn du noch zur Schule gehst, darfst du in den Ferien bis zu vier Wochen am Stück jobben – doch auch hier gilt die 40-Stunden-Woche-Regel.

Wenn du das nötige Kleingeld hast, steht dir auch unter 18 ein eigenes Handy zu und du darfst einen **Vertrag** abschließen. *Aber Achtung:* Deine Eltern müssen den Vertrag ebenfalls unterschreiben und dem Verkäufer damit eine finanzielle Absicherung geben! Schließlich haften sie für dich in dem Fall, dass du deine Telefonkosten nicht bezahlen kannst. Falls deine Eltern nicht unterschreiben, der Verkäufer aber trotzdem zustimmt, bleibt er im Ernstfall auf den Kosten sitzen: Eltern müssen Schulden von Kindern ab sieben Jahren nicht bezahlen, sofern sie vorab nicht ihre Erlaubnis erteilt haben!

- Beim **Konto** gilt Ähnliches: Bei den meisten Banken und Sparkassen ist die Eröffnung eines kostenlosen Girokontos* ab 14 Jahren, manchmal sogar schon ab 12 möglich. Trotzdem müssen deine Eltern dafür eine Einverständniserklärung unterschreiben und außerdem festlegen, ob und wie viel du mit deiner Karte abheben und bezahlen darfst. Eine EC-Karte bekommst du in der Regel mit 16.
- Ab deinem 16. Geburtstag hast du das Recht auf deinen eigenen **Personalausweis** oder **Reisepass**. Dieser ersetzt dann den bisherigen Kinderausweis. […]

Personalausweisgesetz § 1
Deutsche im Sinne des Artikels 116 Abs. 1 des Grundgesetzes, die das 16. Lebensjahr vollendet haben […], sind verpflichtet, einen Personalausweis zu besitzen und ihn auf Verlangen einer zur Prüfung der Personalien ermächtigten Behörde vorzulegen […]
(http://www.jusline.de)

- [Nach gelungenen Modellversuchen in einigen Bundesländern ist seit dem 1. Januar 2011 das **„Begleitete Fahren“** bundesweit gesetzlich erlaubt.] Man kann sich schon ab dem 17. Geburtstag hinters Steuer setzen – allerdings mit Einschränkungen: Statt eines Führerscheins gibt es eine Prüf-

bescheinigung, die nur in Deutschland gültig ist. Auf der Bescheinigung muss eine mindestens 30 Jahre alte Begleitperson eingetragen sein, die mindestens seit fünf Jahren den Führerschein hat und ausnahmslos immer mitfahren muss. Den vollwertigen, „richtigen“ Führerschein gibt es dann ab 18, ohne dass noch eine Prüfung gemacht werden muss – die wurde ja bereits für das „Begleitete Fahren“ bestanden. Ansonsten darfst du mit 15 Jahren Mofa (bis 50 ccm und einer Höchstgeschwindigkeit von 25 km/h) fahren, wenn du eine von der Fahrschule erteilte *Prüfbescheinigung* (nicht Führerschein) hast. Für diese musst du einige Fahrstunden nehmen und danach eine Prüfung ablegen. Roller und kleinere Motorräder (bis 80 km/h und 125 ccm, allerdings gedrosselt) darfst du nach einer entsprechenden Ausbildung in der Fahrschule und einer Prüfung ab 16 fahren.

- Du willst von der **Schule** abgehen und stattdessen eine Ausbildung machen? Wenn du noch nicht 18 bist, müssen deine Eltern mit deiner Entscheidung einverstanden sein. Wenn sie dir verbieten, die Schule abzubrechen, musst du rein rechtlich gesehen auch weiter die Schulbank drücken. Ebenso ist es die Entscheidung der Eltern,

Die **Schulpflicht** untergliedert sich in

- eine Vollzeitschulpflicht mit einer Dauer von zehn Schuljahren (Schulpflicht in der Primarstufe und in der Sekundarstufe I – § 37 SchulG) und
- eine sich anschließende Schulpflicht in der Sekundarstufe II (§ 38 SchulG).

Die Vollzeitschulpflicht wird durch den Besuch der Grundschule und einer weiterführenden allgemeinbildenden Schule […] erfüllt. Die Schulpflicht in der Sekundarstufe II wird durch den Besuch der Teilzeitberufsschule erfüllt; sie kann auch durch den Besuch eines allgemeinbildenden Bildungsgangs in einer Schule der Sekundarstufe II erfüllt werden.
(Schulministerium, NRW, Bildungsportal)

ob du nach der Pflichtzeit eine weiterführende Schule überhaupt besuchen darfst oder nicht. […]

- Was den **Urlaub** angeht, so gibt es keine festgelegten Altersbeschränkungen. Im Prinzip können deine Eltern hier also über Gedeih und Verderb entscheiden. Obwohl – nicht ganz: Selbst wenn du von zu Hause das Okay hast, mit deinen Freunden in Urlaub zu fliegen, so wird der Reiseveranstalter sicher noch mal extra das elterliche Einverständnis fordern, wenn du minderjährig bist. Er will nämlich auf Nummer sicher gehen und im Zweifelsfall auf die Geldbörsen deiner Erziehungsberechtigten zurückgreifen, wenn du die Reise am Ende nicht bezahlen kannst! Im Übrigen gelten in den Reiseländern für Jugendliche verschiedene Vorschriften – informiere dich im Zweifelsfall vor Urlaubsantritt bei deinem Reiseveranstalter.
- Unter 16 darfst du abends nur in Begleitung deiner Eltern bzw. Erziehungsberechtigten in **Kneipen** etc. gehen (nicht in Diskos), und dann auch nur bis 23 Uhr. Ab 16 Jahren darfst du alleine weg – aber ab 24 Uhr ist auch hier Zapfenstreich. Falls du bei einer Kontrolle erwischt wirst, kann es ziemlichen Ärger geben … Ausnahmen gibt's auch hier: Wenn spezielle Einrichtungen mit geschulten Betreuern ein Event organisieren – etwa eine Party im **Jugendhaus** –, dürfen teilweise schon Zwölfjährige mitfeiern und haben wegen der Betreuer Ausgang bis 22 Uhr.
- Was **Alkohol** angeht, darfst du diesen vor deinem 16. Geburtstag weder kaufen noch konsumieren. Ausnahme ist, wenn du die ausdrückliche Erlaubnis deiner Erziehungsberechtigten hast: Dann darfst du schon ab 14 leichte alkoholhaltige Getränke zu dir nehmen – zum Beispiel das Gläschen Sekt an Silvester. Ab 16 sind dann leicht alkoholhaltige Getränke (Wein und Bier) erlaubt; der Genuss von branntweinhaltigen Getränken wie Spirituosen und Mix-Getränken (auch Alcopops!) ist erst ab 18 gestattet. **Rauchen** unter 18 Jahren ist genauso wenig erlaubt, wie Zigaretten an unter 18-Jährige zu verkaufen. Spätestens Ende 2008 mussten in Deutschland alle Zigarettenautomaten so umgerüstet werden, dass Jugendliche keinen Zugang mehr haben. […]
- Ab deinem 14. Geburtstag bist du in Deutschland **religionsmündig**. Das heißt, dass du dann selbst entscheiden darfst, welcher Religion du zugehören willst. Du hast damit auch das Recht, aus der Kirche auszutreten beziehungsweise dich einer anderen Religionsgemeinschaft anzuschließen. […]
- Im Prinzip kannst du schon ab 18 wie ein Erwachsener für eine Straftat verurteilt werden, in der Realität aber greift meist das **Jugendstrafrecht** (s. M 15). Dann wird geprüft, ob du in deiner Entwicklung überhaupt schon als Erwachsener bezeichnet werden kannst, beziehungsweise ob du die dafür nötige Reife hast. Das gilt bis zu deinem 21. Geburtstag. […]

(© woodZ-mag.com; http://woodz.schwarzwaelder-bote.de/alltag/specials/579-deine-rechte-was-ist-ab-welchem-alter-erlaubt.html, Verf.: Stefanie Kübler; Download: 30.09.2011)

In die Rechtsordnung wächst man stufenweise hinein (s. M 16). Der Darstellung in M 17 könnt ihr entnehmen, was man in der jeweiligen Altersstufe darf und wozu man verpflichtet ist. Erstellt dazu eine tabellarische Übersicht, in der ihr den genannten Altersstufen jeweils stichwortartig die entsprechenden Rechte und Pflichten zuordnet. Überlegt dabei auch, welche weiteren (in den Materialien nicht genannten) Verpflichtungen sich aus den jeweils hinzugewonnenen Rechten ergeben.

M 18 Notwendiger Schutz oder lästige Beschränkung? – Das Jugendschutzgesetz

		Kinder	Jugendliche	
		unter 14 Jahren	unter 16 Jahren	16 und 17 Jahre
§ 4 (1)	Aufenthalt in Gaststätten (Ausnahmen: Begleitung durch Eltern oder erziehungsbeauftragte Person; Aufenthalt für die Dauer einer Mahlzeit/eines Getränkes zwischen 5 und 23 Uhr)	*	*	nur zw. 5 und 24 Uhr
§ 4 (2)	Veranstaltungen von anerkannten Trägern der Jugendhilfe und auf Reisen			
§ 4 (3)	Aufenthalt in Nachtclubs (o. Ä.)			
§ 5 (1)	Aufenthalt bei öffentlichen Tanzveranstaltungen (Ausnahme: Begleitung durch Eltern oder erziehungsbeauftragte Person)	*	*	bis 24 Uhr
§ 5 (2)	Tanzveranstaltungen von anerkannten Trägern der Jugendhilfe (und zur künstlerischen Betätigung und zur Brauchtumspflege)	bis 22 Uhr	bis 24 Uhr	bis 24 Uhr
§ 6 (1)	Anwesenheit in Spielhallen/Teilnahme an Glücksspielen			
§ 6 (2)	Gewinnspiele auf Volksfesten, Jahrmärkten o. Ä.	bei Gewinn in Waren von geringem Wert		
§ 7	Anwesenheit bei jugendgefährdenden Veranstaltungen oder Gewerbebetrieben (Die zuständige Behörde kann durch Alters- und Zeitbegrenzungen sowie andere Auflagen das Verbot einschränken.)			
§ 8	Aufenthalt an jugendgefährdenden Orten			
§ 9	Abgabe/Duldung des Konsums von Branntwein, branntweinhaltigen Getränken und Lebensmitteln			
§ 9	Abgabe/Duldung des Konsums von Sekt, Wein, Bier (Ausnahme: Im Beisein der Eltern dürfen 14- und 15-Jährige Sekt, Wein und Bier konsumieren, die Anwesenheit einer erziehungsbeauftragten Person reicht nicht aus!)		*	
§ 10	Abgabe/Duldung des Konsums von Tabakwaren in Gaststätten, Verkaufsstellen oder sonst in der Öffentlichkeit			
§ 11	Anwesenheit bei Filmveranstaltungen – mit entsprechender Altersfreigabe (Ausnahmen: Kinder ab 6 Jahren dürfen in Begleitung der Eltern Filme mit Freigabe „ab 12" besuchen; die Begleitung durch einen Erziehungsbeauftragten hebt die zeitliche Beschränkung nicht auf)	bis 20 Uhr	bis 22 Uhr	bis 24 Uhr
§ 12	Zugänglichmachen von Bildträgern (Filme, Videos, Computerspiele …)	mit entsprechender Altersfreigabe		
§ 13	Spielen an elektr. Bildschirmspielgeräten – ohne Gewinnmöglichkeit (Ausnahmen: Altersbeschränkung entfällt bei Begleitung durch Eltern oder eine erziehungsbeauftragte Person)	mit entsprechender Altersfreigabe		
§ 15	Zugänglichmachen von jugendgefährdenden (indizierten) Trägermedien			

erlaubt
nicht erlaubt

* Ausnahmen siehe Erklärung in der 2. Spalte

Dieses Gesetz gilt nicht für verheiratete Jugendliche!
Die Eltern und die erziehungsbeauftragte Person sind nicht verpflichtet, alles zu erlauben, was das Gesetz gestattet. Sie tragen bis zur Volljährigkeit die Verantwortung.

(http://www.openair-gergweis.de/Files/Jugendschutztafel.pdf)

M 19 Was stimmt hier (nicht)?

	stimmt	stimmt nicht
1. Kind im Sinne des Gesetzes ist, wer noch nicht 14 Jahre alt ist.	???	???
2. Der Aufenthalt von Kindern in Gaststätten ist grundsätzlich verboten.	???	???
3. Ein 13-jähriges Mädchen möchte einen ab 12 Jahren freigegebenen Film um 20.00 Uhr besuchen. Es wird nicht eingelassen. Das ist gesetzlich richtig.	???	???
4. Die Anwesenheit von Kindern und Jugendlichen in öffentlichen Spielhallen ist in Begleitung Erziehungsberechtigter erlaubt.	???	???
5. Kinder unter 14 Jahren können für eine strafbare Handlung vom Staat nicht bestraft werden.	???	???
6. Ein 13-jähriger Junge kann für einen angerichteten Schaden haftbar gemacht werden.	???	???
7. Ein 12 Jahre altes Kind kann sich ohne Einwilligung der Eltern von seinem Taschengeld ein Fahrrad kaufen.	???	???
8. Markus (18) weist sich gegenüber der Eingangskontrolle einer Diskothek als von den Eltern seiner Freundin Miriam (15) beauftragter sorgeberechtigter Begleiter Miriams aus. Er legt eine Einwilligungserklärung der Eltern vor. Der Zutritt ist gesetzlich erlaubt.	???	???
9. Kinder, die bei ihren Eltern leben, sind verpflichtet, ihnen im Haushalt oder Geschäft zu helfen.	???	???
10. Markus ist zehn Jahre alt. Soll die Religionszugehörigkeit gewechselt werden, muss Markus damit einverstanden sein.	???	???
11. Stefanie erhält zu Hause häufig Prügel. Als ihre Eltern darauf angesprochen werden, antworten sie, das ginge nur sie etwas an.	???	???
12. Ein 14-jähriger Schüler, der ständig die Schule schwänzt, kann zwangsweise durch die Polizei zur Schule gebracht werden.	???	???
13. Die körperliche Züchtigung (Schläge) ist in der Schule in Ausnahmefällen erlaubt.	???	???
14. Jugendlicher ist, wer 14, aber noch nicht 18 Jahre alt ist.	???	???
15. Ein Jugendlicher, der das Eigentum eines anderen widerrechtlich verletzt oder beschädigt, ist in jedem Falle verpflichtet, den entstandenen Schaden zu ersetzen.	???	???
16. Der Kreisjugendring einer Gemeinde richtet eine Tanzveranstaltung aus. Um 22.00 Uhr werden die Jugendlichen unter 16 Jahren aufgefordert, nach Hause zu gehen. Ilona (15) möchte noch bis 24.00 Uhr bleiben. Sie darf bleiben.	???	???

(Aktualisiert nach: Ulrich Manz, in: Politk und Unterricht, Nr. 4/1994, Neckar-Verlag, Villingen-Schwenningen 1994 und Bundesministerium für Familie, Senioren, Frauen und Jugend, Jugendschutz aktiv 10/2011)

Anhand von M 19 könnt ihr an konkreten Beispielen euer Wissen zur Rechtsstellung von Jugendlichen überprüfen. Dabei geht es auch um Regelungen des Jugendschutzgesetzes, zu dem ihr in M 18 eine Übersicht findet.

Für den Fall, dass ihr einen Termin für einen – für euch vielleicht besonders interessanten – Prozess vor dem Jugendgericht bekommen könnt, solltet ihr euch anhand des folgenden Textes über die Besonderheiten des Jugendstrafrechts informieren.

M 20 Was bedeutet „Jugendstrafrecht"?

Wann gilt Jugendstrafrecht?

Bis zur Vollendung des 14. Lebensjahres gilt der Mensch als Kind und ist nicht strafmündig, das heißt, eine Bestrafung ist nicht möglich.

Zwischen dem 14. und dem 18. Lebensjahr bezeichnet das Gesetz den Beschuldigten als Jugendlichen, für den zwingend das Jugendstrafrecht anzuwenden ist. Anschließend und bis zum vollendeten 21. Lebensjahr ist man Heranwachsender. In diesem Lebensabschnitt hat das Jugendgericht zu prüfen, ob noch Jugendrecht oder bereits Erwachsenenstrafrecht anzuwenden ist. Maßgeblich für diesen Zeitpunkt ist nicht das Alter zur Zeit der gerichtlichen Hauptverhandlung, sondern das Alter zur Zeit der Tat. Das Gericht hat bei Heranwachsenden zu prüfen, ob in der Person des Beschuldigten, in der Tat oder in der Tatbegehung Merkmale zu erkennen sind, welche als jugendtypisch angesehen werden. In diesem Fall ist Jugendrecht anzuwenden.

Anklagen gegen Beschuldigte zwischen 14 und 21 Jahren müssen immer vor dem Jugendgericht erhoben werden.

Unterschiede des Jugendstrafrechts zum allgemeinen Strafrecht

Das Jugendstrafrecht will der besonderen Situation von Jugendlichen, die noch nicht einem voll verantwortlichen Erwachsenen gleichgestellt werden können, Rechnung tragen. Deshalb wird gegen sie vor besonders ausgebildeten Jugendrichtern verhandelt.

Das Jugendgerichtsgesetz sieht weiterhin grundsätzlich andere Sanktionen vor als das allgemeine Strafrecht. Insbesondere gelten die Strafrahmen des Strafgesetzbuches in Jugendrecht nicht. Das bedeutet, dass z. B. ein Raub mit Waffen, welcher nach allgemeinem Strafrecht mit einer Mindeststrafe von fünf Jahren bedroht ist, bei einem Jugendlichen zu einer wesentlich geringeren Verurteilung führen kann.

Der Grundgedanke des Jugendstrafrechts ist, dass das Gericht auf den Jugendlichen erzieherisch einwirken soll, um zukünftige Straftaten so zu verhindern. Deshalb sollen zunächst Erziehungsmaßregeln oder Zuchtmittel Anwendung finden. Erziehungsmaßregeln bestehen in der Erteilung von bestimmten Weisungen, z. B. eine Arbeit anzunehmen, einen bestimmten Umgang zu meiden, soziale Arbeit zu leisten, an einem sozialen Trainingskurs teilzunehmen und vieles mehr.

Zuchtmittel können ganz ähnlich wie Maßregeln aussehen, beinhalten aber gegebenenfalls auch schon freiheitsentziehende Maßnahmen, nämlich Jugendarrest und Dauerarrest. Der Jugendarrest kann für ein oder zwei Wochenenden verhängt werden und wird im Allgemeinen in besonderen Arrestzellen des Gerichts verbüßt. Dauerarrest kann für die Dauer von einer bis zu vier Wochen verhängt werden. Er wird in besonderen Jugendarrestanstalten verbüßt, wo versucht wird, erzieherisch auf den Jugendlichen einzuwirken.

Als „echte" Freiheitsstrafe ist im Jugendgerichtsgesetz Jugendstrafe von sechs Monaten bis hin zu zehn Jahren vorgesehen. Eine lebenslange Freiheitsstrafe gibt es hier auch bei Tötungsdelikten nicht. Jugendstrafe soll nur verhängt werden, wenn dies wegen der Schwere der Schuld unabdingbar erscheint oder wenn schädliche Neigungen festgestellt werden, die nur durch die Einwirkung des Strafvollzuges gehemmt oder beseitigt werden können.

(Strafrecht-Ratgeber, Bearbeiter: Jürgen Krautkremer, Staatsanwalt beim Landgericht Köln. Verantwortlich im Sinne des Telemediengesetzes: conjus GmbH; http://www.strafrecht-ratgeber.de/strafrecht/jugendstrafrecht/content_01.html)

Methode

M 21 Projekt: Besuch einer Gerichtsverhandlung

a) Vorbereitung, Verhaltensregeln, Auswertung

Thema: Strafprozess

Gerichtsverhandlungen sind bis auf wenige Ausnahmen öffentlich, können also auch von Schulklassen besucht werden. Bei einem solchen Besuch könnt ihr selbst beobachten, wie ein Strafprozess abläuft, wie sich die Beteiligten vor Gericht verhalten und mit welchem Urteil der Prozess endet. Das kann für Zuschauer sehr eindrucksvoll, aber auch beklemmend sein. Anders als im Fernsehen handelt es sich hierbei nicht um ein inszeniertes Schauspiel, sondern das Gericht muss über Schuld und Unschuld eines Angeklagten urteilen, muss häufig Entscheidungen treffen, die das ganze weitere Leben des Angeklagten beeinflussen.

1. Wie könnt ihr den Besuch vorbereiten?

Nicht jede Gerichtsverhandlung ist für euch interessant. Informiert euch daher zuvor bei den Gerichten über die Tagesordnung. Die Termine hängen öffentlich aus. Besser: Fragt bei Gericht nach einer für euch geeigneten Verhandlung. Günstig ist es auch, wenn der gewählte Termin vor einer Pause oder am Ende eines Verhandlungstages liegt. Dann kann der Richter oder die Richterin nach der Verhandlung noch eure Fragen beantworten. Überlegt, auf welche Punkte ihr bei Gericht besonders achten wollt. Sinnvoll ist es, mit dem Computer einen Beobachtungsbogen zu entwerfen, der allen Schülerinnen und Schülern zur Verfügung gestellt wird (ein Muster findet ihr unter b). Ihr könnt euch auch darauf einigen, dass jeweils eine Gruppe nur eine Person, z. B. Staatsanwalt, Richter, Rechtsanwalt usw., während des Prozesses beobachtet und ihre Ergebnisse schriftlich für die anderen festhält.

2. Wie verhaltet ihr euch während der Verhandlung?

Vielleicht habt ihr schon entsprechende Fernsehsendungen gesehen und euch daraus eine Vorstellung gebildet, wie eine Gerichtsverhandlung verläuft. Möglicherweise seid ihr erstaunt, wie unspektakulär es dabei vor Gericht zugeht. Nicht immer sind bei einem Prozess Zuschauer anwesend. Bemüht euch, euch ruhig zu verhalten.

3. Wie wertet ihr den Besuch aus?

Wertet den Besuch anhand eurer Beobachtungsbögen aus. Redet auch darüber, wie die Atmosphäre bei Gericht auf euch wirkte. Hat die Gerichtsverhandlung euren Vorstellungen entsprochen, oder war es ganz anders, als ihr euch vorgestellt habt?

(Wolfgang Mattes [Hg.], Politik erleben, Schöningh Verlag, Paderborn 2001, S. 261; Verf.: Karin Herzig; leicht verändert)

b) Beobachtungsaufträge für den Gerichtsbesuch

1. Aufruf zur Sache durch den vorsitzenden Richter	– Worum geht es bei der zu verhandelnden Sache? (Aushang vor dem Sitzungssaal) – Was stellt der Richter zunächst fest? – Welche Personen sind vor Gericht anwesend?
2. Vernehmung des Angeklagten zur Person	Notiere die Ergebnisse der Befragung in Stichworten.
3. Verlesung des Anklagesatzes durch den Staatsanwalt	– Was wird dem Angeklagten zur Last gelegt? – Auf welche Strafvorschriften beruft sich der Staatsanwalt?
4. Vernehmung des Angeklagten zur Sache	– Worüber wird der Angeklagte belehrt? – Sagt er etwas darüber aus, ob er seine Tat bereut? – Wie reagiert der Angeklagte im Laufe der Vernehmung hinsichtlich der Vorwürfe? – Zeigt er sich kooperativ, d. h. macht er weitere Angaben?
5. Beweisaufnahme	– Mit welchen Hinweisen eröffnet der Vorsitzende die Beweisaufnahme (Zeugenbelehrung)? – Wie verläuft die Vernehmung der Zeugen? – Was sagen die Zeugen und Sachverständigen zur Sache aus? – Werden weitere Beweise erhoben?
6. Plädoyer des Staatsanwaltes	– Wie argumentiert der Staatsanwalt? – Welche Sprache verwendet er? – Wie lautet sein Antrag?
7. Plädoyer der Verteidigung	– Wie argumentiert der Verteidiger? – Was spricht seines Erachtens zugunsten des Angeklagten?
8. Das letzte Wort des Angeklagten	– Macht der Angeklagte überhaupt von seinem Recht Gebrauch? – Was sagt der Angeklagte? – Entschuldigt er sich, zeigt er Reue?
9. Urteilsberatung	Wie lange berät das Gericht?
10. Verkündung des Urteils	– Wie fällt das Urteil aus? – Wie begründet der Richter das „Urteil im Namen des Volkes"? – Geht er in seiner Begründung auf Argumente des Staatsanwaltes bzw. der Verteidigung ein? Wenn ja, auf welche Argumente? – Wie reagieren die Prozessbeteiligten? – Empfindest du das Urteil als gerecht?

(RAAbits Sozialkunde/Politik, Mai 2003, Grundwissen Jugend und Recht, M 11; Verf.: Tilmar Hummerich-Ferbers)

Kompetenzcheck

1. Stellung nehmen

„Recht hat mit Gerechtigkeit nichts zu tun."

Nimm in zwei bis drei Sätzen Stellung zu dieser Behauptung.

2. Lückentext

Fülle im Heft die Lücken in folgendem Text mit den angegebenen Begriffen.

Menschenrechte • Grundrechte • Bürgerrechte

Als ? werden Rechte bezeichnet, die jedem Menschen zustehen, gleichgültig in welchem ? der Erde er lebt oder welche ? er besitzt. Diese Rechte wurden 1948 von den ? in der „Allgemeinen Erklärung der Menschenrechte" festgelegt. Sie enthalten zum Beispiel das Recht auf menschliche Würde, das Recht auf Leben und ? und das Verbot der ?. Außerdem hat jeder das Recht, seine ? frei zu äußern und darf nicht aufgrund seiner ? oder politischen Ansichten verfolgt oder benachteiligt werden.

Neben den Menschenrechten, die sowohl für deutsche Staatsbürger als auch für ? in Deutschland gelten, enthalten die Grundrechte aber auch sogenannte ?. Sie bestimmen, welche Rechte und ? jeder Bürger der Bundesrepublik Deutschland hat und definieren das Verhältnis zwischen Bürger und ?: Zum Beispiel das Recht, seinen Beruf und Ausbildungsplatz frei zu wählen, die Versammlungsfreiheit und das Recht auf ? und demokratische Wahlen. Bürgerrechte sind im Grundgesetz oft an der Bezeichnung ? zu erkennen.

Grundrechte schützen den ? vor Ansprüchen und Übergriffen der Staatsgewalt und sichern so auch die Ordnung der Gesellschaft in einem Staat. In vielen Ländern der Welt werden diese Rechte jedoch von der Staatsmacht ?. Das zeigt, dass es keineswegs selbstverständlich ist, dass die verfassungsmäßig garantierten ? auch anerkannt werden. Neben der Gesetzgebung und der ausführenden Gewalt benötigt ein Staat daher auch eine unabhängige und ? zur Durchsetzung der Grundrechte.

„alle Deutschen" – Ausländer – Bürgerrechte – Einzelnen – Grundrechte – freie, geheime – Freiheit – Folter – Meinung – Menschenrechte – missachtet – neutrale Rechtsprechung – Pflichten – Vereinten Nationen – Staat – Staat: – Staatsangehörigkeit – religiösen Überzeugungen

(© Bundeszentrale für politische Bildung, 53113 Bonn, Autor: Lothar Scholz, Rödermark. Redaktion: Iris Möckel; http://www.bpb.de/files/F6XFET.pdf, S. 4)

3. Stimmt das?

„Die Allgemeine Erklärung der Menschenrechte wurde ein Jahr nach der Gründung der Bundesrepublik Deutschland von den Vereinigten Staaten und der UdSSR beschlossen. Sie hat zahlreiche Artikel aus dem deutschen Grundgesetz direkt übernommen."
Korrigiere die in dieser Darstellung enthaltenen Fehler.

4. Eine Umfrage

Bei einer repräsentativen Emnid-Umfrage im Auftrag der Zeitschrift „chrismon" antworteten auf die Frage, warum man die Menschenrechte achten solle, 35 % der Befragten, diese Rechte habe man sich ausgedacht, damit die Menschen friedlich miteinander leben; 24 % erklärten, es gebe diese Rechte nur, weil wir aus der Geschichte gelernt hätten; 15 % sagten, allgemein gültige Rechte gebe es nicht, Terroristen z. B. oder Kindermördern dürfe man sie nicht zugestehen. 14 % meinten, die Menschenrechte seien einfach da, man müsse sie nicht begründen.

1. Wie würdest du auf die Frage antworten?
2. Würdest du einer der geäußerten Ansichten zustimmen? Wenn ja, warum?

5. Das ist doch nicht erlaubt, oder?

Finde heraus, welche der folgenden Tätigkeiten gesetzlich verboten oder erlaubt sind.

1. Stefan (19 Jahre) lässt sich als Kandidat für die nächste Gemeinderatswahl aufstellen.
2. Caroline (13 Jahre) nimmt in den Sommerferien einen Ferienjob an.
3. Uli (14 Jahre) geht von der Schule ab, weil er lieber arbeiten möchte.
4. Timo (17 Jahre) genießt am Samstagabend in der Disko sein Bierchen.
5. Meike (17 Jahre) kauft sich ein Fahrrad für 1200 Euro und vereinbart mit dem Händler, es in monatlichen Raten von 80 Euro abzubezahlen.
6. Anja (12 Jahre) wird wegen wiederholten Ladendiebstahls zu einem Jahr Jugendgefängnis verurteilt.

(Wolfgang Mattes [Hg.], Politik erleben, Schöningh Verlag, Paderborn 2001, S. 248; Verf.: Karin Herzig)

6. Fortsetzung

Führe den folgenden Satz fort:
Das Jugendstrafrecht unterscheidet sich vom allgemeinen Strafrecht dadurch, dass …

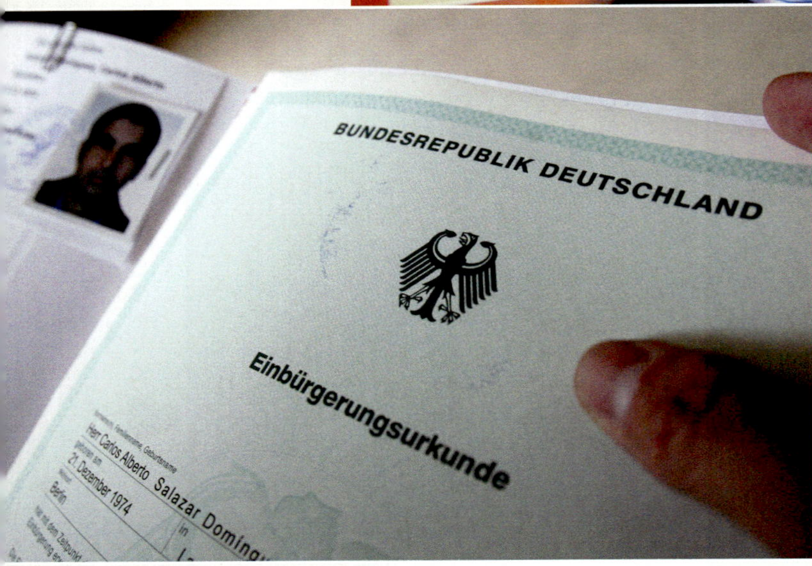
BUNDESREPUBLIK DEUTSCHLAND
Einbürgerungsurkunde
Herr Carlos Alberto Salazar Domingu
21. Dezember 1974
Berlin

FUSSBALL: VIELE KULTUREN
EINE LEIDENSCHAFT

Kontinent
Adjektive
Bewohner
europäisch
Europäer
afrikanisch
Afrikaner/
asiatisch

Wie kann Integration gelingen? – Zuwanderer in Deutschland

7

Zur Orientierung

Seit dem Ende der 1980er-Jahre ist Deutschland zu einem Einwanderungsland geworden mit mittlerweile mehr als 7 Millionen Ausländern und einer großen Zahl von Aussiedlern. Das Zusammenleben mit den Zuwanderern ist in Deutschland weithin zur Normalität geworden. In Teilen der Bevölkerung gibt es aber immer wieder auch kritische Diskussionen. Dieses Kapitel soll euch helfen, dem Thema „Zuwanderung und Integration" sachlich und vorurteilsfrei zu begegnen.
Im ***ersten Abschnitt*** *wollen wir am Beispiel einiger Lebensgeschichten von Zuwanderern zeigen, warum viele Menschen aus dem Ausland zu uns kommen, welche Probleme sie dabei zu bewältigen haben und wie sie ihre Situation einschätzen.*
Im ***zweiten Abschnitt*** *informieren wir über die geschichtliche Entwicklung der Zuwanderung nach Deutschland, über unterschiedliche Gruppen von Zuwanderern und über den Anteil verschiedener Herkunftsländer an der gesamten Zuwanderung.*
Im ***dritten Abschnitt*** *geht es um das zentrale Thema der Integration. Was wird darunter verstanden? In welchen Bereichen zeigen sich bis heute ungelöste Probleme? Welche Schlussfolgerungen müssen daraus gezogen werden?*
Im ***vierten Abschnitt*** *soll am Beispiel der Stadt Arnsberg gezeigt werden, wie wichtige Vorgaben des „Nationalen Integrationsplans" der Bundesregierung auf der Ebene der Gemeinde konkret umgesetzt werden können.*

Kompetenzen

Nach der Erarbeitung dieses Kapitels solltet ihr Folgendes wissen und können:

- erläutern, welche Gründe Menschen bewegen, ihre Heimat zu verlassen, um in Deutschland zu wohnen und zu arbeiten;
- wissen, in welchen Phasen sich die Zuwanderung nach Deutschland vollzog und welche großen Gruppen von Zuwanderern sich unterscheiden lassen;
- erklären, was unter dem Begriff „Menschen mit Migrationshintergrund" zu verstehen ist;
- erläutern, welche Vorteile die Zuwanderung für Deutschland mit sich bringt;
- erläutern, was unter Integration verstanden wird und in welchen Bereichen sie bisher nicht ausreichend gelungen ist;
- Zielvorgaben des „Nationalen Integrationsplans" benennen und konkrete Beispiele für integrationsfördernde Maßnahmen erläutern und beurteilen;
- selbstständig eine Erkundung in eurer Gemeinde zur Integration durchführen.

1. Erfahrungen von Zuwanderern nach Deutschland

Die folgenden Berichte stehen beispielhaft für die vielen Menschen ausländischer Herkunft, die in Deutschland leben. Sie sind nicht repräsentativ, zeigen aber einige typische Lebensumstände und Erfahrungen von Menschen, die in unser Land gekommen sind, um hier zu leben und zu arbeiten.

M 1 a Mira kommt aus dem Kosovo

Mein Name ist Mira, ich bin 13 Jahre alt. Geboren wurde ich im Kosovo. Dort habe ich jedoch nur 9 Monate gelebt. Weil damals in ganz Jugoslawien und besonders schlimm auch im Kosovo* Krieg herrschte, entschieden sich meine Eltern, mit mir und meinen drei Geschwistern nach Deutschland zu fliehen. Ich habe noch zwei Schwestern und einen Bruder.

An die Zeit im Kosovo und an die Flucht kann ich mich nicht mehr gut erinnern. Ich weiß aber, dass viele Menschen getötet und verletzt wurden. Meine Eltern und meine Schwester, die damals fünf Jahre alt war, haben mit eigenen Augen sehen müssen, wie Menschen getötet wurden. Meine Schwester hat danach lange Angst gehabt und auch Albträume. Jetzt geht es ihr jedoch besser, nur wenn man sie an die schlimmen Dinge erinnert, hat sie noch Albträume. Wir haben dann alle unsere Sachen in einen Bulli gepackt und sind damit nach Deutschland gefahren. Ich glaube, dass im Kosovo Krieg war, weil die Serben und die Albaner sich nicht gut verstanden haben. In Jugoslawien leben viele Serben, und Kosovo ist eine Provinz in Jugoslawien. Die meisten Menschen, die dort leben, sind aber Albaner. Sie hatten besondere Rechte im Kosovo, und das hat den Serben nicht mehr gefallen.

Ich habe mit meiner Familie lange in einem Asylbewerberheim* in Paderborn gelebt. Das Haus war sauber, aber sehr eng, wir hatten nur ein Zimmer und mussten uns mit den anderen Leuten im Haus die Küche und auch die Toiletten und Duschen teilen. Schön war, dass wir immer viele Kinder in dem Asylheim waren und ich dort schnell Freunde gefunden hatte, mit denen ich in einem Haus leben konnte. Jetzt haben wir eine richtige Wohnung in einem normalen Haus. Dort gefällt es mir besser, und ich fühle mich dort sicherer. Im Asylheim ist oft was los, die Leute machen Krach und streiten sich manchmal. Außerdem hat einmal nachts um 12 Uhr jemand einen Stein in ein Fenster geworfen, das hat mir Angst gemacht. In Deutschland ist es schöner als im Kosovo. Wir haben hier immer genug zu essen und gute Kleidung. Nur das Wetter ist im Kosovo schöner als in Deutschland. Auch die Schulen sind in Deutschland besser als im Kosovo. Dort sind die Lehrer immer sehr streng, und die Kinder werden sogar geschlagen, wenn sie keine Hausaufgaben gemacht haben. Aber manchmal ist es auch hier in Deutschland in der Schule schwierig. Im Asylheim hat auch eine Familie aus Serbien gelebt. Mit der haben wir uns gut verstanden, die Mädchen waren sogar meine Freundinnen.

Ich habe noch Onkel und Tanten, die im Kosovo leben. Vielleicht besuchen die uns in diesem Jahr, aber ich glaube, dass das nicht klappen wird, weil sie wohl keine Erlaubnis von den deutschen Behörden bekommen werden. Deswegen können wir immer nur am Telefon miteinander reden. Es geht ihnen jetzt gut, doch sie sind sehr arm. Viele Menschen sind im Kosovo arm. Dort sind immer noch viele Häuser und Straßen zerstört, es sieht immer noch aus wie nach dem Krieg. Die Häuser sollen jetzt wieder aufgebaut werden, doch viele haben immer noch kein Wasser und keinen Strom. Hier in Deutschland geht es uns gut. Nur mein Vater redet nicht viel. Er ist hier krank geworden und es geht ihm nicht gut, weil er nicht arbeiten kann. Er bekommt keine Arbeitsgenehmigung. Deshalb geht es ihm schlecht, im Kosovo hat mein Vater immer gearbeitet. Er war dort Gärtner. Meine Mutter hat immer noch Angst vor dem Krieg.

(Mira, Schülerin in Paderborn, im Juni 2004)

Vertreibung von Kosovo-Albanern durch Serben, 1999

M 1 b Canans Vater kam als „Gastarbeiter"

Canan Koraman ist acht Jahre alt. Sie wohnt zusammen mit ihren Brüdern Ferdi und Ihsan, ihrer Schwester Cansu und ihren Eltern in einem Altbau in Gelsenkirchen Bismarck.

Erdogan, Canans *Vater*, kam vor achtzehn Jahren aus der Türkei nach Bismarck, um als Bergmann zu arbeiten. Vor ihm hatte schon sein Vater in Deutschland im Bergbau gearbeitet. Er war damals einer der Ersten aus der Bergbauregion Zonguldak am Schwarzen Meer (s. Abb.), die kamen, um zusammen mit den deutschen Arbeitern unter Tage Steinkohle abzubauen. Habibe, Canans Mutter, folgte ihrem Mann vor elf Jahren zusammen mit ihren damals sechs und sieben Jahre alten Söhnen nach Bismarck.

Zu Hause sprechen die Koramans türkisch, so wie alle Familien in ihrem Haus. Canans

Vater arbeitet unter Tage fast nur mit türkischen Männern zusammen, ihre Mutter trifft den ganzen Tag über beinahe nur türkische Frauen. Vor einiger Zeit wohnten

noch zwei deutsche Frauen bei ihnen im Haus, die manchmal zum Tee kamen. Die sind jedoch mittlerweile ausgezogen und so gibt es kaum Menschen, mit denen Habibe deutsch sprechen müsste.

Beim Arzt und im Supermarkt kommt sie zurecht, ansonsten bleibt sie in türkischer Gesellschaft, in der sie sich wohlfühlt und ohne Probleme verständigen kann.

Die meiste Zeit verbringt sie mit den *Frauen* im Haus. Dort wohnt auch Canans beste Freundin Elif Kalinci. So kommt es häufig vor, dass die Familien von Canan und Elif sich in einer Wohnung treffen. Ihre Mütter machen Handarbeiten oder bereiten gemeinsam ausgiebig das Essen vor. Manii zum Beispiel, so etwas wie türkische Ravioli, bereiten Canans und Elifs Mutter zusammen einen ganzen Nachmittag lang gemeinsam zu, damit die Familien abends davon essen können.

Die *Kinder* spielen währenddessen oder sehen gemeinsam fern. Die türkischen Sender ATV, TRT und OBB begleiten beinahe den ganzen Tag das bunte Treiben in der Wohnung, die mit Blumenschmuck und Deckchen immer gastlich hergerichtet ist.

Canan spielt auch gerne „Mensch ärgere dich nicht" oder legt ein Puzzle. So viel Spielzeug wie die meisten deutschen Kinder hat sie jedoch nicht. In dem türkischen Dorf in Zonguldak, aus dem ihre Eltern stammen, helfen die Kinder schon früh im Haushalt und in der Landwirtschaft mit. Nebenbei spielen sie mit dem, was sie in der Natur finden. Im asphaltierten Bismarck finden Canan und Elif nicht so viel Natur, in der sie selbst Spannendes entdecken können. Dass Kinder dafür einen Ersatz brauchen, lernt Canans Mutter erst langsam. Sie wünscht sich jedoch, dass ihre Kinder in Deutschland zu Hause sein, auch deutsche Freunde finden und einen guten Arbeitsplatz bekommen sollen.

Canan ist letztes Jahr in die *Schule* gekommen, genau wie ihre Freundin Elif. Am Anfang des Jahres mussten sie dafür zu einem Aufnahmegespräch. In diesem wurde festgestellt, dass beide nicht gut genug Deutsch sprechen konnten, um damit in der Schule zurechtzukommen.

(Stadt Gelsenkirchen [Hg.], Sprachförderung, interkulturelle Erziehung, Gelsenkirchen 2000, S. 8f.)

M 1 c Sinebs Eltern stammen aus Marokko

Sinebs Vater kam mit einem Zirkus, von Nordafrika – Marokko – nach Europa, nach Deutschland. In seiner Heimatstadt Tanger hatte er beim Auf- und Abbau der Käfige und Zelte geholfen und sich bald unentbehrlich gemacht bei der Truppe. Als Anfang der 1960er-Jahre die Artisten und Dompteure zur Fahrt per Schiff über die Straße von Gibraltar in den Süden Deutschlands aufbrachen, reiste er einfach mit, in eine unbekannte Zukunft.

In Deutschland war alles neu und aufregend. Sinebs Vater sah die vielen Aufstiegsmöglichkeiten, die ihm die alte Heimat nicht geboten hatte, er fand ein Land, das gerade das sogenannte Wirtschaftswunder erlebte, und er entschied sich zu bleiben. Er wurde Hilfsarbeiter in der Nähe von München, in der deutschen Provinz, die sich als absoluter Gegensatz zu daheim erwies. Dort die quirlige, internationale, heiße Hafenstadt Tanger, hier das ruhige, konservative Süddeutschland mit viel Regen und Schnee. Er hielt durch und begann später in der Nähe von Hannover in Niedersachsen eine Ausbildung zum Kfz-Schlosser. Noch viel später, 1979, trennte er – ein Moslem – sich von seiner ersten Frau, die nach Marokko zurückkehrte, und holte sich aus der alten Heimat seine zweite Frau: Sinebs Mutter. Sie war erst 16 Jahre alt, als sie in der deutschen Provinz eintraf: eine zarte Frau, die kein Wort Deutsch sprach und weder lesen noch schreiben konnte. Ihre Schönheit sah man nicht sofort, denn sie trug stets ein Kopftuch und ging mit gesenktem Blick durch den kleinen Ort. So war sie in Marokko erzogen worden, sie kam nicht auf die Idee, sich den Sitten des neuen Landes anzupassen. Ihr Mann fuhr morgens zur Arbeit und kehrte erst am späten Abend zurück; sie war sehr allein. Bis zwei Jahre später Sineb auf die Welt kam. [...] Sineb blieb ein Einzelkind und wurde bald für die Mutter zur Kontaktperson in deren fremd gebliebener neuer Heimat. „Wir waren lange Zeit die einzigen Ausländer in unserem Ort. Wir hatten auch keine Beziehungen zu den anderen Ausländern in der benachbarten Großstadt Hannover. Mein Vater war ein paar Mal enttäuscht worden, hatte sich ausgenutzt gefühlt und danach alle Bekanntschaften abgebrochen", erinnert sich Sineb. „Für meine Mutter war das sehr hart." [...] „Es gab nur eine einzige deutsche Frau, die meine Mutter aus der Einsamkeit herausholte, manchmal mit ihr spazieren ging und ihr ein paar Worte Deutsch beibrachte", erzählt Sineb. „Ansonsten hatte sie niemanden – nur mich." Mutter und Tochter blieben für sich in der Etagenwohnung, in der nur das zerbrechliche Teegeschirr an die Traditionen Marokkos erinnerte. Sie sprachen Arabisch miteinander – und am Abend, wenn der Vater heimkam, gingen die Gespräche auf Arabisch weiter. Trotzdem lernte Sineb mit der Zeit die deutsche Sprache: „Durch das Fernsehen! Meine Mutter und ich schauten wahllos, was auf den deutschen Kanälen lief."

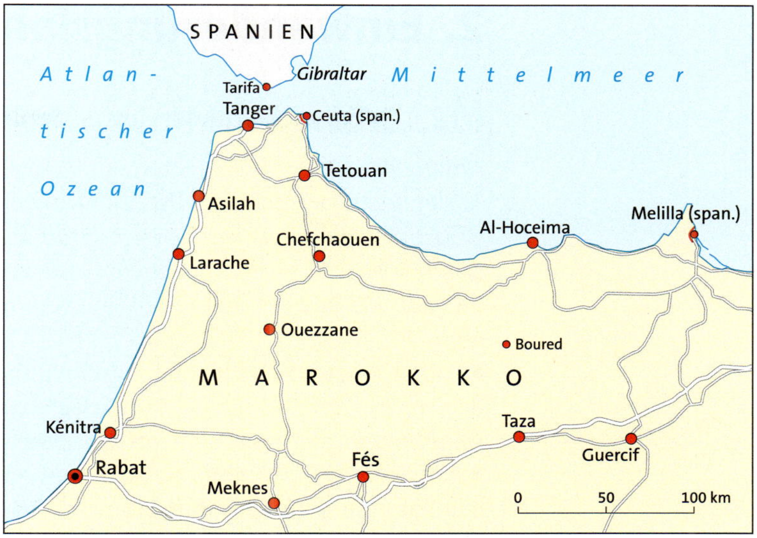

(Aus: Elke Reichart, Deutschland, gefühlte Heimat, München 3/2009, S. 60 ff.; Sineb el Masrar lebt heute als Herausgeberin der Zeitschrift „Gazelle" in Dortmund)

Untersucht die Berichte M 1 a–c und beachtet dabei die folgenden Fragen:
- Woher stammt die jeweilige Person bzw. ihre Familie?
- Warum und wie ist sie nach Deutschland gekommen?
- Zu welcher Gruppe von Zuwanderern (vgl. M 2) gehört sie?
- Was lässt sich über die Berufstätigkeit der Eltern feststellen?
- Wie sieht die Lebenssituation der Person in Deutschland aus?
- Welche Erfahrungen, Probleme und Zukunftsaussichten werden angesprochen?

Falls sich in eurer Klasse Kinder aus Zuwandererfamilien befinden, könnt ihr diese Fragen auch an sie selbst richten.

2. Einwanderungsland Deutschland

M2 Entwicklung der Zuwanderung seit 1950

Eine nähere Darstellung zur Entwicklung der Zuwanderung und zu allen in den nächsten Abschnitten behandelten Themen und Problemen enthält die hier abgebildete Broschüre, die im Internet zur Verfügung steht (http://www.bmi.bund.de/SharedDocs/Downloads/DE/Broschueren/2011/Migration_und_Integration.html?nn=762420).

Anfang der 1950er-Jahre lebten nur wenige Ausländer in Deutschland. Ihr Anteil an der Gesamtbevölkerung lag bei 1,2 Prozent. Das hat sich aus verschiedenen Gründen im Laufe der Jahre bis heute deutlich verändert:

- Durch den wirtschaftlichen Aufschwung, der nach dem Zweiten Weltkrieg* in Deutschland stattfand und oft als „Wirtschaftswunder" bezeichnet wird, kam es bald zu einem großen Mangel an Arbeitskräften. Deshalb wurden ab Anfang der 1960er-Jahre sogenannte *„Gastarbeiter"* angeworben. Sie stammten überwiegend aus Italien, Spanien, Griechenland, Portugal, der Türkei, Marokko, Tunesien und Jugoslawien. Bis 1973 nahm die Zahl der Ausländer auf knapp 4 Millionen zu (Anteil an der Bevölkerung: 6,4 %).
- Als sich 1973/74 die wirtschaftliche Entwicklung verschlechterte, verhängte die Bundesregierung einen „Anwerbestopp" für Gastarbeiter. Der erwartete Rückgang der Ausländerzahl stellte sich aber nicht ein, weil zwar auch viele Arbeitnehmer in ihre Herkunftsländer zurückkehrten, aber die meisten hierblieben und ihre Familien zu sich nach Deutschland holten (Phase der *Familienzuwanderung*). Die ausländische Bevölkerung wuchs bis Anfang der 1980er-Jahre auf 4,5 Millionen (7,2 % der Gesamtbevölkerung).
- Kennzeichen der dritten Phase der Zuwanderung von Ausländern war in den späten 1980er- und frühen 1990er-Jahren der Zuzug von *Flüchtlingen* und *Asylbewerbern** aus vielen Ländern der Welt, insbesondere aus den Balkan-Ländern (Serbien, Kroatien, Bosnien-Herzegowina). Die Zahl der Ausländer betrug 1993 fast 7 Millionen. Der Zuzug von Asylbewerbern wurde 1993 durch eine Änderung des Asylgesetzes erschwert; ihre Zahl ging von 438 000 und 322 000 in den Jahren 1992 und 1993 auf 127 000 im Jahr 1994 zurück. Sie betrug in den Jahren 2003 bis heute durchschnittlich 30 000.
- Die drei Phasen der Zuwanderung führten bis 1996 zu einer Zahl von rd. 7,4 Millionen und zu einem Ausländeranteil an der Gesamtbevölkerung von knapp 9 %; diese Zahlen haben sich seitdem kaum verändert.
- Die politische Entwicklung 1989/1990 (Zerfall der Sowjetunion*, Ende des Ost-West-Konflikts*) erzeugte eine neue Gruppe von Zuwanderern nach Deutschland: die sogenannten **Aussiedler**, deutsche Familien, die aus ihren Siedlungsgebieten in Ländern der ehemaligen Sowjetunion nach Deutschland zurückkehrten (in den Jahren 1989 und 1990 wurden allein 780 000 aufgenommen).

Um das gesamte Ausmaß der Zuwanderung aus dem Ausland statistisch zu erfassen, wurde 2005 der Begriff „Personen mit Migrationshintergrund" eingeführt. Dazu werden sowohl die direkt Zugewanderten (Spätaussiedler, Ausländer, Eingebürgerte) als auch die nicht direkt Zugewanderten, also die in Deutschland geborenen Kinder von Spätaussiedlern und Ausländern (in 2. und 3. Generation) gezählt (Näheres dazu s. M 3).

(Autorentext)

Abb. 1

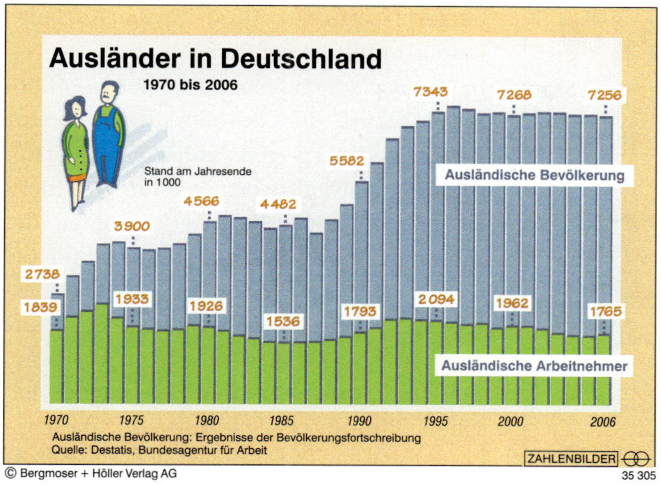

Abb. 2

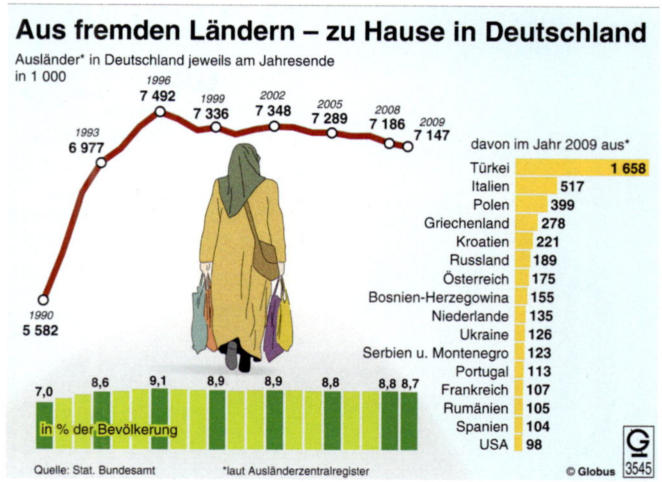

Stand 2010: 7185

1. Beschreibt anhand von M2 die Entwicklung der Zuwanderung nach Deutschland und achtet dabei auf die verschiedenen Gruppen der Zuwanderer und die Zeiträume (Phasen), in denen sie hauptsächlich nach Deutschland kamen. Legt dazu eine Übersicht an, in der ihr der jeweiligen Gruppe stichwortartig die wichtigsten Merkmale (Zeitraum, Hauptherkunftsländer, Gründe für die Zuwanderung) zuordnet.

2. Vergleicht den Bericht über die zeitliche Entwicklung der Zuwanderung von Ausländern mit Abb. 1 und erklärt die unterschiedliche Entwicklung der ausländischen Bevölkerung und der ausländischen Arbeitnehmer.

3. Stellt fest, aus welchen Ländern die meisten Ausländer stammen (Abb. 2). Kann man sagen, dass fast jeder vierte ausländische Mitbürger türkischer Herkunft ist?
Bedenkt, dass Abb. 2 nur 17 Herkunftsländer aufführt, aus denen knapp zwei Drittel aller Ausländer stammen. Das restliche Drittel verteilt sich auf rd. 170 weitere Herkunftsländer; das bedeutet, dass es in Deutschland Menschen aus fast allen Ländern der Welt gibt.

M3 „Personen mit Migrationshintergrund" – Ausländer und Deutsche

Seit etwa zwei Jahren wird in Deutschland ein neuer Begriff gebraucht, der die Gesamtheit der Menschen erfassen will, die zugewandert, d. h. nicht in Deutschland geboren sind oder die Kinder solcher Zuwanderer sind: *Personen mit Migrationshintergrund* (von lat. migrare – wandern). Der Begriff umfasst verschiedene Gruppen von Menschen (vgl. Abbildung S. 180). Die Ausländer (also alle, die nicht die deutsche Staatsangehörigkeit besitzen) sind nur eine dieser Gruppen und machen mit einem Anteil von rd. 9 % an der Bevölkerung (s. Abb. 2 in M2) weniger als die Hälfte der Personen mit Migrationshintergrund aus. Der andere Teil dieser Personen (rd. 10 % der Gesamtbevölkerung) besteht aus Deutschen: Ausländern, die die deutsche Staats-

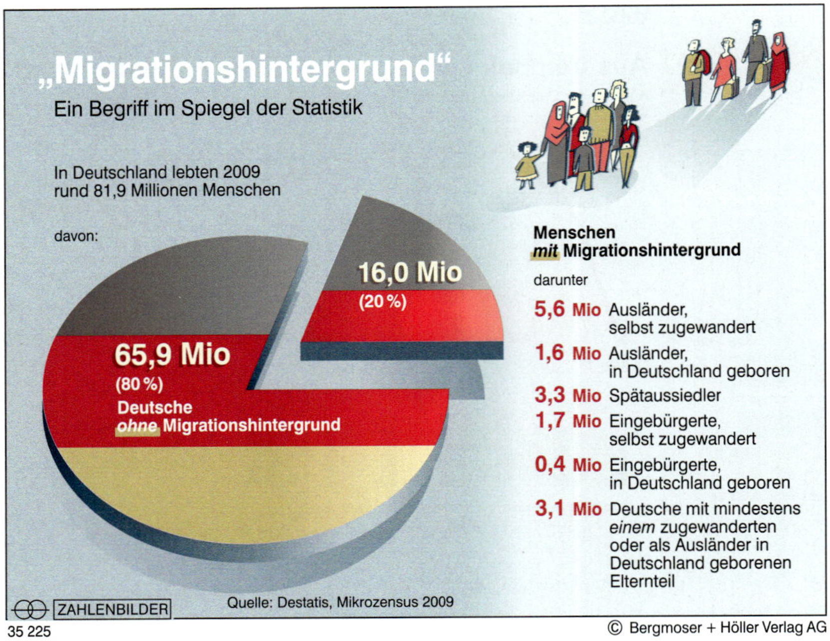

bürgerschaft angenommen haben („eingebürgert“ wurden), und Spätaussiedlern, jeweils mit ihren Kindern.
In *Westdeutschland* leben 15,4 der 16 Millionen (22,3 % der Bevölkerung), in *Ostdeutschland*, wo wegen der hohen Arbeitslosigkeit Arbeitskräfte bisher kaum gebraucht wurden, liegt der Bevölkerungsanteil der Menschen mit Migrationshintergrund bei ca. 5 % (Ausländeranteil: 2,5 %). Am höchsten ist der Anteil in Stuttgart und Frankfurt am Main (ca. 40 %). In Nürnberg, Augsburg, München, Düsseldorf und Köln liegt er zwischen 37 und 31 %. Bezogen auf die Zahl der minderjährigen Kinder lag der *Anteil der Kinder aus Familien mit Migrationshintergrund* 2010 bundesweit bei 31 %, in Großstädten (über 500 000 Einwohner) bei 46,2 %.
(Autorentext)

1. Erläutert, welche verschiedenen Gruppen der Bevölkerung mit dem Begriff „Menschen mit Migrationshintergrund“ (von lat. migrare – wandern) erfasst werden.

2. Analysiert zu der zahlenmäßigen Verteilung die Angaben in der Grafik.

3. Die vier größten Gruppen haben (2009) ihren „Migrationshintergrund“ in der Türkei (2,5 Mio.), in den Ländern des ehemaligen Jugoslawiens (Kroatien, Bosnien-Herzegowina, Serbien; 1,34 Mio.), in Polen (1,29 Mio.) und in Russland (1,1 Mio.). Vergleicht diese Angaben mit denen in der Abb. 2 in M 2 und erklärt die Zahlenunterschiede, insbesondere den Unterschied bei Russland.

M 4 Warum Deutschland Zuwanderer braucht

Ohne Menschen mit Migrationshintergrund und ohne eine weitere Zuwanderung beruflich qualifizierter Erwerbstätiger wird die wirtschaftliche Entwicklung in Deutschland, insbesondere die Entwicklung auf dem Arbeitsmarkt, in den kommenden Jahren erschwert. In vielen Wirtschaftszweigen droht ein *Mangel an Fachkräften*. Anfang 2011 fehlten in den sogenannten MINT-Fächern (Mathematik, Informatik, Naturwissenschaften, Technik) mehr als 100 000 Fachkräfte mit Abschlüssen von Universitäten und technischen Hochschulen sowie Meister.
Dabei ist zu bedenken, dass die Entwicklung auf dem Arbeitsmarkt auch Auswirkungen auf die Finanzierung der Sozialversicherungen*, insbesondere der Rentenversicherung, hat: Weniger Erwerbstätige bedeuten auch weniger Menschen, die Beiträ-

ge in die Versicherungen einzahlen[1]. Der Rückgang der Zahl der Menschen im erwerbsfähigen Alter (25 bis 65 Jahre; Prognose: von zurzeit rd. 50 Mio. auf rd. 42 Mio. im Jahr 2030) ergibt sich aus der schrumpfenden Bevölkerungszahl, die sich aus dem Rückgang der Geburtenzahlen ergibt; Deutschland ist das „kinderärmste“ Land Europas! Dadurch wird es in Zukunft immer weniger junge und immer mehr alte Menschen geben (das nennt man „demografischer* Wandel“; s. Grafik). Zwar kann Deutschland diese Entwicklung durch Zuwanderung nicht völlig ausgleichen – dann müssten Millionen Menschen pro Jahr zuwandern –, aber die Folgen dieses Wandels können doch abgemildert werden. Dazu trägt auch bei, dass die Menschen mit Migrationshintergrund durchschnittlich deutlich jünger sind als die ohne Migrationshintergrund, dass ihre Familien mehr Kinder haben und dass es dort weniger ältere Menschen gibt im Verhältnis zu denen im erwerbsfähigen Alter (43 % bei der deutschstämmigen Bevölkerung, 17 % bei der Bevölkerung mit Migrationshintergrund; vgl. Schaubild).

(Autorentext)

[1] Die *Finanzierung* der Rentenversicherung beruht auf den Beiträgen der Versicherten und einem Bundeszuschuss. Nach dem „Umlageverfahren“ müssen die Auszahlungen einer Periode in derselben Periode durch Einzahlungen gedeckt sein. Dadurch tragen die jeweils Erwerbstätigen zur Finanzierung der Einkommen der nicht mehr Erwerbstätigen bei **(Generationenvertrag)**.

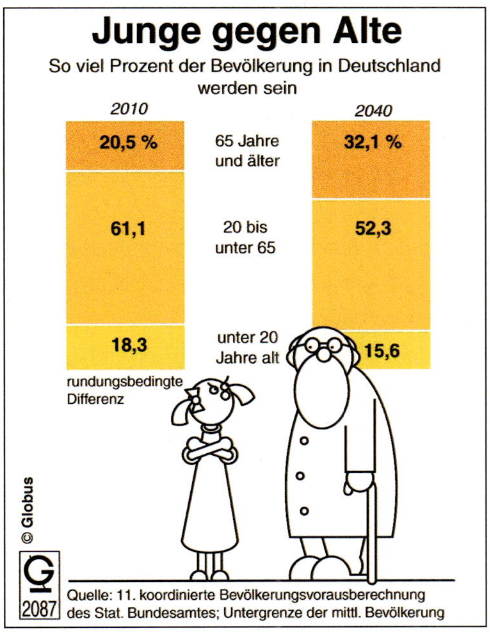

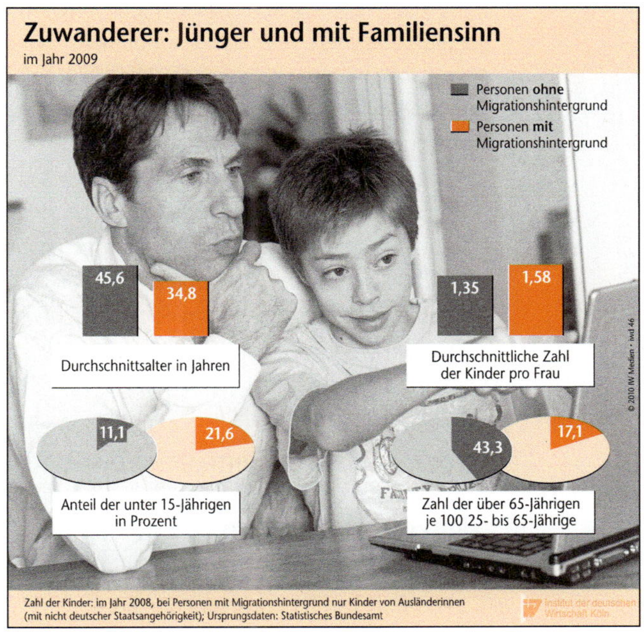

1. Erläutert mit eigenen Worten, wie sich in Deutschland die Bevölkerungszahl und die Bevölkerungsstruktur (d. h. die Anteile der Jüngeren [Erwerbstätigen] und der Älteren [Rentner] an der Gesamtbevölkerung) entwickeln wird und worin der Hauptgrund für diese Entwicklung liegt.
2. Erklärt, was diese „demografische“ Entwicklung (s. Kap. 13, M 9, S. 338) für den Arbeitsmarkt (Bedarf an Fachkräften) und die Rentenversicherung bedeutet und inwiefern sie durch Zuwanderung abgemildert werden kann. Analysiert dazu auch die beiden Abbildungen.
3. Versucht auch zu erklären, warum sich der Bedarf an Arbeitskräften nicht auf ungelernte und einfache Arbeiter bezieht, sondern auf gut ausgebildete („qualifizierte“) Fachkräfte.

3. Was heißt „Integration"? – Probleme der Eingliederung von Zuwanderern in Deutschland

In der Diskussion über Zuwanderung und auch über Ausländerfeindlichkeit geht es immer auch um das Problem der Integration. Das Wort selbst bedeutet einen Prozess der Eingliederung und der Herstellung eines gemeinsamen Ganzen (so wird der Begriff z. B. im Hinblick auf die europäische Einigung gebraucht). Unter „sozialer Integration" versteht man alle Bemühungen, „fremde" (zugewanderte) Menschen und Gruppen in das Leben einer Gesellschaft einzubeziehen und sie nicht auszugrenzen (Ausgrenzung/Desintegration ist der Gegensatzbegriff zu Integration). Wie weit diese Eingliederung in verschiedenen Bereichen gehen soll, ist manchmal umstritten: Sollen Ausländer z. B. im politischen Bereich das Wahlrecht erhalten? Haben sie im kulturellen und religiösen Bereich Anspruch auf eigene Schulen oder eigene Kirchen (z. B. Moscheen)? Inwieweit sollen sie sich überhaupt an die deutschen Verhältnisse anpassen? Wo sollen (dürfen) sie ihre Eigenständigkeit bewahren? Miteinander – Nebeneinander – Gegeneinander: In welche Richtung geht diese Entwicklung?
Wir können im Rahmen dieses Kapitels nicht auf alle diese Aspekte eingehen und wollen uns darauf konzentrieren,

- *aufzuzeigen, in welchen Bereichen und in welchem Ausmaß sich Ergebnisse bisheriger mangelnder oder erfolgloser Integrationsbemühungen feststellen lassen, und*
- *auf Maßnahmen und Forderungen einer Integrationspolitik hinzuweisen, die zu einer besseren Eingliederung von Zuwanderern in den Arbeitsmarkt, zu weniger Ausgrenzung und zu einem friedlichen Zusammenleben von Deutschen und Zuwanderern führen sollen.*

Zunächst (M 5) solltet ihr euch spontan dazu äußern, welche Vorstellungen ihr selbst von Integration habt.

M 5 Wann ist jemand in die (deutsche) Gesellschaft integriert?

Eine Person ist integriert,	**stimme zu**	**lehne ab**
... wenn sie einen guten Schulabschluss hat	?	?
... wenn sie gut Deutsch spricht	?	?
... wenn sie berufstätig ist	?	?
... wenn sie vorwiegend deutsche Freunde hat	?	?
... wenn sie die Gesetze des Landes befolgt	?	?
... wenn sie die deutsche Staatsangehörigkeit hat	?	?
... wenn sie so lebt wie die Deutschen	?	?
... wenn sie sich in Deutschland wohlfüht	?	?
... wenn sie Alkohol trinkt	?	?
... wenn sie sich kleidet wie die Deutschen	?	?
... wenn ihre Kinder nur noch Deutsch sprechen	?	?

Eine Person ist integriert,	stimme zu	lehne ab
… wenn sie die deutschen Feste feiert	?	?
… wenn sie Karriere im Beruf macht	?	?
… wenn sie von den Deutschen anerkannt wird	?	?
… wenn sie deutsches Fernsehen sieht	?	?
… wenn sie sich politisch engagiert	?	?
… wenn sie ein eigenständiges Leben führen kann	?	?
… wenn sie ihren Kindern bei den Hausaufgaben hilft	?	?
… wenn sie von den deutschen Nachbarn zum Kaffee eingeladen wird	?	?
… wenn sie so denkt wie die Deutschen	?	?

(Redaktion Wochenschau, Wochenschau-Ausgabe Sek. I Nr. 6/2006: Integration, Schwalbach/Ts.)

Lest euch diese Zusammenstellung von Meinungen durch und kreuzt (in einer Kopie) jeweils an,
1. welcher Meinung ihr zustimmt,
2. welche Meinung ihr ablehnt. Führt das zunächst in **Einzel- oder Partnerarbeit** durch.
Vergleicht anschließend eure Ergebnisse und stellt fest, welchen Meinungen am häufigsten zugestimmt wurde. Findet Begründungen für dieses Ergebnis.

Erklärt im Anschluss an den Einleitungstext zu M5, inwiefern Begriff und Bedeutung von „Integration" sich nicht genau festlegen lassen und daher wohl ein Stück weit umstritten bleiben. Mithilfe von M5 könnt ihr euer eigenes spontanes Verständnis von „Integration" überprüfen und feststellen, ob es in eurer Klasse darüber mehr oder weniger Übereinstimmung gibt. Fragt ggf. eure ausländischen Mitschülerinnen und Mitschüler, was für sie Integration bedeutet.

M6 „Was verstehen Sie unter einer erfolgreichen Integration?" – Ergebnisse einer Befragung

Frage: Was verstehen Sie unter einer erfolgreichen Integration von Zuwanderern? Dazu lese ich Ihnen einige Dinge vor und Sie sagen mir bitte jeweils, ob das für eine erfolgreiche Integration von Zuwanderen Ihrer Ansicht nach nötig ist.

dass der Zuwanderer die deutsche Verfassung und die deutschen Gesetze respektiert	99 %
dass der Zuwanderer die deutsche Sprache spricht	98 %
dass der Zuwanderer die gleichen Bildungs- und Berufschancen hat wie die Deutschen auch	96 %
dass der Zuwanderer ein Zugehörigkeitsgefühl zu Deutschland entwickelt	93 %
dass der Zuwanderer einen Arbeitsplatz hat, wenn er im erwerbsfähigen Alter ist	91 %

Basis: 1847 Befragte, davon 397 14 bis 29 Jahre und 535 60 Jahre und älter

(tns emnid, August 2011)

M7 „Erheblicher Nachholbedarf bei der Integration"

Die Integration der Migranten stößt in Deutschland im Vergleich zu anderen Einwanderungsländern auf besondere Probleme. […] Menschen mit Migrationshintergrund sind überproportional häufig unter den Geringqualifizierten und den statusniedrigen [wenig angesehenen] Berufsgruppen vertreten und daher besonders häufig prekären [unsicheren] Beschäftigungsverhältnissen und Soziallagen ausgesetzt (vgl. Abbildung 2).

Die Migrations- und Integrationsforschung sowie die öffentliche Diskussion [...] machen deutlich, dass es einen erheblichen Nachholbedarf bei der Integration der Migranten gibt – in der Arbeitswelt, bei der sozialen und politischen Teilnahme, in Medien und Öffentlichkeit und insbesondere bei der Bildung, dem Schlüssel für die nachhaltige Integration der Migrantennachkommen (vgl. Abb. 1). Ein Blick in die Nachbarländer zeigt jedoch auch, dass übertriebene Dramatisierungen der deutschen Situation unangebracht sind. So kommt der neu eingerichtete unabhängige Sachverständigenrat deutscher Stiftungen für Integration und Migration in seinem Jahresgutachten zu folgendem Ergebnis: „Im internationalen Vergleich ist die Integration in Deutschland keineswegs gescheitert. Sie ist in vielen [...] Bereichen durchaus zufriedenstellend oder sogar gut gelungen.“

Abb. 1: Unterschichtung durch Migration in Deutschland (2009)

	ohne Migrationshintergrund in %	mit Migrationshintergrund in %
keinen Schulabschluss	8	14
keinen beruflichen Abschluss	19	43
Arbeiter/Arbeiterin	23	40
geringfügig beschäftigt (25- bis 65-Jährige)	7	12
erwerbslos (25- bis 65-Jährige)	6	13

Quelle: StBA 2010 (Mikrozensus 2009)

Abb. 2

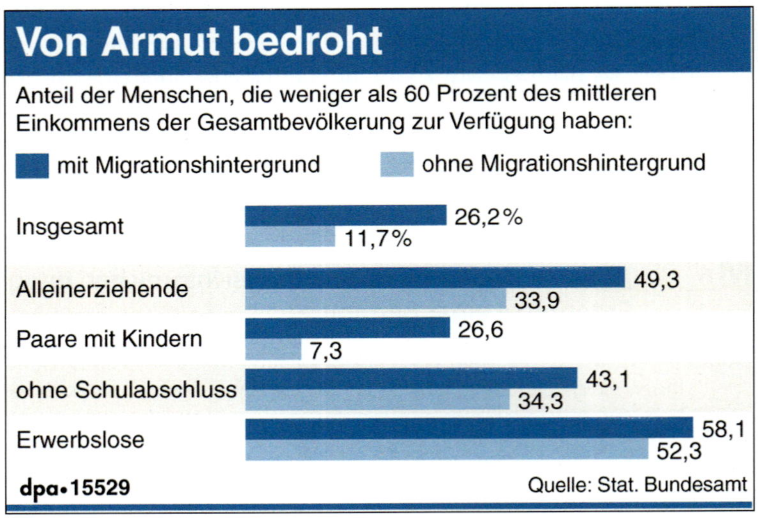

(Rainer Geißler, Die Sozialstruktur Deutschlands: aktuelle Entwicklungen und theoretische Erklärungsmodelle; Gutachten im Auftrag der Abteilung Wirtschafts- und Sozialpolitik der Friedrich-Ebert-Stiftung/Rainer Geißler, Abt. Wirtschafts- und Sozialpolitik der Friedrich-Ebert-Stiftung, Bonn 2010, S. 32f.)

1. Analysiert die Ergebnisse der Befragung in M 6 und achtet dabei auf die Fragestellung. Erläutert die einzelnen Aussagen mit eigenen Worten und vergleicht ggf. die Angaben mit dem Ergebnis eurer eigenen Befragung (M 5).

2. Welche Begründungen habt ihr dafür, dass gerade die fünf aufgeführten Gesichtspunkte als notwendige Voraussetzungen für eine erfolgreiche Integration angesehen werden?

3. Beschreibt anhand von M 7, in welchen Bereichen und in welchem Ausmaß es einen „erheblichen Nachholbedarf bei der Integration“ gibt, und analysiert dazu auch die grafischen Darstellungen (Abb. 1 und 2).

- Welche dieser Bereiche werden in M 6 als besonders wichtig bzw. notwendig für eine gelungene Integration genannt?
- Welche Bereiche hängen miteinander zusammen? Verdeutlicht mithilfe eines Pfeilschemas, wie dieser Zusammenhang aussieht.

4. Überlegt, worauf es zurückzuführen sein kann, dass, wie Untersuchungen zeigen, der „Nachholbedarf“ bei den Zuwanderern türkischer Herkunft am größten ist. Zieht dazu noch einmal die Darstellung zur Geschichte der Zuwanderung (M 2) heran.

M 8 Integration ja oder nein – zwei Beispiele

1 Serap Ö., *32 Jahre, Hausfrau, 2 Kinder (stammt aus der Türkei, spricht kein Deutsch, ihre Aussagen wurden übersetzt)*

Wann und wie kamen Sie nach Deutschland?
Ich habe sehr früh mit 18 Jahren geheiratet und bin dann nach Deutschland gekommen. Damals habe ich gedacht, wenn ich einen „Deutschländer“ heirate, ist mein Leben garantiert.
Sie sagen „damals habe ich gedacht“. Was meinen Sie damit?
Ja, damit meine ich, dass ich naiv war, zu glauben, dass Geld allein glücklich macht. Uns geht es finanziell sehr gut, aber mir fehlt meine Heimat, meine Familie. Ich kann mich einfach nicht an Deutschland gewöhnen. Alles ist mir so fremd.
Sie sind jetzt aber schon sehr lange in Deutschland.
Trotzdem fühle ich mich hier innerlich nicht wohl. Die deutsche Mentalität (Art) ist eine ganz andere, als ich sie gewohnt bin. Die Deutschen grüßen nicht, sie sind kühl und abweisend. So empfinde ich das.
Sie fühlen sich also nicht integriert?
Nein, neulich war ich mit meinem Sohn beim Elternabend. Wir saßen alle an einem großen Tisch. Aber ich saß da trotzdem irgendwie „allein“.
Sie sprechen auch kaum Deutsch. Ist es für Sie nicht demotivierend, wenn Sie die Sprache Ihrer Umgebung nicht verstehen oder Ihren Kindern bei den Hausaufgaben nicht helfen können?
Nein, ich habe mich daran gewöhnt. Wenn meine Kinder ihre Hausaufgaben nicht verstehen, dann suche ich nach anderen Mitteln, wie z. B. Nachhilfeunterricht. Es gibt immer andere Möglichkeiten und Alternativen.
Andere Möglichkeiten, um nicht Deutsch zu lernen?
Ja, ich habe nicht das Bedürfnis, Deutsch zu lernen, weil ich mich hier nicht wohlfühle. Wenn ich zum Einkaufen oder zum Arzt gehe, kann ich mich etwas ausdrücken, das reicht. Außerdem habe ich einen türkischen Freundeskreis, da brauche ich das nicht.
Haben Sie schon einmal einen Deutschkurs besucht?
Nein, damals hat man mir erzählt, dass man in solchen Kursen von Männern „angemacht“ wird, und da ist mir von vornherein die Lust vergangen. Und mein Mann war natürlich auch dagegen.
Gibt es auch etwas, das Sie gut an Deutschland finden?
Ja, die Arbeitsmoral und die Disziplin. Es gibt Regeln, die auch eingehalten werden. Das finde ich wirklich gut, da könnten wir uns etwas von abschneiden.
Vielen Dank für das Gespräch.

2 Özlem T., *23 Jahre, Sozialversicherungsfachangestellte*

Im Gegensatz zu vielen anderen türkischen Mitbürgern, die in Deutschland geboren sind, sprechen Sie sehr gut Deutsch!
Natürlich, und so sollte es auch sein. Es stimmt schon, dass viele Ausländer kein Deutsch sprechen, und das finde ich schlimm. Man kommt ohne die Sprache nicht weiter und man ist oft auf andere Menschen angewiesen, wie z.B. meine Mutter. Ich muss sie oft begleiten zum Übersetzen. Ohne mich wäre sie total aufgeschmissen. Und ohne Deutschkenntnisse hätte ich auch meine Ausbildung nicht machen können.
Fühlen Sie sich in Deutschland also integriert?
Ja, auf jeden Fall. Ich habe meinen deutschen und meinen türkischen Freundeskreis. Ich fühle mich wohl hier. Für mich ist Integration gleich Kommunikation. Beides muss im Gleichgewicht sein. Wenn ich mich ausdrücken kann und mein Gegenüber mich versteht, kann es auch einen Schritt auf mich zugehen.
Aber die Kommunikation findet bei vielen nicht statt.
Ja, viele türkische Familien sind engstirnig. Das basiert aber auf Gegenseitigkeit. Es gibt Deutsche, die die nichtdeutschen Mitbürger immer noch als „Ausländer" sehen und Ängste schüren. Viele meiden den Kontakt und den ersten Schritt, auf jemand Fremden zuzugehen. Die Menschen müssen lernen, dass man hier gemeinsam lebt und miteinander klarkommen muss. Aber das Mindeste ist, dass man die Sprache beherrscht und den ersten Schritt tut.

(Wochenschau Sek. I, 57. Jahrgang, Nr. 6, November/Dezember 2006, Schwalbach/Ts. 2006, S. 209; Interviews: Filiz Erkeneken)

Analysiert die beiden gegensätzlichen Beispiele zur Einstellung türkischer Frauen.
- Welche Gesichtspunkte sind erkennbar, die in den vorangehenden Materialien angesprochen wurden?
- Wie begründen die beiden Frauen ihre Einstellungen zur Integration?
- Worauf könnte man die Einstellung von Serap Ö. zurückführen?
- Welche Vorschläge habt ihr, wie man Serap Ö. dazu bewegen könnte, ihre Einstellung zu ändern?

M 9 „Die Sprache ist das Allerwichtigste" – Interview mit dem Fußball-Nationalspieler Cacau

Cacau spielt seit 2003 beim VfB Stuttgart; er erwarb im Februar 2009 die deutsche Staatsbürgerschaft und wurde im Oktober 2010 vom Deutschen Fußballbund (DFB) zusammen mit Serdar Tasci, Celia Okoyino da Mbabi und Sinem Turak zum „DFB-Integrationsbotschafter" ernannt.

Sie wurden nicht als Star geboren. Ihre sportliche und persönliche Entwicklung war nicht vorauszusehen. Wo sind Sie aufgewachsen und aus welchen familiären Verhältnissen kommen Sie?
Aufgewachsen bin ich in Brasilien in einer Familie mit drei Söhnen. Mein Vater war leider alkoholkrank. Er musste oft in eine Klinik. Meine Mutter arbeitete als Putzfrau. Meine Brüder und ich haben versucht, mit diversen Jobs noch etwas Geld für die Familie dazuzuverdienen. […]

Ihre Familie und Sie gelten als Musterbeispiel für Mehrsprachigkeit und Integration. Was bedeutet für Sie Integration?
Für mich bedeutet es die Eingliederung in eine fremde Kultur. Als ich von Brasilien nach Deutschland kam, war mir vieles, besser gesagt alles, fremd. Das Wetter, das Essen, die Landessprache. Und dann dazu Einsamkeit und keine engen Freunde, mit denen man über alles reden kann. Zum Glück hatte ich wenigstens meinen brasilianischen Freund Osmar, der mir von Beginn an immer wieder riet: „Cacau, du musst ganz schnell die deutsche Sprache lernen!" Genau diese Ansage war entscheidend für meine Integration in diesem für mich zu Beginn fremden Land. Es war anfangs wirklich schwer und eine harte Zeit, aber es hat sich gelohnt, viel Energie zu investieren. Sobald ich mich einigermaßen verständigen konnte, entdeckte ich die deutsche Kultur. Mehr und mehr konnte ich verstehen und Fragen stellen. Als ich die ersten deutschen Bücher lesen konnte, wurde es immer spannender. Das Lernen machte mir immer größere Freude, ich konnte mich weiterbilden, meinen immer stärker werdenden Wissensdurst befriedigen, ich wollte begreifen, was denn Deutschland eigentlich alles ausmacht. Als gelungene Integration würde ich beschreiben, dass ein Mensch aus einer fremden Kultur die Landessprache beherrscht und es schafft, wie ein Einheimischer zu denken und Dinge in gleichem Maß nachzuvollziehen.

Das bedeutet, dass Sie und Ihre Familie sich jetzt in Deutschland zu Hause fühlen?
Ja, auf jeden Fall. Wir überlegen sogar, eventuell nach meiner Fußballkarriere in Deutschland zu bleiben. Wir haben hier viele Freunde. Auch meine Frau spricht inzwischen Deutsch. Für die Kinder ist das einfacher. Unsere Tochter besucht den Kindergarten, unser kleiner Sohn muss noch etwas warten. Wir freuen uns schon jetzt auf die Zeit, wenn beide auf eine ganz normale deutsche Schule gehen. […]

Wie und wo haben Sie Deutsch gelernt?
Zu Beginn bei meinem Freund Osmar, zusätzlich auch im Verein. Dort wurden Sprachkurse angeboten. Im Fußball wird verlangt, dass ein ausländischer Sportler Deutsch versteht. Hinzu kommt, dass ich seit einigen Jahren regelmäßig auf Veranstaltungen spreche, um vor allem junge Menschen zu ermutigen. Das hat mir nach und nach immer mehr Sicherheit gegeben. […]

Eine der wichtigsten gesellschaftspolitischen Herausforderungen ist die Integration von Zuwanderern. Sollte jeder von ihnen unbedingt die Sprache des Gastlandes sprechen?
Das ist das Allerwichtigste und von grundsätzlicher Bedeutung. Sonst gelingt Integration nicht. […]

(Interview: Prof. Dr. h.c. Ernst-Andreas Ziegler, 2010; http://www.telc.net/ueber-telc/aktuelles/fussball-nationalspieler-cacau-als-botschafter-fuer-mehrsprachigkeit-und-integration/)

Cacau nach seinem Torerfolg als deutscher Nationalspieler im Spiel gegen Frankreich am 29.2.2012

1. Der Fußballspieler Cacau gilt als Musterbeispiel gelungener Integration. Erläutert anhand des Interviews, warum man das so sehen kann (Näheres zu seiner Person und seiner Lebensgeschichte findet ihr unter www.cacau.de).

2. Erläutert, welche eigenen Anstrengungen Cacau für seine Integration unternommen hat, was er unter Integration versteht und warum er das Erlernen der deutschen Sprache für das Allerwichtigste hält.

3. Überlegt, ob bzw. inwieweit das Beispiel Cacau auf andere Migranten übertragbar ist.

4. Wie kann Integration gelingen? – Maßnahmen der Integrationspolitik

M 10 Wie wird man Deutscher? Wege zur Einbürgerung

Diese Broschüre, die im Internet zur Verfügung steht (s. Textquelle), informiert über alle näheren Einzelheiten zum Einbürgerungsrecht (so z. B. auch zu den einzelnen Voraussetzungen, Aufenthaltsbestimmungen usw.).

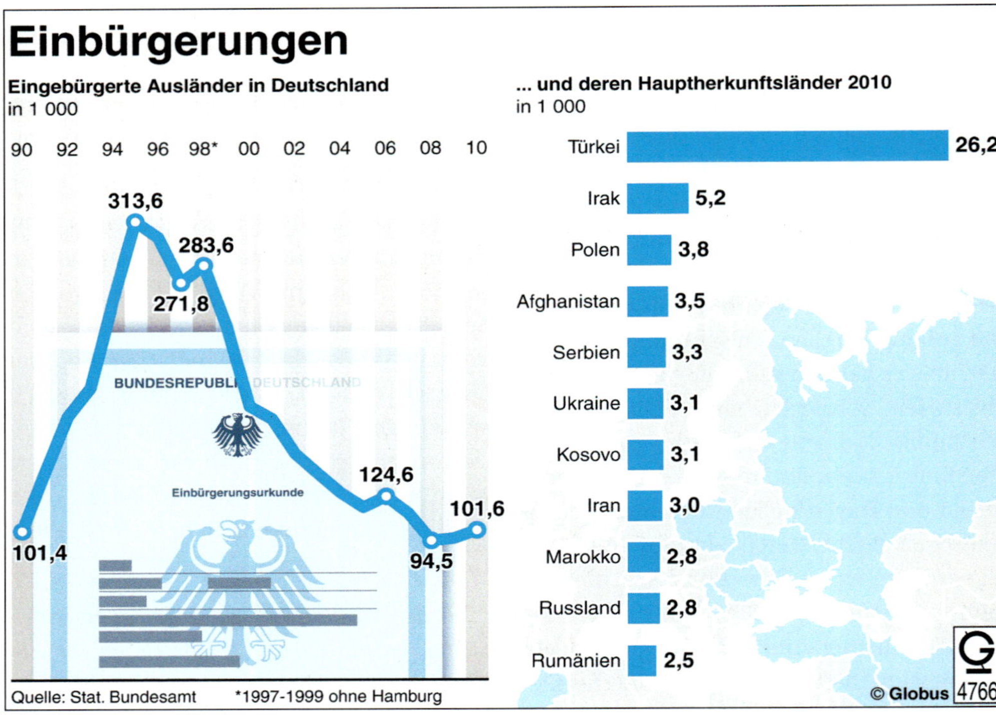

Durch die Einbürgerung werden Sie **gleichberechtigte Bürgerin oder gleichberechtigter Bürger** unseres Landes mit allen Rechten und Pflichten als Staatsbürger.

Sie können dann in den Gemeinden, in den Ländern und auf Bundesebene wählen. Sie können auch selbst für ein Parlament kandidieren und damit Ihre Interessen aktiv vertreten.

Sie können in Deutschland Ihren Beruf frei wählen. Sie gehören dann auch zur Europäischen Union, genießen Freizügigkeit in Europa und können auch außerhalb unseres Kontinents ohne Visum in viele Länder reisen.

Der Anspruch auf Einbürgerung entsteht, wenn die folgenden Voraussetzungen vorliegen:

- Sie besitzen zum Zeitpunkt der Einbürgerung ein unbefristetes Aufenthaltsrecht oder eine Aufenthaltserlaubnis.
- Sie haben seit acht Jahren Ihren gewöhnlichen rechtmäßigen Aufenthalt in Deutschland.
- Sie können den Lebensunterhalt für sich und Ihre unterhaltsberechtigten Familienangehörigen ohne Sozialhilfe* oder Arbeitslosengeld II* bestreiten.
- Sie haben ausreichende Deutschkenntnisse.

- Sie haben Kenntnisse über die Rechts- und Gesellschaftsordnung sowie die Lebensverhältnisse in Deutschland.
- Sie sind nicht wegen einer Straftat verurteilt (geringfügige Verurteilungen sind unbeachtlich).
- Sie bekennen sich zur freiheitlichen demokratischen Grundordnung des Grundgesetzes der Bundesrepublik Deutschland.
- Sie müssen Ihre alte Staatsangehörigkeit in der Regel bei der Einbürgerung verlieren oder aufgeben.

(http://www.bundesregierung.de/Content/DE/Publikation/IB/wege-zur-einbuergerung.html, S. 18)

Seit dem 1.9.2008 müssen sich Antragsteller einem sog. „Einbürgerungstest" unterziehen. Dabei werden aus einem Pool von insgesamt 310 Fragen, die den Bereichen „Menschen und Gesellschaft", „Politik und Demokratie" sowie „Geschichte und Verantwortung" zuzuordnen sind, für den jeweiligen Test 33 Fragen per Zufallsgenerator ermittelt. Jede Frage bietet vier verschiedene Antwortmöglichkeiten. Mindestens 17 Fragen müssen korrekt beantwortet werden. Ansonsten kann der Test gegen eine Gebühr von 25 € beliebig oft wiederholt werden. Wer in Deutschland die Hauptschule abgeschlossen hat und darüber hinaus bestimmte Voraussetzungen wie einen mindestens achtjährigen Aufenthalt erfüllt, soll von dem Test befreit werden. Alle Testfragen sollen zuvor zum Üben im Internet bereitstehen.

(Autorentext)

1. Erläutert, welche Vorteile eine „Einbürgerung" für ausländische Mitbürger hat.

2. Beschreibt anhand der Grafik (S. 188), wie sich die Zahl der jährlichen Einbürgerungen seit 2000 entwickelt hat.

3. Was fällt euch bei der Verteilung auf die Herkunftsländer und im Hinblick auf die Aufenthaltsdauer der Eingebürgerten auf?

4. Überlegt, welchen Sinn die einzelnen Bedingungen für eine Einbürgerung (Z. 19 ff.) aus deutscher Sicht machen sollen.
- Welche der Bedingungen könnten aus Sicht der Einzubürgernden eine „Hürde" darstellen?
- Wie beurteilt ihr diese Bedingungen?

5. Seit 2008 müssen Einbürgerungswillige sich einem „Einbürgerungstest“ unterziehen, bei dem aus einem Katalog von 310 Fragen jeweils eine Auswahl von 33 vorgelegt wird (wer davon 17 richtig beantwortet, hat den Test bestanden). Im Folgenden könnt ihr euch von der Art der Fragen selbst einen Eindruck verschaffen.

- Stellt fest, auf welche der in M 10 (Z. 19 ff.) genannten Bedingungen sich der Test bezieht.
- Beantwortet (im Heft) die Fragen in Einzelarbeit und besprecht anschließend im Unterrichtsgespräch die richtigen Antworten. Stellt ggf. durch eine kurze Befragung das Klassenergebnis fest: Wie viele haben wie viele Fragen richtig beantwortet? – Näheres (auch alle Fragen) zu dem Einbürgerungstest findet ihr unter www.bamf.de/DE/Einbuergerung/WasEinbuergerungstest/waseinbuergerungstest-node.html und www.welt.de/vermischtes/article204450/Einbuergerungstest_100_Fragen_100_Antworten.html.

1. Wie heißt die deutsche Verfassung?
❑ Volksgesetz ❑ Deutsches Gesetz
❑ Bundesgesetz ❑ Grundgesetz

2. Die deutschen Gesetze verbieten …
❑ Meinungsfreiheit der Einwohner/-innen
❑ Petitionen der Bürger/-innen
❑ Versammlungsfreiheit der Einwohner/-innen
❑ Ungleichbehandlung der Bürger/-innen

3. Was verbietet das deutsche Grundgesetz?
❑ Militärdienst ❑ Freie Berufswahl
❑ Zwangsarbeit ❑ Arbeit im Ausland

4. Wer in seiner Heimat wegen seiner politischen Meinung verfolgt wird und deshalb nach Deutschland flieht, kann was beantragen?
❑ Begrüßungsgeld ❑ Arbeitslosengeld
❑ Asyl ❑ Rente

5. Eine Partei in Deutschland verfolgt das Ziel, eine Diktatur zu errichten. Sie ist dann …
❑ tolerant ❑ gesetzestreu
❑ rechtsstaatlich orientiert
❑ verfassungswidrig

6. Welches Tier ist das Wappentier der BRD?
❑ Löwe ❑ Adler ❑ Bär ❑ Pferd

7. Wie viele Bundesländer hat die BRD?
❑ 14 ❑ 15 ❑ 16 ❑ 17

8. Welche Aussage ist richtig? In Deutschland …
❑ sind Staat und Religionsgemeinschaften voneinander getrennt
❑ bilden die Religionsgemeinschaften den Staat
❑ ist der Staat abhängig von den Religionsgemeinschaften
❑ bilden Staat und Religionsgemeinschaften eine Einheit

9. Wer beschließt in Deutschland ein neues Gesetz?
❑ Regierung ❑ Gerichte
❑ Parlament ❑ Polizei

10. In Deutschland gehören der Bundestag und Bundesrat zur …
❑ Exekutive ❑ Direktive
❑ Legislative ❑ Judikative

11. Es gehört nicht zu den Aufgaben des Deutschen Bundestages …
❑ die Gesetze zu entwerfen
❑ die Bundesregierung zu kontrollieren
❑ den Bundeskanzler zu wählen
❑ das Bundeskabinett zu bilden

12. Wer wählt den/die Bundeskanzler/-in?
❑ Der Bundesrat ❑ Das Volk
❑ Die Bundesversammlung
❑ Der Bundestag

(http://www.jugendrotkreuz.de/fileadmin/user_upload/09-MeinJRK/02-Themen/08-Vielfalt/Unsere_Vielfalt_-Unsere_Staerke_.pdf, S. 11; Verf.:Mirjam Zimmermann; © Deutsches Rotes Kreuz)

M 11 Der „Nationale Integrationsplan“: Selbstverpflichtungen des Staates

Integration kann nicht verordnet werden. Sie erfordert Anstrengungen von allen, vom Staat und der Gesellschaft. Maßgebend ist zum einen die Bereitschaft der Zuwanderer, sich auf ein Leben in unserer Gesellschaft einzulassen, unser Grundgesetz und unsere gesamte Rechtsordnung vorbehaltlos zu akzeptieren und insbesondere durch das Erlernen der deutschen Sprache ein sichtbares Zeichen der Zugehörigkeit zu Deutschland zu setzen. Auf Seiten der Aufnahmegesellschaft sind Akzeptanz*, Toleranz, zivilgesellschaftliches* Engagement und die Bereitschaft unverzichtbar, Menschen, die rechtmäßig bei uns leben, ehrlich willkommen zu heißen: Integration – eine Chance für unser Land!

Die vielfältigen Begabungen von Zuwanderern sind bisher nicht immer ausreichend anerkannt und gefördert worden. Das will die Bundesregierung in Zukunft ändern. Alle Menschen, die dauerhaft in Deutschland leben, sollen ihre Begabungen entfalten können und Sicherheit durch Bildung und Arbeit gewinnen. […]

Der Nationale Integrationsplan geht neue Wege und eröffnet neue Chancen für die Integration von Zuwanderern. Erstmals wirken alle, die in Politik und Gesellschaft mit Integration befasst sind, Hand in Hand: Bund, Länder, Kommunen, Migrantinnen und Migranten, Institutionen und Organisationen aus Wissenschaft, Medien, Kultur, Sport, Wirtschaft, Gewerkschaften, Religionsgemeinschaften. Das sind die wichtigsten Themen des Nationalen Integrationsplans:

- Integrationskurse verbessern
- Von Anfang an deutsche Sprache fördern
- Gute Bildung und Ausbildung sichern, Arbeitsmarktchancen erhöhen
- Lebenssituation von Frauen und Mädchen verbessern, Gleichberechtigung verwirklichen
- Integration vor Ort unterstützen
- Kulturelle Vielfalt leben
- Integration durch Sport
- Medien – Vielfalt nutzen
- Integration durch bürgerschaftliches Engagement und gleichberechtigte Teilhabe stärken

(http://www.bundesregierung.de/Content/DE/Publikation/IB/nationaler-integrationsplan-flyer-mehrsprachig.html)

Vierter „Integrationsgipfel“ am 3.11.2010 – Bundeskanzlerin Merkel trifft sich mit den Vertreterinnen und Vertretern von 35 Migranten-Verbänden im Kanzleramt (links neben Merkel die Ausländerbeauftragte der Bundesregierung, Maria Böhmer). An diesem Gespräch nehmen u. a. auch Vertreter aus Wissenschaft, Politik, Wirtschaft und Medien teil (insgesamt 120 Personen).

M 12 Integration im Bild

a)

d)

b)

e)

c)

f)

g)

1. Erläutert, inwiefern die Bundesregierung bei ihrem Verständnis von Integration von einem „zweiseitigen Prozess“ ausgeht und worin sie einen Neuanfang ihrer Integrationspolitik sieht (M 11).
2. Geht die einzelnen Maßnahmen (Z. 18 ff.) durch und überlegt, wie sie konkret umgesetzt werden könnten. Näheres findet ihr unter http://www.bundesregierung.de/Webs/Breg/DE/Bundesregierung/BeauftragtefuerIntegration/ThemenNeu/NationalerIntegrationsplan/nationaler-integrationsplan.html
3. Betrachtet die Fotos M 12 a–g und stellt fest, welchen Themen des „Nationalen Integrationsplans“ (M 11) sie zugeordnet werden könnten.

Die durch den „Nationalen Integrationsplan“ gesetzten Ziele müssen weitgehend auf der Ebene der Bundesländer und besonders der Gemeinden umgesetzt werden. Wie diese Umsetzung erfolgen kann, wollen wir im Folgenden am Beispiel einer Stadt in Nordrhein-Westfalen (Arnsberg) etwas konkreter beschreiben. Im Anschluss daran könnt ihr durch ein Erkundungsprojekt Näheres über die Situation der Zuwanderer und die Integrationspolitik in eurer eigenen Gemeinde in Erfahrung bringen.

M 13 Wie eine Gemeinde Migration gestaltet: das Integrationskonzept der Stadt Arnsberg

In Arnsberg, einer Stadt im Sauerland mit rund 80 000 Einwohnern, leben im Jahr 2011 insgesamt 5 074 ausländische Mitbürger aus 102 verschiedenen Ländern. Die Grafik (s. S. 194 oben) dokumentiert die 10 wichtigsten Herkunftsländer.

Hinzu kommen ca. 7 000 Spätaussiedler und etwa 3 000 Kinder von Zuwanderern und eingebürgerten Personen. Insgesamt zählt die Gruppe der „Einwohner mit Migrationshintergrund“ in Arnsberg rund 15 000 Personen, das sind 19 % aller Ein-

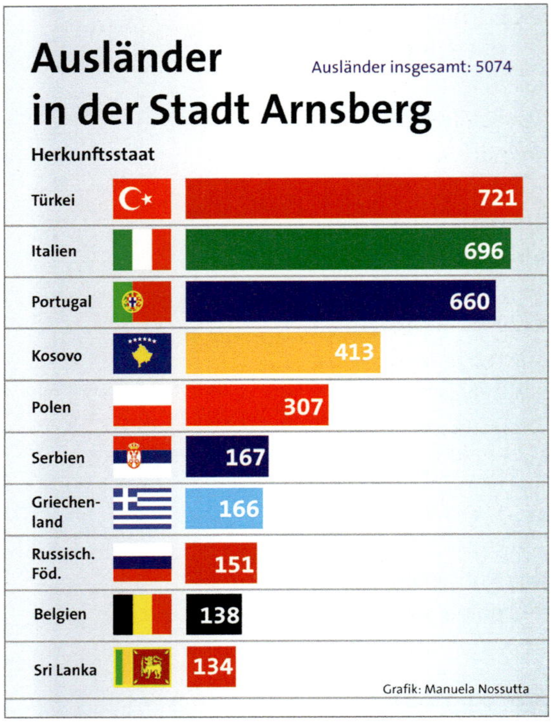

wohner. Seit den 1960er-Jahren halten sich in der Stadt Arnsberg ausländische Zuwanderer auf, damals vor allem Portugiesen und Italiener. Früher haben sich vor allem engagierte Einzelpersonen oder Wohlfahrtsverbände wie die Arbeiterwohlfahrt (AWO), die Caritas oder das Diakonische Werk um die Belange und Nöte der Zuwanderer gekümmert. Seit den 1990er-Jahren nahm sich dann die Stadtverwaltung gezielt des Themas „Integration" an. Es entstand das „Büro für Zuwanderung und Integration", eine sogenannte „One-Stop-Agency", in der alle mit dem Thema befassten Verwaltungsstellen zusammengefasst wurden. Dieses Büro hat zusammen mit engagierten Bürgern, Kirchen, Verbänden und Parteien ein für Arnsberg gültiges Integrationskonzept erarbeitet. Dieses Konzept verfolgt **folgende Ziele** für die Lebenssituation der in Arnsberg lebenden Zuwanderer: 1. Sicherung einer auf Gleichberechtigung, Selbstständigkeit und Unabhängigkeit beruhenden Existenz, 2. Vermittlung von Kenntnissen und Fertigkeiten, um sich in das neue Umfeld eingewöhnen zu können, 3. Vermittlung demokratischer und kultureller Werte unseres Landes, wobei die eigene Kultur der Zuwanderer ebenfalls gepflegt werden soll, 4. Förderung des gegenseitigen Respekts und der Akzeptanz* der in Arnsberg lebenden Kulturen, 5. Wahrnehmung der kulturellen Vielfalt als Chance für alle, „von gemeinsamer Verschiedenheit zu lernen und zu profitieren". Diese Ziele werden vom „Büro für Zuwanderung und Integration" durch eine Fülle von Maßnahmen und Hilfestellungen konkretisiert. Näheres dazu findet sich auf der Homepage der Stadt Arnsberg (http://www.arnsberg.de/buerger/produkte/buergerdienste/zuwanderungen/integration_betreuung.php und http://www.arnsberg.de/zuwanderung/).

Ein konkretes Beispiel sind die „Integrationslotsen": eine Gruppe von Bürgerinnen und Bürgern, die sich ehrenamtlich zur Verfügung stellen, um neu zugezogenen Menschen mit Migrationshintergrund bei der Eingewöhnung in die neue Heimat zu helfen. Sie unterstützen die Neubürger z.B. bei Behördengängen, übersetzen ggf. amtliche Schreiben oder vermitteln Kontakte zu Vereinen und Schulen.
Ein für Arnsberg besonderes Ereignis ist der alljährlich stattfindende *„Dies Internationalis"* (lat., internationaler Tag). Dieses vom „Internationalen Arbeitskreis", einem Ver-

ein engagierter Bürgerinnen und Bürger der Stadt, ausgerichtete Kulturfest führt alle Bürgerinnen und Bürger der Stadt zusammen. Vertreter fast aller Kulturen und Nationen, die in Arnsberg leben, feiern bei landestypischen Speisen und Getränken ein Bürgerfest, es gibt tänzerische und musikalische Darbietungen. Dieses Fest zeigt die ganze bunte Vielfalt der in der Stadt lebenden Menschen. Es beweist auch, dass das Zusammenleben der verschiedenen Kulturen in der Regel reibungslos verläuft.
Störfaktoren für eine gelingende Integration ergeben sich dann, wenn es der heimischen Bevölkerung wirtschaftlich nicht gut geht, wenn die Einkommen sinken und die Arbeitslosigkeit steigt. Dann sinkt die Bereitschaft, sich den Zuwanderern zu öffnen. Auf der anderen Seite gibt es auch Zuwanderer, die eine erfolgreiche Integration dadurch behindern, dass sie zu starr an der Kultur ihrer Herkunftsländer hängen oder diese kompromisslos überhöhen.
Zurzeit (2011) gibt es in Arnsberg fast keine Zuwanderung von Spätaussiedlern mehr; auch der Zustrom von Flüchtlingen und Asylbewerbern* hat deutlich nachgelassen.

(Autorentext auf der Grundlage eines Gesprächs mit Herrn Josek, dem Leiter des „Büros für Zuwanderung und Integration" der Stadt Arnsberg, im September 2011)

1. Beschreibt, wie viele Ausländer bzw. Menschen mit Migrationshintergrund aus welchen Ländern in Arnsberg wohnen, und vergleicht diese Zahlen und Herkunftsländer mit den entsprechenden Angaben auf Bundesebene (s. M 2, Abb. 2).

2. Beschreibt die Ziele und Maßnahmen des Integrationskonzepts der Stadt Arnsberg und stellt im Einzelnen fest, welchen Vorgaben des „Nationalen Integrationsplans" (M 11) sie entsprechen. Geht dabei insbesondere auf die beiden konkreter beschriebenen Beispiele ein.

3. Erläutert und erklärt die genannten „Störfaktoren" der Integration (Z. 92 ff.), die sich auf beiden Seiten ergeben können. An welchen konkreten Verhaltensweisen können sie sichtbar und spürbar werden?

4. Wie beurteilt ihr selbst diese Probleme und die Möglichkeiten, sie zu verringern?

M 14 Kochbuch multinational – eine Arnsberger Schule hat eine Idee

Wie die Integrationsbemühungen einer Stadt durch Initiativen von Schulen und anderen Institutionen unterstützt werden können, zeigt der folgende Bericht über ein konkretes Beispiel am Arnsberger Franz-Stock-Gymnasium.

Am Arnsberger Franz-Stock-Gymnasium kamen zwei pädagogische Mitarbeiterinnen auf eine besondere Idee. Sie betreuen an ihrer Schule die Gruppe der „Religionsabmelder". Das sind Kinder, die nicht am Religionsunterricht teilnehmen, im Schuljahr 2010/11 insgesamt 64 Jugendliche der Klassen 6–9. Viele dieser Jugendlichen entstammen Familien mit Migrationshintergrund.
Schnell entstand die Idee, ein klassenübergreifendes Projekt „Gesunde Ernährung" zu starten, dessen Ziel auch die Förderung unterschiedlicher Kompetenzen war. Es entstand im Verlauf des Projekts ein Kochbuch mit vielen Rezepten, die sich an den Ernäh-

rungstraditionen verschiedener Herkunftsländer der teilnehmenden Schülerinnen und Schüler orientieren. Gleichzeitig wurde ein Fragebogen zu den Ernährungsgewohnheiten der Mitschüler entwickelt, eine Befragung von 400 Personen wurde durchgeführt und ausgewertet. Schließlich wurde das Kochbuch mit vielen nützlichen Tipps rund um das Thema „gesunde Ernährung" angereichert. Dazu wurden Fotos geschossen und Zeichnungen angefertigt, um das Kochbuch ansprechend zu gestalten. Heraus kam ein lesenswertes Kochbuch mit vielen leckeren, gut selbst zu kochenden Rezepten und eine zufriedene Schülerschar, die erfolgreich und mit Begeisterung ein gemeinsames Projekt abschließen konnte.

(Autorentext)

1. Erläutert, inwiefern das beschriebene Projekt des Arnsberger Gymnasiums als ein Beitrag zur Integration gesehen werden kann.

2. Erkundet die Situation an eurer Schule im Hinblick auf konkrete Beiträge zur Integration und überlegt, ob ihr nicht selbst ein entsprechendes Projekt anregen und auf den Weg bringen könnt.

Methode

M 15 Erkundung zur Situation der Menschen mit Migrationshintergrund und zur Integrationspolitik in unserer Gemeinde

Nachdem ihr das Beispiel Arnsberg kennengelernt habt, schlagen wir euch an dieser Stelle vor, eine Erkundung zur Situation der Menschen mit Migrationshintergrund in eurer eigenen Gemeinde und zu entsprechenden Integrationsmaßnahmen vorzubereiten und durchzuführen. Auf diese Weise könnt ihr eure eigenen Erkenntnisse und Erfahrungen in den Unterricht einbringen

➡ *Mit wem* könnte man Kontakt aufnehmen, um Informationen zu bekommen und Verbindungen herzustellen?

Da ist zunächst das *Sozialamt der Stadt* oder die *Ausländerbehörde der Kreisverwaltung*. In größeren Städten gibt es auch *Ausländerbeiräte* und *Ausländerbeauftragte*, die sich das Ziel gesetzt haben, eine Gleichstellung von Einheimischen und Zuwanderern sowie ein friedvolles, tolerantes Zusammenleben zu erreichen. Auf der Homepage eurer Stadt oder eures Kreises könnt ihr erste Informationen erhalten.

Auch die *Wohlfahrtsverbände* (Telefonbuch) werden euch für eure Kontaktaufnahme zur Verfügung stehen: Arbeiterwohlfahrt (AWO), Caritas, Deutsches Rotes Kreuz, Diakonisches Werk, Malteser Hilfsdienst, Paritätischer Wohlfahrtsverband. Eine Begegnung mit Ausländerbeauftragten, Vertretern der Stadt- bzw. Kreisverwaltung, Mitarbeitern in Asylkreisen, vielleicht auch mit Zuwanderern, Asylbewerbern und Flüchtlingen selbst muss allerdings sehr gut vorbereitet sein. Genaue Absprachen sind unbedingt erforderlich.

➡ *Im Unterricht* solltet ihr zunächst überlegen, welche Fragen ihr stellen wollt. Ihr könnt euch in Gruppen aufteilen und einen *Fragenkatalog* erarbeiten. Für die Erkundung bei den Behörden könnten zum Beispiel folgende Fragen gestellt werden, aus denen ihr ggf. *auswählen* oder die ihr *verändern* bzw. *ergänzen* könnt:

- Wie viele Menschen mit Migrationshintergrund und wie viele Ausländer, wie viele Flüchtlinge und Asylbewerber leben in der Stadt?
- Aus welchen Ländern kommen die ausländischen Mitbürgerinnen und Mitbürger?
- Wo und wie sind die Asylbewerber untergebracht?
- Welche Integrationsmaßnahmen der Gemeinde und welche sonstigen Initiativen zur Verbesserung des Zusammenlebens von Einheimischen und Menschen mit Migrationshintergrund (insbesondere Ausländern) gibt es?

➡ Falls ihr durch entsprechende Kontakte *Besuche bei Asylbewerbern oder Flüchtlingen* ermöglichen könnt, könnten folgende Fragen wichtig sein:

- Woher stammen sie? Welche Sprachen sprechen sie, welche Religion haben sie?
- Warum haben sie ihr Land verlassen?
- In welcher rechtlichen Situation befinden sie sich?
- Was erwarten sie in und von Deutschland? Welche Erfahrungen haben sie bisher gemacht?
- Welche Vorstellungen haben sie von ihrem zukünftigen Leben?

➡ Überlegt zusammen mit eurem Lehrer oder eurer Lehrerin, wie ihr die Ergebnisse eurer Erkundung sammeln und ggf. in der Schule präsentieren wollt (z. B. auf Wandzeitungen, die auch Fotos enthalten, oder auf der Homepage). Vielleicht könnt ihr auch einen Erfahrungsbericht in der Lokalzeitung veröffentlichen.

(Autorentext)

Kompetenzcheck

1. Welche Voraussetzungen muss jemand erfüllen, der deutscher Staatsbürger werden will?

Kreuze (im Heft!) die richtigen Antworten an:
a) Er muss 18 Jahre alt sein.
b) Er muss Deutsch sprechen können.
c) Er darf nicht aus seinem Heimatland geflohen sein.
d) Er muss sich in Deutschland auskennen.
e) Er darf nicht wegen einer schweren Straftat vorbestraft sein.
f) Er muss seit 8 Jahren rechtmäßig in Deutschland wohnen.
g) Er muss sich zum Grundgesetz bekennen.
h) Er muss sich zum Christentum bekennen.
i) Er darf keine Schulden haben.
j) Er muss selbst für seinen Lebensunterhalt sorgen können.

2. Ein Ankreuztest rund um den Begriff „Menschen mit Migrationshintergrund"

Kreuze im Heft bei den folgenden fünf Beispielen an, welche Bezeichnung(en) für die Personen richtig ist bzw. sind. Mehrfachnennungen sind möglich.

1. Metim K. ist 14 Jahre alt und in Deutschland geboren. Seine Eltern sind vor 18 Jahren aus der Türkei gekommen und haben keinen deutschen Pass.
Metim K.
? ist Deutscher
? ist Ausländer
? hat eigene Migrationserfahrungen
? hat einen Migrationshintergund

2. Francesca M., 15 Jahre alt, ist Tochter italienischer Eltern, die seit mehr als 25 Jahren in Deutschland leben. Ihre Eltern haben sich einbürgern lassen, haben aber auch noch ihren italienischen Pass. Francesca ist in Deutschland geboren.
Francesca M.
? ist Deutsche
? ist Ausländerin
? hat eigene Migrationserfahrungen
? hat einen Migrationshintergund

3. Karolina P. ist 13 Jahre alt und vor zwei Jahren mit ihren Eltern aus Polen nach Deutschland zugewandert.
Karolina P.
? ist Deutsche
? ist Ausländerin
? hat eigene Migrationserfahrungen
? hat einen Migrationshintergund

4. Katharina S. ist 14 Jahre alt. Ihre Eltern, mit denen sie als kleines Kind nach Deutschland gekommen ist, sind Spätaussiedler aus Russland.
Katharina S.
? ist Deutsche
? ist Ausländerin
? hat eigene Migrationserfahrungen
? hat einen Migrationshintergund

5. Evi C. ist 14 Jahre alt und lebt seit vier Jahren in Deutschland. Ihre Eltern sind in China geboren und vor vier Jahren nach Deutschland gekommen.
Evi C.
? ist Deutsche
? ist Ausländerin
? hat eigene Migrationserfahrungen
? hat einen Migrationshintergund

3. Wissenstest: „Zuwanderer und Ausländer in Deutschland"

1. Die Zahl der ausländischen Staatsangehörigen in Deutschland ist
- ⓘ weiterhin rückläufig
- ⓘ stets steigend

2. Von den 81,9 Millionen in Deutschland lebenden Personen waren im Jahr 2009
- ⓘ 4,6 Mio. Ausländer (5,6 %)
- ⓘ 7,1 Mio. Ausländer (8,7 %)
- ⓘ 10,2 Mio. Ausländer (12,5 %)

3. Die größte nationale Gruppe der Ausländer in Deutschland bilden Zuwanderer aus
- ⓘ Italien
- ⓘ Polen
- ⓘ der Türkei
- ⓘ Griechenland

4. Von den 81,9 Millionen in Deutschland lebenden Personen hatten im Jahr 2009 einen Migrationshintergrund
- ⓘ 6,4 Mio. (7,8 %)
- ⓘ 11,8 Mio. (14,4 %)
- ⓘ 15,7 Mio. (19,2 %)

5. Im Jahr 2009 stammten
- ⓘ etwa ein Viertel (24,8 %)
- ⓘ etwa die Hälfte (51,8 %)
- ⓘ fast drei Viertel (71,6 %)

aller zugezogenen Personen aus Europa (inkl. Türkei).

6. Die durchschnittliche Aufenthaltsdauer der in Deutschland registrierten Ausländer betrug im Jahr 2009
- ⓘ 6,3 Jahre
- ⓘ 10,4 Jahre
- ⓘ 18,5 Jahre

(2. und 3. aus: Landeszentrale für politische Bildung Baden-Württemberg [Hg.], Politik und Unterricht Nr. 2/2011: Integrationsland Deutschland, Neckar-Verlag, Villingen-Schwenningen 2011, S. 23, 20)

4. Zuwanderungspolitik

Beschreibe genau die Darstellung der Karikatur und beantworte dann folgende Fragen:

a) Auf welchen Aspekt der Zuwanderungspolitik nimmt die Karikatur Bezug?

b) Was will der Zeichner dazu mit seiner Art der Darstellung zum Ausdruck bringen?

c) Wie beurteilst du selbst die Frage der weiteren Zuwanderung?

DIE WELT

Ist die Erde noch zu retten? –

Suche nach Überlebenden nach der Tsunami-Katastrophe in Fukushima

8 Möglichkeiten und Chancen umweltgerechten Handelns

Zur Orientierung

*Im **ersten Abschnitt** dieses Kapitels wird an Beispielen aus jüngster Zeit verdeutlicht, wie sehr Menschen durch Umweltkatastrophen und Umweltschäden belastet wurden und wie sie mit den Folgen umgegangen sind.*
*Mit dem Einfluss des Menschen auf das globale Klima beschäftigt sich der **zweite Abschnitt**. Hier stellen wir euch Materialien zur Verfügung, die euch einen Überblick über die aktuelle Klimadiskussion und die Bemühungen um einen internationalen Klimaschutz verschaffen können.*
*Im **dritten Abschnitt** sollt ihr euch mit der Frage beschäftigen, wie sowohl bei der Produktion von Gütern (z. B. durch die Anwendung neuer Techniken) als auch in der Art, wie wir konsumieren, umweltschonend und umweltverträglich gehandelt werden kann.*
*Abschließend (**vierter Abschnitt**) geben wir einen Ausblick auf die verstärkte Nutzung erneuerbarer Energien und wollen euch zu einer **Erkundung vor Ort** anregen, die ihr auf der Grundlage dessen, was ihr gelernt habt, vornehmen könnt.*

Kompetenzen

Nach der Erarbeitung dieses Kapitels solltet ihr Folgendes wissen und können:

- Folgen von Umweltschäden und Umweltkatastrophen für unmittelbar Betroffene, für unsere Gesellschaft und die Welt erläutern;
- zwischen internen und externen Kosten der Beseitigung und Verhinderung von Schäden unterscheiden;
- erklären, wie der „Treibhauseffekt" entsteht, und die Problematik des Klimawandels erläutern;
- erläutern, was der Staat für den Umweltschutz tut und wie sich Umweltorganisationen für den Klimaschutz einsetzen;
- die Bemühungen der internationalen Staatengemeinschaft um einen gemeinsamen Klimaschutz beschreiben und beurteilen;
- das Prinzip der „Nachhaltigkeit" erklären und Möglichkeiten von Unternehmen, bei der Produktion von Gütern umweltschonende Verfahren einzusetzen, erläutern;
- Möglichkeiten, umweltgerecht zu konsumieren, erläutern und beurteilen;
- die Notwendigkeit einer zukunftsfähigen Energienutzung begründen und das politische Vorhaben einer „Energiewende" erläutern;
- eine Erkundung zum Umweltschutz in eurer Stadt oder eurer Schule durchführen.

1. Umwelt in Gefahr – Katastrophen, Bedrohungen, Belastungen

M1 „Deepwater Horizon" – Folgen einer Katastrophe

Brennende Ölteppiche treiben im Golf von Mexiko – einen Monat nach der Explosion der Bohrinsel „Deepwater Horizon".

Berlin (dpa) – Die Explosion der vom BP-Konzern geleasten Bohrinsel „Deepwater Horizon“ am 20. April 2010 hat die größte Umweltkatastrophe in der Geschichte der USA ausgelöst. Bei dem Unglück starben elf Menschen, zwei weitere kamen später bei Rettungsarbeiten ums Leben.

Durch die **Ölverseuchung** wurden mehr als 1000 Kilometer Küste in den Bundesstaaten Louisiana, Mississippi, Alabama und Florida verschmutzt. Hunderttausende Tiere wie Meeressäuger, Fische, Pelikane und Schildkröten starben an den Folgen. Aus einem Leck in 1500 Meter Tiefe waren fünf Monate lang insgesamt rund 780 Millionen Liter Erdöl in den Golf von Mexiko gesprudelt. Bereits zwei Wochen nach dem Versiegeln des Lecks stellten US-Wissenschaftler Ende Juli fest, dass sich der Ölteppich auf dem Meer überraschend schnell auflöste. Bei Anwohnern des Katastrophengebiets und Fischern blieb aber neben der Sorge um Spätschäden als Folge des Öls auch die Angst vor Langzeiteffekten, die von knapp sieben Millionen Liter chemischer Öl-Bekämpfungsmittel ausgelöst wurden.

Um die Folgen der Ölpest zu beseitigen, waren in Spitzenzeiten **mehr als 48000 Helfer im Einsatz.** [...] Zeitweise kämpften 10000 Boote gegen das Öl. [...]

Auch bekannte Urlauber-Strände am Mississippi-Delta wie Grand Isle wurden mit Öl verseucht und waren lange gesperrt. Nach Berechnungen des britischen Wirtschaftsinstituts Oxford Economics verlor allein die **Tourismusbranche** im Süden der USA wegen der Ölpest 23 Milliarden Dollar.

Das Gebiet um die Unfallstelle war wochenlang für den **Fischfang** gesperrt. Die küstennahe Muschel- und Krabbenfischerei blieb zwar erlaubt, der Markt brach allerdings zeitweise zusammen: Kaum jemand wollte Meeresfrüchte aus dem Katastrophengebiet kaufen. Nach Erfahrungen aus vorherigen Ölunfällen im Golf von Mexiko erwarteten Experten aber nicht, dass die „Deepwater Horizon“-Katastrophe dauerhaft die Fischbestände schädigte.

Für **Schadenersatzforderungen** und mögliche Strafgelder hielt BP nach eigenen Angaben 40 Milliarden Dollar bereit. 1,14 Milliarden Dollar zahlte der Konzern nach eigenen Angaben an Regierungen des Bundes, der Staaten und Kommunen für deren Aufwendungen. Bis März [2011] wurden aus dem von BP eingerichteten und vom Regierungsbeauftragten Kenneth Feinberg verwalteten 20-Milliarden-Dollar-Kompensationstopf (GCCF) rund 3,6 Milliarden an mehr als 172000 Antragsteller gezahlt.

Zur **Schuldfrage** erklärte die von US-Präsident Barack Obama eingesetzte Untersuchungskommission in ihrem Abschlussbericht, die Katastrophe sei „vorhersehbar und vermeidbar“ gewesen. Die Behörden seien mitverantwortlich gewesen, die

Hauptschuld liege aber bei den beteiligten Firmen BP, Transocean und Halliburton. Die Katastrophe bewirkte kein Umdenken in der Energiepolitik der USA. Schon ein halbes Jahr nach der Explosion der „Deepwater Horizon" ließ die Regierung wieder Tiefsee-Bohrungen zu.

(dpa, in: Greenpeace magazin, tagesthemen, 18. April 2011; http://www.greenpeace-magazin.de/index.php?id=55&tx_ttnews[tt_news]=107518&tx_ttnews-[backPid]=54&cHash=c615098837)

Auf Queen Bess Island vor der Küste Louisianas versuchen Helfer, einen ölverklebten Pelikan vor dem qualvollen Tod zu retten.

1. Beschreibt die dargestellte Umweltkatastrophe mit wenigen Sätzen. Was geschah wann und wo? Wie wurde die Katastrophe bekämpft, wie wurde zu helfen versucht?

2. Haltet fest, welche Ursache die Katastrophe hatte.

3. Fertigt eine Übersicht darüber an, welche Betroffenen genannt werden und welche langfristigen Folgen die Katastrophe haben könnte.

4. In den beiden letzten Absätzen des Artikels werden das Problem des Schadensersatzes und die Frage nach der Schuld an dem Unglück angesprochen. Arbeitet heraus,
   - inwieweit BP Schadensersatz geleistet hat und sich zu möglichen Forderungen verhält,
   - welche Verantwortlichen genannt werden und
   - wie Greenpeace das Verhalten der Ölgesellschaft BP einschätzt.

5. Diskutiert, wie ihr selbst das Verhalten der Ölgesellschaft beurteilt.

M2 Giftschlamm zerstört Dörfer

Es ist die bisher schlimmste Umweltkatastrophe in Ungarn: Eine Schlammlawine mit giftigen Stoffen hat im Westen des Landes mehrere Orte überschwemmt und mindestens vier Menschen in den Tod gerissen. Sechs Personen werden vermisst. Der ätzende Bauxitschlamm verletzte mehr als hundert Menschen. Die Verletzten litten vor allem an Verätzungen an Haut und Augen durch die Giftstoffe in der Schlammlawine und wurden in Krankenhäuser gebracht. Umweltschützer warnten vor Gesundheitsgefahren und vor Verschmutzung des Trinkwassers. Die Regierung verhängte für

Giftiger Rotschlamm überflutet das ungarische Dorf Kolontár.

Ein erschöpfter Anwohner in seinem Garten

die westungarischen Bezirke Veszprem, Vas und Györ den Notstand. […]

Zu der Chemiekatastrophe kam es, nachdem aus bisher ungeklärten Gründen ein Bauxitschlamm-Speicher der Aluminiumhütte MÁL AG geborsten war. Die giftige Masse strömte in einen Bach und vermengte sich mit dem Hochwasser, das schon seit mehreren Tagen die Gegend heimsucht. […]

(http://www.n-tv.de/panorama/Giftschlamm-zerstoert-Doerfer-article1641856.html; dpa/rts/AFP; 5.10.2010)

Das Ausfließen des ätzenden Rotschlamms, eines Abfallprodukts bei der Herstellung von Tonerde, aus der wiederum Aluminium gewonnen wird, konnte erst am Dienstagabend unter Kontrolle gebracht werden. […]

[…] Aufgrund einer Weisung des Budapester Umweltministeriums musste MÁL seine Produktion mit sofortiger Wirkung stilllegen. […] Die ungarischen Behörden ermitteln wegen Fahrlässigkeit. […] „Diese Stoffe sind extrem giftig, aber nicht radioaktiv, die Umweltbelastung ist aber erheblich“, teilten die Umweltschutzorganisationen „Global 2000“ und „Greenpeace“ mit. Der toxische Rotschlamm, der sich über die typisch ungarischen oberirdischen dörflichen Abflusskanäle sowie Bach- und Flussläufe verbreitet habe, gelange nicht nur ins Grundwasser und vergifte es, sondern werde in getrocknetem Zustand als Staub durch Wind kilometerweit verfrachtet. […] Die Umweltkatastrophe sei „beispiellos in der ungarischen Geschichte“ und könne „Ökosysteme*, Flusslandschaften, Grund, Boden und Trinkwasservorräte massiv gefährden“. Sich in Kolontár und Umgebung aufzuhalten, sei derzeit nicht ratsam: „Die Luft ist vergiftet und in den Häusern stehen die Menschen bis zur Hüfte im Schlamm.“ Die gesundheitlichen Langzeitfolgen seien unabsehbar. Nicht nur seltene Arten wie Otter, Eisvogel, Uferschwalbe seien bedroht, sondern die gesamte Tierwelt des Gebietes „ist dem Untergang geweiht.“ […]

(Reinhard Olt, http://www.faz.net/artikel/S30798/umweltkatastrophe-in-ungarn-giftschlamm-hat-donau-erreicht-30000094.html; 7.10.2010)

Die ungarischen Behörden belegten die für die Giftschlammkatastrophe verantwortliche Aluminiumfabrik MÁL AG mit einer **Geldbuße** von 135 Milliarden Forint (**500 Mio. Euro**).

(www.orf.at/stories/2079247/; 14.9.2011)

1. Beschreibt die dargestellte Umweltkatastrophe mit wenigen Sätzen. Was geschah wann und wo? Wie wurde die Katastrophe bekämpft, wie wurde zu helfen versucht?

2. Haltet fest, welche Ursachen der Katastrophe genannt werden.

3. Was bedeutet die Katastrophe für die unmittelbar Betroffenen? Wer ist außerdem betroffen?

4. Wie schätzen die genannten Umweltorganisationen die Folgen des Unglücks und die weiteren möglichen Gefährdungen ein?

5. Stellt fest, wem und mit welcher Begründung die Schuld an dem Unglück zugewiesen wird, und versucht euch ein eigenes Urteil zu bilden.

6. Informiert euch mit Hilfe der Darstellung „Was kosten uns die Umweltschäden?“ (Kasten S. 205 o.) über das Problem möglicher „externer“ Kosten. Diskutiert dann, wer die Kosten der Beseitigung der Schäden tragen sollte oder könnte.

Was kosten uns die Umweltschäden?

Umweltschäden zeigen sich nicht immer so unmittelbar wie in den dargestellten Katastrophen, oft werden sie erst nach einiger Zeit spürbar für die betroffenen Menschen. Oft sind sie nicht zu reparieren und führen zu einem erheblichen Verlust an Lebensqualität, der auch gar nicht mit einem Geldwert beziffert werden kann.

Einzelne Verursacher sind in der Regel nicht mehr zu finden und so kann auch niemand haftbar gemacht werden. Die Kosten müssen dann von den Betroffenen (z.B. Menschen, die Gesundheitsschäden erlitten haben, oder geschädigten Grundstücks- und Hauseigentümern), den Städten und Gemeinden oder den Bundesländern getragen werden.

Solche Kosten, die nicht von den Verursachern eines Schadens (bzw. von den Nutzern eines Gutes wie z.B. eines Autos oder eines Flugzeugs) bezahlt werden, sondern von unbeteiligten Dritten, werden *„externe"* (nach außen verlagerte) Kosten genannt.

(Autorentext)

M3 Waldverlust: 35 Fußballfelder in einer Minute

Die Uhr tickt: In jeder Minute verschwinden rund um die Welt 35 Fußballfelder wertvoller Wald. Sehen kann dies ab sofort jeder am Berliner Hauptbahnhof: Zum offiziellen Start des UN-Jahres der Wälder hat der WWF* dort heute den Waldverlust-Ticker 2011 enthüllt.

Eine große digitale Uhr zählt vom 1.1. bis zum 31.12.2011 die vernichtete Waldfläche weltweit (siehe Foto). Anhand alltäglicher Beispiele erklären Infografiken und Texte auf der Rückseite des Tickers, in welchen Produkten Wald zu finden ist und wofür die gigantische Zahl von 35 Fußballfeldern Wald pro Minute verschwindet. Der Waldverlust-Ticker steht bis zum 28. Februar im Berliner Hauptbahnhof und wird anschließend in anderen Bahnhöfen Deutschlands aufgestellt.

Der WWF betont, dass der rasante Waldverlust auch auf das Konto Deutschlands geht. „Wir Deutschen verbrauchen jedes Jahr allein 20 Millionen Tonnen Papier", sagt Philipp Göltenboth, Leiter des Waldprogramms beim WWF Deutschland. „Pro Kopf sind das im Durchschnitt 235 Kilo pro Jahr für Küchenrollen, Pappbecher, Werbeprospekte, Druckerpapier und Taschentücher. Damit liegt Deutschland EU-weit an der Spitze."

Nicht nur die Papierindustrie sorgt für den Waldschwund. Der Wald bleibt auch auf der Strecke, um den wachsenden Bedarf an Fleisch, Futtermitteln, Holz und Bioenergie zu decken. An die Stelle von natürlichen Wäldern rücken Agrarflächen und Plantagen.

WWF-Aktion zum Jahr der Wälder

Allein 30 Kilo Werbeflyer landen nach WWF-Analysen jährlich in deutschen Briefkästen – eine Papierflut, die nicht sein müsste. Gleiches gilt für Tissueprodukte. Davon verbrauchen deutsche Haushalte jährlich eine Menge in der Größenordnung von sieben Milliarden Papier-Küchenrollen. „Papier sparen und Wald schützen ist einfach", sagt WWF-Papierexperte Johannes Zahnen. „Wir könnten bundesweit jedes Jahr sechs Milliarden Pappbecher sparen, wenn wir unseren Kaffee unterwegs aus einer Tasse trinken würden. Das sind rund eine halbe Million Bäume, die nicht gefällt werden müssten." An diesem unnötigen Papierverbrauch können wir alle was ändern, so der WWF-Experte.

Unterstützt wird die WWF-Aktion von Fußball-Nationalspielerin Fatmire „Lira" Bajramaj: „Wenn ich mir vorstelle, dass während eines Fußballspiels von 90 Minuten 3114 Fußballfelder Wald vernichtet werden, läuft es mir kalt den Rücken runter. Das muss aufhören. Deshalb gehe ich jetzt viel vorsichtiger mit Papierprodukten um", so die Stürmerin.

(Reisenews Online; http://www.reisenews-online.de/2011/02/03/waldverlust-35-fussballfelder-in-einer-minute/)

M4 Blauer Himmel unbekannt

Dichter, gelb-brauner chemikalischer Smog über der Causeway Bay von Hong Kong

Wir produzieren die Treibhausgase (vgl. M5) mit unseren Industrie- und Kraftwerksabgasen, mit unseren Heizungen, unseren Autos, mit Flugzeugen, Schiffen und der Landwirtschaft. Einmal in der Luft, können diese Schadstoffe, etwa mithilfe des Sonnenlichts, weiter reagieren und Neues [neue Gase] bilden. So entsteht an heißen Sommertagen [...] der Ozonsmog, der die Augen reizt und empfindliche Menschen quält. Daneben belastet Ruß die Luft, dazu feinste, in der Luft schwebende Tröpfchen, Aerosole genannt, oder der Feinstaub, der so winzig ist, dass er tief in die Lungen eindringen kann. [...]

Laut Weltgesundheitsorganisation WHO* sterben jährlich 2,4 Millionen Menschen an Krankheiten, die sie durch die Luftverschmutzung bekommen: an Krebs und chronischen Lungen- oder Herzkrankheiten. [...]

Die Luftverschmutzung in den Industriegebieten Asiens ist gewaltig – und der Himmel braun, selbst wenn gerade die Sonne scheint. Wer dort vor 15 Jahren geboren wurde, hat praktisch nie tiefblauen Himmel gesehen. Während des Wintermonsuns, wenn es praktisch keinen Regen gibt, der den Dreck aus der Luft wäscht, sieht man das Problem sogar aus dem Weltraum heraus. Dann lässt sich auf Satellitenaufnahmen über weiten Teilen Chinas, Indiens und Indonesiens, über weiten Teilen des Indischen Ozeans bis hinaus auf den Pazifik ein brauner Fleck erkennen. Das ist ein drei Kilometer dicker Schleier, in dem sich die verschmutzte Luft aus asiatischen Städten, Industriezentren und aus dem Verkehr ansammelt.

Weil unter den kühlenden Wolken weniger Wasser verdunstet, fehlt der Nachschub für die Wolkenbildung und damit für den Regen. Außerdem liefert der feine Dreck in den Wolken Unmengen an „Keimen", um die sich winzigste Wassertröpfchen bilden. Es sind so viele, dass keine dicken Regentropfen mehr heranwachsen, die dann zu Boden fallen. Der braune Schleier verändert

den Wasserzyklus spürbar, die Dürreperioden dauern länger und länger. Allein in Indien ist die Reisernte in den betroffenen Regionen um zehn Prozent gesunken.
Weltweit sinken die Erträge auch da, wo an schönen Sonnentagen der Ozonsmog in der Troposphäre* zum Problem wird. Vor allem Getreide wächst sehr viel schlechter. In Europa summieren sich die Verluste in der Landwirtschaft durch das troposphärische Ozon auf bis zu zwölf Milliarden US-Dollar pro Jahr. Auf Versuchsfeldern im pakistanischen Lahore wuchs das Getreide draußen um 40 Prozent schlechter als in Gewächshäusern, in denen das Ozon aus der Luft gefiltert wurde. Dabei hängen in Asien Milliarden Menschen von der Nahrungsmittelproduktion vor Ort ab. Dort lebt die Mehrheit der Weltbevölkerung auf engem Raum zusammen – und Importe kann man sich da nicht leisten. [...]

(Dagmar Röhrlich, Die Spur des Menschen. Oder was die Erde alles aushalten muss, bpb-Schriftenreihe, Bd. 799, Berlin 2009, S. 127 ff.)

Blick über ein Industriegebiet im Osten von Frankfurt

Die Materialien M 3 und M 4 veranschaulichen im Unterschied zu M 1 und M 2 Umweltschäden und -belastungen, die nicht durch unvorhergesehene plötzliche Unglücksfälle verursacht wurden, sondern zunächst beinahe unbemerkt eingetreten sind.

1. Beschreibt die beiden dargestellten Umweltprobleme mit wenigen Sätzen.
2. Haltet fest, welche Ursachen der eingetretenen Probleme jeweils genannt werden und wer als Verursacher verantwortlich gemacht wird.
3. Wie beurteilt ihr die in M 3 beschriebene WWF-Aktion? Diskutiert, was solche Aktionen bewirken könnten.
4. Arbeitet heraus, wer von der in M 4 dargestellten Umweltbelastung besonders betroffen ist und welche Auswirkungen die Luftverschmutzung weltweit hat.

2. Droht uns die Klimakatastrophe? – Wir mischen uns ein in die Klimadiskussion

Der fortschreitende Klimawandel stellt eines der wichtigsten gegenwärtigen Umweltprobleme dar. Sein Ausmaß, seine Folgen und mögliche Gegenmaßnahmen werden in der Bevölkerung, insbesondere von zahlreichen Umweltgruppen und Politikerinnen und Politikern, heftig diskutiert.

Damit ihr euch ein genaueres Bild von dieser Klima-Debatte machen und euch ein eigenes begründetes Urteil bilden könnt, findet ihr in diesem Abschnitt einige Materialien, die zeigen,

- *was unter den Begriffen „Treibhauseffekt“ und „Klimawandel“ zu verstehen ist und worin die Ursachen für diese Entwicklungen gesehen werden (M 5, M 6),*
- *was sog. „Klimazeugen“ (M 7) über ihre Erfahrungen mit dem Klimawandel berichten,*
- *worin Klimaforscher und Umweltverbände die Ursachen der von ihnen beobachteten Veränderungen sehen und wie sie mögliche Folgen des Klimawandels einschätzen (M 8 a/b),*
- *wie sich Bürgerinnen und Bürger für den Klimaschutz einsetzen und wie schwierig es ist, zu einer international abgestimmten Klimaschutzpolitik zu gelangen (M 9 – M 11).*

*Wertet die Materialien nach den oben genannten Fragestellungen (evtl. auch arbeitsteilig) aus und fertigt eine **gegliederte Inhaltsübersicht zu Fragen des Klimawandels** an (z. B. für eine Ausstellung oder für einen Flyer zu einem Umwelttag an eurer Schule).*

Vielfältige nähere Informationen zu allen mit dem Thema Klimawandel verbundenen Fakten und Fragen findet ihr im „Dossier Klimawandel“ der Bundeszentrale für politische Bildung (http://www.bpb.de/gesellschaft/umwelt/klimawandel/).

M 5 Der Treibhauseffekt verändert das Klima

a) Natürlicher Treibhauseffekt

Die Durchschnittstemperatur über die gesamte Erde gemittelt beträgt etwa +15°C. Diese Temperatur resultiert aus dem Strahlungsgleichgewicht zwischen der von der Sonne eingestrahlten Energie und der von der Erde wieder in den Raum abgestrahlten Energie. Eine Atmosphäre, die nur aus Sauerstoff und Stickstoff bestünde, würde zu Durchschnittstemperaturen auf der Erde von etwa –18°C führen. Da sich in der Atmosphäre aber weitere Bestandteile wie Wasserdampf und CO_2 befinden, wird – ähnlich dem Glasdach in einem Treibhaus – die Sonnenstrahlung als langwellige Wärmestrahlung von der Erde in die Atmosphäre zurückgestrahlt. Die natürlichen Treibhausgase in der Atmosphäre wie beispielsweise Wasserdampf und CO_2 sorgen dafür, dass die langwellige Wärmestrahlung an diesen Gasen reflektiert wird und damit wieder zur Erdoberfläche zurückkehrt und dadurch die Erde erwärmt.

Abb. 1

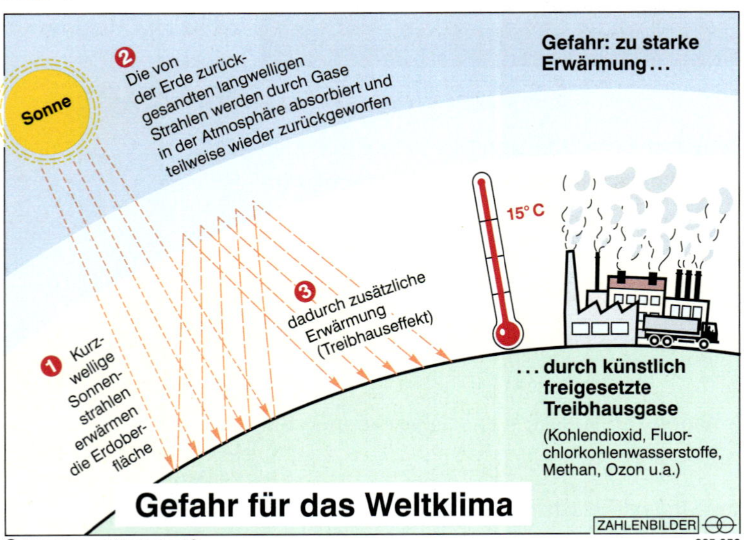

 665 050

b) Anthropogener Treibhauseffekt

Unter dem anthropogenen Treibhauseffekt versteht man den vom Menschen verursachten Anteil am atmosphärischen Treibhauseffekt (griechisch: anthropos = Mensch). Treibhausgase, die in einer bestimmten Konzentration vorkommen, regeln die Temperatur auf unserer Erde. Treibhausgase hindern die Sonnenstrahlung, die auf der Erdoberfläche reflektiert wird, am Austritt aus der Atmosphäre. Dadurch heizt sich die Atmosphäre auf (vgl. Abb. 1). Die Temperatur der Erde hängt also empfindlich von der Konzentration der Treibhausgase ab. Die vom Menschen am stärksten beeinflussbaren Treibhausgase sind Kohlendioxid (CO_2) und (etwas weniger) Methan.

(http://www.goruma.de/Wissen/Naturwissenschaft/Meteorologie/Klima_und_Klimakatastrophe.htm)

Abb. 2

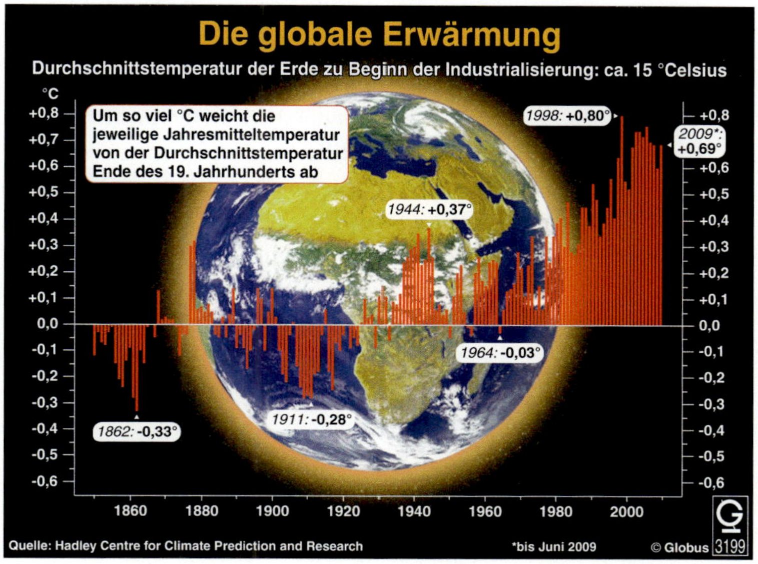

M6 Globale Verursacher des Treibhauseffekts

Hauptquelle für Treibhausgase, insbesondere CO_2, ist die Erzeugung von Energie. Dazu werden auch heute noch in Kraftwerken die fossilen*, sehr kohlenstoffintensiven Energieträger wie Stein- und Braunkohle, aber auch Erdöl und Erdgas verbrannt. Rund 37 Prozent der vom Menschen produzierten weltweiten CO_2-Emissionen fallen bei der Stromerzeugung an. [...]

Die Industrieländer sind die Hauptverursacher des vom Menschen verursachten Treibhauseffektes. Rund 58 Prozent des im gesamten 20. Jahrhundert in die Luft geblasenen Kohlendioxids beispielsweise wurden in Europa und den USA erzeugt.

Heute steigt vor allem in den Entwicklungsländern, besonders den Schwellenländern*, der Ausstoß an Treibhausgasen stark an. Der Wachstumsgigant China ist laut internationaler Energieagentur inzwischen vor den USA – gemessen an CO_2-Emissionen fossiler Brennstoffe – zum größten Emittenten* geworden (s. Grafik). Die 27 Länder

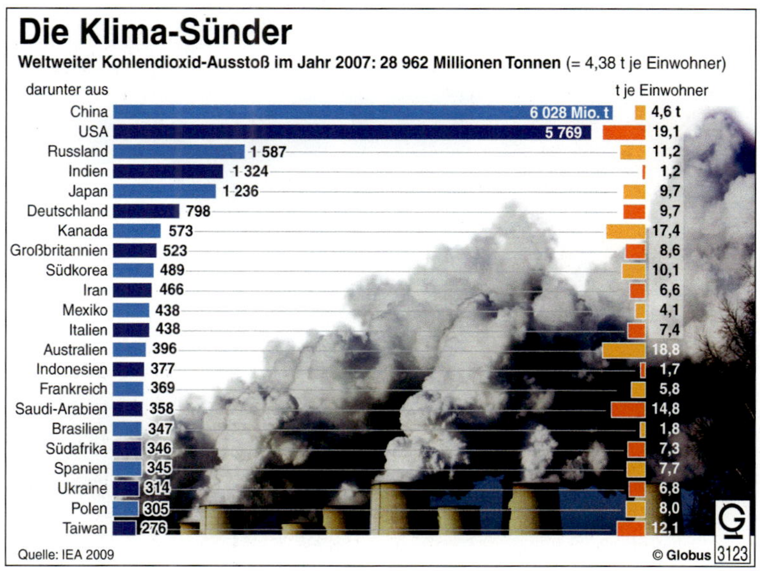

der Europäischen Union produzieren nur etwa zwei Drittel der Emissionen Chinas. Gemessen an der Einwohnerzahl (1,3 Mrd) befindet sich China allerdings in der unteren Hälfte der Tabelle: Der Pro-Kopf-Verbrauch liegt hier bei fast 5 Tonnen Kohlendioxid jährlich. Zum Vergleich: Jeder Deutsche produziert im Durchschnitt knapp zehn Tonnen CO_2 im Jahr, jeder US-Amerikaner rd. 19 Tonnen (s. Grafik S. 209 unten) und jeder Bewohner des arabischen Golfstaates Qatar sogar durchschnittlich fast 80 Tonnen Kohlendioxid im Jahr. [...]

Die Umwandlung großer Wälder in landwirtschaftliche Nutzflächen heizt die Erde gleich doppelt auf: Zum einen werden bei Abholzung und Brandrodung Kohlendioxid und andere Treibhausgase frei. Zum anderen fehlen diese gerodeten Wälder als große CO_2-Speicher. So entstehen ungefähr ein Fünftel aller Treibhausgase durch die Vernichtung von Wäldern und eine veränderte Flächennutzung.

(http://www.wwf.de/themen/klima-energie/klimawandel/verursacher/)

M 7 Klimazeugen

Nelly Damaris Chepkoskei, Farmerin – Kipchebor (Kenia; s. Foto):

„Früher hatten wir hier gewöhnlich das ganze Jahr Regen. Heute ist es immer häufiger trocken, und in den letzten Jahrzehnten sind die Temperaturen angestiegen, sogar in den Regenzeiten. Anders als vor 20 Jahren ist die Trockenzeit heutzutage heißer – und zwar so heiß, dass alles Gras vertrocknet. Das hat es vorher nicht gegeben; das Gras blieb auch in der Trockenzeit grün. Das bedeutet, dass es heute nicht mehr genug Futter für meine Kühe gibt. [...]

Die Böden bleiben in der Trockenzeit unbestellt und erodieren dann [werden ausgewaschen], wenn der Regen einsetzt.

Früher hat das kalte Wetter dafür gesorgt, dass Moskitos in unserem Dorf nicht überleben konnten. Ein Effekt der höheren Temperaturen ist allerdings, dass durch die größere Anzahl Moskitos mehr Fälle von Malaria in der Region auftreten. Das begann bereits in den 1980er-Jahren. Heute sterben die Menschen sogar an Malaria. Das gab es vor 20 bis 30 Jahren nicht."

(http://www.wwf.de/themen/klimaschutz/problem/auswirkungen/klimazeugen/nelly-damaris-chepkoskei-kenia/)

Iakopu Molotii, Taxifahrer – Funafuti (Tuvalu):

Die Inselgruppe Tuvalu liegt zwischen Hawaii und Australien. Sie ist 26 km^2 klein – ein Viertel der Insel Sylt. Knapp 12000 Menschen leben in Tuvalu. Auf den acht

Kilometern Inselstraße rollen Motorräder und ein paar Autos – unter anderem das Taxi von Iakopu Molotii.

„Wenn du in einem großen Land lebst, dann musst du schwer arbeiten, weil das Leben teuer ist. Wenn ich hier mal pleite bin, dann fange ich einfach ein paar Fische und lasse es gut sein. Das klingt vielleicht ein bisschen wie das Paradies auf Erden – aber unsere Inseln sind dem Untergang geweiht. Der Meeresspiegel steigt mit jeden Jahr weiter an. Und das, wo der höchste Punkt von Tuvalu gerade einmal drei Meter über dem Meeresspiegel liegt. In 25 Jahren könnten die Inseln unbewohnbar, in fünfzig ganz verschwunden sein, hat man uns gesagt – falls zwischenzeitliche Sturmfluten (s. Foto) den Untergang nicht noch beschleunigen ...

Ich bin hin- und hergerissen. Mein Herz sagt mir: Bleib in Tuvalu, für den Rest deines Lebens. Aber irgendwie denke ich immer, wir müssen hier weg. Ich weiß zwar noch nicht wann, aber es ist wohl unvermeidlich: Ich werde eines Tages packen, mit der Familie."

(http://www.tagesschau.de/ausland/meldung66474.html)

Ed Vent, Jäger – Huslia (USA, Alaska):

„Im Frühjahr gibt es weniger Gänse als früher. Es waren immer Hunderte, die ankamen, heute sind es vielleicht noch fünf oder sechs auf einmal. Das Wetter beeinflusst auch die Bären, in welcher Verfassung sie sind. Zum Beispiel: Wenn es im Frühjahr nicht regnet, gibt es im Sommer keine Blaubeeren. Und ohne Blaubeeren werden die Bären nicht fett. [...]

Letzten Sommer habe ich Veränderungen an den Tannen bemerkt. Sie sind alle braun an der Spitze. Sie kriegen nicht genug Wasser und der Sommer war so heiß, dass die Baumspitzen vertrocknet sind. Ich weiß nichts über das Wetter und ob es gefährlicher wird. Man muss es beobachten, wenn man draußen ist."

(http://www.wwf.de/themen/klimaschutz/problem/auswirkungen/klimazeugen/alaska/)

Le Conte and Patterson-Gletscher in Alaska, wo zahlreiche Gletscher durch die Erderwärmung langsam abschmelzen und ständig an Länge verlieren.

M 8 a Folgen der Erderwärmung

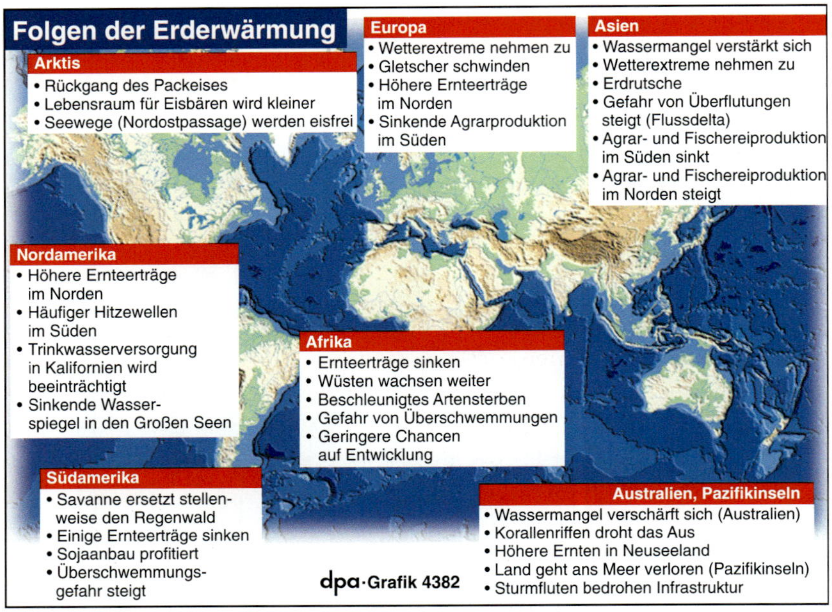

Es muss damit gerechnet werden, dass alle Regionen der Erde nachteilig beeinflusst werden. Bestimmte Regionen sind besonders gefährdet, die entweder durch ihre Lage Extremereignissen stärker ausgesetzt sind oder sich schlechter anpassen können. Dies trifft insbesondere auf kleine Inselstaaten und polare Regionen, im Hinblick auf die Nahrungsmittelsicherheit auch auf viele Regionen Afrikas, Lateinamerikas und Asiens zu. Grundsätzlich sind fast ausschließlich diejenigen Bevölkerungsgruppen und Länder am schlimmsten betroffen, die bereits heute zu den ärmsten gehören und daher die geringsten Möglichkeiten (Geld) zur Anpassung an den Klimawandel besitzen.

(© Umweltbundesamt; http://www.klimaschuetzen.de/main/htm; Zugriff: Mai 2008)

M 8 b Klimawandel und Klimafolgen für Deutschland

Der globale Klimawandel macht sich auch in Deutschland bemerkbar. Die Jahresmitteltemperatur stieg in Deutschland in den vergangenen 100 Jahren um etwa 0,8 °C. Dieser Erwärmungstrend beschleunigte sich im Laufe der vergangenen Jahrzehnte deutlich und ist nun mit 0,15 °C je Dekade auf fast das Doppelte gestiegen.

Vor allem die Wintermonate wurden wärmer. Die letzten zehn Jahre des 20. Jahrhunderts waren das wärmste Jahrzehnt dieses Jahrhunderts. Neun der Jahre zwischen 1990 und 2000 und auch die Mehrzahl der bisherigen Jahre des 21. Jahrhunderts waren wärmer als die langjährige Durchschnittstemperatur von 8,3 °C. In den vergangenen 100 Jahren nahmen vor allem im Westen Deutschlands die Niederschläge deutlich zu. Am stärksten war diese Zunahme im Winter. Im Osten hingegen nahmen vor allem die sommerlichen Niederschläge ab. Klimaänderungen zeigen sich auch in ungewöhnlichen Ausmaßen extremer Wetterereignisse, wie Hitzeperioden und Starkniederschläge. Diese treten länger, häufiger oder intensiver auf. Wegen des hohen Schadenspotenzials solcher Extremereignisse sind sie auch volkswirtschaftlich besonders bedeutsam. Verschiedene Modellrechnungen der Klimaforschung kommen zu dem Ergebnis, dass Extremereignisse in Zukunft häufiger und heftiger auftreten werden als bisher.

Das Umweltbundesamt veröffentlichte die Ergebnisse regionaler Klimamodelle, die mögliche Klimaänderungen in Deutschland bis zum Jahr 2100 berechnen. Die regionalen Klimamodelle basieren auf globalen Klimamodellen und ermöglichen eine umfassendere Projektion der möglichen Entwicklung des Klimas in Deutschland bis ins Jahr 2100. Im Vergleich des möglichen Klimas der Jahre 2071 bis 2100 mit dem Zeitraum 1961 bis 1990 zeigen die Klimamodelle, dass

- die Temperaturen in Deutschland regional und jahreszeitlich unterschiedlich voraussichtlich um 1,5 bis 3,7° C steigen,
- es weniger Frosttage, mehr heiße Tage und mehr Tropennächte geben wird sowie die Zahl und Dauer von Hitzewellen zunehmen werden,
- sich die sommerlichen Niederschläge durchschnittlich um 30 Prozent verringern und gleichzeitig die Häufigkeit von Starkniederschlägen zunimmt,
- wir mit einem Rückgang der Gletscher und Schneebedeckung in den Alpen rechnen müssen und
- der Meeresspiegel mit im Mittel plus 30 Zentimeter deutlich höher liegen könnte.

Hierbei gilt es zu beachten, dass für einen Teil der Küsten in Deutschland wegen der Landsenkung und wegen der Gezeitenvergrößerung mit deutlich höherem Meeresspiegelanstieg zu rechnen ist.

(Aus: Bastian Schuchardt und Stefan Wittig [BioConsult] sowie Petra Mahrenholz, Karin Kartschall, Claudia Mäder, Clemens Haße und Achim Daschkeit [Umweltbundesamt]: Deutschland im Klimawandel. Anpassung ist notwendig. November 2008; http://www.umweltdaten.de/publikationen/fpdf-l/3468.pdf)

M 9 Ein langer Weg zum internationalen Klimaschutz

- Die Vereinten Nationen* spielen seit Jahren eine der wichtigsten Rollen im internationalen Umweltschutz. **1992** fand in **Rio de Janeiro** eine UN-Sondergeneralversammlung über Umwelt und Entwicklung („Weltgipfel“) statt. Dort wurde eine **Klima-Rahmenkonvention** [Konvention = Vereinbarung] verabschiedet, die am 21.3.1994 in Kraft trat. Sie ist mittlerweile von mehr als 180 Staaten ratifiziert* worden, darunter auch von den Hauptverursachern der Treibhausgasemissionen: den USA, Russland, der Europäischen Union, China und Indien.

Nach dem Weltgipfel in Rio entstanden eine ganze Reihe von Programmen und Organisationen, die sich mit dem internationalen Umweltschutz beschäftigen. Die aus dem Weltgipfel resultierenden **Konventionen** und Protokolle werden in **Folgekonferenzen**, die von der UN und ihren Unterorganisationen veranstaltet werden, überwacht und weiterentwickelt.

- Einen Meilenstein in der Umsetzung der UN-Klimarahmenkonvention stellt die 3. Vertragsstaaten-Konferenz (COP3) **1997 in Kyoto** dar. Das am 11.12.1997 unterzeichnete **Kyoto-Protokoll** enthält erstmals rechtsverbindliche Begrenzungs- und Verringerungsverpflichtungen für die Industrieländer. Das Protokoll sollte in Kraft treten, sobald mindestens 55 Staaten, die zusammengerechnet mehr als 55% der CO_2-Emissionen* des Jahres 1990 verur-

Abb. 1: Klimaaktivisten in Kopenhagen

Abb. 2: Greenpeace-Aktivisten formen am Strand von Cancún eine Menschenkette in der Form des Wortes „HOPE"

sachten, das Abkommen ratifiziert* haben. Das wurde erst am 16.2.2005 erreicht. Im Kyoto-Protokoll haben die Vertragsstaaten vereinbart, ihre Emissionen an sechs Treibhausgasen bzw. Treibhausgasgruppen bis zum Jahre 2012 um mindestens 5,2 % unter das Niveau von 1990 (Vergleichsjahr) zu senken.

- Die Klimakonferenz in **Kopenhagen** fand im Dezember **2009** mit ca. 10 000 Vertretern aus 192 Ländern statt. Ein wichtiges Ziel der Konferenz war, ein Folgeabkommen für das 1997 beschlossene Kyoto-Abkommen – das 2012 ausläuft – zu verhandeln und zu verabschieden. Das Ergebnis der Konferenz war jedoch mehr als deprimierend. Ein Entwurf, der das Ziel beinhaltete, dass sich bis zum Jahr 2050 die mittlere Temperatur auf der Erde nur um maximal 2°C erhöhen solle, wurde von der Konferenz gerade mal zur Kenntnis genommen; verbindliche Maßnahmen zur Erreichung dieses Ziels wurden nicht festgelegt. Besonders China, Indien und auch die USA verweigerten jede internationale Kontrolle über ihre Maßnahmen. Viele Vertreter von Umweltorganisationen sprachen von einem totalen Scheitern der Konferenz und von einer **„Klima-Schande"** (s. Abb. 1).

Abb. 3: Der damalige Bundesumweltminister Norbert Röttgen auf dem Weltklimagipfel in Durban. – Die Abkürzung COP 17 bedeutet, dass es sich um die 17. Vertragsstaatenkonferenz („Conference of the Parties") seit 1995 handelt. Die Abkürzung CMP7 verweist darauf, dass die Konferenz auch als 7. Treffen der Mitglieder des „Kyoto-Protokolls" seit 2005 dient („Conference serving as the Meeting of the Parties to Kyoto-Protocol").

- Entgegen allen Befürchtungen kam es dann auf der Klimakonferenz in **Cancún (Mexiko)** am 11. Dezember 2010 überraschend zu einer Einigung. Insgesamt 193 Staaten – darunter auch die USA und China – bekannten sich zu dem Ziel, die Klimaerwärmung auf der Erde auf 2° C zu begrenzen. Außerdem wurde Einigkeit über den Waldschutz erzielt und ein Förderprogramm für Entwicklungsländer beschlossen, denen damit bei der Bewältigung der Klimaveränderungen geholfen werden soll (s. Abb 2).
- Die Ergebnisse der Klimakonferenz von **Durban** (9.–11.12.2011) wurden, u. a. vom damaligen deutschen Umweltminister (s. Abb. 3), insofern als Erfolg bewertet, als es nach zähen Verhandlungen gelang, alle Länder, zum ersten Mal auch die USA und die großen Schwellenländer* Indien und China, in ein gemeinsames Abkommen einzubeziehen. Die „Durban Platform" sieht u. a. vor, dass bis 2015 ein neuer Vertrag ausgehandelt wird, der Klimaschutzziele für alle Länder festlegt und dann spätestens 2020 verwirklicht werden soll. Für die Zwischenzeit wurde eine zweite Verpflichtungsperiode des Kyoto-Protokolls ab 2013 vereinbart. Kritiker wiesen darauf hin, dass die Verwirklichung des Klimaschutzes wieder einmal in die Zukunft verschoben worden sei.

Näheres zum Durban-Abkommen: www.spiegel.de/wissenschaft/natur/0,1518,803004,00.html und http://de.wikipedia.org/wiki/UN-Klimakonferenz_in_Durban

(Autorentext)

1. Erläutert anhand von M 9, welche Ziele sich die Vereinten Nationen bereits im Jahre 1992 in Rio gesetzt und was sie im Jahr 1997 in dem sog. „Kyoto-Protokoll" vereinbart haben.

2. Überlegt, warum es ein langer Weg ist, eine international abgestimmte gemeinsame Klimapolitik zu vereinbaren und umzusetzen. Welche Hindernisse waren (und sind immer noch) zu überwinden?

3. Erklärt und erörtert, was die Klima-Aktivisten in Kopenhagen und Cancún mit ihren demonstrativen Bewertungen (s. Abb. 1 und 2) zum Ausdruck bringen wollten.

4. Erläutert, inwiefern die Ergebnisse der Klimakonferenz von Durban zum einen als „historischer" Erfolg bewertet, zum anderen aber auch kritisiert wurden. Nehmt aus eurer Sicht Stellung zu den Vereinbarungen von Durban.

M 10 Die Klima-Allianz – „Zusammen erreichen wir mehr!"

Angesichts der immensen Herausforderung, die der Klimawandel für Natur und Gesellschaft darstellt, haben sich **über 110 Organisationen** zu einem Bündnis zusammengeschlossen: der **Klima-Allianz Deutschland**. Gemeinsam setzen sie sich dafür ein, dass jetzt politische Rahmenbedingungen geschaffen werden, die eine drastische Senkung der Treibhausgase in Deutschland bewirken. […] Vor diesem Hintergrund thematisiert die Klima-Allianz Deutschland Mängel in der deutschen Klima- und Energiepolitik. Sie hat sich bereits 2007 gegründet, um als breites Bündnis ein Gegengewicht zu Profit- und Machtinteressen vieler Akteure aus Wirtschaft und Politik zu bilden und durch öffentlichen Druck dazu beizutragen, Blockaden in der Klimapolitik zu überwinden. Sie bringt Menschen zu gemeinsamen Aktionen zusammen und macht damit deutlich, dass Klimaschutz ein Anliegen aus der Mitte der Gesellschaft ist:

„Die Klima-Allianz ruft die Bundesregierung, die Landesregierungen, die Unternehmen, die Gewerkschaften, die Verbände, Städte und Gemeinden und alle Bürgerinnen und Bürger dazu auf, mit dem Klimaschutz ernst zu machen: in der Politik wie auch im persönlichen Einflussbereich. Die Zeit drängt. Der Klimawandel hat bereits eingesetzt. Eine neue Klima- und Energiepolitik duldet keinen weiteren Aufschub. Die Zeit ist reif für einen gesellschaftlichen Aufbruch."

(http://www.die-klima-allianz.de/wer-wir-sind/das-buendnis)

M 11 Yes, you can – Yes, we can

a)

Greenpeace-Aktion anlässlich einer Klimakonferenz

b)

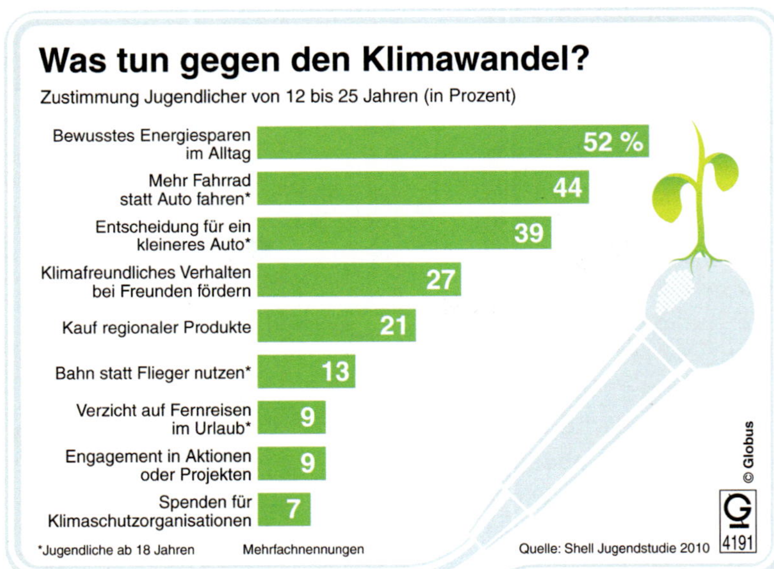

1. Beschreibt, was sich die „Klima-Allianz" zum Ziel gesetzt hat und worin sie das Besondere ihrer Initiative sieht (M 10).

2. Diskutiert – ausgehend von den beiden Materialien M 11 a und b –, auf welchen unterschiedlichen Ebenen etwas gegen den Klimawandel getan werden kann.

3. Nennt Beispiele für Handlungsmöglichkeiten, die ihr bereits kennengelernt habt, und diskutiert über solche, die ihr für sinnvoll haltet bzw. an denen ihr euch beteiligen würdet.

3. Nachhaltiges Produzieren und umweltgerechtes Konsumieren – Wege zum verantwortungsvollen Umgang mit der Umwelt

„Wir nutzen die Ressourcen, als hätten wir vier Erden. Doch wir haben nur einen Planeten, mit dem wir sorgsam umgehen müssen. Das heißt nachhaltig leben und wirtschaften."
So urteilt das Wuppertal-Institut für Klima, Umwelt, Energie auf seiner Homepage über die Art, wie wir in unserer westlichen Welt heutzutage noch weithin mit unserer Umwelt umgehen.

Was bedeutet das?

Ressourcen: Die Gesamtheit aller für die wirtschaftende Tätigkeit des Menschen zur Verfügung stehenden natürlichen Rohstoffe, Hilfsmittel und Energieträger. Im weiteren Sinne umfasst dieser Begriff auch die natürlichen Lebensgrundlagen des Menschen, wie Luft, Wasser, Boden. Es wird zwischen erneuerbaren und nicht erneuerbaren (nicht endlich ausschöpfbaren) Ressourcen unterschieden.

nachhaltig: Nachhaltig zu handeln bedeutet, mit den natürlichen Lebensgrundlagen schonend und verantwortungsvoll umzugehen und dabei nicht nur die eigenen und heutigen Bedürfnisse zu sehen, sondern auch Rücksicht auf andere Menschen und auf künftige Generationen zu nehmen und deren Lebensmöglichkeiten nicht zu gefährden.
(Autorentext)

„Ich jedenfalls verborge nie wieder etwas!"

Mit Hilfe der Begriffserklärungen (s. Kasten) könnt ihr erläutern, auf welches Problem das Wuppertal-Institut hinweisen und wozu es aufrufen will.
Beschreibt und interpretiert dazu auch die Darstellung der Karikatur.

Nachhaltig produzieren – wie ist das möglich?

Im Folgenden soll zunächst gezeigt werden, wie sich Umweltschutz, der sich am Prinzip der „Nachhaltigkeit" orientiert, von Umweltschutzmaßnahmen unterscheidet, die weitgehend die Anfänge der Umweltpolitik bestimmten (M 12). An einigen Beispielen soll sodann deutlich werden, wie im Bereich der Produktion von Gütern das neue Prinzip der Nachhaltigkeit konkret verwirklicht werden kann (M 13–M 15).

M 12 Abfälle ins Meer und hohe Schornsteine – Anfänge des Umweltschutzes

In einer **ersten Phase der Umweltpolitik** ging es zunächst darum, lokale Umweltbelastungen zu vermindern. Die *Industrie* baute hohe Schornsteine, um Schadstoffe weiträumig zu verteilen. Abfälle wurden ins Meer verbracht, um sie zu verdünnen.
Im Wesentlichen sollten Beeinträchtigungen in der Nachbarschaft von Industrieanlagen vermindert werden. […] Seit Ende der 1960er-Jahre wurde unter dem Eindruck erheblicher Umweltschäden, zum Beispiel weiträumiger, sichtbarer Wasser- und Luftverschmutzungen, die Aufgabe des Umweltschutzes zunehmend durch den Staat übernommen.
Die Probleme einer Umweltpolitik, die vor allem auf eine weiträumige Verteilung von Schadstoffen setzt, wurden mit dem allgegenwärtigen Auftreten von Schadstoffen in allen Umweltmedien (Wasser, Boden, Luft) und in der Nahrungsmittelkette (zum Beispiel Blei in Nahrungsmitteln) deutlich. Eine **neue Phase der Umweltpolitik** zielte seit den 1970er-/80er-Jahren darauf, die Emissionen* am Ende des Produktionsprozesses in Filtern zu sammeln. Im Rahmen von Genehmigungsverfahren für Industrieanlagen wurden Auflagen für Schadstoff-Grenzwerte erteilt, deren Einhaltung von Aufsichtsbehörden kontrolliert wurde. Technologien, die zur Einhaltung dieser Grenzwerte notwendig sind, wurden den Betreibern von Industrieanlagen rechtsverbindlich vorgeschrieben. Die bevorzugten Technologien dazu sind Filter und Kläranlagen. Diese werden dem Produktionsprozess zugeschaltet, ohne dass die Produktionsverfahren verändert werden. Diese Art der Umweltschutztechnologie trägt den Namen **End-of-pipe-Technologie**, weil sie am Emissionsaustritt einsetzt.

(Klaus Jacob, Industrie im Spannungsfeld von Ökonomie und Ökologie, in: Informationen zur politischen Bildung Nr. 287, 2. Quartal 2005: Umweltpolitik, Hg. Bundeszentrale für politische Bildung, Bonn 2005, S. 31 f.)

1. Erläutert, worauf Umweltschutzmaßnahmen in den Anfängen der Umweltpolitik ausgerichtet waren und warum es seit dem Ende der 1960er-Jahre zu intensiveren Bemühungen um den Schutz der Umwelt kam.

2. Erläutert mit eigenen Worten, was unter einer „End-of-pipe-Technologie" im Umweltschutz verstanden wird. Worin besteht das spezifische Merkmal dieser Technologie?

M 13 Lebensweg eines Produkts

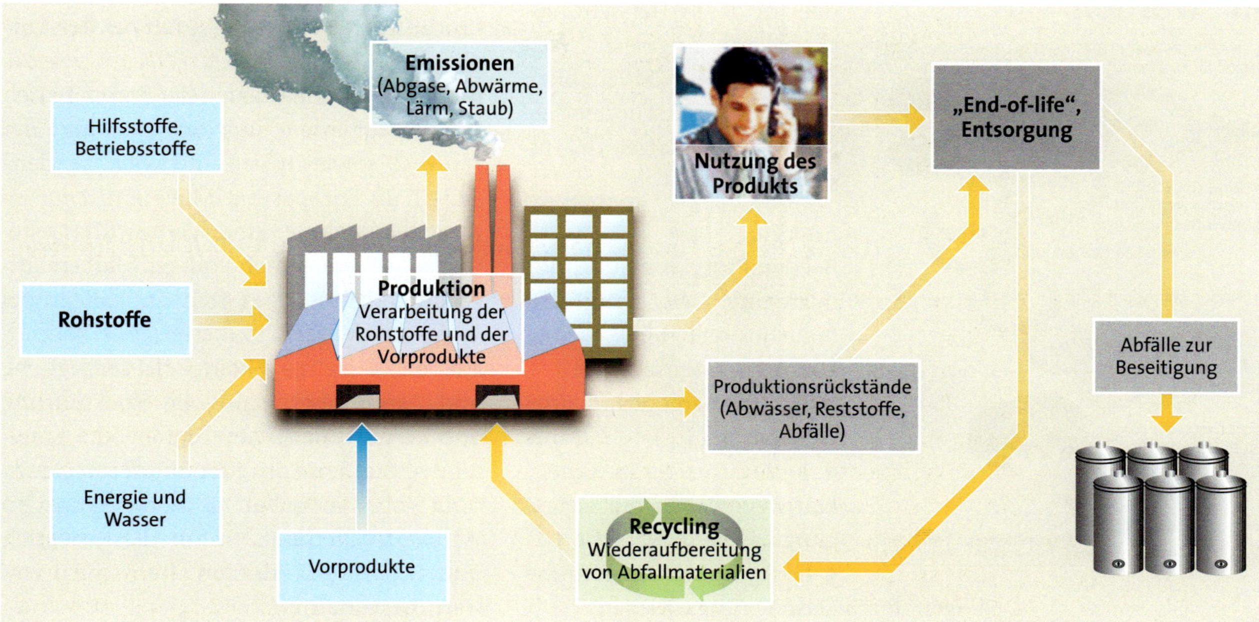

Immer mehr Unternehmen setzen auf nachhaltige Produktionsmuster und haben **Umweltleitlinien** formuliert. Die Übernahme der Verantwortung für die Umwelt wird immer häufiger als wichtiges **Verkaufsargument** angesehen. Ein effizienter, also ein beim Einsatz von Mitteln sparsamer und möglichst wirksamer Umgang mit Material und Energie, ist zu einer festen Größe für die Unternehmen geworden.

Einige veröffentlichen regelmäßig sogenannte **Nachhaltigkeitsberichte** und stellen sich so einer öffentlichen Bewertung ihres Umweltschutzes (s. M 14).

(Autorentext)

M 14 Beispiel: „Umweltschutz beginnt bei der Material- und Stoffauswahl" – Auszüge aus einem Nachhaltigkeitsbericht des Unternehmens Miele

Material- und Stoffauswahl

Bei Miele gelten neben den strengen und hohen Ansprüchen an die Qualität auch höchste ökologische Anforderungen bei der Auswahl der eingesetzten Materialien und Stoffe. Denn nur bei qualitativ hochwertigen und unkritischen Materialien und Stoffen macht eine spätere Wiederverwertung Sinn. Durch einen genau vorgeschriebenen Ablauf mit umfangreichen Prüfungen durch die Fachbereiche Arbeitssicherheit, Gesundheitsschutz, Umweltschutz und Werksfeuerwehr wird bereits von vornherein vermieden, dass kritische Materialien sowie Hilfs- und Betriebsstoffe in Fertigungsprozessen eingesetzt werden.

Das geschieht z. B. schon durch ein entsprechendes Einwirken auf Lieferanten, damit

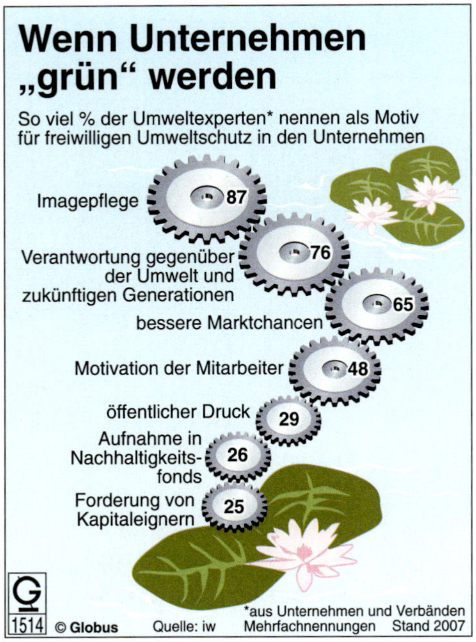

sie bedenkliche Stoffe, die in den Vor- und Endprodukten oder in deren Herstellungsprozessen eingesetzt werden, nach Möglichkeit durch umweltschonendere Substitute [Ersatzstoffe] ersetzen.

Energie

Bei den Programmen zur Reduzierung des Energieverbrauches setzt Miele weiterhin auf den Einsatz von

- energiesparender Raumbeleuchtung […],
- Fernwärme aus Blockheizkraftwerken* für die Versorgung mit Raumwärme […],
- Ersatz von Ölfeuerungsanlagen durch Gasfeuerungsanlagen,
- Einsatz von Altholz (Späne) in einer Feststoffverbrennungsanlage mit Wärmenutzung […],
- Optimierung der Gebäudeisolierungen,
- Wärmeschutzverglasung.

Produktverantwortung auch bei der Entsorgung

In den 27 Mitgliedstaaten der Europäischen Union, außerdem in Norwegen und der Schweiz, sowie in verschiedenen Ländern außerhalb Europas hat Miele entweder eigene Rücknahme- und Verwertungssysteme für Altgeräte auch anderer Marken aufgebaut oder beteiligt sich an kollektiven Systemen.

Ziel dabei ist die ökologisch verträgliche und ökonomisch sinnvolle Rückführung und Verwertung („Recycling“) von Altgeräten, verbunden entweder mit der Rückführung von Materialien und Stoffen in den Wirtschaftskreislauf (wenn das möglich und sinnvoll ist) oder mit alternativen Verwertungsverfahren.

(http://www.miele.de; Verf.: Ursula Wilms)

1. Beschreibt – ggf. in Partnerarbeit – anhand von M 13 den „Lebensweg" eines Produkts. Versucht die einzelnen Stationen und Bezüge so weit wie möglich am Beispiel eines konkreten Produktes (z. B. einer Jeans) zu verdeutlichen. Erklärt die dargestellten Sachzusammenhänge. Überlegt, an welchen Stationen des Lebenswegs Umweltschutz ansetzen kann.

2. Analysiert unterschiedliche Motive für den freiwilligen Umweltschutz in Unternehmen (Abb. in M 14). Welches Motiv ließe sich eurer Meinung nach am ehesten in einem Prospekt, mit dem das Unternehmen für seine Produkte wirbt, als Verkaufsargument nutzen?

3. Untersucht, wie das Unternehmen Miele (M 14) versucht, umweltgerecht im Sinne von „nachhaltig" zu wirtschaften. Wie geht es mit sogenannten „kritischen" Materialien um? Welche Rolle spielt die Wiederverwertung?

4. Ordnet die Umweltschutzmaßnahmen, die das Unternehmen Miele in seinem Bericht nennt, den einzelnen Stationen des Lebenswegs eines Produkts (M 13) zu.

Näheres zu den Maßnahmen von Unternehmen, die sich in einer Initiative „Klimaschutz-Unternehmen" zusammengeschlossen haben, findet ihr ggf. unter http://www.klimaschutz-unternehmen.de/de/die_mitglieder.

M 15 Ein Negativbeispiel: die Entsorgung von Computern

Im Jahr 2005 waren weltweit 880 Millionen PCs in Betrieb – über 34 Millionen allein in Deutschland. Die Produktion und Verschrottung der zahllosen PC-Einzelteile findet überall auf der Welt statt. Das Laufwerk stammt beispielsweise aus den Philippinen, Singapur oder Thailand, die Grafikkarte kommt aus Malaysia, der Speicherchip aus Indonesien und der Monitor aus Japan. Die Endmontage von Notebooks findet überwiegend in China statt.

Entwicklungsländer sind aber nicht nur in die globale Produktion von PCs eingebunden, sondern auch in die globale Verschrottung der ausgedienten Computer. Nach durchschnittlich drei Jahren auf dem Schreibtisch eines Users beginnt die Weltreise des PCs von Neuem. So mancher PC findet dann im Rahmen legaler oder auch illegaler Exporte wieder seinen Weg zurück nach China, Indien oder aber auch nach Nigeria. Laut dem UN-Umweltprogramm stellt „E-Müll […] den größten und am schnellsten wachsende Industrieabfall" dar. In der Europäischen Union fallen pro Einwohner jährlich zwischen 4 und 20 kg Elektronikschrott an. PCs aus Deutschland landen auf Müllkippen in Nigeria. Riesige Containerschiffe, beladen mit ausgedienten Computern, verlassen den Hamburger Hafen. […] Der Müll landet meist auf wilden Deponien, die das Grundwasser verschmutzen, oder wird unter freiem Himmel verbrannt, wodurch toxische [giftige] Chemikalien wie Dioxine und Schwermetalle freigesetzt werden. Zudem ist das Recycling des Elektro-Schrotts – ob in Nigeria, China, Indien, Pakistan oder den Philippinen – ein wachsender Sektor der „informellen Ökonomie" (das bedeutet oft schlecht bezahlte Arbeitsplätze ohne einen richtigen Arbeitsvertrag). In Indien sind es die „urban poor" (die städtischen Armen), die für ein paar Dollar am Tag PCs ausschlachten. Dabei atmen sie giftige Dämpfe ein, giftiger Staub setzt sich in ihren Kleidern ab und gelangt so in die Wohnhäuser. Für die Arbeiterinnen bzw. Arbeiter und ihre Familien hat dies extreme Gesundheitsschäden zur Folge.

(Aus: Sarah Bormann: Die Materialität des Cyberspace – Die lange Reise eines PCs und die Folgen für Arbeit, Umwelt und Entwicklung. In: reflect! Assoziation für politische Bildung und Gesellschaftsforschung; www.reflect-online.com)

Indien: Kinder sortieren Kupferteile aus Computerschrott. Einer Studie von Greenpeace zufolge enthalten die Teile giftige Chemikalien und Schwermetalle.

1. Stellt fest, auf welches Problem die Autorin von M 15 aufmerksam macht. Wie beschreibt sie die Arbeitsbedingungen und die Gefährdungen der Menschen, die in der Entsorgung arbeiten?

2. Macht euch noch einmal den Anspruch, der mit der Forderung nach Nachhaltigkeit verbunden ist, deutlich (vgl. die Erklärung des Begriffs zu Anfang dieses Abschnitts) und versucht, eine Beurteilung der in M 15 geschilderten Entsorgungspraktiken zu formulieren. Was würdet ihr von Unternehmen, die Computer herstellen, fordern, was von den PC-Nutzern? Wer könnte eurer Ansicht nach außerdem helfen, die Praktiken zu stoppen oder zu ändern?

Umweltgerecht konsumieren – wie ist das möglich?

Nachhaltig konsumieren – das könnte missverstanden werden als Aufforderung zu dauerhaftem und intensivem „Verbrauchen". Umweltgerecht wäre das gewiss nicht.
Die Leitidee der Nachhaltigkeit zielt auf etwas anderes ab: Es geht darum, im Sinne der Rücksichtnahme auf die Natur und die Mitmenschen möglichst umweltschonend und sozialverträglich zu handeln und als Konsumentin und Konsument die eigenen Verhaltensweisen zu überdenken und evtl. zu ändern.

M 16 Wir alle konsumieren gerne und viel …

… jeden Tag. Unser Konsum ist Motor der Wirtschaft. Aber auf das ***Wie*** kommt es an. Jeder Deutsche verbraucht durchschnittlich 7-mal mehr Energie als ein Mensch in den Entwicklungsländern. Jeder Amerikaner sogar 13-mal mehr. Nehmen wir einmal an, wir würden nichts daran ändern, entspräche unser weltweiter Energiebedarf im Jahre 2050 den Ressourcen von vier Planeten Erde. Um den Menschen heute und in Zukunft, im Norden wie im Süden ein gutes Leben garantieren zu können, muss nicht nur der weltweite Energie- und Rohstoffverbrauch verringert werden. Auch die Arbeitsbedingungen, unter denen Produkte für unseren Verbrauch in Ländern der Dritten Welt hergestellt werden, müssen verbessert werden.

Unser Kaufverhalten steht auf dem Prüfstand. Mit unseren Entscheidungen, die wir an der Ladentheke treffen, können wir viel zu Veränderungen beitragen. Denn ob wir uns für eine ressourcenintensiv hergestellte Tiefkühllasagne entscheiden oder ein Gericht frisch zubereiten, ob wir einen normalen Bodenbelag kaufen oder einen umwelt- und sozialverträglich zertifizierten Teppich wählen, ob wir in den Kurzurlaub fliegen oder mit der Bahn reisen, das hat durchaus eine große Wirkung.

Nachhaltig konsumieren heißt: anders einkaufen, verbrauchen, nutzen, mobil sein – bewusst entscheiden.

(Rat für Nachhaltige Entwicklung; http://www.nachhaltigkeitsrat.de/service/download/publikationen/broschueren/Broschuere_Nachhaltiger_Warenkorb.pdf)

Erläutert, wie in M 16 die Forderung nach einem veränderten Konsumverhalten begründet wird. Versucht für die drei angeführten Beispiele zu erklären, inwiefern die Entscheidung für den Kauf eines bestimmten Produktes etwas mit Umweltschutz zu tun haben kann.

M 17 Wie es mit dem Bio-Trend weitergeht

Quo vadis, Bio-Trend? Biofleisch wird dank der Gammelfleisch-Skandale immer stärker nachgefragt. Biogemüse muss mittlerweile aus Argentinien importiert werden. Bio-Händler glänzen seit Jahren mit zweistelligen Wachstumsraten. Wird jetzt alles bio? Wo geht er hin, der Bio-Trend?

Was spricht für den Bio-Trend?

Das spricht für den Bio-Trend: Ökologisch, gesund, nachhaltig und ethisch korrekt werden als Kaufargumente immer wichtiger. Und zwar nicht nur beim Gemüseeinkauf für die Familie [...].

Öko hat längst nichts mehr mit Konsumverweigerung, Körnermühlen im Keller und Verzicht zu tun. Grün und verantwortungsbewusst ist ein neuer Lifestyle geworden, der bewusst und genussvoll gelebt wird.

Was den Bio-Trend in nächster Zeit verändern wird

Bio war (vielleicht) schon gestern – regional und authentisch ist die Zukunft: Mit dem Erreichen der Kapazitätsgrenzen wird auch die viel beschworene Bioqualität infrage gestellt. Ein Ausweg für glaubwürdige Anbieter könnte die Ausrichtung auf konsequent *regionale Produkte* sein. Direktverkauf und „Qualität von hier" haben gegenüber dem Label „Bio" den Vorzug, dass der Vertrieb von vornherein nachhaltig ist und Herkunft wie Herstellung nachvollziehbar sind. [...] In den USA gilt bereits die Devise: „Local is the new organic".

(http://www.experto.de/b2b/unternehmen-maerkte/trends/bio-trend-wachstumsmarkt-green-markets.html)

Ein besonders großer Schritt in Richtung nachhaltiger Konsum wäre getan, *wenn weniger Lebensmittel weggeworfen würden*. Nach Angaben der Welternährungsorganisation landet ein Drittel der weltweit für den menschlichen Verzehr produzierten Lebensmittel auf dem Müll; in den Industrieländern wird schätzungsweise sogar die Hälfte der Nahrungsmittel weggeworfen. In Europa und in den USA werden pro Person jährlich zwischen 280 und 300 Kilogramm Lebensmittel verschwendet, also nicht gegessen oder getrunken – durchschnittlich 95 bis 115 Kilo davon wirft jeder Verbraucher selbst in den Abfalleimer, die restliche Verschwendung geht auf das Konto von Produzenten und Handel. Dadurch werden letztlich riesige Mengen an Energie, Wasser, Arbeitskraft und Herstellungs-, Transport- sowie Lagerkosten vergeudet – und Umwelt und Klima unnötig belastet.

(http://www.wirtschaftundschule.de/aktuelle-themen/haushalte-geld/nachhaltiger-konsum/das-gute-gewissen-isst mit/)

1. Erläutert, worauf es zurückzuführen ist, dass die Menschen in den Industrieländern so viele Male mehr Energie verbrauchen als die Menschen in den Entwicklungsländern und inwiefern das Prinzip der Nachhaltigkeit (s. Einleitung zu Abschnitt 3, S. 217) eine Änderung dieser Verhältnisse notwendig macht.

2. Versucht anhand der drei angeführten Beispiele (M16, Z. 22ff.) zu erklären, inwiefern der Kauf bestimmter Produkte den Energieverbrauch verringern kann.

3. Erläutert, was unter dem „Bio-Trend" zu verstehen ist, inwiefern daraus ein neuer Lebensstil geworden ist (M 17, erster Abschnitt) und warum diese Entwicklung an „Kapazitätsgrenzen" (Grenzen der Produktionsmöglichkeiten) stößt.

4. Welche Vorteile der Ausrichtung des Konsums auf lokale Produkte werden angesprochen (Z. 15ff.)? Näheres zur Devise „Local is the new organic" findet ihr ggf. unter http://www.organicconsumers.org/articles/article_4410.cfm

5. Beschreibt die Ergebnisse einer Untersuchung der Welternährungsorganisation zur Verschwendung von Lebensmitteln (s. Kasten) und erklärt, inwiefern dadurch „Umwelt und Klima unnötig belastet" werden.

M 18 Was können wir bewirken?

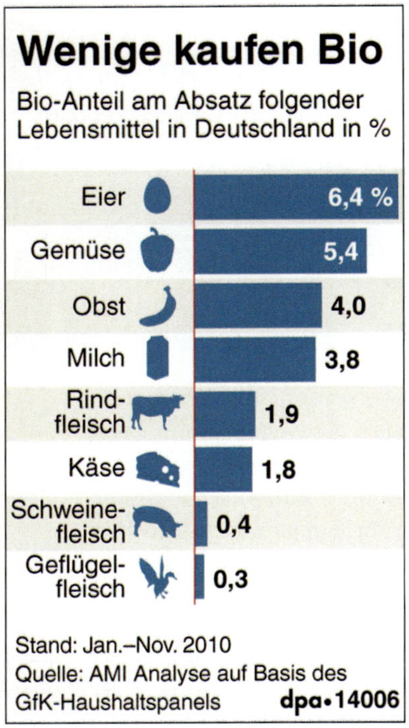

Prof. Dr. Birger P. Priddat ist Wirtschaftswissenschaftler und Philosoph und seit Juli 2007 Präsident der Privaten Universität Witten/Herdecke.

DIE ZEIT: Die wachsende Angst vor der Erderwärmung beschert den Bürgern derzeit eine Flut von Energiespartipps. Werden die Deutschen jetzt zu einem Volk von Klimaschützern?

Birger P. Priddat: Natürlich nicht. Würden die Menschen sich solche Tipps und Ermahnungen zu Herzen nehmen, müssten sie ihr Konsumverhalten kritisch reflektieren. Der Erfahrung nach tun die meisten das aber nicht, selbst wenn sie abends in der Kneipe darüber reden. Denken Sie nur an die fast regelmäßigen Lebensmittelskandale: Viele Leute sagen dann, sie würden weniger Fisch oder Fleisch essen. Tatsächlich tun sie es vielleicht zwei Wochen lang. Wenn sich die öffentliche Aufregung gelegt hat, kehren die meisten zu ihren alten Konsumgewohnheiten zurück.

ZEIT: Die meisten?

Priddat: Die große Welle verebbt schnell. Nur zehn, fünfzehn Prozent beginnen, ihr Verhalten zu ändern und reflektierter zu konsumieren.

ZEIT: Immerhin.

Priddat: Ja, längerfristig hat diese Minderheit zum Beispiel dafür gesorgt, dass etwas mehr Qualitätsbewusstsein in die Nahrungsgewohnheiten der Deutschen gekommen ist. Teurere Biowaren gibt es inzwischen sogar bei Aldi und in vielen Supermärkten.

ZEIT: Können die Ratschläge in puncto Klimaschutz also doch etwas bewirken?

Priddat: Mag sein. Ich warne nur davor, auf schnelle Erfolge zu hoffen. Der Klimaschutz hat es zwar jetzt in die Schlagzeilen der Zeitungen geschafft; er bestimmt aber noch längst nicht das Verhalten der Millionen Autofahrer oder Hausbesitzer. […]

ZEIT: Warum nicht?

Priddat: Unter anderem deshalb, weil es oft um sehr komplexe Entscheidungen geht, zum Beispiel um die Wärmedämmung von Häusern. Da stehen ganz andere Summen auf dem Spiel als die paar Euro, die mehr ausgeben muss, wer Biolebensmittel kauft. Beim Klimaschutz allein auf individuelle Verhaltensänderungen zu setzen, halte ich deshalb für ziemlich gewagt. Wenn allerdings staatliche Anreize hinzukommen und wenn sich ein kollektives Bewusstsein dafür entwickelt, dass man sogar die Welt verbessern kann, wenn man Heizenergie spart und weniger für Strom ausgibt, dann bin ich langfristig gar nicht so pessimistisch. […]

(Interview der ZEIT am 22.3.2007 mit Prof. Dr. Birger P. Priddat; http://www.zeit.de/2007/13/Interview-Priddat?page=2)

1. Stellt fest, wie Professor Priddat die Bereitschaft der Verbraucher, ihr Verhalten zu ändern, einschätzt (M 18).
- Wie sieht er die Chancen, durch ein verändertes Verhalten zur Einsparung von Energie und damit zum Klimaschutz beizutragen?
- Welche Voraussetzungen müssen aus seiner Sicht gegeben sein, damit eine wirkungsvollere Verhaltensänderung entstehen kann?
- Was könnte er unter „staatlichen Anreizen" verstehen?

2. Setzt euch mit der Einschätzung von Prof. Priddat aus eurer Sicht auseinander.

4. Mit sauberer Energie in die Zukunft!

M 19 Neue Konzepte sind gefragt

Heute kann sich fast niemand mehr vorstellen, ohne elektrischen Strom und Warmwasser zu leben und auf Computer und Maschinen zu verzichten. Energie ist der Lebenssaft der modernen Zivilisation, und im letzten Jahrhundert ist der Energieverbrauch weltweit rasant angestiegen. Doch noch immer decken Erdöl, Erdgas und Kohle etwa 80 Prozent des Energiebedarfs. Diese Rohstoffe sind nicht nur begrenzt, sondern ihre Verbrennung setzt auch große Mengen an Kohlendioxid frei und verstärkt damit den Treibhauseffekt, der den Klimawandel anheizt (vgl. M 6). Diese Abhängigkeit werden wir in den nächsten Jahrzehnten zwar verringern, aber nicht aufgeben können. Windkraftanlagen und Sonnenenergie werden in den nächsten Jahren weiter ausgebaut. […] Wind und Sonne sind jedoch wetterabhängig, und daher brauchen wir auch Konzepte, um Strom verlustarm abzuspeichern, bis er gebraucht wird. Neuartige Bio-Reaktoren können nicht nur Treibstoffe, sondern auch hochwertige Ausgangsprodukte für die chemische Industrie produzieren. Auch Erdwärme und die Energie der Gezeiten sind vielversprechende Optionen (Möglichkeiten).

(Prof. Jürgen Mlynek: Mit sauberer Energie in die Zukunft. In: 100 Produkte der Zukunft. Hrsg. von Theodor Hänsch. Econ-Verlag, Berlin 2007, S. 89. Prof. Mlynek ist Physiker und Präsident der Helmholtz-Gemeinschaft Deutscher Forschungszentren.)

Abb. 1

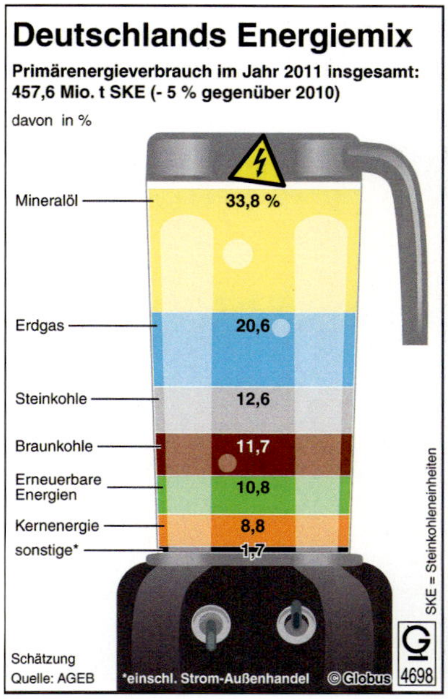

Abb. 2

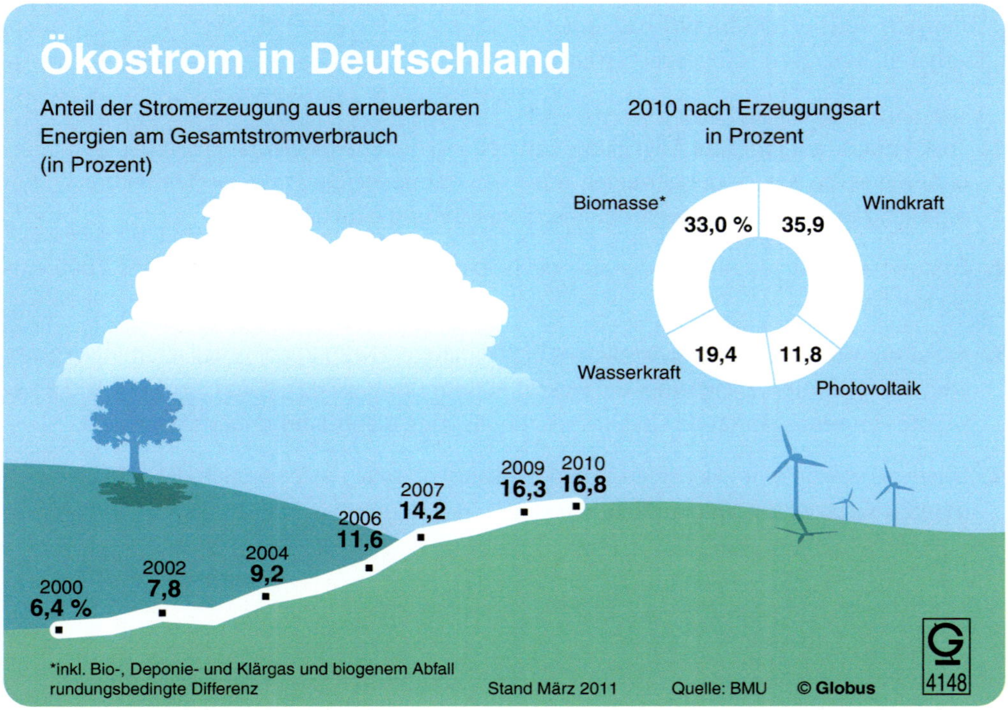

Stand 2011: 19,9 %

M 20 Visionen für die Jahre 2050 und 2100

a) Weltklimarat: 77 Prozent Ökostrom bis 2050 – weltweit

Mehr als drei Viertel aller Energie könnten im Jahr 2050 aus alternativen Quellen stammen. Bislang sind es nicht einmal 13 Prozent. Das geht aus einem 900 Seiten umfassenden Report des Weltklimarates* IPCC hervor. Voraussetzung sind optimale politische Bedingungen und hohe Investitionen* für erneuerbare Energien. […]

Das Ergebnis: Auch in rund 40 Jahren kann die Menschheit nicht völlig auf Kohle, Gas und Erdöl verzichten. Je nach Unterstützung durch Politik und Wirtschaft können die erneuerbaren Energien 2050 aber einen Anteil von bis zu 77 Prozent erreichen.

„Der Report zeigt, dass es wissenschaftlich keine Probleme gibt, die Welt mit alternativen Energien zu versorgen", sagte Mitautor Sven Teske von Greenpeace International. „Technisch könnten die 560 Gigatonnen (Milliarden Tonnen) Kohlendioxid mit erneuerbaren Energien eingespart werden, die wir brauchen, um die Erderwärmung auf zwei Grad zu begrenzen", sagte er mit Blick auf den Jahresausstoß 2050.

(http://www.fr-online.de/wirtschaft/energie/77-prozent-oekostrom-bis-2050---weltweit/-/1473634/8425008/-/index.html; dpa, 9.5.2011)

b) Greenpeace: Komplette Versorgung durch Erneuerbare Energien im Jahr 2100

Erneuerbare Energien sind die einzig sinnvolle Alternative zu fossilen* Energieträgern und Atomkraft: Bioenergie, Sonnenenergie, Wind- und Wasserkraft und Geothermie (Erdwärme). Bei ihrer Nutzung entsteht weder Kohlendioxid noch jahrtausendelang strahlender Atommüll. Die Wende ins solare Zeitalter geht uns alle an. Wir setzen auf die Sonne! Unsere Vision ist die komplette Energieversorgung durch Erneuerbare Energien. Für Deutschland ist das im Jahr 2100 möglich. […]"

(http://www.greenpeace.de/themen/energie/)

1. Stellt heraus, wie Professor Mlynek die Entwicklung des Energieverbrauchs in der Welt beurteilt, wie er die Anteile der einzelnen Arten von Primärenergie am gesamten Verbrauch beschreibt und wie er die Zukunft der Energiegewinnung einschätzt.
2. Erläutert anhand von Abb. 2, wie sich die Nutzung von Ökostrom seit dem Jahr 2000 entwickelt hat.
3. Erläutert, wie sich nach einer Studie des Weltklimarates (M 20 a) der Anteil alternativer Energien am gesamten Energiemix entwickeln könnte und welche „Vision" in M 20 b die bekannte Umweltorganisation Greenpeace für das Ende dieses Jahrhunderts formuliert.
4. Überlegt, wovon es im Einzelnen abhängen kann, ob bzw. inwieweit sich die in M 20 b vorgestellte Greenpeace-Vision erfüllt.

M 21 Die Energiewende kommt

Nach dem Atomunfall in Fukushima (Japan), der sich im März 2011 in Folge eines Erdbebens ereignete und wegen der Verstrahlung der Umgebung und des Wassers weltweit mit Schrecken und Verunsicherung aufgenommen wurde, kam es in Europa zu zahlreichen Kundgebungen von Atomkraftgegnern. Am 6. Juni 2011 hat die deutsche Bundesregierung den schrittweisen Ausstieg aus der Kernenergie bis spätestens zum Ende des Jahres 2022 beschlossen.

Super-GAU in Japan: In gleich drei Reaktoren des Atomkraftwerks Fukushima Daiichi kam es nach dem schweren Erdbeben vom 11. März 2011 und der dadurch ausgelösten Tsunami*-Überschwemmung zur Kernschmelze. Radioaktive Stoffe traten in großen Mengen aus, weite Gebiete mussten evakuiert werden.

Dem Wechsel in der Energieversorgung Deutschlands steht nichts mehr im Wege: [Der damalige] Bundespräsident Christian Wulff hat alle betreffenden Gesetze unterschrieben. […]

Der schnellere Ausbau der Windkraft und der Stromnetze ist ein wichtiger Bestandteil der Neuregelungen. Das Energiesparen in Gebäuden will die Bundesregierung stärker fördern. Der Weg in eine Zukunft ohne weitere ökologische Lasten und ohne Abhängigkeit von teuren Energieimporten eröffnet neue Möglichkeiten für Export, Beschäftigung und Wachstum.

Spätestens Ende 2022 wird das letzte deutsche Kernkraftwerk vom Netz gehen. Für den Atomausstieg gibt es eine klare und rechtsverbindliche Festlegung mit einem genauen Stufenplan.

- Das Zeitalter der erneuerbaren Energien soll 2050 erreicht sein. […]
- Wichtige Voraussetzung ist Energieeffizienz*. So kann moderne Technik helfen, weniger Strom zu verbrauchen. Sinnvoll ist auch die Sanierung von Gebäuden, die zu-

Massendemonstration am 26.3.2011 in München

gleich deren Wert erhöht. Deutschland soll bei hohem Wohlstand eine der energieeffizientesten Volkswirtschaften der Welt werden. Mit den neuen Gesetzen schafft die Bundesregierung den rechtlichen Rahmen und wirtschaftliche Anreize. [...]

• Auch nach Fukushima halten andere Staaten an der Kernenergie fest. Die Bundesregierung hat die Restrisiken der Kernenergie neu bewertet und sich für einen anderen Weg entschieden. So kann Deutschland die erste große Industrienation mit hocheffizientem Energiesystem auf der Grundlage erneuerbarer Energien werden. Das Land könnte so Vorbild für eine wirtschaftlich erfolgreiche und nachhaltige Energiewende weltweit werden. [...]

(Regierung Online, 02.08.2011; http://www.bundesregierung.de/Content/DE/Artikel/2011/06/2011-06-06-energiewende-kabinetts beschluss-doorpage-energiekonzept.html)

Beschreibt das Energiekonzept der Bundesregierung:
- Wie will die Regierung einen Wechsel in der Energieversorgung Deutschlands herbeiführen?
- Welche Rolle erhofft sie sich für Deutschland im internationalen Wettbewerb um das beste Energiekonzept?
- Wie beurteilt ihr die „Energiewende“? Begründet eure Position.

Methode

M 22 Erkundungsprojekt: Umweltschutz in unserer Gemeinde

Wir schlagen euch hier vor, genauer zu erkunden, welche Bedeutung der Umweltschutz in eurer Stadt bzw. Gemeinde hat. Bei Unternehmen, bei Umweltschutzorganisationen, im Rathaus und bei anderen an Umweltfragen Interessierten, z. B. Redakteuren der Lokalzeitung, könnt ihr euch über die Umweltpolitik in eurer Gemeinde oder Stadt informieren und ggf. auch Politikerinnen und Politiker dazu interviewen. Für dieses Projekt könnt ihr euch an den folgenden Erkundungsvorschlägen und Leitfragen für vier **Erkundungsbereiche** orientieren.

- Wie engagieren sich **Bürgerinnen und Bürger** für den Umweltschutz? Welche lokalen **Umweltschutzgruppen**, welche **Aktionen** gibt es? (Die bundesweit tätigen Umweltverbände haben in der Regel örtliche Umweltgruppen, deren Adressen ihr meist problemlos im Internet finden könnt.)
- Wie tragen **Unternehmen** in unserer Gemeinde zum Umweltschutz bei?
- Welche Möglichkeiten nutzen sie, bei der Produktion von Gütern umweltschonende Verfahren einzusetzen? Wie werden Möglichkeiten einer Verwendung umweltschonender Rohstoffe oder eines effizienten Energieeinsatzes oder eines späteren Recyclings eingeschätzt? (Wenn eure Schule mit einem Unternehmen eine Zusammenarbeit vereinbart hat, könnt ihr natürlich dieses Unternehmen für eure Befragung wählen.)
- Was leistet die **Stadt**? In welchen Umweltbereichen gibt es besondere Probleme, für die die Stadtverwaltung Lösungen finden muss? (Eure Stadt bzw. Gemeinde hat ein Umweltbüro, das hierzu sicher Auskünfte geben kann.)
- Welche Umweltschutzaktivitäten, welche Aktionen gab bzw. gibt es an **unserer Schule**? Welche Aktionsgruppen existieren? Welche Rolle spielen Umweltschutzmaßnahmen in unserer Schule?

(Autorentext)

1. Ergänze die folgende Aussage: Treibhausgase lassen zwar die Sonnenstrahlen zur Erde durch, aber …

2. Kommentiere die folgenden beiden folgenden Zeitungsmeldungen:
   a) „Für Umweltschäden müssen deren Verursacher sowieso selbst haften, die Reparatur solcher Schäden ist manchmal zwar mühselig, ihre Kosten belasten weiter aber niemanden."
   b) „Wenn wir es schafften, die CO_2-Emissionen aller Fahrzeuge bis zum Jahr 2015 zu halbieren, würden die Temperaturen um 2 Grad sinken."

3. Erkläre (in ein oder zwei Sätzen), was unter Nachhaltigkeit verstanden wird.

4. Nenne die Stationen des „Lebenswegs eines Produkts".

5. Umweltschutz mithilfe von Filtern und Kläranlagen, die am Ende des Produktionsprozesses zugeschaltet werden, nennt man …
   Erläutere, durch welche Art von Umweltschutzmaßnahmen dieser Umweltschutz möglichst ersetzt werden sollte.

6. Nimm Stellung zu folgenden Aussagen:
   - Umweltschutz beginnt schon vor der eigentlichen Herstellung von Gütern.
   - Nachhaltiges Wirtschaften bedeutet mehr als Rücksichtnahme auf die Naturressourcen.
   - Einen sorglosen Umgang mit Energie können wir uns erst wieder leisten, wenn wir erneuerbare Energien einsetzen.
   - Umweltgerecht zu konsumieren bringt doch nichts. Jeder soll weiter so konsumieren dürfen wie bisher.

7. Was habe ich bei den Erkundungen gelernt? Führe zwei der folgenden Sätze fort.
   – Unsere Erkundung hat mir gezeigt, dass …
   – Überrascht war ich davon, dass …
   – Ich habe wenig Neues erfahren, weil …
   – Ich weiß jetzt, dass …

8. Beschreibe und interpretiere die Karikatur. Wie ist der Satz „Die Menschen denken um" gemeint?

Klimawandel: die Menschen denken um!

BERUFSREPORT
DONNERSTAGS UM VIER

Zukunft, Werte, Berufswahl – Wie orientieren sich Jugendliche?

9

Zur Orientierung

*In der letzten Klasse der Sekundarstufe I fragt ihr euch schon häufiger, wie eure persönliche Zukunft später einmal aussehen wird. Im **ersten Abschnitt** dieses Kapitels wollen wir euch deshalb zunächst dazu anregen, eure Träume und eure Erwartungen an eure persönliche Zukunft „auszumalen". Dabei werdet ihr euch an bestimmten Werten orientieren, die euer Leben prägen. An welchen Wertvorstellungen sich Jugendliche heute im Allgemeinen orientieren und wie sich diese Werte im Lauf der Zeit gewandelt haben, auch darüber informieren wir in diesem Abschnitt.*

*Eine zentrale Rolle für euer weiteres Leben und für eure Lebenszufriedenheit wird euer Berufsleben spielen. Daher ist es sinnvoll, schon während der Schulzeit ein Stück weit darüber nachzudenken, auch wenn man das Abitur anstrebt und nicht nach der Sek. I eine Berufsausbildung beginnen möchte. Im **zweiten Abschnitt** geben wir euch deshalb die Möglichkeit, euch eure Begabungen und Fähigkeiten bewusst zu machen sowie unterschiedliche Aspekte von Berufen kennenzulernen. Zudem informieren wir über Faktoren, die für die Berufswahl wichtig sind.*

Kompetenzen

Nach der Erarbeitung dieses Kapitels solltet ihr Folgendes wissen und können:

- Faktoren nennen, die die Zukunft von Jugendlichen beeinflussen, und daraus Konsequenzen für eigenes Handeln ziehen;
- die eigenen Wertvorstellungen im Hinblick auf euch selbst und das soziale Umfeld reflektieren;
- Abschlüsse von Schullaufbahnen und die sich daran anschließenden (Aus-)Bildungswege benennen;
- euch persönliche Fähigkeiten und Interessen bewusst machen, die für die spätere Ausbildung bzw. Berufswahl von Bedeutung sind;
- die verschiedenen Dimensionen eines Berufes und ihre Bedeutung für den Menschen erläutern;
- Merkmale einer geschlechtsspezifisch-stereotypen Berufsorientierung benennen, erklären und hinterfragen;
- äußere Einflüsse auf die Berufswahl nennen und in ihrer Bedeutung beurteilen;
- Berufsfelder mit günstigen Zukunftsaussichten und darauf bezogene Einflussfaktoren benennen und beurteilen.

1. Meine Zukunft – meine Werte

M1 Träume von der Zukunft – der „ideale Tag“

Alle Menschen haben Wünsche für ihre Zukunft, können sie aber häufig nicht konkret benennen. Bei der Übung „Der ideale Tag“ setzt du dich mit deinen eigenen Zukunftsträumen auseinander und erfährst, was dir wirklich wichtig ist. Nimm ein Blatt Papier und einen Stift zur Hand und schreibe einen perfekten Tag in der Zukunft ausführlich als kleine Geschichte. Lass deiner Fantasie freien Lauf und notiere auch Dinge, die du momentan für unrealistisch hältst. Die einzige Beschränkung ist, dass dir dieser Tag nicht langweilig werden darf. Wähle also keine Dinge, die dir nur kurzfristig Spaß machen würden.

Du kannst dich von folgenden Fragen leiten lassen: Wann wachst du morgens auf? Lebst du in einer Wohnung, im eigenen Haus? Wohnst du in der Stadt, in den Bergen, am Meer? Lebst du alleine oder mit jemandem zusammen? Hast du Familie? Was tust du, nachdem du aufgestanden bist? Womit verdienst du dein Geld? Hast du einen interessanten Beruf? Möchtest du dich einem Hobby widmen? Was besitzt du alles? Welchen Menschen begegnest du im Laufe des Tages? Wie möchtest du den Abend verbringen? Wie alt bist du in diesem Szenario?

(Nach: http://www.hoch-im-kurs.de/webcom/show_article.php/_c-164/_nr-1/i.html)

Nachdem ihr euren „idealen Tag“ in der Zukunft beschrieben habt, identifiziert eure wichtigsten Träume. Unterstreicht in eurem „idealen Tag“

1. in roter Farbe Elemente, die euch sehr am Herzen liegen und ohne die ihr unglücklich werden würdet,
2. in blauer Farbe Elemente, die euch wichtig sind, auf die ihr aber zur Not verzichten könntet, und
3. in schwarzer Farbe Elemente, die zwar nett sind, ohne die ihr aber relativ problemlos auskommen könntet.

M2 Von Träumen zu Zielen

Im Hinblick auf …	ist mein Ziel …	erforderliche oder mögliche Zwischenschritte auf dem Weg dorthin sind …
Schule/Bildung	???	???
Beruf	???	???
Wohnort/Wohnen	???	???
Partnerschaft/Familie	???	???
Freizeit/Freizeitbeschäftigung	???	???
Lebensstandard	???	???
soziale Anerkennung/berühmt sein	???	???

Träume sind Vorstellungen von der Zukunft in der Fantasie. Wenn Träume sich – zumindest teilweise – verwirklichen sollen, müssen sie im Leben in konkrete Ziele umformuliert werden, die nach Möglichkeit erreichbar sind. Um sie zu erreichen, musst du bestimmte Schritte darauf zu unternehmen.

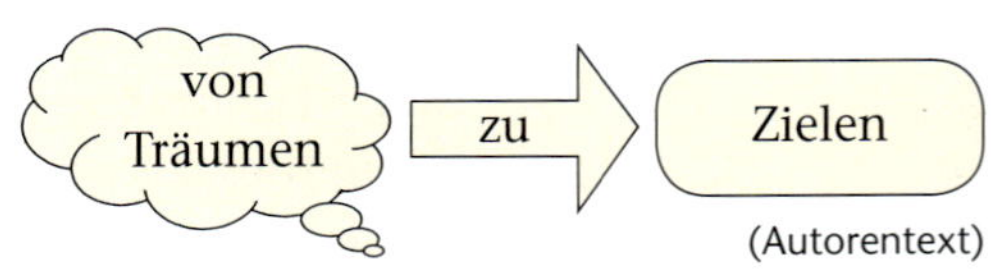

(Autorentext)

1. Erklärt den Unterschied zwischen Träumen und Zielen.

2. Legt im Heft eine Tabelle nach dem Muster auf Seite 232 unten an und füllt die Felder aus, soweit es euch möglich ist. Ihr müsst euch dabei nicht vollkommen sicher sein.

3. Bei welchen Feldern fällt euch das Ausfüllen schwer? Worauf ist das zurückzuführen?

4. Begründet, warum es wichtig ist, sich für sein Leben Ziele zu setzen.

M3 Wie Jugendliche ihre Zukunft sehen

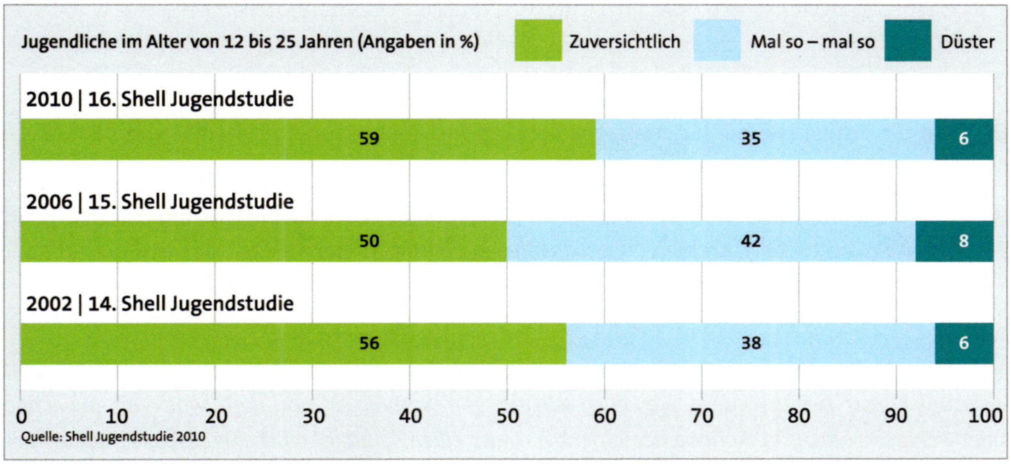

M4 Jugendliche trotzen der Krisenstimmung

Deutschlands Jugendliche sehen ihrer Zukunft optimistisch entgegen, bei der Einschätzung ihrer persönlichen Perspektiven aber klafft die Schere zwischen den sozialen Milieus immer weiter auseinander. Das geht aus der jüngsten Shell-Jugendstudie hervor, die am Dienstag in Berlin vorgestellt wurde.

Ob Politikinteresse, Bildungschancen oder soziales Engagement: Die 12- bis 25-Jährigen aus sozial benachteiligten Familien zeigen in allen Bereichen deutlich weniger Zuversicht. So sehen insgesamt 59 Prozent der Jugendlichen ihrer Zukunft positiv entgegen. Bei der letzten Studie im Jahr 2006 waren es nur 50 Prozent. Allerdings sind nur 33 Prozent der jungen Menschen aus sozial benachteiligten Schichten derart optimistisch. […] „Die Kluft zwischen den sozialen Schichten ist nicht neu, aber sie vertieft sich“, sagte Studienleiter Mathias Albert. Zehn bis 15 Prozent der jungen Menschen seien „sozial abgehängt“: Sie seien sowohl pessimistisch eingestellt als auch politisch kaum engagiert und hätten wenig Vertrauen in die Familie. Als sozial benachteiligt wurden Familien eingestuft, in der die Eltern keine oder nur eine geringe Berufsausbildung haben und von Arbeitslosigkeit bedroht beziehungsweise arbeitslos sind.

Die *Globalisierung* (s. Kap. 19) macht jungen Menschen immer weniger Angst. Sie verbinden mit ihr vor allem die Freiheit, in ferne Länder zu reisen, im Ausland studieren

und arbeiten zu können. Sie bringen Globalisierung zunehmend mit wirtschaftlichem Wohlstand in Verbindung: Bei der Befragung 2006 vor der Wirtschaftskrise stellten 37 Prozent diese Verbindung her, heute sind es 53 Prozent.
Die Einschätzung der Jugendlichen zu ihren *Berufsaussichten* hat sich deutlich verbessert. 76 Prozent der Auszubildenden glauben, nach der Lehre übernommen zu werden. 71 Prozent sind überzeugt, dass sich ihre beruflichen Wünsche erfüllen werden. Auch hier zeigt sich jedoch ein deutlicher Unterschied je nach sozialer Herkunft: Von Jugendlichen aus sozial schwachen Familien teilen diese Überzeugung nur 41 Prozent.

(http://www.spiegel.de/schulspiegel/leben/0,1518,717337,00.html; Verf.: bim/dpa)

1. Beschreibt die in der Grafik M 3 abgebildeten Ergebnisse der Shell Jugendstudien.
2. Fasst die Ergebnisse der Jugendstudie von 2010 in ihren Hauptaussagen zusammen (M 4). Welche Differenzierung ist dabei vor allem von Bedeutung?
3. Führt folgenden Satz weiter: „Man kann als Jugendlicher für seine Zukunft zuversichtlich und optimistisch sein, wenn …" Denkt dabei auch an Gesichtspunkte, die nicht unmittelbar im Text angesprochen werden.

Wenn ihr überlegt, wie ihr euer Leben jetzt oder in Zukunft gestalten wollt, unterscheidet ihr bewusst oder unbewusst zwischen dem, was euch wichtig oder wertvoll ist, und dem, was euch unwichtig oder weniger wertvoll ist. Anhand der folgenden Materialien könnt ihr erarbeiten, worauf Jugendliche in unserer Gesellschaft Wert legen und was man allgemein unter Werten versteht. Die Beschäftigung mit der Einstellung anderer Jugendlicher wird euch zu einer Reflexion eurer eigenen Wertvorstellungen anregen.

M 5 Was ist Jugendlichen wichtig? – Einstellungen von Jugendlichen

Julia trainiert dreimal in der Woche Volleyball. Sie ist gern Teil der Mannschaft und kann sich beim Training gut auspowern. Außerdem hat sie an ihrer Schule die Aufgabe einer Schülerpatin und einer Sporthelferin übernommen, beides ist aber nicht sehr zeitaufwendig. Der Stundenplan lässt ihr viel Zeit für ihre Aktivitäten und das Treffen mit Freunden. Seit fast einem Jahr hat sie auch einen Freund. […] Ihren Mund macht sie „eher weniger" auf, auch wenn man „bei manchen Dingen vielleicht mal was sagen (sollte)". Ordnung und Pünktlichkeit im Sinne von Leitfäden für den respektvollen Umgang miteinander sind ihr wichtig. Sie legt auch Wert auf Leistung, was andere Jugendliche ihrer Meinung nach weniger tun. Allerdings ist Leistung bei ihr damit verbunden, dass man auch weiß, was man möchte, und vielen Jugendlichen fehle noch die berufliche Orientierung. Auf die Zukunft ist sie neugierig und sie wünscht sich, viel zu reisen.

Clara versucht, immer das richtige Maß von allem zu finden. Freiheit ist wichtig, aber manchmal muss sie begrenzt werden, um sich zu konzentrieren. Engagement ist wichtig, aber „jetzt auch nicht übermäßig“, sie braucht „nicht zu viel Geld, aber natürlich so viel, dass man damit leben kann“. Leistung muss man immer irgendwann bringen, um etwas zu erreichen, aber auch nicht „so übermäßig viel Leistung“ und sich nicht „zu viel Sorgen darum machen“. Mit dieser Einstellung versucht sie ihre vielen Aktivitäten immer unter einen Hut zu bekommen. „Und wenn das irgendwann nicht mehr geht, dann muss man auch mal Sachen weglassen, würde ich sagen“.

Alexey ist 20 Jahre alt und die Abitur-Prüfungen stehen kurz bevor. Er wohnt in der Nähe von Braunschweig auf dem Dorf. Dorthin ist er mit seiner Mutter gezogen, als er zehn Jahre alt war. Beide kamen aus Russland zum neuen Mann der Mutter. Zu seinem Vater in Russland hat Alexey noch guten Kontakt. Das dörfliche Umfeld ist sehr wichtig für Alexeys soziale Kontakte; er organisiert auch häufiger gemeinsame Unternehmungen mit den Jugendlichen aus dem Dorf am Wochenende. Er ist außerdem dort seit vier Jahren Mitglied in der freiwilligen Feuerwehr. Der Zeitaufwand dafür hält sich allerdings in Grenzen. Außerdem spielt er Fußball im Verein.

(Auszugsweise entnommen: 16. Shell Jugendstudie 2010, Frankfurt 2010, S. 332 f., 335, 333; Sibylle Picot, Michaela Willert)

Pauline (17): „Ein Statussymbol* ist es, das neueste Handy zu haben. Dass es darauf ankommt, immer das neueste Modell zu haben, finde ich schade. Diese Mentalität [Denkweise, Einstellung] finde ich komisch. Ich mag mein altes Handy, weil es funktioniert. Ich finde es schön, dass man heute die Möglichkeit hat, sich individuell zu geben. Es ist sehr schade, wenn es nicht mehr darum geht, ob die Produkte einem gefallen, sondern nur noch darum, ob es gerade in die Mode passt. Andererseits finde ich, man bekommt auch keine Probleme, wenn man da nicht mitmacht. Viele in meiner Generation denken auch gar nicht so viel darüber nach. Möglichst viele Facebook-Freunde zu horten finde ich allerdings einen ekligen Trend. Es gibt fast niemanden mehr, der dort nicht angemeldet ist. Für mich ist das nur Selbstprofilierung auf einem sehr simplen Level. Was mit den ganzen Daten passiert und wie viele Menschen dort gestalkt werden, scheint leider niemanden mehr zu interessieren.“

(Zit. nach: Yaez, Ausgabe März 2011)

Francesco (18): „Autos und andere Luxusgüter sind nicht mehr so angesagt. Es ist wichtiger, bei MSN oder Facebook viele Freunde zu haben oder an der Schule populär zu sein. Markenklamotten [...] sind immer noch in. [...] Auch ich gönne mir hin und wieder das ein oder andere Markenteil. Als ich bei Facebook angefangen habe, war es mir auch ziemlich wichtig, viele Freunde zu haben, jetzt hat das etwas nachgelassen. Immer stark angesagt ist Individualität. Die Mitläufer bemerkt einfach keiner so richtig, und so orientiert man sich eben an dem, was heraussticht. Solange es keine extremen Luxusgüter sind, finde ich an Statussymbolen* nichts Schlimmes, außer vielleicht, dass sie zu Vorurteilen verleiten können.“

(Zit. nach: Yaez, Ausgabe März 2011)

1. Arbeitet aus den Aussagen der Jugendlichen heraus, was ihnen wichtig ist und welche allgemeinen Einstellungen sich bei ihnen erkennen lassen (M 5).

2. a) Entwickelt ausgehend von den Ergebnissen zu Aufgabe 1 Fragen, mit denen ihr in einer Umfrage in eurer Klasse oder in eurer bzw. einer anderen Jahrgangsstufe ermitteln könnt, was den Mitschülern wichtig ist.

b) Stellt die Ergebnisse in Form von Tabellen oder Schaubildern dar. Diese Aufgabe könnte auch eine Arbeitsgruppe aus der Klasse übernehmen.

M 6 Wertorientierungen: Pragmatisch, aber nicht angepasst

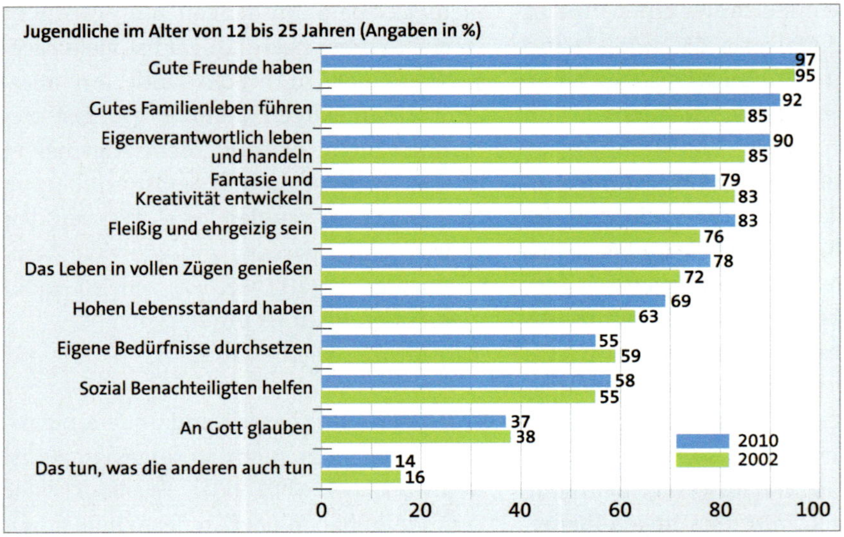

1. Beschreibt die in M 6 dargestellten Ergebnisse der Shell-Jugendstudie von 2010. Erläutert, in welchen konkreten Verhaltensweisen von Jugendlichen diese Wertorientierungen, ob stark oder schwach ausgeprägt, zum Ausdruck kommen können. Beispiel: Dass gute Freunde zu haben wichtig ist, erkennt man daran, dass …

2. Bei welchen Wertorientierungen sind zwischen 2002 und 2010 Abweichungen von fünf und mehr Prozentpunkten festzustellen? Worauf könnten eurer Einschätzung nach diese Veränderungen zurückzuführen sein?

M 7 „So ist die Jugend" – Einstellungen, Erwartungen, Interessen

Mehr als 90 Prozent der Jugendlichen haben ein gutes Verhältnis zu ihren Eltern. Auch mit deren Erziehungsmethoden sind die meisten einverstanden. Fast drei Viertel aller Jugendlichen würden ihre eigenen Kinder so erziehen, wie sie selber erzogen wurden. Fast drei Viertel aller Jugendlichen wohnen noch bei ihren Eltern – insbesondere, weil es kostengünstig und bequem ist. Wieder zugenommen hat der Wunsch nach eigenen Kindern. 69 Prozent der Jugendlichen wünschen sich Nachwuchs. Erneut äußern junge Frauen (73 Prozent) diesen Wunsch häufiger als junge Männer (65 Prozent).

Interesse an Politik steigt wieder leicht an

Auch wenn das politische Interesse bei Jugendlichen weiterhin deutlich unter dem Niveau der 1970er- und 1980er-Jahre liegt, ist der Anteil der politisch Interessierten wieder leicht angestiegen. Ausschlaggebend dafür sind die mittleren und gehobenen Schichten und die Jüngeren. Bei den 12- bis 14-Jährigen hat sich das Interesse binnen der letzten acht Jahre mit 21 Prozent nahezu verdoppelt, bei den 15- bis 17-Jährigen stieg es von 20 Prozent auf 33 Prozent.

In ihrer politischen Ausrichtung ordnet sich die Mehrheit der Jugendlichen weiterhin links von der Mitte ein. Auch beim *Vertrauen in gesellschaftliche Institutionen* hat sich wenig geändert: Hohe Bewertungen gab es für Polizei, Gerichte, Bundeswehr sowie Menschenrechts- und Umweltschutzgruppen, niedrige für die Regierung, die Kirche, große Unternehmen und Parteien. Als Folge der letzten Rezession* zeigen Jugendliche neuerdings einen ausgeprägten Missmut gegenüber Wirtschaft und Finanzen. Dabei hat das Vertrauen in Banken am meisten gelitten.

Trotz allgemeiner Politik- und Parteienverdrossenheit sind Jugendliche durchaus bereit, sich an *politischen Aktivitäten* zu beteiligen, insbesondere dann, wenn ihnen eine Sache persönlich wichtig ist. So würden 77 Prozent aller jungen Leute bei einer Unterschriftenaktion mitmachen. Immerhin 44 Prozent würden auch an einer Demonstration teilnehmen. Hier zeigen sich Mädchen aktivitätsbereiter als Jungen.

Im Vergleich zu den Vorjahren sind immer mehr Jugendliche *sozial engagiert*: 39 Prozent setzen sich häufig für soziale oder gesellschaftliche Zwecke ein. Auch hier zeigen sich soziale Unterschiede. Aktivität und Engagement sind bildungs- und schichtabhängig. Je gebildeter und privilegierter die Jugendlichen sind, desto häufiger sind sie im Alltag aktiv für den guten Zweck.

Pragmatisch, aber nicht angepasst

Die Werte und Lebenseinstellungen von Jugendlichen sind weiterhin pragmatisch: Der persönliche Erfolg in einer Leistungs- und Konsumgesellschaft ist für Jugendliche von großer Wichtigkeit. Leistung ist jedoch nicht alles: Auch wenn Fleiß und Ehrgeiz für 60 Prozent der Jugendlichen hoch im Kurs stehen, darf der Spaß nicht zu kurz kommen: 57 Prozent wollen ihr Leben intensiv genießen. Optimistisch und mit ihrer Lebenssituation zufrieden, geht es ihnen nicht nur um ihr persönliches Vorankommen, sondern auch darum, ihr soziales Umfeld aus Familie, Freunden und Bekannten zu pflegen. Viele interessieren sich dafür, was in der Gesellschaft vor sich geht. [...]

(http://www.bildungsspiegel.de/aktuelles/shell-studie-jugend-2010-eine-pragmatische-generation-behauptet-sich.html?Itemid=262)

1. Fasst zusammen, zu welchen Ergebnissen die Studie hinsichtlich des Verhältnisses bzw. des Verhaltens der Jugendlichen zu a) Eltern, b) Politik, c) Wirtschaft, d) Gesellschaft gekommen ist.

2. Erörtert, ob bzw. inwieweit die beschriebenen Einstellungen und Verhaltensweisen auch euren eigenen entsprechen.

3. Arbeitet in einem Unterrichtsgespräch heraus, welche der Wertorientierungen manchmal auch in einem Spannungsverhältnis zueinander stehen können; das heißt, dass der eine Wert nur auf Kosten eines anderen zu verwirklichen ist. Vielleicht könnt ihr Beispiele nennen.

M8 Jugend früher – Jugend heute

1. Vergleicht die beiden Abbildungen miteinander und stellt Unterschiede zwischen den dargestellten Jugendlichen fest.
2. Überlegt, warum Jugendliche sich heute anders als in früheren Zeiten verhalten, ihre Freizeit verbringen oder kleiden.
3. Sprecht mit euren Eltern oder Großeltern darüber, wie sie in ihrer Jugendzeit erzogen wurden und welches Verhältnis damals zwischen Kindern und Eltern vorherrschte.
4. Sucht Bilder, die eurer Meinung nach am besten das Verhalten und Denken heutiger Jugendlicher widerspiegeln. Begründet eure Auswahl und stellt die Bilder auf einer Stellwand in Form einer Collage zusammen.

M9 Werte und Wertewandel

Jeder Mensch hat etwas, das Wert für ihn hat, das wichtig und nützlich für ihn ist. Wenn man anfängt, das aufzuzählen, merkt man bereits, wie vielfältig die Bedeutung des Wortes „Wert" ist. Die Wohnung, das Fahrrad und viele andere Sachen haben einen Wert. Das ist der Geldbetrag, den man beim Kauf bezahlen muss oder beim Verkauf bekommt. Das Geld selber hat auch einen Wert. Alles, was man messen kann, hat einen Wert: die Höhe eines Berges, die Entfernung zum Mond oder die Zeit, die jemand über hundert Meter läuft. Dieser Wert lässt sich in Minuten und Sekunden, in Metern, Kilometern oder auch auf andere Weise ermitteln. Man spricht dann von einem „objektiven" Wert. Damit ist gemeint, dass dieser Wert von allen Menschen nachzuvollziehen ist, er hängt nicht von einer persönlichen Bewertung ab. […]

(http://www.hanisauland.de/lexikon/w/werte.html; Verf.: Gerd Schneider, Christiane Toyka-Seid)

Etwas anderes ist gemeint, wenn man von Werten im Sinne von Vorstellungen spricht, die die Menschen für sich selbst als erstrebens- und wünschenswert, als richtig und gut betrachten und an denen sie ihr Verhalten und ihr Handeln längerfristig ausrichten. Solche *Wertvorstellungen* oder Wertorientierungen erwerben Menschen im Laufe ihrer Entwicklung, in den Jahren der Kindheit und Jugend, besonders durch den Einfluss der Erziehung in der Familie und dann der Schule, aber auch durch andere Menschen, mit denen sie häufig zusammen sind. Eine typische, in der Gesellschaft weit verbreitete Wertvorstellung ist die der Gerechtigkeit. Wertorientierungen sind also feste Elemente menschlichen Denkens und Fühlens, die sich nicht innerhalb kurzer Zeiträume verändern. (Autorentext)

Wertewandel

Manchmal hört man auch das Wort „Wertewandel". Damit ist eine Veränderung gemeint, die sich über längere Zeit innerhalb einer Gesellschaft vollzieht. Zum Beispiel spielten früher in der Kindererziehung Gehorsam und Pflichterfüllung eine sehr wichtige Rolle. Heute haben sich die Werte gewandelt, und die Erziehung zu Selbstständigkeit und Verantwortungsbewusstsein wird als besonders wichtig betrachtet. Manchmal ist es bei einem Wertewandel auch so, dass Werte wieder an Bedeutung gewinnen, die für einige Zeit als überholt angesehen wurden. So zeigen Untersuchungen, dass Jugendliche heute wieder Fleiß und Ehrgeiz als wichtig einschätzen, was eine Zeit lang eher als veraltet betrachtet wurde. Wenn sich Einstellungen und Ansichten bei vielen Menschen geändert haben, ist ein Wertewandel eingetreten.

(http://www.hanisauland.de/lexikon/w/werte.html; Verf.: Gerd Schneider, Christiane Toyka-Seid)

1. Erklärt, wann man den Begriff Wert in einem objektiven Sinne benutzt.
2. Was bedeutet im Gegensatz dazu der Begriff Wert im Bereich menschlichen Handelns und Verhaltens?
3. Nennt die Faktoren, die die Wertorientierungen von Jugendlichen prägen.
4. Erklärt, was mit dem Begriff „Wertewandel" umschrieben wird.
5. Diskutiert, ob eurer Meinung nach Gleichaltrigengruppen (Freunde, Cliquen) einen größeren Einfluss auf die Wertorientierungen und das Verhalten von Jugendlichen haben als Eltern. Verwendet bei der Umschreibung des Verhältnisses zwischen beiden Seiten u. a. folgende Begriffe: Freiheit – Nähe – Abstand – gemeinsame Unternehmungen – Vertrauen – Aufgaben – Verantwortung – Selbstständigkeit – Verständnis – Abhängigkeit – Ausschluss – Anerkennung. Alternativ zu einer Diskussion könnt ihr euch mithilfe der Methode der „Positionslinie" (M 10, s. u.) mit der Frage auseinandersetzen und Position beziehen.
6. Erörtert, welche Bedeutung eurer Einschätzung nach die Medien (Fernsehen, Internet, Zeitschriften, Filme) für die Einstellungen von Jugendlichen haben.

Methode M 10 Die Positionslinie

Eine alternative Methode zum Unterrichtsgespräch besteht in folgender Vorgehensweise: Schreibt groß auf ein DIN-A4-Blatt „Eltern" und auf ein anderes Blatt „Freunde/Clique". Legt die Blätter in größerem Abstand voneinander entfernt auf den Boden, z. B. vor die zwei gegenüberliegenden Wände im Klassenraum oder auch, wenn dieser zu klein ist, in der Aula oder im Pausenraum der Schule, um genügend Raum für die Einnahme einer Position zu haben. Positioniert euch entsprechend eurer Meinung zwischen den beiden Begriffen und wählt dabei einen Abstand, der eure Position zur Bedeutung der beiden Faktoren widerspiegelt. Je mehr ihr dem einen Pol zustimmt, desto näher müsst ihr an ihn heranrücken. Die Mitte des Abstandes bedeutet Unentschiedenheit. An dieser Methode können sich die Schülerinnen und Schüler beteiligen, die ihre Meinung entsprechend äußern und begründen möchten.

(Nach: Lothar Scholz: Methoden-Kiste, hrsg. v. der Bundeszentrale für politische Bildung, 4. Aufl. 2010, S. 34)

2. Wie geht es weiter: Schule – Ausbildung – Beruf?

Die Frage nach eurer persönlichen Zukunft rückt immer näher, weil ihr bald darüber entscheiden müsst, ob ihr weiter zur Schule gehen oder eine Ausbildung beginnen wollt. Für die einen ist ziemlich klar, dass sie auch die Sekundarstufe II an ihrer Schule verbringen werden. Andere dagegen können sich auch Alternativen vorstellen, ohne diese vielleicht schon genauer zu kennen. Für beide Gruppen ist es grundsätzlich in gleicher Weise wichtig, sich mit ihren beruflichen Vorstellungen, Träumen oder konkreten Zielen zu beschäftigen, weil sich letztlich jeder einmal für einen Beruf bzw. eine entsprechende Ausbildung entscheiden muss. Dieser Abschnitt soll euch helfen, sozusagen den richtigen „Anschluss" an den „Schulabschluss" zu finden.

Schul- und Ausbildungswege

M 11 Die Schullaufbahn fortsetzen?

a) Wenn man nicht gut in der Schule und in praktischen Bereichen viel begabter ist, sollte man es eventuell in Betracht ziehen, eine berufliche Ausbildung zu machen. Es hat keinen Zweck, wenn man in der Schule sitzt, nur um das Abitur zu bekommen.

(Lucas, Kl. 9)

b) Ich persönlich finde es besser, das Abitur zu machen, weil ich dann nicht umsonst auf das Gymnasium gegangen bin. Wenn ich mein Abitur habe, kann ich jeden Job bekommen. Wenn ich nach der 10 aufhöre, habe ich „nur" einen Realschulabschluss und kann nicht studieren. Wenn ich das Abitur mache, habe ich viel mehr Auswahl an Berufen und kann besser bezahlte Berufe ausüben. Viele Schüler hören nach der 10 auf, weil sie keine Lust mehr haben. Später werden sie sich ärgern, dass sie die Schule nicht komplett beendet haben.

(Lena, Kl. 9)

c) Ich will einen praktischen Beruf lernen, weil ich dann eher aus der Schule heraus bin, eher Geld verdiene, eher eine eigene Wohnung habe und machen kann, was ich will. Außerdem muss ich nicht länger lernen.

(Frank, Kl. 8)

(Eigene Befragung; R. v. Rüden)

M 12 Wege zum Abitur[1]

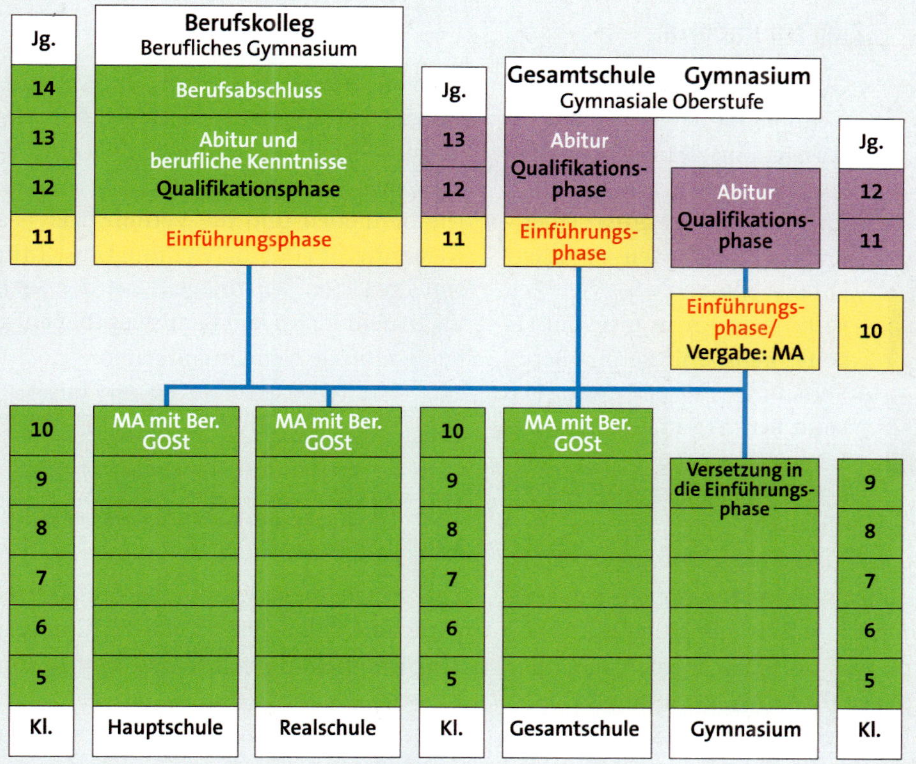

[1] An Förderschulen können entsprechende Bildungsgänge durchlaufen werden.

Erklärung der Abkürzungen:
Jg. = Jahrgangsstufe; Kl. = Klasse; MA = Mittlerer Abschluss (Fachoberschulreife);
MA mit Ber. GOSt = Mittlerer Abschluss mit Berechtigung zum Besuch der gymnasialen Oberstufe

(Aus: Die Sekundarstufe I in Nordrhein-Westfalen. Informationen für Eltern. Hrsg. vom Ministerium für Schule und Weiterbildung des Landes Nordrhein-Westfalen, Düsseldorf 2011, S. 7)

1. Erläutert, welchen Weg die drei Personen sich nach der Sekundarstufe I vorstellen (M 11).

2. a) Vergleicht die Meinungen der drei und nehmt begründet dazu Stellung.
b) Nennt weitere Argumente für den Beginn einer beruflichen Ausbildung nach der Sekundarstufe I einerseits und den Erwerb des Abiturs andererseits.

3. Erläutert und vergleicht die unterschiedlichen Wege zum Abitur (Grafik M 12).

4. Angenommen, der Schüler, der die erste Meinung (M 11 a) äußert, besucht ein Gymnasium. Wann erhält der Schüler einen Sek. I-Abschluss, mit dem er eine berufliche Ausbildung beginnen könnte? Informiert euch zu dieser Frage ggf. beim Oberstufenleiter eurer Schule.

5. Wenn ihr Fragen zu den Abschlüssen und Wegen im Schulsystem habt, ladet den Oberstufenkoordinator oder Berufsberater eurer Schule ein; sie können euch weitere Informationen geben. (Evtl. kann auch eine Elternversammlung sinnvoll sein.)

Fähigkeiten und Interessen

M 13 Ziel: Traumberuf

Gibt es den überhaupt? Und wenn ja: Woher soll man noch vor der Ausbildung, vor dem Studium wissen, wie man sich für den richtigen entscheidet – und nicht für den falschen? 75 000 Stunden! So viel Zeit verbringen wir in unserem Leben durchschnittlich im Beruf. Verdammt viel Zeit! Natürlich kann der Weg nicht von vornherein ganz durchgeplant werden, aber er sollte doch mit Bedacht gewählt werden. […] Es gibt zwei Arten von Vorstellungen davon, wie arbeiten aussehen soll. Die einen, nennen wir sie die *Berufenen*, wissen manchmal gar schon als Kind, was sie später werden möchten. Sie verfolgen ihren Weg geradlinig so lange, bis sie das erreicht haben, wovon sie schon von klein an geträumt haben. Manchmal kommt die Begeisterung während der Schule, manchmal erst während des Studiums oder der Ausbildung. Ihnen allen ist gemein: Sie brennen für das, was sie tun oder tun wollen. Sie haben ein Ziel, ein Thema, das sie leidenschaftlich verfolgen. Dafür nehmen sie Anstrengungen und Risiken auf sich: fehlende Sicherheit, die Gefahr zu scheitern, einen mühsamen Weg. Aber das macht ihnen nichts aus – sie sind bereit, einen großen Teil ihrer Energie in den Beruf zu stecken.

Für die anderen, die *Vernünftigen*, ist der Beruf Mittel zum Zweck: Sie wollen Geld verdienen, Sicherheit haben, Freizeit. Sie müssen sich im Beruf nicht so sehr anstrengen wie die Berufenen: Denn ihnen geht es erst einmal um ein geregeltes Einkommen und Zufriedenheit bei der Arbeit. Sie legen ihren Fokus eben anders: Die Leidenschaft liegt in der Freizeit, ihre Zufriedenheit fußt auf Sicherheit.

Die Berufenen und die Vernünftigen – so weit entfernt voneinander ihre Gewichtungen im Leben sein mögen, bei der Suche nach dem richtigen Berufsweg haben sie beide zentrale Gemeinsamkeiten.

(http://blog.younect.de/schueler-bewerber-berufseinsteiger/den-richtigen-beruf-finden-was-versprichst-du-dir-von-deinem-berufsleben-was-willst-du-in-75-000-stunden-im-beruf/?utm_source=feedburner&utm_medium=feed&utm_campaign=Feed%3A+YounectBlog+%28YOUNECT+Blog%29; Verf.: Younect GmbH; Zugriff: 10.6.2011)

Eine Arbeit, in der wir nur die Zeit absitzen, wird zur Qual. Selbst für die Vernünftigen, die Sicherheit vorziehen und sich in ihrer Freizeit verwirklichen.

Nach der Schule gilt es also, erst einmal innezuhalten – und sich zu überlegen, in welchem Bereich man in den nächsten Jahrzehnten einen Großteil seiner Zeit verbringen möchte.

- Der *Berufene*, der ein Interesse hat, das ihn ausfüllt, und der bereit ist, sich dafür anzustrengen, sollte sich nicht abschrecken lassen von großem Aufwand: Es geht darum, das zu tun, was man von Herzen möchte. Dabei sollten keine schlechten Arbeitsplatzchancen, keine Bedenken von Freunden und Eltern und auch keine Hürden wie hohe Zulassungsbeschränkungen die Entscheidung beeinflussen – zur Not wartet man eben ein oder zwei Jahre.
- Der *Vernünftige* mag nicht den Anspruch haben, im Beruf allen Sinn zu finden. Sicherheit und geregelte Arbeitszeiten sollten in seine Wahl einfließen. Doch auch er

muss sich fragen, in welchem Bereich er sein Leben lang arbeiten möchte. Schreiner etwa mögen gesucht sein – aber hat er genügend handwerkliches Interesse? Die Aussichten für studierte Ingenieure mögen glänzend sein, und keiner muss dafür Physik in der Schule geliebt haben – doch ist es vorstellbar, sich fortan dauernd mit Zahlen und exakter Mathematik zu beschäftigen?

(http://blog.younect.de/schueler-bewerber-berufseinsteiger/teil-2-welchen-weg-solltest-du-nach-der-schule-einschlagen-der-berufene-und-der-vernuenftige/; Verf.: Younect GmbH; Zugriff: 10.6.2011)

1. Erläutert, von welchen Motiven sich Menschen bei der Wahl ihres Berufes grundsätzlich bewegen und leiten lassen können.

2. In dem Text werden die sog. „Berufenen" und die „Vernünftigen" als zwei – sicher etwas überzeichnete – Berufswahltypen charakterisiert.
a) Beschreibt, wie unterschiedlich die beiden Typen ihren Berufswahlprozess bzw. ihren Weg in den Beruf voraussichtlich gestalten werden.
b) Überlegt, welche Erfahrungen die beiden Typen in ihrem späteren Beruf machen könnten.
c) Wie beurteilt ihr aus eurer Sicht die beiden unterschiedlichen Typen?

3. Erörtert, welche Motive für die Wahl eines Berufes ausschlaggebend sein und welche eine untergeordnete Rolle spielen sollten. Bildet verschiedene Gruppen und einigt euch auf eine Prioritätenliste. Vergleicht die Ergebnisse der Gruppenarbeit miteinander.

M 14 Was kann ich? Welcher Beruf passt zu mir?

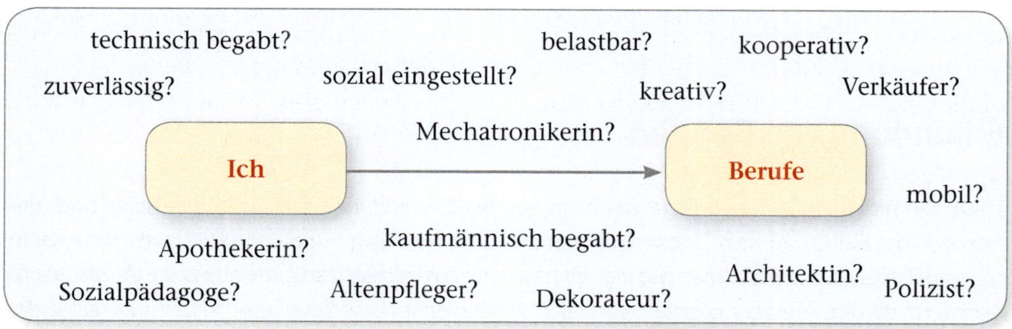

(Autorentext)

1. Beschreibt anhand von M 14 die Situation jedes/jeder Einzelnen, der/die vor dem Problem der Berufswahl steht.

2. Überlegt, ob es sinnvoller ist, zuerst die Fragen nach den persönlichen Eigenschaften und Fähigkeiten zu beantworten oder zunächst einige Berufe zu erkunden und kennenzulernen.

3. Nennt Möglichkeiten, wie man etwas über seine Fähigkeiten und Eigenschaften in Erfahrung bringen könnte. Wer oder was könnte euch dabei behilflich sein?

M 15 Fragen zum Aufspüren von Interessen und Fähigkeiten

1. Welchen Interessen und Beschäftigungen gehst du am liebsten nach?
2. Wann bzw. wobei hast du die Erfahrung gemacht, dass du etwas (besonders) gut kannst?
3. Welche Schulfächer liegen dir am meisten?
4. Was würdest du gern lernen?
5. Was schätzen andere Menschen an dir?
6. Wessen berufliche Tätigkeit findest du gut und warum?
7. Was würdest du gern gestalten oder ändern, wenn du die Möglichkeit dazu hättest?
8. Möchtest du später bevorzugt an bestimmten Orten arbeiten?
9. Gibt es Arbeitsmittel oder Gegenstände, mit denen du gerne arbeiten möchtest?
10. Worüber sprichst oder diskutierst du gern mit anderen?

(Autorentext)

1. Die Fragen in M 15 können euch auf die Spur zu euren Fähigkeiten und Wünschen führen, die ihr später in einem Beruf verwirklichen möchtet. Schreibt die Fragen auf ein DIN-A3-Blatt und beantwortet sie auch schriftlich. Heftet das Blatt für einen gewissen Zeitraum, z. B. für die restliche Zeit dieses Schuljahres, zu Hause an einen gut sichtbaren Platz, sodass ihr euch immer wieder an den Fragen orientieren und die Antworten ergänzen oder korrigieren könnt.

2. a) Das Ziel eines jeden ist allgemein gesprochen der „ideale Beruf". Wann kommt man diesem Ziel möglichst nahe?
b) Vor welcher Aufgabe bzw. welchem nächsten Schritt steht ihr, nachdem ihr über eure Fähigkeiten, Eigenschaften, Interessen und Wünsche mehr Klarheit bekommen habt?

Erkundung von Berufen

Wenn ihr mit eurem späteren Beruf zufrieden sein wollt, solltet ihr dabei eure Fähigkeiten und Interessen verwirklichen können. Dann macht euch der Beruf Freude und vermittelt euch das Gefühl, ausgefüllt zu sein. Deshalb ist es wichtig, im nächsten Schritt herauszufinden, was die Berufe, die für euch jetzt infrage kommen könnten, von euch verlangen und welche Möglichkeiten sie euch bieten werden. Dabei sollen euch die folgenden Materialien helfen.

M 16 Einblicke in Berufsbilder – Berufstätige berichten

Selbstständige Buchhändlerin

Natürlich hat sich auch die Verantwortung geändert, ganz extrem. Ich bin ja seit dreizehn Jahren selbstständig. Wenn man angestellt ist, hat man eine solche Verantwortung nicht, konnte ich auch gar nicht, weil der Betrieb, bei dem ich angestellt war, ein Filialbetrieb war. So hatte ich nichts mit dem Einkauf und vielen anderen Dingen zu tun und musste darüber auch gar nicht entscheiden. Das ist auf der anderen Seite auch nicht schlecht, man muss nicht wegen jedem Pieps „ja" oder „nein" sagen, sondern kann sich wirklich auf das Wesentliche konzentrieren, Bücherverkaufen und Beraten. Das ist halt in dem Moment, in dem man selbstständig ist, nicht mehr gegeben, da man da mit vielen anderen Dingen zu tun hat, sei es Bürokratie, sei es Buchhaltung usw.

Ich vermisse in meinem Beruf die adäquate Bezahlung meiner Arbeit (lacht). Im Endeffekt verdient man im Einzelhandel sehr wenig. Geld ist zwar nicht alles, aber man sollte zumindest gut über die Runden kommen und damit leben können. Jetzt könnte ich natürlich anführen, dass ich wenigstens noch einen Job habe. Ich kenne viele Kolleginnen und Kollegen, die keinen mehr haben. Der Kontakt und Austausch mit den Menschen macht mich glücklich. Ich bin dann zwar manchmal abends so erschlagen, dass ich gar nichts mehr reden will, aber man trifft immer Menschen, mit denen man über Bücher, Politik, Ausstellungen oder Lesungen reden kann. Man lernt auch unwahrscheinlich viel, man kann jeden Tag etwas lernen. Und das finde ich am Buchhandel klasse, dass man durch die Kommunikation mit den anderen etwas lernt.

IT-Berater

Mich beschäftigt mein Beruf schon seit vielen Jahren, da ich früher mal eine Doktorarbeit über virtuelle Teams angefangen habe. Bei virtuellen Teams geht es darum, dass man zwar als Team zusammenarbeitet, aber an unterschiedlichen Orten verteilt, das heißt, man sieht sich nur über Online-Konferenzen oder wenn man sich gelegentlich an einem Ort trifft. Ich mache einen ähnlichen Spagat. Auf der einen Seite bin ich in dieser Hinsicht relativ normal, weil ich zum Kunden reise und somit bei ihm vor Ort im Büro bin und auf diese Weise natürlich auch privat an den Kunden angebunden bin. So bin ich zwar physisch beim Kunden vor Ort, aber halte auch Kontakt zu meinen Leuten woanders über das Internet, da ich meine E-Mails weiterlese und die Internettelefonie nutze. Das heißt, dass ich kommunikativ nicht abgetrennt bin, sondern nur körperlich. Das ist die eine Seite. Aber ich sehe auch zu, dass ich für den Kunden immer mehr von zu Hause aus arbeiten kann, dass ich mich also von zu Hause aus oder von meinem Büro aus auf dem Server des Kunden einwählen kann und somit von meinem Rechner aus arbeiten kann.

Apothekerin

Das Gute an dem Beruf ist, dass meistens jemand gesucht wird, der auch nur ein paar Stunden pro Woche arbeitet, sodass, wenn der Chef irgendwann mal eine Vertretung braucht, sei es aus familiären Gründen oder weil er mal in den Urlaub geht, noch jemand da ist, der die Apotheke kennt. Deshalb werden solche Leute oft gesucht, und das kann man super mit Kindern verbinden. Ich bin froh, dass ich diesen Beruf gewählt habe, weil er interessant ist, weil sich vieles ändert, man bleibt nie stehen. Das bringt auch mit sich, dass man sich ständig informieren muss, es gibt ständig neue Arzneimittel und Therapiewege, sodass man auf dem Laufenden sein muss. Auch die Seminare werden an die normale Arbeitszeit angehängt. Man muss dies zwar, zumindest in unserer Apotheke, nicht selbst finanzieren, aber man bekommt dafür auch keinen Arbeitsausgleich. Jetzt kommen die Internetapotheken dazu und der Versandhandel, sodass man über das Internet etwas bestellt und dann direkt beliefert wird. Ich kann da nichts Näheres zu sagen, weil das ja unsere Konkurrenz ist, aber es bereitet zumindest Kopfzerbrechen, wie das weiter läuft.

(Auszugsweise entnommen: http://www.berufs geschichten.de; Verf.: Nick Melekian)

M 17 Ein Beruf – viele Aspekte

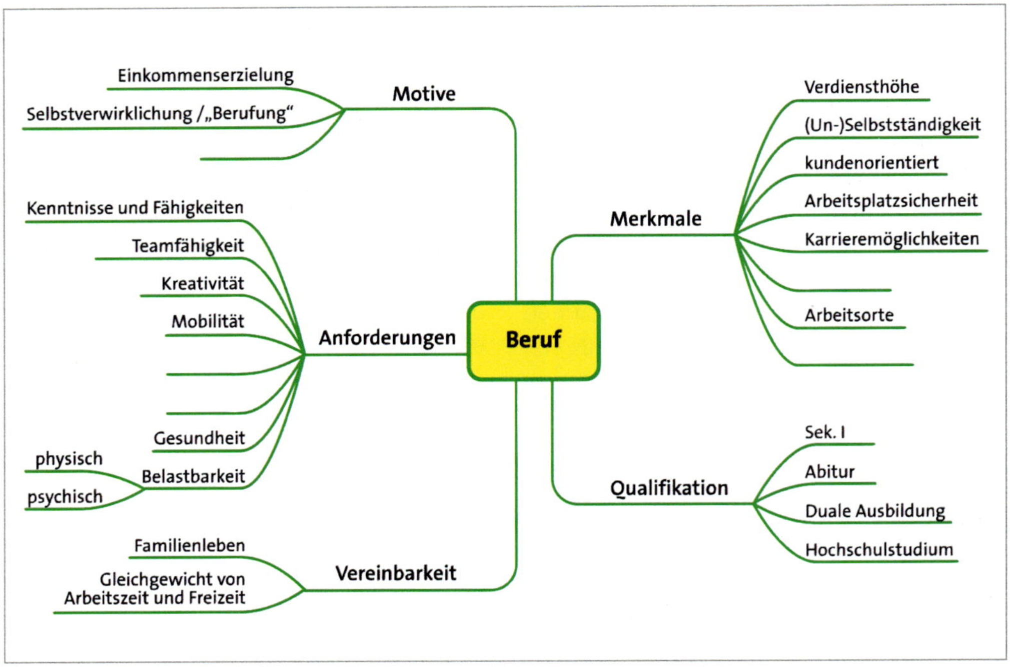

(Autorentext)

1. a) Lest die Erfahrungsberichte der drei Berufstätigen (M 16). Stellt fest, welche der in der Mindmap angeführten Aspekte von Berufen (M 17) in den Berichten vorkommen und wie diese ausgeprägt sind.

b) Ergänzt nach dem Kennenlernen dieser Berufsbilder oder aufgrund von Kenntnissen über andere Berufe im Heft weitere Äste und Zweige in der Mindmap.

2. a) In den Berichten werden nicht alle in der Mindmap angeführten Aspekte dieser Berufe angesprochen. Recherchiert deshalb weitere Informationen und wertet alle Informationen zum jeweiligen Berufsbild in Form eines Porträts aus. Stellt dieses der Klasse – vielleicht auch in Form einer Powerpoint-Präsentation (s. S. 66) – vor.

b) Wenn euch andere Berufe als die drei dargestellten persönlich mehr interessieren, könnt ihr dazu die Rechercheaufgabe bearbeiten und ein Berufsporträt erstellen. Bei der Recherche können euch die folgenden Tipps und Hinweise helfen.

Nützliche Tipps und Hinweise:

- **Informationsseiten im Internet nutzen**, z. B.:

http://www.planet-beruf.de/Berufe-von-A-bis-Z.39.0.html
http://www.kompass-berufswahl.de/
http://www.berufskunde.com/4DLINK1/4DCGI/BB_Startup/03K0)1
http://www.sparkassen-schulservice.de/bw/berufwahl_bewerbung/kompassberuf.php

- **Besuch im Berufsinformationszentrum der Agentur für Arbeit**
- **Informationsveranstaltung mit dem Berufsberater in der Schule**
- **Besuch von örtlichen Berufemessen und Ausbildungsbörsen**
- **Praktika machen**

Äußere Einflüsse auf die Berufswahl

Neben den Faktoren, die in einer Person selbst liegen, d. h. den Fähigkeiten und Interessen, beeinflussen auch viele Faktoren aus dem Umfeld des Menschen die Berufswahl. Diese sind oft unbewusst wirksam. Bei der Bearbeitung der nächsten zwei Materialien könnt ihr erkennen, dass Berufswünsche häufig von geschlechtsspezifischen Klischees beeinflusst sind.

M 18

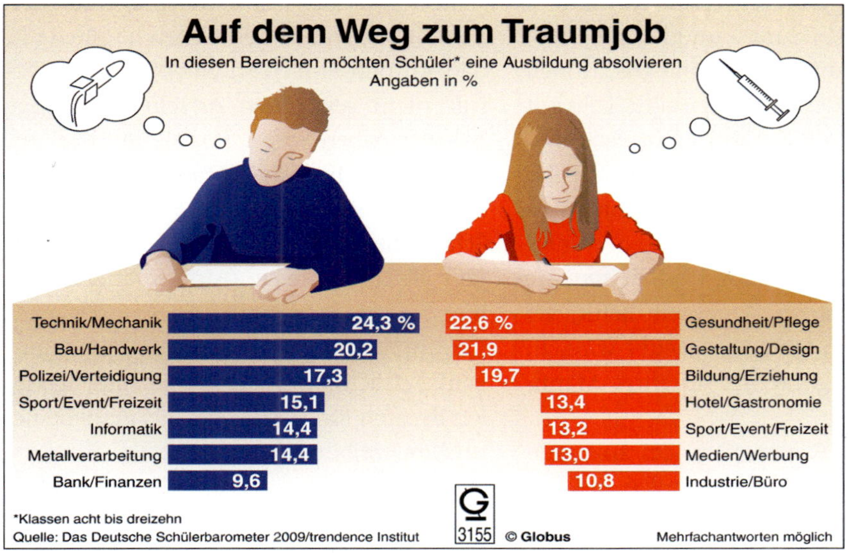

1. Vergleicht die Ausbildungswünsche von Jungen und Mädchen miteinander und stellt Unterschiede fest.

2. Sammelt in Spontanäußerungen mögliche Gründe für die unterschiedlichen Ausbildungswünsche und haltet sie an der Tafel fest. Diskutiert anschließend die Gewichtigkeit der Gründe und listet sie in einer entsprechenden Rangfolge auf.

M 19 „Männerberufe“ für Männer – „Frauenberufe“ für Frauen?

Erzieher im Kindergarten

Der Prozess der Berufsfindung beginnt bereits in der Kindheit. Im Spiel erproben sich Mädchen und Jungen in künftigen Rollen und Berufen. Eltern, andere Verwandte, Nachbarn, Kindermedien, Erzieher und Erzieherinnen liefern die ersten Vorbilder und oft auch die ersten geschlechtsspezifischen Zuschreibungen von Fähigkeiten. Kinder lernen, was Mädchen und Jungen (angeblich) gut können oder können sollten, was ihnen (angeblich) nicht liegt und mit welchen Verhaltensweisen und Fähigkeiten sie sich womöglich sogar lächerlich machen.

● Seit Jahrzehnten ist zu beobachten, dass Mädchen und Jungen unterschiedliche Ausbildungsberufe, schulische Ausbildungen und Studiengänge wählen. Die Ursachen hierfür sind tief in unserer Kultur und in unserem Ausbildungs- und Berufssystem verankert. Frauenarbeit zählte traditionell wenig und wurde schlecht bezahlt. Dies gilt noch heute für die Bezahlung in den Frauenberufen. Die traditionellen Frauenberufe bieten auch nur selten Aufstiegsmöglichkeiten. Sie sind deshalb für Männer unattraktiv. Für Männer kommt hinzu, dass sie mit der Entscheidung zu einem Beruf, der vorwiegend von Frauen ausgeübt wird, in ihrer Umgebung Zweifel an ihrer Männlichkeit auslösen.

Auch ist es für Frauen plausibel anzunehmen, dass sie den Anforderungen in Frauenberufen eher gewachsen sind und dass sie vielleicht sogar besondere Talente gerade für diese Berufe mitbringen.

● Solche Annahmen, die im Übrigen nicht nur von den jungen Frauen und Männern selbst, sondern auch von vielen Erwachsenen geteilt werden, die sie fachlich fördern und beruflich beraten sollen, basieren auf Geschlechterstereotypen[1] und Berufsimages, die meist unreflektiert bleiben. Als ungeprüftes Alltagswissen schaffen sie eine Grundlage für stereotype[1] Berufsempfehlungen, Berufsentscheidungen und folgenreiche Einstellungsentscheidungen in Unternehmen, die den individuellen Kompetenzen, Interessen und Entwicklungspotenzialen der jungen Frauen und Männer nur zum Teil gerecht werden. Für die Wirtschaft wie für die sozialen Dienste in Deutschland wäre es von großem Vorteil, wenn Mädchen und Jungen ihre Talente unbeeinflusst von stereotypen Vorstellungen nutzen könnten. Für die Erweiterung des Berufswahlspektrums junger Frauen und Männer ist es von großer Bedeutung, den traditionellen Frauen- und Männerberufen ihr geschlechtsspezifisches Berufsimage zu nehmen. Junge Frauen befürchten nämlich oft, den Anforderungen in einem „Männerberuf“ nicht gewachsen zu sein, und junge Männer haben Sorge, dass sie mit der Entscheidung für einen „Frauenberuf“ Zweifeln an ihrer Männlichkeit Nahrung geben. Schon die Bezeichnung und Beschreibung von Berufen in Berufsinformationssystemen weckt entsprechende Assoziationen [bestimmte, damit verbundene Vorstellungen]. Tatsächlich ist der Arbeitsalltag in vielen Berufen facettenreicher, als manche Berufsbeschreibung ahnen lässt.

(Auszugsweise entnommen: http://www.goethe.de/ges/mol/dos/gen/geb/de4216291.htm; Verf.: Waltraud Cornelißen; © Goethe-Institut e.V., Online-Redaktion, März 2009)

[1] Stereotyp = klischeehafte, fest eingewurzelte Vorstellung bzw. Vorurteil; Adjektiv stereotyp = klischeehaft, starr

1. Arbeitet die Gründe für das geschlechtsspezifische Berufswahlverhalten von Frauen und Männern bzw. Mädchen und Jungen heraus.
2. Diskutiert, ob die Darstellung des Textes eurer Kenntnis und Erfahrung nach den heutigen Verhältnissen entspricht.
3. Fasst zusammen, was getan werden und geschehen müsste, damit Mädchen und Jungen eine nicht einseitig geschlechtsstereotype Berufswahl vornehmen.
4. Vielleicht habt ihr schon einmal an einem „Girls' Day" (www.girls-day.de) oder „Boys' Day" (www.boys-day.de) teilgenommen. Berichtet von euren Erfahrungen damit. Hat sich eure Sichtweise auf sogenannte „typisch weibliche" bzw. „typisch männliche Berufe" dadurch verändert?

Außer der geschlechtsspezifischen Orientierung entscheiden weitere Faktoren über die endgültige Wahl eines Berufes mit. Manchmal überlagern sie sogar den ursprünglichen Wunsch nach einem „Traumberuf". Die folgende Grafik soll euch dieses bewusst machen.

M 20 Viele Einflüsse auf die Berufswahl

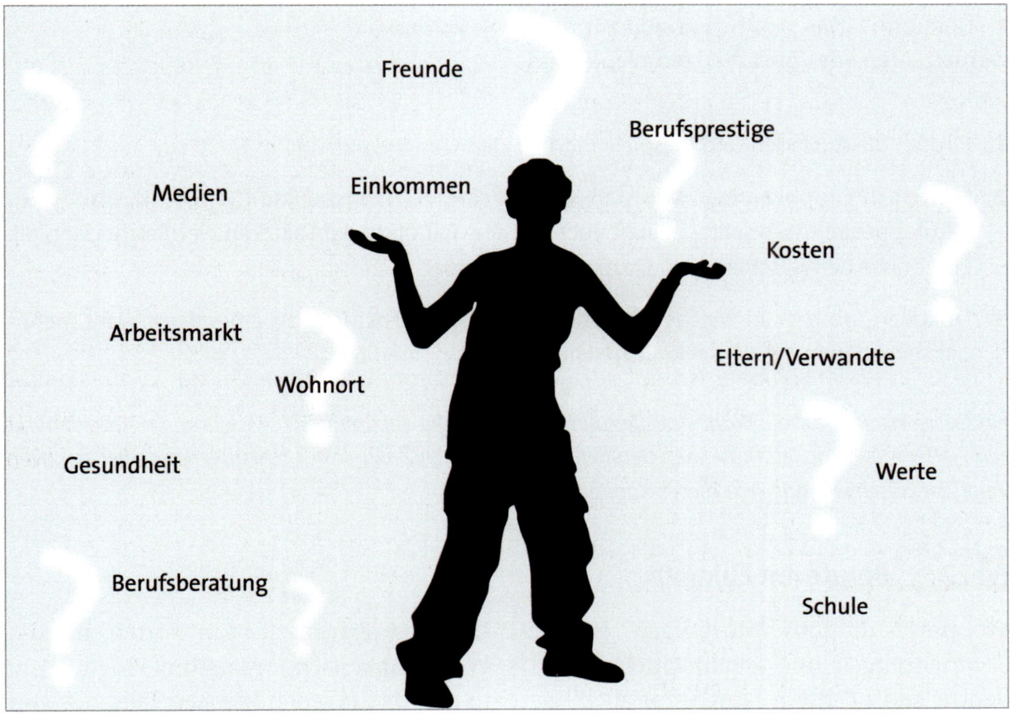

M 21 Motive – Ratschläge – Hindernisse

- Ich würde ja gern Physiotherapeutin werden, aber die Ausbildung an einer Privatschule ist für mich bzw. meine Eltern nicht bezahlbar.
- Ich bin sozial eingestellt und helfe gern anderen Leuten. Die Altenpflege ist da genau das richtige Arbeitsfeld für mich.
- In meiner Freizeit bin ich immer gern bei der Jugendfeuerwehr aktiv gewesen. Ich will deshalb Rettungsassistent werden.
- Bei den Noten musst du doch Medizin studieren!
- Mit dem Beruf kannst du dich ja gleich arbeitslos melden!
- Der Beruf hat bei uns Familientradition!
- Ich will mit meinem Beruf ein gutes Image haben.
- Ingenieure werden immer gebraucht.
- Tierärztin? Das wollte ich auch immer werden. Aber wie willst du davon leben? Im Berufsinformationszentrum der Agentur für Arbeit habe ich einen Berufseignungstest gemacht. Seitdem bin ich mir sicher, dass ich Architekt werden sollte.
- Mein bester Freund hat Bürokaufmann gelernt und ist mit seinem Beruf sehr zufrieden. Wir haben uns immer gut verstanden. Jetzt will ich das auch werden.
- Ich möchte, wie man das in Krimis sehen kann, gerne Ermittler sein und deshalb Kriminalpolizist werden.
- Nils möchte, seitdem er als kleiner Junge einen Chemiebaukasten geschenkt bekommen hat, den Beruf des Chemielaboranten erlernen. Auch hat er gute Noten in Chemie und Biologie. In den letzten Jahren hat er aber verschiedene Allergien bei der Berührung von Chemikalien entwickelt.

(Autorentext)

1. Ordnet die Aussagen und Beispiele in M 21 den Gesichtspunkten in M 20 zu.

2. Erörtert in Gruppenarbeit, wie stark die einzelnen Gesichtspunkte (M 20) die Wahl eines Berufes beeinflussen sollten. Einigt euch auf eine Rangliste der Faktoren. Vergleicht dann die Ergebnisse der verschiedenen Gruppen miteinander.

3. Diskutiert, ob bzw. in welchen Situationen einige der Faktoren bei einer Berufswahl wichtiger sein können als die persönlichen Interessen für einen Beruf.

Ein Gesichtspunkt für die Wahl eines Berufes kann auch die zukünftige Entwicklung am Arbeitsmarkt sein. Jeder möchte ja letztlich einen Beruf erlernen, der auch Zukunft hat. Entsprechende Perspektiven zeigt der abschließende Text dieses Kapitels auf.

M 22 Berufe mit Zukunft

Wo gibt es die Jobs von morgen? Welche Fachrichtungen und Qualifikationen werden in den nächsten Jahren vor allem gefragt sein? Und welche Branchen haben besonders großen Bedarf an neuen Mitarbeitern? Um diese Fragen zu beantworten, hat das Wirtschaftsforschungsinstitut Prognos […] in den vergangenen Wochen Tausende von Datensätzen analysiert. Das Ergebnis: die 100 begehrtesten akademischen Berufe der Zukunft.

Angeführt wird die Liste von Lehrern, Ärzten und Ingenieuren. Wer es in diesen Fächern durchs Studium schafft, dürfte bei der Jobsuche in den kommenden Jahren keine großen Probleme haben. Erst Ende November warnte etwa die Gewerkschaft Erziehung und Wissenschaft erneut vor dem drohenden Lehrermangel: Mehr als 33000 Pädagogen gingen bald jährlich in Rente – und noch stünden nicht genügend junge, voll ausgebildete Nachfolger bereit, diese Lücke zu schließen. Ganz ähnlich sieht es bei den Ärzten aus: Deren Berufsverbände erinnern regelmäßig an den Engpass bei Medizinern. Bis zum Jahr 2020 müssten allein im ambulanten Bereich mehr als 50000 Ärzte ersetzt werden, darunter knapp 24000 Hausärzte. […] Und auch für IT-Spezialisten, Juristen, Physiker, Steuerberater und Wirtschaftsprüfer gilt: Die Nachfrage wächst stärker als das Angebot. […]

Das Bundesinstitut für Berufsbildung in Bonn prognostiziert eine Trendwende bis 2025. In den kommenden 15 Jahren falle das Erwerbspersonenpotenzial* von heute 44,7 Millionen auf rund 41 Millionen Personen. Prognos rechnet damit, dass bis zum Jahr 2030 auf dem Jobmarkt eine Lücke von 5,2 Millionen Fachkräften klafft.

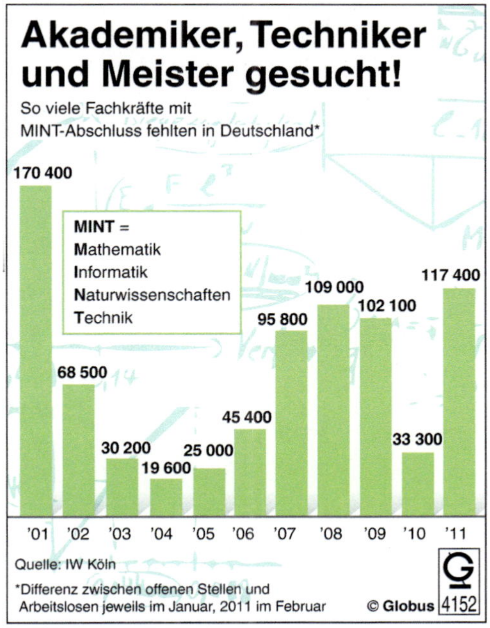

Sicher, längst nicht alle werden von dieser Entwicklung profitieren. Gering Qualifizierte, also Personen, die über keinen Berufsabschluss verfügen, werden auch in Zukunft nur schwer eine Festanstellung finden. Der Fachkräftemangel zeichnet sich vor allem auf der mittleren Qualifikationsebene ab – also bei Ausbildungsberufen und Akademikern. […]

(Daniel Rettig und Larissa Haida, in: Wirtschaftswoche v. 14.1.2011; http://www.wiwo.de/erfolg/top-jobs-100-berufe-mit-zukunft/5219446.html [Auszüge])

1. Stellt fest, welchen Berufen gute Aussichten prognostiziert werden.

2. Recherchiert, ob die Berufe, für die ihr euch zurzeit interessiert, voraussichtlich in Zukunft gefragt sein werden.

3. Wegen der besonderen Zukunftsbedeutung der sog. MINT-Fächer (s. Grafik) gibt es dazu seit einiger Zeit ein besonderes Förderprogramm für Frauen („Nationaler Pakt für Frauen in MINT-Fächern"), über das ihr euch ggf. auf der Internetseite http:/www.komm-mach-mint.de informieren könnt.

4. Es ist möglich, dass in einem Beruf sehr gute Beschäftigungsmöglichkeiten vorausgesagt werden, du aber dennoch kein großes Interesse an diesem Beruf empfindest. Diskutiert, ob man sich im Zweifelsfall bei seiner Berufswahl mehr an seinen persönlichen Interessen und Fähigkeiten oder an den Prognosen für einen Beruf orientieren sollte.

1. Entwerft eine Mindmap zum Stichwort „persönliche Zukunft“:

2. Welche Werte sind wichtig?

Jugendliche	Eltern

1. Ordnet den Jugendlichen und den Eltern die Werte zu, die sie allgemein vertreten. Schreibt sie in der Rangfolge ihrer vermutlichen Gewichtigkeit auf.

2. Zwischen welchen Werten wird es eurer Meinung nach die größten Differenzen geben?

3. Wo stehst du in deinem Entscheidungsprozess?

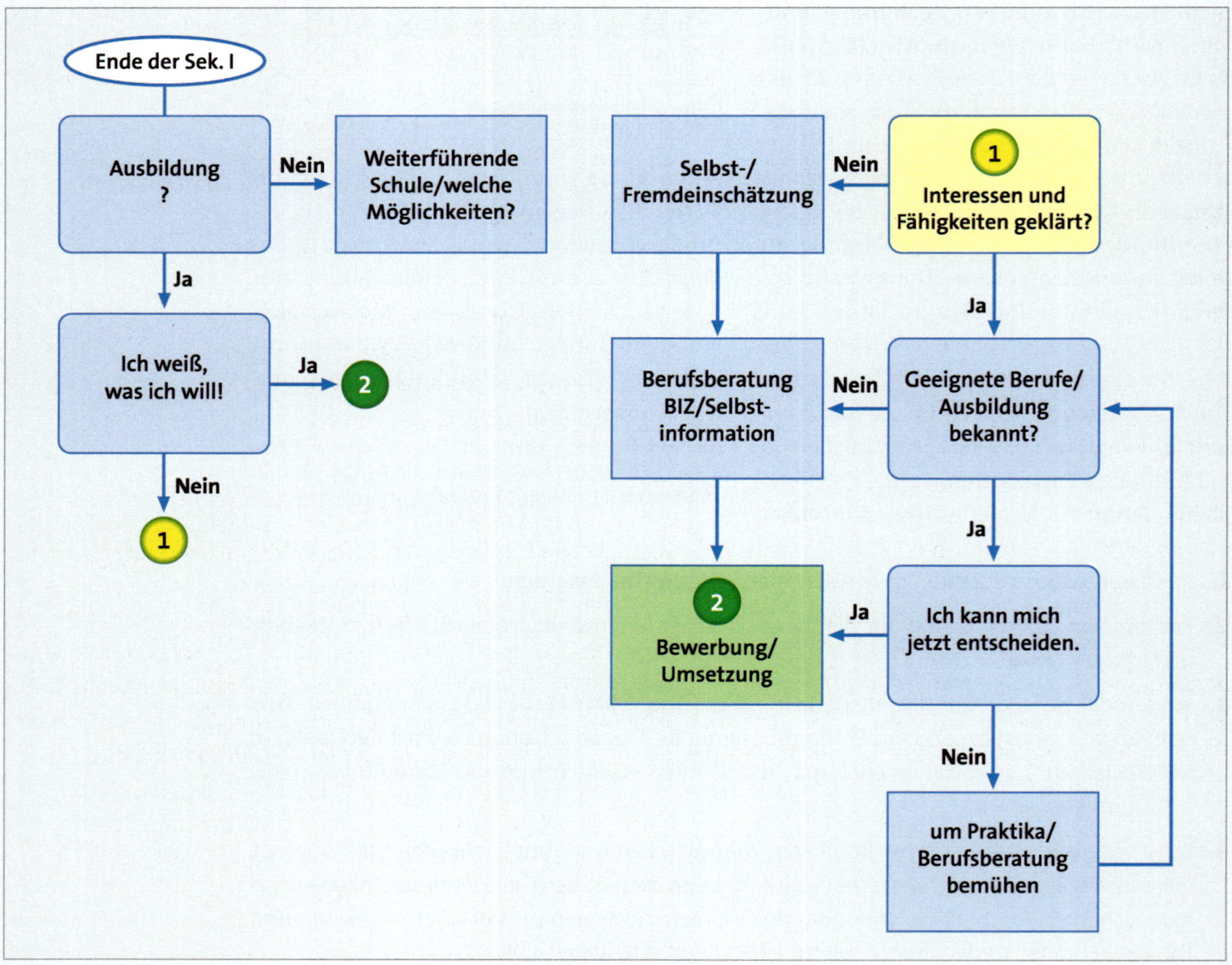

Betrachtet die Grafik beginnend mit dem Feld „Ende der Sek. I". Beschreibt anschließend anhand der Grafik, welche Fragen sich euch angesichts eures voraussichtlichen Bildungs- bzw. Ausbildungsweges stellen, und beantwortet sie für euch. Stellt weiterhin dar, welche möglichen Wege sich euch anschließend eröffnen. Welche Aufgaben stellen sich euch, wenn ihr gut informiert diesen Weg gehen wollt?

4. Eigener Berufswunsch gegen Elternwille

Karin, 19 Jahre alt, möchte gerne Mechatronikerin in einem KFZ-Betrieb werden. Die Eltern besitzen aber in dritter Generation eine Tischlerei und Karin soll, wenn es nach ihren Eltern geht, eigentlich Tischlerin und später Meisterin werden, um den Betrieb zu übernehmen.

(http://www.lernpool.de/lernpool_shared1/_UNTERRICHTSMATERIAL/00_PDFs_material_uebungen/UUE_BO_einflussfaktorenberufswahl.pdf)

Stellt in einem Rollenspiel dar, wie der Konflikt zwischen Karin und ihren Eltern ablaufen könnte. Zu welchem Ergebnis kommt ihr? Welche Argumente sind ausschlaggebend?

5. Eine gute Entscheidung?

Liebe Claudia,

sei nicht böse, dass ich dir erst heute schreibe, aber seit ich in der Ausbildung bin, habe ich wenig Zeit. Stell dir vor, seit vier Wochen bin ich angehende Steuerfachangestellte, und vor fünf Wochen wusste ich noch nicht einmal, dass es diesen Beruf gibt! Mit dem Ausbildungsplatz lief alles ganz toll, ich habe mich um nichts kümmern müssen, alles ging ganz problemlos und schnell. Bis zum Sommer wusste ich noch nicht, was ich werden sollte. Meinen Traumberuf Tänzerin aus Kindheitstagen hatte ich schon lange aufgegeben und die Idee, Reiseleiterin zu machen, fanden alle abwegig. Und meine Eltern – die haben sich immer rausgehalten. Aber du kennst ja meinen Onkel – der hat seine Beziehungen überall. Ein Anruf von ihm – und sein Steuerberater hat mich eingestellt. Mein Onkel ist eben ein ganz wichtiger Kunde. Deine Anne

(Aus: Workshop Zukunft: Vom Traum zum Beruf, Themenheft 1, hrsg. vom DGB 2000)

1. Beschreibt, wie sich der weitere Ausbildungs- und Berufsweg von Anne gestalten könnte.

2. Erklärt, wie der Entscheidungsprozess bei Anne hätte verlaufen sollen, damit sie sich in ihrer Ausbildung besser aufgehoben fühlt.

6. Stationen des Berufswahlfahrplans

Im Folgenden sind die Stationen eines Berufswahlfahrplans durcheinandergeraten. Bringt sie wieder in eine sinnvolle Reihenfolge:

- *Recherchieren & Informieren*
- *Selbsterkundung*
- *Studium oder Berufsausbildung?*
- *Arbeitsmarktchancen & -prognosen*
- *erste Vorstellungen von Berufen*
- *Suche nach Alternativen*

7. Kreativität gefragt!

Entwerft Plakate, mit denen Werbung für Berufe gemacht wird, die stark geschlechtsspezifisch einseitig gewählt werden. Die Jungen eurer Klasse gestalten ein Plakat, mit dem Jungen davon überzeugt werden sollen, einen „typischen Frauenberuf" zu wählen. Umgekehrt gestalten die Mädchen ein Plakat, das junge Frauen anspricht, sich für einen „typischen Männerberuf" zu entscheiden.

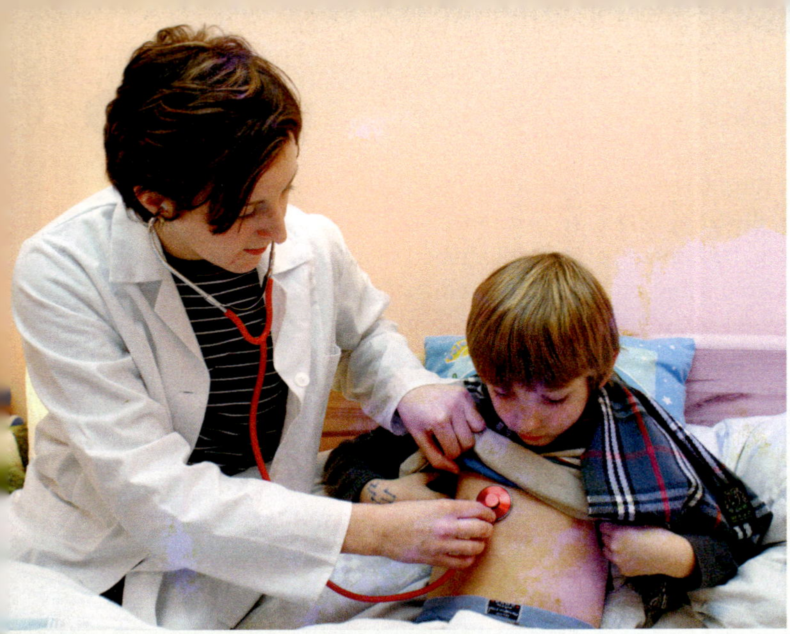

stationär
12.4.2011

10

Wie werden wir in Zukunft arbeiten? – Arbeit und Beruf in einer sich verändernden Welt

Zur Orientierung

Unsere Arbeitswelt ist seit Jahren in einem fortschreitenden Wandel begriffen, der die Art der Arbeit, ihre beruflichen Formen und die Anforderungen an die Arbeitenden spürbar verändert hat und weiterhin verändert. Auch wenn der Beginn der Berufsausbildung für die meisten von euch noch nicht unmittelbar bevorsteht, kann es lohnend sein, euch über diese Entwicklung zu informieren und euch darüber klar zu werden, was in naher Zukunft „auf euch zukommt", auf welche Möglichkeiten, Bedingungen und Erwartungen ihr euch später wahrscheinlich einstellen müsst.

Was ist überhaupt Arbeit? Warum wollen alle Menschen arbeiten? Wie beurteilen sie ihre Berufstätigkeit? Auf diese Fragen wollen wir im ***ersten Abschnitt*** *eingehen.*

Im ***zweiten Abschnitt*** *könnt ihr untersuchen, inwieweit die gegenwärtige Arbeitswelt zu einem bedeutenden Teil Ausdruck eines durchgreifenden Strukturwandels im Verhältnis der drei großen Wirtschaftsbereiche zueinander ist und welche Folgen sich aus dieser Entwicklung ergeben haben.*

Der ***dritte Abschnitt*** *zeigt, wie sich zugleich mit diesem Strukturwandel auch die Beschäftigungsformen, Arbeitsnormen und -zeiten vielfach verändert haben und inwieweit sich daraus neue Chancen, aber auch Probleme ergeben haben.*

Kompetenzen

Nach der Erarbeitung dieses Kapitels solltet ihr Folgendes wissen und können:

- verschiedene Bedeutungen des Begriffs Arbeit unterscheiden sowie erläutern und beurteilen, was Arbeiten für die arbeitenden Menschen bedeuten kann;
- an Beispielen erläutern, wie unterschiedlich Menschen die beruflichen Anforderungen und Arbeitsbedingungen wahrnehmen und bewerten;
- den wirtschaftlichen Strukturwandel hin zu einer „Dienstleistungsgesellschaft" erläutern und am Beispiel einer Region beschreiben;
- mit dem Strukturwandel und der Flexibilisierung des Arbeitsmarkts verbundene veränderte Beschäftigungsformen beschreiben sowie ihre Bedeutung für die Unternehmen und die Beschäftigten erläutern und beurteilen.

Die Fotos auf Seite 254 zeigen Menschen in Deutschland bei der Arbeit. Wir schlagen euch vor, die Bilder in Gruppenarbeit auszuwerten. Beachtet dabei die folgenden Hinweise.

1. Benennt zunächst für alle Bilder die Arbeitstätigkeit oder den Beruf der abgebildeten Personen und versucht zu klären, welche Tätigkeiten gemeinsame Merkmale aufweisen.

2. Wählt in eurer Gruppe drei Bilder aus, die ihr genauer auswertet. Versucht – auch wenn ihr hierzu bisher nur Vermutungen anstellen könnt – für die Arbeitstätigkeiten der abgebildeten Personen folgende Fragen zu beantworten:
- Was wird von den abgebildeten Personen in ihrer Tätigkeit vermutlich verlangt?
- Welche Voraussetzungen müssen sie eurer Ansicht nach mitbringen?
- Welche Ausbildung ist wahrscheinlich erforderlich?
- Welchen Belastungen sind die Arbeitenden in ihrem Beruf ausgesetzt?
- Welche Entfaltungsmöglichkeiten haben sie in ihrem Beruf bzw. in ihrer Tätigkeit? Inwieweit können sie über den Ablauf ihrer Arbeit in Teilen selbst entscheiden?
- Welche Tätigkeiten/welche Berufe würden euch weniger liegen, welche findet ihr interessant?

3. Auf welchen Bildern sind Probleme, die mit der Arbeitstätigkeit oder auch mit der Arbeitswelt insgesamt verbunden sein können, erkennbar?

1. Arbeit – Lebensgrundlage für alle

M 1 Was ist Arbeit?

a) Arbeit ist zweckorientierte, also bewusste und planmäßige Tätigkeit des Menschen unter Verausgabung körperlicher und geistiger Kräfte; zu unterscheiden von Spiel und Sport. Arbeit gehört ihrem Wesen nach zur Selbstverwirklichung des Menschen.

(Hanno Drechsler/Wolfgang Hilligen/Franz Neumann, Gesellschaft und Staat, Lexikon der Politik, München 1995, S. 31)

b) Arbeit ist jede zielgerichtete, planmäßige Tätigkeit zur Befriedigung eines Bedürfnisses, bei der geistige und/oder körperliche Kräfte eingesetzt werden. Tätigkeiten, die nicht in erster Linie wirtschaftlichen Zwecken dienen, z. B. Erziehungsarbeit und häusliche Pflege in der Familie oder ehrenamtliche Tätigkeit, gewinnen in der gesellschaftspolitischen Diskussion über Arbeit an Bedeutung.

(Schülerduden Wirtschaft, Dudenverlag, Mannheim, 3. Aufl. 2002, S. 26)

c) Arbeit ist jede planmäßige menschliche Tätigkeit, die auf Erzielung von Einkommen zur Bedarfsdeckung gerichtet ist.

(Das Lexikon der Wirtschaft, Bundeszentrale für politische Bildung, Bonn 2004, S. 11)

d) In der Arbeit betätigt der Mensch seine Fähigkeiten; sie ist Teil seiner Selbstverwirklichung. Die alte Wortbedeutung von „Mühe und Plage" macht sich heute noch in einigen ungeliebten Arbeiten wie Hausarbeit oder Klassenarbeiten bemerkbar. Arbeit ist von Erwerbsarbeit zu unterscheiden: z. B. leisten Mutter und Vater (unbezahlte) Erziehungs- und Hausarbeit, Erwerbstätige leisten dagegen Erwerbsarbeit, mit der sie ein Einkommen erzielen.

(pocket Wirtschaft in Deutschland, Bundeszentrale für politische Bildung, Bonn 2003, S. 6)

1. Untersucht die vier Begriffsbestimmungen (Definitionen) von „Arbeit". Was haben sie gemeinsam, worin liegen Unterschiede? (M 1 a–d)

2. Wenn man, wie häufig üblich, zwischen „Erwerbsarbeit" und „Nicht-Erwerbsarbeit" unterscheidet, wodurch unterscheidet sich dann „Nicht-Erwerbsarbeit" von „Spiel" oder „Sport" (s. M 1 a)?

3. In den Definitionen werden auch noch andere Unterscheidungsmerkmale angesprochen. Erarbeitet ein Schema, in dem ihr den folgenden Unterscheidungsmerkmalen jeweils konkrete Beispiele zuordnet: Handarbeit – Kopfarbeit, freiwillige Arbeit – Pflichtarbeit, selbstständige – unselbstständige/abhängige Arbeit.

4. In welchem Sinn ist eure Schularbeit „Arbeit"?

M 2 Wozu arbeiten?

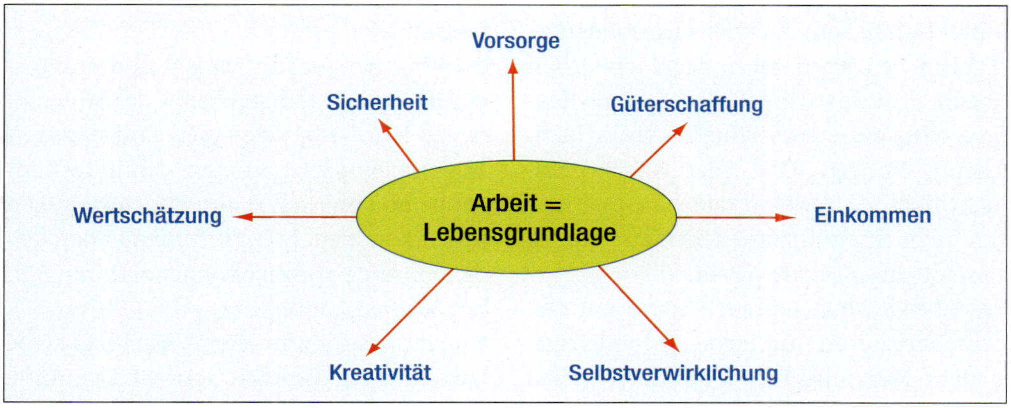

(© Manfred Jahreis 2002)

1. In M 2 wird die Hauptaussage, dass Arbeit für die Menschen die „Lebensgrundlage" bedeutet, im Hinblick auf verschiedene Lebensbereiche näher erklärt. Erläutert, worin die Bedeutung von Arbeit in den Bereichen Einkommen, Güterbeschaffung, Vorsorge und Sicherheit jeweils besteht. Versucht in Gesprächen miteinander auch zu klären, inwiefern Arbeit auch etwas mit Wertschätzung, Kreativität und Selbstverwirklichung zu tun hat oder haben kann.

2. Wenn ihr die einzelnen Bedeutungsbereiche näher erklärt habt, solltet ihr darüber diskutieren, welche Bereiche euch persönlich (den Einzelnen vielleicht ganz unterschiedlich) am wichtigsten sind.

3. Versucht euch in die Lage eines Arbeitslosen zu versetzen, der keine Erwerbsarbeit finden kann und nur von staatlichen Unterstützungsleistungen leben muss: In welchen Bedeutungsbereichen wird er am schwersten betroffen und belastet?

M 3 Wie Arbeitende ihre Arbeit beurteilen – vier Berichte

a) Mathias Buchholz, Sterne-Koch in Berlin, selbstständig

[Nach mittlerer Reife und der Ausbildung zum Koch arbeitete Mathias Buchholz in Spitzenrestaurants in ganz Deutschland.]

„Hier arbeiten wir in der Regel von morgens elf bis abends elf – für die Gastronomie sind das sehr humane Zeiten. […] Ich mache jede Arbeit, auch wenn ich hier der Chef bin. Und wenn zu wenig Leute da sind, fege ich auch mal die Küche oder schrubbe den Hackklotz. Ich denke, ich habe eine Vorbildfunktion, denn mein Team ist sehr jung. Ich habe 13 Köche, die entweder gerade ihre Lehre oder ihre erste Stelle hinter sich haben, und vier Auszubildende. […] Um 19 Uhr startet in der Küche jeden Abend so etwas wie ein Formel-Eins-Rennen. Man muss zwei Stunden lang Hochleistung bringen. Und zwar 100 Prozent, nicht bloß 95. Zehn zufriedene Gäste wiegen nicht einen unzufriedenen auf. Das ist kein Job, das ist harte Arbeit.

[…] Aber Kochen hat auch etwas mit Leidenschaft zu tun, mit Liebe und mit Engagement. Man muss Freude am Detail haben und Spaß daran, etwas Neues auszuprobieren. Dann kann man Menschen für zwei, drei Stunden glücklich machen. […]

Heute wird es wohl bis um halb elf gehen. Beim Aufräumen werden wir noch den nächsten Tag besprechen. Und wenn ich dann zu Hause bin, korrigiere ich vielleicht noch die Rezepte für einen Kochkurs. Vermutlich wird es dann wieder halb zwei sein – nach der Arbeit kann man sowieso nicht sofort ins Bett gehen. Natürlich ist das, was ich mache, am Ende doch nur Kochen und nichts weiter als Kochen. Doch von den 20 Jahren, die ich das jetzt bald so mache, gibt es vielleicht 20 Tage, an denen ich es verflucht habe. Kann es trotz 70-Stunden-Woche eine größere Zufriedenheit geben?“

(SZ vom 15.2.2003; http://www.sueddeutsche.de/jobkarriere/berufstudium/artikel/667/2655/)

b) K., Büroangestellte (anonyme Weblog-Einträge)

Gebimmel

Nachher wird er mit Pauken und Trompeten über mich reinbrechen – der Stress im neuen Jahr – ich muss einen ganz nervigen Telefondienst übernehmen, damit die Kundenberater im Haus zu ihrer hochwichtigen Arbeit kommen. D.h. trotz meiner bescheidenen Laune muss ich immer nett und höflich bleiben … jippie. :-(

Nun zu was ganz anderem … ich hab keine Lust mehr auf diese Sch… Arbeit. Der fünfte Tag mit Kopfschmerzen in Folge. […]. Das (Telefongebimmel) scheint aber trotzdem hier nicht abreißen zu wollen. Ich will einfach nur heim in mein Bett. Nichts hören, nichts reden, nichts sehen. Ich war selten SO froh, dass endlich Wochenende ist … Quasi: SCHNAUZE GESTRICHEN VOLL!!!!

Besser ... gehts mir jetzt seit gestern wieder. Ich bin endlich diese hässliche Telefoniererei los und kann mich wieder um meine eigentliche Arbeit kümmern. Die hat mir selten so viel Spaß gemacht wie im Moment. Auch endlich mal die Anerkennung der Wichtigkeit meiner Arbeit hier, Zeit war's ... Hoffentlich lassen sie sich nicht noch neue Gemeinheiten einfallen. ;-)
Amtlich von der Betriebsleitung habe ich jetzt, dass ich in den nächsten 2 Wochen hier im Haus umziehe. Eine Etage tiefer, aber was VIEL wichtiger ist – auf die Südseite. Damit haben 6 Jahre frierendes Darben auf der sonnenlosen Nordseite endlich ein Ende. [...] Ein größeres schöneres Büro mit Vorzimmer und der Clou: KEINE GLASTÜR MEHR!!!
(http://kaetzchen.twoday.net/topics/Dienstliches/)

c) Sven Baumann, Diplom-Ingenieur im Fahrzeugbau

Neu waren für mich Erfahrungen im Zusammenspiel von Elektronik, Software und Mechanik. Das war wirklich spannend. Im August stieg ich als Software-Anwendungsingenieur in die Abteilung Entwicklung Elektronik Fensterheber ein. Eine meiner Schwerpunktaufgaben ist die Weiterentwicklung von Software für Klein- und Kleinststeuergeräte für Fensterheber. [...] Softwaretests durchführen. Klar, dass solche Entwicklungsaufgaben unter einem gewissen Zeitdruck stehen. Die Wettbewerber schlafen nicht und das Unternehmen will seine Position für Fensterheber auf dem Weltmarkt halten. Ich sehe diesen Umstand als eine zusätzliche Herausforderung an. Es macht mir Spaß, in diese wichtigen Aufgaben eingebunden zu sein und damit auch ein hohes Maß an Eigenverantwortung übertragen zu bekommen. Wenn ich für verschiedene Kunden Softwaretests durchführe oder andere Ingenieure durch meine Spezialkenntnisse unterstützen kann, dann kann der Arbeitstag gelegentlich auch einmal bis in die Abendstunden hineinreichen. [...] Denn mein Arbeitsalltag ist nicht von Routine geprägt, sondern von abwechslungsreichen und spannenden Aufgaben.
(http://www.brose.net/de/pub/karriere/index.htm)

d) Mara Machalke, Marketing* & Communication Managerin

Im Anschluss an meine Ausbildung zur Industriekauffrau habe ich an der Fachhochschule Oldenburg Ostfriesland, Wilhelmshaven, den Studiengang „IBA - International Business and Administration" absolviert. [...] In meiner jetzigen Position erstelle ich Sales Support[1] Materialien wie Broschüren, Flashanimationen, Verkaufskits oder professionelle Kundenpräsentationen. Darüber hinaus bin ich verantwortlich für die Pflege des Intranets[2] und des Internets [...]. Der zweite große Schwerpunkt ist die Organisation und Leitung von Messeauftritten [...]. Die Kombination all dieser einzelnen Tätigkeiten ist es, was meinen Job unheimlich abwechslungsreich macht und mich immer wieder vor neue Herausforderungen stellt. [...] Es macht mir Spaß, dass ich Projekte, die ich mit Kollegen plane [...] auch ausführen kann. Langfristig würde ich gerne einmal ins mittlere oder auch höhere Management gehen. [...] An der Vorstellung, eines Tages im Management[3] arbeiten zu können, reizt mich vor allem die Tatsache, dass man viel bewegen kann. Das Team, in dem und mit dem ich arbeite, ist hochmotiviert. Wir arbeiten gemeinsam an einer Sache und das ist es, was einen auch in schwierigen Zeiten zusammenhält und nach neuen Lösungen schauen lässt. Gemeinsame private Aktivitäten stärken den Zusammenhalt und lassen ein „Wir-Gefühl" entstehen. [Das Unternehmen] ist ein

[1] **Sales Support** – Verkaufsförderung, Absatzförderung

[2] **Intranet** – Netz zur Information und Kommunikation innerhalb eines Unternehmens; kann mit dem globalen Internet verbunden werden

[3] **Management** – Bereich der Unternehmensleitung (auf verschiedenen Führungsebenen)

Arbeitgeber, der sehr menschbezogen ist. […] Man kann jederzeit mit Fragen zu seinen Vorgesetzten und Kollegen gehen. […] Die Kollegialität der Mitarbeiter hilft einem auch in schwierigen Situationen und es herrscht immer ein freundlicher Umgang. Ich habe einen Arbeitgeber, der viel fordert, aber auch sehr viel fördert und zurückgibt. Es wird das Möglichste getan, um mit mir gemeinsam meine Karriere und meine nächsten Schritte zu planen.

(http://www.philips.de/about/careers/article-14772.html)

1. Untersucht, welches Verhältnis die vier Personen zu ihrem Beruf und ihrem Arbeitsalltag haben. Was schätzen sie an ihrer Arbeitstätigkeit, was bereitet ihnen Probleme oder Schwierigkeiten, was bedeutet ihnen ihre Arbeit?

2. Versucht zusammenzufassen, worin die wichtigsten Unterschiede zwischen den vier Berufstätigkeiten, ihren Anforderungen und Belastungen liegen.

3. Überlegt, aus welchen Gründen die vier Personen zu ihren jeweiligen Einschätzungen gelangt sein könnten.

M 4 Ergebnisse einer Befragung zur Bedeutung der Arbeit

Im Rahmen einer repräsentativen telefonischen Befragung im Auftrag der Initiative Gesundheit & Arbeit (IGA) wurden 2 000 Erwerbstätige um ihre Einschätzungen zum Stellenwert ihrer Arbeit gebeten. Die Ergebnisse wurden im April 2011 im iga-Report 21 veröffentlicht.*
Zu folgenden Aussagen oder Fragen sollten die Befragten ihre Ansichten äußern:

1. „Meine Arbeit hält mich fit."
2. „Meine Arbeit bringt mir Anerkennung."
3. „In meiner Arbeit werde ich von Kollegen und Vorgesetzten unterstützt."
4. „Mein Unternehmen kümmert sich um meine Gesundheit."
5. „Meine Arbeit ist vielseitig und abwechslungsreich." […]
7. „Sind Sie der Ansicht, dass sich bei Ihnen Arbeit, Familie, Partnerschaft, Sport und Freizeit in einem zufriedenstellenden Verhältnis befinden?" […]
9. „Wenn Sie die Möglichkeit hätten, würden Sie den Beruf wechseln?" […]
13. „Können Sie sich vorstellen, Ihre derzeitige Arbeitstätigkeit bis zum 65. Lebensjahr auszuüben?"
14. „Wie schätzen Sie die Sicherheit Ihres jetzigen Arbeitsplatzes ein?"

Wir haben für euch aus den veröffentlichten Befragungsergebnissen zwei Grafiken ausgewählt, die euch veranschaulichen, wie die Befragten sich zu den Aussagen 2 und 14 geäußert haben.

M 4a „Meine Arbeit bringt mir Anerkennung" – Verteilung der Antworten nach Geschlecht, Alter, Schulabschluss und Unternehmensgröße (Anzahl, %)

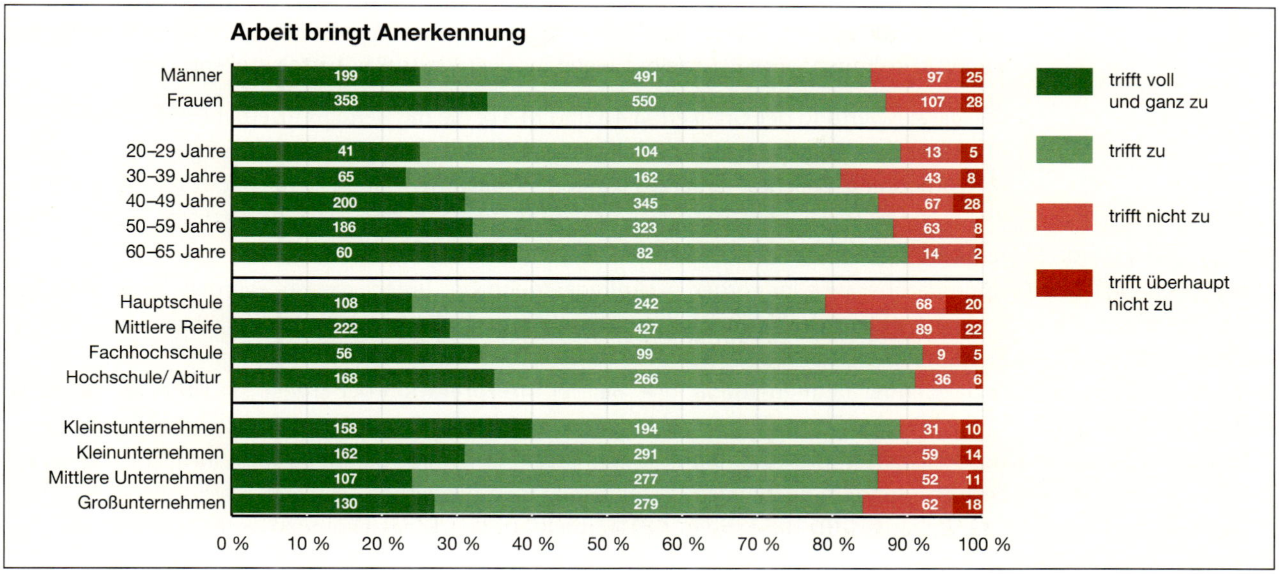

M 4b „Sicherheit des Arbeitsplatzes" – Verteilung der Antworten nach Geschlecht, Alter, Schulabschluss und Unternehmensgröße (Anzahl, %)

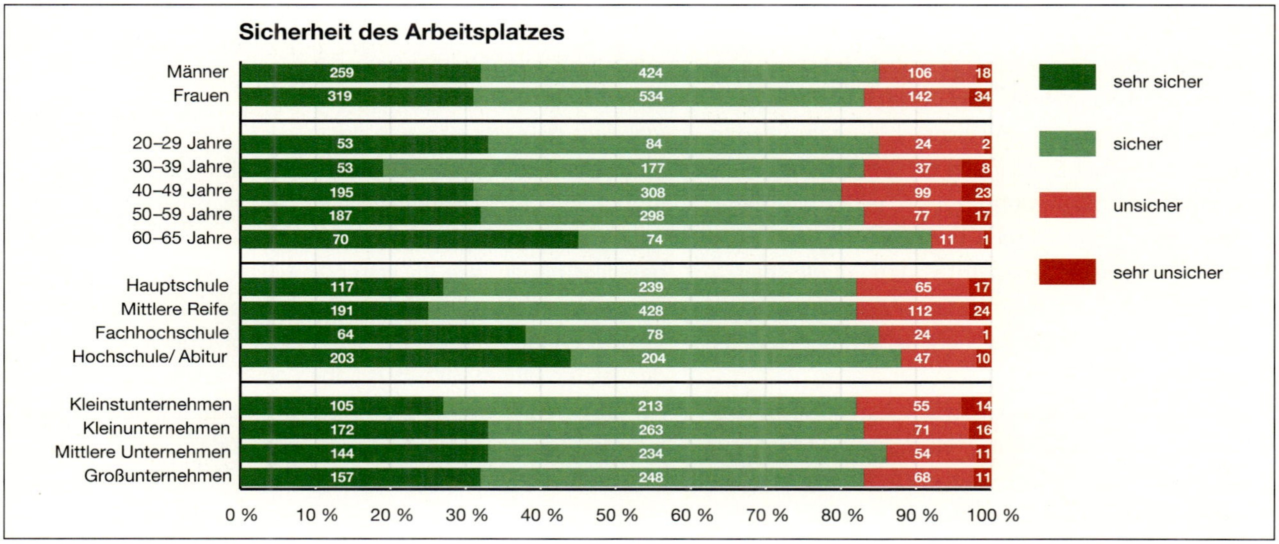

(http://www.iga-info.de/fileadmin/Veroeffentlichungen/iga-Reporte_Projektberichte/iga_report_21_iga-Barometer_altersgemischte_Teamarbeit.pdf)

Hinweis: Die Zahlen in den einzelnen Zeilen der Grafiken beziehen sich auf die absolute Zahl der Befragten. Wie viel Prozent diese Zahlen ausmachen, kann man auf der „Prozentachse" (unter jeder Grafik) ablesen.

1. Überlegt zunächst, warum die *„Initiative Gesundheit & Arbeit"*, in der Verbände von Berufsgenossenschaften (das sind Träger der gesetzlichen Unfallversicherung für die Unternehmen und deren Beschäftigte), Unfallkassen und Krankenkassen zusammenarbeiten, gerade diese Fragen gestellt hat (M 4). Worüber wollte sie vermutlich genauere Informationen erhalten? Welche Fragen würdet ihr selbst, wenn ihr die Möglichkeit hättet, stellen wollen?

2. Die Auswertung der Grafiken M 4 a und M 4 b, die das Befragungsergebnis für die zwei ausgewählten Fragepunkte 2 und 14 zeigen, könnt ihr ggf. in arbeitsteiliger Gruppenarbeit vornehmen. Beachtet dabei die folgenden Hinweise.

Hinweise zur Analyse von Statistiken:

- Verständigt euch in eurer Gruppe darüber, wie ihr vorgehen wollt. Vergegenwärtigt euch zunächst die **Arbeitsschritte**, die man bei der Analyse von statistischen Darstellungen beachten sollte. (Nähere Hinweise dazu findet ihr im methodischen Anhang auf Seite 518 ff.)
- Beachtet bei der **Beschreibung** der Grafiken nicht nur die Überschriften und die Darstellungsform, sondern auch, nach welchen Kategorien (Begriffen) die Befragten für die Erstellung der Grafiken bzw. bei der Aufbereitung der gesammelten Umfrageergebnisse unterschieden worden sind. Beachtet auch, welche und wie viele Antwortmöglichkeiten die Befragten hatten.
- Bei der **Interpretation** der Ergebnisse könnt ihr euch z. B. fragen, wie sich die einzelnen Ergebnisse möglicherweise erklären lassen. Es kommt darauf an, dass ihr nicht einfach die Zahlenangaben wiederholt, sondern jeweils aussagekräftige, zusammenfassende Formulierungen findet für das, was man dem jeweiligen Befragungsergebnis entnehmen kann.

Methode M 5 Interview – ein persönliches Gespräch über Berufserfahrungen

Sicher kennt ihr – auch über den Kreis eurer Familie hinaus – Berufstätige unterschiedlichen Alters und aus unterschiedlichen Berufsbereichen. Bittet eine Person (höchstens zwei Personen), von der ihr annehmt, dass sie euch vielleicht Interessantes berichten kann, um ein Gespräch über ihre Berufserfahrungen und ihre Einschätzungen der Arbeitswelt.

Eine solche persönliche Befragung unterscheidet sich natürlich von einer Befragung mehrerer Personen, bei der es darauf ankommt, die verschiedenen Antworten auf gleiche Fragen im Hinblick auf Gemeinsamkeiten, Ähnlichkeiten und Unterschiede zu prüfen, sie vergleichend zusammenzustellen und auszuwerten.

(**Achtung:** Ihr solltet vor dem Gespräch euren Gesprächspartnern zusichern, dass ihr nichts weitergeben werdet, was sie nur euch anvertrauen möchten, und am Schluss des kleinen Interviews mit ihnen abstimmen, was ihr besser nicht in der Schule preisgeben solltet.)

Stellt für euer Gespräch eine Liste euch interessierender Fragen zusammen, die ihr den Personen stellen wollt. Die Zahl der Fragen sollte nicht zu groß und auch ihre Reihenfolge sollte überlegt sein. (Vergleicht dazu die „Hinweise zur Planung und Durchführung von Befragungen" im methodischen Anhang auf den Seiten 525 f.)

Vielleicht habt ihr Interesse daran, nicht nur die Fragen aus M 4 zu stellen, sondern ein etwas ausführlicheres Interview zu führen, in dem ihr eure jeweiligen Gesprächspartner danach befragt, welche Erfahrungen sie z. B. bei ihrem Berufseinstieg gemacht haben, wie ihr erster Arbeitstag verlief, an welche besonderen (erfreulichen oder auch belastenden) Ereignisse sie sich erinnern, inwieweit sich ihre Arbeitsbedingungen in den letzten Jahren verändert haben oder welche Qualifikationen ihre berufliche Tätigkeit voraussetzt bzw. im Berufsalltag erfordert usw. Euch fällt bestimmt einiges dazu ein.

Auch während des Gesprächs werdet ihr möglicherweise auf andere Fragen zum Thema zu sprechen kommen.

Nehmt euch etwas Zeit für diese persönliche Befragung!

(Autorentext)

2. Wirtschaftsstrukturen ändern sich

M 6a Eine Region verändert ihr Gesicht: Kohle- und Stahlkrise als Auslöser für den Strukturwandel

Kohle und Stahl haben das Ruhrgebiet groß gemacht. Dank seiner Steinkohlevorkommen entwickelte es sich zu einem der größten industriellen Ballungsräume Europas mit einer Gesamtbevölkerung von rund fünf Millionen Menschen und einer hohen Bevölkerungsdichte. Der Boom begann im Jahr 1860 und dauerte rund 100 Jahre. Kohle, Eisen und Stahl („Montanindustrie") bestimmten die wirtschaftliche Struktur und das Leben der Menschen in der Region.

Die Wende kam in den 1960er-Jahren: Der internationale Handel nahm zu, Importkohle war billiger, andere Rohstoffe wie Erdgas und Erdöl verdrängten die Steinkohle, Kernenergie wurde zur Konkurrenz. Die damit verbundenen Absatzschwierigkeiten von heimischer Kohle führten zur Schließung erster Zechen. Nach dem Boom kam die Krise. Insgesamt verringerte sich die Zahl der Zechen zwischen 1960 und 1976 von 148 auf nur noch 35, von den ehemals 400 000 Bergleuten waren nur noch 150 000 beschäftigt.

Die Weltwirtschaftskrise Mitte der 1970er-Jahre bewirkte einen Einbruch auch in der Stahlerzeugung. Zudem hatten neue, effektivere Produktionsverfahren eine Überkapazität und die Stilllegung vieler Betriebe zur Folge.

Allein in Duisburg verloren zwischen 1980 und 1992 42,5 Prozent aller Arbeiterinnen und Arbeiter in der Bergbau- und Stahlindustrie ihren Job. [...]

(Sven Sendfeld: Das Ruhrgebiet. Eine multimediale Lehr- und Lerneinheit, www.sendfeld.de/staatsarbeit/oberthemen/ruhrgebiet/r9.htm; Zugriff: 12.05.2008)

Das ehemalige Gelände des stillgelegten Thyssen-Stahlwerks Gutehoffnungshütte ist heute die Neue Mitte Oberhausen. Auf dem Areal befinden sich u. a. das Einkaufszentrum CentrO, der Freizeitpark CentrO Park, ein Multiplex-Kino, das Metronom-Theater und die Multifunktionshalle König-Pilsener-Arena.

M 6 b Das neue Gesicht des Ruhrgebiets

Seit Beginn der Kohlekrise im Jahr 1957 befindet sich das Ruhrgebiet in einer anhaltenden Phase des Strukturwandels, der von wirtschaftlichen Anpassungsschwierigkeiten gekennzeichnet ist. Mittels staatlicher Subventionen* versuchte man die negativen Folgen zu begrenzen. Steinkohleförderung und Stahlindustrie waren stark rückläufig. Im Jahre 2009 gab es im Ruhrgebiet nur noch vier fördernde Bergwerke, nämlich West, Prosper-Haniel, Auguste Victoria und Ost. Hinzu kommen drei Kokereien: die Kokerei Prosper in Bottrop, die Kokerei Schwelgern in Duisburg und die Hüttenwerke Krupp Mannesmann.

Bergbau findet heute vor allem in den Randzonen des nördlichen Ruhrgebiets statt. […] Zwischen 1980 und 2002 ging etwa die Hälfte der eine Million Arbeitsplätze im produzierenden Gewerbe verloren, während etwa 300 000 Arbeitsplätze im Dienstleistungssektor geschaffen wurden. […]

Als Beispiel des Strukturwandels kann man den Bau der drei Automobilwerke des Autoherstellers Opel 1962 in Bochum bezeichnen. Die Werke boten den unter Tage ausgebildeten Schlossern, Elektrikern etc. einen Arbeitsplatz in einer anderen Branche. Allerdings hat mittlerweile auch die Automobilindustrie mit Strukturproblemen zu kämpfen und läuft Gefahr, in naher Zukunft zu den „alten Industrien“ zu zählen. […]

Insgesamt verzeichnete das Dienstleistungsgewerbe den größten Aufschwung. Seit Beginn der Neunzigerjahre sind bereits über 50 Prozent der Beschäftigten in der Dienstleistung tätig. Aufgrund der verkehrsgünstigen Lage in der EU und des günstigen Grundstücksangebots ließen sich viele Logistikunternehmen sowie große Handelsketten in der Region nieder.

Ein Großprojekt, das oft als Zeichen des Strukturwandels angesehen wird, ist die Neue Mitte Oberhausen mitsamt dem Einkaufszentrum CentrO, welche auf dem Gelände der stillgelegten Gutehoffnungshütte Mitte der 1990er-Jahre erbaut wurde.

Ein wichtiger Schritt vom Produktions- zum Forschungsstandort waren die Gründungen der Universitäten. Als erste Universität im Ruhrgebiet wurde 1962 die Universität Bochum gegründet, es war auch die erste Gründung in der Bundesrepublik Deutschland. Es folgten die Technische Universität Dortmund und die Gesamthochschulen Essen und Duisburg, die zur Universität Duisburg-Essen fusionierten, sowie die Fernuniversität in Hagen. Hilfreich für den Zuwachs im tertiären Sektor (s. M 7) waren auch die Gründungen von Gesamthochschulen, Technologiezentren und Beratungseinrichtungen.

Eng verbunden mit den Hochschulen sind

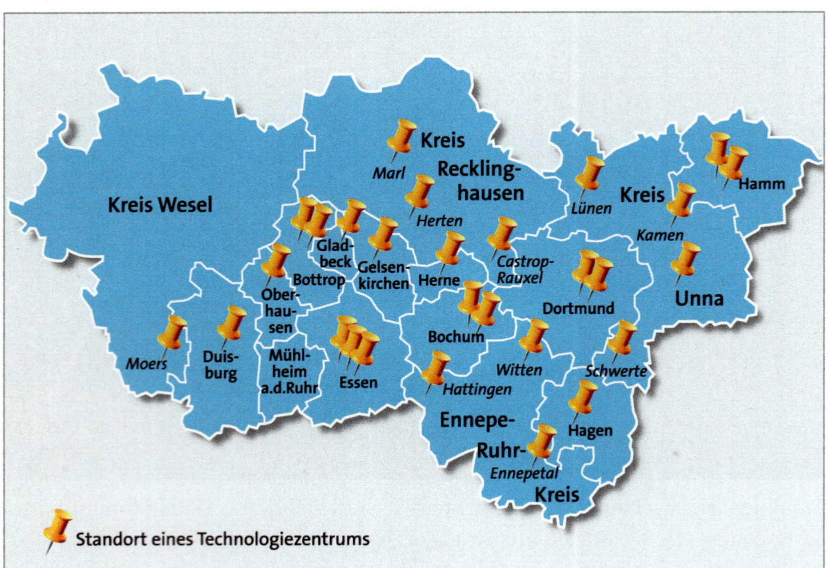

Technologiezentren im Ruhrgebiet

mehrere Forschungsinstitute. […] Technologieparks und Gründerzentren bilden das Bindeglied zwischen den Hochschulen und der Wirtschaft. Im TechnologieZentrum Dortmund siedelten sich beispielsweise seit 1988 mehr als 225 Firmen mit über 8 500 Mitarbeitern an. Dabei haben Unternehmen der Mikrotechnikbranche einen besonders hohen Anteil. Mit dem Wissenschaftspark entstand in Gelsenkirchen ein auf erneuerbare Energien spezialisiertes Gründerzentrum. Wissenstransfer zwischen mittelständischen Unternehmen, die keine eigene Forschung betreiben, und Hochschulen und Instituten bietet das Mülheimer Zentrum für Innovation und Technik an.

(http://de.wikipedia.org/wiki/Ruhrgebiet)

1. Erläutert anhand von M 6 a und M 6 b, wie sich die Arbeitswelt der Region des Ruhrgebiets verändert hat. Fertigt dazu eine Übersicht in Form einer **Zeitleiste** an, die auch verdeutlicht, welche Ursachen die jeweiligen „Entwicklungssprünge" hatten und welche Folgen für die Beschäftigten aus den veränderten Beschäftigungsmöglichkeiten und -bedingungen resultierten.

2. Stellt stichwortartig die einzelnen Wirtschaftsbereiche und Institutionen zusammen, die das „neue Gesicht" des Ruhrgebiets kennzeichnen.

M 7 Drei Wirtschaftsbereiche

Produktionsbetriebe

Primärer Sektor

- Rohstoffgewinnungsbetriebe (z. B. Landwirtschaft, Erzbergwerk, Kohlengrube)

Sekundärer Sektor

- Investitionsgüterbetriebe* (Maschinenfabrik, Walzwerk)
- Konsumgüterbetriebe
  - Gebrauchsgüterbetriebe (Möbelfabrik)
  - Verbrauchsgüterbetriebe (Nahrungsmittel-, Getränkeindustrie)

Dienstleistungsbetriebe

Tertiärer Sektor

- Handelsbetriebe (z. B. Großhandel, Einzelhandel, Restaurants)
- Verkehrsbetriebe (Bus, Eisenbahn, Flugzeug)
- Bankbetriebe (Sparkassen, Banken)
- Versicherungsbetriebe (Kranken-, Lebens-, Haftpflichtversicherungen)
- sonstige Dienstleistungsbetriebe (Friseur, Reinigung)

Dienstleistungsbetriebe arbeiten entweder konsumbezogen oder produktionsbezogen, wenn sie ihre Dienstleistungen für andere Betriebe erbringen.

(Hans Kaminski [Hg.], Praxis Arbeit/Wirtschaft Gesamtband, Westermann Schulbuchverlag GmbH, Braunschweig 2002, S. 187)

M8

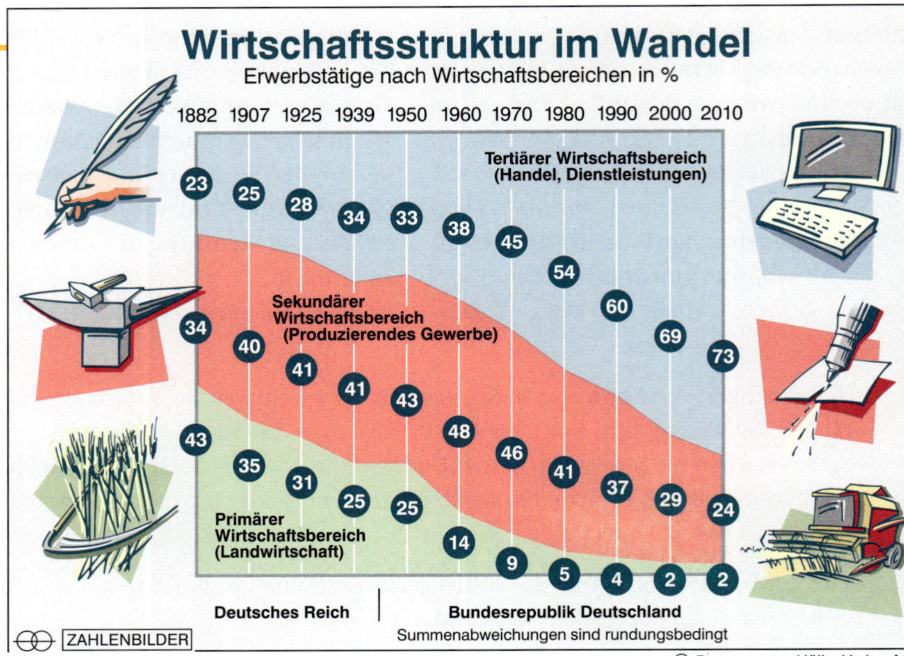

220 020

M9 Wachstum unternehmensbezogener Dienstleistungen*

Zu den unternehmensbezogenen Dienstleistungen* gehören:

- wissensintensive Unternehmensdienstleistungen, wie beispielsweise
  - Beratung in der Informationstechnologie (IT),
  - Unternehmensberatung,
  - Werbung,
  - Berufsausbildung.
- Betriebsdienstleistungen, wie beispielsweise
  - Gebäudereinigung,
  - Sicherheitsdienste,
  - Sekretariatsdienste.

Die unternehmensbezogenen Dienstleistungen bilden nicht nur den Sektor, in dem am meisten Arbeitsplätze geschaffen werden, hier ist auch die Wertschöpfung (Beitrag zum Bruttoinlandsprodukt*) größer als die jedes anderen Sektors der Volkswirtschaft. Der Sektor verfügt über das höchste Wachstumspotenzial, hat die meisten Neugründungen zu verzeichnen […].

Das Wachstum im Bereich „unternehmensbezogene Dienstleistungen“ wird im Allgemeinen darauf zurückgeführt, dass durch Outsourcing[1] zuvor intern [also im Unternehmen selbst] erbrachte Dienstleistungen „ausgelagert“ werden und somit immer mehr Beschäftigte aus dem Verarbeitenden Gewerbe in Dienstleistungsunternehmen abwandern. […]

Weitere entscheidende Faktoren sind der Wandel von Produktionssystemen, größere Flexibilität, stärkerer Wettbewerb auf den internationalen Märkten, die zunehmende Bedeutung von Informations- und Kommunikationstechnologien (IKT) und Wissen sowie die Entstehung neuer Arten von Dienstleistungen. […]

(Auszug aus: http://europa.eu/legislation_summaries/enterprise/indus try/n26042_de.htm; © Europäische Union, 1995–2012)

[1] *Outsourcing* (aus engl. outside – außen und resource – Hilfsmittel): Maßnahme eines Unternehmens, bestimmte Aufgaben und Dienstleistungen „auszulagern“, d. h. externe Dienstleister damit zu beauftragen, um Kosten zu sparen und im eigenen Unternehmen flexibler verfahren zu können (z. B. in den Bereichen Forschung und Entwicklung oder EDV-Beratung).

1. Erklärt – möglichst auch anhand konkreter Beispiele – die Darstellung in M 7:
- Worin liegt der Unterschied zwischen „Produktion“ und „Dienstleistung“?
- Welche drei Wirtschaftsbereiche („Sektoren“) lassen sich grundsätzlich unterscheiden?
- Welche Teilbereiche gehören jeweils zum „sekundären“ (zweiten) und „tertiären“ (dritten) Sektor?

Untersucht dazu die Fotos auf der Auftaktseite (S. 254) dieses Kapitels und ordnet sie den Sektoren und Teilbereichen zu (zum Begriff Investition s. Glossar).

2. Analysiert die Grafik M 8 und erklärt, was die Prozentzahlen und die Flächenanteile angeben. Beschreibt die dargestellte Entwicklung.

3. Die in M 8 dargestellte Entwicklung wird als Wandel von der „Agrargesellschaft“ zur „Industriegesellschaft“ und dann zur „Dienstleistungsgesellschaft“ bezeichnet. Erklärt, was damit gemeint ist, und stellt fest, zu welchem Zeitpunkt in etwa der jeweilige Wandel erkennbar wird.

4. Erläutert, was unter „unternehmensbezogenen Dienstleistungen“ zu verstehen ist, welche Entwicklung sich in diesem Bereich vollzogen hat und worin die Ursachen dafür gesehen werden (M 9).

3. Schöne neue Arbeitswelt? – Veränderte Beschäftigungsformen, Arbeitsnormen, Arbeitszeiten

M 10 Formen atypischer Beschäftigung

Kennzeichen „normaler“ Arbeitsverhältnisse ist die unbefristete, arbeitsvertraglich abgesicherte, sozialversicherungspflichtige Vollzeitbeschäftigung regulärer Arbeitnehmer. Auf dem deutschen Arbeitsmarkt wurde dieses traditionelle Beschäftigungsmuster seit den 1990er-Jahren in einem beträchtlichen Ausmaß durch *atypische Arbeitsformen* verdrängt. Als „atypisch“ gelten dabei Beschäftigungen, die im Vergleich zum vollwertigen Arbeitsverhältnis deutliche Risiken und Einschränkungen für die Beschäftigten mit sich bringen, weil sie zum Beispiel von vornherein befristet sind, kein existenzsicherndes Einkommen abwerfen oder arbeits- und sozialrechtlich unzureichend abgesichert sind. […]

Anhand des Mikrozensus* lässt sich die Entwicklung *atypischer Arbeitsverhältnisse* über einen längeren Zeitraum beobachten (s. M 11 a). […] Als „atypisch“ gelten:
- Minijobs (s. M 11 b),
- befristete Arbeitsverhältnisse,
- Teilzeitarbeit von bis zu 20 Wochenstunden sowie
- Zeitarbeit (Leiharbeit; s. M 11 a).

Würde auch Teilzeit mit größerem Stundenumfang einbezogen, fiele der Anteil atypischer Arbeitsverhältnisse noch höher aus [als 25,4 %; vgl. M 11 a].

Die **Ursachen** für die Zunahme der atypischen Beschäftigungsformen sind vielschichtig. *Arbeitgeber* nutzen sie in verstärktem Maße, um den Einsatz von Arbeitskräften flexibler an die Bedarfslage anzupassen und Arbeitskosten einzusparen. […] Für die *Arbeitnehmer* wiederum bietet atypische Beschäftigung häufig die Möglichkeit, berufliche und private Verpflichtungen miteinander zu vereinbaren, sie kann den (Wieder-)Einstieg ins Arbeitsleben erleichtern, oft dient sie aber auch nur als Ausweichlösung, wenn die Suche nach einem Normalarbeitsplatz erfolglos bleibt.

Atypische Beschäftigung, so zeigt auch die Auswertung des Mikrozensus* 2010, ist überwiegend Frauensache: 37 % aller Arbeitnehmerinnen, aber nur 14 % der männlichen Arbeitnehmer stehen in einem derartigen Arbeitsverhältnis. Weitere Gruppen mit einem hohen Anteil atypisch Beschäftigter sind junge Arbeitnehmer (38 %) sowie Beschäftigte ohne anerkannte Berufsausbildung (42 %).

(Zahlenbilder 247 225, © Bergmoser + Höller Verlag)

M 11 a

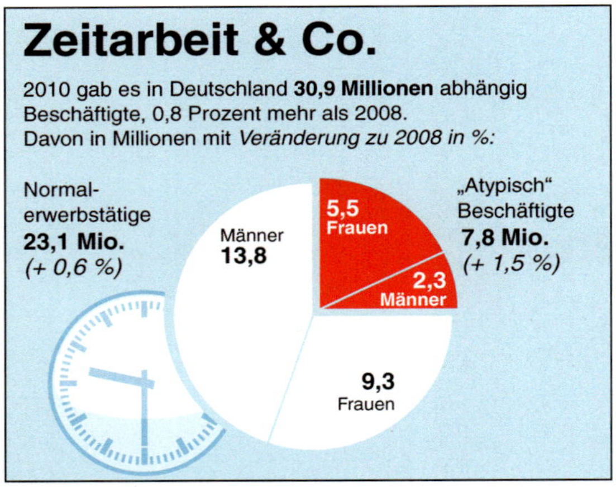

Bei der Zeitarbeit (auch „Leiharbeit" genannt) werden bei sogenannten Leiharbeitsfirmen angestellte Arbeitskräfte an andere Unternehmen „verliehen".

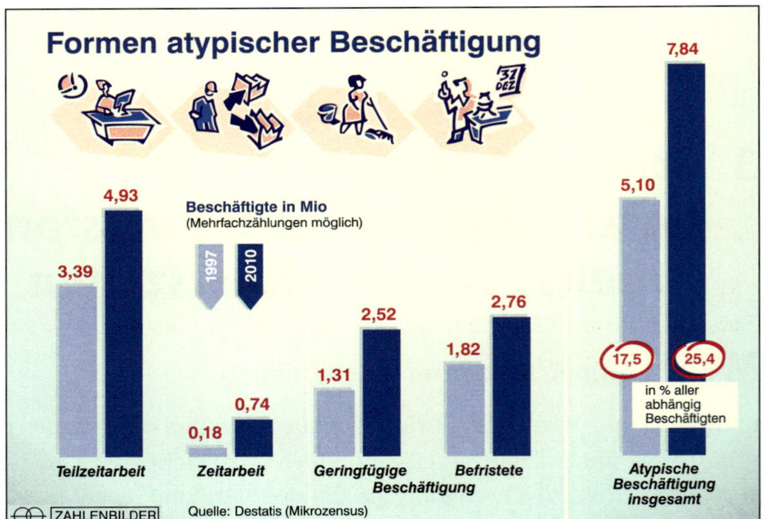

247 225

© Bergmoser + Höller Verlag AG

Gesamtwirtschaftlich betrachtet ist die Beschäftigung in Deutschland in den vergangenen Jahren trotz Wirtschaftskrise stark angestiegen. Diese zusätzlichen Jobs waren oftmals flexible Erwerbsformen wie Teilzeit- oder Minijobs. Die absolute Zahl der Stammkräfte hat sich jedoch nicht verringert. Die neuen Teilzeitstellen gingen also nicht auf Kosten der regulären Beschäftigung, sondern sie kamen obendrauf, was eine Senkung der Arbeitslosenzahl zur Folge hatte. Überdies haben die flexiblen Einstiegsmöglichkeiten Menschen, die bislang dem Arbeitsmarkt nicht zur Verfügung standen, dazu bewegt, doch berufstätig zu werden.

Diese Beschäftigungsbilanz wird jedoch nicht von allen Beteiligten gleich gesehen. Die Gewerkschaften sprechen von fehlender Qualität und Nachhaltigkeit hinsichtlich der Eingliederung in den Arbeitsmarkt und bezeichnen die Arbeitsmarktpolitik als sozialpolitisch schwach, da sie auf „Arbeit um jeden Preis" ausgerichtet sei.

(http://www.wirtschaftundschule.de/fileadmin/user_upload/unterrichtsmaterialien/arbeitsmarkt_und_berufsorientierung/Arbeitsblatt_Beschaeftigung_Erfolg_oder_Problem.pdf)

M 11 b

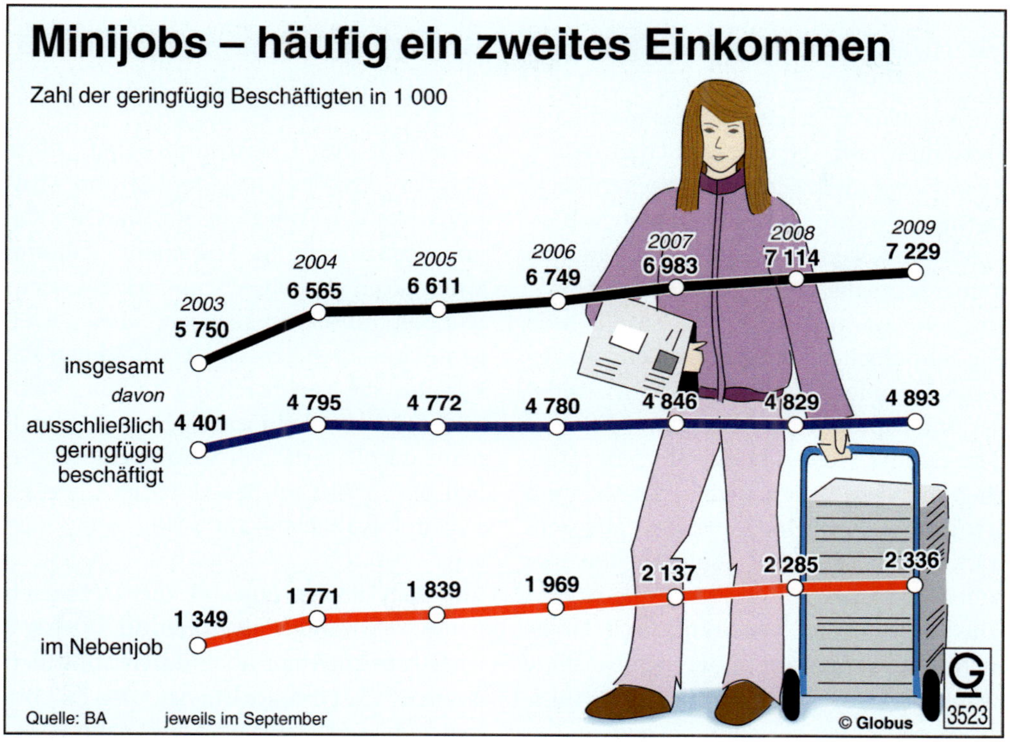

„Minijobs" sind Beschäftigungsverhältnisse mit einer monatlichen Vergütung bis 400 €, für die die Beschäftigten weder Steuern noch Sozialversicherungsbeiträge zu zahlen haben („geringfügige Beschäftigungsverhältnisse").

1. Erklärt anhand von M 10, welche Arbeitsverhältnisse der Begriff „atypische Beschäftigung" umfasst, und beschreibt die Entwicklung, die sich in diesem gesamten Bereich und bei den einzelnen Formen in den letzten Jahren vollzogen hat (M 11 a und M 11 b). Über die genauere Bedeutung der einzelnen Formen atypischer Beschäftigung könnt ihr euch ggf. im „Lexikon der Wirtschaft" informieren, das im Internet zur Verfügung steht (http://www.bpb.de/nachschlagen/lexika/lexikon-der-wirtschaft/).
   Eine zahlenmäßige Darstellung der gesamten Beschäftigungsentwicklung (vgl. auch Kasten S. 268 u.) für die Jahre 2008–2010 findet ihr ggf. auf der Internetseite https://www.destatis.de/DE/PresseService/Presse/Pressemitteilungen/2011/07/PD11_270_132.html

2. Erläutert, worin die Ursachen für die dargestellte Entwicklung gesehen werden und welche Gruppen von Arbeitnehmern besonders daran beteiligt sind (M 11).

3. Erläutert, inwiefern die Zunahme der atypischen Beschäftigung von den Gewerkschaften kritisch gesehen wird (Kasten S. 268 u.), und nehmt aus eurer Sicht dazu Stellung.

M 12 „Arbeitsverdichtung“ und veränderte Arbeitszeiten im Zeitalter der Globalisierung

Im Zeitalter der Globalisierung (s. Kapitel 11) sind Schnelligkeit, Perfektion und permanente Einsatzbereitschaft bei maximaler Flexibilität zur gesellschaftlichen Norm [Regel] geworden. Gleichzeitig gehen Rückzugsräume verloren, in denen man sich erholen kann, wenn sich die Welt da draußen immer schneller dreht. […]

Noch vor wenigen Jahren waren praktisch alle Büroarbeiter räumlich an den Arbeitsplatz gebunden. Heute ermöglichen Internet und Laptop das Arbeiten an nahezu jedem Ort der Welt. Arbeitszeitforscher sprechen in diesen Zeiten, in denen E-Mail und Smartphone auch in der Freizeit allgegenwärtig sind, von einer „Entgrenzung“ der Arbeit. […]

[Die Entwicklung] beschränkt sich längst nicht mehr nur auf große, globalisierte Konzerne, wie Torben Richter, 32, im vergangenen September erfahren musste. Der Bauleiter arbeitete bei einem mittelständischen Bauunternehmen in Baden-Württemberg im Schlüsselfertigbau. Die Abteilung gab es erst seit sechs Jahren, aber sie entpuppte sich schnell als Umsatzbringer. […] Im vergangenen Jahr erwirtschaftete der Schlüsselfertigbau einen Umsatz von 27 Millionen Euro, für dieses Jahr werden 35 Millionen Euro erwartet – eine Steigerung von über 30 Prozent. […] Nur das Personal wurde nicht aufgestockt: ein Bereichsleiter, drei Kalkulatoren, ein Einkäufer, fünf Bauleiter, zwei Projektleiter, zwei Sekretärinnen. Was Arbeitsverdichtung in der Praxis bedeutet, lässt sich beispielhaft an dieser schwäbischen Firma illustrieren. „Ein Kollege musste den Neubau eines Lkw-Servicecenters bei Singen und den Neubau einer Kinderkrippe bei München gleichzeitig abwickeln“, sagt Richter, ein Zwei-Meter-Mann mit einem zupackenden Händedruck.

Er erzählt ruhig, fast unbeteiligt, ohne sichtbare Emotionen. „Montag und Mittwoch war der Kollege in Singen, Dienstag und Donnerstag in München.“ Unterm Strich seien das täglich mindestens sechs Stunden Autofahrt gewesen, plus die eigentliche Arbeit vor Ort. Dazu kamen die Vor- und die Nachbereitung im Büro. Richter selbst betreute in jener Zeit einen Hotelneubau in Bayern. „Im Schnitt saß ich täglich bis 23 Uhr im Baucontainer“, sagt er. „Mein Privatleben kam völlig zum Erliegen.“

Auf dem Papier arbeiten die Deutschen heute weit weniger als früher. 1970 leistete jeder Arbeitnehmer noch durchschnittlich mehr als 150 bezahlte Überstunden im Jahr. Inzwischen ist dieser Wert auf knapp 60 gesunken. Der Unterschied: Damals wurden die Überstunden offiziell abgerechnet. Heute gilt es als normal, übertarifliche Gehälter zu bezahlen, mit denen die Überstunden abgegolten sind. So überschreiten Millionen Arbeitnehmer die im Arbeitszeitgesetz festgelegte Obergrenze von 48 Stunden Arbeit pro Woche.

Vor 20 Jahren arbeiteten noch 27 Prozent aller abhängig Beschäftigten von 9 bis 17 Uhr. Heute sind es weniger als 16 Prozent. Bei den übrigen überwiegen Arbeitsformen wie Nachtarbeit, Schichtdienst, Teilzeit, Überstunden und Arbeitskontenmodelle. Einst war Arbeitszeit in Tarifverträgen geregelt – doch diese Verträge verlieren ihre Konturen. […]

(Markus Dettmer, Samiha Shafy, Janko Tietz: Volk der Erschöpften, in: DER SPIEGEL Nr. 4/2011; http://www.spiegel.de/spiegel/print/d-76551044.html)

1. Beschreibt, wie sich die Arbeitszeiten vieler Menschen in jüngster Zeit verändert haben:
- Welche unterschiedlichen Arbeitszeitformen werden genannt?
- Was meinen die Autoren, wenn sie von einer „Arbeitsverdichtung" sprechen?
- Worin sehen sie die Ursachen dieser Entwicklung?
- Inwiefern prägen ihrer Darstellung nach neue Normen die Arbeitswelt?

2. Erörtert (ggf. in Gruppen), welche Chancen sich durch veränderte Arbeitszeiten für die Arbeitenden eröffnen und welche Belastungen aus den neuen Arbeitszeiten resultieren könnten.

M 13 Die Berufswelt wird sich stark verändern – Thesen des Direktors des Bonner Instituts zur Zukunft der Arbeit (IZA), Klaus F. Zimmermann

1. Aus dem Mangel an Jobs wird ein Mangel an Arbeitskräften

[...] Bis zum Jahr 2025 geht das Potenzial der Erwerbsfähigen um 3,6 Millionen auf 41,1 Millionen Menschen zurück. Schon 2015 fehlen in Deutschland etwa drei Millionen Arbeitskräfte – nicht nur Hochqualifizierte wie Naturwissenschaftler oder Ingenieure, sondern ebenso Handwerker. 2005 gab es noch zwölf Millionen Schulabgänger. Bis 2020 sinkt diese Zahl auf weniger als zehn Millionen. Immer mehr Ausbildungsplätze bleiben leer. Verschärft werden diese Engpässe dadurch, dass mehr Menschen auswandern als einwandern. [...]

3. Das Wachstum der Zukunft ist weiblich

Bis zu 2,4 Millionen Frauen könnten bei einer besseren Vereinbarkeit von Familie und Beruf zusätzlich für den Arbeitsmarkt gewonnen werden. Denn in Deutschland arbeiten überdurchschnittlich viele Frauen nur in Teilzeit. Wenn das Potenzial an weiblichen Arbeitskräften voll ausgeschöpft würde, so würde dies unser Bruttosozialprodukt um neun Prozent steigern. Unternehmen mit hohem Frauenanteil im Top-Management sind schon heute bei Produktivität und Motivation erfolgreicher. [...]

7. Die Arbeit wird nicht weniger, aber anders

Wir bekommen nicht weniger Arbeit, aber andere Arbeit. Schon heute ist kaum ein Drittel der Erwerbstätigen in Deutschland in klassischen Produktionsbetrieben tätig. Die Sorge ist berechtigt, dass Deutschland seinen industriellen Kern verlieren könnte. Gewinner sind die wissensbasierten Dienstleistungen. Auch die sozialen Dienste boomen: Pflege, Erziehung und Betreuung, Familien- und Nachbarschaftshilfe. Weitere Potenziale für wachsende Beschäftigung liegen in der Freizeit- und Gesundheitsindustrie, der Medizin- und Biotechnik. Verkehr, Logistik und Kommunikationstechnologie gehören gleichfalls zu den Jobtreibern. Die Seniorenwirtschaft, die „Silver-Economy", eröffnet neue Marktchancen. Keine Sorge also: Die Arbeit geht uns auch im 21. Jahrhundert nicht aus!

8. Ein neuer Typus des Mittelstands entsteht

Die Grenzen zwischen Arbeitnehmer und Unternehmer verschwimmen, selbstständige Tätigkeiten nehmen zu: Alleinunternehmer, Solo-Anbieter formen den Typus des neuen Mittelstandes. Noch sind in Deutschland nur etwa elf Prozent aller Erwerbstätigen selbstständig. Dies wird sich ändern. […]

9. In der Lohnpolitik wird Mitarbeiterbindung wichtiger

Mit dem knapper werdenden Angebot an Fachkräften steigen die Löhne – je nach Branche und Region unterschiedlich stark. Vor allem leistungs- und ergebnisabhängige Erfolgsprämien und Einmalzahlungen werden damit zunehmen. […]

10. Bildung ist die beste Beschäftigungspolitik

Bildung ist die beste Investition in eine moderne Beschäftigungspolitik. […] Die [heutige] Studienquote zum Beispiel reicht nicht aus, um den Bedarf an Hochqualifizierten zu decken. Auch sind die Übergangsphasen beim Berufseinstieg zu lang – und sie werden immer länger. Wie erreichen wir eine bessere Qualifizierung und Aktivierung jener, die bisher auf dem Arbeitsmarkt zu wenig Chancen haben?

(Süddeutsche Online: Arbeitnehmer, wappnet euch, 09.01.2011; http://www.sueddeutsche.de/karriere/die-zukunft-der-arbeit-arbeitnehmer-wappnet-euch-1.1043554; Verf.: Klaus F. Zimmermann, Maria Holzmüller)

1. Fasst mit eigenen Worten die sechs hier ausgewählten Thesen von Klaus F. Zimmermann zusammen. Achtet darauf, wie er seine Thesen begründet und wo er Erwartungen der Unternehmer an die Politik formuliert.

2. Diskutiert die Thesen.
   - Welche Thesen erscheinen euch einleuchtend, welche seht ihr eher skeptisch? Begründet eure Einschätzung.
   - Welchen möglichen Entwicklungen könnten Arbeitnehmer und Arbeitgeber mit Hoffnungen oder auch mit Sorge entgegensehen?

M 14 Neue Anforderungen – neue Berufe: ein Interview mit einer Expertin für Berufe beim Bundesinstitut für Berufsbildung

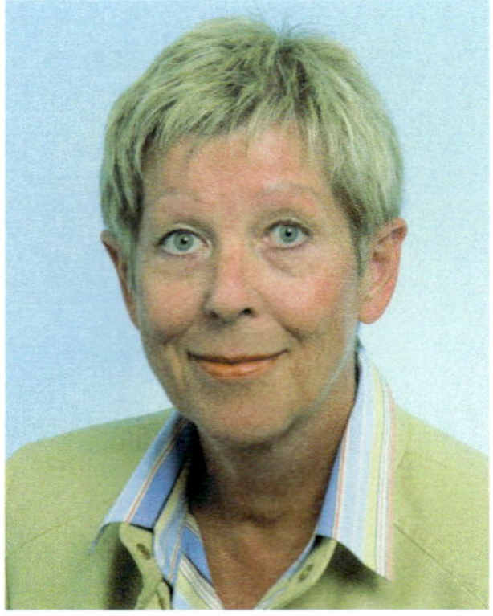

WAS WERDEN: Bekannte Ausbildungsberufe, wie z. B. Gas- und Wasserinstallateur/in, gibt's nicht mehr. Heute wird im Beruf Anlagenmechaniker/in für Sanitär-, Heizungs- und Klimatechnik ausgebildet. Warum werden die Berufsbezeichnungen geändert?

Frau Westpfahl: Geändert werden Berufsbezeichnungen, wenn eine Ausweitung oder eine neue Schneidung der Tätigkeitsgebiete erfolgt ist. In oben genanntem Fall wurden z. B. die Berufe Gas- und Wasserinstallateur/in und Zentralheizungs- und Lüftungsbauer/in zusammengelegt, um dem Verbraucher mehr Leistungen aus einer Hand zu ermöglichen. Manchmal will man aber auch Berufe, die nun neue Technologien beinhalten (hier z. B. Solartechnik, Vernetzung durch Bussysteme etc.), aber durch „hausbackene" Bezeichnungen oder ein schlechtes Image (Gas, Wasser, Schwebstoffe) wenig Bewerber anlocken, für Jugendliche attraktiver machen.

WAS WERDEN: Bestandteil neuer Berufsbezeichnungen sind Begriffe wie „Mechaniker" „Mechatroniker" oder „Elektroniker". Was sagen diese Begriffe aus?

Frau Westpfahl: Der Zusatz „Mechaniker/in“ sagt aus, dass hier bewegliche Baugruppen, Maschinen oder Anlagen hergestellt bzw. repariert werden. „Elektroniker/innen“ planen und installieren elektronische Geräte oder Komponenten, warten und reparieren sie. „Mechatroniker/innen“ bauen mechanische und elektronische Komponenten zu mechatronischen Systemen zusammen, nehmen die Anlagen in Betrieb und bedienen sie.

WAS WERDEN: Haben sich mit den neuen Namen auch Inhalte und Anforderungen von Berufen verändert?

Frau Westpfahl: Ja, in vielen Berufen hat die Elektronik Einzug gehalten (in einem Auto der Luxusklasse ist heute mehr Elektronik als im ersten Sputnik), durch die PC-Technik werden viele Bereiche vernetzt. Auch Qualitätssicherung, also die Dokumentation der Arbeitsschritte und Ergebnisse, oder Prozessorientierung (es ist nicht nur die eigene Arbeit, sondern auch die von vor- und nachgelagerten Bereichen zu beachten) sowie Fremdsprachenkenntnisse (in der Regel Englisch) sind in vielen neuen Berufen zu finden.

WAS WERDEN: Gibt es Anforderungen, die in fast allen Berufen dazugekommen sind?

Frau Westpfahl: Ja, die sogenannten „überfachlichen“ Fähigkeiten und Kenntnisse, auch „Schlüsselqualifikationen“ genannt (Kommunikationsfähigkeit, Kooperationsfähigkeit, Problemlösungskompetenz), und PC-Kenntnisse sind in nahezu allen Berufen dazugekommen bzw. haben einen höheren Stellenwert erhalten. Nicht nur in den Dienstleistungsberufen spielt heute auch die Kundenorientierung (hier sind auch interne Kunden, d.h. Kollegen und andere Abteilungen gemeint) eine Rolle.

(Was werden – Eltern & Berufswahl. Online-Magazin der Bundesagentur für Arbeit; http://www.was-werden.de/eb_6/; Zugriff vom 25.5.2006)

1. Beschreibt anhand von M 14, wie sich nach Ansicht der Expertin des Bundesinstituts für Berufsbildung die Arbeitswelt und damit auch die Anforderungen an die Ausbildung verändert haben.

2. Frau Westpfahl spricht von „überfachlichen Fähigkeiten und Kenntnissen“. Erläutert, was sie darunter versteht und wie sie deren Stellenwert bewertet.

Auch wenn ihr noch nicht direkt an das Ende eurer Schulzeit und eure spätere Berufstätigkeit denken und dafür planen müsst, wird es euch sicher interessieren, welche konkreten Basiskenntnisse und Fähigkeiten (Kompetenzen) Arbeitgeber häufig von ihren zukünftigen Beschäftigten erwarten. Die Industrie- und Handelskammer Nordrhein-Westfalens und der Westdeutsche Handwerkskammertag haben dazu die folgenden Tipps für Schulabgänger veröffentlicht.

M 15 Was Arbeitgeber von Auszubildenden erwarten

Fachliche Kompetenzen (Basiskenntnisse)

- *Grundlegende Beherrschung der deutschen Sprache in Wort und Schrift:*

Als Mindeststandard setzen die Betriebe die Fähigkeit voraus, einfache Sachverhalte mündlich und schriftlich klar formulieren und aufnehmen zu können. Jugendliche sollten einfache Texte fehlerfrei schreiben (Rechtschreibung, Grammatik) und die ver-

Weitere wichtige Kompetenzen:
Persönliche Kompetenzen
- Zuverlässigkeit
- Lern- und Leistungsbereitschaft
- Ausdauer – Durchhaltevermögen – Belastbarkeit
- Sorgfalt – Gewissenhaftigkeit
- Verantwortungsbereitschaft
- Selbstständigkeit

Soziale Kompetenzen
- Kooperationsbereitschaft – Teamfähigkeit
- Höflichkeit – Freundlichkeit
- Konfliktfähigkeit
- Toleranz

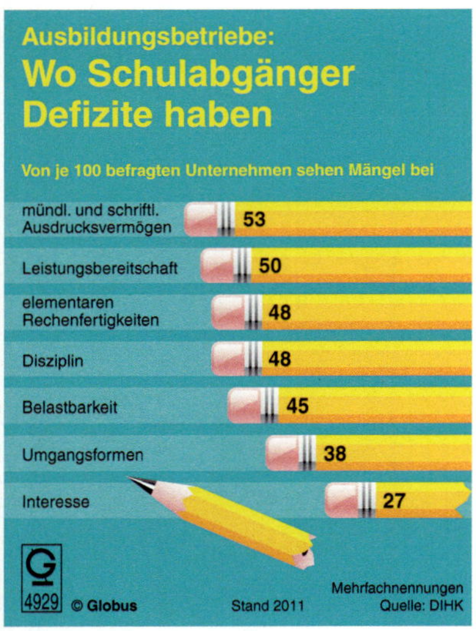

schiedenen Sprachebenen (z. B. Jugendszene-, Alltags-, Fachsprache und gehobene Sprache) unterscheiden können.

- *Beherrschung einfacher Rechentechniken:*

Hierzu gehören die vier Grundrechenarten, Rechnen mit Dezimalzahlen und Brüchen, Umgang mit Maßeinheiten, Dreisatz, Prozentrechnen, Flächen-, Volumen- und Massenberechnungen und fundamentale Grundlagen der Geometrie. Hinzukommen sollten die Fähigkeiten, einfache Textaufgaben zu begreifen, die wichtigsten Formeln anzuwenden und mit Taschenrechnern umzugehen.

- *Grundlegende naturwissenschaftliche Kenntnisse:*

Grundkenntnisse in Physik, Chemie, Biologie und Informatik, aus denen Verständnis für die moderne Technik und eine positive Grundeinstellung zu ihr entwickelt werden können, müssen schulform- und altersgerecht verfügbar sein. [...]

- *Grundkenntnisse in Englisch:*

Es ist wünschenswert, dass die Auszubildenden Grundkenntnisse in der Weltverständnissprache Englisch mitbringen, die sie befähigen, sich über einfache Gegebenheiten und Situationen auch beruflicher Art zu verständigen.

- *Kenntnisse und Verständnis über die Grundlagen unserer Kultur:*

Basiskenntnisse über die Grundlagen der eigenen Nation und Europas sollten die Schüler in der Schule erworben haben. Dazu gehören Grundkenntnisse über deutsche und europäische Geschichte, über gesellschaftliche und politische Rahmenbedingungen, die ethnischen [volkseigentümlichen] Anforderungen und religiösen Formen und Inhalte unserer Kultur. Kenntnisse und Akzeptanz [Bereitschaft, etwas anzunehmen] dieser kulturellen Grundlagen sind Basis für die persönlichen und sozialen Kompetenzen wie zum Beispiel Leistungsbereitschaft, Kommunikations- und Konfliktfähigkeit und solidarisches Verhalten gegenüber Mitmenschen und Minderheiten.

(Aus: Industrie- und Handelskammer Nordrhein-Westfalens und des Westdeutschen Handwerkskammertages, veröffentlicht in: Tipps für Schulabgänger, Bonner Presse Verein, Ausgabe 2001, S. 42 ff.)

1. Untersucht die aufgeführten Erwartungen der Wirtschaftsbetriebe an Kenntnisse und Fähigkeiten von Auszubildenden. Geht die verschiedenen Bereiche im Einzelnen durch und vergleicht, was hier erwartet wird, mit dem, was ihr in euren Schulfächern lernt. Erscheinen euch die Anforderungen angemessen?

2. Erörtert im gemeinsamen Gespräch, inwieweit und auf welche Weise die Schule eurer Einschätzung nach zur Entwicklung „persönlicher" und „sozialer" Kompetenzen beitragen kann. Nennt dazu konkrete Beispiele.

1. Jean Fourastié, ein französischer Wissenschaftler, veröffentlichte 1949 seine „Drei-Sektoren-Hypothese" zum Wandel der Wirtschaftsstruktur (zunächst auf sein Heimatland bezogen). Sie wird in der folgenden (unvollständig beschrifteten) Abbildung modellartig dargestellt (d. h., die Größenverhältnisse stimmen mit der wirklichen Entwicklung nicht genau überein; es sollen nur bestimmte Tendenzen überdeutlich dargestellt werden).

a) Welche drei Wirtschaftsbereiche (Sektoren: Landwirtschaft, Industrie, Dienstleistungen) sollen jeweils mit den drei farblich differenzierten Flächen gekennzeichnet werden?

b) Welche Entwicklung im Verhältnis der drei Sektoren soll dargestellt werden?

c) Überprüfe das Verhältnis der drei Sektoren für den gegenwärtigen Zeitpunkt (etwa 2000/2012) und vergleiche es mit der tatsächlichen Entwicklung in Deutschland, die du aus deiner Beschäftigung mit dem 2. Abschnitt dieses Kapitels kennen solltest. Welcher Sektor hat heute einen deutlich geringeren Anteil als im Modell angenommen? Welcher hat dafür einen entsprechend größeren Anteil?

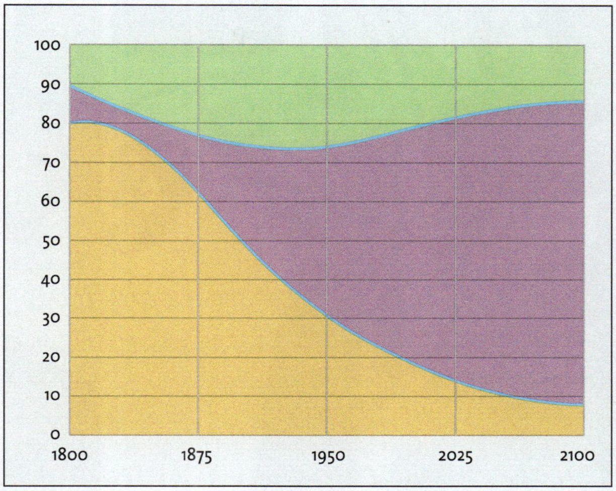

(http://de.wikipedia.org/wiki/Drei-Sektoren-Hypothese)

d) Erläutere in wenigen Sätzen wichtige Ursachen der dargestellten und in der Tendenz auch eingetretenen Entwicklung.

2. Nenne mindestens drei Lebensbereiche bzw. Lebensziele, für die Arbeit eine entscheidende Bedeutung hat.

3. Erkläre den Unterschied zwischen unternehmensbezogenen und konsumbezogenen Dienstleistungen. Nenne jeweils einige konkrete Beispiele.

4. Nenne einige „atypische" Beschäftigungsformen und erläutere, warum diese Formen seit einigen Jahren häufiger vorkommen.

5. Nenne grundlegende Anforderungen, die Unternehmen heutzutage im Allgemeinen an Auszubildende stellen.

6. Nimm Stellung zu einer der beiden folgenden Thesen zur Zukunft der Arbeitswelt:
- Die Arbeit geht uns auch im 21. Jahrhundert nicht aus.
- Bildung ist die beste Investition in eine moderne Beschäftigungspolitik.

DEUTSCHER
GRÜNDER

Warnstreik
OTIS
ES GEHT UM MEHR
8%
für mehr

Was geschieht in Unternehmen? – Formen und Funktionen von Unternehmen

11

Zur Orientierung

Unternehmen als Stätten der Güterproduktion stehen im Mittelpunkt des gesamten Wirtschaftsprozesses. In diesem Kapitel wollen wir etwas systematischer über die Stellung und die Aufgaben der Unternehmen sowie über ihre innere Organisation informieren.
Was wird von einem Unternehmer erwartet? Über welche Eigenschaften und Fähigkeiten muss er verfügen, um erfolgreich zu sein? Um diese Fragen geht es im ***ersten Abschnitt****.*
Welche Rolle Unternehmen spielen, welche Zielsetzungen sie verfolgen und was die Voraussetzungen für Unternehmensgründungen sind, davon handelt der ***zweite Abschnitt****.*
Wem gehören die Unternehmen? Auf diese Frage gibt die Rechtsform eines Unternehmens Auskunft. Darauf gehen wir im ***dritten Abschnitt*** *etwas näher ein und wenden uns dann (****vierter Abschnitt****) dem „Innenleben" der Unternehmen zu: Wie sind Unternehmen organisiert? Welche wichtigen Funktionsbereiche lassen sich unterscheiden? Im* ***letzten Abschnitt*** *zeigen wir, welche Mitbestimmungsmöglichkeiten die Beschäftigten als Arbeitnehmer im einzelnen Betrieb und im gesamten Unternehmen haben.*
Mit einer Betriebserkundung, für deren Planung und Durchführung wir euch nützliche Hinweise geben, könnt ihr einen unmittelbaren und konkreten Einblick in die meisten in diesem Kapitel dargestellten Gesichtspunkte und Zusammenhänge gewinnen.

Kompetenzen

Nach der Erarbeitung dieses Kapitels solltet ihr Folgendes wissen und können:

- erklären und begründen, welche Eigenschaften einem erfolgreichen Unternehmer zugeschrieben werden und welche Voraussetzungen für Unternehmensgründungen erfüllt sein müssen;
- erläutern, welche Ziele Unternehmen verfolgen können;
- erläutern, inwiefern die Rechtsform eines Unternehmens etwas über die Eigentumsverhältnisse aussagt;
- die Aufgaben eines Unternehmens in den einzelnen Arbeitsbereichen beschreiben;
- erläutern, warum man Löhne/Gehälter von zwei Seiten sehen und beurteilen muss;
- Mitbestimmungsmöglichkeiten der Arbeitnehmer in Unternehmen darlegen;
- eine Betriebserkundung planen und durchführen und ihre Ergebnisse auswerten.

1. Die Rolle des Unternehmers

M1 „Gütiger Patriarch" oder „Niete in Nadelstreifen"?

Wohl kein Berufsstand ist so extremen Wechselbädern der öffentlichen Meinung unterworfen wie der des Unternehmers. Für die einen ist der Unternehmer der geldgierige Kapitalist[1], der die Arbeiterklasse schamlos ausbeutet; für die anderen der gütige Patriarch [fürsorgliches Familienoberhaupt], der das Wohl seiner Belegschaft zu fördern trachtet. Wenn die Wirtschaft gut läuft, sind die Unternehmer die heldenhaften Pioniere des Fortschritts, und wenn die Wirtschaft stagniert, werden sie als „Nieten in Nadelstreifen" beschimpft. Neid und Bewunderung halten sich in der […] Gesellschaft der Deutschen die Waage.

(Prof. Hans-Werner Sinn, Auszug aus: Die Rolle des Unternehmers in der Marktwirtschaft, in: Eliten und Demokratie. Wirtschaft, Wissenschaft und Politik im Dialog – zu Ehren von Eberhard von Kuenheim, Siedler Verlag, Berlin 1999; © Random House Gruppe)

[1] Im 19. Jh. entstandene, heute zumeist abwertende Bezeichnung für jemanden, der im Besitz von Kapital* ist und daraus sein Einkommen (Gewinn, Zinsen usw.) bezieht.

J. A. Schumpeter

Adam Smith

M2 Unternehmer – Schöpfer und Zerstörer

Das Bild, das die Menschen sich von Unternehmern machen, war immer extrem, schwarz oder weiß – und ist bis heute nicht geklärt. Das fängt schon beim Begriff an: Unternehmer, wer ist das eigentlich? Darf sich nur der Gründer und Eigentümer so nennen oder auch der angestellte Manager? Beide, meinte der österreichische Ökonom *Joseph A. Schumpeter* (1883–1950). Ein Unternehmer sei, wer gegen alle Widerstände neue Produktionsverfahren oder Produkte durchsetze und einen Prozess der „schöpferischen Zerstörung" vorantreibe [alte Strukturen werden „zerstört" und immer wieder durch neue ersetzt].

Adam Smith (1723–1790), britischer Vater aller Ökonomen, hatte ein gespaltenes Verhältnis zu den Oberkapitalisten. Sie schafften Jobs und Wohlstand, meinte er, aber sie tricksten auch. Und angestellte Topmanager vernachlässigten nur zu oft das Wohl der Firma. […]

Unternehmer schaffen Arbeit für viele, aber nicht unbedingt auf angenehme Art. Gerade Firmengründer müssen besessen sein von ihrer Idee, um sich zu behaupten. Jedermanns Lieblinge sehen anders aus. Einerseits sollen sie führen – das verlangen Mitarbeiter ebenso von ihnen wie Anleger. […] Andererseits sollen die Bosse bescheiden bleiben und ihrer Verantwortung für Jobs und Umwelt, Wirtschaft und Gemeinschaft gerecht werden.

Wie einst *John D. Rockefeller* (1839–1937) und heute *Bill Gates* haben viele erfolgrei-

John D. Rockefeller

Bill Gates

Reinhard Mohn

che Unternehmer als Antwort darauf quasi zwei Leben geführt. In der Aufbauphase sind sie knallhart, und solange es ums Geschäft geht, bleiben sie es auch. Doch später im Leben treten sie als Philanthropen [„Menschenfreunde"] auf, eröffnen Stiftungen, spenden Abermillionen für Museen, Hochschulen, Entwicklungsprojekte. *Reinhard Mohn*, der aus Bertelsmann mit harter Hand einen Medienkonzern formte, hat später Deutschlands größte Stiftung gegründet, die mit praxisnahen Vorschlägen das öffentliche Leben verbessern soll. [...]

(Uwe Jean Heuser, in: DIE ZEIT Nr. 10 v. 27.02.2003, gekürzt; http://www.zeit.de/2003/10/Einf_9fhrung-Momente)

M3 Befragung

Was die Bevölkerung von Unternehmern hält
So viel Prozent der Befragten sahen (Mehrfachnennungen) ...

	Westdeutschland	Ostdeutschland	Deutschland
Unternehmer			
... als Motor der Wirtschaft	–	–	81,3
... als Risikoträger	–	–	76,7
... als eigentlich Mächtige	72,1	88,3	75,4
... als Ideenentwickler	69,9	73,3	70,6
... als Ausbeuter	54,6	75,6	58,8
... als sozial Verantwortliche	48,1	37,1	45,8

(Bernd Meier, Unternehmer und Gesellschaft. In: Wirtschaft, Nr. 81, Köln 2003, S. 4)

M4 Wichtige Eigenschaften eines Unternehmers

Unabhängigkeitsstreben

Eine zentrale Eigenschaft des erfolgreichen Unternehmers ist sein Bedürfnis nach Unabhängigkeit. Diese Persönlichkeit will selbstständig sein und nimmt das Steuer ihres Lebens selbst in die Hand. Dazu gehört ein unerschütterlicher Glaube an die eigenen Einflussmöglichkeiten. Sie lebt nach dem Grundsatz: „Ich bin mein eigener Chef und bin selber verantwortlich für meine persönliche Entwicklung." Die autonome [selbstbestimmte] Persönlichkeit gibt sich dadurch selbstbewusst und lässt sich durch andere Meinungen nur wenig beeinflussen. [...]

Innovationsfreude

Die Innovationsfreude ist ein Persönlichkeitsfaktor, der für den unternehmerischen Erfolg in unserer schnelllebigen Zeit immer wichtiger wird. Neue Situationen auf dem Markt und neue Märkte verlangen von Unternehmern enorme Anpassungsleistungen. Dazu braucht es eine große Portion Veränderungsbereitschaft und viel Lust, neue Wege zu gehen und neue Türen zu öffnen. [...]

Gesunde Risikobereitschaft

Ohne Risiko kann unternehmerisches Handeln kaum stattfinden. Der Unternehmer muss die Gratwanderung zwischen kalkulierbarem und hohem Risiko gehen. Wer sich nur auf kalkulierbare Situationen einlässt, verliert nicht viel, kann aber meist auch nur wenig gewinnen. Auf der anderen Seite lauert bei einem zu hohen Risiko die Gefahr des Misserfolgs. Ein Unternehmer, der zu hoch pokert, kann alles verlieren. Deshalb ist eine gesunde Risikobereitschaft, mit anderen Worten der Wille, ein mittleres, teilweise kalkulierbares Risiko einzugehen, am erfolgversprechendsten.

Eigeninitiative

Der erfolgreiche Unternehmer ist sehr aktiv und handelt aus eigenem Antrieb. Er kommt nicht erst in Bewegung, wenn andere dazu auffordern. Hohe Eigeninitiative geht einher mit einer hohen Bereitschaft, Verantwortung zu übernehmen, denn nur wer Verantwortung übernimmt, kann auch initiativ handeln. […]

Freude an Wettbewerb und Konkurrenz

Diese kann von der Lust auf einen gesunden Konkurrenzkampf im Sinne von „leben und leben lassen" bis zum Willen, die Konkurrenz aus dem Markt zu werfen, gehen. Mit der Lust auf Wettbewerb, verbunden mit einer direkten und offenen Art, werden am meisten Erfolge erzielt. […]

Leistungsorientierung

Erfolgreiche Unternehmer sind sehr ehrgeizig. Sie identifizieren sich voll mit ihrer Arbeit und stellen an sich selbst sehr hohe Anforderungen. Sie stecken sich hohe Ziele, die nur durch außerordentlich gute Leistungen zu erreichen sind. Leistungsorientierte Unternehmer sind interessiert an den Rückmeldungen ihrer Mitarbeiter, Berufskollegen, Kunden. Das Streben nach kontinuierlicher Leistungsverbesserung ist eine Selbstverständlichkeit. Es liegt ihnen fern, selbstzufrieden auf ihren guten Leistungen auszuruhen und nichts mehr verändern zu wollen. […]

Soziale Kompetenz

Die soziale Kompetenz ist für den Kontakt mit anderen Menschen von zentraler Bedeutung. Sie erleichtert es dem Unternehmer, mit den Mitarbeitern langfristige und tragfähige Beziehungen aufzubauen, sich kundenorientiert zu verhalten und fruchtbare Geschäftspartnerschaften zu pflegen. Zur sozialen Kompetenz gehören gute Kommunikationseigenschaften, die Fähigkeit, auf den Partner einzugehen, diplomatisches Verhalten, Offenheit und selbstsicheres Auftreten.

Emotionale Stabilität

Unternehmerischer Erfolg wird meist nicht über Nacht erreicht; der Unternehmer bezahlt den Erfolg mit großen Mühen und steht oft unter ständigem Stress. Auch Fehler sind unvermeidlich. Wer über eine hohe emotionale [gefühlsmäßige] Stabilität verfügt, empfindet Fehler meist nur für kurze Zeit als Belastung. Vielmehr fragt er sich, was er daraus lernen kann. Zur emotionalen Stabilität gehört also ein gesundes Maß an Optimismus und Gelassenheit.

(Urs Tschanz, Bernhard Thomet, Sind Sie eine Unternehmerpersönlichkeit?; http://www.diacova.ch/site/fileadmin/dokumente/sind_sie_unte.pdf; Zugriff: 12.2.2007)

1. Unternehmer werden recht zwiespältig beurteilt (M 1, M 2). Erläutert, wovon es abhängen kann, ob Unternehmer in gutem oder in schlechtem Licht erscheinen (M 1).

2. Stellt aus M 2 die widersprüchlichen Erwartungen gegenüber, die man an Unternehmer richtet. Was hat J. A. Schumpeter mit seinem Begriff der „schöpferischen Zerstörung" gemeint?

3. Inwieweit sind die Befragungsergebnisse in M 3 widersprüchlich zu den Aussagen in M 2 und wie lässt sich das erklären?

4. Auf die Frage „Sind Sie eine Unternehmerpersönlichkeit?" werden in M 4 Eigenschaften angeführt, die als wichtig gelten.
   a) Erläutert sie mit eigenen Worten.
   b) Tauscht euch – zunächst jeder mit seinem Tischnachbarn – darüber aus, welche Eigenschaften ihr aus eurer Sicht für die drei wichtigsten haltet, und stellt dann eure Entscheidung und die Begründung dafür der Klasse vor.
   c) Als Unternehmer im Sinne Schumpeters sind sicher Bill Gates (M 2) oder Steve Jobs (Apple; s. S. 29) anzusehen. Vielleicht wollen zwei aus eurer Klasse die unternehmerischen Tätigkeiten beider Unternehmer einmal vorstellen? Informationsgrundlage könnten z. B. die entsprechenden Wikipedia-Seiten sein.

2. Wozu gibt es Unternehmen? – Ziele privater und öffentlicher Unternehmen

Im 7. oder 8. Schuljahr habt ihr das Modell des „einfachen" Wirtschaftskreislaufs kennengelernt, in dem die Beziehungen zwischen den Unternehmen und den privaten Haushalten modellhaft dargestellt werden. An dieser Stelle sollt ihr den um einen wirtschaftlichen Akteur ***erweiterten Wirtschaftskreislauf*** *kennenlernen. Dieser Akteur ist der Staat, der sowohl für die Unternehmen als auch für die privaten Haushalte ganz maßgeblich in das Wirtschaftsgeschehen eingreifen kann.*

M 5 Unternehmen im erweiterten Wirtschaftskreislauf

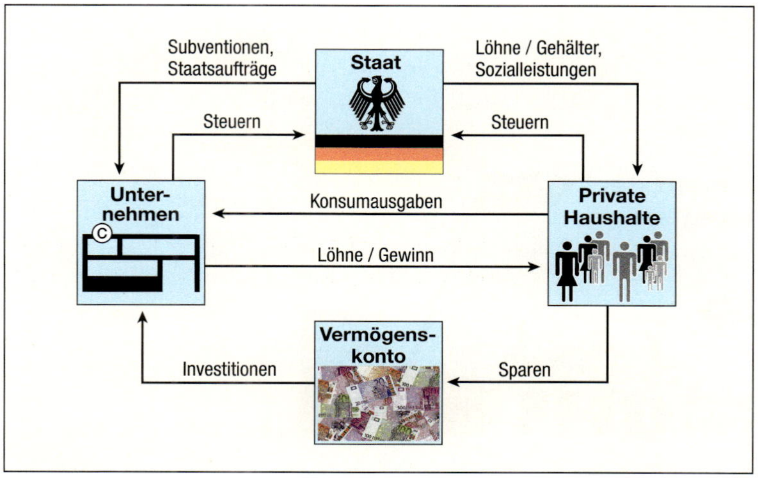

Unternehmen und private Haushalte stehen auch mit dem Staat in wirtschaftlichen Beziehungen. Er erhebt von den Unternehmen und privaten Haushalten Steuern, damit er z. B. Verkehrswegenetze (die sogenannte Infrastruktur*) durch Aufträge an Unternehmen erstellen lassen kann. Er braucht Geld für Schulen, Universitäten und Krankenhäuser. Er muss Löhne und Gehälter für die Staatsbediensteten (Angestellte* und Beamte* des „öffentlichen Dienstes") und Sozialleistungen* wie z. B. Sozialhilfe* und BAföG* zahlen und er stellt auch bestimmten Unternehmen (z. B. in der Landwirtschaft, im

Bergbau) Subventionen* (Unterstützungsgelder) zur Verfügung, damit sie im Wettbewerb besser bestehen können.
Die privaten Haushalte der im öffentlichen Dienst Beschäftigten erhalten vom Staat, wie beschrieben, Löhne und Gehälter und Sozialleistungen*. Und wenn sie nicht ihr gesamtes Einkommen ausgeben und ihre Sparbeträge bei Banken („Vermögenskonto") anlegen, stehen diese Ersparnisse z. B. für Kredite an Unternehmen zur Verfügung, die sie für Investitionen* in ihren Betrieben verwenden.
(Autorentext)

1. Erläutert die Prozesse, die im erweiterten Kreislauf erfasst werden, mit eigenen Worten.

2. Sucht in Partnerarbeit nach konkreten Beispielen für wirtschaftliche Prozesse zwischen Unternehmen, Staat, privaten Haushalten und Unternehmen und legt sie euren Mitschülern zur Einordnung in den Wirtschaftskreislauf vor. Macht es ihnen ruhig so schwer wie möglich.

M 6 Soziale Verantwortung von Unternehmen – Corporate Social Responsibility (CSR)

„Ein Unternehmen, das nur Geld verdient, ist ein armes Unternehmen." Dieser Satz von Auto-Pionier Henry Ford ist Jahrzehnte alt und doch aktuell wie nie. In einer Zeit des Klimawandels, der Globalisierung, der steigenden Armut wird die Verantwortung von Unternehmen ein immer wichtigeres Thema. „Wie man diese praktisch umsetzen kann, machen zwei Händler von der Schwäbischen Alb vor: Sie setzen sich für die Umwelt und Gesellschaft ein, tun das gerne und verdienen trotzdem gutes Geld.
● Gerd und Klaus Koch wirken gar nicht wie Ökos. Okay – sie tragen Jeans. Aber dazu schicke Schuhe. Sie essen lieber ein saftiges Steak als Müsli. Und sie haben Autos, die sie auch benutzen. Aber die beiden Brüder, 35 und 38 Jahre alt, sind konsequent bis zur Sturheit, wenn es um ihr Engagement für die Umwelt geht. „Wer Lebensmittel liebt, kann die Natur nicht einfach vergessen", sagen die Inhaber zweier Edeka-Märkte in der Nähe von Balingen. „Wir wollen, dass die Welt auch für unsere Kinder lebenswert ist", erklären sie – und treffen damit den Kern von CSR: nachhaltig leben und arbeiten, um die Ressourcen zu schonen und zu erhalten. CSR ist die Abkürzung für „Corporate Social Responsibility", das bedeutet übersetzt etwa „Soziale Verantwortung von Unternehmen". Bezeichnet wird damit das Engagement, das ein Unternehmen freiwillig für die Allgemeinheit leistet – etwa durch Einsatz für soziale Randgruppen und die Förderung von Öko- und regionalen Produkten, Enga-

(http://www.csr-in-deutschland.de/startseite.html)

gement für Mitarbeiter, fairen Handel und die Umwelt. Ihr Einsatz fängt für die Brüder Koch bei den Produkten an. So setzen sie bei der Sortiments-Gestaltung neben viel Bio schon lange stark auf regionale Lieferanten. Dadurch werden einerseits lange Transportwege und Umweltbelastungen vermieden. Andererseits bleiben Geld, Wirtschaftskraft und Arbeitsplätze in der Region. […]

• Viele Ideen der Koch-Brüder sind erstaunlich einfach – und erstaunlich effektiv. Die Blumen, die sie draußen verkaufen, werden nicht einfach gegossen. „Wir haben uns geärgert, wie viel Wasser dabei verschwendet wird", erzählt Gerd Koch. Also tüftelte er mit seinem Bruder und heraus kamen große Metall-Wannen, die gefüllt mit Blumen versetzt untereinander stehen. Zuerst wird in die oberste Wasser gegossen, das die Pflanzen über die Wurzeln aufnehmen – dann wird einfach der Stöpsel rausgezogen, und das Wasser fließt in die nächste. Eine Wasserersparnis von 70 Prozent. […]

• Geld verdienen – auch das ist den Koch-Brüdern bei allem Idealismus wichtig. Schließlich sind beide studierte Betriebswirte und können rechnen. Und das widerspricht der Idee von „Corporate Social Responsibility" keineswegs: Schließlich sind nur wirtschaftlich erfolgreiche Unternehmen überhaupt in der Lage, etwa den Umweltschutz und soziale Projekte zu fördern. Und die Sicherung der Arbeitsplätze von Mitarbeitern und Lieferanten ist sowieso ein fester Bestandteil von CSR. Mit CSR kann ein Unternehmen also Gewinne machen – direkt durch Einsparungen, indirekt durch Imagegewinn. Immer mehr Verbraucher interessieren sich dafür, ob und wie sich die Unternehmen ihrer gesellschaftlichen Verantwortung stellen. So kann Engagement auch zum Kauf-Argument werden – je regionaler ausgerichtet, desto mehr. […]

• Und weil niemand die Welt alleine verbessern kann, arbeiten die Kochs unermüdlich daran, auch ihre Mitarbeiter zu sensibilisieren. Regelmäßig werden Schulungen zu Umweltaspekten durchgeführt – aber nicht nur das. „Wir wollen auch Werte vermitteln", unterstreicht Klaus Koch. Und so haben die beiden vor Kurzem mit ihren Azubis ein ehemaliges Konzentrationslager besucht. „Wir wollen das Bewusstsein stärken für menschliches Miteinander."

(Mit freundlicher Genehmigung: Miriam Elmers, satzbau-Textagentur. Wiesbaden, 20.07.2008, zit. nach: Unterricht Wirtschaft + Politik, Friedrich Verlag, Velber, Heft 3: Unternehmen in Wirtschaft und Gesellschaft, S. 40)

1. Erläutert mithilfe des in M 6 dargestellten Beispiels, was unter „Corporate Social Responsibility" verstanden wird, und verdeutlicht, in welcher Beziehung Gewinnstreben und CSR stehen können.

2. Informiert euch unter folgender Adresse über Beispiele von Unternehmen aus Industrie, Handel, Handwerk und Dienstleistungen, die im Rahmen des CSR-Programms gesellschaftliche Verantwortung übernehmen: http://www.csrgermany.de/www/csr_cms_relaunch.nsf/id/home-de. Stellt einige Beispiele in der Klasse vor.

M 7 Öffentliche Unternehmen – warum es ohne sie nicht geht

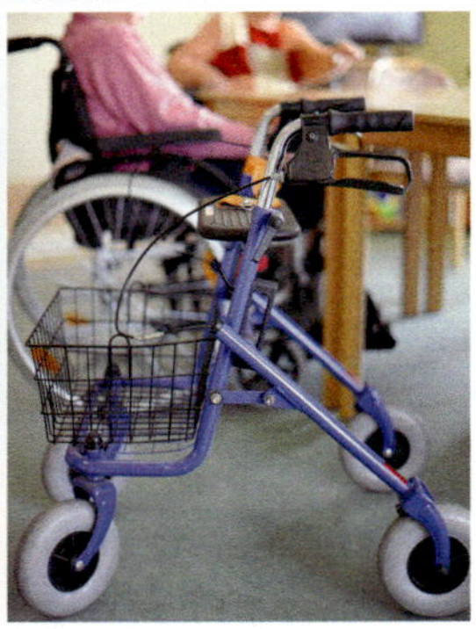

Nicht alle Sachgüter und Dienstleistungen*, die von Menschen nachgefragt werden, werden auch von Unternehmen angeboten. Häufig geht es um Sachgüter und Dienstleistungen, mit denen kein oder nicht viel Gewinn zu erzielen ist oder deren Bereitstellung eine Kommune privaten Unternehmen nicht überlassen will und für die sie deshalb selbst als Anbieter auftritt. Weil hier der Markt „versagt", bietet der Staat „öffentliche" Güter an (vgl. dazu Kap 4, M 7 b).

Als **öffentliche Unternehmen** werden im heutigen Sprachgebrauch diejenigen Wirtschaftsunternehmen verstanden, die von der „öffentlichen Hand" (den Gemeinden, den Ländern oder dem Bund) betrieben werden. Häufig nehmen sie Aufgaben der **Daseinsvorsorge*** wahr und arbeiten hauptsächlich nach dem **Bedarfsdeckungsprinzip** (bestmögliche Deckung des Bedarfs der Bevölkerung). Mit dem Begriff Daseinsvorsorge wird die staatliche Aufgabe zur Bereitstellung der für ein sinnvolles menschliches Dasein notwendigen Güter und Leistungen beschrieben. Dazu zählt z. B. die Bereitstellung von öffentlichen Einrichtungen für die Allgemeinheit, also Verkehrs- und Beförderungswesen, Gas-, Wasser- und Elektrizitätsversorgung, Müllabfuhr, Abwasserbeseitigung, Bildungs- und Kultureinrichtungen, Krankenhäuser, Friedhöfe usw. Dabei handelt es sich größtenteils um Betätigungen, die heute von **kommunalwirtschaftlichen Betrieben** wahrgenommen werden.

Ein **kommunales Unternehmen** ist ein wirtschaftlicher Betrieb, der von einer **Gemeinde** betrieben wird. Abzugrenzen sind kommunale Unternehmen von den **öffentlichen Einrichtungen** wie z. B. Schulen, Sportplätzen, Kindergärten.

Hinsichtlich der wirtschaftlichen Betätigung der kommunalen Unternehmen ist eine große Aufgabenvielfalt erkennbar. Oft nehmen sie Ver- und Entsorgungsaufgaben (**Stadtwerke, Entsorgungsbetriebe**) wahr, aber auch infrastrukturelle* (Nahverkehr), strukturpolitische (Wirtschaftsförderungsgesellschaften), soziale (Behindertenarbeitsbetriebe, **Krankenhäuser**, **Pflegeheime**, Wohnraumvermittlungsgesellschaften), wirtschaftspolitische (Beteiligung an **Sparkassen**), technische (**Datenverarbeitungszentren**) und ökologische (Gartenbaubetriebe).

(Autorentext)

1. Erklärt den Unterschied zwischen privaten und öffentlichen Unternehmen und deren unterschiedlichen Zielsetzungen. (Vergleicht dazu M 7 b in Kap. 12.)
2. Recherchiert, welche kommunalen Unternehmen es in eurer Region gibt und welche Aufgaben sie übernommen haben.
3. Führt ggf. in einem Unternehmen eine **Erkundung** durch und stellt eure Ergebnisse vor. Legt vorher Erkundungsschwerpunkte fest, z. B. Angebot, Organisationsstruktur, Personal, Kunden, Kosten, Probleme u. Ä. Zur Planung und Durchführung findet ihr Hinweise auf S. 299.

M 8 Betriebe in Deutschland – große und kleine

Ein Betrieb ist eine Wirtschaftseinheit, die Güter bzw. Leistungen erstellt und auf Märkten anbietet. Es wird der Begriff „Betrieb“ häufig mit technisch-organisatorischer Einheit gleichgesetzt, das Unternehmen dann eher mit juristisch-finanzieller Einheit. Beispiel: Die Daimler AG ist das Unternehmen, die einzelnen Werke des Unternehmens weltweit sind Betriebe [nicht selten werden beide Begriffe auch synonym gebraucht].

(Das Lexikon der Wirtschaft, hg. von der Bundeszentrale für politische Bildung, Bonn 2004, S. 29)

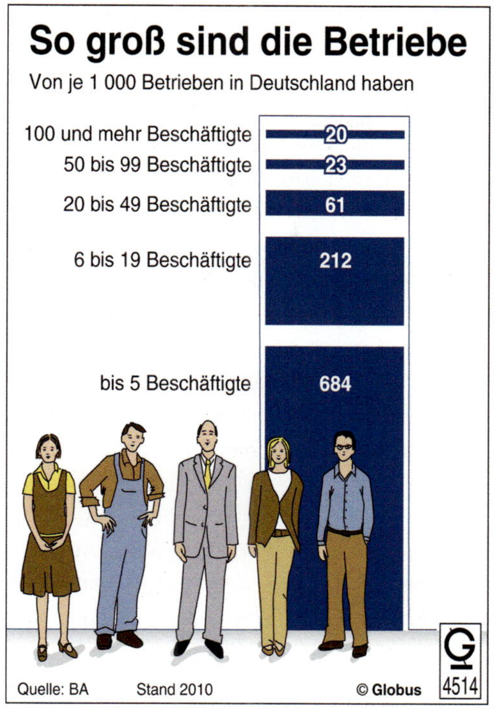

M 9 Die größten Unternehmen in Deutschland

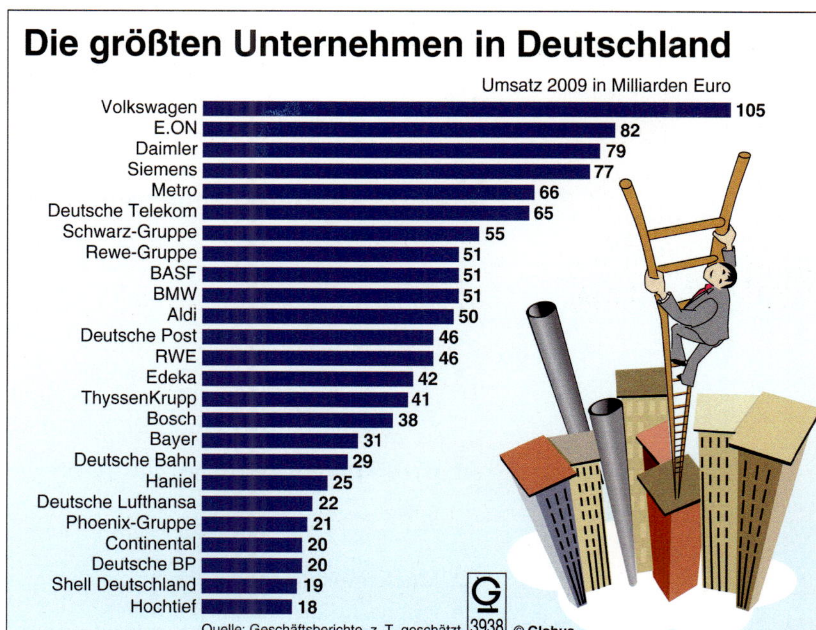

1. Untersucht die beiden Statistiken (M 8, M 9) zu den Unternehmen in Deutschland:

a) Beschreibt die prozentuale Verteilung der Betriebe auf die „Größenklassen“ (Zahl der Beschäftigten) in Deutschland. Was fällt euch auf? Bedenkt, dass die Grafik nichts über die Bedeutung der relativ wenigen großen Unternehmen für den Arbeitsmarkt aussagt: 47 % aller Beschäftigten sind in den oberen 2 % tätig (vgl. M 9).

b) Beschreibt die Größenunterschiede zwischen den – am Umsatz gemessen – größten Unternehmen in Deutschland (M 9) und überlegt, warum die Überschrift besser „deutsche Unternehmen“ lauten müsste.

M 10 Ein Unternehmen gründen

Es gibt viele gute Gründe dafür, sich beruflich selbstständig zu machen: eigenverantwortlich entscheiden zu können, eigene Ideen umzusetzen, Erfolg zu haben oder auch seine Arbeitszeit frei einzuteilen. Es gibt aber auch viele gute Gründe dafür, zunächst einmal genau zu überlegen, ob man tatsächlich für die berufliche Selbstständigkeit geeignet ist. Ein Unternehmen zu führen, ist schließlich keine Kleinigkeit, selbst wenn es nur ein Ein-Personen-Unternehmen ist. [Man sollte sich] an den Eigenschaften erfolgreicher Unternehmer [orientieren]. […] Sie kennen ihren Markt und wissen, wie sie mit ihren Kunden umgehen müssen. Hinzu kommen fachliches und kaufmännisches Know-how – die Grundvoraussetzungen für jedes erfolgreiche unternehmerische Handeln.
Damit Erfolg eintritt, bedarf es eines klaren und überzeugenden Konzeptes. Die nachfolgende Checkliste (Businessplan, M 11) soll dem Existenzgründer helfen, seine Geschäftsidee zu überdenken und zum Konzept reifen zu lassen.

(http://www.existenzgründer.de/)

M 10 zeigt, wie Erwachsene auf dem Existenzgründerportal des Bundesministeriums beraten werden, wenn sie sich mit dem Gedanken tragen, den Schritt in die Selbstständigkeit zu wagen. Aber auch Schülern werden auf eigens dafür eingerichteten Seiten Gründungsvorschläge für Schülerfirmen gemacht (s. S. 287).

Allen Existenzgründern – gleichgültig, ob Schülern oder Erwachsenen, – wird geraten, einen Businessplan zu erstellen, um für das eigene Konzept Dinge geprüft und geklärt zu haben. Wenn ihr euch mit dem Gedanken tragt, in eurer Schule vielleicht auch mit einer eigenen Firma aktiv zu werden, ist die Erarbeitung eines solchen Planes von Nutzen. In M 11 findet ihr ein Beispiel. Mittlerweile gibt es von unterschiedlicher Seite auch viele Angebote für Schülerinnen und Schüler, sich mit dem Thema „Unternehmen" zu beschäftigen, sei es durch die Gründung einer Schülerfirma oder dadurch, dass ihnen einmal die Möglichkeit eingeräumt wird, selbst als „Chef" Entscheidungen zu treffen. Auch dafür bietet M 11 drei Beispiele.

M 11 Was Unternehmensgründer bedenken müssen – Businessplan

1. Die Geschäftsidee
- Was ist Ihre Geschäftsidee?
- Welchen Nutzen hat Ihre Arbeit?
- Welchen zusätzlichen Nutzen, welche zusätzliche Leistung und Attraktivität bieten Sie im Unterschied zur Konkurrenz an?
- Wie bekannt ist Ihr Produkt/Ihre Dienstleistung?
- Was kostet Ihr Produkt/Ihre Dienstleistung?

2. Markteinschätzung
- Welche Kunden kommen infrage?
- Was sind die Wünsche dieser Kunden?
- Wie/mit welcher Werbung erreichen Sie Ihre Kunden?
- Sind Sie eventuell von wenigen Großkunden abhängig?

3. Konkurrenzanalyse
- Wer sind Ihre Konkurrenten?
- Was kostet Ihr Produkt/Ihre Dienstleistung bei der Konkurrenz?
- Können Sie preisgünstiger sein als die Konkurrenz?

4. Standort
- Kundennähe: Gibt es genügend Kundschaft?
- Verkehrsanbindung: Können Kunden und Lieferanten problemlos den geplanten Standort erreichen?

5. Zukunftsaussichten
- Wie könnte die Entwicklung in Ihrer Branche aussehen?
- Wie wird sich die Nachfrage nach Ihrem Angebot entwickeln? Ist es jetzt in Mode, bald nicht mehr?
- Gibt es vergleichbare Branchen, an denen Sie sich orientieren können?

(Bundesministerium für Wirtschaft, Broschüre „Starthilfe – der erfolgreiche Weg in die Selbstständigkeit")

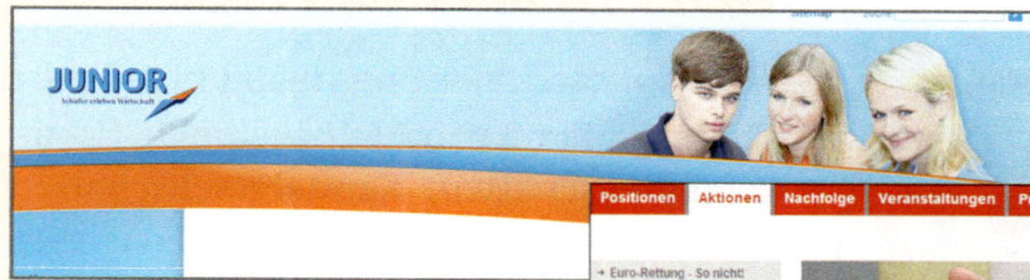

http://www.juniorprojekt.de

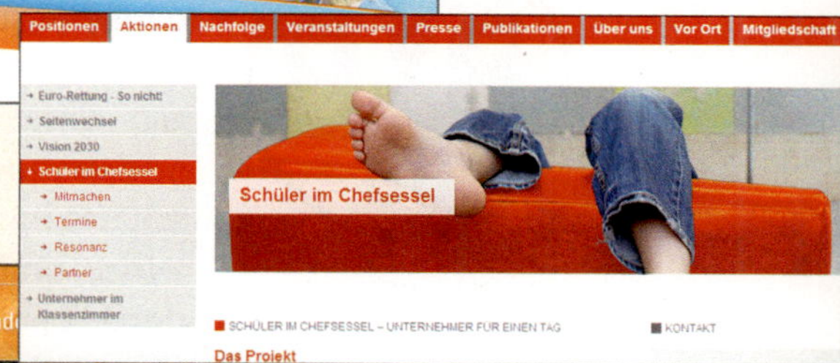

http://www.junge-unternehmer.eu/aktionen/schueler-im-chefsessel.html

http://www.dgp-schueler.de/toplevel/

1. Erläutert mit eigenen Worten die Gründe, die in M 10 für eine Entscheidung, sich beruflich selbstständig zu machen, angeführt werden. Welche persönlichen Voraussetzungen müssen nach dieser Empfehlung gegeben sein?

2. Untersucht die Vielfalt der Überlegungen, die „Existenzgründer" anstellen sollten, wenn sie sich für eine Unternehmensgründung entscheiden (M 11). Welche haltet ihr aus eurer Sicht für besonders wichtig?

3. Informiert euch über spezielle Angebote für Schüler, einmal Chef zu sein oder eine (Schüler-) Firma zu gründen. Auf drei Beispiele machen wir euch aufmerksam (M 11).

4. Vielleicht habt ihr die Gelegenheit, einen Unternehmer aus eurer Stadt in den Unterricht einzuladen und nach seinen Erfahrungen bei der Unternehmensgründung zu befragen (s. Hinweise zur Methode der Expertenbefragung im Anhang, S. 527 f.).

3. Rechtsformen von Unternehmen

Wer ein Unternehmen gründen will, muss überlegen, welche Rechtsform es haben soll oder kann. Da gibt es z. T. deutliche Unterschiede, deren wichtigste man kennen sollte, wenn man beispielsweise Presseberichte über Probleme und Skandale bei großen Unternehmen wie z. B. der „Siemens AG" oder über die „Höhe der Managergehälter" verstehen und beurteilen will. Die folgenden Materialien geben euch dazu die notwendigen Informationen.

M 12 Unternehmen und ihre Rechtsformen

Borussia Dortmund GmbH & Co. KGaA

VfL WOLFSBURG

VfL Wolfsburg-Fußball GmbH

Man unterscheidet Unternehmen nach der Rechtsform in **Einzelunternehmen, Personengesellschaften, Kapitalgesellschaften** sowie **Genossenschaften**. Bei der wichtigen Unterscheidung über die Unternehmensform geht es um Fragen der **Geschäftsführung**, der **Haftung***, der **Gewinn- und Verlustverteilung**, der **Gründungskosten** und **Finanzierung** sowie um **steuerliche Aspekte**.

Einzelunternehmen

Etwa 70% aller Unternehmen in Deutschland sind Einzelunternehmen. Der Einzelunternehmer bringt das notwendige Eigenkapital auf und leitet das Unternehmen selbst. Allerdings haftet er auch unbeschränkt für sein Unternehmen: Im Notfall wird sein privates Vermögen herangezogen, um entstandene Verbindlichkeiten auszugleichen. Beispiele für Einzelunternehmen sind Handwerker wie der Bäcker um die Ecke, Friseure, aber auch viele Selbstständige und kleine Geschäfte.

Personengesellschaften zeichnen sich dadurch aus, dass mehrere Personen, die sogenannten „Gesellschafter", an der Gründung des Unternehmens beteiligt sind. Typische Personengesellschaften sind die **Offene Handelsgesellschaft (OHG)** und die **Kommanditgesellschaft (KG)**. Wie beim Einzelunternehmen haften bei der OHG die Gesellschafter für Geschäftsschulden mit ihrem Privat- und Geschäftsvermögen persönlich und unbeschränkt. Bei der Kommanditgesellschaft haften die Komplementäre* unbeschränkt. Sie führen meist die Gesellschaft oder setzen einen Geschäftsführer ein. Der „Kommanditist*" hat aufgrund seiner eingeschränkten Haftung (er haftet nur mit seinem Beteiligungsanteil) nur ein Informationsrecht sowie ein Recht auf Gewinnbeteiligung.

Kapitalgesellschaften kennen keine persönliche Haftung. Hier ist es das von den Gesellschaftern aufgebrachte Kapital* (Gesellschaftsvermögen), das für die Verbindlichkeiten des Unternehmens einsteht. Die bekanntesten Kapitalgesellschaften sind die Aktiengesellschaft (AG) und die Gesellschaft mit beschränkter Haftung (GmbH). Vorstand bzw. Geschäftsführer müssen nicht Gesellschafter oder Aktionäre* sein.

- **GmbH**

Zur Gründung einer GmbH muss Stammkapital von mindestens 25 000 Euro hinterlegt werden. Das ist das Kapital, auf das sich die persönliche Haftung der Gesellschafter beschränkt, weshalb die GmbH als ideale Unternehmensform für mittlere, aber auch kleinere Unternehmen gilt.

- **Aktiengesellschaft**

Auch die Aktiengesellschaft gehört zu den Kapitalgesellschaften. Die Gründung kann bereits durch eine Person erfolgen. Ihre Gesellschafter, die Aktionäre, sind mit Antei-

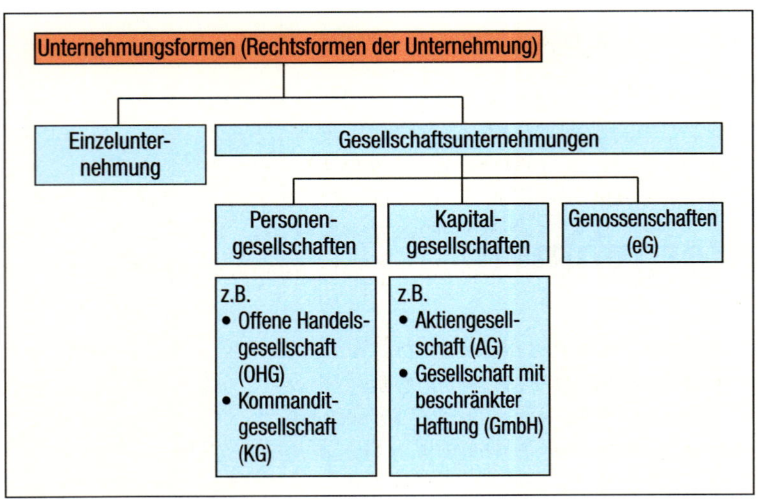

len (Aktien*) am Grundkapital beteiligt. Das Grundkapital muss mindestens 50 000 Euro betragen. Die AG haftet mit ihrem Firmenvermögen für Schulden, die Aktionäre tragen das Risiko des Wertverlustes ihrer Aktien. Mit der Eintragung ins Handelsregister beginnt die Geschäftsfähigkeit. Es handeln die im Gesetz dafür bestimmten Organe: der *Vorstand* (durchführendes Organ), der *Aufsichtsrat** (kontrollierendes Organ) und die *Hauptversammlung* (beschließendes Organ). Die Geschäftsführung wird durch den Vorstand wahrgenommen (s. Schema S. 290 oben). Der Anteil am Gewinn wird gemäß der Anteile der Aktionäre am Grundkapital zugewiesen (s. M 15).

(Bundesverband deutscher Banken [Hrsg.], Schul/Bank, „Wie? – Wirtschaft erleben" 2, Berlin 2006, S. 22 ff.)

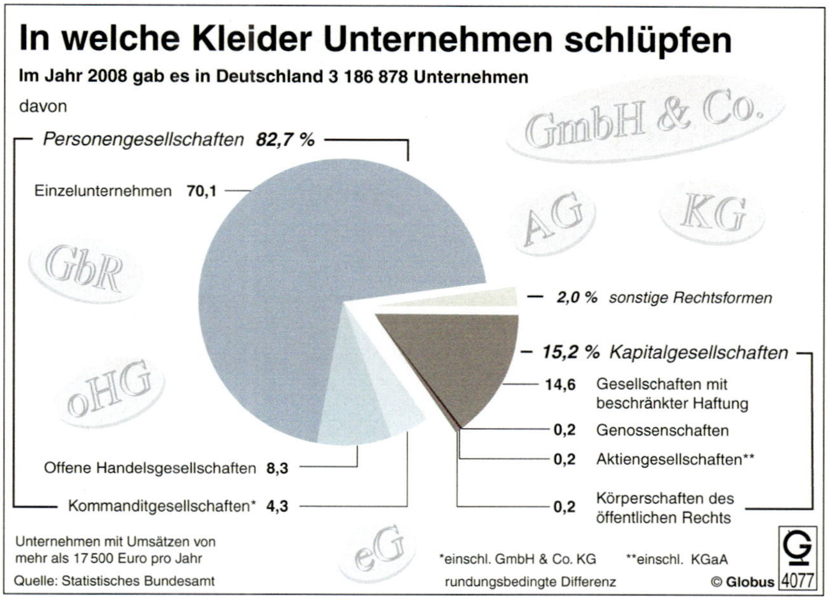

1. Verschafft euch anhand von M 12 einen Überblick über die Vielfalt der Unternehmensformen in Deutschland und stellt heraus, wodurch sich insbesondere Personengesellschaften und Kapitalgesellschaften unterscheiden. Zieht zur Klärung ggf. die nach den einzelnen Unterscheidungsmerkmalen gegliederte Übersicht in M 14 hinzu.

2. Beschreibt anhand der Grafik in M 12,
- wie viele Unternehmen es in Deutschland im Jahre 2008 gab und
- welche Anteile auf die einzelnen Unternehmensformen entfielen.

3. Recherchiert die Bedeutung im Schaubild genannter, euch unbekannter Rechtsformen.

M 13 Aktiengesellschaften – Dividenden und Aktienkurse

Es gibt inzwischen kaum eine bedeutende Firma, die noch im Eigentum eines Einzelnen ist, in der Regel gibt es mehrere Kapitaleigner. Eine häufige Form, und die geläufige für Großunternehmen, ist die Aktiengesellschaft. Jeder, der auch nur eine Aktie* – beispielsweise der Telekom – besitzt, ist Miteigentümer des Unternehmens. Durch die Ausgabe von Aktien ist es den Unternehmen möglich, Kapital zu erhalten, das sie für Investitionen* brauchen. Der Aktionär ist am Erfolg des Unternehmens beteiligt, allerdings auch am Misserfolg. Macht das Unternehmen gute Geschäfte, steigt die Aktie im Wert und wirft zusätzlich einen Gewinn, die sogenannte *Dividende [lat.: „was zu verteilen ist"]*, ab. Gehen die Geschäfte nicht so gut, verliert die Aktie an Wert, und es gibt keine Ausschüttung.

• Ein Großunternehmen unterliegt denselben Gesetzen des Marktes wie eine Ein-Personen-Firma. Siemens und der Deutschen Telekom geht es im Prinzip nicht anders als dem Bäcker an der Ecke. Auch sie

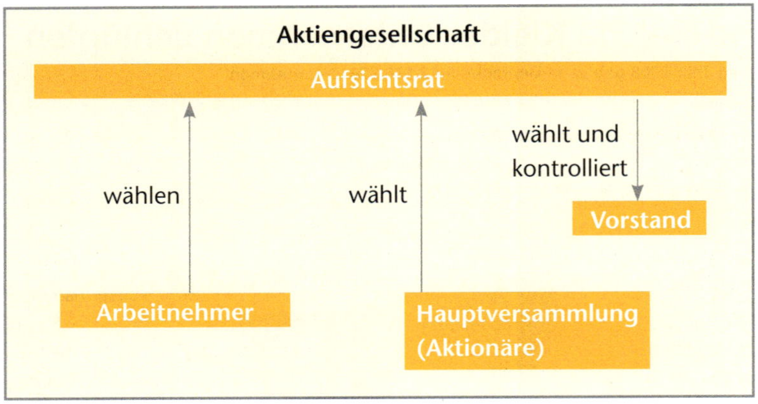

schaden ihren Interessen, wenn sie nur auf kurzfristigen Gewinn schauen und die langfristige Strategie aus den Augen verlieren. Allerdings gibt es natürlich doch einige Verschiedenheiten zwischen einem vom Eigentümer geführten Kleinbetrieb und einem von angestellten Managern geleiteten großen Unternehmen. Ein wesentlicher Unterschied ist die unternehmerische Perspektive. Der kleine Handwerker gründet einen Betrieb mit dem Ziel, ihn sein gesamtes weiteres Berufsleben lang zu führen und von ihm zu leben. Er wird sich daher jede private Entnahme genau überlegen und die Urlaubsreise mit der Familie gegen eine neue Maschine in seiner Werkshalle abwägen. Er weiß: Was er heute an Gewinn aus der Firma zieht und verbraucht, fehlt ihm morgen.

- Diese Bindung an ein Unternehmen gibt es bei den Eigentümern der Großbetriebe, also bei den Aktionären, nicht. Ihre Gewinnlogik ist eine andere. Das hängt wesentlich damit zusammen, dass man mit dem *Aktienhandel* selbst gute Geschäfte machen kann, dass also der Gewinn nicht nur dadurch erzielt wird, dass man Aktien besitzt und eine jährliche Dividende kassiert, sondern auch dadurch, dass man sie verkauft und von einem – gegebenenfalls kurzzeitigen – Anstieg der Börsenkurse* profitiert. Dadurch, dass der Aktienbesitz oftmals täglich wechselt, fühlen sich die Anleger dem Unternehmen nicht mehr verbunden. Aktien werden heute von vielen als Geldanlage betrachtet. Sie schauen, welche Aktie steigt und welche fällt. Alle Tageszeitungen sowie die elektronischen Medien haben mittlerweile eine ausführliche Börsenberichterstattung. Ziel dieses Geschäfts ist es, eine Aktie zu erwerben, die in ihrem Wert steigt, und sie zu veräußern, bevor er wieder fällt. Wer tausend Aktien à 100 Euro kauft und sie am nächsten Tag für 105 Euro wieder verkauft, hat immerhin innerhalb weniger Minuten im Internet oder am Telefon 5 000 Euro verdient. Für die Unternehmen sind diese Berg- und Talfahrten ihrer Aktien – und damit ihres Wertes – nicht gut. Der einzelne Aktionär kann sich jedoch durch den rechtzeitigen Verkauf seiner Anteile von den negativen Folgen seines eigenen Handelns abkoppeln. Er hat seinen Gewinn erzielt, der Rest ist ihm egal.

(Eckart D. Stratenschule, Wirtschaft in Deutschland, Bundeszentrale für politische Bildung, Bonn 2006, S. 26)

René Obermann, Vorstandsvorsitzender der Deutschen Telekom AG, bei seinem Bericht vor der Hauptversammlung im Mai 2011

M 14 Rechtsformen im Überblick

Rechtsform/ Merkmale	Gründung	Haftung	Geschäftsführung und Vertretung	Wichtige Gesellschaftsorgane	Gewinnverteilung
Einzelunternehmung	Allein durch Einzelunternehmer	Allein und unbeschränkt	Allein durch Einzelunternehmer	–	Allein an Einzelunternehmer
OHG	Mindestens 2 Personen	Jeder Gesellschafter unmittelbar und unbeschränkt mit Privat- und Geschäftsvermögen und solidarisch	Jeder Gesellschafter	Gesellschafterversammlung	4 % auf die Kapitaleinlage/Rest nach Köpfen
KG	Mindestens 1 Komplementär*/ mindestens 1 Kommanditist*	Komplementäre unbeschränkt persönlich/Kommanditisten nur mit ihrer Kapitaleinlage	Komplementäre	Gesellschafterversammlung	4 % auf die Kapitaleinlage/Rest nach Köpfen
AG	Mindestens 1 Person/ mindestens 50 000 € Grundkapital	Aktionäre haften mit ihrer Kapitaleinlage	Vorstand	Hauptversammlung/ Aufsichtsrat/Vorstand	Dividende je nach Aktiennennwert
GmbH	Mindestens 1 Person/ mindestens 25 000 € Grundkapital	Nur mit den Stammeinlagen	Geschäftsführer	Gesellschafterversammlung/Geschäftsführer (Aufsichtsrat*)	Nach Stammeinlagen

(Bundesverband deutscher Banken [Hrsg.], Schul/Bank, „Wie? – Wirtschaft erleben“ Band 2, Berlin 2006, S. 24)

1. Da die größten Unternehmen i. d. R. als Aktiengesellschaften geführt werden und da sie wegen ihrer großen wirtschaftlichen Bedeutung im Mittelpunkt der Medienberichterstattung stehen, ist es wichtig, sich ihren spezifischen Charakter und ihre interne Organisation klarzumachen (M 13; weitergehende Informationen: http://de.wikipedia.org/wiki/Aktiengesellschaft_Deutschland):
- Wem gehört eine AG? Wer leitet sie? Wer kontrolliert die Leitung? Welche Organe sind diesen drei Aufgaben zugeordnet?
- Worin liegt der Unterschied zwischen der „unternehmerischen Perspektive“ eines Einzelunternehmers und dem Leitungsteam (Vorstand, Manager) einer AG?

2. Wählt eine euch bekannte Aktiengesellschaft aus (vielleicht einen Bundesligaverein) und untersucht,
- wer im Vorstand bzw. in der Geschäftsführung und im Aufsichtsrat* ist,
- wie die genaue Bezeichnung der Gesellschaftsform lautet,
- wie viele Aktionäre die Gesellschaft hat und wie das letzte Geschäftsjahr gelaufen ist,
- wie hoch der gegenwärtige Aktienkurs ist und wie hoch der Ausgabekurs war,
- welche Faktoren sich auf den Aktienkurs ausgewirkt haben.

3. Erläutert, worin Spannungen zwischen den Aktionären (Eigentümern) und der Unternehmensführung (Vorstand) einer AG begründet liegen könnten.

4. Erläutert, welche Interessengegensätze sich – zumal in wirtschaftlich schwierigen Lagen – zwischen den Aktionären („shareholder“) und den Beschäftigten einer AG auftun können. In welcher schwierigen Situation befindet sich in solchen Problemlagen die Unternehmensführung?

4. Arbeitsbereiche eines Unternehmens

M 15 Wie arbeitet ein Unternehmen?

Die Abteilungen eines Unternehmens

Um erfolgreich tätig zu sein, müssen alle Unternehmen ihre Arbeit organisieren. Ohne festzulegen, wer welche Aufgaben zu welchem Zeitpunkt erledigen muss, ist es schwierig, einen möglichst hohen Gewinn zu erzielen.

An der Spitze der Hierarchie* steht die Unternehmensführung, das **Management**. Es ist für die Organisation des Unternehmens, die strategische Planung und die Bestimmung der Ziele zuständig. Hierzu kann z. B. die Eröffnung einer weiteren Produktionsstätte, aber auch die Einführung eines neuen Produkts oder einer Werbestrategie gehören. In größeren Unternehmen unterstehen den Mitgliedern der Geschäftsführung wiederum einzelne Bereiche, für die sie verantwortlich sind.

Während der Herstellung eines Produkts sind Zusammenarbeit und Absprachen der einzelnen Unternehmensbereiche wichtig. So ist die Abteilung **Beschaffung und Lagerhaltung** auf Informationen aus den Abteilungen **Produktion und Absatz** angewiesen, damit sie z. B. weiß, welche Roh-

Geschäftsleitung:
Der Geschäftsführer und die Leiter der einzelnen Abteilungen halten ihre wöchentliche Sitzung ab. Hier werden Probleme besprochen und neue Ideen entwickelt. In Vorzimmer organisiert die Assistentin die Termine.
Personalabteilung:
Der Leiter der Personalabteilung empfängt einen Bewerber für eine neu zu besetzende Stelle im Vertrieb.
Buchhaltung:
Die Mitarbeiter der Buchhaltung bearbeiten Rechnungen und führen Buch über die Einnahmen und Ausgaben.
Marketing:
Der Leiter der Marketingabteilung erklärt Außendienstmitarbeitern die Vorzüge einer neuen Kuchenkreation.
Lager für Endprodukte:
Hier werden die fertigen Waren bis zum Abtransport gelagert. Ein LKW steht schon bereit.

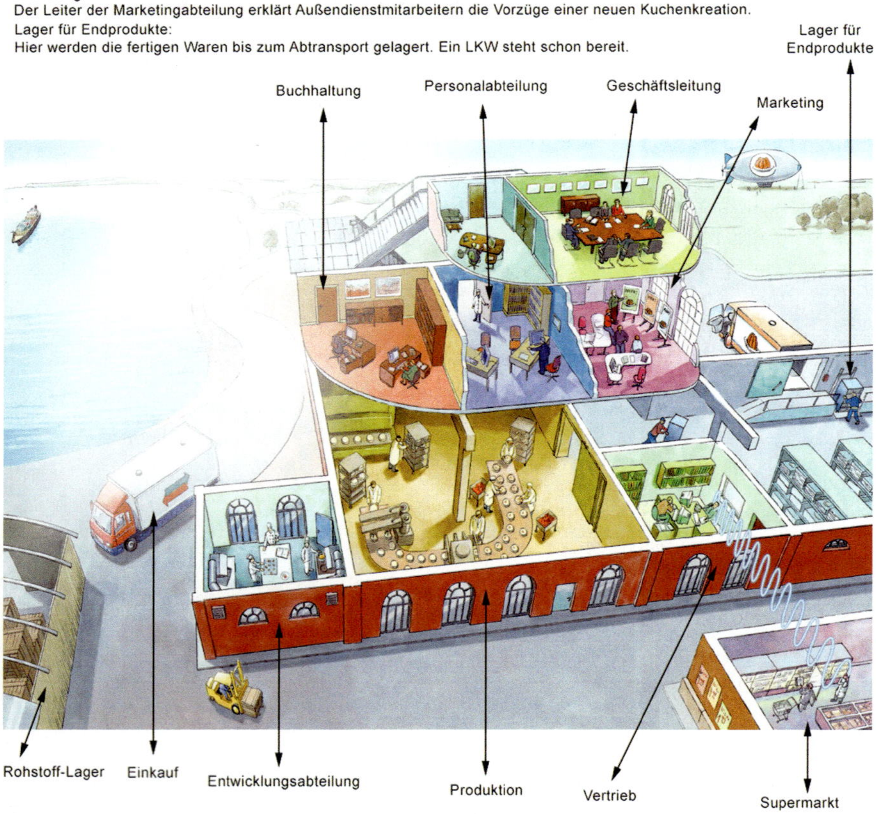

Einkauf:
Ein LKW bringt gerade Rohstoffe - Kaffee und Kakao - aus Übersee, die er am Hafen geladen hat. Ein Mitarbeiter des Einkaufs wird die Lieferung entgegennehmen und überprüfen.
Rohstoff-Lager:
Bis zu ihrer Verarbeitung werden die Rohstoffe im Lager aufbewahrt.
Entwicklungsabteilung:
Mitarbeiter der Entwicklungsabteilung erfinden und testen neue Produkte.
Produktion:
In der Produktionsabteilung werden Kuchen, Torten und Gebäck aller Art hergestellt. Hier sind Mitarbeiter gerade damit beschäftigt, Sahnetorten zu verzieren und zu verpacken. Anschließend werden sie ins Lager für Endprodukte gebracht.
Vertrieb:
Ein Vertriebsmitarbeiter telefoniert mit dem Leiter des Supermarkts wegen einer neuen Lieferung.
Supermarkt:
Im Supermarkt werden Kuchen und Torten verkauft.

Aus: WAS IST WAS special. Wirtschaft. Tessloff Verlag

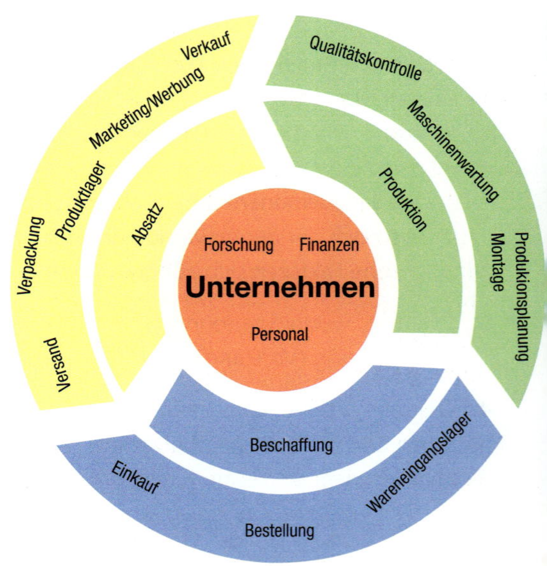

stoffe in welcher Menge eingekauft werden müssen. Gleichzeitig verwaltet sie das Lager und sorgt so dafür, dass das in der Fertigung benötigte Material vorrätig ist. Allerdings sind für die eigentliche Fertigung weitere Produktionsfaktoren* wie Arbeitskräfte und Maschinen notwendig, die ebenfalls bereitgestellt werden müssen. Es macht keinen Sinn, wenn ein Produktionsfaktor im Überfluss und andere notwendige Produktionsfaktoren gar nicht vorhanden sind, denn nur im Zusammenspiel kann das angestrebte Produkt hergestellt werden. Somit ist es wichtig zu wissen, welche Einsatzmengen von den jeweiligen Produktionsfaktoren benötigt werden. Die „Gewinnschwelle" beschreibt die Absatzmenge, bei der die Gesamtkosten für die Herstellung durch die erzielten Erlöse gedeckt werden.

Der **Vertrieb** übernimmt den Verkauf der fertigen Waren. Er ist dafür zuständig, dass die Waren die Kunden erreichen. Hierzu arbeitet er eng mit der **Marketingabteilung*** zusammen, die mithilfe ihrer Instrumente versucht, das Produkt am Markt zu platzieren.

Darüber hinaus müssen Fragen nach der Verwendung finanzieller Mittel oder nach deren Beschaffung beantwortet werden. Investieren bedeutet, Maschinen, Fahrzeuge oder Grundstücke zu erwerben, die z. B. für eine Betriebserweiterung benötigt werden. Investitionen sind aber auch Lizenzen oder Patente sowie Beteiligungen an anderen Unternehmen. Bei der **Finanzierung** unterscheidet man *Eigenkapital* und *Fremdkapital*. Eigenkapital ist das Kapital, das von den Eigentümern in das Unternehmen eingebracht wird. Es ist am Gewinn, aber auch am Verlust beteiligt. Im Gegensatz dazu steht das Fremdkapital, also die Schulden eines Unternehmens durch Kredite, die das Unternehmen zurückzahlen muss.

Das **Rechnungswesen** stellt für viele der hier aufgeworfenen Fragen und Aufgaben mögliche Antworten zur Verfügung. Es bildet die Vorgänge und Zustände des wirtschaftlichen Handelns des Unternehmens ab und hat die Aufgabe, Entscheidungen zu unterstützen, Rechenschaft über die Unternehmensprozesse abzulegen sowie diese zu kontrollieren und zu steuern.

(Bundesverband deutscher Banken [Hrsg.], Schul/Bank, „Wie? – Wirtschaft erleben" Band 2, Berlin 2006, S. 50 ff.)

M 16 Aufgaben des Managements

Die betrieblichen Vorgänge laufen nicht von allein ab. Schon beim Bau eines Segel-Modellflugzeuges, den drei Freunde beschließen, wird das angestrebte Ziel nur dann erreicht werden, wenn ein genauer Plan vorliegt. Dieser legt fest, wer den Rumpf, wer das Leitwerk und wer die Flügel fertigt. Schließlich muss laufend kontrolliert werden, ob die entstehenden Teile auch dem Plan entsprechen.

Wie viel mehr sind solche Aufgaben des Planens und Abstimmens in einer großen Unternehmung notwendig, wo Tausende Arbeitskräfte in arbeitsteiliger Produktion z. B. Passagierflugzeuge herstellen. Ohne *Planung* (was ist wo, wann und wie zu tun?), ohne *Organisation* (Umsetzung der Planung; wer soll was tun, wie viel Entscheidungsbefugnis hat er bei der Durchführung?), ohne *Kontrolle* (überprüfen, ob die geplante Arbeit richtig ausgeführt wird und, wenn nicht, die erforderlichen Korrekturen vornehmen) würde die Unternehmung kein Flugzeug herstellen können, geschweige denn je Gewinn erzielen.

Durch **Planen**, **Organisieren**, **Kontrollieren** und **Führen** (die Mitarbeiter dazu bringen, die vorgeschriebenen Arbeiten gern und gut auszuführen) versucht die **Unternehmungsleitung** (das Top-Management), die Unternehmungsziele zu erreichen. Diese Tätigkeiten bezeichnet man als **Managementaufgaben**. Sie sind bei **allen** betrieblichen Vorgängen von Bedeutung, also bei der Beschaffung, der Produktion und dem Absatz. Hinzu kommt die Notwendigkeit der Beschaffung von Arbeitskräften und Kapital (**Finanzierung**).

(Günter Ashauer, Grundwissen Wirtschaft, Ernst Klett Schulbuch Verlag, Leipzig 2005, S. 60)

Stellt euch vor, ihr bekämet die Chance, in eurer Schule eine Caféteria, einen Fahrradreparatur-Betrieb oder ein Nachhilfeinstitut zu eröffnen.

1. Stellt dar, was in den einzelnen Arbeitsbereichen eures Unternehmens zu geschehen hat, damit euer Betrieb funktionsfähig ist (M 15).
2. Welche Aufgaben müsste das Management übernehmen, um die betrieblichen Prozesse zu organisieren (M 16)?
3. Für welche Rechtsform würdet ihr euch entscheiden (s. M 14)?

5. Arbeitgeber und Arbeitnehmer – Mitbestimmung in Unternehmen

M 17 Interessenkonflikt

Vertreter der Gewerkschaft ver.di und der Arbeitgeber sitzen sich in einem Hotel am 10.06.2011 in Leipzig gegenüber, wo die Tarifverhandlungen für die etwa 256 000 Beschäftigten im Einzelhandel in Sachsen, Sachsen-Anhalt und Thüringen fortgesetzt werden.

Unternehmer als Arbeitgeber und Beschäftigte als Arbeitnehmer sind zwar beide in gleicher Weise daran interessiert, dass die „Wirtschaft floriert", dass also die Auftragslage und die Beschäftigungslage gut sind, doch im Kern ist ihre Beziehung durch einen grundlegenden Interessenkonflikt charakterisiert: Während die Arbeitnehmer an der ständigen Verbesserung der Arbeits- und Einkommensbedingungen interessiert sind und das mit entsprechenden Kosten für das Unternehmen verbunden ist, ist primäres Ziel der Arbeitgeber, hohe Gewinne zu erzielen. Das bedeutet, dass zur Erreichung dieses Zieles hohe Kosten sehr hinderlich sind und deshalb möglichst niedrig gehalten werden müssen. Deshalb sind die Tarifverhandlungen, die die Gewerkschaften als Interessenvertreter der Arbeitnehmer mit den Arbeitgeberverbänden führen, um u.a. die Höhe des Lohnes auszuhandeln, oft sehr langwierig und manchmal mit Streiks* verbunden. Letztendlich kann ein ausgehandelter Tarifvertrag* nur ein Kompromiss zwischen Arbeitnehmer- und Arbeitgeberinteressen sein.

(Autorentext)

1. Erläutert, was man unter „Arbeitgebern" und „Arbeitnehmern" versteht und worin ihre gemeinsamen, besonders aber auch ihre unterschiedlichen Interessen liegen.

2. Warum wird der Interessenkonflikt vor allem bei Tarifverhandlungen deutlich? Wer führt diese Verhandlungen?

3. Inwiefern kann man von einem „Doppelcharakter" der Löhne sprechen? Was stellen sie für die Arbeitgeber, was für die Arbeitnehmer dar?

M 18 Arbeitskosten – nicht nur Lohn oder Gehalt

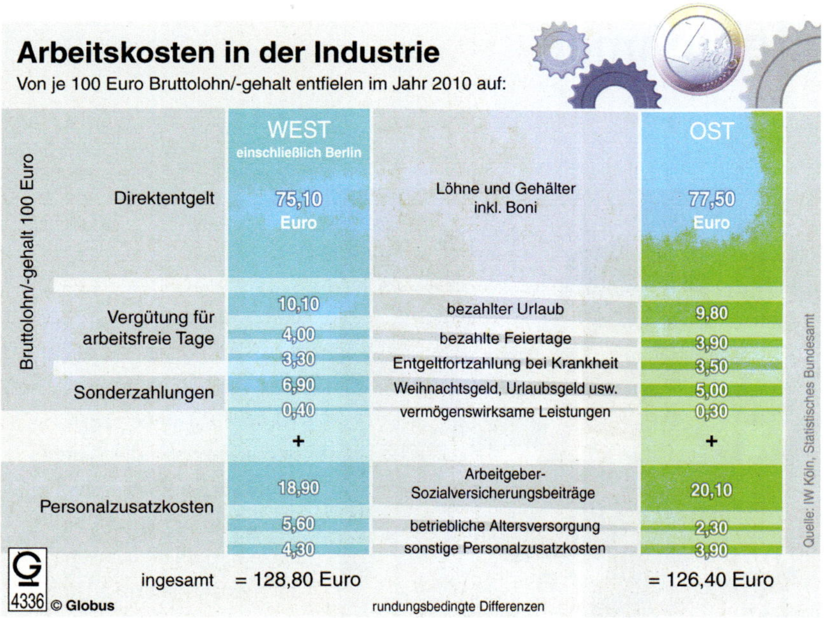

Für die Unternehmen spielen nicht allein die Löhne, sondern die gesamten mit der Beschäftigung eines Arbeitnehmers verbundenen Kosten eine wichtige Rolle für Entscheidungen. Neben dem Lohn für die geleistete Arbeit (dem „Direktentgelt") hat der Arbeitnehmer auch Anspruch auf Urlaub, bezahlte Feiertage, Lohnfortzahlung im Krankheitsfall und Sonderzahlungen wie z. B. Urlaubs- und Weihnachtsgeld. Zu den gesamten Arbeitskosten gehören aber auch die Arbeitgeberbeiträge zur Sozialversicherung* und Rücklagen für die betriebliche Altersversorgung („Personalzusatzkosten").
(Autorentext)

1. Arbeitskosten bestehen nicht nur aus Lohn und Gehalt. Beschreibt, welche einzelnen Bestandteile sich unterscheiden lassen.
2. Erläutert, was unter Personalzusatzkosten zu verstehen ist und warum sie den z. B. in Tarifverhandlungen ausgehandelten Bruttolohn deutlich erhöhen.
3. Welche Bestandteile der Arbeitskosten finden die Arbeitnehmer auf ihrer Lohn- bzw. Gehaltsabrechnung wieder?

M 19 Der Betriebsrat als Interessenvertretung der Arbeitnehmer

Bei der Durchsetzung ihrer Interessen werden Arbeitnehmerinnen und Arbeitnehmer vom Betriebsrat unterstützt, dessen Stellung durch das Betriebsverfassungsgesetz geregelt wird.
Der Betriebsrat ist gesetzlich dazu verpflichtet, mit dem Arbeitgeber zu kooperieren („vertrauensvolle Zusammenarbeit"). Der Betriebsrat wird nach Wahlvorschlägen der Arbeitnehmer oder der im Betrieb vertretenen Gewerkschaft auf vier Jahre gewählt. Die Zahl der Betriebsratsmitglieder richtet

Aufruf der Gewerkschaft „Nahrung-Genuss-Gaststätten" (NGG) an die Beschäftigten zur Teilnahme an den Betriebsratswahlen sich nach der Größe des Betriebes. Betriebsräte arbeiten ehrenamtlich und üben ihre Tätigkeit während der Arbeitszeit aus. Ab 200 Arbeitnehmern sind einzelne Betriebsratsmitglieder von ihrer sonstigen Arbeit freizustellen. Die Zahl der Freistellungen nimmt mit steigender Betriebsgröße zu. Die Betriebsratsmitglieder genießen einen besonderen Kündigungsschutz. Der Betriebsrat hat *unterschiedlich abgestufte Mitwirkungsrechte*, angefangen bei den Informationsrechten über Anhörungs-, Beratungs- und Initiativrechte sowie Zustimmungs- und Vetorechte bis zu Mitbestimmungsrechten. „Echte" Mitbestimmung bedeutet, dass der Arbeitgeber in bestimmten Angelegenheiten ohne die Zustimmung des Betriebsrats keine Entscheidungen treffen kann. Ein *Mitbestimmungsrecht* hat der Betriebsrat bei wesentlichen sozialen Angelegenheiten im Betrieb, z. B. bei der Verteilung der Arbeitszeit, des Urlaubs, in Fragen des Arbeitsschutzes, bei betrieblichen Sozialleistungen oder bei der Erstellung von Personalfragebogen oder Beurteilungsgrundsätzen. Hat der Betriebsrat ein Mitbestimmungsrecht, steht ihm auch ein *Initiativrecht* zu [ein Recht, bestimmte Maßnahmen anzuregen oder vorzuschlagen], z. B. bei der Personalplanung und Beschäftigungssicherung. Bei Betriebsänderungen muss der Arbeitgeber in Beratungen mit dem Betriebsrat eintreten. Ein Anhörungs- bzw. Widerspruchsrecht hat der Betriebsrat bei Kündigungen: „Eine ohne Anhörung des Betriebsrats ausgesprochene Kündigung ist unwirksam" (§ 102 des Betriebsverfassungsgesetzes). Widerspricht der Betriebsrat einer Kündigung, setzt er diese zwar nicht außer Kraft, verbessert aber die Rechtsposition des Arbeitnehmers im Falle einer Klage vor Gericht. Auch bleibt der Gekündigte dann bis zur endgültigen Gerichtsentscheidung i. d. R. weiter im Unternehmen.

(Autorentext)

Betriebsratssitzung in einem Schiffswerft-Unternehmen in Dessau-Roßlau (Sachsen-Anhalt)

Den vollständigen Text des Betriebsverfassungsgesetzes (BetrVG) findet ihr ggf. auf der Internetseite http://www.gesetze-im-internet.de/betrvg/index.html.
Näheres zum Kündigungsschutz, insbesondere zu den Kündigungsgründen, findet ihr im „Lexikon der Wirtschaft" (http://www.bpb.de/nachschlagen/lexika/lexikon-der-wirtschaft/).

1. Klärt folgende Fragen (M 19):
- Wie kommt ein Betriebsrat zustande?
- Wonach richtet sich seine Größe?
- Welche Regelungen gelten für die Mitglieder?

2. Erläutert die unterschiedlichen Mitwirkungsrechte eines Betriebsrats: Welche Bereiche und welche Grade der Mitwirkung lassen sich unterscheiden?

Betrieb: das einzelne Werk (Produktionsstätte an einem bestimmten Standort)

Unternehmen: die rechtliche Einheit, die aus einem, aber auch aus mehreren Betrieben bestehen kann. Oft werden beide Begriffe gleichbedeutend verwendet.

Die vorangehenden Materialien bezogen sich auf die Mitbestimmung der Arbeitnehmer (der „Belegschaften") auf der Ebene der ***Betriebe*** *nach dem Betriebsverfassungsgesetz, dessen erste Fassung aus dem Jahr 1952 stammt. Zur Mitbestimmung auf der Ebene der* ***Unternehmen*** *beschränken wir uns auf eine knappe Information zu den drei Gesetzen, die für den Bereich großer Kapitalgesellschaften (AG, GmbH, vgl. M 12) gelten. Für ihr Verständnis müsst ihr euch zunächst noch einmal die zentrale Stellung des Aufsichtsrates in solchen Unternehmen klarmachen (s. M 13). Seine Mitglieder werden von den Arbeitnehmern und den Anteilseignern (Aktionären) gewählt.*

M 20 Mitbestimmung im Aufsichtsrat* großer Unternehmen

In Unternehmen mit mindestens 500 Beschäftigten greifen zunächst die vergleichsweise schwachen Mitbestimmungsregelungen des **Drittelbeteiligungsgesetzes von 2004** (vormals geregelt im Betriebsverfassungsgesetz von 1952). Die Aufsichtsräte von Unternehmen im Geltungsbereich des Drittelbeteiligungsgesetzes werden zu einem *Drittel* von Arbeitnehmern des Unternehmens gewählt.

Werden mehr als 2 000 Mitarbeiter beschäftigt, gelten die weitergehenden Mitbestimmungsregelungen des **Mitbestimmungsgesetzes von 1976**. Dieses Gesetz sieht einen *paritätisch (zu gleichen Teilen) besetzten Aufsichtsrat** vor. Bei Stimmengleichheit steht dem immer der Kapitalseite angehörigen Aufsichtsratsvorsitzenden ein Doppelstimmrecht zu.

Die am weitesten entwickelte Mitbestimmungsregelung ist im **Montan-Mitbestimmungsgesetz von 1951** enthalten. Es gilt für Montanbetriebe (Bergbau, Eisen, Stahl), die mehr als 1 000 Mitarbeiter beschäftigen. Zwischen Arbeitnehmervertretern sowie der Kapitalseite herrscht eine *echte Parität*. Ein von beiden Seiten benanntes „neutrales Mitglied" kann bei einem Stimmenpatt den Ausschlag geben.

(http://www.dgb.de/themen/mitbestimmung/untern_mitbest/unternehms_mb.htm?portal_skin=Printable)

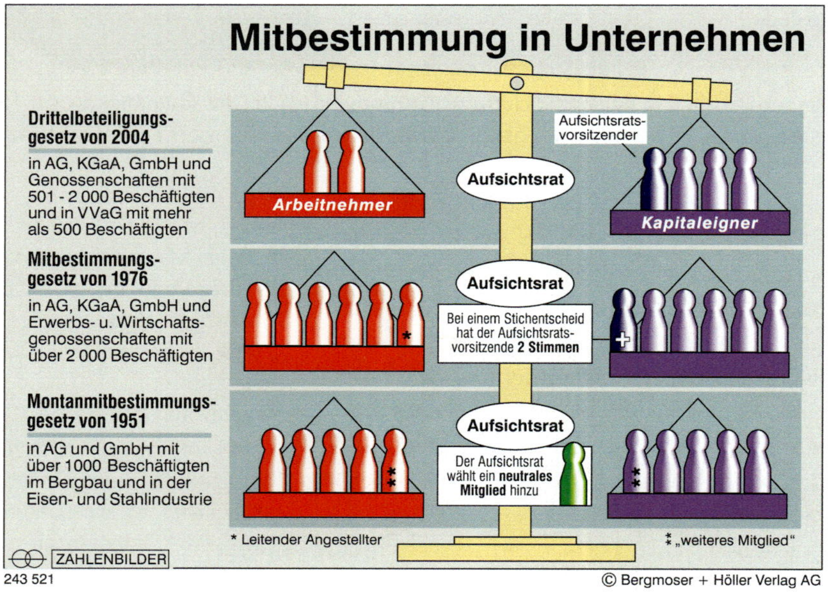

Erläutert die besondere Stellung und Bedeutung des Aufsichtsrats* in Kapitalgesellschaften (vgl. M 13, Abb. S. 290 oben) und beschreibt die drei unterschiedlichen gesetzlichen Regelungen von 1951, 1976 und 2004 im Hinblick auf die Vertretung der Arbeitnehmer in diesem Gremium.

Methode M 21 Betriebserkundung: Wie sieht es mit der Mitbestimmung in der Praxis aus?

Planungsphase

- Welcher Betrieb soll erkundet werden? (große oder kleine Betriebe, solche, in denen eure Eltern arbeiten, Handwerk oder Dienstleistungsbereich, globales Unternehmen, ...?)
- Wer nimmt wann und wie Kontakt zum gewählten Betrieb auf? Termin und Ansprechpartner/in nennen lassen!
- Welche Informationen haben wir bereits, welche können wir (Homepage!) im Vorfeld beschaffen?
- Was wollen wir eigentlich fragen? Ist eine Aufteilung in mehrere Teams nötig? Kann ein Fragebogen nützlich sein?
- Können wir dem Betrieb auch etwas von uns präsentieren?
- Welche Verhaltensregeln für die Erkundung können vereinbart werden?

Durchführungsphase

- Kurze Präsentation des eigenen Vorhabens („Wir möchten etwas über die Zusammenarbeit zwischen Arbeitnehmern und Arbeitgebern erfahren ...")
- Interviews durchführen (einer interviewt, die anderen notieren das Wichtigste)
- Interviews aufzeichnen (Diktiergerät oder Mini-Disc-Player benutzen)
- Fotografieren (für die spätere Präsentation unerlässlich!)
- Detektiv sein! Auch die Informationen „zwischen den Zeilen" und durch persönliche Eindrücke beobachten und festhalten.

Nachbereitungsphase

- Alle Ergebnisse zusammentragen, filtern und aufbereiten.
- Sind alle Fragen beantwortet? Gibt es unerwartete Ergebnisse?
- Ergebnisse dokumentieren und präsentieren (Powerpoint, Homepage, Collage, Fotostory)
- Wie können wir uns bei dem Betrieb bedanken?
- Ist er für Betriebspraktika interessant?
- Hat alles gut funktioniert? Was war gut, was hinderlich?

Allgemeine Tipps zur Vorbereitung und Durchführung einer Betriebserkundung findet ihr unter der Internetadresse ht tp://www.planet-beruf.de/Tipps-zur-Betriebser.9728.0.html.
(Autorentext)

Kompetenzcheck

1. Unternehmen im Modell des erweiterten Wirtschaftskreislaufs

a) Übertragt das Schaubild in euer Heft und beschriftet mit den angebotenen Begriffen die Pfeile, die die Geldströme zwischen den einzelnen Sektoren bezeichnen. An manchen Pfeilen können auch mehrere Begriffe stehen.

b) Erläutert, welche Auswirkungen folgende wirtschaftliche Entwicklungen auf die Geldströme zwischen den einzelnen Sektoren haben:

a. Der Staat senkt die Steuern für Löhne und Gehälter.
b. Die Zinsen für Sparguthaben steigen.
c. Die Preise für Konsumgüter sinken/steigen.
d. Die Zinsen für Kredite sinken/steigen.
e. Der Staat erhöht die Subventionen für die Produktion umweltfreundlicher Technologien.
f. Die Arbeitgeber und Arbeitnehmer einigen sich bei den Tarifverhandlungen auf höhere Löhne und Gehälter.

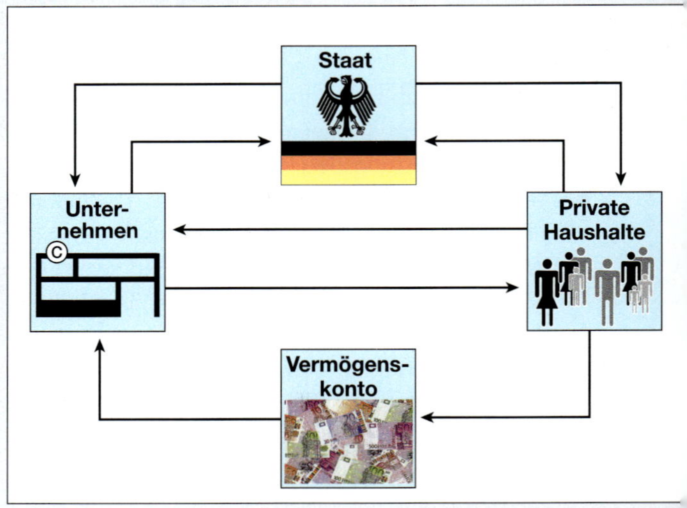

Sparen Konsumausgaben Steuern Investitionen
Subventionen Sozialleistungen Löhne/Gehälter
Löhne/Gewinn Staatsaufträge Steuern

2. 5-mal richtig, 5-mal falsch

1. Öffentliche Unternehmen sind Unternehmen, die ihre Geschäftsberichte und die Höhe der Managergehälter regelmäßig veröffentlichen.
2. Unter Innovationen versteht man z. B. die Einführung neuer technischer Produktionsverfahren oder die Herstellung neuer Produkte.
3. Unter „Einzelunternehmen" versteht man einzelne Betriebsstätten und Fabriken, die zusammen ein großes Unternehmen bilden.
4. Aktiengesellschaften gehören zu den Kapitalgesellschaften.
5. Bei einer Aktiengesellschaft liegen Eigentum und Geschäftsführung (Management) in verschiedenen Händen.
6. „Personalzusatzkosten" entstehen, wenn ein Unternehmen zusätzliches Personal einstellt.
7. Tarifverhandlungen werden i. d. R. zwischen den Beschäftigten und der Leitung jedes einzelnen Unternehmens geführt.
8. Die erste Fassung des Betriebsverfassungsgesetzes stammt bereits aus dem Jahr 1952.
9. Über die Verteilung der Arbeitszeit kann der Arbeitgeber auch ohne die Zustimmung des Betriebsrats entscheiden.
10. In Unternehmen der Montanindustrie bestimmen die Arbeitnehmer allein über die Besetzung eines der Vorstandsposten.

3. Vorbereitung einer Betriebserkundung

Ihr wollt eine Betriebserkundung durchführen und entscheidet euch z. B. für einen Handwerksbetrieb, eine Pizzeria, ein Friseurgeschäft, eine KFZ-Werkstatt, eine Bank, ein kommunales öffentliches Unternehmen.
Bereitet diese Erkundungen (arbeitsteilig) bitte nach der vorgeschlagenen Methode in M 21 vor.
Bei allen Betrieben soll erkundet werden:

- ob die in M 15 und M 16 dargestellten Arbeitsbereiche eines Unternehmens (Management, Beschaffung, Lagerhaltung, Produktion, Absatz, Vertrieb, Finanzierung/Rechnungswesen/Controlling) in dem ausgesuchten Betrieb vorzufinden sind, und
- welche konkreten Aufgaben in dem jeweiligen Betrieb in den entsprechenden Arbeitsbereichen zu erledigen sind.

Stellt eure Ergebnisse der Planungsphase und eure Vorhaben für die Durchführung und Nachbereitung der Erkundung in der Klasse vor!

4. Kontroverse Diskussion: Unternehmen und ihre gesellschaftliche Verantwortung

Am 15.12.2011 fand der Auftakt der zweitägigen Internationalen CSR-Konferenz des Bundesministeriums für Arbeit und Soziales im Berliner Congress Center statt. Der Staatssekretär im für CSR federführenden Bundesministerium für Arbeit und Soziales, Gerd Hoofe, stellte fest, dass sozial, ökologisch und ökonomisch nachhaltiges Wirtschaften von Unternehmen zu Recht immer mehr als echtes Zukunftsthema erkannt werde.

(http://www.csr-in-deutschland.de/portal/generator/17438/2011__12__15__csr__konferenz.htm)

„CSR – die Geheimwaffe für bessere Marktanteile?", fragte eine deutsche Tageszeitung provokativ Ende August. Ist „Corporate Social Responsibility" etwa nur ein Marketinginstrument für ein besseres Image?

(http://www.deginvest.de/deg/DE_Home/I/Download_Center/PDFs_Online-Bibliothek/DE_Broschuere_D_web.pdf, S. 4)

CSR als **Zukunftsthema** oder CSR als **Marketinginstrument**?
Wie ist eure Meinung? Bereitet in Gruppenarbeit eine Position vor, die ihr in einer Diskussion vertreten wollt.
Die zu den kurzen Textausschnitten angegebenen Quellen können bei der Findung von Argumenten Hilfestellung geben. Ihr findet aber unter dem Stichwort „Corporate Social Responsibility" leicht weitere Informationsquellen.

competition

=

lower prices, better quality, innovation, better choice

Was heißt „soziale Marktwirtschaft"? – Grundzüge unserer Wirtschaftsordnung

12

Zur Orientierung

*Wir wollen in diesem Kapitel von der Frage ausgehen, warum überhaupt so etwas wie eine „Wirtschaftsordnung" notwendig ist, und darüber informieren, welche beiden grundlegenden „Modelle" es gibt, um die unüberschaubare Vielfalt wirtschaftlicher Vorgänge und Beziehungen so aufeinander abzustimmen, dass das Ganze „funktioniert" (**erster Abschnitt**). Im **zweiten Abschnitt** zeigen wir, wie und warum es in Deutschland dazu gekommen ist, für die Wirtschaft eine Ordnung einzuführen, die sich zwar an einem der beiden „Grundtypen" (der „freien Marktwirtschaft") orientiert, sich aber doch in wesentlichen Punkten davon unterscheidet. Grundzüge dieses manchmal auch als „dritte Lösung" bezeichneten Modells der „sozialen Marktwirtschaft" werden beschrieben. Im **dritten Abschnitt** geht es um die Erkenntnis, dass der Markt als Steuerungselement des Wirtschaftsprozesses „versagen" kann und dem Staat deshalb eine aktive Rolle im System der sozialen Marktwirtschaft zukommt. Neben der Sozialpolitik, auf die wir in Kapitel 5 gesondert eingehen, ist die Sicherung des Wettbewerbs eine der zentralen Aufgaben des Staates in der sozialen Marktwirtschaft. Welche Funktionen der Wettbewerb hat, durch welche Entwicklungen er gefährdet wird und mit welchen Maßnahmen das Bundeskartellamt ihn zu sichern sucht, darüber wollen wir im **vierten Abschnitt** informieren.*

Kompetenzen

Nach der Erarbeitung dieses Kapitels solltet ihr Folgendes wissen und können:

- wesentliche Merkmale der beiden Modelle „Zentralverwaltungswirtschaft" und „freie Marktwirtschaft" kriterienorientiert gegenüberstellen und erläutern, wodurch sich die „soziale" von der „freien" Marktwirtschaft unterscheidet;
- erläutern, was man unter „Marktversagen" versteht und welche Rolle des Staates in der sozialen Marktwirtschaft sich daraus ergibt;
- die Funktionen des Wettbewerbs sowie Formen der Wettbewerbsbeschränkung in der sozialen Marktwirtschaft erläutern;
- die Sicherung des Wettbewerbs als staatliche Aufgabe in der sozialen Marktwirtschaft charakterisieren sowie Formen und Maßnahmen der Wettbewerbspolitik – auch an konkreten Beispielen – beschreiben und beurteilen.

1. Markt oder Plan – zwei Ordnungssysteme für die Wirtschaft

M 1 Warum benötigen wir eine Wirtschaftsordnung?

In Deutschland gibt es rund 80 Millionen Menschen. Sie wollen essen, trinken, benötigen Kleidung, der eine will Jeans, der andere einen Frack. Frau Meyer möchte Kinderkleidung oder sie sucht eine Bluse für ein Fest, Herr Wenger kauft sich eine CD, benötigt einen Schlagbohrer für seine Hobbyarbeiten am Wochenende, Jenny kauft eine Zeitschrift, um endlich die Reportage über ihre Lieblingsgruppe zu lesen. Eine Unternehmerin besucht eine Messe, um sich dort über die neueste technische Ausstattung für ihren Druckereibetrieb zu informieren. Morgens gehen wir zum Bäcker, um Brötchen, Milch und Brot zu holen. Diese Reihe ließe sich beliebig fortsetzen.

Hunderttausende unterschiedlicher Produkte und Dienstleistungen werden von den 80 Millionen Menschen benötigt. Zählt man die vielen Rohstoffe und Betriebsstoffe hinzu, die Unternehmen für ihre Produktion benötigen, sind es noch wesentlich mehr. Diese werden nicht von einem Betrieb hergestellt und verteilt, sondern von vielen Tausenden: Es herrscht Arbeitsteilung; wer etwas haben will, muss tauschen, z. B. Arbeitskraft gegen Einkommen, Werkzeugmaschinen oder Brötchen gegen Geld. Woher aber weiß z. B. ein Bäcker, wie viele Leute seine Brötchen kaufen wollen, woher ein Müller, dass der Bäcker ihm Mehl von einer bestimmten Qualität abkaufen wird? Güter müssen produziert, verkauft, transportiert werden und immer zur richtigen Zeit am richtigen Ort zur Verfügung stehen, damit die Menschen ihre Bedürfnisse befriedigen oder Unternehmen z. B. die benötigten Maschinen kaufen können. Wie ärgerlich jemand sein kann, der das, was er benötigt, nicht findet und darauf warten muss, weiß jeder aus eigener Erfahrung.

Für uns ergibt sich daraus die zentrale wirt-

schaftliche Frage: Wie muss eine Wirtschaft organisiert sein, wie werden die unzähligen wirtschaftlichen Handlungen durch Regeln aufeinander abgestimmt, damit alle Menschen mit Sachgütern und Dienstleistungen* versorgt werden können, die benötigten Arbeitskräfte zur Verfügung stehen, sie so viel Einkommen erzielen, dass sie ein menschenwürdiges Leben führen können?

(Herausgeber: Verlagsgruppe Handelsblatt GmbH, „Handelsblatt macht Schule", Unterrichtseinheit „Wirtschaftsordnung", Autoren: Prof. Dr. h. c. Hans Kaminski, Katrin Eggert, Michael Koch [Institut für Ökonomische Bildung, Carl von Ossietzky [Universität Oldenburg])

1. Erläutert, inwiefern es sich in der Wirtschaft um ein außerordentlich vielfältiges und kompliziertes Handlungs- und Beziehungsfeld handelt. Stellt einige Gesichtspunkte heraus, an denen besonders deutlich wird, dass das Ganze ohne bestimmte Regelungen und Abstimmungen nicht funktionieren würde. Ordnet die beiden Fotos den Textaussagen zu.

2. In Kapitel 3 (M 1 und M 3) habt ihr schon etwas darüber erfahren, dass durch eine Wirtschaftsordnung die folgenden drei zentralen Fragen gelöst werden müssen:
- Wer soll bestimmen, welche und wie viele Güter hergestellt (produziert) werden?
- Wer bestimmt, von wem und wo die Fabriken zur Herstellung und Geschäfte zum Verkauf dieser Güter gebaut werden und welche Arbeitskräfte dafür benötigt werden?
- Wer soll bestimmen, wer was und wie viel von den produzierten Gütern erhält bzw. nach welchem Prinzip die Verteilung der Güter erfolgen soll?

Vielleicht könnt ihr aus diesen Vorkenntnissen heraus an dieser Stelle schon einmal sagen, welche beiden grundsätzlichen Lösungen es für diese Fragen gibt und auf welcher Regelung unser eigenes Wirtschaftssystem beruht. In den folgenden Materialien werden wir das Thema „Wirtschaftsordnung" systematisch und genauer untersuchen.

*In der Wirtschaftsgeschichte lassen sich zwei grundsätzliche Möglichkeiten unterscheiden, die zentralen Fragen einer Wirtschaftsordnung zu lösen: die sog. Zentralverwaltungswirtschaft (auch Planwirtschaft genannt) und die Marktwirtschaft. Bei diesen Wirtschaftsordnungen handelt es sich zunächst einmal um **Modelle****, die in ihrer reinen Form in der Wirklichkeit nicht vorkommen. Aber zum besseren Verständnis der in der Realität bestehenden Wirtschaftsordnungen ist es nützlich, sich klarzumachen, wo die grundsätzlichen Unterschiede zwischen diesen beiden Modellen liegen. Das wollen wir im Folgenden in knapper Darstellung versuchen (M 2 – M 4). Im Anschluss daran (M 5 ff.) wollen wir näher auf die Wirtschaftsordnung eingehen, die in der Bundesrepublik seit dem Ende des Zweiten Weltkriegs* (nach 1945) bis heute besteht und die man als „soziale Marktwirtschaft" bezeichnet.*

M 2 a Modell „Zentralverwaltungswirtschaft"

Wie der Name sagt, werden die wichtigen Entscheidungen für die gesamte Volkswirtschaft zentral getroffen, also für alle Unternehmen, manchmal sogar für die Konsumenten. Das geschieht in der Regel durch staatliche Verwaltungen*. Politische Gremien können dafür auch Vorgaben machen. Die Unternehmen sind nicht frei in

Zentrale Planung des Wirtschaftsprozesses

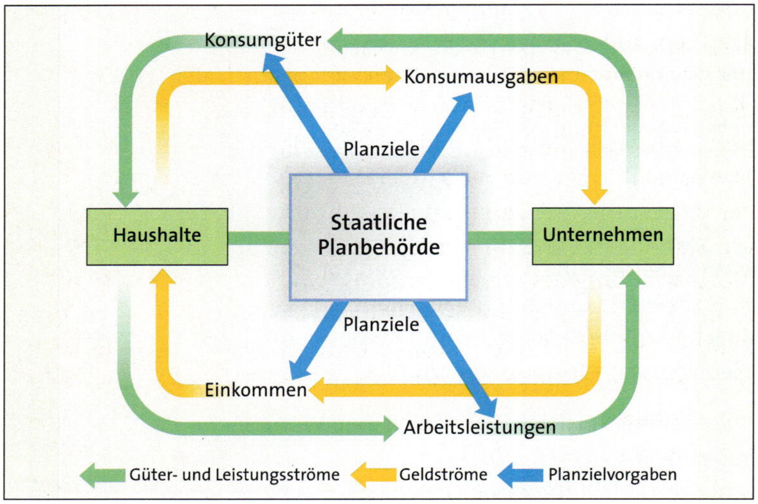

(Bernd O. Weitz [Hg.], Betrifft Volkswirtschaft, Bildungsverlag EINS, Troisdorf 2006, S. 140)

ihren Investitionsentscheidungen* und Produktionsplanungen. Eine staatliche Behörde – nennen wir sie Planungsbehörde (vgl. Abb.) – bestimmt, was sie in welchen Mengen produzieren sollen. Gleichzeitig werden die erforderlichen Arbeitskräfte und Produktionsmittel* zugeteilt. Zudem wird festgelegt, wie die Güter in welchen Mengen an die Verbraucher kommen sollen – als Konsumgüter in die Läden und Kaufhäuser und als Produktionsmittel an die weiterverarbeitenden Unternehmen. Und schließlich setzt eine Planungsbehörde auch die Preise fest, zu denen sie verkauft werden sollen.

In einer solchen zentral verwalteten Volkswirtschaft müssen die wirtschaftlichen Abläufe im Voraus geplant werden – so als sei die ganze Volkswirtschaft ein einziges großes Unternehmen. Die zentralen Stellen oder Wirtschaftsverwaltungen stellen für alle Teile der Volkswirtschaft Wirtschaftspläne auf. Deshalb wird eine Zentralverwaltungswirtschaft auch als **Planwirtschaft** bezeichnet.

Diese Wirtschaftsordnung spielt heute nur noch in wenigen Staaten eine Rolle. Das war anders, als es noch einen kommunistischen* Ostblock mit der Sowjetunion* als Führungsmacht gab (bis Ende der 1980er-Jahre; vgl. dazu M2b).

(Herbert Uhl [Hg.], Grundwissen Politik, Ernst Klett Verlag GmbH, Stuttgart 2007, S. 73; Verf.: Jürgen Feick, Fabian Pfeffer)

M2b Die „sozialistische Planwirtschaft" der DDR

Abb. 1: Schlange vor einer privaten Fleischerei in Berlin-Mitte 1985

Die Wirtschaftsordnung der früheren DDR* orientierte sich am Modell der „Zentralverwaltungswirtschaft" und wurde als „Sozialistische* Planwirtschaft" bezeichnet. Der Wirtschaftsprozess wurde durch eine zentrale staatliche Planbehörde gesteuert, durch welche die Produktionspläne für die Betriebe, die Preise für die erzeugten Güter usw. festgelegt wurden. Privateigentum an Produktionsmitteln* gab es so gut wie gar nicht, fast alle Betriebe waren „volkseigene" (staatliche) oder genossenschaftliche* Produktionsstätten. Die DDR-Wirtschaft hatte vor allem mit folgenden Problemen zu kämpfen, an denen sie letztendlich auch scheiterte: Es erwies sich als schwierig, die Erzeugung und Verteilung von Millionen von Sachgütern und Dienstleistungen zentral bis ins Detail zu planen. Da es praktisch keinen Wettbewerb zwischen den Betrieben gab, war die „Arbeitsproduktivität*“ äußerst gering, d.h.: Um ein bestimmtes Produkt zu erstellen, wurden fast doppelt so viele Arbeitskräfte eingesetzt wie in der Bundesrepublik; hinter der Vollbeschäftigung verbarg sich „versteckte Arbeitslosigkeit“.

Die staatlich festgesetzten Verbraucherpreise entsprachen nicht den Herstellungskosten; sie wurden für Grundnahrungsmittel und Wohnraum (Mieten) bewusst niedrig gehalten, andere Waren (z. B. Autos, Fernseher usw.) waren extrem teuer oder so knapp, dass sich Schlangen vor den Geschäften und „schwarze Märkte*“ bildeten (s. Abb. 1). Für den Erhalt und die Modernisierung der Produktionsanlagen und der Wohnungen stand kein Geld zur Verfügung. Durch die Abschaffung des Privateigentums fehlte es auch an privatem Interesse an solchen Maßnahmen. Auch die enormen Umweltschäden waren durch das Wirtschaftssystem bedingt.

(Autorentext)

Abb. 2: „Vorwärts zu neuen Erfolgen“ soll der erste Fünfjahresplan von 1951 bis 1955 die Wirtschaft führen; der Weg geht in eine Planwirtschaft sowjetischen Typs. Bevorzugt wird zunächst die Schwerindustrie.

1. Erläutert, wie die zentralen Fragen jeder Wirtschaftsordnung (s. Arbeitshinweis 2. zu M 1) in einer Zentralverwaltungswirtschaft geregelt werden und inwiefern man auch von einer „Planwirtschaft“ sprechen kann (M 2 a).

2. Erklärt dazu auch das Schema (Abb. S. 306 o.). Dabei könnt ihr auf den letzten Abschnitt von M 1 zurückgreifen.

3. Vergleicht den „Kernpunkt“ des Wirtschaftssystems der ehemaligen DDR (M 2 b) mit dem Modell der Zentralverwaltungswirtschaft (M 2 a) und erläutert dann die Bedeutung der „sozialistischen* Produktionsweise“ als des zweiten wichtigen Merkmals der DDR-Wirtschaft.
Informiert euch ggf. darüber, durch welche politische Entwicklung der Zeit nach dem Ende des Zweiten Weltkriegs die Gestaltung des Wirtschaftssystems der DDR bedingt war (geeignete Internetadressen: http://www.bpb.de/files/5012ML.pdf und/oder http://de.wikipedia.org/wiki/Geschichte_der_Deutschen_Demokratischen_Republik).
Näheres zur Bedeutung von Fünfjahresplänen in der DDR-Wirtschaft (s. Abb. 2) findet ihr ggf. unter http://de.wikipedia.org/wiki/Fünfjahresplan.

4. Legt möglichst mit eigenen Worten die einzelnen Gründe dar, die für das Scheitern der DDR-Wirtschaft verantwortlich gemacht werden (M 2 b). Macht dabei jeweils deutlich, inwiefern die aufgeführten Schwächen „systemspezifisch“ (eben durch das planwirtschaftliche System bedingt) waren.

5. Erklärt insbesondere,
- inwiefern sich hinter der Vollbeschäftigung, die ja zunächst als großer Vorteil gesehen werden kann, ein erhebliches Maß an „verdeckter“ Arbeitslosigkeit verbarg und
- welcher Zusammenhang zwischen den staatlichen Zuschüssen (Subventionen*) für die Preise für Grundnahrungsmittel, Mieten usw. und dem Verfall von Produktionsanlagen, den Umweltschäden usw. bestand.

M 3 Modell „Marktwirtschaft“

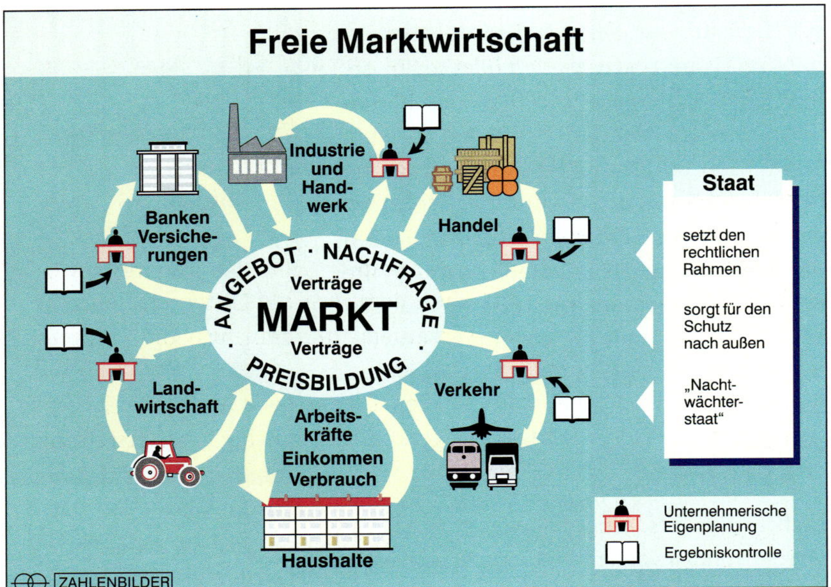

200 260 © Bergmoser + Höller Verlag AG

In der Marktwirtschaft entscheiden und handeln die Einzelnen – einzelne Menschen, Verbraucher und Produzenten, Haushalte und Unternehmen – nach ihren jeweiligen Interessen. Unternehmen legen fest, welche Güter sie in welchen Mengen herstellen und zu welchen Preisen verkaufen wollen. Sie entscheiden, wen sie als Arbeitskraft einstellen und woher sie die Produktionsmittel beziehen. Die Haushalte bzw. die einzelnen Konsumenten wiederum entscheiden, wofür sie ihr Geld ausgeben wollen. Die Arbeitnehmer stellen ihre Arbeitskraft – den Produktionsfaktor Arbeit – zur Verfügung. Das erste Grundprinzip der Marktwirtschaft ist also die **individuelle Entscheidungsfreiheit** in wirtschaftlichen Angelegenheiten. Das zweite Grundprinzip ist der **Wettbewerb** zwischen denen, die in der Wirtschaft tätig sind, insbesondere zwischen den Unternehmen. Sie konkurrieren um die Kunden; wenn sie dabei Erfolg haben, erzielen sie Gewinne. Doch sie können auch scheitern, d. h. Verluste machen. […]

Die vielen wirtschaftlichen Einzelentscheidungen müssen aufeinander abgestimmt werden. Das geschieht letztlich auf dem **Markt**, weshalb dieses Modell einer Wirtschaftsordnung auch **Marktwirtschaft** genannt wird.

(Herbert Uhl [Hg.], Grundwissen Politik, Ernst Klett Verlag GmbH, Stuttgart 2007, S. 75; Verf.: Jürgen Feick, Fabian Pfeffer)

Gelenkt wird der Wirtschaftsprozess durch **Märkte und Preise**, die sich nach Angebot und Nachfrage regeln und nicht durch zentrale Pläne der Regierung. Das **Privateigentum** wird in besonderer Weise geschützt und garantiert.

- In der Regel verfügt nicht der Staat über Maschinen und Fabriken, sondern einzelne Bürger. Es gibt also bis auf wenige Ausnahmen, in denen der Staat Eigentümer ist, *Privateigentum* an den Produktionsmitteln.
- Die *Preise* für Sachgüter und Dienstleistungen bilden sich auf Märkten durch Angebot und Nachfrage und nicht dadurch, dass der Staat die Preise festsetzt.
- Die *Unternehmer* streben danach, Gewinne für ihre Unternehmen zu erzielen. Sie arbeiten also nicht für die Erfüllung staatlicher Pläne.
- Der *Staat* greift nach Möglichkeit nicht in das Wirtschaftsgeschehen ein, er hat lediglich Überwachungsfunktion (s. Abb.) und garantiert durch seine *Rechtsordnung* z. B. Vertragsfreiheit, freie Berufs- und Arbeitsplatzwahl sowie die Gewerbefreiheit (Näheres hierzu s. M 8).

(Hans Kaminski [Hg.], Praxis Arbeit/Wirtschaft, Gesamtband, Westermann Schulbuchverlag, Braunschweig 2002, S. 229)

M 4 Was ist typisch für welches System?

Grundannahmen und Merkmale der Modelle „Marktwirtschaft“ und „Zentralverwaltungswirtschaft“

1. Nur der einzelne Mensch kennt seine Bedürfnisse.
2. Staatliche Stellen planen die Produktion (Art, Beschaffenheit, Menge) der Güter.
3. Welche Güter die Menschen brauchen und wünschen, lässt sich für eine ganze Volkswirtschaft bestimmen.
4. Unternehmen und Fabriken sind gemeinschaftliches (staatliches, gesellschaftliches) Eigentum.
5. Das wirtschaftliche Handeln der Menschen orientiert sich an ihrem Streben nach eigenem Gewinn und Nutzen.
6. Die Verbraucher (Konsumenten) haben entscheidenden Einfluss auf die Menge und Art der produzierten Güter.
7. Die einzelnen Produktionsbetriebe können im Prinzip nicht pleitegehen, ganz gleich, ob sie Gewinn oder Verlust machen.
8. Was wirtschaftlich geschieht (Produktion, Verbrauch), entscheidet sich an unzählig vielen Stellen.
9. Unternehmen, Betriebe, Geschäfte usw. gehören jeweils denen, die ihr Geld darin anlegen.
10. Welche und wie viele Güter die Bürger brauchen, wird für ein oder mehrere Jahre festgelegt.
11. Unternehmen entscheiden selbst darüber, was und wie viel sie produzieren wollen.
12. Der Staat überlässt den Wirtschaftsprozess dem freien Spiel der Kräfte, er sorgt aber für gewisse Spielregeln und für die innere und äußere Sicherheit der Bürger.
13. Der Preis für die Güter ergibt sich aus einem Ausgleich zwischen dem, was die Unternehmen und Geschäfte verkaufen, und dem, was die Verbraucher kaufen wollen.
14. Die Preise für die Güter können auch längerfristig niedriger festgesetzt werden, als die Herstellung der Güter kostet.
15. Zwischen einzelnen Unternehmen und Geschäften besteht kein Wettbewerb um das günstigste Güterangebot.
16. Unternehmen und Geschäfte geben viel Geld für die Werbung aus, um die Verbraucher zu beeinflussen.
17. Werbung spielt in der Wirtschaft keine Rolle. Die Verbraucher brauchen die Güterpreise verschiedener Geschäfte nicht zu vergleichen.
18. Der Überblick über die angebotenen Güter wird durch die unendliche Vielfalt von Waren und Marken erschwert.

(Autorentext)

1. Erläutert die in M 3 (1. Abschnitt) hervorgehobenen Grundprinzipien des Modells „Marktwirtschaft“ und macht jeweils deutlich, worin der Unterschied zu den Hauptmerkmalen der Zentratverwaltungswirtschaft besteht.

2. Erklärt, was diese Prinzipien im Einzelnen für die Organisation der Wirtschaft bedeuten (M 3, 2. Abschnitt und Grafik).

3. Anhand von M 4 könnt ihr euer Verständnis der beiden Modelle noch einmal überprüfen (nicht alle hier genannten Gesichtspunkte wurden in den Materialien unmittelbar angesprochen; sie lassen sich aber erschließen): Ordnet in Einzel- oder Partnerarbeit die einzelnen Aussagen den beiden Modellen zu (zwei kleine Listen mit den entsprechenden Nummerierungen) und klärt das Ergebnis anschließend im Klassengespräch.

2. Von der „freien“ zur „sozialen“ Marktwirtschaft

Vielleicht könnt ihr bei der Erarbeitung des folgenden Textes auf Kenntnisse aus dem Geschichtsunterricht zurückgreifen. Er stellt in den wichtigsten Zügen dar,
– welche Erfahrungen man im Laufe der Geschichte mit einer „reinen“ oder „freien“ Marktwirtschaft gemacht hat, in welcher der Staat in den Wirtschaftsprozess nicht eingriff und die Wirtschaft dem „freien Spiel“ der Marktkräfte überließ, und
– wie aus diesen Erfahrungen heraus nach dem Ende des Zweiten Weltkriegs in der Bundesrepublik Deutschland die Ordnung der „sozialen Marktwirtschaft“ entwickelt wurde, in welcher der Staat eine wichtige aktive Rolle spielt.*

M5 Erfahrungen mit der freien Marktwirtschaft in der Zeit der Industrialisierung

Abb. 1: Blick in eine Arbeiterwohnung in Berlin-Weißensee, 1907. Hier wohnte in zwei Zimmern ein Arbeiter mit seiner Frau und zehn Kindern. Auf dem Bild ist auch deren Großmutter zu sehen.

In der Zeit des Wandels von einer bäuerlichen Gesellschaft zur Industriegesellschaft wurde in Deutschland und in anderen europäischen Ländern im 19. Jahrhundert die Wirtschaft im Sinne einer „freien“ Marktwirtschaft gestaltet. Das geschah auch auf dem Hintergrund der Ideen des „Liberalismus“ (von lat. liber – frei), der sich gegen die zuvor herrschende Bevormundung des Einzelnen durch den Staat wandte und für freie Entfaltungsmöglichkeiten der Menschen im wirtschaftlichen und politischen Bereich eintrat. Man war davon überzeugt, dass die Güterversorgung und die Abstimmung zwischen Angebot und Nachfrage am besten funktioniert, wenn man den Markt weitgehend sich selbst überlässt und der Staat so gut wie gar nicht in das Wirtschaftsgeschehen eingreift. Wichtigste Grundlage der freien Marktwirtschaft war das Recht, mit seinem Privateigentum tun und lassen zu können, was man wollte.
Die „industrielle Revolution*“ förderte die Entwicklung neuer technischer Erfindungen und Verfahren (z. B. die Dampfmaschine) und führte zur Vereinfachung des internationalen Handels und zunächst zu einem enormen wirtschaftlichen Aufschwung.
Zugleich traten jedoch erhebliche **soziale Missstände** zutage, die schließlich zu einer Auflösung der rein marktwirtschaftlichen Ordnung des Wirtschaftsgeschehens führten:

- Da die Unternehmer ohne staatliche Beschränkungen und Kontrollen frei „schalten und walten“ konnten, beschäftigten sie ihre Arbeiter zu so geringen Löhnen, dass

Arbeiterfamilien oft nicht genug zu essen hatten und äußerst beengt wohnen mussten (s. Abb. 1). Kinderarbeit war verbreitet (vgl. Abb. 2). Die sozialen Probleme der Arbeiterschaft wurden immer größer.

- Um ihre Gewinne zu steigern und sich untereinander keine Konkurrenz zu machen, kam es zunehmend zu Preisabsprachen unter den Unternehmen (Bildung von Kartellen*) und zu großen Unternehmenszusammenschlüssen. Staatliche Beschränkungen oder Verbote gab es nicht. Die wirtschaftliche Macht ballte sich in der Hand weniger Reicher.
- Die Hoffnung, dass der Markt, auch der Arbeitsmarkt*, von sich aus immer wieder zum Ausgleich zwischen Angebot und Nachfrage tendiert, erfüllte sich nicht. Weil der Staat sich jeglicher regulierender Eingriffe in das Wirtschaftsgeschehen enthielt, entwickelten sich Schwankungen der Wirtschaftstätigkeit zu schweren Wirtschaftskrisen, verbunden mit hoher Massenarbeitslosigkeit.

(Autorentext)

Abb. 2: Kinderarbeit in einer Wiener Maschinenfabrik, 1908

M 6 „Eine neue dritte Form" – Entscheidung für die „soziale Marktwirtschaft" nach dem Zweiten Weltkrieg in der Bundesrepublik Deutschland

In der Zeit nach dem Ersten Weltkrieg* wurde Deutschland Anfang der 1920er- und 1930er-Jahre von schweren Wirtschaftskrisen erschüttert. Vor allem die **„Weltwirtschaftskrise*"** (1929–1933) führte zu extremer Massenarbeitslosigkeit (s. Abb.) und trug zum Aufkommen und Erstarken des Nationalsozialismus* bei, unter dessen diktatorischer Herrschaft (1933–1945) die Wirtschaft zentral durch den Staat gelenkt wurde. Nach dem Ende des Zweiten Weltkriegs* (1945) und nach der Aufteilung Deutschlands in zwei Staaten kam es zu einer unterschiedlichen Entwicklung. In der kommunistisch* regierten **DDR** wurde nach dem Vorbild der Sowjetunion* das System der sozialistischen* **Planwirtschaft** eingeführt (s. M2b); in der demokratisch regierten **Bundesrepublik** kam es zur Neugestaltung einer Wirtschaftsordnung, deren Ziel

Schlange vor dem Arbeitsamt Hannover (Foto von 1930). Die Wahlparole an der Wand der Lagerhalle („Wählt Hitler") zeigt, dass sich die Nationalsozialisten* als Retter aus der Krise anboten.

es war, die Vorteile einer Marktwirtschaft (technischer Fortschritt, freie Entfaltungsmöglichkeiten, hohe Güterproduktion) zu nutzen und zugleich die beschriebenen Nachteile zu vermeiden. Wirtschaftlicher Wohlstand sollte mit größtmöglicher sozialer Absicherung durch staatliche Maßnahmen verbunden werden. Dementsprechend erhielt die neue Ordnung, die maßgeblich von **Ludwig Erhard**, dem ersten Wirtschaftsminister der Bundesrepublik, und seinem Staatssekretär, **Prof. Müller-Armack**, gestaltet wurde, den Namen „soziale Marktwirtschaft“ (s. Kasten). (Autorentext)

Ludwig Erhard (1897–1977)

Alfred Müller-Armack (1901–1978)

„Wir haben heute zu konstatieren: Die beiden Alternativen, zwischen denen die Wirtschaftspolitik sich bisher bewegte, die rein liberale Marktwirtschaft und die Wirtschaftslenkung, sind innerlich verbraucht, und es kann sich für uns nur darum handeln, eine neue dritte Form zu entwickeln. [...]
Wir sprechen von ‚sozialer Marktwirtschaft‘, um diese dritte wirtschaftspolitische Form zu kennzeichnen. Es bedeutet dies, dass uns die Marktwirtschaft notwendig als das tragende Gerüst der künftigen Wirtschaftsordnung erscheint, nur dass dies eben keine sich selbst überlassene liberale Marktwirtschaft, sondern eine bewusst gesteuerte, und zwar sozial gesteuerte Marktwirtschaft sein soll.“

(Alfred Müller-Armack, Wirtschaftslenkung und Marktwirtschaft, 1947, S. 88)

1. Beschreibt abschnittsweise und möglichst mit eigenen Worten die Darstellung der Entwicklung von einer „freien“ zu einer „sozialen“ Marktwirtschaft in Deutschland (M 5, M 6). Vielleicht könnt ihr auch euer Geschichtsbuch hinzuziehen (Zeit der Industrialisierung, Endzeit der Weimarer Republik*, Anfangsjahre der Bundesrepublik).

2. Erläutert – auch anhand des Zitats von Alfred Müller-Armack (s. Kasten) –, inwiefern es sich beim Konzept der „sozialen Marktwirtschaft“ um die Verbindung zweier unterschiedlicher Prinzipien und in gewisser Weise um einen „Mittelweg“ handelt.

3. Näheres über die Persönlichkeiten von Ludwig Erhard und Alfred Müller-Armack findet ihr ggf. leicht im Internet-Lexikon Wikipedia.

3. Die Rolle des Staates in der sozialen Marktwirtschaft

Der Rückblick auf die geschichtliche Entwicklung (M 5, M 6) zeigt, dass die Entscheidung für die „soziale Marktwirtschaft“ entscheidend bestimmt war durch die Erfahrungen, die man mit der unbeschränkten „Herrschaft des Marktes“ in der freien Marktwirtschaft gemacht hatte. Der „Markt“ als alleiniges Lenkungssystem für die Wirtschaft hatte nicht das gehalten, was die Theoretiker der freien Marktwirtschaft sich davon versprochen hatten.
*Im Folgenden wollen wir die **Rolle des Staates in der sozialen Marktwirtschaft** in ihren wichtigsten Bereichen etwas näher beschreiben. Zunächst zeigen wir, inwiefern das Markt-System seinem Anspruch, die Interessen der einzelnen Marktteilnehmer auszugleichen, aus sich heraus nicht immer gerecht wird; man spricht hier von **„Marktversagen“**, das die „eingreifende Hand des Staates“ und **die Bereitstellung „öffentlicher Güter“** erforderlich macht (M 7 a/b).*

In einer sozialen Marktwirtschaft erstreckt sich darüber hinaus die Rolle des Staates auf weitere Bereiche. Zum einen setzt der Staat für den marktwirtschaftlichen Prozess eine rechtliche ***Rahmenordnung****, mit der bestimmte, für die Marktwirtschaft wesentliche Rechte und Freiheiten so weit (und auch nur so weit) eingeschränkt werden, dass der Wirtschaftsprozess dem Wohle der Allgemeinheit dient (M 8). Zum anderen nimmt der Staat auch Einfluss auf die Entwicklung des Wirtschaftsprozesses selbst, d. h. er betreibt „*__*Wirtschaftspolitik*__*", um die Erreichung bestimmter gesamtwirtschaftlicher Ziele (Wirtschaftswachstum, Beschäftigung, Preisniveaustabilität) zu erleichtern. Dieser Bereich wird Gegenstand des Unterrichts in der Oberstufe sein.*
Auf den für die soziale Marktwirtschaft charakteristischen Bereich der ***Wettbewerbspolitik*** *gehen wir im* ***dritten Abschnitt*** *dieses Kapitels näher ein (s. Einleitung zu M 9).*
Ein weiterer, besonders wichtiger und seit Jahren viel diskutierter Bereich ist die staatliche ***Sozialpolitik****. Mit ihr versucht der Staat zu gewährleisten, was sich aus dem Marktprozess selbst nicht ergibt: soziale Sicherheit und sozialen Ausgleich im Sinne sozialer Gerechtigkeit. Über diesen Bereich werdet ihr in Kapitel 5 dieses Buches Näheres erfahren.*

M 7 Wenn der Markt „versagt", ist der Staat gefordert – „externe Effekte" und „öffentliche Güter"

M 7 a „Externe Effekte" und „externe Kosten" – Marktversagen

Der Staat beschränkt sich nicht allein auf das Aufstellen allgemeiner Verhaltensregeln. Vielmehr greift er manchmal auch aktiv in die Wirtschaft ein, nämlich dann, wenn der Mechanismus von Angebot und Nachfrage nicht zu den volkswirtschaftlich wünschenswerten Ergebnissen führt, wenn also ein Marktversagen vorliegt. Zum **Marktversagen** kommt es zum Beispiel dann, wenn der Wettbewerb durch Monopolbildung ausgeschaltet wird. Darüber hinaus gibt es zwei weitere Arten von Marktversagen.

Externe Effekte

Externe Effekte sind positive oder negative Wirkungen, die vom Konsum oder von der Produktion auf Dritte ausgehen, ohne dass der Verursacher dafür entschädigt wird oder die Kosten tragen muss.

– *Positive externe Effekte:* Ein Beispiel für einen Nutznießer positiver externer Effekte ist ein Imker, dessen Gewerbe in der Nähe eines Gartenbaubetriebs angesiedelt ist. Die Pflanzen des Gartenbaubetriebs erhöhen die Produktivität der Imkerei, der Gartenbaubetrieb erzeugt einen Nutzen, der nicht in seine eigene Kalkulation eingeht.

Analysieren wir die Wirkung von **externen Kosten** am (notgedrungen stark vereinfachten) Beispiel des Fluglärms: Passagiere, Fluggesellschaften und Flughafen müssen für die *internen Kosten* (Flugzeug, Löhne, Benzin, Wartung, Essen, Flugplatz usw.) aufkommen. Doch damit sind noch nicht alle Kosten abgedeckt, die ein Flug verursacht. Es fällt unter anderem auch noch Fluglärm an. Der Flugverkehr verursacht *externe Kosten*, die von den Fluggesellschaften in ihrer Kalkulation nicht berücksichtigt werden müssen.
Wo Lärmschäden nicht beachtet werden müssen, kann zu einem tieferen Preis geflogen werden. Dies lockt Kunden an, die nicht fliegen würden, wenn sie alle Flugkosten tragen müssten. Für die Fluggesellschaft und ihre Kunden geht die Rechnung auf – doch gesamtgesellschaftlich gesehen fliegen wir zu viel. Die Kosten, die von der Gesamtgesellschaft getragen werden müssen (die Kosten der Verursacher und der Außenstehenden zusammen), übersteigen den gesamtgesellschaftlichen Nutzen.

(Bernhard Beck, Volkswirtschaft verstehen, vdf Hochschulverlag, Zürich 2006, S. 115)

Kaum ein Kraftwerk in Europa emittiert mehr CO_2 als das Braunkohlekraftwerk Niederaußem (s. Foto). Der Energiekonzern RWE plant Investitionen in umweltschonende Technologien, mit CO_2-Einsparungen von mehreren Millionen Tonnen pro Jahr.

– *Negative externe Effekte:* Ein Beispiel für negative externe Effekte ist die Luftverschmutzung durch eine Fabrik. Das Problem: Nicht die Fabrik selbst leidet unter den Folgen dieser Umweltverschmutzung, sondern die Allgemeinheit. Daher sieht die Fabrik zunächst einmal keinen Grund, den Schadstoffausstoß, die Emissionen, zu verringern.

(Bundesverband deutscher Banken [Hg.], Schul/Bank, WIE? Wirtschaft erleben 3, Berlin 2009, S. 68)

1. Erklärt die allgemeine Bedeutung des Begriffs „Marktversagen" (Einleitungstext zu M 7 und M 7 a, Z. 8 ff.).

2. Erläutert, inwiefern bei der Herstellung und Verwendung von Gütern „externe Effekte" bzw. „externe Kosten" entstehen können und warum man hier von einem „Marktversagen" sprechen kann. Erläutert das Problem „negativer externer Effekte" am Beispiel des Fluglärms (s. Kasten S. 313), eines Kohlekraftwerks (s. Foto) und an einem weiteren Beispiel (z. B. Abwässer eines Industriebetriebs). Was will man zum Ausdruck bringen, wenn man hier auch von „sozialen" Kosten spricht?

3. Inwiefern gibt es auch „positive externe Effekte" (Z. 19 ff.)? Warum stellen sie kein wirtschaftliches Problem dar?

4. Wir können an dieser Stelle nicht näher darauf eingehen, mit welchen Maßnahmen – von Verboten abgesehen – der Staat auf das Problem „externer Kosten" reagiert und welche Probleme es dabei zu lösen gilt. Vielleicht könnt ihr von euch aus sagen, welche Auflagen (einzuhaltende Vorschriften, „Grenzwerte") z. B. Autohersteller im Hinblick auf den Umweltschutz zu beachten haben.

M 7 b Öffentliche Güter

Bei einem Gut wie der **Bildung** sieht es folgendermaßen aus: Prinzipiell könnte man natürlich auch einen Markt für allgemeine Schulbildung eröffnen. Private Unternehmen würden dann mit unterschiedlichen Schulangeboten versuchen, Eltern dazu zu bewegen, ihre Kinder gegen Bezahlung auf die betreffende Schule zu schicken. Gute Bildung mit guten Lehrern und toller Schulausstattung würde viel Geld kosten; für wenig Geld wäre nur eine deutlich schlechtere Schulausbildung zu haben. Dies würde im Ergebnis dazu führen, dass die Kinder reicher Eltern eine deutlich bessere Ausbildung erhalten würden. [...] Deshalb stellt der Staat allen Jugendlichen schulische Einrichtungen als öffentliches Gut zu Verfügung.

(Matthias Pilz, „Güter – freie, öffentliche, private", in: Wochenschau Sonderausgabe Sek. I + II: Ökonomische Grundbegriffe, 57. Jg., Dezember 2006, Schwalbach/Ts. 2006, S. 13)

Positive externe Effekte, also externe Nutzen, stellen in der Regel kein Problem der Wirtschaftspolitik dar, da niemand geschädigt wird. Allerdings muss sich die Wirtschaftspolitik dann mit externen Nutzen befassen, wenn ein Gut ausschließlich oder überwiegend externe Nutzen aufweist und nur geringen Nutzen für denjenigen, der die Kosten der Produktion zu tragen hat. Dann kann es geschehen, dass dieses Gut erst gar nicht erzeugt wird, obwohl die Pro-

(Bernd O. Weitz [Hrsg.], Betrifft Volkswirtschaft, Bildungsverlag EINS, Troisdorf 2006, S. 33)

duktion aus volkswirtschaftlicher Sicht wünschenswert wäre. Ein Beispiel dafür ist ein Deich, der Siedlungen vor Überschwemmungen schützen soll. Hochwasserschutz ist ein öffentliches Gut, denn niemand, der hinter dem Deich lebt, kann davon ausgeschlossen werden. Der Deich schützt jeden, gleichgültig, ob er sich an den Kosten seines Baus beteiligt hat oder nicht. [...] Öffentliche Güter sind dadurch charakterisiert, dass sie jedem Individuum in der gleichen Menge zur Verfügung stehen, aber niemand zur Bezahlung eines Beitrags bzw. zu ihrer Erstellung gezwungen werden kann. In diesem Fall versagt die Koordination der Handlungen über Märkte. Für die Bereitstellung öffentlicher Güter sorgt daher in vielen Fällen der Staat.

(Bundesverband deutscher Banken [Hg.], Schul/Bank, WIE? Wirtschaft erleben 3, Berlin 2009, S. 69)

1. Erklärt, inwiefern es Güter gibt, die für die Allgemeinheit von Nutzen bzw. sogar notwendig sind, die aber von privaten Anbietern nicht hergestellt werden und die daher der Staat als „öffentliche Güter" anbieten muss. Erläutert dazu das Beispiel des Deichbaus (s. Foto) und nennt weitere Beispiele (vgl. Abb. „Öffentliche Güter").

2. Wie ist es zu erklären, dass der Staat in der Lage ist, „öffentliche Güter", deren Herstellung und Unterhaltung ja Geld kosten, kostenlos oder doch „unter Preis" anzubieten?

3. Ob der Staat öffentliche Güter ganz „kostenlos" oder gegen bestimmte „Gebühren" anbietet, hängt auch von der Art der einzelnen Güter ab.
- Warum ist die Inanspruchnahme der Polizei bei einem Verkehrsunfall kostenlos?
- Warum müsst ihr an öffentlichen Schulen kein Schulgeld bezahlen (vgl. Kasten S. 314 u.)?
- Wodurch lässt sich erklären, dass eine Gemeinde die Kosten für die Müllabfuhr fast vollständig durch Gebühren der Haushalte ausgleicht, die Kosten z. B. für das Stadttheater aber etwa zu zwei Dritteln aus Steuermitteln finanziert?

M 8 „Der Staat setzt den Rahmen" – Sicherung und Einschränkung wirtschaftlicher Rechte

„Jede Wirtschaftsordnung baut auf einem ***Rechtssystem*** *auf. Ohne ein rechtliches Gerüst kann eine Wirtschaft kaum funktionieren. Wesentliche rechtliche Grundlagen, die geschaffen werden müssen, sind die* ***Freiheitsrechte*** *und die* ***Eigentumsrechte****. Die Freiheitsrechte ermöglichen jedem Individuum in einer Gesellschaft, sich frei zu bewegen und einer Tätigkeit nach freien Wünschen nachzugehen. Damit kann ein Einkommen überhaupt erst erworben werden. Die Eigentumsrechte billigen schließlich jedem Individuum zu, Erworbenes zu behalten und in der Zukunft nutzen zu können." (Dennis Paschke, Mikroökonomie, anschaulich dargestellt, PD-Verlag, Heidenau, 2. Aufl. 2005, S. 377) Je nachdem, wie diese Rechte und Freiheiten im Einzelnen konkret ausgestaltet werden, ergeben sich unterschiedliche Wirtschaftsordnungen. Der folgende Text will vor allem zeigen, in welcher Weise sich die Ausgestaltung der Rechte und Freiheiten in der sozialen Marktwirtschaft von der in einer „reinen" Marktwirtschaft unterscheidet.*

Grundgesetz Art. 14
(1) Das Eigentum und das Erbrecht werden gewährleistet. Inhalt und Schranken werden durch die Gesetze bestimmt.
(2) Eigentum verpflichtet. Sein Gebrauch soll zugleich dem Wohle der Allgemeinheit dienen.
(3) Eine Enteignung ist nur zum Wohle der Allgemeinheit zulässig. Sie darf nur durch Gesetz oder aufgrund eines Gesetzes erfolgen, das Art und Ausmaß der Entschädigung regelt. Die Entschädigung ist unter gerechter Abwägung der Interessen der Allgemeinheit und der Beteiligten zu bestimmen.

- **Privateigentum** an den Produktionsmitteln* ist typisch für marktwirtschaftliche Wirtschaftssysteme und die Grundlage dafür, dass der Unternehmer den Einsatz und die Verwendung der betrieblichen Produktionsfaktoren* nach wirtschaftlichen Gesichtspunkten individuell und selbstständig planen kann.

In der *sozialen Marktwirtschaft* in Deutschland wird das nach Art. 14, GG gewährleistet und grundsätzlich geschützt. Das Grundgesetz betont jedoch ausdrücklich in Art. 14 Abs. 2 die Sozialbindung des Eigentums und dass die Zurückstellung von Einzelinteressen gegenüber Gemeininteressen verlangt werden kann (s. Kasten). Die **„Sozialbindung" des Eigentums** zeigt sich z. B. in der Mitbestimmung der Arbeitnehmer in Betrieben oder von Arbeitnehmervertretern in Aufsichtsräten* von Kapitalgesellschaften (s. M 20 in Kap. 3). Auch die Möglichkeit des Staates, z. B. Grundstücke gegen Entschädigung zu enteignen, sofern dies im öffentlichen Interesse ist, verdeutlicht die Sozialbindung.

- Der Staat muss die **Vertragsfreiheit** garantieren. Märkte funktionieren nur dann, wenn die Handlungsfreiheit des Einzelnen nicht zu stark beschnitten ist. Verträge haben in der Wirtschaft eine große Bedeutung. Ob beim Abschluss eines Ausbildungsvertrags, beim Autokauf oder beim Einkauf von Rohstoffen: Der geschlossene Vertrag stellt sicher, dass sich alle Parteien auf Einhaltung der Vereinbarungen verlassen können. Wird ein Partner vertragsbrüchig, kann er vor Gericht verklagt werden.
- **Gewerbefreiheit** bedeutet, dass Unternehmer grundsätzlich darüber entscheiden können, welche Unternehmen sie gründen, wo sie sich ansiedeln (Niederlassungsfreiheit) und welche wirtschaftlichen Tätigkeiten sie ausüben wollen. Aber auch hier gibt es eine Reihe gesetzlicher Einschränkungen (Auflagen), die z. B. festlegen, dass Umweltbelastungen (Lärm, Luftverschmutzung) vermieden werden und die Sicherheit der Bevölkerung gewährleistet ist (Sicherheitsauflagen für die Produktion).
- Grundsätzlich dürfen die Unternehmen auch selbstständig entscheiden, welche Güter sie herstellen (**Produktionsfreiheit**), und den Verbrauchern (Konsumenten) steht es frei, welche Produkte sie kaufen wollen (**Konsumfreiheit**). Der Staat sorgt jedoch z. B. durch Verbraucherschutzrichtlinien dafür, dass keine Produkte auf den Markt gebracht werden, die die Gesundheit

gefährden (z. B. Drogen, vergammeltes Fleisch). Betriebe, von denen eine Gefährdung der Gesundheit oder der Sicherheit ausgehen kann, sind genehmigungspflichtig und unterliegen der staatlichen Kontrolle (z. B. Gaststätten, Apotheken, Atomkraftwerke). Bestimmte Produkte sind nicht frei verkäuflich (z. B. Medikamente, Waffen).

(Autorentext)

1. Erklärt, warum die Festlegung wirtschaftlicher Rechte und Freiheiten von zentraler Bedeutung für eine Wirtschaftsordnung ist, und orientiert euch bei der Erarbeitung von M 8 an folgenden Fragen und Hinweisen:
- Welche Bedeutung hat das Privateigentum an Produktionsmitteln für die Marktwirtschaft?
- Was versteht man unter der „Sozialbindung" des Eigentums in der sozialen Marktwirtschaft?
- Erläutert ggf. an einem Kaufvertrag, den ihr selber abgeschlossen habt, inwiefern die „Vertragsfreiheit" für das Funktionieren des Marktprozesses von entscheidender Bedeutung ist. Auf die Einschränkung der Vertragsfreiheit durch die staatliche Wettbewerbspolitik gehen wir im nächsten Abschnitt (M 10) gesondert ein.
- Nennt für die Einschränkungen der Gewerbe-, der Produktions- und der Konsumfreiheit jeweils weitere Beispiele.

2. Macht abschließend zu M 8 noch einmal deutlich, wozu die aufgeführten Einschränkungen der Rechte und Freiheiten in einer sozialen Marktwirtschaft insgesamt dienen sollen. Was ist daran „sozial"?

4. Die Sicherung des Wettbewerbs als staatliche Aufgabe

Ein Handlungsbereich, der die Rolle des Staates in der sozialen Marktwirtschaft – neben der Sozialpolitik – in besonderer Weise charakterisiert und für uns alle als Verbraucher große Bedeutung hat, ist die sog. ***Wettbewerbspolitik****, mit der der Staat die Entstehung zu großer wirtschaftlicher Macht („Marktmacht") zu verhindern oder einzuschränken und die Interessen der Verbraucher zu schützen versucht. Die folgenden Materialien wollen zunächst aufzeigen, warum der Wettbewerb für das Funktionieren der sozialen Marktwirtschaft von zentraler Bedeutung ist und in welcher Weise sich Unternehmen nicht selten dem Wettbewerb zu entziehen versuchen (M 9). Sodann werden die Möglichkeiten des Bundeskartellamtes beschrieben, zur Sicherung des Wettbewerbs in den Wirtschaftsprozess einzugreifen (M 10). Anhand zweier Beispiele aus jüngerer Zeit könnt ihr diese Möglichkeiten in der Praxis analysieren und aus eurer Sicht beurteilen (M 11, M 12).*

M 9 Der Nutzen des Wettbewerbs und die Notwendigkeit staatlicher Wettbewerbssicherung

Wettbewerb ermöglicht, dass sich durch das Wechselspiel zwischen Anbietern und Nachfragern Preise bilden, die den Austausch von Waren und Dienstleistungen* steuern. Die Preise zeigen den Anbietern, wo sie ihre Produktionsfaktoren* am effizientesten einsetzen können, den Nachfragern, wo sie ihren Bedarf am günstigsten decken können. Die Konkurrenz um die Gunst der Nachfrager schafft darüber hinaus *Anreize, die Preise zu senken* bzw. die *Qualität des Angebots zu verbessern*.

Aufgrund der Konkurrenz unter den Anbietern haben die Verbraucher die Wahl zwischen verschiedenen Angeboten.

Der Wettbewerb hat auch eine *Steuerungsfunktion*: Er soll sicherstellen, dass die Unternehmen ein Angebot bereitstellen, das den Wünschen der Verbraucher entspricht. Die Unternehmen werden dazu angehalten, Produktionsverfahren anzuwenden, durch welche die Produktionsfaktoren bestmöglich ausgenutzt werden. Aufgrund des Wettbewerbs mit anderen Unternehmen sind sie daran interessiert, technische Fortschritte zu nutzen, neue, kostengünstigere Produktionsverfahren zu entwickeln und neue, verbesserte Produkte anzubieten; hier spricht man von der Wettbewerbsfunktion der *Innovation* (der „Neuerung“).

(Autorentext nach: Bundeszentrale für politische Bildung [Hrsg.], Wirtschaft heute, Bonn 2006, S. 98)

Wettbewerb ist das Grundelement jeder Marktwirtschaft. Ohne Wettbewerb kann der Preis seine für die Steuerung und Koordination des Wirtschaftsprozesses unerlässlichen Funktionen nicht erfüllen.

Die geschichtlichen Erfahrungen zeigen aber, dass in einer Marktwirtschaft *Tendenzen zur Einschränkung des Wettbewerbs* und damit zur Selbstauflösung dieser Wirtschaftsordnung bestehen, wenn der Wettbewerb nicht durch staatliche Maßnahmen gesichert wird.

Abb. 1

competition
=
lower prices, better quality, innovation, better choice

Abb. 2

Abb. 3: Prinzipientreue

Unternehmen haben nämlich das Bestreben, sich den Zwängen und Kontrollen des Wettbewerbs zu entziehen und sich vor Konkurrenten zu schützen, indem sie z. B.

- untereinander wettbewerbsbeschränkende Vereinbarungen treffen (*Kartelle**),
- ihre Marktmacht durch Unternehmenszusammenschlüsse erhöhen (*Fusionen*),
- ihre Marktmacht dazu benutzen, andere Wettbewerber vom Markt auszuschließen (*Missbrauch marktbeherrschender Stellung*).

Unbegrenzte Vertragsfreiheit und weitgehender Verzicht auf Staatseingriffe sind Ursache für eine zunehmende Ausschaltung des Wettbewerbs.

(Viktor Lüpertz, Problemorientierte Einführung in die Volkswirtschaftslehre, Winklers Verlag, 4. Aufl. Darmstadt 2005, S. 185 f.)

Kartellbildung
Unternehmen treffen Absprachen, damit sie sich untereinander keine Konkurrenz machen: Preisabsprachen, regionale Aufteilung von Liefergebieten, Absprache bei Angeboten auf öffentliche Ausschreibungen usw. Solche Absprachen sind in Deutschland und der EU verboten, weil sie Wettbewerb ausschalten und zu höheren Preisen führen.

Fusion – Zusammenschluss
Unternehmen schließen sich mit konkurrierenden Unternehmen zusammen oder kaufen diese auf und erhöhen so Marktanteil und Marktmacht.

(Herbert Uhl [Hg.], Grundwissen Politik, Ernst Klett Verlag GmbH, Stuttgart 2007, S. 79; Jürgen Feick, Fabian Pfeffer)

Konzernbildungen sind engere Zusammenschlüsse als Kartelle, unterscheiden sich aber von Fusionen, weil die beteiligten Unternehmen rein rechtlich selbstständig bleiben. Sie unterstellen sich wirtschaftlich einer einheitlichen Leitung. Häufig erfolgt die Konzernbildung durch kapitalmäßige Beteiligungen (einer „Muttergesellschaft" an einer „Tochtergesellschaft").

(Autorentext)

1. Erläutert die in M 9 (Z. 1 – 34) aufgeführten Gründe dafür, dass der Wettbewerb als ein unverzichtbares Element einer funktionierenden Marktwirtschaft angesehen wird.
– Welche Auswirkungen hat er auf die Preisbildung auf den Märkten?
– Inwiefern steuert er auch die Art des Güterangebots?
– Was ist mit der Wettbewerbsfunktion der „Innovation" gemeint?
Vielleicht könnt ihr aus eurem Erfahrungsbereich (z. B. der elektronischen Medien) Beispiele dafür nennen, dass sich verschiedene Hersteller durch technische Neuerungen bei ihren Produkten um die Gunst der Käufer bemühen.

2. Erläutert dazu auch Abb. 2 sowie die Darstellung und die Aussage der Karikatur (Abb. 1).

3. Erläutert, warum Unternehmen dazu neigen, sich dem Wettbewerb zu entziehen (Z. 40 ff.), und interpretiert dazu auch die Darstellung der Karikatur (Abb. 3).

4. Beschreibt, welche verschiedenen Formen der Wettbewerbsbeschränkung sich unterscheiden lassen, die zu einer Ballung wirtschaftlicher Macht („Konzentration") führen können (s. Kasten). Erklärt dazu auch den Unterschied zwischen einer Fusion und einer Konzernbildung.

M 10 Das Kartellamt als „Hüter des Wettbewerbs" – Instrumente der Wettbewerbssicherung

Die schwersten Gefährdungen des Wettbewerbs gehen von der Unternehmenskonzentration und von Marktabsprachen aus. Daher müssen **Unternehmenszusammenschlüsse** ab einer gewissen Größenordnung dem **Kartellamt** bzw. (bei grenzüberschreitenden Vorgängen) der **Europäischen Kommission*** angezeigt werden und können von diesen Wettbewerbsbehörden untersagt werden, wenn das neue Unterneh-

Diese informative Broschüre steht auf der Internetseite des Bundeskartellamts (www.bundeskartellamt.de) zur Verfügung.

men **Marktmacht** gewinnt und keinem wesentlichen Wettbewerb mehr ausgesetzt ist. Dies ist die vorbeugende („präventive") **Fusionskontrolle**. Verfügen Unternehmen bereits über Marktmacht, ohne mit anderen zu fusionieren, so wird ihr Verhalten im Rahmen der **Missbrauchsaufsicht** über marktbeherrschende Unternehmen vom Kartellamt kontrolliert. Wenn solche Unternehmen ihre Marktmacht missbrauchen, zum Beispiel, indem sie überhöhte Preise durchsetzen oder Konkurrenten beim Wettbewerb behindern, wird ihr Verhalten vom Kartellamt sanktioniert [bestraft]. Sie können mit hohen **Geldbußen** belegt werden, und im Fall der Unternehmensfusion steht der Kartellbehörde neben dem **Verbot der Fusion** auch das Instrument zur Verfügung, eine Fusion nur unter Auflagen zu erlauben. Dazu kann beispielsweise gehören, dass die beteiligten Unternehmen vor der Fusion Unternehmensteile am Markt veräußern müssen.

Kartelle* sind verboten, wenn sie Preise absprechen oder Absprachen über die Aufteilung von Marktanteilen durchführen. Werden die Kartelle entdeckt und die beteiligten Unternehmen rechtskräftig verurteilt, werden sie in den Ländern der *Europäischen Union* mit **Geldbußen** belegt, die höher sein sollen als der zusätzliche Gewinn, den die Unternehmen aus der Kartellbildung erzielt haben. In anderen Staaten drohen dem Management auch Haftstrafen. Kartelle, die Vorteile für die Verbraucher versprechen, wie Forschungs- und Entwicklungskartelle – zum Beispiel zur gemeinsamen Motorenentwicklung in der Automobilindustrie –, können wiederum genehmigt werden. Auch diese Kartelle können aber den Wettbewerb gefährden, insbesondere dann, wenn sie sich am Ende als Vorstufe für Preis- oder Mengenkartelle erweisen.

(Informationen zur politischen Bildung Nr. 294, 1. Quartal 2007: Staat und Wirtschaft, Bundeszentrale für politische Bildung, Bonn 2007, S. 42; Verf.: Hans Jürgen Schlösser)

Marktmacht: Sie liegt vor, wenn Anbieter oder Nachfrager auf einem Markt eine beherrschende oder überragende Stellung einnehmen. Wenn nur eine kleine Anzahl von Unternehmen auf einem Markt eine beherrschende Stellung einnimmt, kann es leicht zur Ausnutzung der Marktmacht z. B. durch überhöhte Preise, Ausbeutung von Lieferanten oder Abnehmern, Behinderung anderer Unternehmen durch Belieferungsstopp oder Herabsetzung der Wettbewerber kommen. Eine Situation, in der einzelne oder wenige Anbieter oder Nachfrager über so viel Macht auf einem Markt verfügen, dass sie diese für ihre einseitigen wirtschaftlichen Interessen missbrauchen können, erfordert daher ein Eingreifen des Staats mit Maßnahmen der Wettbewerbspolitik.

(Schülerduden Wirtschaft, Dudenverlag, Mannheim, 3. Aufl. 2002, S. 276)

Die höchsten Geldbußen für Wettbewerbsverstöße in der EU

Unternehmen *(Sitz, Urteilsjahr)*	**Gegenstand**	**Strafe** in Millionen Euro
Microsoft *(USA, 2007)*	PC-Betriebssysteme	497,2
ThyssenKrupp *(D, 2007)*	Aufzüge/Rolltreppen	479,7
Hoffmann-La Roche *(CH, 2001)*	Vitamine	462,0
Siemens *(D, 2007)*	Schaltsysteme	396,6
Microsoft *(USA, 2006)*	PC-Betriebssysteme	280,5*
Eni *(I, 2006)*	Synthetikkautschuk	272,3
Lafarge *(F, 2002)*	Gipsplatten	249,6
BASF *(D, 2001)*	Vitamine	236,8
Otis *(USA, 2007)*	Aufzüge/Rolltreppen	224,9
Heineken *(NL, 2007)*	niederländ. Biermarkt	219,3
Arkema *(F, 2006)*	Acrylglas	219,1
Solvay *(B, 2006)*	Bleichmittel	167,1

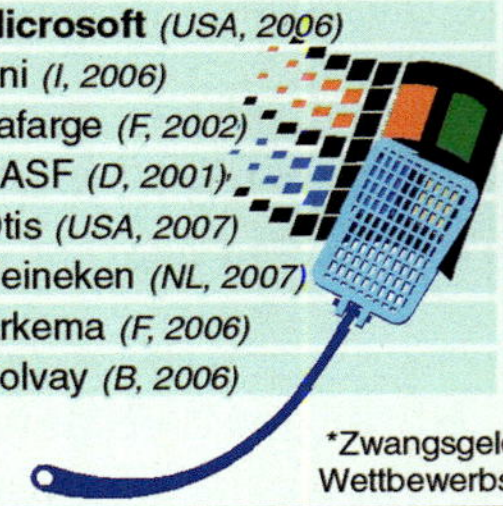

*Zwangsgeld wegen Missachtung der Wettbewerbsauflagen vom März 2004

Quelle: EU-Kommission

dpa Grafik 4302

1. Für die Eingriffsmöglichkeiten des Bundeskartellamtes zur Sicherung des Wettbewerbs spielen die Begriffe der „Marktmacht" und der „marktbeherrschenden Stellung" eine zentrale Rolle. Erläutert mit eigenen Worten, was zum einen mit der „Fusionskontrolle", zum anderen mit der „Missbrauchsaufsicht" gemeint ist.

2. Stellt die wichtigsten Maßnahmen („Instrumente“) heraus, die das Kartellgesetz zur Verhinderung bzw. zur „Sanktionierung“ (Bestrafung) von Konzentrationsbildungen vorsieht.

3. Über den spektakulären Fall des Unternehmens Microsoft, in dem die Wettbewerbsbehörde der EU die bisher höchste Kartellstrafe (s. Grafik) verhängte, könnt ihr euch ggf. über die Internetadresse http://de.wikipedia.org/wiki/microsoft (> Rechtsstreit mit der Europäischen Union) informieren.

Die folgenden Materialien (M 11, M 12) berichten über zwei „Fälle für das Kartellamt“ aus jüngerer Zeit in Deutschland. Wir schlagen euch vor, sie in – ggf. arbeitsteiliger – **Gruppenarbeit** zu analysieren. Dabei solltet ihr folgende Fragen beachten:

- Um welche Art von wettbewerbswidrigem Verhalten (vgl. M 9) handelt es sich jeweils?
- Welche Art von „Marktmacht“ (Angebot oder Nachfrage) wird von den betreffenden Unternehmen eingesetzt?
- Welche Untersuchungen stellt das Kartellamt an? Welche Sanktionen* werden genannt? Wie verhalten sich die betreffenden Unternehmen?
- Welche Folgen des wettbewerbswidrigen Verhaltens für die Verbraucher werden angesprochen?
- Wie beurteilt ihr die wirtschaftliche Bedeutung der jeweiligen Fälle sowie die Eingriffsmöglichkeiten und Maßnahmen des Kartellamtes?

M 11 „Kartellamt durchleuchtet den Lebensmittelhandel“

Das Bundeskartellamt sorgt sich über die wachsende Einkaufsmacht der großen Lebensmittelketten. Die Wettbewerbsbehörde hat eine breit angelegte Sektoruntersuchung eingeleitet, um die Beschaffungsmärkte für Nahrungs- und Genussmittel unter die Lupe zu nehmen. Viele Lieferanten klagen über das „Preisdiktat“ der großen Handelsketten. Die vier größten Handelsunternehmen – Edeka, Rewe, die Schwarzgruppe mit Lidl und Kaufland sowie Aldi – beherrschen nach Angaben des Kartellamtes inzwischen rund 85 Prozent des deutschen Lebensmitteleinzelhandels. Ihnen steht eine zersplitterte Landschaft von etwa 5 800 Herstellerunternehmen gegenüber. „Wir wollen mit dieser Untersuchung mehr Licht in die Machtverhältnisse im Handel und im Verhältnis zwischen Handel und Herstellern bringen“, sagte Kartellamtspräsident Andreas Mundt.

Sektoruntersuchungen führt das Kartellamt dann durch, wenn es vermutet, dass der Wettbewerb in einer Branche nicht ausrei-

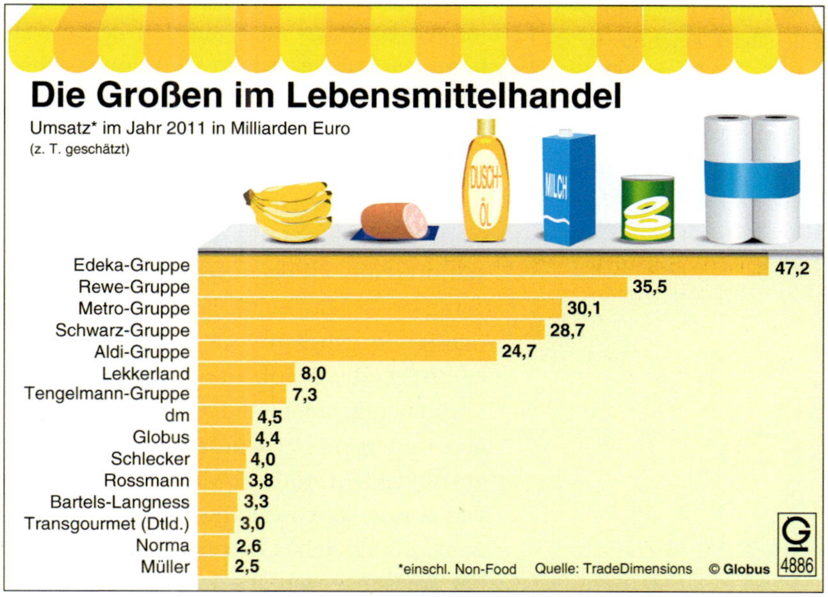

Das Kartellamt hatte den Einzelhandel bereits in der Vergangenheit verstärkt ins Visier genommen. Bislang hatten Beamte Büros von Branchengrößen wie Rewe, Edeka, Metro und der Schwarz-Gruppe, zu der Lidl und Kaufland gehören, durchsucht. Das Kartellamt ging damals dem Verdacht nach, Preise für Süßwaren, Kaffee oder Tiernahrung seien abgesprochen worden. Im März hatte die Behörde Geldbußen von insgesamt rund 38 Millionen Euro gegen Konsumgüterkonzerne wie Oetker, Kraft oder Unilever verhängt. Die derzeit laufende gründliche Durchleuchtung der Branche läuft in zwei Stufen ab. Zunächst untersuchen die Wettbewerbshüter die Marktstrukturen bei der Beschaffung von Lebensmitteln wie beispielsweise Tiefkühlpizzen, Milch oder Ketchup. In einer zweiten Stufe wollen sie dann unter die Lupe nehmen, ob Handelsriesen Vorteile im Einkauf gegenüber kleineren Konkurrenten genießen.

(Reuters, in: Handelsblatt v. 19.9.2011, S. 25)

chend funktioniert. Die Kartellwächter befürchten, dass die Ballung der Einkaufsmacht den Konzentrationsprozess im Lebensmittelhandel noch weiter beschleunigen könnte. Wenn die Branchenriesen gegenüber den Lieferanten systematisch bessere Konditionen als die Konkurrenten durchsetzen können, werde dies letztlich noch mehr kleinere Händler vom Markt verdrängen. Ähnliche Rückwirkungen sind auf der Lieferantenseite denkbar. Kleinere Anbieter, die zu den von den Handelsketten geforderten Niedrigpreisen nicht liefern können, drohen im Wettbewerb um die Einzelhandelsregale auf der Strecke zu bleiben (vgl. Kasten in Randspalte).

(Frankfurter Allgemeine Zeitung v. 15.2.2011, S. 9; Verf.: Helmut Bünder)

M 12 Das „Brillenglas-Kartell“

Viele Brillenträger haben offenbar jahrelang überhöhte Preise für ihre Sehhilfen bezahlt. Das Bundeskartellamt hat hohe Geldbußen gegen die fünf führenden deutschen Hersteller von Brillengläsern verhängt, weil sie ihre Preise und andere Lieferbedingungen seit dem Jahr 2000 untereinander abgesprochen haben sollen. An dem Kartell beteiligt waren nach Angaben der Wettbewerbsbehörde Rodenstock, Carl Zeiss Vision, Essilor, Rupp+Hubrach Optik und Hoya Lens Deutschland. Sie haben zusammen einen Anteil von rund 90 Prozent am deutschen Markt für Brillengläser. Strafzahlungen kommen auch auf den Zentralverband der Augenoptiker (ZVA) und sieben verantwortliche Mitarbeiter zu. Insgesamt hat das Kartellamt Bußgelder von 115 Millionen Euro festgesetzt. „Die Absprachen der Brillenglashersteller haben den Wettbewerb in diesem Markt über Jahre fast vollständig zum Erliegen gebracht. Preise gegenüber den Augenoptikern wurden regelmäßig in abgestimmter Form erhöht. Leidtragender davon war letzten Endes der Verbraucher, an den diese Preissteigerungen weitergereicht wurden“, sagte Kartellamtspräsident Andreas Mundt.

Die Bonner Wettbewerbshüter stützen sich auf umfangreiches Beweismaterial, das sie bei Razzien gegen die Unternehmen und den ZVA sichergestellt hatten. Im Gegensatz zu vielen anderen Kartellverfahren kam der entscheidende Hinweis diesmal nicht von einem an den Absprachen beteiligten „Kronzeugen“, sondern ein Tipp aus der Branche brachte die Behörde auf die Spur des Kartells. In der Hoffnung auf eine Strafminderung zeigte sich vor allem Rodenstock bald kooperationswillig und lieferte zusätzliche Informationen. Auch Hoya Lens, Carl Zeiss Vision und der ZVA sicherten sich durch die Zusammenarbeit eine Ermäßigung des Bußgeldes. In einer nach den Anfangsbuchstaben der beteiligten Unternehmen als „HERRZ-Kreis“ bezeichneten Gesprächsrunde kamen die fünf Hersteller regelmäßig zusammen, um ihr Wettbewerbsverhalten abzustimmen. Dort wurden Preiszuschläge, Rabatte und Boni vereinbart, und man informierte sich gegenseitig über Strategien und geplante Preisänderungen. Noch weiter ging die Zusammenarbeit in einem „Arbeitskreis Preisstrukturen“: Dort verständigten sich die Hersteller auf ihre unverbindlichen Preisempfehlungen gegenüber den Augenoptikern.

(Frankfurter Allgemeine Zeitung v. 6.10.2010; Verf.: Helmut Bünder, Bonn; http://www.faz.net/aktuell/wirtschaft/unternehmen/verbotene-preisabsprachen-hohes-bussgeld-gegen-brillenglas-kartell-1625395.html)

1. 6-mal richtig, 6-mal falsch

Überprüfe die folgenden Aussagen und begründe deine jeweilige Entscheidung.

a) In der „Marktwirtschaft" steht vor allem die individuelle wirtschaftliche Entscheidungsfreiheit, in der „Zentralverwaltungswirtschaft" vor allem die gesamtgesellschaftliche Planung im Vordergrund.
b) Werbung spielte in der Wirtschaft der ehemaligen DDR eine wichtige Rolle.
c) In der Auseinandersetzung über die Gestaltung einer Wirtschaftsordnung geht es eigentlich immer um die Frage, welche Rolle der Staat in der Wirtschaft spielen soll.
d) Ohne Privateigentum an Produktionsmitteln ist eine Marktwirtschaft nicht denkbar.
e) Das „Soziale" an der sozialen Marktwirtschaft besteht vor allem darin, dass die Unternehmen über ihre Produktion und die Haushalte über ihr Einkommen frei entscheiden können.
f) Die Konsumfreiheit unterliegt in der sozialen Marktwirtschaft keinerlei Beschränkungen
g) „Externe Effekte" bedeuten z. B., dass auch das Ausland von den Umweltbelastungen betroffen ist, die im Inland entstehen.
h) Öffentliche Güter sind Waren und Dienstleistungen, die sich jedermann kaufen kann, falls er das nötige Geld zur Verfügung hat.
i) Ein Übermaß an „Marktmacht" liegt vor, wenn es eine Ballung von Unternehmen bestimmter Wirtschaftszweige in einer bestimmten Gegend gibt (wie z. B. früher der Kohleindustrie im Ruhrgebiet).
j) Das „Kartellgesetz" enthält nicht nur Vorschriften zu „Kartellen", sondern auch zu „Fusionen" und „Konzernen".
k) Vier große Unternehmen beherrschen über 80 % des gesamten Lebensmitteleinzelhandels in Deutschland.
l) Für das Eingreifen des Kartellamts spielt der Begriff der „marktbeherrschenden Stellung" eines Unternehmens eine entscheidende Rolle.

2. Einverstanden?

Vor einigen Jahren stellte der Vorsitzende einer Bundestagsfraktion die Begriffsverbindung „soziale Marktwirtschaft" infrage. Markt, Wettbewerb und Vielfalt des Güterangebots reichten aus, um für die Güterversorgung und die soziale Sicherheit aller Menschen zu sorgen. Die soziale Funktion der Marktwirtschaft stelle sich dann ein, wenn Marktwirtschaft richtig funktioniere.

Nimm zu dieser Aussage Stellung und begründe deine Meinung.

3. Eine Karikatur

a) Beschreibe genau die Darstellung der Karikatur (in Wort und Bild).
b) Erläutere, was der Zeichner mit dieser Darstellung zum Ausdruck bringen will.
c) Nimm zu dieser Aussageabsicht Stellung.

„Da kann ich nichts machen. Das ist keine unzulässige Absprache; das ist ihre Art zu grüßen."

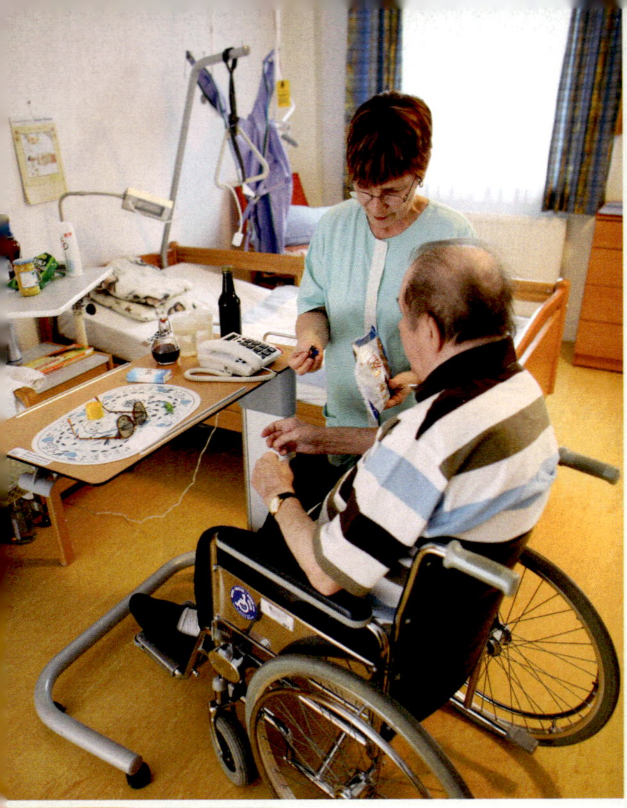

Rente mit 67 nicht mit uns!

JobCente
Köln
Hilfe zur Arbeit

ZUZAHLUNG
VERSICHERTEN KARTE
gültig bis
BKK

13 Sozialstaat in der Krise? – Probleme der Sozialpolitik im Zeichen des demografischen Wandels

Zur Orientierung

Die Bundesrepublik hat im Verlaufe ihrer Geschichte ein umfangreiches Sozialsystem aufgebaut, das dazu dienen soll, zum einen die Menschen gegen Lebensrisiken wie Krankheit, Arbeitslosigkeit und Altersarmut abzusichern und zum anderen die Unterschiede in den Lebensverhältnissen zwischen den sozialen Gruppen nicht zu groß werden zu lassen. Das hat zum hohen Ansehen der sozialen Marktwirtschaft entscheidend beigetragen. Doch seit Jahren wird über den „Sozialstaat" heftig diskutiert; von „Sozialabbau" ist die Rede, bei vielen Menschen herrscht Unzufriedenheit mit verschiedenen „Sozialreformen".

Im ***ersten Abschnitt*** *dieses Kapitels wollen wir aufzeigen, inwiefern sich die Bundesrepublik als „Sozialstaat" versteht, und einen Überblick geben über die Struktur des sozialen Sicherungssystems sowie über den Umfang und die Entwicklung der Sozialleistungen.*

Im ***zweiten Abschnitt*** *wird dargestellt, aus welchen – vor allem in der Bevölkerungsentwicklung liegenden – Gründen der Sozialstaat in eine „Finanzierungskrise" geraten ist, die zu Reformen zwingt, die immer wieder kontrovers diskutiert werden.*

Kompetenzen

Nach der Erarbeitung dieses Kapitels solltet ihr Folgendes wissen und können:

- erklären, welche Bedeutung dem im Grundgesetz enthaltenen „Sozialstaatsgebot" zukommt;
- wichtige Merkmale (Geltungsbereich, Leistungen, Finanzierung) der fünf Zweige des Systems der Sozialversicherung beschreiben;
- die Bedeutung der drei Prinzipien (insbesondere des Solidarprinzips) erläutern, nach denen staatliche Sozialleistungen erbracht werden;
- Ursachen und wichtige Merkmale der demografischen Entwicklung beschreiben;
- die Folgen charakterisieren, die sich aus dieser Entwicklung für die Rentenversicherung sowie die Kranken- und Pflegeversicherung ergeben, und bisherige Reformmaßnahmen für diese Bereiche benennen und beurteilen.

1. Sozialstaat und Sozialpolitik – System und Entwicklung

Zu Beginn dieses Kapitels sollte jede/jeder von euch in sein Heft schreiben (möglichst mit einem Satz), wann in seiner Sicht ein Staat „sozial" ist. In die anschließende Diskussion könnt ihr die folgenden Äußerungen (M 1) einbeziehen.

M 1 Wann ist ein Staat für dich sozial?

Anne, 19, Siegburg: „… wenn er dafür sorgt, dass die Armen nicht noch ärmer und die Reichen nicht noch reicher werden."

Jörg, 22, Saarbrücken: „… wenn man mit dem, was man bei einem Vollzeitjob verdient, auch auskommt."

Britta, 22, Sindelfingen: „… wenn ich mir nicht überlegen muss, ob ich mir Kinder überhaupt leisten kann!"

Martin, 21, Dresden: „… wenn er die Bürger schützt – vor großen Schulden, vor Ausgrenzung, vor Umweltzerstörung, vor Gewalt und so weiter – dann ist ein Staat sozial."

Miriam, 18, Köln: „… wenn die Menschen dieses Staates auch mal auf was verzichten würden zugunsten der Armen. Leider ist dazu kaum jemand bereit – weder die Politiker noch die Bevölkerung."

(http://www.sozialpolitik.com/uploads/36/SChuelerheft_Soz_07.pdf, S. 6)

M 2 a „Sozialstaatsprinzip" und Sozialpolitik

Nach Artikel 20 Absatz 1 des Grundgesetzes ist die Bundesrepublik Deutschland ein „demokratischer und sozialer Bundesstaat". Das *„Sozialstaatsprinzip"* ist also in Deutschland ein Verfassungsauftrag. Dieses ist jedoch sehr allgemein gehalten und legt noch nicht näher fest, was unter „sozial" eigentlich zu verstehen ist. Im wörtlichen Sinn bedeutet der Begriff nicht mehr als „gesellschaftlich" oder „bezogen auf die Gemeinschaft". Er kann daher auch nicht mit dem Begriff „sozialistisch*" gleichgesetzt werden, der ausdrücklich auf eine Vergemeinschaftung von Privateigentum abzielt. In der Staatsrechtslehre wurde das Sozialstaatsprinzip aus der historischen Entwicklung des Sozialstaats in Deutschland jedoch so ausgelegt, dass man darin zumindest eine Verpflichtung auf *zwei* *grundlegende Ziele* zu erkennen glaubte: die **Schaffung sozialen Ausgleichs** (d. h. eine Verringerung der Unterschiede zwischen sozial starken und sozial schwachen Gruppen durch den Staat) sowie die **Gewährleistung von sozialer Sicherheit** (d. h. die staatliche Sicherung der Existenzgrundlagen seiner Bürger durch gesetzliche Versicherungen gegen die Risiken des Lebens, aber auch z. B. durch Maßnahmen im Bildungs- und Gesundheitswesen).

(Christine Krokauer: Soziale Ungleichheit – Grenzen der Gerechtigkeit im Sozialstaat. In: RAAbits Sozialkunde/Politik, Raabe Verlag Stuttgart. 27. EL November 1999. I/A2, S. 27)

Allgemein bezeichnet **Sozialpolitik** politische Institutionen, Prozesse und Politikinhalte, die zumindest darauf angelegt sind,

- die Bürger vor Armut und Not durch Garantie des Existenzminimums zu schützen,
- sie gegen die Wechselfälle des Lebens oder Risiken infolge von Alter, Invalidität, Krankheit, Arbeitslosigkeit oder Pflegebedürftigkeit zu sichern und
- soziale, also nicht natürliche Ungleichheit zu verringern.

(Frank Pilz, Der Sozialstaat. Ausbau – Kontroversen – Umbau, Bundeszentrale für politische Bildung, Bonn 2009, S. 19)

M 2b „Sozialpolitik macht die Marktwirtschaft zur sozialen Marktwirtschaft"

Die Marktwirtschaft ist nicht sozial. Was wie ein Angriff klingt, ist lediglich eine Beschreibung. Wäre die Marktwirtschaft aus sich heraus sozial, wäre der Begriff „soziale Marktwirtschaft" nicht sinnvoll, er wäre ein „weißer Schimmel". […]

Die Marktwirtschaft ist effektiv, aber sie ist nicht sozial. Sie führt zu einer optimalen Versorgung mit Gütern und Dienstleistungen, wenn diesen eine kaufkräftige Nachfrage gegenübersteht. Ein Bedürfnis, und sei es noch so dringend, dem keine Kaufkraft beigegeben ist, wird von der Marktwirtschaft ignoriert.

Die Marktwirtschaft ist die beste und leistungsfähigste Wirtschaftsordnung, die bislang entwickelt worden ist. Kein anderes Wirtschaftssystem setzt so viel Produktivität*, Innovation [Erneuerung] und Kreativität [schöpferische Kraft, Erfindungsreichtum] frei und sorgt für einen so sparsamen (wirtschaftlichen) Umgang mit den zur Verfügung stehenden Ressourcen*.

Aber auch die menschliche Arbeitskraft ist eine Ware, sie wird nach den Gesetzen der Marktwirtschaft gehandelt wie jede andere: Gibt es ein großes Angebot, stehen also viele Menschen dem Arbeitsmarkt zur Verfügung, sinkt der Preis, also der Lohn. Wird weniger Arbeitskraft benötigt, weil Maschinen billiger oder schneller sind, wird sie als Kostenfaktor reduziert.

Die Marktwirtschaft erzielt einen optimalen Umgang mit Sachgütern und Dienstleistungen*, aber sie schafft allein noch keine sozial gerechte und lebenswerte Gesellschaft. Den Menschen, der im Mittelpunkt eines jeden Wirtschaftssystems stehen sollte, hat die Marktwirtschaft erst einmal nur als Konsumenten und Produktionsfaktor* im Blick.

Dabei bietet die Marktwirtschaft den Bürgern durchaus viele Chancen. Sie baut auf das Gewinnstreben des Einzelnen und auf seine Fähigkeit und Bereitschaft, diesem nachzugehen. Wer leistungsbereit und clever ist, kann viel erreichen. Aber es gibt auch Menschen, die weniger Leistungsfähigkeit mitbringen oder keine Chance haben, ihre Talente einzusetzen. Diese Menschen kann eine Gesellschaft nicht als „unnütz“ links liegen lassen, sondern sie muss ihnen helfen und sie integrieren. Die Sozialpolitik ist ein wichtiger Teil der Wirtschaftspolitik, sie macht die Marktwirtschaft zur sozialen Marktwirtschaft.

(Eckard D. Stratenschulte, Wirtschaft in Deutschland, Bundeszentrale für politische Bildung, Bonn 2006, S. 190, 148)

1. Vergleicht die Äußerungen der jungen Leute in M 1 miteinander. Welche Gemeinsamkeiten und Unterschiede lassen sich im Verständnis dessen, was „sozial“ ist, feststellen? Woran genau denken die Betreffenden, wenn sie vom „Staat“ sprechen?

2. Analysiert, was nach allgemeiner Auffassung im Grundgesetz gemeint ist, wenn vom „sozialen Bundesstaat“ die Rede ist (der Begriff „Sozialstaat“ selbst kommt im Grundgesetz nicht vor).
- Welche beiden Zielbereiche lassen sich unterscheiden, die eine Politik im Auge haben muss, wenn sie das „Sozialstaatsprinzip“ verwirklichen will?
- Worin liegt der Unterschied zwischen den beiden Bereichen der „Sozialpolitik“?

3. Erläutert, inwiefern die Marktwirtschaft nicht von sich aus „sozial“ ist (M 2 b). Aus welchen Merkmalen der Marktwirtschaft ergibt sich die Notwendigkeit der Sozialpolitik? Ihr könnt an dieser Stelle auch noch einmal M 6 in Kapitel 12 (Entstehungsgeschichte der sozialen Marktwirtschaft) heranziehen.

M 3 Das System der Sozialversicherung in Deutschland

Mehr als 60 % aller Sozialleistungen* werden in Deutschland über das System der Sozialversicherung abgewickelt. [...] Die Bedeutung der Sozialversicherung wird aber vor allem durch den breiten Kreis der Versicherten unterstrichen:

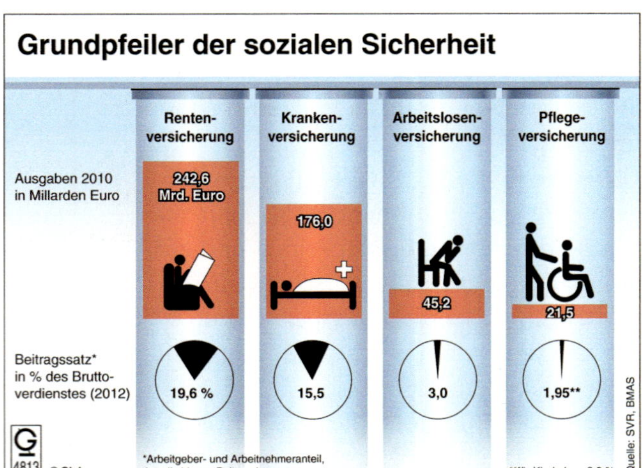

- Nahezu 90 % der Bevölkerung gehören der Gesetzlichen Krankenversicherung und der Gesetzlichen Pflegeversicherung an.
- In der Gesetzlichen Rentenversicherung sind rund 80 % der Bevölkerung im Alter von 20 bis unter 65 Jahren versichert.
- Alle Arbeitnehmer sind in der Gesetzlichen Unfallversicherung versichert.
- In der Arbeitslosenversicherung ist der weit überwiegende Teil der Arbeitnehmer versichert.

Wie die Auflistung zeigt, handelt es sich nicht um die Sozialversicherung, sondern um ein gegliedertes System mit mehreren Versicherungszweigen, die jeweils unterschiedliche Risiken und Tatbestände abdecken.

(Gerhard Bäcker/Gerhard Naegele/Reinhard Bispinck/Klaus Hofemann/Jennifer Neubauer, Sozialpolitik und soziale Lage in Deutschland, Bd. 1, VS Verlag für Sozialwissenschaften, Wiesbaden 2007, S. 291 f.)

Zweige der gesetzlichen Sozialversicherung im Überblick (2012)

	Rentenversicherung	Krankenversicherung	Arbeitslosenversicherung	Gesetzliche Unfallversicherung	Pflegeversicherung
Wer?	alle Angestellten und Arbeiter; Beitragsbemessungsgrenze[1]: 5 600 € (West), 4 800 € (Ost) monatliches Bruttoeinkommen	alle Angestellten und Arbeiter; Beitragsbemessungsgrenze[1]: 3 825 €; Versicherungspflichtgrenze[2]: 4 732,50 € monatliches Bruttoeinkommen	alle Angestellten und Arbeiter; Beitragsbemessungsgrenze[1]: 5 600 € (West), 4 800 € (Ost) monatliches Bruttoeinkommen	alle Arbeitnehmer	alle, die in einer gesetzlichen oder privaten Krankenkasse versichert sind; Beitragsbemessungsgrenze: 3 825 €
finanziert durch …	Pflichtbeiträge: 19,6 % des Bruttoeinkommens, je zur Hälfte vom Arbeitnehmer und Arbeitgeber zu tragen; Bundeszuschuss (2012): 81,8 Mrd. Euro	Pflichtbeiträge: 15,5 % des Bruttoeinkommens, Arbeitgeberanteil: 7,3 %, Arbeitnehmeranteil: 8,2 %; Bundeszuschuss (2010): 15,7 Mrd. Euro	Pflichtbeiträge: 3,0 % des Bruttoeinkommens, je zur Hälfte vom Arbeitnehmer und Arbeitgeber zu tragen; Bundeszuschuss (2011): 13,3 Mrd. Euro	Pflichtbeiträge: der Arbeitgeber, Höhe je nach Gefahrenklasse und Betriebsgröße	Pflichtbeiträge: in Höhe von 1,95 % des Bruttoeinkommens, je zur Hälfte vom Arbeitnehmer und Arbeitgeber; + 0,22 % Zuschlag für Kinderlose

[1] jährlich neu festzulegende Höhe des Geldbetrags, bis zu der der Bruttoarbeitsverdienst beitragspflichtig ist; der darüber hinausgehende Verdienst wird nicht zur Beitragszahlung herangezogen

[2] Höhe des Monatsverdienstes, bis zu dem man der Pflichtversicherung in einer gesetzlichen Krankenkasse unterliegt; bei höherem Verdienst kann man sich privat versichern lassen; von der Pflichtversicherung befreit sind auch Beamte.

(Autorentext)

Brutto und Netto – Sozialabgaben und Steuern
Beispiel: medizinischer Fachangestellter, 22 Jahre, katholisch, Single

Bruttogehalt		**1 450,00 Euro**
Sozialabgaben		**296,89 Euro**
Rentenversicherung	9,8 %	142,10 Euro
Krankenversicherung	8,2 %	118,90 Euro
Pflegeversicherung	0,975 %	14,14 Euro
Arbeitslosenversicherung	1,5 %	21,75 Euro
Steuern		**103,45 Euro**
Lohnsteuer	16,652 %	92,75 Euro
Solidaritätszuschlag	2,535 %	2,35 Euro
Kirchensteuer	9 %	8,35 Euro
Nettogehalt		**1 049,66 Euro**

(http://www.safety1st.de/files/483/Arbeitsblatt_Gehaltsabrechnung.pdf)

Die Höhe des **Solidaritätszuschlags*** richtet sich nach der Höhe der Lohnsteuer. Die maximale Höhe beträgt 5,5 % der Lohnsteuer.
Auch die **Kirchensteuer**, die nur von Mitgliedern einer eingetragenen Kirche gezahlt wird, richtet sich nach der Höhe der Lohnsteuer (unterschiedlich nach Bundesländern zwischen 8 und 9 %).

M 4 Die Leistungen der Sozialversicherung

Rentenversicherung
Die häufigste Rentenform ist die *Altersrente*. Die *Höhe der Rente* richtet sich unter anderem danach, wie lange der Beschäftigte gearbeitet und wie viel er verdient hat. Wer nicht mehr voll arbeitsfähig ist, erhält je nach dem noch vorhandenen Leistungsvermögen eine volle oder halbe *Erwerbsminderungsrente*. Auch um die Gesundheit der Berufstätigen kümmert sich die gesetzliche Rentenversicherung: Sie kommt für Rehabilitationsmaßnahmen (zum Beispiel nach einem Herzinfarkt) auf.

Krankenversicherung
Die meisten Arbeitnehmer sind bei einer gesetzlichen Krankenkasse ihrer Wahl pflichtversichert. Die Kassen ersetzen die *Krankheitskosten* und bieten unter anderem kostenlose *Vorsorgeuntersuchungen* an und zahlen bei längerer Krankheit für eine bestimmte Zeit *Krankengeld* (70 Prozent des Bruttolohns). Nur wer die Versicherungspflichtgrenze überschreitet (d.h., mehr als 4 732,50 € im Monat verdient), kann sich privat versichern.

Arbeitslosenversicherung
Wer in den letzten drei Jahren mindestens ein Jahr lang versicherungspflichtig beschäftigt war und seinen Job verliert, erhält *Arbeitslosengeld* (67 Prozent des Nettolohns bei mindestens einem Kind, sonst 60 Prozent). *Wie lange* das Arbeitslosengeld gezahlt wird, ist abhängig vom *Alter* und der *Beschäftigungsdauer* (für unter 50-Jährige höchstens ein Jahr; für über 54-Jährige bis zu 18 Monaten, für über 57-Jährige bis zu 24 Monaten). Danach gibt es das (aus Steuern finanzierte) Arbeitslosengeld II („Hartz IV*"), das in etwa dem Niveau der früheren Sozialhilfe* entspricht (Regelsatz 374 Euro; s. dazu M 10 in Kap. 14).

Unfallversicherung
Für die gesetzliche Unfallversicherung zahlt der Arbeitgeber alleine. Er entrichtet Beiträge an die *Berufsgenossenschaft* der jeweiligen Branche. Wenn ein Arbeitnehmer während der Arbeit oder auf dem Weg zur oder von der Arbeit einen Unfall hat, übernimmt die Berufsgenossenschaft die Kosten für die medizinische Behandlung und spätere Wiedereingliederung in den Beruf. Bei Erwerbsminderung zahlt sie auch eine Unfallrente. [...]

Pflegeversicherung
Sie unterscheidet drei Stufen: I. erhebliche Pflegebedürftigkeit, II. Schwerpflegebedürftigkeit und III. Schwerstpflegebedürftigkeit. Die Betroffenen erhalten Pflegegeld und/oder Sachleistungen (Betreuung durch ambulante Pflegedienste oder im Heim).

(http://www.safety1st.de/uploads/18/safety1st_basic_SH.pdf, S. 10)

1. Erläutert zur Darstellung in M 3,
- welchen Stellenwert die „Sozialversicherung" innerhalb des Gesamtsystems der Sozialleistungen* einnimmt,
- welche Risiken die fünf Zweige der Sozialversicherung abdecken und
- inwiefern es sich um eine „Zwangsversicherung" (für alle „sozialversicherungspflichtig Beschäftigten", d.h. für alle Erwerbstätigen ab einer bestimmten Höhe des Verdienstes, außer den Selbstständigen* und Beamten*) handelt.

2. Analysiert die Übersicht zu den einzelnen Zweigen der Sozialversicherung (S. 329 o.) im Hinblick auf
- die Höhe der Versicherungsbeiträge und ihre Verteilung auf Arbeitgeber und Arbeitnehmer,
- die Bedeutung der „Beitragsbemessungsgrenze" und der „Versicherungspflichtgrenze" (in der Krankenversicherung).

3. Klärt, warum die Beitragsbemessungsgrenze jährlich der allgemeinen Einkommensentwicklung angepasst (d.h. normalerweise erhöht) wird und warum sie (noch) in „West" und „Ost" unterschiedlich hoch ist.

4. Erklärt das Berechnungsbeispiel zur Höhe der „Sozialabgaben" (S. 329 u.). Berechnet ggf. einzelne Zahlenwerte nach. Wie beurteilt ihr die Höhe der „Abgabenbelastung" durch Sozialabgaben und Steuern für diesen Angestellten?

5. Stellt aus M 4 stichwortartig (in einer kleinen Übersicht) zusammen, welche Leistungen die einzelnen Versicherungen erbringen. Nähere Informationen zu den einzelnen Versicherungen findet ihr ggf. unter den Internetadressen www.deutsche-sozialversicherung.de und www.sozialpolitik.com/sicherheit

M 5 Wie wird das Sozialsystem finanziert?

Vielleicht ist bei eurer Analyse des Systems der Sozialversicherung (M 3, M 4) die Frage aufgekommen, warum denn die Leistungen der verschiedenen Versicherungen zu den „Sozialleistungen" gerechnet werden, wenn doch für die Finanzierung die Versicherten selbst aufkommen (auch die Beiträge der Unternehmen sind ja eigentlich nichts anderes als Abzüge vom Lohn der Beschäftigten). „Sozial" wäre das Ganze aber doch nur, wenn die gesamte Gesellschaft (der „Staat") Leistungen für diejenigen aufbringen würde, die sie selbst nicht erbringen können (z. B. die Armen, Kranken, Schwachen usw.), oder?
Um die Klärung dieser Frage geht es im folgenden Text, für dessen Erarbeitung ihr euch etwas Zeit nehmen solltet. Diese Klärung ist auch deshalb wichtig, weil ihr sonst die lebhafte Diskussion über die Probleme, die sich für den Sozialstaat ergeben haben (s. Abschnitt 2., S. 338 ff.), nicht richtig verstehen und angemessen beurteilen könnt.

Für die Klärung der Frage, von wem letztlich die Sozialleistungen finanziert werden, ist zunächst Folgendes zu beachten:
– Die Leistungen aus den verschiedenen *Zweigen der Sozialversicherung* werden, wie wir gesehen haben (M 3), aus den Beiträgen der versicherten *Beschäftigten* und der *Unternehmer* (je zur Hälfte) aufgebracht. Aber: Der Staat zahlt dazu erhebliche *Zuschüsse* aus dem allgemeinen Steueraufkommen. So lag z. B. der Zuschuss zur Rentenversicherung 2012 bei rd. 82 Mrd. Euro (rd. 33 % der Rentenversicherungsleistungen).
– Die Leistungen für den *„sozialen Ausgleich"* (z. B. Sozialhilfe*, Kindergeld, Wohngeld*, Arbeitslosengeld II/„Hartz IV*") werden vollständig aus dem allgemeinen *Steueraufkommen* erbracht, werden also von der *Gemeinschaft aller Steuerzahler* getragen).
Wichtig für das Verständnis der sozialstaatlichen Leistungen sind sodann die *Prinzipien*, nach denen sie bereitgestellt werden.

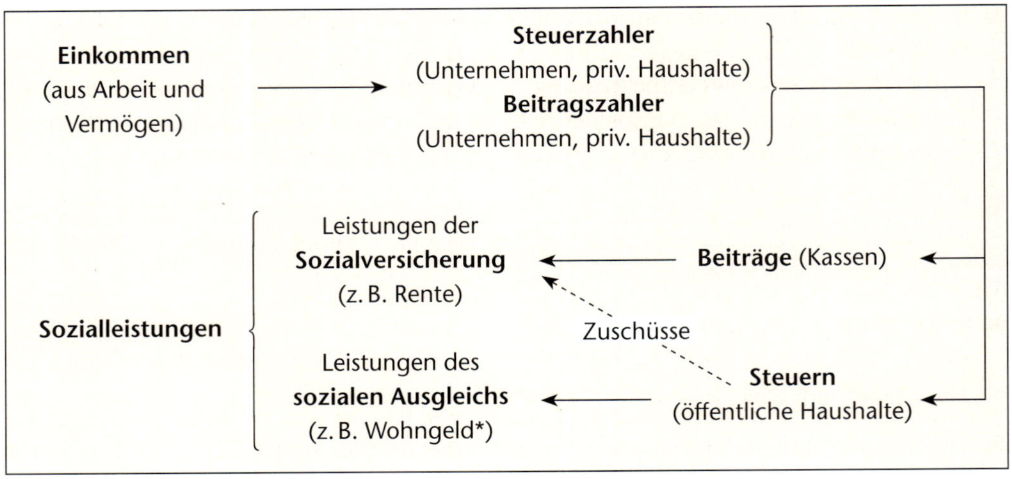

• Nach dem **„Versicherungsprinzip"** hängt die Höhe der Leistungen in etwa von den eingezahlten Beiträgen ab (Prinzip der *Äquivalenz*, der Entsprechung von Leistung und Gegenleistung). Dieses Prinzip gilt grundsätzlich bei privaten Versicherungen. In der gesetzlichen Rentenversicherung ist der *Beitragssatz* zwar für alle Versicherten gleich.

Wer aber z.B. in seinem Erwerbsleben ein relativ hohes Einkommen hatte und im Verhältnis dazu entsprechende Beiträge in die *Rentenversicherung* gezahlt hat, erhält eine entsprechend höhere Rente als ein Versicherter mit einem geringeren Einkommen und entsprechend geringeren Beiträgen. Auch ist die Versicherungsleistung abhängig von der *Dauer der Beitragszahlung*. Insofern gilt auch hier das Versicherungsprinzip.

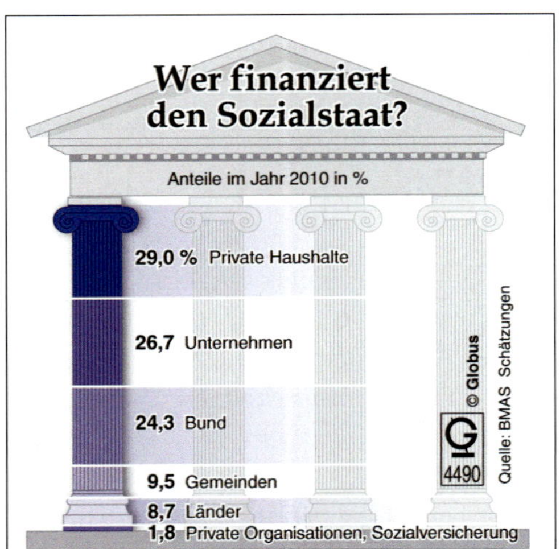

• Anders verhält es sich bei Leistungen nach dem **„Solidarprinzip"**. Es bedeutet, dass in einer Gemeinschaft alle Mitglieder sich „solidarisch" verhalten, d.h. dass sie gegenseitig füreinander einstehen, die Stärkeren für die Schwächeren, die Beitragszahler für die Nicht-Beitragszahler usw. Nach diesem Prinzip werden z.B. die Leistungen aus der *Krankenversicherung* an Kranke aus den Beiträgen *aller* Versicherten gezahlt, also auch aus den Leistungen der „Gesünderen", die keine oder nur geringe Leistungen in Anspruch nehmen. Die Gemeinschaft der Krankenversicherten bildet also eine *„Solidargemeinschaft"*, was auch darin zum Ausdruck kommt, dass *alle* Beitragszahler (auch Ledige und Kinderlose) für die Leistungen aufkommen, die von „mitversicherten" *Familienmitgliedern* (Kindern und nicht erwerbstätigen Ehefrauen) in Anspruch genommen werden (s. M6). Auch in der *Pflegeversicherung* gilt das Solidarprinzip.

- Das **Versorgungsprinzip**, nach dem die Zahlungen nicht aus Beiträgen, sondern aus dem allgemeinen Steueraufkommen erfolgen, gilt in Deutschland für zwei Gruppen von Empfängern: zum einen für die Gruppe der Beamten* (Beamtenversorgung, Pensionen), zum anderen für Menschen, die unter den Folgen von Kriegsschäden, Gewalttaten und politischer Verfolgung zu leiden hatten („Kriegsopferversorgung“).
- Daneben gibt es noch das **„Fürsorgeprinzip“**, nach dem der Staat aus seiner Verantwortung als Sozialstaat heraus (s. M2a) ohne Gegenleistung und in einer von ihm *festgelegten Höhe* Leistungen an Bedürftige und sozial Schwache erbringt („sozialer Ausgleich“, z.B. Wohngeld*, Arbeitslosengeld II* oder auch Sozialhilfe*).

(Autorentext)

Ordne im Heft die folgenden Beispiele mit einer kurzen Begründung jeweils den drei Prinzipien Versicherung, Versorgung, Fürsorge zu. Manchmal greifen auch zwei Prinzipien gleichzeitig.

1. Herr Meyer muss zum Zahnarzt. Die Kosten übernimmt seine gesetzliche Krankenkasse.
2. Ein Obdachloser wird ins Krankenhaus eingeliefert. Er hat keine Krankenversicherung. Die Behandlungskosten übernimmt das Sozialamt.
3. Frau Taré erhält eine gesetzliche monatliche Rente von 1200 Euro.
4. Herr Siebert wird arbeitslos. Nun bekommt er für eine bestimmte Zeit, z.B. 12 Monate, ein Arbeitslosengeld I bezahlt, dessen Höhe sich nach seinem bisherigen Verdienst richtet.
5. Frau Liebenschau hat während ihrer Arbeitslosigkeit, die länger als 12 Monate dauert, keinen neuen Arbeitsplatz gefunden. Sie bekommt jetzt Unterstützungszahlungen nach dem Arbeitslosengeld II („Hartz IV*“) ausgezahlt.
6. Herr Teuchert hat in der DDR als politischer Häftling unschuldig im Gefängnis gesessen. Er bekommt als Entschädigung nun eine monatliche Rente.
7. Sebastian hat keine Eltern mehr. Er besucht die 11. Klasse eines Gymnasiums. Für seinen Lebensunterhalt erhält er eine kleine Waisenrente und Zahlungen des Sozialamtes.
8. Frau Schröder muss ins Altersheim. Ihre Ersparnisse und ihre Rente reichen nicht aus, die Pflegekosten zu bezahlen. Kinder hat sie nicht. Das fehlende Geld bezahlt nach Prüfung das Sozialamt.

(Bundeszentrale für politische Bildung, Themen und Materialien – Globale Herausforderungen 1, Bonn 2011, S. 82; Verf.: Dr. Helge Schröder)

1. Zum gesamten Sozialleistungssystem (dem „Sozialbudget“) gehören nicht nur die Leistungen der Sozialversicherung, sondern auch die Leistungen, die dem „sozialen Ausgleich“ (z.B. Kindergeld, Wohngeld*) bzw. der „sozialen Grundsicherung“ (insbesondere Sozialhilfe* und Arbeitslosengeld II/„Hartz IV*“) dienen. Erläutert, worin im Hinblick auf die Finanzierung der wichtige Unterschied zwischen diesen Leistungsbereichen besteht, und analysiert dazu auch die Darstellung des Pfeilschemas S. 332 oben (M5, Z. 1–21).

2. Erklärt dazu auch die Darstellung der Grafik „Wer finanziert den Sozialstaat?“ (S. 332u.). Auf welche Finanzierungsbeiträge beziehen sich die Anteile der privaten Haushalte und der Unternehmen (vgl. Pfeilschema und M3), auf welche die Anteile des Staates (hier aufgeteilt nach den drei Ebenen Bund, Länder und Gemeinden, die für die Auszahlung der Leistungen zuständig sind)?

3. In einem Erläuterungstext zu dieser Grafik heißt es: „Bedenkt man, wie Staat und Unternehmen ihre Sozialanteile finanzieren, so sind es letztlich immer die Bürger, die zur Kasse gebeten werden; denn sie bringen die Steuern und Abgaben auf, mit denen der Staat sein soziales Engagement bezahlt, und als Verbraucher kaufen sie die Waren und Dienstleistungen, in deren Preise die Unternehmen ihre Sozialkosten bereits einkalkuliert haben". Erläutert diese Aussage und nehmt dazu Stellung.

4. Erläutert mit eigenen Worten die Bedeutung der Prinzipien bei der Verteilung der Sozialleistungen (M 5, Z. 22 ff.) und sichert euer Verständnis durch die Zuordnung der im Kasten beschriebenen Fallbeispiele zu den drei Prinzipien (zum „Solidarprinzip" s. M 6).

M 6 Was das Solidarprinzip in der Krankenversicherung bedeutet – ein Beispiel

Was das Solidarprinzip in der gesetzlichen Krankenversicherung bedeutet, zeigt ein Vergleich der beiden Kassenmitglieder Paul Schmidt und Jürgen Müller (als vereinfachtes Beispiel). Paul Schmidt ist verheiratet, hat aber keine Kinder. Seine Frau ist ebenfalls berufstätig und daher selbst Mitglied einer Krankenkasse. Von Paul Schmidts Einkommen werden ca. 15 Prozent an seine Krankenkasse abgeführt (Arbeitnehmer- und Arbeitgeberbeitrag zusammen).

Er ist kerngesund. Im Jahr 2010 war er einmal beim Zahnarzt und einmal wegen einer Reiseimpfung beim Hausarzt. Die Impfung musste er sogar selbst bezahlen, weil Reiseimpfungen keine Kassenleistung sind. Insgesamt hat er seiner Krankenkasse Kosten in Höhe von ca. 100 Euro verursacht, aber er hat viel eingezahlt.

Jürgen Müller hat im Jahr 2010 den gleichen Kassenbeitrag wie Paul Schmidt gezahlt. Jürgen Müller hat Familie: Seine Frau Susanne ist zurzeit nicht berufstätig, sondern betreut die beiden Kinder. Alle drei sind im Rahmen der Familienversicherung kostenfrei bei Herrn Schmidt mitversichert. Eines der beiden Kinder der Familie Müller musste bereits mehrfach operiert werden. Auch Susanne Müller war 2010 mehrfach krank. Es waren ein Krankenhausaufenthalt, zahlreiche Arztbesuche und viele Medikamente erforderlich. Das hat alles zusammen sehr viel Geld gekostet.

Das Beispiel zeigt zwei wesentliche Merkmale des Solidarprinzips: Ob jemand hohe oder niedrige Kosten verursacht, spielt für die Höhe des Beitrags keine Rolle. Zudem findet auch eine Umverteilung von Einkommen statt, z. B. sind Kinder und nicht erwerbstätige Ehepartner beitragsfrei mitversichert. Das bedeutet, dass Alleinstehende bzw. Kinderlose durch ihre Beiträge die Versorgung der Familien mitfinanzieren.

Finanziell ergibt sich damit für beide folgende Rechnung:

Mitglied (Beitragszahler)	Jürgen Müller	Paul Schmidt
Mitversicherte (beitragsfrei)	Susanne Müller, Heinrich Müller, Sarah Müller	
Ausgaben der Krankenkasse für die Versicherten 2010	7600 Euro	100 Euro
Einkommen 2010	42000 Euro	42000 Euro
Beitragssatz (vereinfacht)	15%	15%
Krankenkassenbeiträge insgesamt	6300 Euro	6300 Euro
davon Arbeitnehmeranteil (vereinfacht)	3150 Euro	3150 Euro

(Bundeszentrale für politische Bildung, Themen und Materialien – Globale Herausforderungen 1, Bonn 2011, S. 86; Verf.: Dr. Helge Schröder)

1. Wie bereits in M5 angesprochen, spielt das „Solidarprinzip" in der gesetzlichen Krankenversicherung eine erhebliche Rolle. Anhand des konkreten Beispiels in M6 könnt ihr seine zwei Merkmale noch einmal verdeutlichen und dabei auch den Begriff der „Umverteilung" klären.

2. Wie beurteilt ihr die Regelung, dass „Alleinstehende bzw. Kinderlose durch ihre Beiträge die Versorgung der Familien mitfinanzieren"? Begründet eure Stellungnahme.

M7 Umfang und Entwicklung der Sozialleistungen

M7a

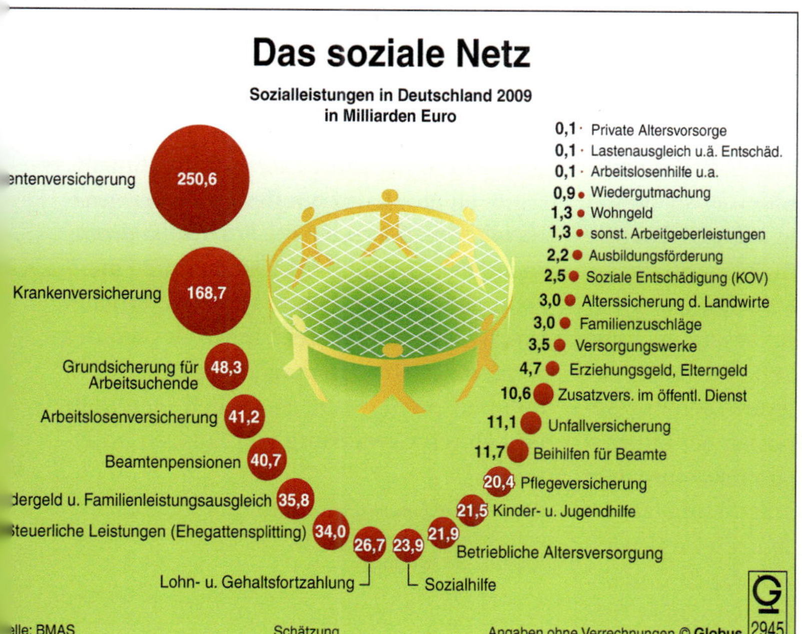

M7b

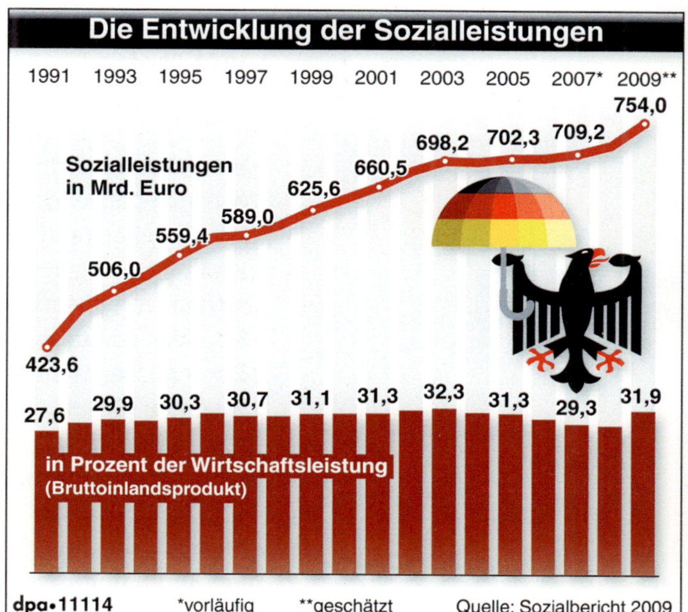

Sozialleistungen pro Kopf der Bevölkerung: **1991:** 5343€, **1995:** 6887€, **2000:** 7855€, **2005:** 8436€, **2009:** 9195€, **2010:** 9680€

M 7 c Soziale Sicherung im Bundeshaushalt

Jedes Jahr im Herbst finden die Parlamentsdebatten über den Bundeshaushalt des kommenden Jahres statt. Aktuell hat die Konsolidierung des Haushalts – also die gesetzlich festgeschriebene Rückführung der Schulden des Staates – eine besonders hohe Priorität. Ungeachtet dessen bilden die Ausgaben für die soziale Sicherung den mit Abstand größten Ausgabenposten des Bundeshaushalts; der Anteil der Sozialausgaben des Bundeshaushalts beträgt mehr als 50 Prozent. Allein für die Aufgaben im Bereich des Bundesministeriums für Arbeit und Soziales sind für das nächste Jahr über 126 Milliarden Euro eingeplant. Für das Bundesministerium für Gesundheit kommen weitere mehr als 14 Milliarden Euro hinzu. Diese Summe beinhaltet dabei vor allem die Posten im Bereich der sozialen Sicherung, die nicht allein beitragsfinanziert sind: Allein für die Rentenversicherung werden – neben den Einzahlungen der Arbeitnehmer und Arbeitgeber – annähernd 82 Milliarden Euro aus Steuermitteln bereitgestellt. Weitere große Ausgabenpositionen sind die Ausgaben für die *Grundsicherung für Arbeitsuchende* (Arbeitslosengeld II bzw. „Hartz IV*"), eine aus dem Aufkommen der Umsatzsteuern finanzierte Beteiligung des Bundes an den Kosten der Bundesagentur für Arbeit*, die Beteiligung des Bundes an der *Grundsicherung im Alter und bei Erwerbsminderung* sowie der Zuschuss des Bundes zur Finanzierung der gesetzlichen Krankenversicherung. Neben diesen Leistungen des Bundes werden verschiedene private Vorsorgemaßnahmen vom Staat steuerlich gefördert bzw. durch Gewährung von Zulagen unterstützt.

(http://www.bundesfinanzministerium.de, Finanzen und Steuern, Arbeitsblatt September 2011; © Stiftung Jugend und Bildung)

M 8 a

M 8 b

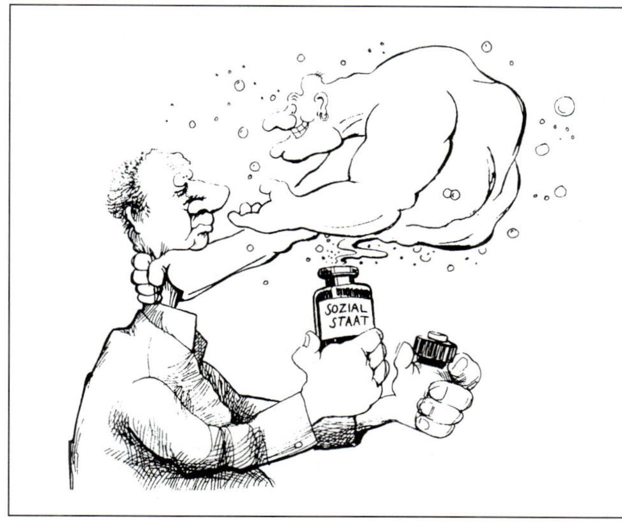

1. Anhand von M 7a könnt ihr euch einen Eindruck verschaffen von Umfang und Vielfalt der Sozialleistungen, deren Gesamtheit im sog. „Sozialbudget" jährlich zusammengestellt werden (den Bericht für 2010 findet ihr ggf. unter der Internetadresse http://www.bmas.de/DE/Service/Publikationen/a230-10-sozialbudget-2010.html, dort Tab. 1–2, S. 8/9). Ihr könnt euch an dieser Stelle auf die Beantwortung der beiden folgenden Fragen beschränken:
- Welchen finanziellen Anteil am „Sozialbudget" haben die Ausgaben der fünf Zweige der Sozialversicherung (vgl. M 3)?
- Welche der dargestellten Leistungen lassen sich den Bereichen Familie, Kinder und Jugendliche zuordnen?

2. Beschreibt die Entwicklung der Sozialleistungen von 1991 bis 2009 in absoluten Zahlen und pro Kopf der Bevölkerung (M 7 b).

3. Vergleicht dazu die Entwicklung im Hinblick auf den prozentualen Anteil der Leistungen an der gesamten jährlichen Wirtschaftsleistung (Bruttoinlandsprodukt*). Welche Erklärung habt ihr dafür?

4. Beschreibt den Stellenwert der Sozialausgaben im Bundeshaushalt 2012 (M 7 c) und erläutert die im Einzelnen genannten Ausgaben (vgl. M 3 und M 5).

5. Beschreibt genau die Darstellung der beiden Karikaturen (M 8 a und b) und erläutert, was sie jeweils zum Ausdruck bringen wollen.

6. Nehmt auf dem Hintergrund eurer Erarbeitung der Materialien M 7 a–c zu der jeweiligen Aussageabsicht Stellung.

2. Die Folgen des „demografischen Wandels“ für das soziale Sicherungssystem

M 9 Die „demografische Alterung“ und ihre Folgen für das soziale Sicherungssystem

Abb. 1

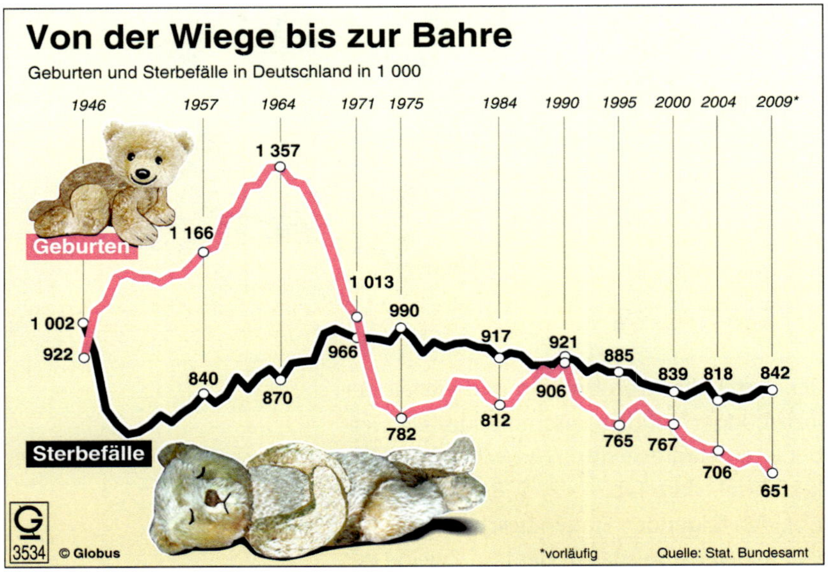

Abb. 2

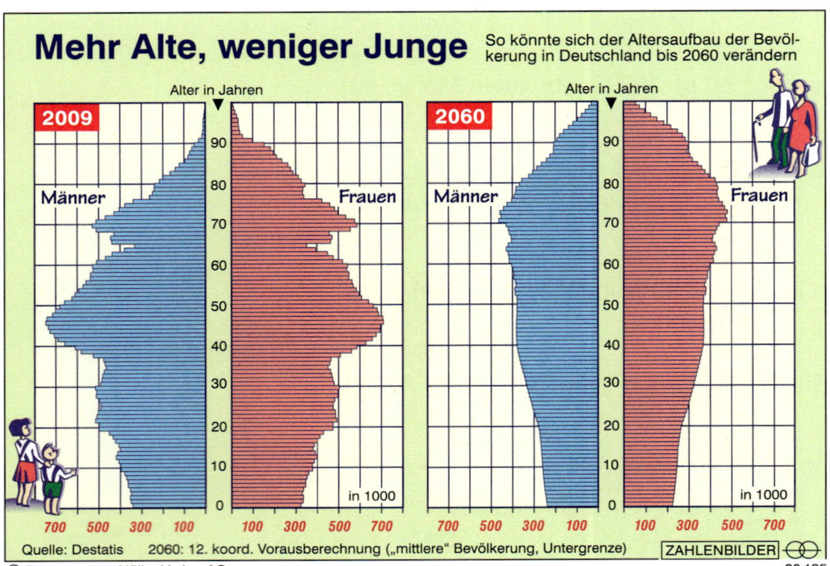

 20 125

a) Zu den wichtigsten politischen Themen der Gegenwart in Deutschland wie in vielen anderen europäischen Ländern gehört die Frage, wie das in den vorangehenden Materialien beschriebene System der sozialen Sicherung angesichts der Tatsache erhalten oder weiterentwickelt werden kann, dass sich der *Altersaufbau der Bevölkerung* deutlich verändert. Mit dem Begriff der *„demografischen Alterung“* ist Folgendes gemeint: Zum einen sorgt der seit Längerem andauernde *Geburtenrückgang* (s. Abb. 1) dafür, dass im Verhältnis zu den älteren Jahrgängen immer weniger junge Menschen nachwachsen und die Gesellschaft insgesamt auf diese Weise gleichsam „von unten her“ immer „älter wird“. Aber der „Alterungsprozess“ vollzieht sich sozusagen auch „von oben“ her: Die Menschen werden, vor allem wegen des medizinischen Fortschritts, immer älter, ihre *„Lebenserwartung“* (durchschnittlich erwartbare Lebenszeit bei der Geburt), die vor 100 Jahren noch bei 48 Jahren (für Frauen) und 45 Jahren (bei Männern) lag, beträgt inzwi-

Demografie/Demographie (von griech. *demos* – Volk, Bevölkerung und *graphein* – aufzeichnen) bezeichnet den Aufbau der Bevölkerung eines Landes nach Altersstufen, das Verhältnis von Jüngeren zu Älteren. Demografen („Bevölkerungswissenschaftler“) befassen sich u. a. mit der Berechnung zukünftiger Entwicklungen und Veränderungen („Prognosen“) und deren Folgen für Gesellschaft und Wirtschaft.

schen für Frauen 82 Jahre und für Männer 77 Jahre, und sie wächst weiter. Es gibt also auch auf diese Weise im Verhältnis zu jüngeren immer mehr ältere Menschen (vgl. Abb. 2). Dieser Prozess ist aufgrund der bereits vollzogenen Änderung des Bevölkerungsaufbaus auf viele Jahre „vorprogrammiert", lässt sich also nur auf sehr lange Sicht durch höhere Geburtenzahlen beeinflussen.

© Bergmoser + Höller Verlag AG

b) Was bedeutet das für das System der sozialen Sicherung und die Sozialpolitik? Der immer größere Anteil älterer Menschen hat zum einen zur Folge, dass die *Kosten für die Gesundheit und die Pflege* weiter ansteigen, zum anderen gefährdet er das System der Alterssicherung (Rentenversicherung), und zwar aus folgendem Grunde: Für die Finanzierung der Altersrenten gilt das Prinzip des sog. *„Generationenvertrags"* (s. Abb. 3), nach dem die Renten der aus dem Erwerbsleben ausgeschiedenen Generation jeweils durch die Beiträge der jeweiligen erwerbstätigen Generation bezahlt werden („Umlageverfahren"). Wenn nun wegen der beschriebenen Verschiebung im Altersaufbau immer weniger Junge (= Erwerbstätige) den Unterhalt von immer mehr Alten (= Rentnern) bestreiten müssen (vgl. Abb. 4), zeichnet sich, wenn das System nicht verändert wird, folgende Alternative ab: Entweder müssen die Beiträge der Erwerbstätigen so steigen, dass ihnen von ihrem Einkommen immer weniger bleibt, oder die Renten

Abb. 4

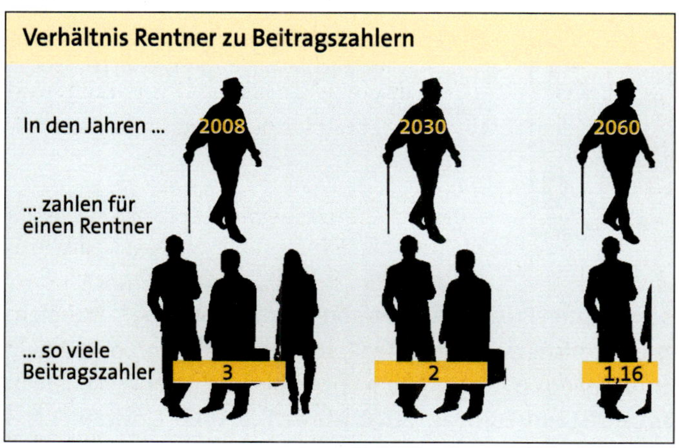

Quelle: Statistisches Bundesamt, 12. Koordinierte Bevölkerungsvorausberechnung 2009, Variante 1-W2, Obergrenze der „mittleren" Bevölkerung

Abb. 5

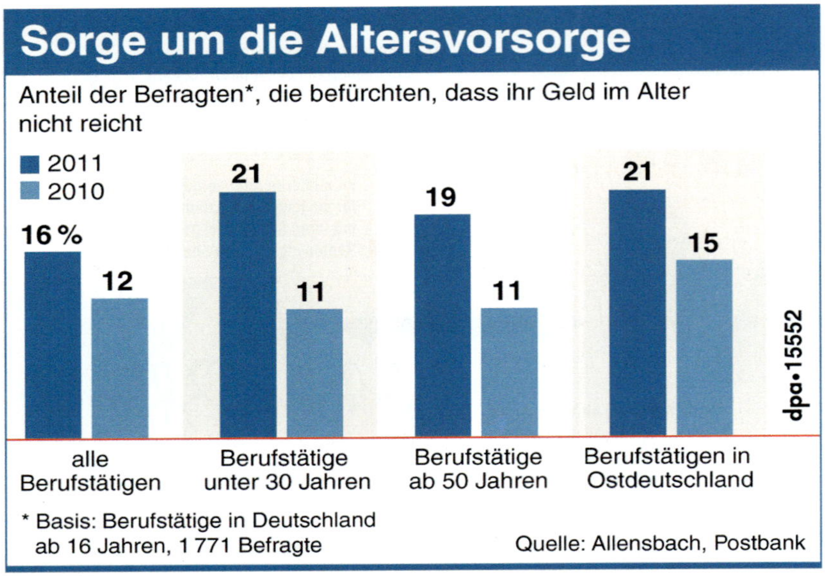

Abb. 6

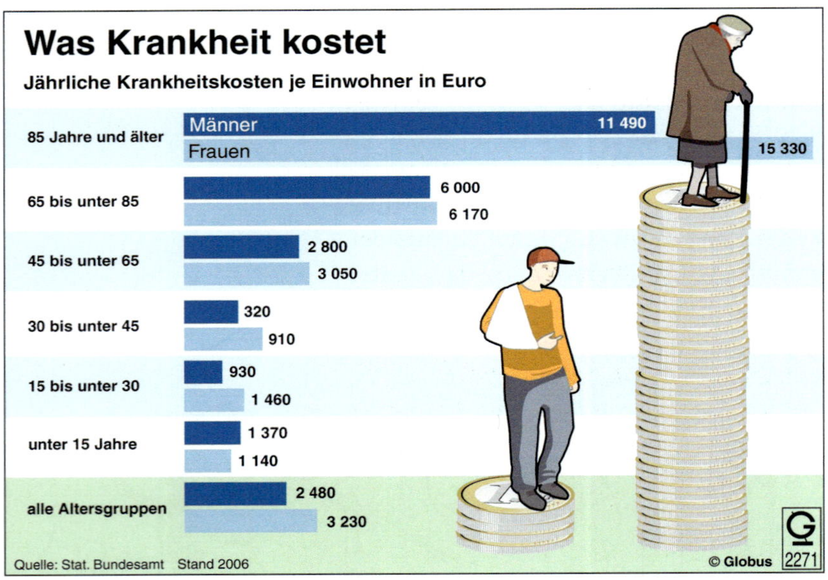

Abb. 7

müssen so gekürzt werden, dass sich das Einkommen der Rentner massiv verringert. Dies Problem wird auch durch die *Arbeitslosigkeit* erheblich verschärft: Die Beiträge werden von den Erwerbstätigen bezahlt; je mehr Erwerbslose es gibt, umso weniger Beiträge fließen in die Rentenkasse.
Experten und Politiker sind sich darüber einig, dass das System der Rentenversicherung verändert (reformiert) werden muss; in welcher Form das erfolgen soll, ist aber z. T. sehr umstritten; über bisherige Reformansätze berichten wir in M 10.

c) Fast noch schwieriger als die Reform der Rentenversicherung gestaltet sich die Reform der **Krankenversicherung**. Die „demografische Alterung" treibt die Kosten enorm in die Höhe; schon bei 65- bis 84-Jährigen sind die durchschnittlichen Kosten mehr als dreimal so hoch wie bei 15- bis 65-Jährigen (s. Abb. 7). Zudem wird nach einer Prognose die Gruppe der über 80 Jahre Alten bis zum Jahre 2050 von heute rd. 3 Millionen auf rd. 9 Millionen anwachsen. Da sich in dieser Gruppe gleichzeitig die meisten Pflegebedürftigen befinden, steht auch die **Pflegeversicherung** vor massiven Zukunftsproblemen. Über bisherige Ansätze zur Reform der Krankenversicherung berichten wir kurz in M 10.

(Autorentext)

1. Erläutert den in M 9 a kurz beschriebenen Prozess der „demografischen Alterung". Inwiefern entwickelt sich der Alterungsprozess nicht nur „von unten", sondern auch „von oben" her? Auf die Ursachen des Geburtenrückgangs (s. Abb. 1) können wir hier nicht näher eingehen. Deutschland ist das „kinderärmste" Land Europas; 2010 wurden je 1000 Einwohner 8,3 Kinder geboren; zum Vergleich: in Irland 15,4, in Frankreich 12,8, in den Niederlanden 11,1, in Österreich 9,4.

2. Erklärt zum Prozess der „demografischen Alterung" die Darstellung in Abb. 2 (vgl. Abb. 6). Welche Verschiebung des Altersaufbaus kommt in der Entwicklung von der „zerzausten Wettertanne" zum „Pilz" zum Ausdruck?

3. Für das Verständnis der Probleme, die sich aus der demografischen Entwicklung für die Rentenversicherung ergeben, ist es wichtig zu wissen, wie die Finanzierung der Renten in Deutschland „funktioniert". Erklärt mit eigenen Worten, was es mit der „Umlagefinanzierung" und dem „Generationenvertrag" auf sich hat (M9b, Z. 43ff., Abb. 3), und stellt fest, wie sich das Verhältnis zwischen Beitragszahlern und Rentnern entwickeln wird (Abb. 4, 5 und 6).

4. Erläutert, welche „Alternative" sich für das Rentensystem ergeben würde, wenn es nicht verändert (reformiert) würde, und welche Rolle die Entwicklung der Arbeitslosigkeit dabei spielt.

5. Erklärt, warum die Krankenversicherung und auch die Pflegeversicherung durch den Alterungsprozess ebenfalls mit gravierenden Problemen rechnen müssen (M8c mit Abb. 7).

6. Was kommt in den Umfrageergebnissen von 2010/2011 (Abb. 6) zum Ausdruck?

M 10 Was tun? – Reformansätze in der Renten- und Krankenversicherung

Die Probleme des Systems der Rentenversicherung und der wachsenden Gesundheitskosten werden seit Jahren in Politik, Wissenschaft und Öffentlichkeit lebhaft diskutiert; die im Bundestag vertretenen Parteien bemühen sich, Mehrheiten für ihre z. T. unterschiedlichen Reformkonzepte zu finden; die von möglichen Reformen betroffenen Gruppen (Rentner, Krankenkassen, Verbände im Gesundheitswesen, Gewerkschaften) versuchen durch Protestaktionen und Lobby*-Arbeit die Reformversuche in ihrem Sinn zu beeinflussen; Entwicklung und politische Durchsetzung von Problemlösungen erweisen sich als außerordentlich schwierig. Immerhin wurden für den Bereich der **Rentenversicherung** in den Jahren 2001 und 2004 Reformansätze beschlossen, von denen man sich eine Stabilisierung des Systems für die nächsten zwei Jahrzehnte verspricht.

Im Mittelpunkt der Reformbemühungen steht das Ziel, die unausweichlichen Folgen der demografischen Alterung gerecht auf die Generationen zu verteilen („*Generationengerechtigkeit*").

- Damit die Beitragslast für die Jüngeren nicht zu stark wächst, wird das „Rentenniveau" (die Höhe der Rente im Verhältnis zum Durchschnittseinkommen der Beschäftigten) langfristig um zwei Punkte gesenkt. Seit 2005 fällt die jährliche Rentenerhöhung immer dann niedriger aus, wenn wieder einmal weniger Beitragszahler für mehr Rentner aufkommen müssen. Diese Anpassung des Rentenniveaus an die demografische Entwicklung wird auch als „*Nachhaltigkeitsfaktor**" bezeichnet.
- Wichtiger noch ist die Einführung der sog. **„Riester-Rente"** (nach dem früheren Arbeits- und Sozialminister Walter Riester). Damit ist Folgendes gemeint: Beschäftigte erhalten, um ihre „Rentenlücke" zu schließen, einen Anreiz, *privat für eine eigene zusätzliche Alterssicherung zu sorgen*, indem sie Geld ansparen (z. B. in Versicherungsverträgen). Der Anreiz besteht darin, dass der Staat für solche Sparverträge eine *staatliche Zulage* zahlt (Sparer mit Familie erhalten auch für jedes Kind eine Zulage). Auf diese Weise soll neben der gesetzlichen Renten-

Abb. 1

Abb. 2

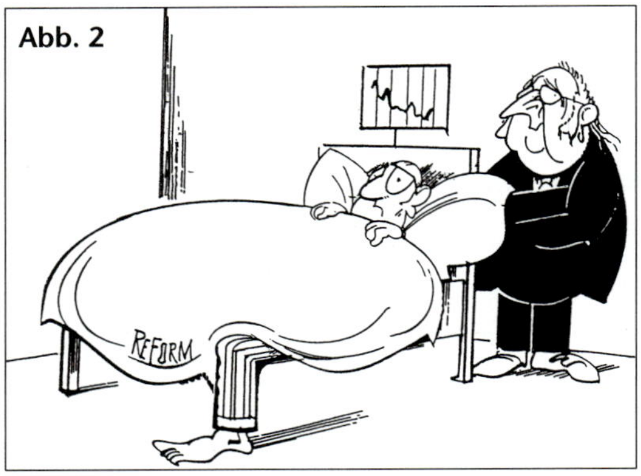

versicherung eine „zweite Säule" der Alterssicherung entstehen. Als Problem der „Riester-Rente" wird diskutiert, dass Beschäftigte mit niedrigem Einkommen nicht in der Lage sind, nennenswerte Beträge anzusparen.

- Mit der *Rentenreform 2007* wurde die Entscheidung getroffen, das *Renteneintrittsalter* von bisher 65 Jahre ab 2012 bis 2029 schrittweise auf 67 Jahre anzuheben. Wer 1964 oder später geboren wurde, kann erst mit 67 in Rente gehen.
- **Reformen der Krankenversicherung** bestanden bis zur Bundestagswahl 2005 im Wesentlichen darin, das Kostenproblem dadurch zu entschärfen, dass die Patienten sich in stärkerem Maße selbst an den Kosten beteiligen mussten (u. a „Praxisgebühr" beim Arztbesuch von 10€ pro Quartal und Zuzahlungen zu den Kosten von Medikamenten, Heilmitteln und bestimmten Leistungen). Die Regierung der „Großen Koalition" einigte sich nach langen und heftigen Diskussionen im Herbst 2006 auf einen Gesetzentwurf für eine größere *Reform der Krankenversicherung,* die dann am 16.2. 2007 mit der Zustimmung des Bundesrats endgültig beschlossen wurde.

Der Beitragssatz für die gesetzliche Krankenkasse ist nun bei einer Höchstgrenze von 15,5 Prozent festgeschrieben (s. M 3), steigende Ausgaben können künftig über Zusatzbeiträge finanziert werden, die von den Kassen erhoben werden können. Um einkommensschwache Versicherte zu schützen, hat man einen Sozialausgleich aus Steuermitteln eingeführt.

(Autorentext)

Dass Reformen des sozialen Sicherungssystems schwierig zu gestalten sind und dass der Konsens darüber unter den Parteien und den gesellschaftlichen Gruppen nur schwer herzustellen ist, kann angesichts des Gewichts und der Komplexität der beschriebenen Probleme nicht verwundern. Wir müssen uns darauf beschränken, die bisher vollzogenen Reformschritte in ihren wichtigsten Zügen kurz zu beschreiben.

1. Beschreibt anhand von M 10, in welche Richtung die bisherigen Reformen der Rentenversicherung und der Krankenversicherung gehen (an welchen Problempunkten sie ansetzen).
2. Erklärt, warum die Einführung der „Rente mit 67" von heftigen Protestkundgebungen der Gewerkschaften (s. Foto S. 324) begleitet war.
3. Interpretiert zu den Reformmaßnahmen auch die Darstellung der Karikaturen (Abb. 1 und 2) und nehmt dazu Stellung.
4. Zu welcher Beurteilung der bisherigen Reformmaßnahmen kommt ihr aus eurer Sicht? Welche Vorschläge habt ihr ggf. selbst?
   Nähere Informationen zu den einzelnen Reformen findet ihr ggf. auf der Internetseite http://www.sozialpolitik-aktuell.de/neuregelungen.html

1. 6-mal richtig, 6-mal falsch

a) Die Sozialversicherung soll die Erwerbstätigen vor einem Rückgang ihres Einkommens schützen.

b) Unter „Sozialabgaben" versteht man die Beiträge, die Beschäftigte und Unternehmen zur Finanzierung der Sozialversicherung leisten.

c) Der größte Teil der Beiträge entfällt auf die Krankenversicherung.

d) Das Solidarprinzip in der Kranken- und Pflegeversicherung bedeutet, dass die Gemeinschaft aller Versicherten für die Kosten derer aufkommt, die krank und pflegebedürftig sind.

e) Im Verhältnis zur Wirtschaftsleistung (Bruttoinlandsprodukt) sind die Sozialleistungen in den letzten Jahren nicht gestiegen.

f) Das Hauptproblem des demografischen Wandels besteht nicht darin, dass die Bevölkerungszahl abnimmt, sondern darin, dass die Bevölkerung älter wird.

g) Zum demografischen Wandel trägt auch bei, dass die Lebensdauer der Menschen stark zugenommen hat.

h) Das „Umlageprinzip" in der Rentenversicherung bedeutet, dass die Versicherten ihr Geld gewinnbringend anlegen, um im Alter von den Ersparnissen leben zu können.

i) Mit der „Riester-Rente" sollen sich die Versicherten ein privates „zweites Standbein" für ihr Alterseinkommen schaffen.

j) Aufgrund der Rentenreformen kann man davon ausgehen, dass die Renteneinkommen in den kommenden Jahren nicht sinken.

k) Der Geburtenrückgang in Deutschland ist dadurch bedingt, dass der Frauenanteil an der Bevölkerung geringer geworden ist.

l) Die „Rente mit 67" wurde eingeführt, um die Zahl der Erwerbstätigen zu vergrößern.

2. Zwei Karikaturen

Beschreibe und interpretiere:

- Was soll jeweils zum Ausdruck gebracht werden?
- Auf welche konkreten Aspekte wird indirekt Bezug genommen?
- Stimmst du der jeweiligen Aussageabsicht zu?

Mit uns
NICHT!
Wir wollen
soziale
Gerechtigkeit
VdK

14 Immer mehr Arme, immer mehr Reiche? – Soziale Ungleichheit und soziale Gerechtigkeit

Zur Orientierung

*Im **ersten Abschnitt** wollen wir klären, welche Arten von Einkommen es gibt und wie sie insgesamt in unserer Gesellschaft verteilt sind. Wie groß ist die „soziale Ungleichheit", wie groß sind die Unterschiede zwischen „Reichen" und „Armen"? Statistische Daten, die Antwort auf diese Frage geben wollen, müssen gründlich analysiert werden.*
*Doch was heißt eigentlich „Armut"? Dieser Frage gehen wir im **zweiten Abschnitt** nach. Was bedeutet Armut in einem reichen Land wie Deutschland im Vergleich zur Armut in vielen Entwicklungsländern? Wie kann Armut definiert werden, um ihr Ausmaß feststellen zu können? Was tut der Staat, um mehr soziale Gerechtigkeit zu erreichen?*
*Immer wieder ist gerade in Deutschland von verbreiteter „Kinderarmut" die Rede. Wir gehen daher im **dritten Abschnitt** der Frage nach, was genau mit „Kinderarmut" gemeint ist, wie sie sich in den letzten Jahren entwickelt hat und worin ihre Ursachen zu suchen sind.*

Kompetenzen

Nach der Erarbeitung dieses Kapitels solltet ihr Folgendes wissen und können:

- die unterschiedlichen „Quellen" benennen, aus denen private Haushalte ihr Einkommen beziehen können, und allgemeine Gesichtspunkte nennen, welche die unterschiedliche Höhe der Einkommen beeinflussen;
- beschreiben, was die „Quintilsdarstellung" über die Einkommensungleichheit in Deutschland und ihre Entwicklung in den letzten Jahren aussagt;
- den Unterschied zwischen „absoluter" und „relativer" Armut erläutern und beurteilen sowie den Maßstab erläutern, nach dem in den Ländern der Europäischen Union „Armut" definiert und ihr Ausmaß gemessen wird;
- die „Armutsgefährdungsquote" für Deutschland kennen und Personengruppen nennen, die in besonderer Weise von Armut betroffen sind;
- Ursachen für die Entstehung von Armut erläutern und wichtige staatliche Sozialleistungen charakterisieren, die der „Armutsbekämpfung" dienen sollen;
- die Bedeutung von „Kinderarmut" erläutern sowie ihr Ausmaß und ihre Entwicklung in Deutschland beschreiben und beurteilen.

1. Soziale Ungleichheit durch ungleiche Verteilung der Einkommen

M1 „Soziale Unterschiede" gibt es in jeder Gesellschaft

In jeder Gesellschaft können wir soziale Unterschiede beobachten. Mit den Unterschieden, die wir wahrnehmen, verbinden wir meistens auch Bewertungen: Menschen sind für uns besser oder schlechter dran, höher oder niedriger gestellt, einflussreicher oder abhängiger. Auf diese Weise stufen wir – bewusst oder unbewusst – Menschen nach Positionen in der Gesellschaft ein und weisen ihnen eine gesellschaftliche Stellung, einen sozialen Status zu (lat. *status* = Stand, Stellung). Dieser ist nicht auf Dauer festgeschrieben. Er kann durch die Schul- und Berufsausbildung, aber auch durch die berufliche Entwicklung verändert werden. Man spricht in diesem Zusammenhang vom sozialen Aufstieg, etwa vom Facharbeiter zum Abteilungsleiter, oder vom sozialen Abstieg – von ihm betroffen können diejenigen sein, die arbeitslos werden. [...] Soziale Unterschiede drücken sich etwa in der Qualität der Wohnungen und der Wohnviertel, in unterschiedlichen Bildungswegen und Berufskarrieren, in den Einkommen und Vermögen der Menschen aus. Diese soziale Ungleichheit kann dabei nicht ohne Weiteres mit sozialer Ungerechtigkeit gleichgesetzt werden. Ob der Unterschied der sozialen Lebenslagen als ungerecht empfunden wird, hängt stark von unseren Wertvorstellungen ab (s. M4). Soziale Unterschiede haben aber zur Folge, dass Menschen unterschiedliche Möglichkeiten haben, an der Gesellschaft teilzuhaben. [...] Wie stark die soziale Ungleichheit in einer Gesellschaft ist, lässt sich an der Verteilung von Einkommen und Vermögen ablesen (s. M3).

(Herbert Uhl [Hg.], Leitfragen Politik, Ernst Klett Verlag, Stuttgart 2010, S. 65, 67; Verf.: Katrin Hirseland)

1. Erläutert mit eigenen Worten die Gesichtspunkte, nach denen wir im Allgemeinen soziale (also nicht naturgegebene) Unterschiede zwischen Menschen in einer Gesellschaft wahrnehmen.
- Welche Rolle spielen dabei die berufliche Stellung, der Bildungsabschluss und das Einkommen?
- Welche Unterschiede gibt es ggf. zwischen eurer eigenen und der allgemeinen gesellschaftlichen Bewertung von Menschen(gruppen) als „höher" oder „niedriger gestellt"?

2. Was ist konkret mit der Aussage gemeint, dass es stark von unseren Wertvorstellungen abhängt, ob wir soziale Unterschiede als gerecht oder ungerecht empfinden? Wovon hängt es z. B. ab, ob ihr ein deutlich überdurchschnittliches Einkommen eines Menschen (z. B. eines Managers oder eines Fußballstars) als „gerecht" oder als „ungerecht" bewertet?

3. Erläutert konkreter den Texthinweis zur Folge sozialer Ungleichheit: Was ist gemeint mit den „unterschiedlichen Möglichkeiten, an der Gesellschaft teilzuhaben"?

M 2 Woher kommen die Einkommen?

Unter Einkommen versteht man im Allgemeinen den Geldbetrag, der einem Einzelnen bzw. einem privaten Haushalt (Haushaltseinkommen) in regelmäßigen Abständen (z. B. monatlich oder jährlich) zufließt und der ihm daher für seine Ausgaben zur Verfügung steht. Doch woher kommt das Einkommen? Die „Quellen“, aus denen der Betrag fließt, sind ganz unterschiedlich, je nach der **beruflichen Tätigkeit**, der ein Einkommensbezieher nachgeht, oder je nach dem **Vermögen**, das er besitzt. Und: Die meisten Leute beziehen Einkommen gleichzeitig aus mehreren Quellen. Im Einzelnen kann man *folgende Quellen* unterscheiden:

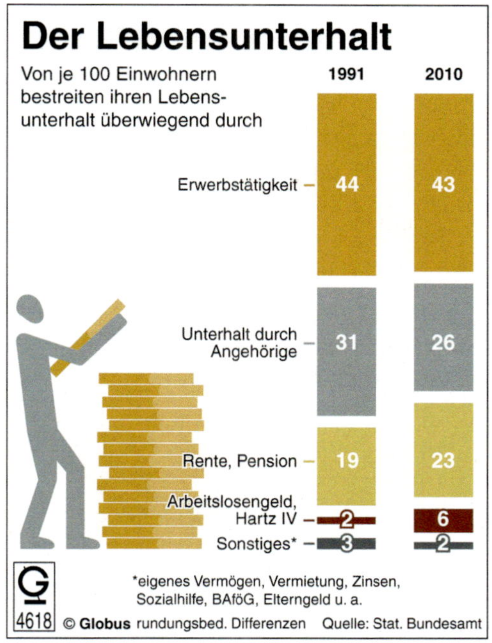

- Wer bei einem privaten Unternehmen (einer Firma, die Produkte herstellt, wie z. B. Autos, oder einer Firma, die Dienstleistungen*, wie z. B. Reparaturen, anbietet, oder einem Handelsunternehmen, das Waren verkauft) oder beim Staat (im „öffentlichen Dienst“, z. B. als Lehrer oder Finanzbeamter) arbeitet, erhält dafür einen bestimmten **Lohn** (Arbeiter*) oder ein **Gehalt** (Beamte*, Angestellte*). Hier spricht man von Einkommen aus **„abhängiger Beschäftigung“** (bzw. „unselbstständiger Arbeit“).
- Wer nicht abhängig, sondern **„selbstständig“** tätig ist (als Unternehmer, Landwirt oder in einem „freien Beruf“, wie z. B. als Künstler, Arzt oder Rechtsanwalt), bezieht sein Einkommen als **Gewinn** aus seinem Betrieb oder als **„Honorar“** für seine freiberufliche Tätigkeit.
- Wer Grundstücke, Gebäude oder Wohnungen besitzt und sie vermietet, bezieht dafür **Einkommen aus Vermietung oder Verpachtung**.
- Wer in der Lage ist, Geldbeträge zu verleihen (z. B. an Banken und Sparkassen), erhält dafür Zinsen*. Wer Geld in Aktien* (Anteilen an Unternehmen) anlegen kann, erhält Gewinnanteile des betreffenden Unternehmens (**„Dividende“**; lat.: „was zu verteilen ist“).

In den beiden erstgenannten Fällen (unselbstständige und selbstständige Tätigkeit) spricht man von **Erwerbseinkommen**, in den beiden letzten Fällen von **Vermögenseinkommen**.

- In jedem Fall entsteht das Einkommen aus einer bestimmten Leistung, die der Einkommensbezieher erbringt, sei es aus seiner Arbeit oder aus dem Vermögen, das er zur Verfügung stellt. Viele Haushalte erhalten aber auch Einkommen, für die keine Gegenleistung erbracht werden muss: Sie erhalten Leistungen vom Staat, der von den Steuermitteln, die alle Einkommensbezieher an ihn abführen müssen, bestimmte Beträge nach bestimmten Gesichtspunkten an bestimmte Haushalte „umverteilt“

(„**Transfereinkommen**“, von lat. transferre – übertragen, von einer Seite auf eine andere). Diese Leistungen des Staates dienen u. a. dazu, Haushalte mit einem zu geringen Einkommen zu unterstützen (durch „**Sozialleistungen**“, wie z. B. Sozialhilfe* oder Wohngeld*) oder die Familienbildung zu fördern (z. B. durch Kindergeld). Zu den Transferleistungen werden aber auch die **Renten** gezählt, für die der Empfänger während seines Erwerbslebens Beiträge in die staatliche Rentenkasse gezahlt hat, die aber zu fast einem Drittel auch aus Steuermitteln finanziert werden.

- **Wovon hängt es nun ab, wie hoch die Einkommen sind?**

Stark vereinfacht kann man sagen:

– Bei abhängig Beschäftigten (**unselbstständiger Arbeit**) werden die Löhne und Gehälter zwischen Arbeitgebern und Arbeitnehmern durch Verträge (**Tarifverträge***) festgelegt;

– Unterschiede ergeben sich hier durch die *berufliche Stellung* und die *Art der Tätigkeit* (ein „leitender Angestellter“ erhält mehr als ein „einfacher Arbeiter“).

– Bei den Erwerbseinkommen aus **selbstständiger** Tätigkeit richtet sich die Höhe der Einkommen nach den Preisen, die ein Unternehmer oder ein Kaufmann am Markt für seine Produkte erzielen kann, nach der Zahl der Patienten, die ein Arzt behandelt, oder der Mandanten, die ein Rechtsanwalt betreut (die einzelnen Tätigkeiten sind bei „freien Berufen“ durch „Gebührenordnungen“ weitgehend festgelegt).

– Bei **Vermögenseinkommen** ergibt sich die Höhe aus der „**Marktlage**“; sie hängt also z. B. davon ab, wie viel Miete Wohnungssuchende zu zahlen bereit sind oder wie viel Zinsen* eine Bank anbietet.

(Autorentext)

Besser Ausgebildete erzielen in der Regel höhere Einkommen; je nach Situation werden auch die *verschiedenen Berufe und Branchen* (z. B. im Handwerk) unterschiedlich bewertet und entlohnt. Außerdem lassen sich große regionale Unterschiede feststellen: In Großstädten wie München oder Düsseldorf ist das Leben teurer, manche Branchen zahlen dort auch höhere Löhne und Gehälter.

(Herbert Uhl [Hg.], Grundwissen Politik, Ernst Klett Verlag GmbH, Stuttgart 2007, S. 46; Verf.: Gerhard Hufnagel, Volker Reinhardt, Katrin Hirseland)

1. Erläutert, aus welchen unterschiedlichen „Quellen“ Einkommen bezogen werden kann, und macht euch die grundsätzliche Unterscheidung zwischen Erwerbs- und Vermögenseinkommen klar. Was unterscheidet „Transfereinkommen“ von diesen beiden Einkommensarten? (Z. 1 – 77)

2. Erstellt zur Verdeutlichung aus den fett gedruckten Begriffen eine Übersicht, in der ihr den drei Haupteinkommensarten (Erwerbs- und Vermögenseinkommen, Transfereinkommen) die übrigen Begriffe zuordnet.

3. Erläutert mit eigenen Worten, von welchen Faktoren die Höhe der einzelnen Einkommensarten grundsätzlich abhängt (Z. 78 ff.).

*In der Regel wird die **ungleiche Verteilung der Einkommen** – als Hauptmerkmal der sozialen Ungleichheit in einer Gesellschaft – daran gemessen, wie (mit welchen Anteilen) sich das Gesamteinkommen*

*auf einzelne Teile der Bevölkerung verteilt. Dabei wird so verfahren: Man teilt die Gesamtbevölkerung in „Fünftel" („Quintile", von lat. quintus – der Fünfte) ein, und zwar in der Reihenfolge des Fünftels mit den niedrigsten bis zum Fünftel mit den höchsten Einkommen, und stellt dann fest, welchen prozentualen Anteil am Gesamteinkommen die einzelnen Fünftel haben. Je größer der Anteil des „reichsten" Fünftels im Verhältnis zu dem Anteil des „ärmsten" Fünftels ist, umso ungleicher ist die Einkommensverteilung in einem Land. Dieses Verhältnis findet man häufig auch ausgedrückt im sog. „**Quintilsverhältnis**", dem Zahlenwert, der sich ergibt, wenn man den Wert für das „reichste" Fünftel durch den für das „ärmste" teilt. Je größer dieser Wert ist, umso größer ist die „Einkommensungleichheit".*
Wenn im Verlauf einer Zeitspanne der Anteil des „ärmsten" Fünftels geringer und der Anteil des „reichsten" Fünftels größer wird, kann man zu dieser Entwicklung oft den Ausspruch hören: „Die Reichen werden immer reicher, die Armen immer ärmer" oder die Aussage „Die Schere zwischen Reich und Arm öffnet sich immer weiter" (vgl. M 6).
Anhand der Tabelle in M 3 könnt ihr die Einkommensverteilung und ihre zeitliche Entwicklung selbst beschreiben, die entsprechenden Berechnungen für das „Quintilsverhältnis" vornehmen und Stellung zu den zitierten Äußerungen nehmen (vgl. die Arbeitshinweise).

M 3 Einkommensungleichheit in Deutschland

Einkommensanteile in der Bevölkerung (%)	1985[1]	1989[1]	1993	1997	2001	2005	2009	2010[2]
Ärmste 20%	9,8	10,0	9,8	10,3	10,1	9,5	9,4	9,3
Reichste 20%	34,6	34,6	35,0	34,3	34,7	36,1	36,3	36,5

[1] Für die Jahre 1985 bis 1989 nur Westdeutschland; [2] **1.** („ärmstes") Quintil: 9,3; **2.** Quintil: 13,9; **3.** Quintil: 17,6; **4.** Quintil: 22,6; **5.** Quintil: 36,5

(Statistisches Bundesamt Wiesbaden [Hg.], Datenreport 2011, Band 1, Bonn 2011, S. 163; ergänzt nach Mitteilung des Deutschen Instituts für Wirtschaftsforschung v. 14.12.2011)

1. Beschreibt mit eigenen Worten die Methode, mit der im Allgemeinen die Einkommensungleichheit in einer Gesellschaft gemessen wird. Was hat es mit den „Quintilen" und dem „Quintilsverhältnis" auf sich (Einleitungstext)?

2. Analysiert die Tabelle:
- Beschreibt zunächst die jeweilige Entwicklung des ärmsten und des reichsten „Quintils" im dargestellten Zeitraum bzw. in bestimmten Abschnitten dieses Zeitraums.
- Berechnet sodann (auf zwei Stellen hinter dem Komma) das „Quintilsverhältnis" für bestimmte Jahre (z. B. 1993: 35,0 : 9,8 = 3,57) und stellt fest, in welchem Jahr die Einkommensungleichheit am vergleichsweise geringsten und in welchem sie am größten war.
- Diskutiert die Berechtigung der Aussage, dass in den Jahren seit 1993 „die Armen immer ärmer und die Reichen immer reicher" geworden sind.

3. Wie schätzt ihr aus eurer Sicht das Ausmaß und die Entwicklung der Einkommensungleichheit in Deutschland ein?

M 4 Einkommensungleichheit und soziale Gerechtigkeit

Gerechtigkeit und Gleichheit

Es gibt einen engen Zusammenhang zwischen der sozialen Gerechtigkeit und der sozialen Ungleichheit. Während man Letztere jedoch messen kann (s. M 3), ist die soziale Gerechtigkeit eine Ansichtssache. Der Regierende Bürgermeister von Berlin verdient mehr als ein U-Bahn-Fahrer der Berliner Verkehrsbetriebe. Das ist leicht festzustellen, aber ist es gerecht? Der Regierende Bürgermeister verdient deutlich weniger als ein Profifußballer von Hertha BSC. Ist das gerecht?

Letztendlich dreht sich die Frage der sozialen Gerechtigkeit immer um die der Gleichheit. Wie gleich müssen die Bürger, wie unterschiedlich dürfen sie sein, damit eine Gesellschaftsordnung als gerecht empfunden wird? Soziale Gerechtigkeit beschreibt nicht den Zustand völliger Gleichheit aller Bürger, die sowieso nicht herzustellen wäre, sondern das *Maß an Ungleichheit, das von der großen Mehrheit akzeptiert wird*. Dass jemand, der viel und fleißig arbeitet, mehr verdient als jemand, der faul und nachlässig ist, dürfte allgemein Zustimmung finden. Dass Männer und Frauen für den gleichen Job ein unterschiedliches Gehalt bekommen, was lange Zeit der Fall war und manchmal heute noch so ist, dürfte allgemein als ungerecht empfunden werden.

Gerechtigkeit und Gleichheit hängen also zusammen. Aber wo soll die Gleichheit ansetzen, bei den Chancen oder bei den Ergebnissen? Müssen, um ein Bild aus dem Sport zu benutzen, alle zur selben Zeit loslaufen (*Chancengerechtigkeit*) oder sollen alle zur selben Zeit ankommen (*Verteilungsgerechtigkeit*)? Darauf gibt es keine einfache und keine allgemeine Antwort. Je nach politischer und weltanschaulicher Position unterscheiden sich die Meinungen hier deutlich.

Gerechtigkeit durch Bildungschancen

In der Bundesrepublik Deutschland werden beide Ansätze verfolgt. Zum einen sollen alle Gesellschaftsmitglieder die gleichen Chancen haben, im Berufsleben erfolgreich zu sein. Da die beruflichen Möglichkeiten mit wenigen Ausnahmen (wie Berufssportler oder Künstler) über Bildungsabschlüsse vergeben werden, ist es wichtig, dass alle Kinder dieselben schulischen Chancen haben. Da aber Kinder und Jugendliche nicht nur von der Schule geprägt werden, sondern vor allem vom Elternhaus, bedeutet das, dass diejenigen, die von zu Hause weniger mitbekommen, stärker gefördert werden müssen (Näheres dazu s. M 11 b). […]

Abb. 1

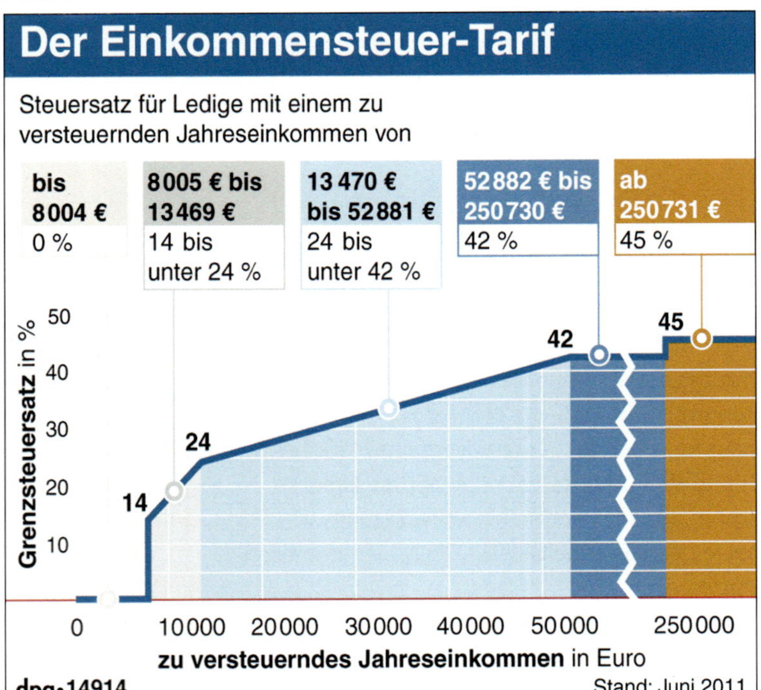

Gerechtigkeit durch Steuern

Um soziale Gerechtigkeit herzustellen, greift der Staat in Deutschland aber auch bei der Verteilung der materiellen Güter ein, und zwar über das klassische Mittel der Steuern. Wer mehr verdient, zahlt nicht nur mehr Steuern, sondern auch einen höheren Prozentsatz, der Steuertarif ist „progressiv“ (s. Abb. 1). Das wird in Deutschland allgemein als gerecht angesehen, Streit gibt es nur über die Frage, wie weit die Progression gehen solle. Während die einen den Spitzensteuersatz gerne erhöhen würden, um die Besserverdienenden stärker an den gesellschaftlichen Kosten zu beteiligen, möchten die anderen ihn senken, um einen hinreichenden Leistungsanreiz zu schaffen und zu verhindern, dass Gutverdienende ihren Wohnsitz im Ausland nehmen.

Mehr als ein Fünftel aller Steuerpflichtigen zahlt wegen zu geringer Einkommen überhaupt keine Lohn- und Einkommensteuer. Auf der anderen Seite sorgen 0,1 Prozent der Steuerzahler für 11,2 Prozent des gesamten Aufkommens der Lohn- und Einkommensteuer (vgl. Abb. 2). Allerdings ist zu berücksichtigen, dass nur ein Teil des Steueraufkommens durch diese direkten Steuern erhoben wird [bei der wichtigsten indirekten Steuer, der Umsatz-/Mehrwertsteuer, zahlen alle Verbraucher, Arme und Reiche, den gleichen Steuersatz].

Auch bestimmte *soziale Leistungen*, die der Staat erbringt, sind in ihrem Preis sozial gestaffelt. Zwar kostet das Ausstellen eines Reisepasses Arm und Reich dasselbe, aber die Gebühren für Kindertagesstätten sind je nach dem Geldbeutel der Eltern sehr unterschiedlich.

(Eckart D. Stratenschulte, Wirtschaft in Deutschland, Bundeszentrale für politische Bildung, Bonn 2007, S. 149ff.)

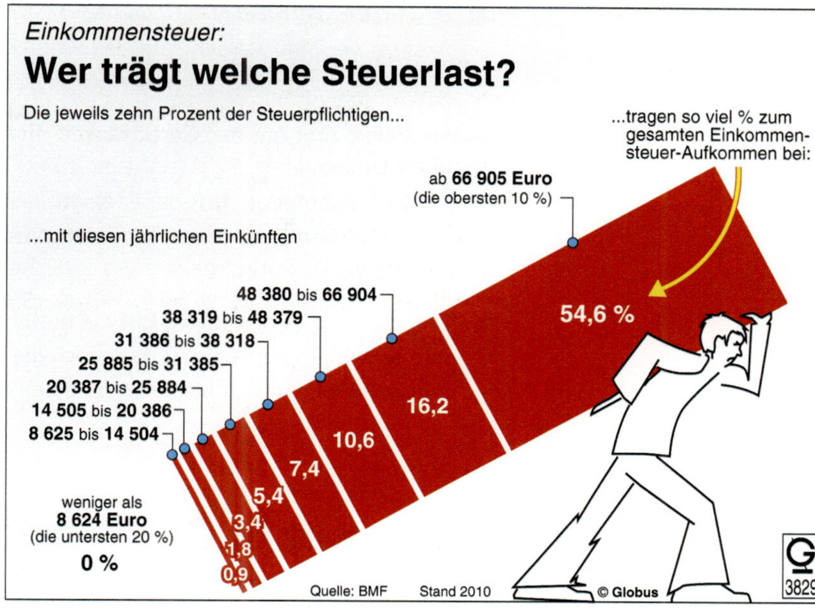

Abb. 2

1. Die Frage nach der sozialen Gerechtigkeit wurde bereits in M 1 angesprochen. Erläutert anhand von M 4 (Z. 1–13) noch einmal den Zusammenhang zwischen sozialer Gerechtigkeit und sozialer Ungleichheit sowie den Unterschied zwischen beiden Fragen im Hinblick auf die Möglichkeit ihrer Beantwortung.

2. Erklärt, inwiefern soziale Gerechtigkeit immer etwas mit Gleichheit zu tun hat (Z. 14–31), und erläutert, wovon es abhängt, ob man soziale Ungleichheit als gerecht empfindet oder nicht. Ergänzt nach Möglichkeit die genannten Beispiele durch einige weitere.

3. Worin liegt der Unterschied zwischen „Chancengerechtigkeit“, die als Ziel politisch nicht umstritten ist, und „Verteilungsgerechtigkeit“, über deren Ausmaß zwischen den Parteien und gesellschaftlichen Gruppen unterschiedliche Auffassungen vorherrschen?

4. Beschreibt die beiden Beispiele für Maßnahmen, mit denen in der Bundesrepublik beide Ansätze verfolgt werden. Auf das Problem der Herstellung von mehr Gerechtigkeit durch gleiche Bildungschancen gehen wir in M 11 b noch näher ein.

5. Analysiert zum Ansatz „Gerechtigkeit durch steuerliche Umverteilung" das Beispiel der Einkommensteuer:
- Was bedeutet es, dass der Einkommensteuer-Tarif „progressiv" verläuft (vgl. Abb. 1)?
- Zu welchen Ergebnissen hinsichtlich der Verteilung der „Steuerlast" führt diese Tarif-Gestaltung (vgl. Abb. 2)?

6. Wie beurteilt ihr aus eurer Sicht die bestehende Gestaltung des Einkommensteuer-Tarifs und ihre Auswirkungen? Erörtert dazu auch die Frage, ob der „Spitzensteuersatz" (45 %; s. Abb. 1) erhöht werden, gleich bleiben oder gesenkt werden sollte (Z. 67 ff.). Begründet eure Position.

2. Armut in Deutschland – Bedeutung, Ausmaß, Entwicklung

M 5 Was heißt „arm"? – „absolute" und „relative" Armut

Armut hat eigentlich viele verschiedene Merkmale, meist wird aber zur Vereinfachung eine bestimmte Geldsumme, die zur Verfügung steht, als Kennzeichen benutzt. Was aber das Wort Armut in der Wirklichkeit bedeutet, hängt vom jeweiligen Zusammenhang ab. In Deutschland ist der Wortinhalt ein ganz anderer als auf dem afrikanischen Kontinent oder in Indien oder Brasilien. Schon in ganz nahen Ländern wie Polen oder der Slowakei versteht man darunter anderes. In Deutschland gilt eine Person als arm, wenn sie weniger als ca. 900 Euro im Monat zur Verfügung hat, in Luxemburg sind es ca. 1 370 Euro im Monat, in Rumänien ist jemand arm, wenn sie oder er weniger als ca. 100 Euro im Monat zur Verfügung hat (vgl. dazu Arbeitshinweis 2.). Armut ist also ein Begriff, dessen Bedeutung immer im Verhältnis zu etwas anderem zu sehen ist. Hier ist das z. B. der allgemeine Wohlstand des betreffenden Landes.

Je reicher eine Gesellschaft ist, desto eher wird man eine Person dort als arm bezeichnen. In einem anderen Land würde man die Person in der gleichen Lebenslage vielleicht überhaupt nicht als arm ansehen. Ganz allgemein kann man sagen, dass ein Mensch als arm angesehen werden muss, wenn er nicht die notwendigen Mittel hat zum Leben, sich nicht entsprechend der Witterung kleiden kann, nicht genügend zu essen hat und hungert, keine Möglichkeit hat, dem Klima entsprechend geschützt zu wohnen, keine Chance hat, entsprechend seiner Fähigkeiten überhaupt eine Schule zu besuchen und auch keine oder fast keine ärztliche Versorgung hat. Man spricht dann von „**absoluter Armut**". Das Leben ist ständig gefährdet, z. B. durch Verhungern oder Erfrieren oder Krankheiten aufgrund fehlender Widerstandskraft des Körpers, der durch Entbehrungen oder Verwahrlosung geschwächt ist. Mehr als ein

Siebtel der Weltbevölkerung, d. h. mehr als eine Milliarde Menschen, so nehmen Forscher an, leben heute am Rand des Existenzminimums, d. h., sie haben gerade eben oder kaum das Mindestmaß an Gütern, die zur Lebenserhaltung notwendig sind. Sie leben von der Hand in den Mund und sind allem, was geschieht, ausgeliefert. Sie sind völlig abhängig vom Ernteausgang oder den Arbeitsmöglichkeiten und zeitweise oder immer von der Unterstützung anderer. Die UNO zieht die Grenze absoluter Armut bei ca. 30 Euro im Monat.

In den *Industrieländern* wie Deutschland gibt es auch solche einzelnen Fälle, aber absolute Armut ist selten. Die soziale Fürsorge des Staates verhindert es. Daher hat man einen anderen Begriff gefunden, den Begriff der „**relativen Armut**". Eine Person wird dabei im Verhältnis zu den anderen Personen dieser Gesellschaft als arm angesehen. Die unmittelbare Gefährdung gibt es nicht, aber die betreffende Person hat ein viel geringeres Einkommen als der Durchschnitt der Bevölkerung. Die Person kann an dem normalen Leben auf einem einfachen oder mittleren Niveau in dieser Gesellschaft nicht in gleichem Maße teilnehmen wie andere „Durchschnittsbürger", z. B. ins Kino gehen, Ausflüge machen, Verkehrsmittel benutzen, sich Nahrungsmittel, Kleidung oder Gegenstände des täglichen Bedarfs kaufen. Jede Gesellschaft bestimmt dabei das, was als notwendig erachtet wird, für sich.

(Bundeszentrale für politische Bildung, Themen und Materialien – Globale Herausforderungen 1, Bonn 2011, S. 40 f.; Verf.: Dr. Wolfgang Böge)

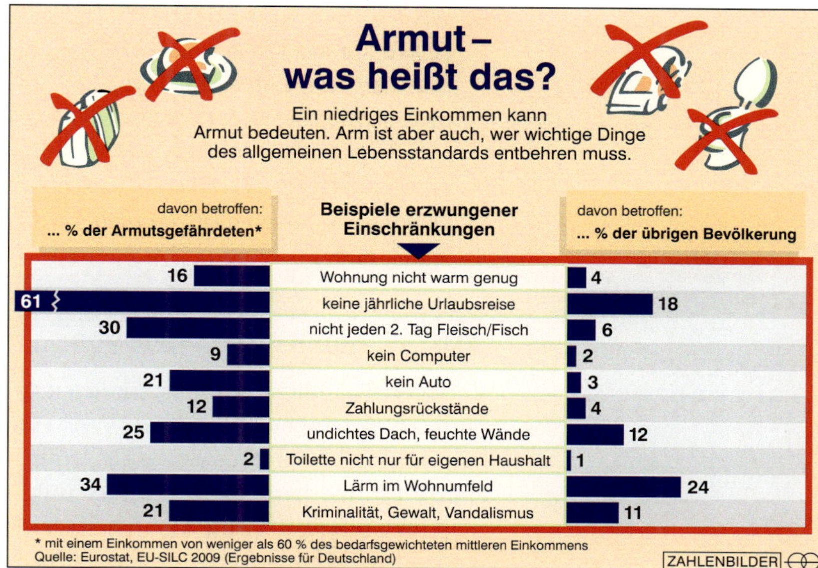

 286 340

Lest den Text zunächst ganz durch, bevor ihr euch den folgenden Arbeitshinweisen und Fragen zuwendet.

1. Beschreibt den Unterschied zwischen „absoluter" und „relativer" Armut.

a) Was bedeutet es, dass mehr als eine Milliarde Menschen (vor allem in den Entwicklungsländern) „am Rande des Existenzminimums" leben müssen? Vielleicht könnt ihr einige Länder benennen, in denen diese „absolute" Armut besonders verbreitet ist und/oder von „Hungerkatastrophen" berichtet wird. Hinweis: Zur „Armutsgrenze" der UNO (30 Euro im Monat bzw. 1,25 Dollar pro Tag) muss man wissen, dass viele Güter und Dienstleistungen in solchen Ländern deutlich billiger sind als z. B. in den Industrieländern.

b) Erläutert mit eigenen Worten, was man unter „relativer" Armut versteht, und analysiert dazu auch die Abb. 1: Welche Unterschiede des „Lebensstandards" zwischen „Armutsgefährdeten" und der übrigen Bevölkerung haltet ihr für besonders gravierend?

2. Will man das Ausmaß der Armut bzw. der Armutsgefährdung in einem Land bestimmen (s. M 6), braucht man einen nachprüfbaren Maßstab, der sich an der Höhe des Einkommens orientiert. Die Länder der Europäischen Union haben sich darauf geeinigt, das als „arm" bzw. „armutsgefährdet" gelten soll, wer über weniger als 60 % des mittleren Einkommens in dem betreffenden Land verfügt (vgl. Anmerkung zur Grafik). Erklärt unter diesem Gesichtspunkt die Bedeutung der Aussage: „Je reicher eine Gesellschaft ist, desto eher [d. h. bei einem desto höheren Einkommen] wird man eine Person dort als arm bezeichnen" (Z. 23 f.; vgl. Z. 12 ff.).

M 6 Armut in der Diskussion

- Gegen die üblicherweise publizierten Armutszahlen wird auch Kritik laut: Wer eine bestimmte Einkommensgrenze als Armutsgrenze für alle heranzieht […], der unterstellt im Grunde, dass alle Menschen gleich (gut) mit Geld umgehen. Sonst wäre nicht zu rechtfertigen, dass unterhalb eines für alle gleichen Einkommens die Armut beginnt. In der Realität gibt es jedoch Menschen, die rational und sparsam wirtschaften, und Menschen, die sich unwirtschaftlich verhalten. Die konkreten Lebensumstände der Einkommenschwachen, die zum Beispiel viel Geld in Alkohol oder elektronisches Spielzeug umsetzen, sind selbstredend schlechter als die Lage der Sparsamen. Jede fixe Armutsgrenze, so der Einwand, gibt daher wenig Auskunft über die konkrete Lebenslage. Überlegungen wie diese veranlassten denn auch die EU und die Bundesregierung, einkommensschwache Menschen, die weniger als 60 Prozent des mittleren Einkommens verdienen, […] nicht als „arm", sondern als *„armutsgefährdet"* zu bezeichnen. […]
- [… Auch] wird in der Bevölkerung […] darüber gestritten, wie „schlimm" relative Armut überhaupt sei. Die einen verweisen darauf, wie viel besser doch die relativ Armen im reichen Europa als die absolut Armen in Afrika lebten. Sie machen darauf aufmerksam, dass heute viele übergewichtige Arme in beheizten Wohnungen vor dem Fernsehapparat sitzen, während Arme noch in der Nachkriegszeit hierzulande (ver-)hungerten, (er-)froren und (sich zu Tode) schufteten.
- Andere vertreten genau die gegenteilige Meinung: Relative Armut in reichen Gesellschaften sei schlimmer als absolute Armut in armen Gesellschaften, vor allem deshalb, weil Armut dort „normal" sei und niemanden ausschließe. Die reiche Gesellschaft jedoch zeige den Armen, wie vielfältig ihre Möglichkeiten sein könnten und wie anders ihre Existenz aussehen könnte. In reichen Gesellschaften werde die Verteilung von Geld und anderen knappen begehrten Gütern mit dem Satz legitimiert: „Jeder ist seines Glückes Schmied." Armut gehe daher mit Verachtung und geringer Selbstachtung einher. Armut schäme sich und ziehe sich zurück, während Reichtum selbstbewusst auftrete und die Normen setze, an denen sich die Armut zu messen habe. Es sei somit der Reichtum, der die Armut schaffe. Deshalb sei Armut gerade in reichen Ländern besonders fühlbar.

(Stefan Hradil, Der deutsche Armutsdiskurs. In: Aus Politik und Zeitgeschichte 51-52/2010 v. 20.10.2010, S. 3–5; http://www.bpb.de/files/Z83OD8.pdf)

In M 6 wird auf zwei Gesichtspunkte hingewiesen, unter denen der Maßstab „einer bestimmten Einkommensgrenze" für relative Armut diskutiert und kritisiert wird.

1. Setzt euch mit der Einschätzung auseinander, eine allgemeine festgelegte „Armutsgrenze" berücksichtige zu wenig, dass unterschiedliche Menschen unterschiedlich gut mit Geld umgehen könnten (Z. 1–25).

2. Nehmt Stellung zu dem Streit zwischen den beiden entgegengesetzten Positionen: Muss man relative Armut im reichen Europa mit Blick auf die Armut z. B. in Afrika für nicht so schlimm erachten (Z. 26–37) oder ist Armut gerade in einer reichen Gesellschaft für die Betroffenen besonders schwer erträglich (Z. 38 ff.)?

M 7 Armutsgefährdung in Deutschland

Die 27 Mitgliedsländer der Europäischen Union haben sich auf einen einheitlichen Maßstab zur Berechnung des Ausmaßes der Armut in den einzelnen Ländern geeinigt. In Deutschland wird diese Datenerhebung jährlich unter der Bezeichnung „Leben in Europa" durchgeführt. Der zentrale Maßstab ist die sog. „Armutsgefährdungsquote". Sie gibt an, wie viel Prozent der Bevölkerung eines Landes über ein Einkommen verfügen, das unter 60 Prozent des mittleren Einkommens dieses Landes liegt. 2009 lag diese Einkommensgrenze in Deutschland für einen Ein-Personen-Haushalt bei 940 Euro im Monat (s. Grafik). Näheres zur Berechnung dieses Wertes, bei der auch unterschiedliche Haushaltsstrukturen berücksichtigt werden (bei einem 4-Personen-Haushalt liegt der Grenzwert pro Person niedriger, weil vier Personen in einem gemeinsamen Haushalt nicht den vierfachen Bedarf eines „Single"-Haushalts haben), findet ihr ggf. auf der Internetseite http://www.presseportal.de/pm/32102/2140756/15- 6-der-bevoelkerung-im-jahr-2009-armutsgefaehrdet.

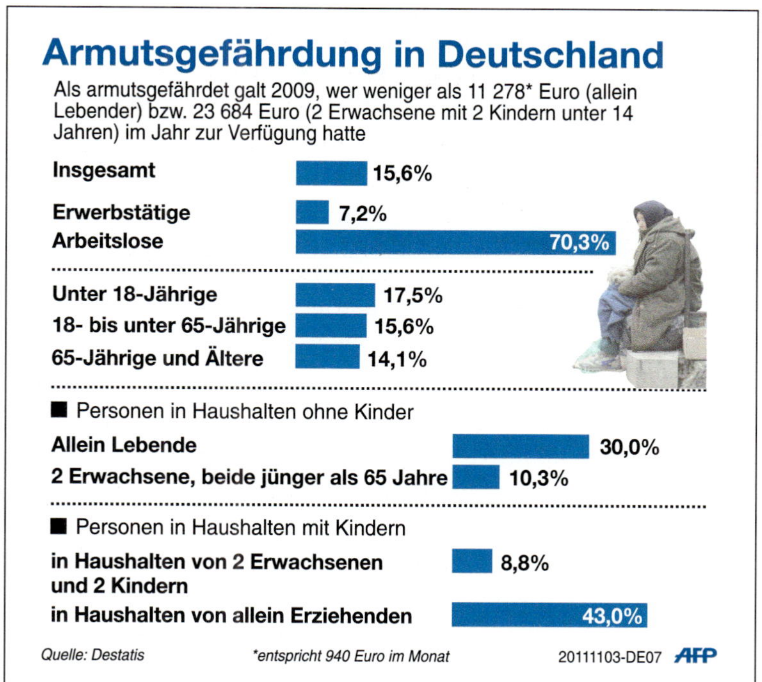

niedriger Bildungsstand: 25,3 %; **mittlerer Bildungsstand:** 14,1 %; **hoher Bildungsstand:** 7,9 %; Armutsgefährdungsquote (insgesamt) **2007:** 15,2 %; **2008:** 15,5 %

(http://de.nachrichten.yahoo.com/fast-sechste-deutschland-armut bedroht-094538878.html, 3.11.2011; Anmerkungen ergänzt nach: http://www.bpb.de/nachschlagen/zahlen-und-fakten/soziale-situation-in-deutschland/61785/armuts gefährdung, S. 157)

[Legt man den EU-Maßstab zugrunde], ergibt sich hieraus, dass statistisch 15,6 % aller Bundesbürger im Jahr 2009 von Armut bedroht waren. Ohne Wohn- und Kindergeld hätte die Zahl sogar ca. 24 % der Bevölkerung betragen.
Häufig kommen gleich mehrere **Ursachen** von Armut zusammen. Zu den besonders gefährdeten Gruppen zählen Menschen, die über längere Zeit *arbeitslos* sind. Zu die-

ser Gruppe gehören auch Jugendliche, die *keinen Ausbildungsplatz* gefunden haben, die die *Schule ohne Abschluss* verlassen haben oder die nicht ausbildungsfähig sind. Weitere Gruppen sind *Familien mit vielen Kindern, Alleinerziehende* und ihre Kinder, Rentner mit *kleinen Renten*. Fehlende Schul- und Berufsabschlüsse sind allgemein ein großes Risiko. Menschen mit geringer beruflicher Qualifikation, insbesondere auch schlecht ausgebildete Migranten, werden z. B. bei Wirtschaftskrisen oder durch die internationale Arbeitsteilung schnell langfristig an den Rand gedrängt, weil die Arbeiten, die sie ausführen könnten, im Ausland, z. B. China oder Rumänien, billiger geleistet werden.

(Bundeszentrale für politische Bildung, Themen und Materialien – Globale Herausforderungen 1, Bonn 2011, S. 50; Verf.: Dr. Wolfgang Böge)

M 8 Warum gibt es Armut? – Fallbeispiele

Meistens sind mehrere Gründe gleichzeitig für die Armut eines Menschen verantwortlich. Manches hängt von der Person des Einzelnen ab, manches von den äußeren Lebensumständen oder anderen Menschen. Manche Ursachen von Armut können von den betroffenen Menschen selbst oder Ländern allein nicht beeinflusst werden. Manche Ursachen sind auf eigenes Verhalten zurückzuführen.

1. Astrid P., 27 Jahre alt, gelernte Friseurin, alleinerziehende Mutter, zwei Kinder, 2 und 4 Jahre. Der mit ihr nicht verheiratete Vater der Kinder, der auch nicht mit ihr zusammenlebt und sich kaum um die Kinder kümmert, ist arbeitslos und zahlt kaum oder unregelmäßig Unterhalt für die Kinder. Astrid P. lebt von der Sozialhilfe*. Sie sorgt für die Kinder. Eine Kinderkrippe bzw. ein Kindergarten steht nicht zur Verfügung.

2. Gernot S., 23 Jahre alt, hat keinen Schulabschluss und keine Ausbildung. Ohne Hauptschulabschluss wollte ihn keine Firma haben. Manchmal arbeitet er schwarz als Helfer auf dem Bau. Er lebt von der Sozialhilfe.

3. Hawar G., 26 Jahre alt, kann nur wenig Deutsch, seine Eltern, die schon lange in Deutschland leben, haben es versäumt, ihn dazu anzuhalten. Er hat die Schule nicht geschafft und keine Lehrstelle gefunden. Die Arbeitsverwaltung hat ihn mehrfach zu Firmen geschickt, um sich um einen Aushilfsjob zu bewerben. Er ist nicht hingegangen. Jetzt hat die Sozialbehörde ihm die Sozialhilfe, von der er lebte, gekürzt. [...]

6. Berta P. ist 86 Jahre alt und kinderlos, sie hat ihr Leben lang als Küchenhilfe in Görlitz gearbeitet für wenig Lohn. Ihre Rente ist klein. Jetzt ist sie alt und hinfällig. Sie lebt in einem Heim. Dort wird sie versorgt. Die Rente reicht nicht für die Heimrechnung. Die Sozialbehörde muss zuzahlen. Ihre Rente wird von der Sozialbehörde eingezogen. Sie erhält ein kleines Taschengeld für Extra-Ausgaben.

7. Familie K. hat 6 Kinder. Herr K. arbeitet als Busfahrer. Frau K. hilft beim Bäcker nebenan aus. Die Kinder gehen alle erfolgreich zur Schule. Die Bäckerei würde Frau K. gern Vollzeit als Verkäuferin anstellen, Frau K. kann aber nicht voll arbeiten, weil sie sich um die Erziehung und Betreuung der Kinder kümmert. Die Familie führt ein sehr glückliches Familienleben, aber das Geld ist natürlich ständig sehr knapp.

8. Candemir G., 38 Jahre alt, lebt in Bottrop. Er hat auf Raten eine Wohnungseinrichtung und ein Auto gekauft. Jetzt hat er seinen gut bezahlten Job verloren. Der neue bringt deutlich weniger ein. Herr G. ist überschuldet, er kann die Raten nicht mehr bezahlen. Sein Lohn wird z. T. gepfändet. […]

10. Karl H., 52 Jahre alt, hat seine Stellung als Maurer in Halle verloren. Seine Firma hat 2007 in der Wirtschaftskrise dichtgemacht. Er hat keine neue Arbeit gefunden. Der Bauindustrie geht es nicht so gut. Seine kleine Wohnung kann er behalten, die Sozialbehörde zahlt die Miete. Er lebt von der Sozialhilfe.

(Bundeszentrale für politische Bildung, Themen und Materialien – Globale Herausforderungen 1, Bonn 2011, S. 48; Verf.: Dr. Wolfgang Böge)

1. Stellt fest, wie sich die „Armutsgefährdungsquote" (nach dem EU-Maßstab) insgesamt in Deutschland zwischen 2007 und 2009 entwickelt hat, und beschreibt für 2009 die auffälligen Unterschiede in der Betroffenheit von Armut bei den in der Grafik aufgeführten Personengruppen (M 7 mit Abbildung).

2. Erläutert die genannten Hauptursachen von Armut in Deutschland auf (M 7, Z. 7 ff.) und stellt fest, inwieweit diese Ursachen sich in den „Armutsquoten" in der Grafik widerspiegeln.

3. Welcher Ursache kommt eurer Einschätzung nach ein besonderes Gewicht zu?

4. M 8 zeigt, dass neben den in M 7 genannten allgemeinen Ursachen der Armutsgefährdung auch Gesichtspunkte eine Rolle spielen können, die die besonderen Lebensumstände oder das eigene Verhalten eines Menschen betreffen (s. Z. 1 – 10). Untersucht – ggf. in Partner- oder Gruppenarbeit – die dargestellten Fallbeispiele unter diesen Aspekten und diskutiert eure Beurteilungen im Klassengespräch.

M 9 Staatliche Sozialleistungen zur Bekämpfung der Armut

In der Bundesrepublik Deutschland sichert die Hilfe der Gemeinschaft aller Bürger (des Staates) den Lebensunterhalt von armen Bedürftigen aus Steuermitteln. Das ist zu unterscheiden von Versicherungsleistungen wie Renten, Krankengeld oder Arbeitslosengeld I, für die man vorher Sozialabgaben von seinem Arbeitsentgelt bezahlt hat (vgl. M 5 in Kap. 13). Alle Steuerzahler kommen also gemeinschaftlich für alle sozialen Sicherungen von Armen im Land auf, die keine oder zu geringe eigene Versicherungsleistungen erhalten. Vereinfacht kann man sagen: Es gibt die **Sozialhilfe***. Sie steht allen [nicht Erwerbsfähigen] unter 65 Jahren zu, die ein zu geringes Einkommen haben, um sich selbst zu erhalten. Bedürftige *erwerbsfähige* Personen zwischen

Abb. 1

15 und 65 Jahren erhalten **Arbeitslosengeld II** (Hartz IV*). Ihre nicht erwerbstätigen Familienangehörigen erhalten **Sozialgeld**, für bestimmte Gruppen gibt es bei **Mehrbedarf** einen Aufschlag von bis zu 60%. [...] Hinzu kommen die Kosten für angemessene Miete und Heizung, d.h., Eltern mit zwei Kindern z.B. können insgesamt durchaus in die Nähe des Lohns eines wenig verdienenden Vollzeitarbeitenden kommen. Das empfinden zwei Drittel der Deutschen als Problem. Zwei Drittel sind aber andererseits auch gegen eine Kürzung der Sozialleistungen*. Zuverdienst ist in Grenzen erlaubt, dadurch soll der Wille gestärkt werden, sich selbst aus der Armut zu befreien und sich anzustrengen, wieder selbst für sich sorgen zu können. Es gibt eine Vielzahl von Hilfen und Möglichkeiten. Einen großen Raum nehmen staatliche oder staatlich bezahlte *Fortbildungs-, Umschulungs- und Ausbildungsmaßnahmen* für Arbeitslose ein, um sie wieder in den Arbeitsprozess einzugliedern. Auch *Förderprogramme*, den Schulabschluss nachzuholen, gibt es. Die Organisation der Bundesagentur für Arbeit* wurde verbessert, um Arbeitslosen besser Arbeit zu vermitteln.

(Bundeszentrale für politische Bildung, Themen und Materialien – Globale Herausforderungen 1, Bonn 2011, S. 57f.; Verf.: Dr. Wolfgang Böge)

Abb. 2

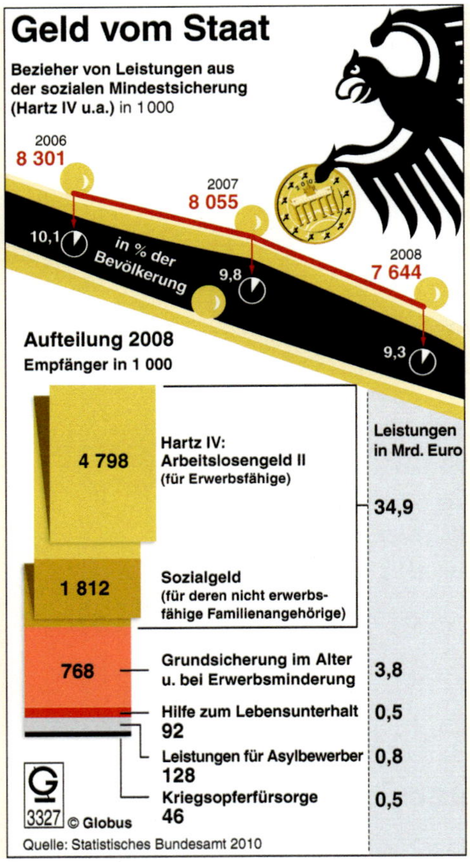

Zahl der Empfänger 2009 (in Tsd):
- Hartz IV*/Arbeitslosengeld II: 4908
- Sozialgeld: 1829
- Grundsicherung im Alter und bei Erwerbsminderung: 763
- Sozialhilfe/Hilfe zum Lebensunterhalt: 92
- Leistungen für Asylbewerber: 121
- Kriegsopferfürsorge: 46

Insgesamt: 7761 (9,5% der Bevölkerung)[1]

Leistungen in Milliarden Euro: 41,6; davon für Hartz IV*: 35,9 (86,3%)

(Angaben nach: Statistisches Bundesamt Wiesbaden 2009)

[1] **2010** ging die Zahl der Empfänger auf rd. **7,5 Mio.** (**9,2%** der Bevölkerung) zurück. Die Zahl der Empfänger von *Arbeitslosengeld II* betrug im Dezember **2011** 4426 Tsd., die der Empfänger von *Sozialgeld* 1692 Tsd.

1. Erläutert die beschriebenen Formen der Grundsicherung, mit denen in Deutschland der Lebensunterhalt für Bedürftige gesichert werden soll. Klärt zum Verständnis der z.T. verwirrenden Begrifflichkeit folgende Fragen (Text und Abb. 1):
- Worin liegt der Unterschied zwischen dem Arbeitslosengeld I* und dem Arbeitslosengeld II/Hartz IV*?
- Welche Personen beziehen „Sozialhilfe", welche „Sozialgeld"?

2. Beschreibt die in Abb. 2 dargestellte Verteilung und Entwicklung der Leistungen und der Empfängerzahl für die einzelnen Formen der Grundsicherung.

In der öffentlichen Diskussion über Armut spielt der Begriff „Hartz IV" seit Jahren eine zentrale Rolle. Wir wollen daher im Folgenden (M 10) etwas näher über diese Form der sozialen Grundsicherung („Grundsicherung für Arbeitssuchende") informieren, damit ihr euch ein eigenes begründetes Urteil dazu bilden könnt.

M 10 „Armut per Gesetz"? – Die „Hartz IV*"-Arbeitsmarktreform in der Diskussion

• Mit dem Inkrafttreten der sog. „Hartz IV*"-Reform (2005) wurde für alle Personen, die bisher Leistungen der *Arbeitslosenhilfe* erhielten, und alle erwerbsfähigen Personen, die bisher Anspruch auf Sozialhilfe* hatten, als einheitliche Unterstützungsleistung die *„Grundsicherung für Arbeitsuchende"* geschaffen. Die Leistungen dieser Grundsicherung für die Arbeitsuchenden selbst heißen *„Arbeitslosengeld II"* (ALG II), die für ihre im gleichen Haushalt lebenden Angehörigen *„Sozialgeld"* (das nicht zu verwechseln ist mit der weiterhin bestehenden, nun aber nur noch für relativ wenige Personen infrage kommenden „Sozialhilfe"). Absicht der Reform war im Wesentlichen, *allen* arbeitsfähigen Langzeitarbeitslosen die gleiche bedarfsabhängige Unterstützungsleistung zukommen zu lassen, zugleich aber – nach dem Prinzip „Fördern und Fordern" – auf Langzeitarbeitslose stärker als bisher einen gewissen Druck zur Aufnahme einer Arbeit auszuüben.

• In einer Broschüre der Bundesregierung heißt es: „Das Arbeitslosengeld wird aus Steuern, d. h. Mitteln der Allgemeinheit finanziert. [...] Von den Bezieherinnen und Beziehern wird erwartet, dass sie selbst alles tun, um die Abhängigkeit von staatlicher Hilfe – und damit die finanzielle Belastung der Gemeinschaft – so schnell wie möglich zu beenden. [...] Grundsätzlich ist die Aufnahme jeder Arbeit zumutbar. [...] Ausnahmen gelten z. B., wenn der Beschäftigung körperliche, geistige oder seelische Gründe entgegenstehen oder wenn Beschäftigungen wegen zu geringer Bezahlung als sittenwidrig anzusehen sind."

• Das Arbeitslosengeld II orientiert sich nicht am früheren Arbeitseinkommen, sondern an dem in seiner Höhe gesetzlich festgelegten *Bedarf* des Betroffenen und der mit ihm im Haushalt lebenden Angehörigen bzw. „Lebenspartner" (*„Bedarfsgemeinschaft"*). Seit Januar 2012 beträgt der „Regelbedarf" für den Arbeitsuchenden 374 Euro; er wird jährlich der allgemeinen Einkommensentwicklung angepasst (zu den Beträgen für weitere Mitglieder der Bedarfsgemeinschaft vgl. die tabellarische Übersicht, S. 360). Der Regelbetrag soll die Grundbedürfnisse abdecken. Hinzu kommen Beträge für die *Unterkunft* und die *Heizkosten*. Dabei müssen die Bezieher allerdings nachweisen, dass der Wohnraum „angemessen" ist. Angemessen sind für Singles bis 50 Quadratmeter, für Paare bis 60 Quadratmeter und für Familien mit einem Kind bis 75 Quadratmeter Wohnfläche. Hinzu kommen bestimmte Beträge bei Mehrbedarf (für Schwangere, Alleinerziehende und Schwerbehinderte) und einmalige Leistungen (z. B. für die Erstausstattung einer Wohnung). Auch die *Beiträge für Kran-*

Tabelle 1:

Leistungsberechtigte Personen in einer Bedarfsgemeinschaft	Regelbedarf seit 1. Januar 2012
erwachsene alleinstehende Person	374 Euro
erwachsene alleinerziehende Person	374 Euro
erwachsene Person mit minderjährigem Partner	374 Euro
erwachsene Partner einer Ehe, Lebenspartnerschaft, eheähnlichen oder lebenspartnerschaftsähnlichen Gemeinschaft, jeweils	337 Euro
Kind, das jünger als 6 Jahre ist	219 Euro
Kind im Alter zwischen 6 und 13	251 Euro
Kind bzw. Jugendlicher im Alter zwischen 14 und 17	287 Euro
weitere Leistungen: – Wohn- und Heizkosten in angemessenem Umfang – Sozialversicherungsbeiträge für ALG I-Bezieher – Mehrbedarf u. a. für Schwangere, Behinderte, Alleinerziehende – befristeter Zuschlag beim Übergang vom ALG I zum ALG II – Erstausstattung für Wohnung/Bekleidung, Klassenfahrten – jährliches „Schulbedarfspaket“ von 100 Euro für Schüler	

Tabelle 2:

Beispiel: Bedarfsberechnung für einen Familienhaushalt (Ehepaar, zwei Kinder, 4 und 12 Jahre)	
Regelbedarf bei einer Partnerschaft	337 Euro
Regelbedarf bei einer Partnerschaft	337 Euro
Regelbedarf Kind	219 Euro
Regelbedarf Kind	251 Euro
Unterkunft und Heizung[1]	528 Euro
Bedarf insgesamt	**1672 Euro**
Kindergeld als anzurechnendes Einkommen	–368 Euro
Anspruch auf ALG II/Sozialgeld	1304 Euro

[1] Die Höhe des Betrags richtet sich nach den örtlichen Gegebenheiten (durchschnittliche Höhe der Mieten im Wohnort)

(Quelle: Bundesministerium für Arbeit und Soziales, Grundsicherung für Arbeitsuchende. Fragen und Antworten, S. 106; http://www.sgb2.info/node/1282)

Tabelle 3:

Zahl der „Hartz IV*“-Empfänger:			
	2006	**2009**	**2011 (Nov.)**
insgesamt:	7347000	6725000	6139000
davon:			
Arbeitslosengeld II	5392000	4908000	4437000
Sozialgeld	1955000	1817000	1702000

ken-, Pflege- und Rentenversicherung übernimmt der Staat.

Seit 2011 haben Kinder in Hartz-IV-Haushalten Anspruch auf Leistungen aus dem neu geschaffenen „Bildungspaket“ (s. M 11 c). Leistungen zur Sicherung des Lebensunterhalts werden nur gewährt, soweit kein eigenes Einkommen zur Verfügung steht. Auch müssen die Antragsteller eigenes Vermögen, das über einen bestimmten Freibetrag hinausgeht, einsetzen, bevor sie Anspruch auf Leistungen erheben können.

- In der Diskussion über das Arbeitslosengeld II („Hartz IV*“) geht es vor allem um die als Härte empfundene Regelung, dass alle Arbeitslosen nach Bezug des Arbeitslosengeldes I* (60 % bzw. 67 % [für Arbeitslose mit Kindern] des bisherigen Netto-Verdienstes, je nach Alter bis maximal 24 Monate lang) nunmehr die gleiche Leistung erhalten. Die Dauer ihrer früheren Berufstätigkeit und die Höhe ihres Verdienstes werden nicht berücksichtigt. Wer zuvor über lange Jahre z. B. einen Nettoverdienst von 2 500 € hatte, erhält nach dem Prinzip der Bedürftigkeit den gleichen Regelsatz wie jemand, der zuvor nur kurze Zeit berufstätig war und einen Nettoverdienst von z. B. 1 200 € hatte.
- Ein anderer Kritikpunkt betrifft den sog. „Lohnabstand“, d. h. den Unterschied zwischen dem „Hartz IV“-Einkommen und dem mittleren Nettoeinkommen eines vollzeitbeschäftigten Erwerbstätigen. Kritiker weisen darauf hin, dass dieser Unterschied in manchen Fällen (z. B. bei einem Familienhaushalt mit mehr als zwei Kindern) zu gering sei und deshalb „Hartz IV“-Bezieher zu wenig zur Aufnahme einer Arbeit motiviert würden.
- Gewerkschaften und Sozialverbände dagegen kritisieren das „Hartz IV“-System als im Sinne einer ausreichenden sozialen

Mindestsicherung völlig unzureichend und fordern eine deutliche Erhöhung der Regelsätze.

- Die Bundesagentur für Arbeit* kam in einem Bilanzbericht im Dezember 2009 zu einer insgesamt eher positiven Einschätzung des Systems (http://doku.iab.de/kurzber/2009/kb2909.pdf), auch im Hinblick darauf, dass es die Zahl der Arbeitslosen günstig beeinflusst (die Arbeitslosenzahl sank von 4,86 Mio. im Jahr 2005 auf 3,27 Mio. im Jahr 2008) und die Zahl der Empfänger sich verringert habe (s. M 9, Abb. 2).

(Autorentext)

Die 2005 in Kraft getretene sog. „Hartz IV*"-Reform beinhaltet unter dem offiziellen Leitsatz „Fördern und Fordern" ein im Einzelnen sehr differenziertes und kompliziertes Regelwerk, dessen Auswirkungen pauschal nur schwer zu beurteilen sind. Anhand von M 10 könnt ihr euch über die wichtigsten Regelungen und Konsequenzen informieren, wobei allerdings der Bereich der Beratung und Arbeitsvermittlung für die erwerbsfähigen Bezieher von „Hartz IV" („Fördern") ausgespart bleibt. Für weitere Klärungen stehen im Internet vielfältige Informationsangebote zur Verfügung (z. B. unter www.arbeitsmarktreform.de oder http://de.wikipedia.org/wiki/Arbeitslosengeld_2).

1. Beschreibt anhand des Textes die wesentlichen Merkmale der „Hartz IV"-Reform (Anspruchsberechtigte, Zielsetzung „Fördern und Fordern", Regelbedarfssätze, Entwicklung der Zahl der Empfänger).

2. Verschafft euch einen Überblick über die finanziellen und sonstigen Leistungen, die einer „Bedarfsgemeinschaft" (Erwerbsfähige/Arbeitsuchende und ihre Angehörigen und Lebenspartner, die einen gemeinsamen Haushalt führen) zustehen (Tabelle 1).

3. Rechnet das Beispiel einer „Bedarfsrechnung" (Tabelle 2) anhand der Angaben in Tabelle 1 nach und stellt fest, was es bedeutet, dass das Kindergeld (je 184 Euro für die beiden Kinder) auf den Bedarf „angerechnet" wird.

4. Berechnet als ein weiteres Beispiel den Bedarf bzw. den Anspruch für einen Familienhaushalt (Paar mit drei Kindern im Alter von 1, 12 und 15 Jahren; Wohnung und Heizung: 610 Euro; Lösungstipp für den Anspruch: 1 483 Euro).
   Zahlreiche nähere und anschauliche Informationen (z. B. Infografiken) zu Fachbegriffen und Berechnungen, die im Zusammenhang mit „Hartz IV" eine Rolle spielen, findet ihr unter der Internetadresse http://www.sgb2.info/panel/service

5. Stellt aus eurer Sicht heraus, wo ihr besondere Probleme, positive und negative Aspekte der Reform seht, und nehmt zu den angesprochenen unterschiedlichen Beurteilungen aus eurer Sicht Stellung.

6. Wenn ihr euch einen konkreten Einblick in die Probleme verschaffen wollt, die mit der Anwendung der „Hartz IV"-Regelungen in der Praxis entstehen, solltet ihr ggf. einen Mitarbeiter der örtlichen Stelle der Arbeitsagentur („Jobcenter*") zu einer **Expertenbefragung** einladen. Hinweise zur Durchführung dieser Methode findet ihr im Anhang auf S. 527 f.

3. Problem „Kinderarmut"

M 11 a Die Entwicklung der Kinderarmut – zwei Maßstäbe

Kinderarmut geht zurück

In Deutschland leben immer weniger arme Kinder. Nach einer Auswertung der Bundesagentur für Arbeit* (s. Abb. 1) ist die Zahl der jungen Hartz-IV*-Empfänger in den vergangenen fünf Jahren deutlich zurückgegangen.

(Süddeutsche Zeitung v. 26.1.2012)

Abb. 1

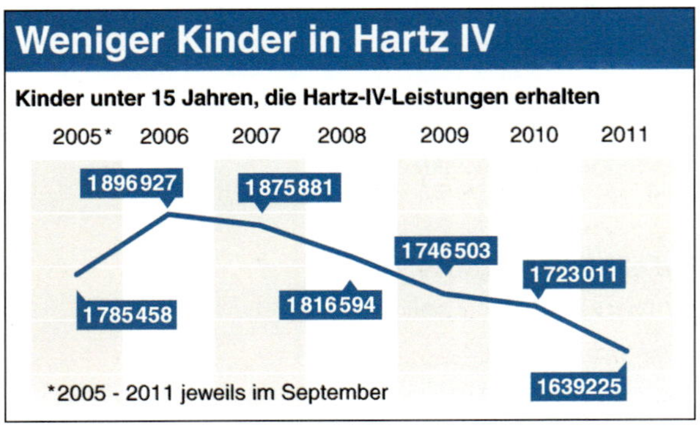

(Ausschnitt aus: dpa 16074)

2006: 16,6 %; 2012: 14,9 %

Abb. 2

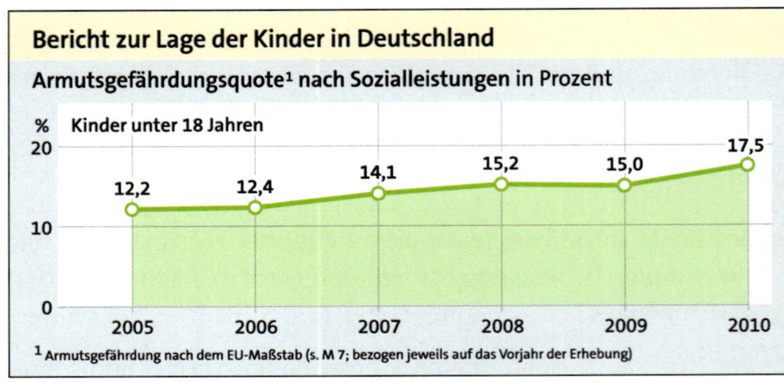

1. Schlagzeilen und Berichte über Kinderarmut in Deutschland geben immer wieder zu Diskussionen in den Medien und unter den politischen Parteien Anlass. Stellt fest, welche beiden unterschiedlichen Maßstäbe den beiden Darstellungen (Zeitungsbericht mit Abb. 1 im Vergleich zu Abb. 2) zugrunde liegen. Inwieweit können sich die beiden Maßstäbe überschneiden?

2. Beschreibt die jeweilige, in Abb. 1 und 2 dargestellte Entwicklung. Welche Erklärung könnte es für die Unterschiede geben?

M 11 b „Arme Kinder fühlen sich ausgegrenzt"

In wohlhabenden Ländern äußert sich Armut anders als in armen „Dritte-Welt"-Ländern, in denen viele Menschen kein Dach über dem Kopf haben und Hunger leiden müssen. Armut bedeutet hierzulande, dass eine Familie sehr wenig Geld zur Verfügung hat. Für Kinder und Jugendliche hat das aber weit reichende Folgen. Oft fühlen sie sich nicht zugehörig und werden verspottet, weil sie anders sind. Im Stillen leiden sie sehr unter ihrer Situation.

Betroffene Kinder können zum Beispiel nicht die angesagte Kleidung anziehen, die Gleichaltrige tragen. Im Gegensatz zu anderen Kindern nehmen sie keinen Musikunterricht und gehen nicht in Sportvereine. Viele der Kinder besitzen kein Handy oder keinen Computer und können nicht mit den anderen ins Kino gehen. […] Meist haben sie kein eigenes Zimmer und damit zu Hause keine Rückzugsmöglichkeit. Nicht selten kümmern sie sich noch um ihre Geschwister, weil ihre Eltern kaum Zeit haben oder völlig überfordert sind. Einige Kinder haben durch einseitige Ernährung und Bewegungsmangel gesundheitliche Probleme. Oft essen sie in großen Suppenküchen, weil es bei ihnen zu Hause nicht regelmäßig warme Mahlzeiten gibt.

Sehr häufig wohnen Kinder aus armen Familien in trostlosen Stadtteilen, in denen es wenig Freizeitmöglichkeiten gibt und die Kriminalität höher ist, da dort die Wohnungen günstiger sind oder der Familie dort eine Unterkunft zugeteilt wurde. […] Kinder, die in Armut leben, werden nicht nur von anderen ausgegrenzt, sie fühlen sich oft auch selbst minderwertig und fremd in der Gesellschaft. […]

Schüler aus wohlhabenden Familien haben viel bessere Chancen als andere. Ihre Eltern haben meist selbst einen guten Bildungsabschluss und können ihre Kinder deshalb in der Schule unterstützen. Hat ein Kind große Probleme in einem bestimmten Fach, kann seine Familie ihm auch Nachhilfestunden bezahlen.

Sind Eltern aber nicht in der Lage, ihrem Kind bei den Hausaufgaben zu helfen oder mit ihm zu lernen und stehen keine finanziellen Mittel zur Verfügung, ist das Kind auf sich alleine gestellt. Besonders stark sind ausländische Schüler betroffen, die zusätzlich die Sprache nicht gut beherrschen und Verständigungsprobleme haben. Zu Hause wird sich in ihrer Muttersprache verständigt, und ihre Eltern sprechen oft noch schlechter Deutsch als die Kinder selbst. Im Unterricht kommen die Schüler dann kaum mit und in der Familie gibt es niemanden, der ihnen helfen kann. Mit keinem oder einem schlechten Schulabschluss wiederum haben die Betroffenen kaum Möglichkeiten, aus dem Kreislauf der Armut auszubrechen.

(http://www.helles-koepfchen.de/drucken.asp?ID=2417; Verf.: Britta Pawlak, 21.9.2011)

Zusammenfassend zeigt sich, dass jene Kinder ein höheres Armuts-Risiko haben, die entweder jünger sind, in Alleinerziehenden-Haushalten leben, mehrere Geschwister haben oder deren Eltern einen Migrationshintergrund aufweisen, einen niedrigen Bildungsabschluss haben und/oder nur unzureichend oder gar nicht in den Arbeitsmarkt integriert sind. Es wird deutlich, dass vor allem die Tatsache, ob Kinder mit nur einem Elternteil oder mit beiden im Haushalt leben, für die Einkommenssituation und Hilfebedürftigkeit besonders relevant ist. Alleinerziehende haben grundsätzlich ein erhöhtes Armutsrisiko bzw. sind eher hilfebedürftig als andere Haushalte. Dies gilt auch dann, wenn sie keine weiteren Risikofaktoren aufweisen.

(IAB-Kurzbericht Nr. 6/2011, Bedürftige Kinder und ihre Lebensumstände, S. 6; http://doku.iab.de/kurzber/2011/kb0611.pdf)

1. Beschreibt anhand von M 11 b die Gesichtspunkte, die die „Ausgrenzung“ (vgl. M 5) als spezifisches Merkmal von Kinderarmut betreffen. Welche der aufgeführten Merkmale (Z. 12 ff.) haltet ihr für besonders, welche für weniger wichtig?

2. Im zweiten Teil (Z. 40 ff.) geht es um die Folgen der Armut für den zukünftigen Lebensweg. Erläutert und erörtert, inwiefern Kinder in armen, insbesondere ausländischen Familien schlechtere Chancen haben können als Kinder in wohlhabenden Familien.

3. Klärt noch einmal zusammenfassend (s. Kasten) die Bedeutung der einzelnen Ursachenfaktoren, die nach den Ergebnissen der Armutsforschung für ein erhöhtes „Armutsrisiko“ von Kindern maßgeblich sind (vgl. die Grafik in M 7).

M 11 c Was das „Bildungspaket" bewirken soll

Am 25. Februar 2011 haben der Bundestag und der Bundesrat das neue Gesetz zum „Bildungspaket" für Kinder und Jugendliche in Familien von Langzeitarbeitslosen beschlossen. Bundessozialministerin Ursula von der Leyen freut sich über das gute Ergebnis: „Das Bildungspaket bringt allen bedürftigen Kindern Teilhabe und vor allem endlich mehr Chancen, selbst aus dem Kreislauf vererbter Armut herauszukommen." Welche Leistungen enthält das Bildungspaket?

- *Mittagessen* in Kita, Schule und Hort: Einen Zuschuss fürs gemeinsame Mittagessen gibt es dann, wenn Schule, Hort oder Kita ein entsprechendes Angebot bereithalten. Der verbleibende Eigenanteil der Eltern liegt bei einem Euro pro Tag.
- *Lernförderung:* Bedürftige Schülerinnen und Schüler können Lernförderung in Anspruch nehmen, wenn nur dadurch das Lernziel erreicht werden kann. Voraussetzung ist, dass die Schule den Bedarf bestätigt und keine vergleichbaren schulischen Angebote bestehen.
- *Kultur, Sport, Mitmachen:* Bedürftige Kinder sollen in der Freizeit nicht ausgeschlossen sein, sondern bei Sport, Spiel und Kultur mitmachen. Deswegen wird zum Beispiel der Beitrag für den Sportverein oder für die Musikschule in Höhe von monatlich bis zu 10 Euro übernommen.
- *Schulbedarf und Ausflüge:* Damit bedürftige Kinder mit den nötigen Lernmaterialien ausgestattet sind, wird den Familien zwei Mal jährlich ein Zuschuss gezahlt, zu Beginn des Schuljahres 70 Euro und im Februar 30 Euro – insgesamt 100 Euro. Zudem werden die Kosten eintägiger Ausflüge in Schulen und Kitas finanziert. Mehrtägige Klassenfahrten werden wie bisher erstattet.
- *Schülerbeförderung:* Insbesondere wer eine weiterführende Schule besucht, hat oft einen weiten Schulweg. Sind die Beförderungskosten erforderlich und werden sie nicht anderweitig abgedeckt, werden diese Ausgaben erstattet.

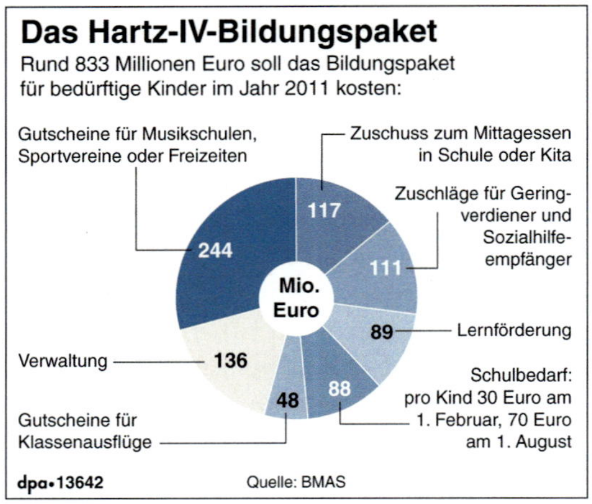

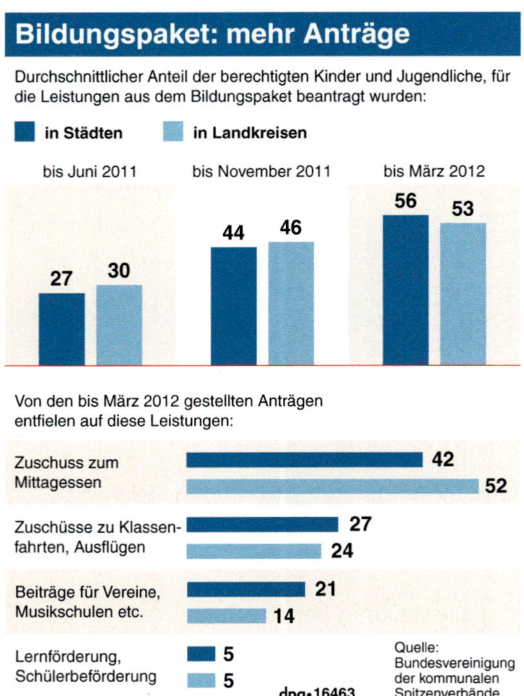

- Außerdem können die Kommunen Schulsozialarbeiter einstellen.

Für Arbeitslosengeld-II- und Sozialgeldbezieher setzen die *Kommunen* das Bildungspaket im *Jobcenter** um. In diesen Fällen erhalten Familien alle Leistungen des Bildungspakets aus einer Hand. Für Familien, die Sozialhilfe*, Wohngeld* oder den Kinderzuschlag erhalten, sind die Jobcenter nicht zuständig. Die Kommune (z. B. Rathaus oder Bürgeramt) benennt diesen Familien den zuständigen Ansprechpartner für das Bildungspaket. Die Leistungen des Bildungspakets werden überwiegend als *Sach- bzw. Dienstleistungen** gewährt. So kommen sie direkt und zielgenau den Kindern zugute. Mit der Bezahlung haben die Familien in der Regel nichts zu tun.

Der Bund übernimmt für die Kommunen die vollen Kosten für das Bildungspaket. Das finanzielle Gesamtvolumen des Bundes beträgt 2011 bis 2013 rund 1,6 Milliarden Euro. Darin enthalten sind auch die Kosten, die die Kommunen für die Einstellung von Schulsozialarbeitern aufwenden.

(http://www.bundesregierung.de/Content/DE/Magazine/01MagazinSozialesFamilie/2011/03/03.html?nn=446214&context=Inhalt%2C0)

1. Erläutert mit eigenen Worten die Zielsetzung des „Bildungspaketes“ der Bundesregierung. Was ist mit dem „Kreislauf vererbter Armut“ gemeint, auf den die Ministerin sich bezieht? Welche Familien haben Anspruch auf den Bezug der Leistungen?

2. Beschreibt im Einzelnen die Leistungen des Pakets und stellt fest, inwieweit sie Bezug nehmen auf die in M 11 b dargestellten Merkmale und Ursachenfaktoren von Kinderarmut.

3. Erklärt, warum und durch welche Regelung die Leistungen „direkt und zielgenau den Kindern zugute“ kommen sollen.

4. Nehmt aus eurer Sicht zum „Bildungspaket“ Stellung. Wie schätzt ihr den Ansatz, den Umfang und die Erfolgschancen der einzelnen Maßnahmen im Sinne der Zielsetzung ein?

5. Informiert euch durch eine Anfrage an das zuständige Amt („Sozialamt“) eurer Stadtverwaltung darüber, wie die Durchführung des Gesetzes in eurer Stadt geregelt ist und bei wem ihr nähere Informationen, z. B. zur Inanspruchnahme einzelner Leistungen, erhalten könnt. Vielleicht könnt ihr auch einen Experten in den Unterricht einladen. Hinweise zur Durchführung einer **Expertenbefragung** findet ihr im Anhang auf S. 527 f.

Methode M 12 Erkundung und Dokumentation: Armut in unserer Gemeinde

Im Zusammenhang mit dem Thema Armut in Deutschland (bzw. „Hartz IV“ als „Armutsindikator“) schlagen wir euch die Erkundung der konkreten Situation in eurer Gemeinde mit dem Ziel einer öffentlichen Dokumentation des Erkundungsergebnisses vor. Dieses Projekt bedarf einiger Vorüberlegungen und einer sinnvollen Planung der einzelnen Arbeitsschritte. Dazu geben wir euch hier einige Hilfen und Hinweise.

1. Zunächst solltet ihr ermitteln, welche **Bereiche** der Armutssituation einer Gemeinde sich für eine Erkundung eignen:
   - der Umfang und die Entwicklung der Leistungen zu *„Hartz IV“* (Arbeitslosengeld II, Sozialgeld);
   - der Umfang und die Entwicklung der *Sozialhilfe* (Empfänger, Kosten);
   - die Situation der *Obdachlosen*;

- die Lebensbedingungen, insbesondere die *Wohnungssituation* (Notunterkünfte) sozial schwacher Familien und Einzelpersonen.

Ihr könnt euch für einen dieser Bereiche entscheiden oder auch Bereiche miteinander kombinieren.

2. Dann müsst ihr feststellen, wo ihr am besten **Informationen** aller Art zu den genannten Bereichen einholen könnt. Für den wichtigsten Bereich, den Bezug von „Hartz IV"-Leistungen, sind die sog. *Jobcenter** zuständig, die es im Gebiet eines Kreises oder einer kreisfreien Stadt gibt (s. http://de.wikipedia.org/wiki/Jobcenter).
Für alle Fragen der Sozialhilfe ist das *Sozialamt* zuständig, für die Wohnungssituation das Amt für Wohnungswesen, für die Situation der Obdachlosen auch das Ordnungsamt. Wie es genau ist, solltet ihr bei einer zentralen Informationsstelle eurer Stadtverwaltung erkunden.

3. Auf welche **Art von Informationen** kommt es euch an, was genau wollt ihr wissen und recherchieren? Vielleicht lassen sich zwei Dimensionen unterscheiden:
a) *Fakten*, Zahlen, statistische Daten, Anschauungsmaterial (Pläne, Fotos), Tätigkeits- und Verhaltensbeschreibungen;
b) *Einstellungen*, Einschätzungen, Meinungen, Beurteilungen der Beteiligten (ggf. auch von nicht beteiligten Bürgerinnen und Bürgern sowie von Politikern).
Zu a) kommt es vor allem auf die vorhandenen statistischen Daten an, z.B. zur genauen Zahl der Empfänger und zum Umfang der Leistungen, zur familiären Situation und zum Alter der Empfänger sowie zur Entwicklung dieser Daten in den letzten Jahren.
Zu b) solltet ihr Fragenkataloge für die Mitarbeiter im Jobcenter oder in den städtischen Ämtern erarbeiten. Mögliche Fragen könnten sein:
- Welche spezifischen Qualifikationen und Voraussetzungen bringen Sie für Ihre Tätigkeit mit?
- Welches sind die größten Probleme und Belastungen bei Ihrer Arbeit?
- Welche angenehmen und unangenehmen Erfahrungen haben Sie bei Ihrer Arbeit gemacht? Gab es besonders ungewöhnliche Fälle?
- Gibt es Ihrer Erfahrung nach Menschen, die soziale Leistungen ausnutzen und missbrauchen? Wenn ja, wie hoch schätzen Sie den Umfang solchen Missbrauchs ein?
- Haben Sie das Gefühl, dass die von Ihnen vermittelte Hilfe den Betroffenen wirklich hilft? Wenn ja, wie nachhaltig wirkt die Hilfe?
- Möchten Sie weiterhin in Ihrem Aufgabenbereich arbeiten oder möchten Sie wechseln?

4. Nutzt unterschiedliche **Mittel und Wege der Informationsbeschaffung**: Recherche im Internet, vorher verabredete Besuche in den sozialen Einrichtungen oder z.B. den Notunterkünften, Einladungen zu Expertenbefragungen in den Unterricht, Gesprächsprotokolle, schriftliche Befragungen, mündliche Interviews, Fotodokumentationen (nur mit Einverständnis der Betroffenen!) ...

5. Bereits zu Beginn der Erkundung solltet ihr überlegen, wie ihr eure **Ergebnisse und Informationen später präsentieren** wollt. Diese müssen nach Sammlung und Sichtung aufbereitet und können dann in unterschiedlichen Formen präsentiert werden: Broschüre, Artikel für Homepage der Schule, Ausstellung mit Stellwänden und Wandzeitungen ... In jedem Fall solltet ihr auf eine gute Mischung der Materialien (Texte, Fotos, Grafiken, Tabellen) und auf eine übersichtliche, gut strukturierte Anordnung und Gestaltung achten.

(Autorentext)

1. 7-mal richtig, 7-mal falsch

a) Weniger als die Hälfte der Einwohner Deutschlands bestreiten ihren Lebensunterhalt überwiegend aus Erwerbstätigkeit.

b) Von „Transfereinkommen" spricht man, wenn man Einkommen aus dem Ausland bezieht oder ins Ausland überträgt.

c) Zinsen, die man für ein Sparguthaben erhält, zählen nicht zum Einkommen.

d) Nettoeinkommen unterscheiden sich von Bruttoeinkommen dadurch, dass die Mietkosten abgezogen werden.

e) Vom gesamten Einkommen aller privaten Haushalte erhält das „reichste" Fünftel der Einkommensbezieher in Deutschland fast viermal so viel wie das „ärmste" Fünftel.

f) 10 Prozent der Steuerpflichtigen zahlen gut die Hälfte der gesamten Einkommensteuer.

g) „Soziale Gerechtigkeit" ist nach allgemeiner Auffassung dann verwirklicht, wenn alle Berufstätigen ungefähr das gleiche Einkommen beziehen.

h) Als „armutsgefährdet" gelten in den Ländern der EU Menschen, die über weniger als 60 % des mittleren Einkommens verfügen.

i) Nach der in der EU gültigen Armutsdefinition waren 2009 in Deutschland 15,6 Prozent der Bevölkerung armutsgefährdet.

j) Unter „Lohnabstand" versteht man den Abstand zwischen den höchsten und den niedrigsten Löhnen.

k) Die Zahl der Empfänger von Arbeitslosengeld II/„Hartz IV*" hat sich in den letzten Jahren verringert.

l) Personen in Haushalten von Arbeitslosen und Alleinerziehenden sind besonders armutsgefährdet.

m) Die „Kinderarmut" hat in den letzten Jahren bis 2009 ständig zugenommen.

n) Das „Bildungspaket", das Kinder in „Hartz IV"-Familien erhalten, enthält alles, was man in einem Schuljahr für den Unterricht braucht.

2. Eine Karikatur

a) Was will der Zeichner mit seiner Darstellung zum Ausdruck bringen?

b) Wie beurteilst du die Aussageabsicht, wenn du die Darstellung auf die „Hartz IV"-Reform beziehst?

Bundestags-
Wahl

WIR WÄHLEN DIE
KANZLERIN
CDU
SPD
Unser Land kann mehr.
Ihre Arbeit muss sich wieder lohnen.
Deutschland kann es besser.
FDP

Eingang
Wahllokal
CHARTON

WAHL 09 Bundestag
Hochrechnung 18:14
CSU 6.6
CDU 26.8
CDU/CSU 33.4 -1.8
SPD 22.7 -11.5
FDP 14.8 +5.0
Linke 12.5 +3.8
Grüne 10.6 +2.5
Andere 6.0 +2.1

Deutschland braucht Sie.
FDP
Die Liberalen
SPD
CDU
BÜNDNIS 90
DIE GRÜNEN
DIE LINKE.
DEINE
STIMME
ZÄHLT!

Bausteine der Demokratie – Wahlen und Parteien

15

Zur Orientierung

*Im **ersten Abschnitt** dieses Kapitels geht es um die Wahlen, die sozusagen das „Herzstück" der Demokratie sind. Sie entscheiden darüber, welche Parteien für eine Wahlperiode die Regierung bilden und welche Lösungen für politische und wirtschaftliche Probleme gefunden werden. Damit Wahlen ihre Funktionen in einer Demokratie erfüllen, müssen sie bestimmten Anforderungen genügen. Im **ersten Abschnitt** lernt ihr zunächst ein Negativbeispiel (Weißrussland) kennen, bei dem diese Anforderungen nicht erfüllt sind. Auf diesem Hintergrund werdet ihr die Bedeutung der Grundsätze einer demokratischen Wahl noch besser verstehen. Weiterhin informieren wir euch über den konkreten Ablauf der Bundestagswahlen und die Folgen des Wahlergebnisses für die Regierungsbildung.*

*Im **zweiten Abschnitt** lernt ihr die Bedeutung und Aufgaben von Parteien in unserem politischen System kennen. Ohne Parteien lässt sich ein demokratisches System nicht organisieren, Deutschland ist eine Parteiendemokratie. Dennoch haben die Parteien wachsende Schwierigkeiten, von den Bürgerinnen und Bürgern akzeptiert und gewählt zu werden. Anhand der Materialien könnt ihr die Gründe und politischen Folgen dieser Entwicklung erarbeiten und auch Möglichkeiten kennenlernen, wie man sich außerhalb von Parteien politisch betätigen kann.*

Kompetenzen

Nach der Erarbeitung dieses Kapitels solltet ihr Folgendes wissen und können:

- die Grundsätze einer demokratischen Wahl nennen und erklären, wie sie bei einer Wahlhandlung gewährleistet sind;
- die Bedeutung von Erst- und Zweitstimme sowie das Zustandekommen von Überhangmandaten bei Bundestagswahlen erklären;
- die zentrale Bedeutung von Wahlen für ein demokratisches politisches System darlegen;
- die Aufgaben von Parteien in einem demokratischen System sowie Probleme der Parteiendemokratie und Veränderungen im Parteiensystem beschreiben;
- Formen der politischen Beteiligung außerhalb von Wahlen und Parteien nennen und in ihrer Bedeutung beurteilen;
- für politische Alternativen offen sein und sie kritisch analysieren und beurteilen;
- eine Pro-und-Kontra-Diskussion durchführen;
- Fähigkeit und Bereitschaft entwickeln, Informationen zu politischen Themen aufzunehmen und kritisch zu bewerten.

1. Demokratische Wahlen – Grundsätze, Ablauf und Bedeutung

M 1 Weißrussland: Wahl mit sicherem Ausgang

Am Sonntag [19.12.2010] will sich Alexander Lukaschenko zum vierten Mal zum Präsidenten Weißrusslands wählen lassen. Während des Wahlkampfes zeigten sich die Machthaber im Vergleich zu früheren Wahlen erstaunlich liberal. Trotzdem glaubt kaum ein Beobachter an einen Machtwechsel in dem von Lukaschenko seit 1994 autoritär regierten Land.

An einer der Einfallstraßen der Hauptstadt fallen zwei Plakatwände ins Auge: „Es ist Deine Wahl!", und: „Zusammen sind wir Belarus [Weißrussland]!". Wahlwerbung mit den Konterfeis der Kandidaten sucht man in Minsk vergebens. Doch Lukaschenko muss sich auch gar nicht auf Plakaten zeigen, denn klar ist, dass diese Slogans für den Erhalt der bestehenden Machtverhältnisse werben. Darüber, wo die Gegenkandidaten ihre Plakate aufhängen können, entscheidet die Stadtverwaltung. […]

Die Registrierung der Präsidentschaftskandidaten und der Wahlkampf verliefen bisher überraschend liberal, so die Einschätzung von Geert-Hinrich Ahrens. Er leitet die Wahlbeobachtermission der Organisation für Sicherheit und Zusammenarbeit (OSZE*) in Europa. „Es hat mich wirklich überrascht, dass die Oppositionskandidaten unzensiert im Fernsehen auftreten und offen Kritik an Lukaschenko üben konnten", so Ahrens. Und dennoch: An die Dominanz Lukaschenkos kommen seine Herausforderer nicht annähernd heran. „In der alltäglichen Berichterstattung wird über die oppositionellen Präsidentschaftskandidaten gar nicht oder nur negativ berichtet", so Ahrens. Der Präsident dagegen hat in den Abendnachrichten des staatlichen Fernsehens fast täglich seinen Auftritt.

[…] Maßstab für den Abschlussbericht nach der Wahl sei die Einhaltung internationaler Standards. „Entscheidend wird die Stimmenauszählung sein", so Ahrens. Und genau hier setzt die Kritik weißrussischer

Weißrussland

Präsident Lukaschenko ist bereits seit 1994 im Amt. Laut der früheren weißrussischen Verfassung durfte er eigentlich nicht mehr an der Präsidentschaftswahl 2006 teilnehmen, doch per Referendum [Volksabstimmung] ließ er im Oktober 2004 die Verfassung so ändern, dass für ihn keine Beschränkungen der Amtszeiten mehr gelten. Aufgrund zahlreicher demokratischer Defizite und eines autoritären Regierungsstils wird Weißrussland auch als letzte Diktatur Europas bezeichnet.

(http://de.wikipedia.org/wiki/Wei%C3%9Frussland)

Nichtregierungsorganisationen an. Sie beklagen, dass die Dominanz der Lukaschenko-Offiziellen eine tatsächliche Kontrolle unmöglich mache. So sitzen in den Wahlkommissionen, die die Stimmen auszählen, nur 0,25 Prozent unabhängige Vertreter. [...] Die größte Gefahr ginge von der vorzeitigen Stimmabgabe aus, so Vladimir Lobkowitsch von der Menschenrechtsorganisation Viasna. Bereits seit Dienstag können die Weißrussen ihre Stimme in bestimmten Wahllokalen abgeben. „Die Menschen werden dazu gezwungen, ihre Stimme frühzeitig abzugeben, und es ist unmöglich, diese Urnen zu überwachen", kritisiert Lobkowitsch. Seine Organisation sammelt im ganzen Land Vorfälle von erzwungener Stimmabgabe. So berichtet der Aktivist von einer Universität, deren Studenten die lokalen Behörden mit Bussen zur frühzeitigen Stimmabgabe gefahren hat. [...]

(http://www.euractiv.de/erweiterung-und-partnerschaft/artikel/weirussland-wahl-mit-sicherem-ausgang-004098; Verf.: Ute Zauft)

M 2 Demonstrationen gegen das Wahlergebnis niedergeschlagen

Bei den Präsidentschaftswahlen in Weißrussland erhielt Amtsinhaber Alexander Lukaschenko nach Angaben der Wahlkommission 79 Prozent der Stimmen. [...] Die politische Opposition warf der Regierung Wahlmanipulation vor. Die OSZE* erklärte, die Auszählung von fast 50 Prozent der Stimmen sei fehlerhaft gewesen. Im Zentrum der Hauptstadt kam es zu teilweise gewalttätigen Zusammenstößen zwischen Sicherheitskräften und aufgebrachten Demonstranten aus dem oppositionellen Lager, die der Regierung eine Manipulation der Wahlergebnisse vorwarfen. [...]

(http://de.wikinews.org/wiki/Gewaltt%C3%A4tige_Auseinandersetzungen_nach_Wahlen_in_Wei%C3%9Frussland; 20.12.2010)

Festnahmen bei einer Demonstration gegen das Wahlergebnis in Weißrussland

1. Erläutert, welche Tatbestände in den Berichten über die Wahlen in Weißrussland eurer Meinung nach als ein Verstoß gegen Prinzipien demokratischer Wahlen anzusehen sind (M 1/M 2).

2. Legt dar, welche (negativen) Folgen die berichteten Begleitumstände jeweils im Einzelnen gehabt haben und das Wahlergebnis beeinflusst haben könnten. Erstellt dazu eine tabellarische Übersicht, in der in der linken Spalte die einzelnen Verstöße gegen eine demokratische Wahl und daneben jeweils die möglichen Folgen aufgeführt werden.

M 3

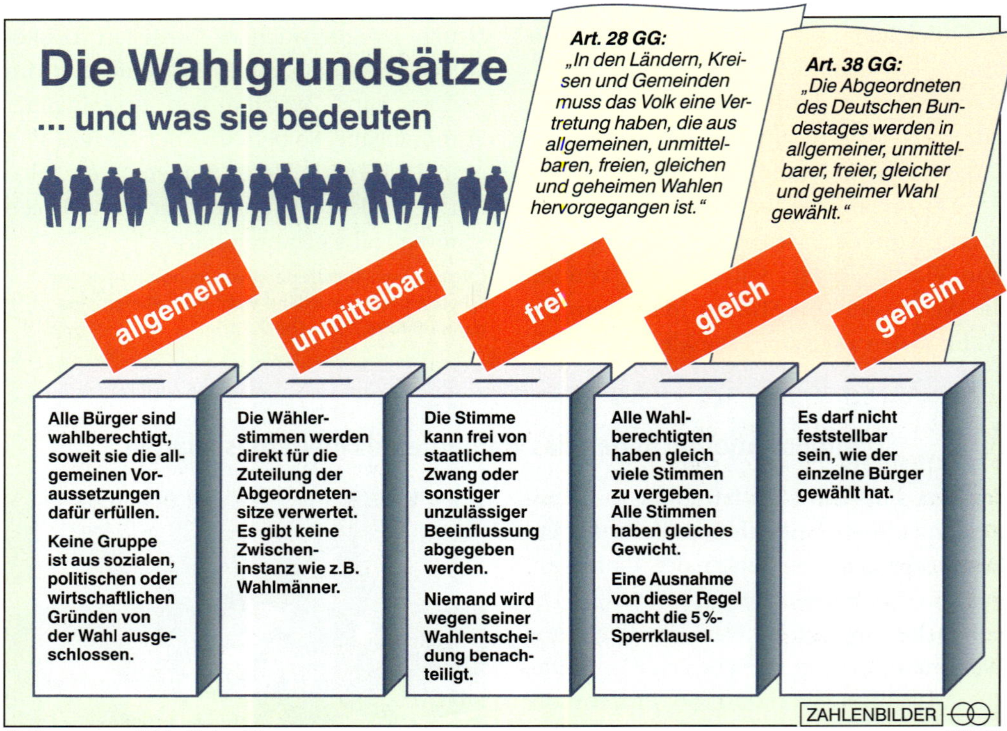

M 4 Grundsätze einer demokratischen Wahl

In diesem Text werden die fünf Grundsätze für eine demokratische Wahl etwas anders erläutert als in dem Schaubild M 3. Ergänzt (im Heft) die fünf Sätze durch die Begriffe des Schaubildes.

- Niemand darf daran gehindert oder dazu gezwungen werden zu wählen. Außerdem müssen alle Bürger zwischen verschiedenen Parteien wählen können; es muss gleiche Chancen für alle antretenden Parteien geben. Die Wahl ist …
- Jeder Bürger, der die Voraussetzungen erfüllt, kann an der Wahl teilnehmen. Die Wahl ist …
- Jeder muss seinen Stimmzettel unbeobachtet kennzeichnen können und anschließend in einem verschlossenen Briefumschlag in eine Wahlurne werfen. Die Wahl ist …
- Alle Wahlberechtigten haben gleiches Stimmrecht. Jede Stimme zählt gleich viel. Die Wahl ist …
- Jeder muss seine Stimme für einen bestimmten Kandidaten oder eine bestimmte Partei unmittelbar abgeben können, ohne Zwischenschaltung von Wahlmännern. Die Wahl ist …

(Autorentext)

M 5 Was läuft hier falsch? – Verstöße gegen die Grundsätze einer demokratischen Wahl

- Frau Schulze wird von einer Gruppe von Analphabeten beauftragt, für sie ihre Stimme abzugeben.
- Nur Partei XYZ wird es gestattet, Wahlspots im Radio zu senden.
- Bei Jungwählern ist zur Wahl nur zugelassen, wer eine mindestens ausreichende Leistung im Fach Politik im letzten Zeugnis nachweisen kann.
- Auf dem Wahlzettel stehen nur Kandidaten der Partei X, da sonst keine anderen Parteien zu Wahl zugelassen waren.
- Hans Gleiwitz wird wegen einer Beschwerde des örtlichen Abgeordneten über einen polemischen Leserbrief nicht zur Wahl zugelassen.
- Der Handwerksmeister Landfried verspricht allen seinen Mitarbeitern eine Lohnerhöhung, wenn sie die Partei Y wählen.
- Einige Wählerinnen und Wähler verzichten auf eine Stimmabgabe in der Wahlkabine und geben den im Wahlraum Wartenden bekannt, für wen sie gestimmt haben.
- Weil der Unternehmer Müller viel mehr Steuern zahlt als die anderen Bürger der Stadt, zählt seine Stimme bei der Wahl doppelt.
- In den Wahllokalen muss jeder Wähler vor der Stimmabgabe zunächst den Beratungsstand einer Partei aufsuchen, um eine ungültige Stimmabgabe zu verhindern.

(Autorentext)

1. a) In M 3 werden die bei Bundestagswahlen gültigen Wahlgrundsätze aufgeführt. Findet Begründungen für die einzelnen Grundsätze; orientiert euch dabei auch an dem Negativbeispiel Weißrussland.
b) Ordnet die in der Grafik (M 3) genannten Grundsätze bzw. Begriffe den Aussagen in M 4 entsprechend richtig zu.

2. Stellt fest, gegen welche Grundsätze einer demokratischen Wahl in den Beispielen (M 5) jeweils verstoßen wird.

M 6 Der Ablauf der Wahl

Für jeden Wahlbezirk stellen die Gemeindebehörden ein *Wählerverzeichnis* auf. [...] Die Wahlberechtigten, die ins Wählerverzeichnis eingetragen sind, erhalten spätestens zum 21. Tag vor der Wahl eine Wahlbenachrichtigung. Die *Wahlbenachrichtigung* informiert über den Wahlraum und die Zeit, in der das Wahllokal zur Stimmabgabe geöffnet ist; sie weist außerdem auf die Möglichkeit der *Briefwahl* hin und enthält auch gleich ein Formular, mit dem der dafür erforderliche Wahlschein und die Briefwahlunterlagen beantragt werden können. [...] Das *Wahllokal* befindet sich meist in einem öffentlichen Gebäude (Rathaus, Schule usw.). In und an diesem Gebäude ist während der Wahlzeit jede Wahlreklame oder sonstige Wählerbeeinflussung verboten. Zur Einrichtung des *Wahlraums* gehören der Wahltisch, an dem der Wahlvor-

stand Platz nimmt, ein oder mehrere mit Tischen ausgestattete Wahlzellen (Wahlkabinen), in denen die Wählerinnen und Wähler unbeobachtet ihren Stimmzettel ankreuzen können, und die *Wahlurne*. Die Wahlhandlung und die nachfolgende Stimmenauszählung finden in öffentlichem Rahmen statt: Soweit der Wahlvorgang dadurch nicht gestört wird, hat jedermann Zutritt zum Wahlraum. Auch dies dient der Transparenz der Wahlorganisation und des Wahlverlaufs. Beim Betreten des Wahlraums erhält jeder Wähler (jede Wählerin) einen amtlichen *Stimmzettel* und den dazugehörigen *Wahlumschlag*. Er geht dann in die Wahlzelle, kreuzt den Stimmzettel an und legt ihn in den Umschlag. Damit das Wahlgeheimnis gewahrt wird, darf sich immer nur eine Person in der Wahlkabine aufhalten. Danach legt der Wähler am Tisch des Wahlvorstands seine Wahlbenachrichtigung bzw. seinen Ausweis vor. Der Schriftführer sucht den Namen des Wählers im Wählerverzeichnis und stellt fest, ob er wahlberechtigt ist; anschließend gibt der Wahlvorsteher die Wahlurne frei, damit der Wähler den Umschlag mit dem Stimmzettel einwerfen kann.
Die Vorlage der Wahlbenachrichtigung und die Kontrolle im Wählerverzeichnis kann auch vor der Ausgabe der Wahlunterlagen erfolgen.

(Zahlenbilder 86 050; © Bergmoser + Höller Verlag)

1. Beschreibt den Ablauf der Wahlhandlung mithilfe des Textes und der Grafik (M 6).

2. Ordnet Regeln und Vorkehrungen in dem beschriebenen Wahlablauf den entsprechenden Wahlgrundsätzen (M 3) zu, die eine demokratische Wahl sicherstellen sollen.

M 7 Wie werden die Abgeordneten des Deutschen Bundestages gewählt?

Wähler und Kandidaten

Alle vier Jahre sind die wahlberechtigten Bürger Deutschlands aufgerufen, den Bundestag zu wählen. Wahlberechtigt sind alle Deutschen, die das 18. Lebensjahr vollendet haben (*aktives Wahlrecht*). Die Voraussetzung dafür, dass man gewählt werden kann (*passives Wahlrecht*), ist ebenfalls die Volljährigkeit. Die Kandidatinnen und Kandidaten, die sich zur Wahl stellen, bewerben sich um insgesamt 598 Sitze im Deutschen Bundestag. Bei den Wahlen ist das Gebiet der Bundesrepublik in 299 Wahlkreise aufgeteilt. In jedem Wahlkreis leben etwa gleich viele Einwohner, ca. 250000. Deshalb gibt es in großen Bundesländern wie z. B. NRW viele Wahlkreise (64; s. Abb. 1), in kleinen Ländern, etwa einem Stadtstaat wie Hamburg, nur wenige (6).

Die entscheidende Zweitstimme

Die Wahlberechtigten entscheiden mit ihrem Stimmzettel, wie stark die Parteien im Bundestag vertreten sind bzw. welche Abgeordneten sie repräsentieren. Dafür verfügen sie über zwei Stimmen (s. Abb. 2). Zum einen gibt es die *Erststimme*, die die Wähler einem Wahlkreiskandidaten geben können. Der Kandidat, der die meisten Erststimmen gewonnen hat, ist direkt in den Bundestag gewählt.

Zum anderen gibt es die *Zweitstimme*, mit der die Wähler keinen einzelnen Kandidaten, sondern eine Partei als solche wählen. Die Wähler haben die Möglichkeit, ihre beiden Stimmen zu splitten, d. h., man kann die zweite Stimme einer Partei geben, die nicht die des Kandidaten ist. Die Zweitstimme ist die wichtigere der beiden Stimmen, denn sie entscheidet über die Stärke der Parteien im Bundestag. Das Verhältnis der Parteien an den insgesamt abgegebenen

Abb. 1

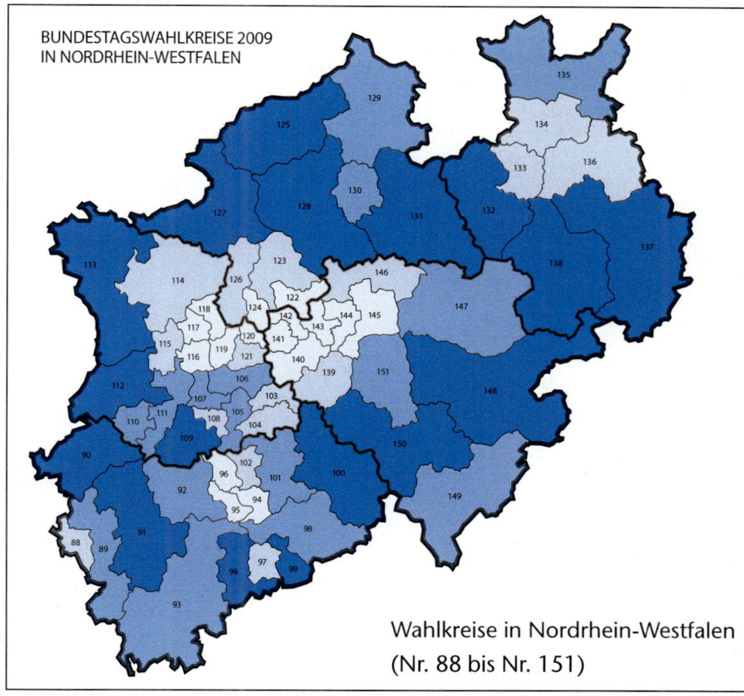

Wahlkreise in Nordrhein-Westfalen (Nr. 88 bis Nr. 151)

Abb. 2

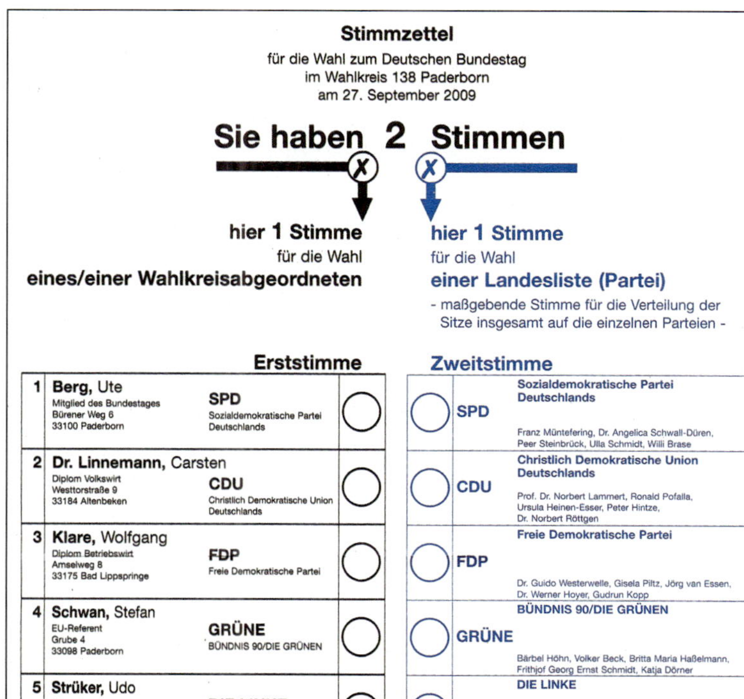

Stimmzettel

für die Wahl zum Deutschen Bundestag
im Wahlkreis 138 Paderborn
am 27. September 2009

Sie haben 2 Stimmen

hier 1 Stimme für die Wahl **eines/einer Wahlkreisabgeordneten**

hier 1 Stimme für die Wahl **einer Landesliste (Partei)**
- maßgebende Stimme für die Verteilung der Sitze insgesamt auf die einzelnen Parteien -

Erststimme			Zweitstimme	
1	**Berg,** Ute Mitglied des Bundestages Bürener Weg 6 33100 Paderborn	**SPD** Sozialdemokratische Partei Deutschlands	**SPD**	**Sozialdemokratische Partei Deutschlands** Franz Müntefering, Dr. Angelica Schwall-Düren, Peer Steinbrück, Ulla Schmidt, Willi Brase
2	**Dr. Linnemann,** Carsten Diplom Volkswirt Westtorstraße 9 33184 Altenbeken	**CDU** Christlich Demokratische Union Deutschlands	**CDU**	**Christlich Demokratische Union Deutschlands** Prof. Dr. Norbert Lammert, Ronald Pofalla, Ursula Heinen-Esser, Peter Hintze, Dr. Norbert Röttgen
3	**Klare,** Wolfgang Diplom Betriebswirt Amselweg 8 33175 Bad Lippspringe	**FDP** Freie Demokratische Partei	**FDP**	**Freie Demokratische Partei** Dr. Guido Westerwelle, Gisela Piltz, Jörg van Essen, Dr. Werner Hoyer, Gudrun Kopp
4	**Schwan,** Stefan EU-Referent Grube 4 33098 Paderborn	**GRÜNE** BÜNDNIS 90/DIE GRÜNEN	**GRÜNE**	**BÜNDNIS 90/DIE GRÜNEN** Bärbel Höhn, Volker Beck, Britta Maria Haßelmann, Frithjof Georg Ernst Schmidt, Katja Dörner
5	**Strüker,** Udo Altenpfleger	**DIE LINKE**		**DIE LINKE**

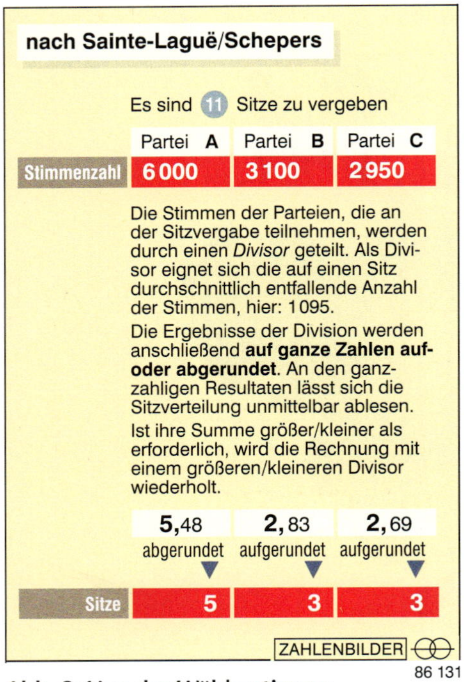

Abb. 3: Von der Wählerstimme zum Mandat

Zweitstimmen bestimmt ihr Kräfteverhältnis im Bundestag. Je mehr Zweitstimmen eine Partei bundesweit erhält, desto mehr Sitze bekommt sie also von den insgesamt 598 zu vergebenden Plätzen im Parlament. Die genaue Berechnung erfolgt nach einem bestimmten mathematischen Verfahren, benannt nach seinen Urhebern Sainte-Laguë/Schepers (s. Abb. 3). Damit wird der Anteil der Parteien an den Zweitstimmen rechnerisch in ein entsprechendes Verhältnis an den zu vergebenden Sitzen übertragen (z. B. entsprachen bei der CDU den bei der Bundestagswahl 2009 bundesweit gewonnenen Zweitstimmen 173 Sitze im Bundestag). Bei der Berechnung der Sitze werden allerdings nur die Parteien berücksichtigt, die mindestens 5 % der Zweitstimmen erhalten haben. Es gibt aber eine Ausnahme von dieser sogenannten **Fünf-Prozent-Klausel**: Haben drei Wahlkreiskandidaten einer Partei ihren Wahlkreis direkt gewonnen, dann nimmt deren Partei gemäß ihrem Anteil an den Zweitstimmen auch an der Sitzverteilung teil.

Abgeordnete einer Partei kommen aus allen Bundesländern

Die Abgeordneten, die die so für ihre Partei errechneten Sitze einnehmen, kommen aus den 16 Ländern der Bundesrepublik, da die Stimmen für sie über alle Bundesländer verteilt abgegeben worden sind. Wie viele es im Einzelnen aus einem Bundesland sind, richtet sich danach, wie sich zahlenmäßig die für eine Partei bundesweit abgegebenen Zweitstimmen auf die verschiedenen Länder verteilen. Wenn eine Partei ihre meisten Zweitstimmen im größten Bundesland NRW gewonnen hat, dann kommen die relativ meisten all ihrer Abgeordneten auch aus NRW (2009 waren das z. B. bei der CDU 45 von den deutschlandweit 173 Bundestagsabgeordneten).

Gewählt als Direkt- oder Listenkandidat

Und wer sind konkret die Abgeordneten, die die so für ihr Bundesland berechnete Anzahl der Sitze im Bundestag in Anspruch nehmen können? Das sind zunächst diejenigen Kandidaten, die aufgrund der meisten Erststimmen einen Wahlkreis in ihrem Bundesland gewonnen haben (bei der CDU waren es bei der Wahl 2009 in NRW 37). Mit den *direkt gewählten Abgeordneten* sind in der Regel noch nicht alle Sitze besetzt, d. h. im Beispiel der NRW-CDU waren noch acht von 45 Plätzen frei. Die noch offenen Sitze einer Partei werden *für jedes Bundesland* von den Kandidaten besetzt, die von ihrer Partei auf der jeweiligen *Landesliste* platziert worden sind, beginnend mit Platz 1 von oben nach unten. Auf das gesamte Bundesgebiet und auf die Parteien insgesamt bezogen bedeutet das: Da es 299 Wahlkreise in Deutschland gibt, sind per Erststimmen 299 Abgeordnete in den Bundestag gewählt. Die anderen 299 Mitglieder des Bundestages rücken von den jeweiligen Landeslisten ihrer Parteien in das Parlament ein.

Überhangmandate

Es kann vorkommen, dass eine Partei in einem Bundesland mehr Wahlkreise gewinnt, also direkt mehr Bundestagsabgeordnete für sie gewählt werden, als ihr eigentlich aufgrund ihres Anteils an Zweitstimmen im Land Sitze zustehen. In Rheinland-Pfalz z. B. gewannen 2009 13 CDU-Kandidaten ihren Wahlkreis, während der CDU aufgrund ihres Anteils an den Zweitstimmen eigentlich nur 11 Sitze in dem Bundesland zugestanden hätten. In so einem Fall erhält eine Partei *Überhangmandate*, denn jeder direkt gewählte Abgeordnete hat das Recht auf einen Platz im Bundestag. Für die rheinland-pfälzische CDU gab es also zwei Überhangmandate. Weitere entstanden bei der Wahl 2009 in anderen Bundesländern. Der Bundestag wird um die Anzahl der Überhangmandate vergrößert, d. h. es gibt dann ausnahmsweise mehr als 598 Sitze (s. M 24).

Landesliste

In jedem Bundesland stellt jeder Landesverband einer Partei vor den Bundestagswahlen eine sogenannte Landesliste auf. In NRW sind das beispielsweise die Landesverbände von SPD, CDU, Die Grünen und FDP. Aber auch die kleinen, eher unbekannten Parteien platzieren ihre Kandidaten auf ihrer Landesliste. Das geschieht, indem Delegierte der Partei stellvertretend für alle Mitglieder bei einer Versammlung darüber abstimmen, welche Kandidaten von Platz 1 an absteigend für ihre Landespartei über diese Liste in den Bundestag einziehen sollen. Diejenigen, die auf den oberen Plätzen der Landesliste stehen, haben natürlich größere Chancen, in den Bundestag einzuziehen, als die, die auf unteren Plätzen stehen. Deshalb ist die Platzierung auch oft umkämpft. Die Parteien platzieren in den oberen Rängen Politiker, die sie für sehr wichtig halten oder die auf jeden Fall in den Bundestag einziehen sollen. So können auch Kandidaten, die möglicherweise ihren Wahlkreis nicht gewinnen konnten, über einen vorderen Listenplatz doch noch in den Bundestag einziehen. In der Regel stehen in der rechten Spalte des Stimmzettels die Namen der ersten fünf Listenkandidaten hinter dem Namen ihrer Partei (s. Abb. 2).

(Autorentext)

M 8

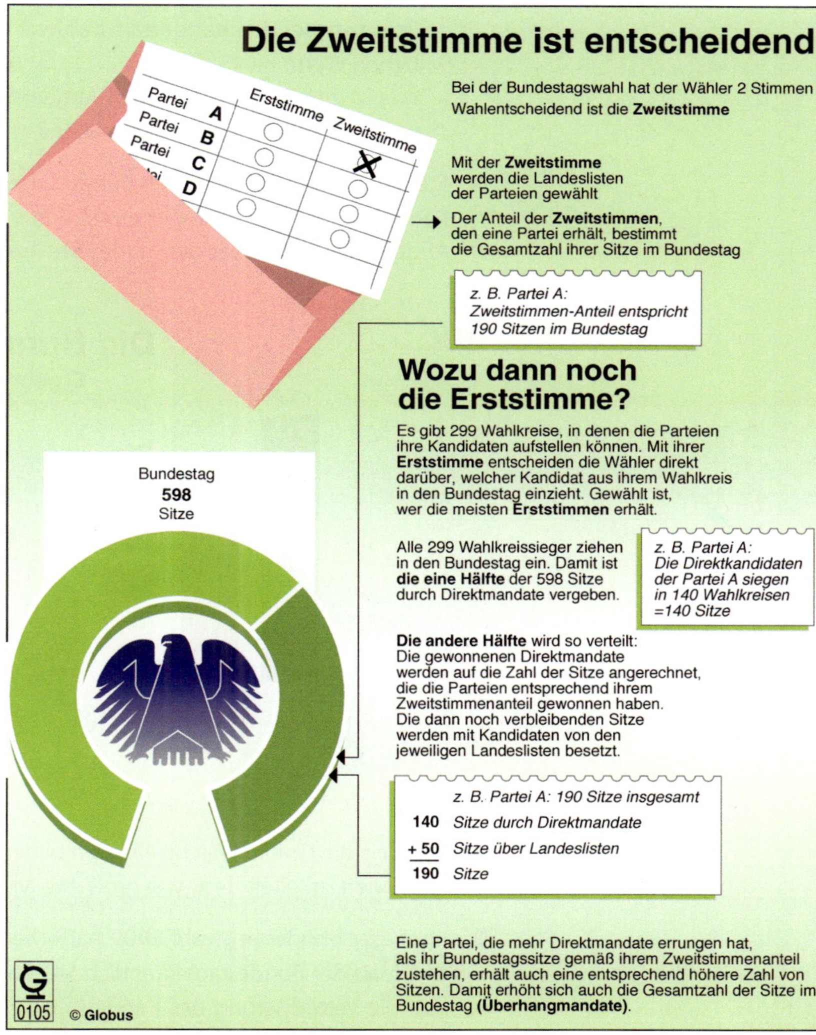

1. Das Bundestagswahlsystem ist recht kompliziert. Versucht zunächst, die Informationen in M 7 nachzuvollziehen. Um die Zusammenhänge übersichtlicher zu gestalten, solltet ihr die Ausführungen unter den Stichworten „Wähler" – „Kandidaten" – „Bundestag" auf jeweils einem Plakat oder DIN-A3-Blatt zusammenfassen.

2. Zum detaillierteren Verständnis der Zusammenhänge beantwortet dann (auch mithilfe von M 8) folgende Fragen:
- Wie unterscheiden sich die linke und die rechte Hälfte des Stimmzettels (Abb. 2)? Wie sind die Unterschiede zu erklären?
- Warum ist die Zweitstimme die wichtigere für die Zusammensetzung des Bundestages?
- Inwiefern kann aber auch die Erststimme einen Einfluss auf die Sitze der Parteien im Bundestag haben?
- Welchen Sinn hat die Anwendung des mathematischen Verfahrens von Sainte Laguë/Schepers bei den Bundestagswahlen? Erklärt das Beispiel (Abb. 3). Rechnet die angegebenen Werte nach.
- Wie ist zu erklären, dass auch Abgeordnete im Deutschen Bundestag vertreten sind, die keinen Wahlkreis gewonnen haben?

3. Stellt das Ergebnis der letzten Bundestagswahl für euren Wahlkreis fest. Welche Kandidaten/Kandidatinnen waren angetreten? Wie viele Stimmen haben sie jeweils erhalten? Gibt es Abgeordnete, die über die Landesliste ihrer Partei in den Bundestag eingezogen sind?

M 9

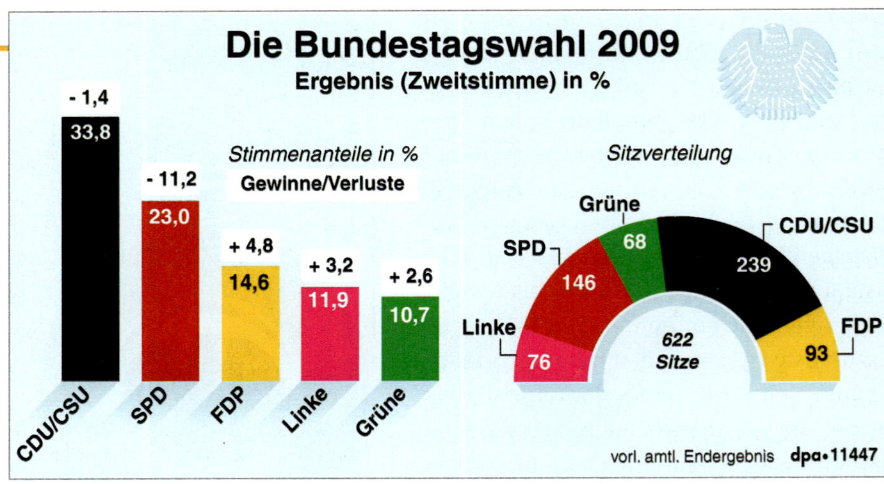

1. Erläutert die Grafik. Welche Parteien bilden die Regierung, die aus den Wahlen 2009 hervorgegangen ist? Stellt fest, wie groß ihre Mehrheit ist.

2. Nach der Bundestagswahl 2009 hatte der Bundestag 622 Abgeordnete. Das sind erheblich mehr, als der Bundestag eigentlich Sitze hat (s. M 7). Wie groß ist die Differenz? Erklärt, worauf die Vergrößerung des Bundestages zurückzuführen ist. Recherchiert zur Beantwortung dieser Frage auch unter http://www.bundeswahlleiter.de/de/bundestagswahlen/BTW_BUND_09/presse/72_Vorlaeufiges_amtliches_Ergebnis_der_Bundestagswahl_2009.html

3. Stellt das Ergebnis der Bundestagswahl 2013 fest: Wie haben sich die Stimmenanteile der Bundestagsparteien entwickelt? Ist die Zahl der Bundestagsparteien gleich geblieben? Welche Regierungsbildung hat sich aufgrund der Sitzverteilung im Bundestag ergeben?

M 10 Warum überhaupt wählen?

Wir leben in einer repräsentativen* Demokratie, einer Herrschaft auf Zeit mit Zustimmung des Volkes. Die Entscheidungen der Mehrheit sind für alle verbindlich. Doch Wahlen sorgen für Kontrolle und wechselnde Mehrheiten.

Aufgrund der regelmäßig stattfindenden freien Wahlen muss die Politik den Aspekt der Herrschaft auf Zeit stets mit einkalkulieren. Die Politikverantwortlichen müssen, wenn sie wiedergewählt werden wollen, die Meinungs- und die Willensbildung der Wählerschaft berücksichtigen. Das gilt unabhängig davon, ob sich durch Kreuze auf dem Wahlzettel die Machtverhältnisse ändern oder nicht. Die Einflussmöglichkeiten der Bürgerinnen und Bürger auf die Politik sind somit umfassender und längerfristiger, als es der kurze Wahlakt erscheinen lässt – sofern faktisch unterschiedliche Personen, Parteien und Programme zu wählen sind. Parteien sowie Politikerinnen und Politiker reagieren auf Trends der öffentlichen Meinung und berücksichtigen die Erwartungen sowie die Reaktionen derjenigen, die sie gewählt haben, in ihren Entscheidungen. Karl R. Popper hat diesen Zusammenhang treffend beschrieben: „Jede Regierung, die man wieder loswerden kann, hat einen starken Anreiz, sich so zu verhalten, dass man mit ihr zufrieden ist. Und dieser Anreiz fällt weg, wenn die Regierung weiß, dass man sie nicht so leicht loswerden kann."

Die Bürgerinnen und Bürger entscheiden nicht nur über die Verteilung der politischen Macht für eine bestimmte Zeit, sondern sie legitimieren* sie auch. Regieren kann nur dann legitim sein, wenn es auf einer Form der Zustimmung der Regierten beruht. Wahlen legitimieren politische Herrschaft, kontrollieren die Regierenden und garantieren die Bindung der Politik an die Meinungen der Regierten. Die Regierung bleibt durch die Wahlen gegenüber der Wählerschaft politisch verantwortlich. Der Wahlakt ist eine aktive Teilhabe am politischen Entscheidungsprozess.

Aber auch diejenigen, die nicht wählen, üben Einfluss aus. Die Höhe der Wahlbeteiligung hat Auswirkungen auf das Ergebnis. Je nach Wahltypus können die Wählenden über die Zusammensetzung der Parlamente, die Regierungsbildung und somit über die politischen Sachprogramme der kommenden Jahre entscheiden.

(Auszug aus: Karl-Rudolf Korte: Wahlen in Deutschland, Zeitbilder. Bundeszentrale für politische Bildung, Bonn 2009; http://www.bpb.de/themen/AIS7FM,0,Warum_w%E4hlen.html)

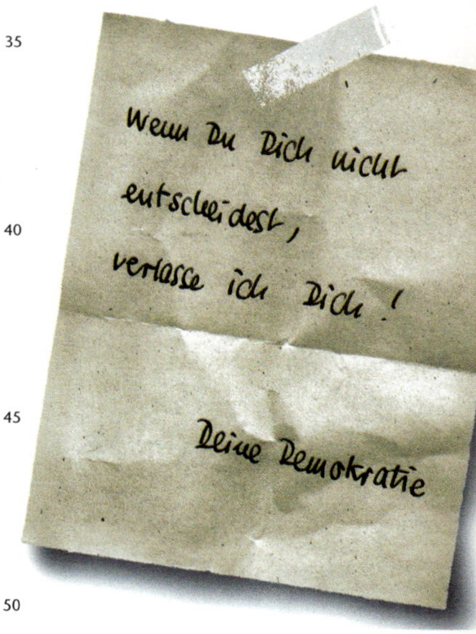

1. Erklärt, welche Bedeutung die Wahl von Abgeordneten in einem repräsentativen System (d. h., Abgeordnete vertreten die Bürger im Parlament) hat.
2. Erläutert, inwiefern das Verhalten der Gewählten während der ganzen Wahlperiode durch die Wähler beeinflusst wird.
3. Was bedeutet der Gesichtspunkt der „Legitimation*"?
4. Erläutert die Aussageabsicht der Abbildung und setzt sie zu Aussagen des Textes in Beziehung.

M 11

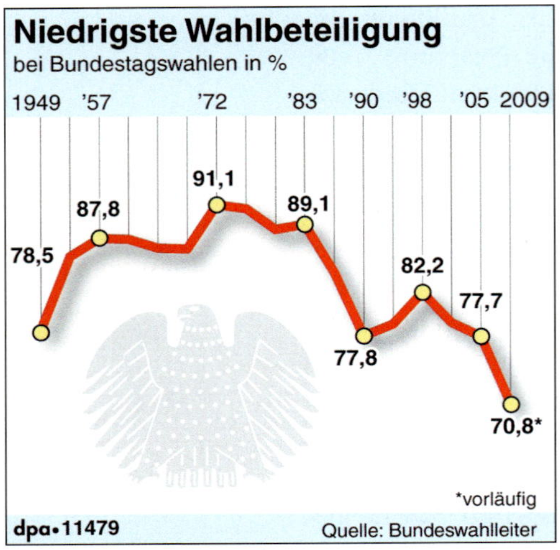

M 12 a

M 12 b

M 13 Warum gehen Wahlberechtigte nicht wählen?

Wahlforscher haben vor allem folgende Erklärungen für die Nichtteilnahme an Wahlen festgestellt:

- Unzufriedenheit mit der aktuellen sozialen und wirtschaftlichen Situation;
- Wahlbeteiligung wird immer weniger als eine Bürgerpflicht verstanden;
- Abschwächung des Zugehörigkeitsgefühls zu einer bestimmten Partei;
- allgemeine Verdrossenheit über die Parteien;
- Unzufriedenheit mit der Partei, der man eigentlich zuneigt, aber keine Bereitschaft, eine andere Partei zu wählen;
- allgemeines Desinteresse an Politik;
- Zufriedenheit mit der politischen Situation.

(Autorentext)

1. Stellt fest, wie sich die Wahlbeteiligung bei Bundestagswahlen in den letzten Jahrzehnten entwickelt hat (M 11).

2. Beschreibt genau die Darstellung der Karikatur M 12 a, erläutert, was sie zum Ausdruck bringen will, und nehmt dazu Stellung.

3. a) Beschreibt die Karikatur M 12 b. Vergleicht die Darstellung des Nichtwählers hier mit der in M 12 a. Worin liegen Unterschiede zwischen den beiden Typen?
b) Überlegt, was diesen Nichtwählertyp zu seiner Haltung bringen könnte. Erörtert entsprechende Möglichkeiten, ihn zur Wahl zu bewegen.

4. a) In M 13 werden in Kurzform Ursachen für die sinkende Wahlbeteiligung genannt. Welche davon spiegeln sich in den Karikaturen wider, welche nicht?
b) Welche Faktoren sind eher kurzfristig, welche eher langfristig wirksam?

5. Wie beurteilt ihr aus eurer Sicht das Problem der sinkenden Wahlbeteiligung und die dafür angeführten Ursachen?

M 14 Jede Stimme hat Gewicht

„Was hat der einzelne Wahlberechtigte davon, dass er wählen geht? Es werden verschiedene Argumente angeführt, warum es sich nicht lohne, wählen zu gehen. Ich halte diese nicht für stichhaltig. […] Auch wenn zugegebenermaßen der Effekt einer einzelnen Stimme angesichts von mehr als 60 Millionen Wahlberechtigten unendlich klein erscheint: Im Falle eines Kopf-an-Kopf-Rennens wächst das Gewicht der einzelnen Stimme erheblich. Für mich bleibt daher nur das Fazit: Wer nicht wählen geht, sagt Ja und Amen zu allem und allen, der ist bereit, alles zu schlucken, was ihm vorgesetzt wird. Wer sich nicht zum Wahllokal bewegt, wird nichts bewegen, der bestimmt nicht über die Zukunft mit, sondern verlässt sich darauf, selbst wenn er das gar nicht will, dass die anderen es schon richten werden.“ (Prof. Dr. Jürgen W. Falter)

Der Politikwissenschaftler Jürgen Falter versucht mit verschiedenen Argumenten für eine Teilnahme an Wahlen zu überzeugen. Gestaltet einen Wahlaufruf in Form eines Plakates, mit dem ihr die Bürgerinnen und Bürger zur Wahlbeteiligung motiviert. Berücksichtigt dabei die von Jürgen Falter genannten Aspekte.

M 15 Das Wahlalter senken?

Im Vergleich zu anderen Altersgruppen (den über 40-Jährigen; bei den 60- bis 70-Jährigen lag sie 2009 bei 80 %) ist die Wahlbeteiligung bei den Jüngeren deutlich unterdurchschnittlich. Bei den 21- bis 25-Jährigen lag sie 2009 bei 59,1 %. Um diese Situation zu verbessern, wird u. a. vorgeschlagen, das Wahlalter auf 16 Jahre zu senken.
(Autorentext)

M 16 Wählen mit 16 – so ein Unsinn!?

Die folgenden Äußerungen sind einem Diskussionsblog entnommen.

- „Eine Lehrerin berichtete mir vom Sozialkundeunterricht der 10. Klasse, in dem sie den Kenntnisstand der Schüler im Hinblick auf die drei Staatsgewalten prüfen wollte. Nach längerem Zögern antwortete jemand aus den Bankreihen: Ludikative, Exekutive und Substantive. Ein mir nicht näher bekannter junger Schauspieler behauptete in einem Fernseh-Interview, in dem nebenbei die Parteienverdrossenheit angesprochen wurde, zu wissen, wofür SPD eigentlich steht: Sozialpolitische ähh deutsche … ääähhhh Sozialpartei.“

- „Die Darstellung ist sehr überspitzt und wird vielen Jugendlichen nicht gerecht. Als ich 16 Jahre alt war, wage ich zu behaupten, dass die meisten meiner Schulkameraden und Freunde in der Lage waren, eine differenzierte Entscheidung bezüglich einer Bundestagswahl treffen zu können, und das mit Sicherheit deutlich besser als der ein oder andere erwachsene Wähler."

- „Ich denke, die Frage, ob 16 reif genug ist oder nicht, ist nicht die entscheidende. Es gibt auch 34-Jährige oder 60-Jährige, die nach dem Gesetz reif sind, aber nicht wissen, was ein Überhangmandat ist. Meines Erachtens wäre es überhaupt zu hinterfragen, ob nicht jeder Wahlberechtigte erst mal eine kleine Prüfung ablegen sollte. Ich weiß, jetzt wird sich ein Sturm der Entrüstung breitmachen, aber dumme Menschen sollten nicht wählen. Und Dummheit ist keine Frage des Alters, auch keine Frage der intellektuellen Kapazität, sondern sie ist eine des Willens, sich mit Themen auseinanderzusetzen."

(Zit. nach: http://blogs.pm-magazin.de/Philosophie Blog/stories/7495/)

1. Führt zu der Forderung „Wählen ab 16!" (M 15) eine Diskussion nach der Fishbowl-Methode (M 17). Ggf. könnt ihr auch eine Pro-und-Kontra-Debatte durchführen. Hinweise dazu findet ihr auf Seite 392.
2. Vergleicht die in der Diskussion zur Sprache gekommenen Argumente mit denen in M 16 und ergänzt sie eventuell entsprechend.

Methode M 17 Fishbowl-Diskussion

1. Eine Gruppe von Schülerinnen und Schülern diskutiert vor oder in der Mitte der Klasse über ein Problem. Ein jeweiliger Interessenstandpunkt kann von einem bestimmten Schüler/einer Schülerin vertreten werden.
2. Die anderen Schülerinnen und Schüler der Klasse beobachten die Diskussionsgruppe (sie wird wie Fische in einem Aquarium beobachtet – daher kommt der Begriff „Fishbowl"-Methode).
3. Ein zusätzlicher Platz in der Diskussionsrunde kann unbesetzt bleiben. Hier kann jemand aus der Beobachtergruppe Platz nehmen, wenn er einen Beitrag leisten oder die möglicherweise stockende Diskussion voranbringen möchte.
4. Ein Schüler, eine Schülerin oder die Lehrkraft (L) leitet die Diskussion. Aufgaben und Regeln für die Moderation sind: das Wort erteilen; alle Meinungen zulassen; sich mit keinem der Diskutierenden verbünden; niemanden bevorzugen oder benachteiligen; für Ruhe sorgen, wenn es zu laut wird; die Diskussion abschließen und Ergebnisse zusammenfassen.
5. Die Beobachter geben nach der Diskussion eine Rückmeldung über das Verhalten der Diskutanten: Schauen die Gesprächspartner sich an? Reden sie verständlich? Lassen sie andere ausreden? Bringen sie überzeugende Argumente vor? Gehen sie auf Argumente des Vorredners ein? Bleiben sie beim Thema? Respektieren sie andere Meinungen?

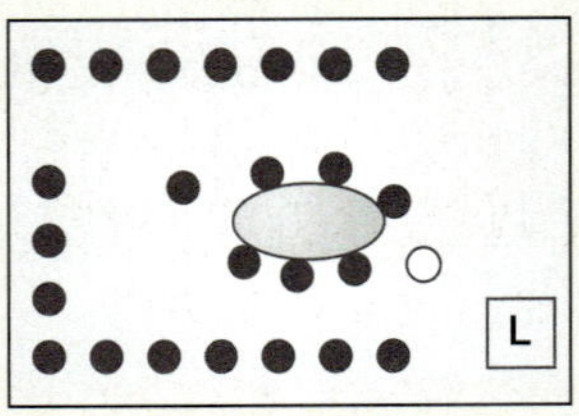

6. Die an der Diskussion nicht beteiligten Schülerinnen und Schüler notieren vorgebrachte Argumente bzw. Gesichtspunkte.

(Autorentext nach: Wolfgang Mattes, Methoden für den Unterricht, Schöningh Verlag, Paderborn 2002, S. 54)

2. Parteien – ihre Aufgaben und Veränderungen im Parteiensystem

In diesem Abschnitt sollt ihr zunächst die Aufgaben kennenlernen, die den Parteien in unserem politischen System zugeschrieben werden. Da das Selbstverständnis und die unterschiedlichen Programme der Parteien wenig bekannt sind, sollt ihr wesentliche Unterschiede in der grundsätzlichen Ausrichtung und in den Zielen und Werten der wichtigsten Parteien in Deutschland erarbeiten. Auf einzelne konkrete Streitthemen zwischen den Parteien gehen wir nicht näher ein, weil das zu weit führen würde und die diskutierten Themen immer wieder wechseln. Das soll euch aber nicht daran hindern, auf aktuelle Auseinandersetzungen Bezug zu nehmen.
An den Wahlergebnissen für die Parteien in den letzten Jahrzehnten bis in die Gegenwart hinein könnt ihr ablesen, wie sich das Parteiensystem in der Bundesrepublik entwickelt hat. Die Ursachen dafür sind zu komplex, um sie im Einzelnen zu erarbeiten, die Folgen der Veränderungen für die Bildung von Regierungen jedoch zeigen sich deutlich. Zum Schluss dieses Kapitels werdet ihr angeregt, darüber nachzudenken und zu diskutieren, wie weit ihr euch selbst als Jugendliche eine politische Betätigung im weitesten Sinne – innerhalb und/oder außerhalb der Parteien – vorstellen könnt.

M 18 Parteien in Aktion

Wahlkampfstand der FDP

Parteitag von Bündnis 90/Die Grünen

SPD-Kanzlerkandidat (2009) Steinmeier

Der Bundestagspräsident gratuliert der CDU-Vorsitzenden Angela Merkel zur Wahl als Bundeskanzlerin (2009).

CDU: Haupt- und Realschule zusammenlegen

Union und FDP planen Abschaffung der Atomsteuer

FDP und Linkspartei befürchten Verluste

Benzinpreise: FDP und SPD sehen Handlungsbedarf

GRÜNE legen 10-Punkte-Tierschutzplan vor
Für unverzügliches Verbot von Käfighaltung und Verstümmelungen

[1] Diese Beschreibung und M 20 beziehen sich im Wesentlichen auf § 1 des **Parteiengesetzes,** dessen Text ihr unter der Internetadresse http://www.bundestag.de/dokumente/rechtsgrundlagen/pg_pdf.pdf finden könnt. Das Gesetz enthält auch die Bestimmungen zu allen anderen Gesichtspunkten, die für die Stellung und die Arbeit der Parteien maßgeblich sind (z. B. ihre „innere Ordnung" und ihre Finanzierung).

M 19 Die Aufgaben von Parteien[1]

In der modernen Massendemokratie kann der Bürger den politischen Entscheidungsprozess auf sich allein gestellt kaum beeinflussen. Politische Beteiligung vollzieht sich in erster Linie über die Mitarbeit in Parteien. Sie wirken zwar nicht allein an der politischen Meinungs- und Willensbildung mit, bestimmen aber das politische Leben in einem Maße, dass das politische System der Bundesrepublik Deutschland als Parteienstaat oder Parteiendemokratie bezeichnet wird. [...]

Parteien wirken bei der politischen Willensbildung mit, indem sie

- die unterschiedlichen politischen Vorstellungen und Interessen in der Gesellschaft artikulieren [zum Ausdruck bringen], sie zu politischen Konzepten und Programmen bündeln und Lösungen für politische Probleme suchen,
- in der Öffentlichkeit für ihre Vorstellungen werben und die öffentliche Meinung und die politischen Ansichten der einzelnen Bürger beeinflussen,
- den Bürgerinnen und Bürgern Gelegenheit bieten, sich aktiv politisch zu betätigen und Erfahrungen zu sammeln, um politische Verantwortung übernehmen zu können,
- die Kandidaten für die Volksvertretungen in Bund, Ländern und Gemeinden und das Führungspersonal für politische Ämter stellen,
- als Regierungsparteien die politische Führung unterstützen,
- als Oppositionsparteien die Regierung kontrollieren, kritisieren und politische Alternativen entwickeln.

(Horst Pötzsch: Die deutsche Demokratie, Bundeszentrale für politische Bildung, Bonn, 5. Aufl. 2009, S. 44–47)

M 20

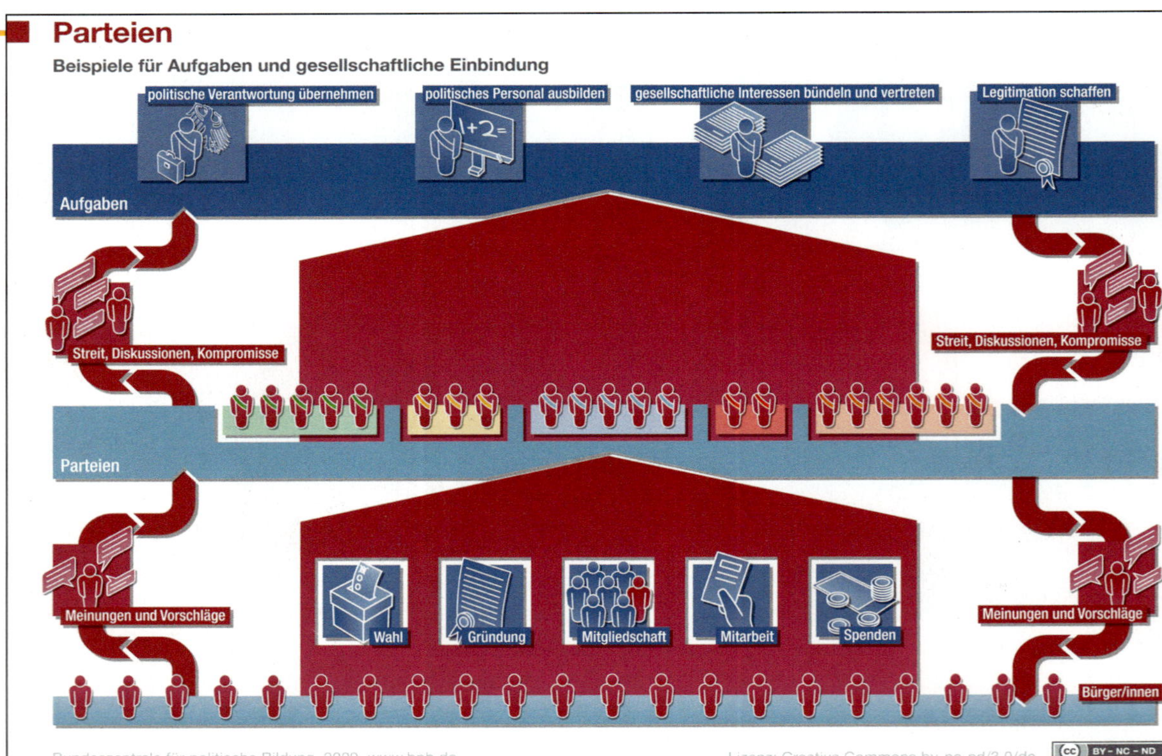

1. In M 19 werden die Aufgaben von Parteien genannt. Erläutert sie mit eigenen Worten und ordnet sie den Schlagzeilen bzw. Bildern in M 18 entsprechend zu.

2. Versucht, für jede der in M 19 angesprochenen Aufgaben Beispiele zu nennen.

3. Beschreibt und erläutert die Grafik M 20. Welche Aspekte veranschaulicht sie besonders?

4. Recherchiert in der Tageszeitung oder anderen Medien und sammelt aktuelle Beispiele, in denen die Aufgaben von Parteien zum Ausdruck kommen.

M 21 Parteien im Vergleich – Was wollen die Parteien?

Parteien legen ihre politischen Ziele in Programmschriften fest. **Grundsatzprogramme** enthalten eine allgemeine und langfristig gültige Standortbestimmung. Mit den politischen Inhalten müssen sich alle Parteimitglieder identifizieren können, weshalb sie oft recht abstrakt formuliert sind. Ein Parteiprogramm dient aber auch der Abgrenzung vom politischen Gegner.

Antworten auf aktuelle politische Fragen findet man eher in **Aktions- und Wahlprogrammen**. Sie beinhalten kurz- oder mittelfristige Ziele, zum Beispiel Vorhaben, die eine Partei in der nächsten Legislaturperiode verwirklichen möchte. Den Parteimitgliedern bieten sie Argumentationshilfen im Wahlkampf.

→ 1. Wie gut kennst du die Parteien? Im Folgenden sind kurze Auszüge aus den Programmen der im Bundestag vertretenen Parteien abgedruckt. Ordne die folgenden *Schlüsselbegriffe* und *politischen Ziele* den Texten richtig zu. Achtung: Die Begriffe sind nicht immer in der passenden grammatikalischen Form aufgeführt!

soziale Demokratie/Partei der Ökologie/konservative Partei/Partei des organisierten Liberalismus/Volkspartei der Mitte/demokratischer Sozialismus/Bewahrung der natürlichen Lebensgrundlagen/handlungsfähiger Staat/notwendiger Freiheitsraum/ Kapitalismus überwinden/wehrhafte Demokratie/weniger Staat/starker Rechtsstaat/Emanzipation/~~Freiheit~~

→ 2. Arbeitet heraus, was euch für die jeweilige Partei – im Unterschied zu anderen – als „typisch“ erscheint, und erstellt dazu eine stichwortartige vergleichende Übersicht.

FDP – Die Liberalen

„Liberalismus will die größtmögliche Freiheit des Einzelnen. Die Freiheit des Einzelnen findet ihre Grenze an der Freiheit der anderen. Deshalb sind individuelle Freiheit und Verantwortung für sich selbst untrennbar: […] Freiheit durch Verantwortung ersetzt die starre Regelungsdichte staatlicher Bürokratien und Großorganisationen. Mehr Eigenverantwortung und Mitverantwortung der Bürger heißt ??? . Nur dort, wo Eigenverantwortung und Mitverantwortung das Leistungsvermögen der Bürger übersteigen, übertragen die Bürger Verantwortung auf ihren Staat. […]
Die FDP als ??? unterscheidet sich durch ihr Bekenntnis zu Vernunft, Vielfalt und Wettbewerb von allen anderen Parteien, die Fortschritt durch Staatsgläubigkeit und Staatsinterventionismus* erreichen wollen.“

BÜNDNIS 90 DIE GRÜNEN

„Als ??? geht es uns um die ??? , die durch industriellen Raubbau und überschießenden Ressourcenverbrauch* gefährdet sind. Bewahren können wir nicht durch ein Zurück, sondern nur indem wir die heutigen Industriegesellschaften nachhaltig verändern. […] Nachhaltigkeit bedeutet die zukunftsfähige Verbindung von ökologischer, sozialer und wirtschaftlicher Entwicklung. […] Produktion und Konsumtion müssen so gestaltet werden, dass sie nicht heute die Lebenschancen von morgen zerstören.“

„Die Christlich-Demokratische Union Deutschlands ist die ??? . Ihre Politik beruht auf dem christlichen Verständnis vom Menschen und seiner Verantwortung vor Gott. […] Die CDU ist für jeden offen, der die Würde und die Freiheit aller Menschen anerkannt und die hieraus folgenden Grundüberzeugungen unserer Politik bejaht. Die CDU hat konservative, liberale und christlich-soziale Wurzeln. Die CDU will die christlich geprägten Wertgrundlagen unserer freiheitlichen Demokratie bewahren und stärken. Wir leiten aus ihnen die Grundwerte Freiheit, Solidarität und Gerechtigkeit her. […] Es ist Aufgabe der Politik, den Menschen ??? zu sichern und sie für das Gemeinwesen in die Pflicht zu nehmen.“

„Die CSU tritt für die Selbstverantwortung des Einzelnen ein. Die CSU schützt den Freiraum der Bürger zur Entfaltung ihres Lebens und verteidigt ihre Persönlichkeitsrechte. Die CSU ist die Partei der ??? und eines ??? . Freiheit in Verantwortung für den Nächsten und für das Gemeinwohl ist auch Grundlage der Sozialen Marktwirtschaft. Die CSU ist eine ??? . Die Politik der CSU gründet sich auf der dauerhaften Wertordnung des abendländischen Denkens sowie dem geschichtlichen und kulturellen Erbe unseres Volkes. Tradition und Heimat, Sprache und Kultur geben den Menschen Geborgenheit und der Gemeinschaft Zusammenhalt. Die CSU misst das Neue am Bewährten und stellt Fortschritt in den Dienst der Menschen.“

„Freiheit und soziale Sicherheit, Demokratie und Sozialismus* bedingen einander. Gleichheit ohne individuelle Freiheit endet in Entmündigung und Fremdbestimmung. Freiheit ohne Gleichheit ist nur die Freiheit für die Reichen. Auch der Mensch ist nicht frei, der seine Mitmenschen unterdrückt und ausbeutet. Ziel des ??? , der ??? will, ist eine Gesellschaft, in der die Freiheit des anderen nicht die Grenze, sondern die Bedingung der eigenen Freiheit ist. […] In der Bundesrepublik verlangt das Grundgesetz, über Gesetze und Regeln sicherzustellen, dass das Eigentum dem Gemeinwohl dient. Die Artikel 14 und 15 des Grundgesetzes geben die Möglichkeit, der Zusammenballung von wirtschaftlicher Macht zu politischer Macht entgegenzuwirken. Demzufolge können Schlüsselbereiche der Wirtschaft in Gemeineigentum überführt werden.“

„Unsere Grundwerte sind Freiheit, Gerechtigkeit und Solidarität. Im sozialdemokratischen Verständnis bilden sie eine Einheit. Sie sind gleichwertig und gleichrangig. Sie bedingen, ergänzen, stützen und begrenzen einander. ??? erfordert ???. Nur Reiche können sich einen armen Staat leisten. An der Finanzierung der staatlichen Aufgaben müssen sich Unternehmen und Privathaushalte entsprechend ihrer Leistungsfähigkeit beteiligen. […] Wir entwickeln den Sozialstaat weiter zum vorsorgenden Sozialstaat. Er bekämpft Armut und befähigt die Menschen, ihr Leben selbstbestimmt zu meistern. Der vorsorgende Sozialstaat begreift Bildung als zentrales Element der Sozialpolitik. Seine zentralen Ziele sind Sicherheit, Teilhabe und ??? .“

(Aus: Bruno Zandonella, Wahlen für Einsteiger, hrsg. von der Bundeszentrale für politische Bildung, Juli 2009, S. 18 f.; leicht verändert)

Erstellt über einen Zeitraum von zwei bis drei Wochen auf ein oder zwei Stellwänden eine Collage aus Zeitungsartikeln, aus denen hervorgeht, wie die verschiedenen Parteien sich zu einem bestimmten Thema (z. B. Steuersenkungen, Bildung, Sozialleistungen) äußern und Position beziehen. Überprüft, inwieweit darin auch die Programmaussagen der Parteien (M 21) zum Ausdruck kommen.

M 22 a

„Und nun hat unserer Quizkandidat 60 Sekunden Zeit, um die richtigen Namenszettel an die zugehörigen Plakate zu heften."

M 22 b

1. a) Beschreibt die Karikatur M 22 a. Welchen Sachverhalt will der Karikaturist zum Ausdruck bringen?
b) Prüft, wie oft der Begriff „Freiheit" in den in M 21 abgedruckten Parteiprogrammen vorkommt.
c) Stellt fest, ob es weitere allgemein klingende Begriffe ohne konkrete politische Inhalte in den Parteiprogrammen gibt.

2. Begründet, warum wohl die Parteien vor allem allgemein klingende und abstrakte Begriffe in ihren Grundsatzprogrammen verwenden.

3. Beschreibt, welches Problem die Karikatur M 22 b thematisiert. Diskutiert, welche Lösungen es für das Problem geben könnte.

M 23 Ergebnisse der Bundestagswahlen 1949 – 2009

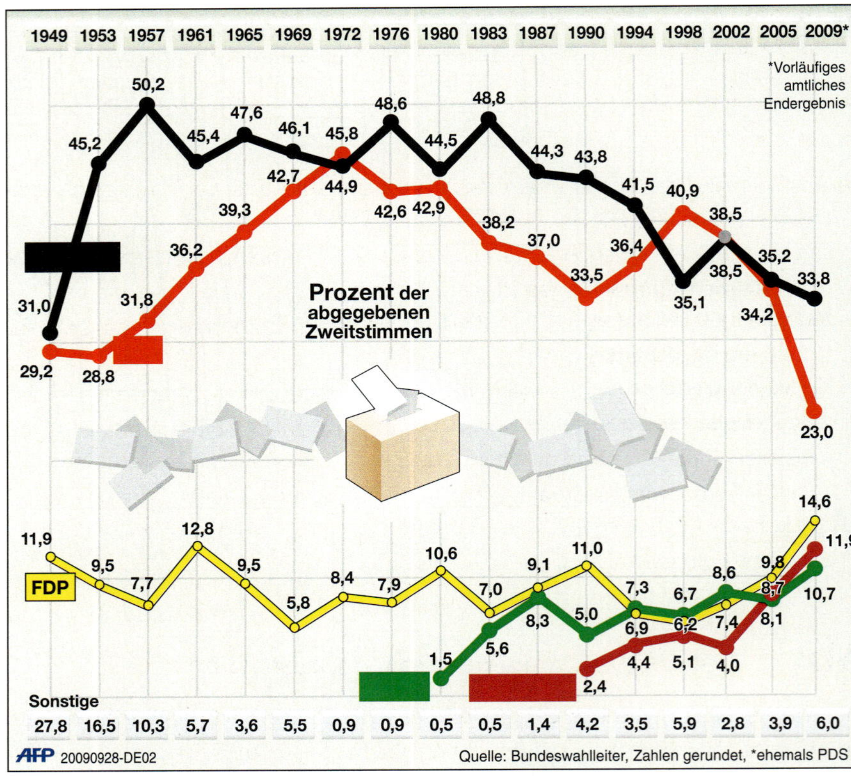

M 24 Parteien in Regierung und Opposition

Die vorgeschriebene Zahl der Sitze, die seit der deutschen Einigung (1990) 656 betrug, wurde mit der Bundestagswahl 2002 auf 598 verringert. In der tatsächlichen Zahl sind **Überhangmandate** enthalten:
1990: 6 CDU
1994: 12 CDU, 4 SPD
1998: 13 SPD
2002: 4 SPD, 1 CDU
2005: 9 SPD, 7 CDU
2009: 23 CDU, 1 CSU

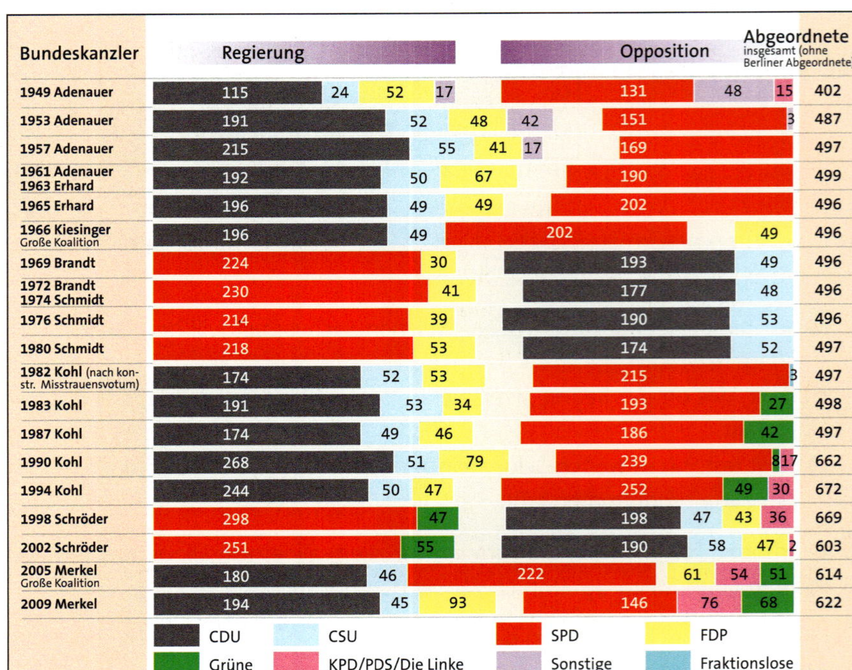

1. Beschreibt die Entwicklung der Bundestagswahlergebnisse für die einzelnen Parteien. Welche Veränderungen bzw. Trends lassen sich feststellen und in welchen Zeitraum fallen sie? (M 23)

2. Welche Entwicklung zwischen den beiden großen Parteien („Volksparteien") und den kleineren Parteien ist seit etwa 2002 festzustellen? (M 23)

3. In M 24 sind die Regierungen dargestellt, die aufgrund der jeweiligen Wahlergebnisse zustande gekommen sind.
   a) Stellt fest, in welchen Jahren es jeweils zu einer neuen Parteienkonstellation in der Bundesregierung gekommen ist.
   b) Welche Rolle hat die FDP in der Geschichte der Zusammensetzung der Bundesregierungen (Koalitionen) gespielt?
   c) Wann schlägt sich der Wandel der Parteienlandschaft (vom Dreiparteien- zum Vier- und Fünfparteiensystem) zum ersten Mal in einer entsprechenden Regierungszusammensetzung nieder?
   d) Welche besondere Situation lässt sich im Jahr 2005 ablesen? Warum war eine sonst traditionelle Regierungszusammensetzung zwischen einer großen und einer kleinen Partei nicht möglich?

M 25 Mehr Mitbestimmung – nicht nur zuschauen

● „Meine Traumgesellschaft wäre, dass man Leute abwählen kann, dass man nicht Leuten vier Jahre lang einen Freibrief in die Hand drückt und dann sagt, macht mal, und kann nichts dran ändern. Das sind so Sachen, die man nicht durch ein Gesetz unbedingt machen kann. Dass Sachen auch breiter diskutiert werden. Mehr Mitbestimmung haben. Wenn irgendwo mehrere 10 000 Leute auf die Straße gehen und gegen etwas demonstrieren, was die Regierung macht, dass das mehr Gewicht erhält. Dass die Kluft zwischen Regierenden und Regierten kleiner ist."

● „Aber ich glaube so allgemein, dass Politik für mich ist, dass man nicht zuschaut, wie irgendjemand was bestimmt, irgendwas macht, irgendwas passiert, und dann sagt: ‚Scheiße, jetzt ist es passiert'. Oder gar nicht merkt, dass überhaupt irgendwas passiert und sein Leben vor sich hin lebt als ein Individuum unter vielen. Sondern dass ich schon gern meine Meinung äußern möchte, was verändern möchte, was ich für mich für wichtig halte oder für die Gesellschaft für wichtig halte. Dass das zumindest sichtbar gemacht wird."

(Zit. nach: Deutsche Shell Holding GmbH [Hg.], Jugend 2002 – 14. Shell Jugendstudie, © Fischer Taschenbuch Verlag in der S. Fischer Verlag GmbH, Frankfurt am Main 2002, S. 319, 322)

1. Erläutert mit eigenen Worten, worum es den beiden Jugendlichen in ihren Äußerungen geht. Was wird einerseits bemängelt, welche Ziele andererseits kommen zum Ausdruck?

2. Formuliert die Gedanken der Jugendlichen in politische Forderungen um.

3. Wie bewertet ihr diese Forderungen? Nehmt Stellung dazu.

M 26 Lust auf Politik?

Themen, die mich veranlassen könnten, aktiv zu werden:	Wenn ich mich engagiere, …	Ich könnte mir vorstellen, …
– Erhalt von Arbeitsplätzen – Schutz der Umwelt – Ausbau von Verkehrswegen – Schaffung von Freizeiteinrichtungen – Sicherung der Altersversorgung – Bekämpfung der Armut – gerechte Steuern – Ausbau von Bildungseinrichtungen – Sicherung der Sozialsysteme – Bekämpfung der Kriminalität – Europäische Einigung – Dritte Welt – Ausländerfragen – Terror – Krieg – Gentechnologie – …	– will ich neue Erfahrungen sammeln – muss es Spaß machen – müssen Freunde mitmachen – muss mein Engagement bald etwas bringen – will ich meine Fähigkeiten einbringen können – möchte ich dafür eine Entschädigung erhalten – muss es etwas außerhalb von Schule/Betrieb sein – muss ich davon überzeugt sein – sollte mir keiner Vorschriften machen – müssen folgende Bedingungen erfüllt sein: – …	– in einer Jugendorganisation einer Partei mitzumachen – eine Bürgerinitiative zu unterstützen – an einer Wahl teilzunehmen – in einer Umweltgruppe mitzuarbeiten – an einer Demonstration teilzunehmen – einen Aufruf oder eine Erklärung zu unterschreiben – eine politische Versammlung zu besuchen – sich bei der Gemeinde/Stadt zu beschweren – an einem Streik teilzunehmen – einen Leserbrief für eine Tageszeitung zu schreiben – mich an den Petitionsausschuss zu wenden – in eine Gewerkschaft einzutreten – einen Abgeordneten in seiner Sprechstunde aufzusuchen – mich in einer politischen Versammlung zu Wort zu melden – mich im Internet an „virtuellen" Diskussionsforen zu beteiligen – …

(Aus: Themenblätter im Unterricht, Nr. 39/2004, hrsg. von der Bundeszentrale für politische Bildung, Bonn 2004; Verf.: Lothar Scholz)

1. „Lust auf Politik?" heißt es in M 26. Listet – jeder/jede für sich – in eurem Heft die Möglichkeiten aus den Spalten auf, die für euch infrage kommen.

2. Tauscht euch im Klassengespräch über Gemeinsamkeiten und Unterschiede aus und zählt in der Klasse (z. B. durch Aufzeigen) aus, welche Möglichkeiten am häufigsten und welche am wenigsten gewählt wurden.

3. Diskutiert insbesondere das Ergebnis für die rechte Spalte und geht dabei näher auf die Begründungen ein, die für eure Entscheidungen maßgeblich sind.

4. Schreibt aus der Rubrik „Ich könnte mir vorstellen …" alle Beteiligungsmöglichkeiten heraus, die bisher in diesem Kapitel noch nicht zur Sprache gekommen sind. Begründet, warum diese Formen politischer Betätigung auch in einer Demokratie wichtig sind.

5. Welche der beispielhaft genannten Themen (linke Spalte) oder auch weitere werden aktuell diskutiert? Recherchiert entsprechend in Zeitungen, Zeitschriften oder im Internet. Welche Formen politischer Beteiligung von Bürgern sind dabei festzustellen?

M 27 Und doch: So ganz ohne Parteien geht es nicht

Nur die Parteien sind zu mehr als punktuellem (auf ein bestimmtes Problem bezogenem und/oder zeitlich begrenztem) Engagement in der Lage. Nur sie können widerstreitende Ziele und Interessen abwägen, Gegensätze überbrücken und Kompromisse finden und schließen. Auch für die Parlamente ist die Arbeit der Parteien unverzichtbar. [...] Gäbe es die Parteien nicht, man müsste sie erfinden, nein: Sie würden von selbst entstehen, denn schon bald würden engagierte Demokraten über ihre Einzelinitiativen hinaus nach den größeren politischen Zusammenhängen und nach dauerhaften Verbündeten streben. Es gibt Parteienverdrossenheit, ich weiß, und es gibt auch manchen Grund dazu. Aber meine Antwort an alle Verdrossenen heißt: Lasst es euch nicht verdrießen – engagiert euch, organisiert euch, tretet ein und macht es besser!

(Aus einer Rede des damaligen Bundespräsidenten Johannes Rau bei der Konferenz „Bürgernaher Bundesstaat" am 31. März 2004 in Berlin; http://www.buergernaher-bundesstaat.de/pdf/v_31_3_3.pdf)

Methode M 28 Auf den Kopf gestellt

Wie der Kopfstand die Umkehrung der normalen menschlichen Körperhaltung ist, so wird auch bei der Kopfstand-Methode im Unterricht ein Thema oder eine Frage auf den Kopf gestellt. Fragestellungen, die in ihr Gegenteil verkehrt worden sind, können Ideen und Ansätze zur Lösung eines Problems oder einer Frage beflügeln.
So geht ihr vor (anhand einer Beispielfrage):

1. Ihr habt eine Ausgangsfrage, etwa: Wie kann erreicht werden, dass sich mehr Menschen für Politik interessieren und engagieren?
2. Die Kopfstand-Frage wird formuliert: Wie kann erreicht werden, dass sich absolut niemand mehr für Politik interessiert und sich niemand mehr engagiert?
3. Es werden nun in einem Brainstorming [Sammlung spontaner Äußerungen] alle Antworten gesammelt, die euch zur Kopfstand-Frage einfallen.
4. Die Ausgangsfrage wird wieder vom Kopf auf die Füße gestellt. Formuliert die gesammelten Ideen in ihr Gegenteil um oder lasst euch von diesen Kopfstand-Antworten zu unabhängigen neuen Lösungsideen inspirieren [anregen].

(Lothar Scholz: Methodenkiste, hrsg. v. der Bundeszentrale für politische Bildung, Bonn, 4. überarbeitete Auflage 2010, S. 45)

1. Erläutert, warum der ehemalige Bundespräsident Johannes Rau Parteien in unserer Demokratie für unverzichtbar hält. Was leisten sie mehr als z. B. Bürgerinitiativen oder Interessengruppen? (M 27)
2. Welche der in M 19 genannten Aufgaben von Parteien wird von Johannes Rau besonders hervorgehoben?
3. Bearbeitet die „Kopfstandfrage" nach der Methode „Auf den Kopf gestellt" (M 28).
   a) Wie kann erreicht werden, dass sich absolut niemand mehr für Politik interessiert und sich niemand mehr engagiert?
   b) Wie kann erreicht werden, dass sich mehr Menschen für Politik interessieren?

Kompetenzcheck

1. Das Wahlrecht ändern! Was ist eure Meinung zu den Vorschlägen?

	stimme zu	stimme weitgehend zu	habe dazu keine Meinung	lehne ab	lehne entschieden ab
Auf die Erststimme kann verzichtet werden.	??	??	??	??	??
Das Wahlrecht sollte eine Wahlpflicht sein.	??	??	??	??	??
Die 5 %-Hürde sollte abgeschafft werden.	??	??	??	??	??
Die Bundestagsabgeordneten sollten durch Los bestimmt werden.	??	??	??	??	??
Bundestagsabgeordnete sollen nur einmal gewählt werden können.	??	??	??	??	??
Das Wahlrecht soll schon ab Geburt gelten. Eltern haben für jedes Kind eine Stimme.	??	??	??	??	??

(Autorentext)

Einen dieser Vorschläge könnt ihr auch in der Form einer **Pro-und-Kontra-Debatte** führen:

1. Zunächst müsst ihr euch mit dem *Thema*, dem Problem oder der Fragestellung vertraut machen. Führt in einer Abstimmung ein erstes Meinungsbild herbei: Wie steht ihr zu dem Problem oder der Frage?
2. Bildet nun *Gruppen* für die jeweiligen Positionen. Am besten ist es, wenn die Gruppen durch Los oder ein Zufallsprinzip gebildet werden. Es geht nämlich jetzt nicht um die eigene Meinung zu dem Problem, sondern darum, Begründungen für einen Standpunkt vorzutragen, in den man sich hineinversetzt.
3. Die Gruppen setzen sich nun anhand von *Materialien* vertiefend mit „ihren" Positionen auseinander und erarbeiten begründete Standpunkte. Dabei sollten sie Argumente der gegnerischen Partei erkennen und überlegen, wie man sie widerlegen kann. Anschließend bestimmen sie einen Gruppensprecher.
4. Für die Durchführung des Spiels wird eine geeignete *Sitzordnung* hergestellt: Vorne sollen die Gesprächsleiter sitzen (dies können Schüler/Schülerinnen oder Lehrer/Lehrerinnen sein), an zwei sich gegenüberstehenden Längstischen sitzen die „Parteien", hinten die übrigen Schüler als Beobachter.
5. Die Gesprächsleiter eröffnen das *Streitgespräch* bzw. die Pro-und-Kontra-Debatte, begrüßen die Zuschauer, nennen das Thema, stellen die Gesprächsteilnehmer vor und erklären den Ablauf des Spiels. Anschließend halten die Gruppensprecher jeweils einen ca. dreiminütigen Eingangsvortrag (Statement). Danach erfolgt in Rede und Gegenrede der Austausch der Argumente und Gegenargumente (ca. 15 bis 20 Minuten).
6. In der *Auswertung* des Spiels fordern die Gesprächsleiter die Beobachter auf, mitzuteilen, welche Argumente sie überzeugend fanden und welche nicht. Außerdem sollen sie ihren Gesamteindruck wiedergeben und sagen, was gut war und was ihnen nicht gefallen hat.
7. Zum Abschluss wird noch einmal eine *Abstimmung* über die Ausgangsfrage durchgeführt. Das Ergebnis wird mit dem ersten Abstimmungsergebnis verglichen. Wenn es Unterschiede gibt, sollten die Ursachen dafür diskutierten werden.

(Lothar Scholz: Methodenkiste, hrsg. v. der Bundeszentrale für politische Bildung, Bonn, 4. überarbeitete Auflage 2010, S. 31)

2. Ergebnisse zum Ausgang der letzten Bundestagswahlen in eurem Bundesland

Recherchiert:
Welche Partei hat die meisten Zweitstimmen erzielt?
Sind bei einer Partei Überhangmandate entstanden?
Wie viele Bundestagsabgeordnete vertreten die Bürger im Bundestag?
Wurden die Abgeordneten direkt gewählt oder sind sie über die Landesliste in den Bundestag eingezogen?

3. Richtig oder falsch?

	richtig	falsch
Bündnis 90/Die Grünen sind zum ersten Mal 1987 in den Bundestag eingezogen.	??	??
Es können auch Parteien im Bundestag vertreten sein, die keinen Wahlkreis gewonnen haben.	??	??
Wahlberechtigt bei Bundestagwahlen sind alle Einwohner Deutschlands.	??	??
Alle Parteien haben schon einmal eine Regierungskoalition miteinander gebildet.	??	??
Seit 1983 hat Bündnis 90/Die Grünen bei Bundestagswahlen am stärksten hinzugewonnen.	??	??
Jugendliche unter 18 Jahren haben keine Möglichkeit, sich politisch zu betätigen.	??	??
Parteien sind verzichtbar.	??	??

4. Ein Lückentext

Füllt den Lückentext, in dem es um die Bedeutung von Parteien geht, in eurem Heft aus, indem ihr die darunterstehenden kursiv gedruckten Begriffe entsprechend eintragt.

Die Parteien bringen unterschiedliche politische **???**, Ansichten und **???** in der Gesellschaft zum Ausdruck, „artikulieren" sie. Sie fassen diese Vorstellungen zu **???** und Konzepten zusammen, „bündeln" sie und entwerfen Vorschläge und Lösungen für politische **???**.
Sie **???** in der Öffentlichkeit für ihre Vorstellungen und versuchen die politischen Ansichten der Bürgerinnen und Bürger zu **???**.
Sie bieten den Bürgerinnen und Bürgern Gelegenheiten, sich **???** zu betätigen und politische **???** zu sammeln.
Sie stellen Kandidatinnen und Kandidaten auf für die **???** zu den Volksvertretungen in den Gemeinden, den Ländern und im Bund sowie für **???**.
Sie **???** als Regierungspartei die Regierung, als Oppositionspartei kontrollieren und kritisieren sie die politische Führung und entwickeln politische **???**.

aktiv politisch – Alternativen – beeinflussen – Erfahrungen – Interessen – politische Ämter – Probleme – Programmen – unterstützen – Vorstellungen – Wahlen – werben

5. Politisch aktiv werden

Lest über einen Zeitraum von etwa drei Wochen die Tageszeitung oder informiert euch im Internet, über welches politische Thema besonders diskutiert wird. Das kann auch ein kommunal- oder landespolitisches Thema sein. Besprecht, inwieweit ihr dabei selbst Aktivitäten entfalten könnt, z. B. einen Leserbrief schreiben, Betroffene bzw. Beteiligte zu einer Diskussion oder einem Gespräch einladen, eine Beschwerde einreichen.

Wie funktionieren die Staatsorgane? – Bundesregierung, Bundestag und Bundesrat im politischen Entscheidungsprozess

16

Zur Orientierung

In Kapitel 15 habt ihr bereits erfahren, wie aus den Bundestagswahlen die Sitzverteilung zwischen den Parteien im Deutschen Bundestag hervorgeht. Im ***ersten Abschnitt*** *dieses Kapitels erfahrt ihr nun Genaueres über die sich daraus ergebende Bildung der Bundesregierung und die Grundsätze, nach denen sie arbeitet.*
Um die Aufgaben des Bundestags geht es im ***zweiten Abschnitt****. Der Bundestag bildet die Legislative (Gesetzgebung) in unserem politischen System. Das Verfahren der Gesetzgebung wird in einem Unterabschnitt übersichtlich dargestellt. Weiterhin gehen wir auf die Rolle der Opposition im Bundestag ein und informieren über die Instrumente, die dem Bundestag zur Verfügung stehen, um die Regierung zu kontrollieren. Abschließend wird die konkrete Arbeit eines Bundestagsabgeordneten an einem Beispiel näher beschrieben.*

Kompetenzen

Nach der Erarbeitung dieses Kapitels solltet ihr Folgendes wissen und können:

- die Bildung der Bundesregierung erklären, ihre Arbeitsprinzipien beschreiben und die besondere Stellung des Bundeskanzlers/der Bundeskanzlerin erläutern und beurteilen;
- die Aufgaben des Bundestags benennen und das Gesetzgebungsverfahren im Hinblick auf die Funktion der daran beteiligten Organe beschreiben;
- erklären, wie sich die parlamentarische Kontrolle der Regierung von der klassischen Form der Gewaltenteilung unterscheidet, und darlegen, welche Kontrollinstrumente der Opposition zur Verfügung stehen;
- die Aufgaben und Arbeitsbereiche des einzelnen Bundestagsabgeordneten beschreiben sowie seine Stellung zwischen Fraktionsdisziplin und Gewissensfreiheit charakterisieren und beurteilen;
- ein Porträt des/der Abgeordneten eures Wahlkreises erstellen.

1. Die Bundesregierung – wie sie zustande kommt und arbeitet

M1 Bildung, Zusammensetzung und Arbeitsweise der Bundesregierung

Umweltminister ist seit Mai 2012 Peter Altmaier (CDU).

Die Bundesregierung besteht aus dem Bundeskanzler und den Bundesministern, die zusammen das *Kabinett* bilden. Der Bundeskanzler wird auf Vorschlag des Bundespräsidenten vom Bundestag gewählt. Die Bundesminister werden auf Vorschlag des Bundeskanzlers vom Bundespräsidenten ernannt. In der politischen Praxis geht die Regierungsbildung der Wahl des Bundeskanzlers voraus. Der designierte (vorgesehene) Kanzler, bisher immer Führer der stärksten Fraktion*, handelt zusammen mit den an der Regierung teilnehmenden Parteien (Koalitionspartnern*) das Regierungsprogramm aus und legt Anzahl und Zuständigkeitsbereiche der Bundesminister fest. Er überlässt ihnen bestimmte Kabinettssitze und deren personelle Besetzung. Ebenso muss er darauf achten, dass wichtige Gruppen und Strömungen seiner eigenen Partei, starke Landesverbände und nicht zuletzt Frauen bei der Verteilung der Ministerposten angemessen berücksichtigt werden.

Die Bundesregierung hat die Aufgabe der politischen Führung. Sie soll den politischen Willen der parlamentarischen Mehrheit in praktische Politik umsetzen und die inneren Verhältnisse sowie die auswärtigen Beziehungen der Bundesrepublik Deutschland gestalten. Sie hat außerdem die Verantwortung für die Ausführung der Gesetze durch die Bundesbehörden.

(Horst Pötzsch: Die deutsche Demokratie, Bundeszenrale für politische Bildung, Bonn, 5. Aufl. 2009, S. 105–109)

1. Bringt folgende Schritte bis zur Arbeitsaufnahme der Bundesregierung in die richtige Reihenfolge: Ernennung der Minister durch den Bundespräsidenten – Wahl des Bundeskanzlers Aushandlung eines Regierungsprogramms mit Koalitionspartnern – Vorschlag zur Wahl eines Bundeskanzlers – Bundestagswahlen.

2. Prüft, ob folgende Aussage richtig ist: Der Kanzler wird von den Bürgern gewählt.

3. Das Schaubild zeigt die Zusammensetzung der Bundesregierung 2009–2012. Wie sind die Ministerposten zwischen den beiden Koalitionsparteien verteilt?

4. Stellt nach der Bundestagswahl 2013 fest, mit welchen Personen bzw. Parteien die einzelnen Ämter im Schaubild S. 396 besetzt wurden.

M 2 Beispiele für Regierungshandeln

a) Die Bundesregierung erwägt den Einsatz privater Sicherheitsfirmen zum Schutz deutscher Handelsschiffe vor Piraten. Entsprechende Vorschläge aus den Reihen des Parlaments würden derzeit beraten, sagte ein Sprecher des Bundeswirtschaftsministeriums in Berlin. Das Innenministerium erklärte, es sei denkbar, dass die privaten Sicherheitskräfte von der Bundespolizei für den Schutz der Handelsschifffahrt unter deutscher Flagge zugelassen würden. Im Herbst sollen die Vorschläge vorliegen.

(Quelle: reuters; Titel: Deutschland: Private Sicherheitsfirmen sollen deutsche Handelsschiffe vor Piraten schützen; aus: FOCUS Online vom 17.08.2011)

b) Die Bundesregierung will die Zuwanderungsregelungen lockern, damit trotz Bevölkerungsschwundes nicht die Fachkräfte ausgehen.

(http://www.focus.de/politik/deutschland/fachkraefte mangel-kabinett-lockt-auslaendische-arbeitnehmer/aid_639153.html)

c) Die Energiewende macht's möglich: Die Bundesregierung stellt für den Ökostrom mehr Mittel bereit. Vor allem die Windkraft an Land soll davon profitieren.

(http://www.focus.de/immobilien/energiesparen/energiewende-keine-kuerzung-fuer-windkraft-an-land_aid_639913.html)

d) Die Bundesregierung stellt Prävention, Therapie, Hilfe zum Ausstieg und die Bekämpfung der Drogenkriminalität in den Mittelpunkt. (http://drogenbeauftragte.de/)

e) Themen im Bundeskabinett
Das Bundeskabinett hat sich in seiner **98. Sitzung am 28. März 2012** unter anderem mit dem Gesetzentwurf zur Neuausrichtung der Pflegeversicherung und dem Gesetzentwurf eines Achten Gesetzes zur Änderung des Gesetzes gegen Wettbewerbsbeschränkungen befasst.

- Entwurf eines Achten Gesetzes zur *Änderung des Gesetzes gegen Wettbewerbsbeschränkungen* (BMWi)
- Gesetzentwurf zur Neuausrichtung der *Pflegeversicherung* (BMG)
- Bericht zur Umsetzung des 10-Punkte-Sofortprogramms zum *Energiekonzept* (BMWi, BMU)
- Bericht der Bundesregierung zu den Zukunftsprojekten der *Hightech-Strategie* (BMBF)
- Vom *Bürokratieabbau* zur besseren Rechtsetzung
- Entwurf eines Gesetzes für einen Gerichtsstand bei besonderer *Auslandsverwendung der Bundeswehr* (BMJ)
- Entwurf eines Gesetzes zu dem Übereinkommen vom 9. Dezember 2011 über den *Internationalen Suchdienst* (AA)

(http://www.bundesregierung.de/Content/DE/Kabinettssitzung/2012/03/2012-03-27-kabinett.html)

1. Erläutert kurz die unterschiedlichen Probleme, um die sich die Bundesregierung kümmert (M 2 a–d). Sucht ggf. zu den angesprochenen Themen nähere Informationen im Internet. M 2 e zeigt die Themen einer einzigen Kabinettssitzung. Überlegt, welches Ministerium (s. M 1) für das jeweilige Thema zuständig („federführend") sein könnte. Näheres zu den ersten fünf Themen findet ihr auf der als Quelle angegebenen Internetseite.

2. Inwieweit kommt die Aufgabenbeschreibung der Bundesregierung (M 1, letzter Abschnitt) in den Beispielen zum Ausdruck?

3. Stellt fest, mit welchen Aufgaben die Bundesregierung sich aktuell besonders beschäftigt. Darüber erfahrt ihr u. a. etwas auf der Internetseite www.bundesregierung.de

M 3 Wie arbeitet die Regierung?

Verantwortung und Zuständigkeiten innerhalb der Bundesregierung legt das Grundgesetz fest:

Artikel 65 GG: Der Bundeskanzler bestimmt die Richtlinien der Politik und trägt dafür die Verantwortung. Innerhalb dieser Richtlinien leitet jeder Bundesminister seinen Geschäftsbereich selbstständig und unter eigener Verantwortung. Über Meinungsverschiedenheiten zwischen den Bundesministern entscheidet die Bundesregierung. Der Bundeskanzler leitet ihre Geschäfte nach einer von der Bundesregierung beschlossenen und vom Bundespräsidenten genehmigten Geschäftsordnung.

Der Artikel enthält die drei Prinzipien, die für die Arbeit der Bundesregierung bestimmend sind:

- das Kanzlerprinzip,
- das Ressortprinzip,
- das Kollegialprinzip.

Der Bundeskanzler hat in der Bundesregierung eine herausragende Stellung (**Kanzlerprinzip**). Sie zeigt sich darin, dass er

– als einziges Mitglied der Bundesregierung vom Bundestag gewählt ist und damit über eine besondere demokratische Legitimation* verfügt;
– allein den Antrag stellen kann, der Bundestag möge ihm das Vertrauen aussprechen; bei Ablehnung der Vertrauensfrage Neuwahlen herbeiführen kann;
– allein durch ein Misstrauensvotum zu stürzen ist, wobei auch alle seine Minister ihr Amt verlieren;
– das Recht hat, die Bundesminister zur Ernennung und Entlassung vorzuschlagen (Art. 64 GG), während der Bundestag keinen Minister zum Rücktritt zwingen kann;
– die Richtlinien der Politik bestimmt und für sie die alleinige Verantwortung trägt.

Die *Richtlinienkompetenz* ist die wichtigste Befugnis des Kanzlers. Sie weist ihm die Führungsrolle im Kabinett zu (Art. 65). Er kann von einer Mehrheit im Kabinett nicht überstimmt werden. Die Verfassung gibt dem Kanzler die Möglichkeit, sein Kabinett straff zu führen. Wie er sie nutzt, hängt ab von seiner Persönlichkeit, von dem Rückhalt in seiner Partei und Fraktion sowie vom Gewicht seiner Koalitionspartner.

Ressortprinzip

Jeder Bundesminister leitet innerhalb der vom Bundeskanzler bestimmten Richtlinien für die gesamte Regierungspolitik seinen Geschäftsbereich selbstständig und in eigener Verantwortung.

Konstruktives Misstrauensvotum: Der Bundestag kann während einer Legislaturperiode mit der Mehrheit seiner Mitglieder einen neuen Bundeskanzler wählen. Auf dem Wege dieser Wahl wird gleichzeitig der amtierende Bundeskanzler abgewählt (vgl. Grundgesetz Art. 67).

Vertrauensfrage: Der Bundeskanzler kann, wenn er umstritten ist und die Regierungsparteien ihm nicht mehr geschlossen folgen wollen, die Mitglieder des Bundestages fragen, ob er noch ihr Vertrauen genießt und weiter im Amt bleiben sollte. Findet der Antrag des Bundeskanzlers, sich das Vertrauen aussprechen zu lassen, bei der Mehrheit der Mitglieder des Bundestages keine Zustimmung, kann der Bundeskanzler dem Bundespräsidenten die Auflösung des Bundestages vorschlagen (vgl. Grundgesetz Art. 68).

(Autorentext)

Kollegialprinzip

Bei Meinungsverschiedenheiten zwischen Ministern entscheidet durch Mehrheitsbeschluss die Bundesregierung. Damit ist gesagt, dass das Kabinett ein Kollegium gleichberechtigter Minister ist. Das Kabinett berät auch alle wichtigen politischen Fragen, es kann aber den Bundeskanzler nicht überstimmen. Ein Minister ist verpflichtet, Entscheidungen des Kabinetts auch dann zu vertreten, wenn er ihnen nicht zugestimmt hat (Kabinettsdisziplin).

(Horst Pötzsch: Die deutsche Demokratie, Bundeszentrale für politische Bildung, 5. Auflage, Bonn 2009, S. 105–109)

M 4 Bundeskanzler und Bundesregierung

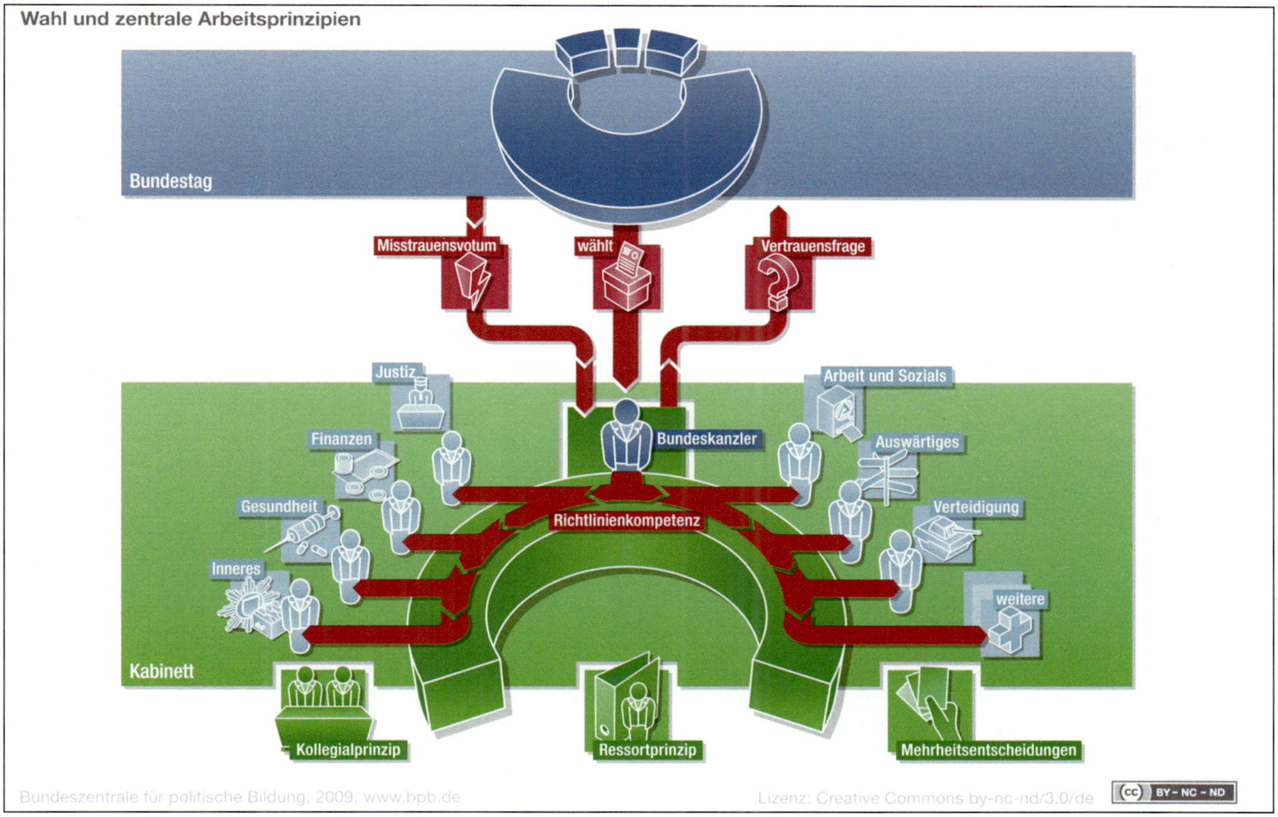

1. Beschreibt möglichst mit eigenen Worten die herausgehobene Position des Kanzlers in der Bundesregierung (M 3, M 4). Erläutert, von welchen Faktoren es abhängen kann, wie sehr er seine Führungsposition nutzen kann und welche Bedeutung dem „konstruktiven Misstrauensvotum" und der „Vertrauensfrage" zukommt.

2. Innerhalb der Regierung können die Koalitionsparteien – z. B. über Steuersenkungen oder die Einführung eines Mindestlohns – zerstritten sein. Erklärt, nach welchen Prinzipien die Meinungsverschiedenheiten beigelegt werden können (M 3, M 4).

2. Aufgaben des Bundestages

Die Gesetzgebung – kein einfacher Prozess

Diese informative Broschüre (zu allen den Bundestag betreffenden Fragen) steht im Internet zur Verfügung (https://www.btg-bestellservice.de/pdf/40410000.pdf).

Mit der Wahl des Bundeskanzlers habt ihr zu Beginn dieses Kapitels schon eine wichtige Aufgabe des Bundestages innerhalb unseres politischen Systems kennengelernt. Im Zentrum der täglichen Arbeit des Parlaments steht allerdings die Gesetzgebung. In jeder Legislaturperiode (Gesetzgebungsperiode) werden zahlreiche Gesetze erlassen. In der 16. Legislaturperiode (2005–2009) z. B. wurden 616 Gesetze verabschiedet.

Die konkrete Ausgestaltung eines Gesetzes ist zwischen Regierungsparteien und Opposition oft umstritten. Der endgültig formulierte und verabschiedete Gesetzestext kann deshalb in Teilen auch ein Kompromiss aus unterschiedlichen Vorstellungen sein. Das ist in nicht wenigen Fällen auch auf die Beteiligung des Bundesrates, der Vertretung der Bundesländer, an der Gesetzgebung zurückzuführen.

M5 Die Gesetzgebung

Für unser Zusammenleben und die Entwicklung unseres Landes sind allgemeingültige Regeln unbedingt erforderlich. Doch wie läuft so etwas ab? Wie werden Gesetze gemacht? Dafür gibt es genaue und strenge Regeln, damit alles mit rechten Dingen zugeht und gründlich beraten und diskutiert werden kann. Immerhin müssen wir uns später alle an die Gesetze halten. Der gesamte Gesetzgebungsprozess klingt komplizierter, als er – von Detailfragen abgesehen – eigentlich ist. In der Regel wird ein Gesetz im Plenum des Bundestages dreimal beraten – die sogenannten Lesungen.

In der *ersten Lesung* wird darüber debattiert, warum das Gesetzesvorhaben von Bedeutung ist und welche Ziele damit verfolgt werden. Danach wird der Gesetzentwurf zur weiteren Beratung an die Ausschüsse (s. Kasten S. 401) gegeben. Ein Ausschuss erhält bei den Ausschussberatungen die Federführung. Er ist somit verantwortlich für den Fortgang des Verfahrens. Die anderen Ausschüsse haben mitberatende Funktion.

Ausschussarbeit – etwas für Detailverliebte

In den Ausschüssen findet die Detailarbeit der Gesetzgebung statt. Die Ausschussmitglieder arbeiten sich in die Materie ein und beraten sich in Sitzungen. Sie können auch Interessenvertreter und Experten zu öffentlichen Anhörungen einladen. In den Ausschüssen werden oft Brücken zwischen den Fraktionen gebaut.

Im Zusammenspiel von Regierungs- und Oppositionsfraktionen werden die meisten Gesetzentwürfe mehr oder weniger stark überarbeitet. Am Ende schreibt der Ausschuss eine Beschlussempfehlung für das Plenum, in der beispielsweise empfohlen wird, dem Gesetzentwurf zuzustimmen, Änderungen am Gesetzentwurf vorzunehmen oder das Gesetz abzulehnen.

Vor der *zweiten Lesung* haben alle Abgeordneten die veröffentlichte Beschlussempfehlung in gedruckter Form erhalten. So sind sie für die Aussprache gut vorbereitet.

Die Abgeordneten können bei der zweiten Lesung Änderungsanträge stellen, die dann im Plenum direkt behandelt werden. Be-

Ausschüsse

Ein Bundestagsausschuss ist eine Arbeitsgruppe von Abgeordneten zu einem bestimmten Thema. Derzeit hat der Bundestag 21 ständige Ausschüsse mit jeweils 15 bis 42 Mitgliedern und ebenso vielen stellvertretenden Mitgliedern. Jeder Ausschuss ist entsprechend der Größe der einzelnen Fraktionen im Bundestag zusammengesetzt. Die Ausschüsse tagen normalerweise in nichtöffentlicher Sitzung und bereiten inhaltlich die Sitzungen und Beschlüsse des Bundestages vor. Hier werden die Gesetzentwürfe beraten und Experten angehört.

(http://www.uni-protokolle.de/Lexikon/Bundestagsausschuss.html; 18.4.2011)

schließt das Plenum solche Änderungen, muss die neue Fassung des Gesetzentwurfs zunächst neu gedruckt und verteilt werden. Mit der Zustimmung von zwei Dritteln der anwesenden Mitglieder kann dieses Verfahren jedoch abgekürzt werden. Dann kann unmittelbar die *dritte Lesung* beginnen. Das ist auch die Regel, die zweite und dritte Lesung gehen meist nahtlos ineinander über.

Endlich abstimmen

In der *dritten Lesung* findet eine erneute Aussprache nur dann statt, wenn dies von einer Fraktion oder von mindestens fünf Prozent der Abgeordneten verlangt wird. Das ist ganz selten der Fall, ist aber beispielsweise bei der Debatte zum Haushaltsgesetz die Regel. Änderungsanträge sind nun nicht mehr von einzelnen Abgeordneten, sondern nur noch von Fraktionen oder fünf Prozent der Mitglieder des Bundestages und auch nur zu Änderungen aus der zweiten Lesung zulässig.

Am Ende der dritten Lesung erfolgt endlich die *Schlussabstimmung*. Auf die Frage des Bundestagspräsidenten nach Zustimmung, Gegenstimmen und Enthaltungen erheben sich die Abgeordneten von ihren Plätzen und stimmen so ab. Wenn es besonders beantragt wurde, kann es auch namentliche Abstimmungen geben, dann stimmen die Abgeordneten mit Stimmkarten ab.

Der Bundesrat hat ein Wörtchen mitzureden

Jedes Gesetz muss nach dem Bundestag auch zum Bundesrat. Allerdings muss der Bundesrat nicht jedem Gesetz zustimmen. Das ist nur bei den sogenannten *Zustimmungsgesetzen* der Fall; das sind zum Beispiel Gesetze, die die Finanzen und Verwaltungszuständigkeit der Länder betreffen. Zustimmungsbedürftig sind insbesondere auch Grundgesetzänderungen. Bei *Einspruchsgesetzen* kann der Bundestag ein Gesetz auch dann in Kraft treten lassen, wenn der Bundesrat Einspruch eingelegt hat. Der Bundestag muss den Bundesrat dazu nur überstimmen; dazu ist eine erneute Abstimmung im Bundestag und eine absolute Mehrheit erforderlich.

Der Bundesrat kann übrigens in keinem Falle selbst Änderungen an dem vom Bundestag beschlossenen Gesetz vornehmen. Er kann nur den *Vermittlungsausschuss* anrufen (s. M 7).

Anschließend wird das Gesetz von der Bundesregierung unterzeichnet und an den *Bundespräsidenten* weitergeleitet. Er prüft, ob Text und Gesetzesbeschluss inhaltlich übereinstimmen, und beurkundet das Dokument – jetzt noch schnell im *Bundesgesetzblatt* veröffentlichen und das Gesetz kann in Kraft treten.

(http://www.mitmischen.de/verstehen/wissen/aufgaben/Gesetzgebung/index.jsp)

M 6 Der Bundesrat

Der Bundesrat ist eines der fünf Verfassungsorgane des Bundes. Er ist das gemeinsame Organ der Länder auf Bundesebene und soll die Interessen der Länder in der Bundesrepublik wahrnehmen. Die 16 Bundesländer entsenden zwischen drei und sechs Mitglieder in den Bundesrat und haben ebenso viele Stimmen. Jedes Land hat mindestens drei Stimmen. Länder mit mehr als zwei Millionen Einwohnern haben vier, mit mehr als sechs Millionen Einwohnern fünf und mit mehr als sieben Millionen Einwohnern sechs Stimmen (Art. 51 Abs. 2 GG). [...] Von den 69 Stimmen sind mindestens 35 für einen Beschluss erforderlich. [...] Die wichtigste Aufgabe des Bundesrates ist die Mitwirkung an der Gesetzgebung des Bundes. [...]

Der Bundesrat wacht darüber, dass die Gesetzgebung des Bundes nicht die Kompetenzen der Länder aushöhlt. Fast alle wichtigen Gesetze sind von seiner Zustimmung abhängig (s. M 5, Z. 81 f.). Damit hat er eine bedeutende Kontrollfunktion gegenüber Bundestag und Bundesregierung. Auseinandersetzungen um politisch strittige Gesetze finden vor allem statt, wenn im Bundesrat andere Mehrheitsverhältnisse als im Bundestag herrschen. Es kann nicht ausbleiben, dass die Oppositionsmehrheit im Bundesrat ihren Vorteil nutzt, um wichtige Gesetze aufzuhalten und die Regierung in Schwierigkeiten zu bringen, indem sie Gegenvorschläge unterbreitet.

(Horst Pötzsch: Die deutsche Demokratie [= M 1], S. 86 f.)

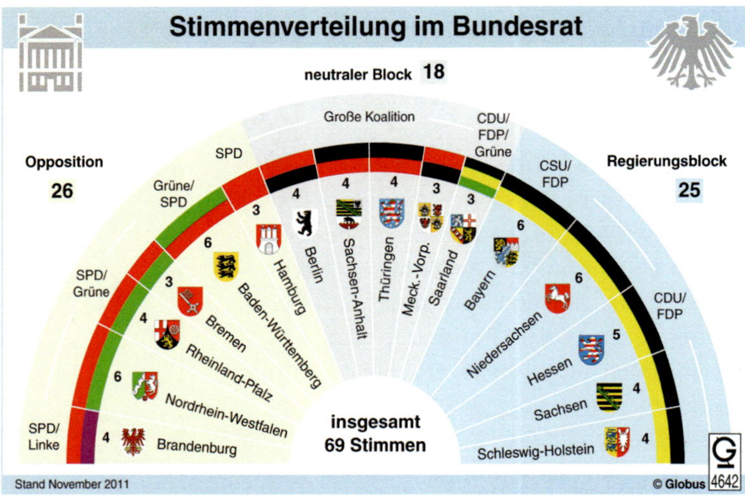

Regierungsbildungen nach den **Landtagswahlen 2012**: Saarland (25.3.): CDU/SPD; Schleswig-Holstein (6.5.): SPD/Grüne, Nordrhein-Westfalen (13.5.): SPD/Grüne; *Regierungsblock*: 21, *Opposition*: 30

M 7 Der Vermittlungsausschuss

Der Vermittlungsausschuss ist ein (nach Art. 77 GG eingerichtetes) gemeinsames Gremium von Bundestag und Bundesrat, das die Aufgabe hat, zwischen den beiden Kammern zu vermitteln, wenn während des Gesetzgebungsprozesses inhaltliche Meinungsverschiedenheiten entstehen. Der Vermittlungsausschuss besteht aus je 16 Mitgliedern der beiden Kammern; er kann vom Bundestag, vom Bundesrat oder von der Bundesregierung einberufen werden. Näheres: http://www.bundesrat.de/nn_8962/DE/br-dbt/va/va.html

(Klaus Schubert/Martina Klein: Das Politiklexikon, Verlag Dietz, 4., aktual. Aufl., Bonn 2006)

M8

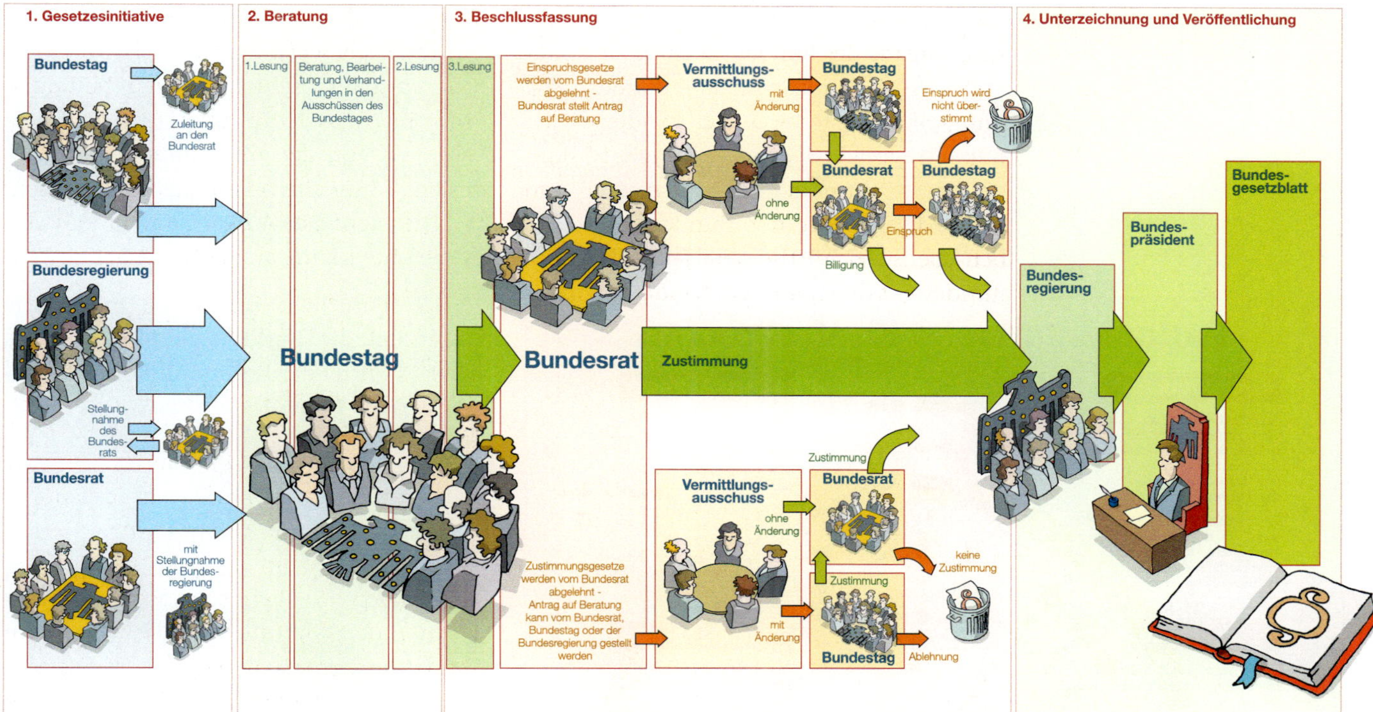

Bundestag, Bundesrat und Bundesregierung können Gesetzentwürfe in den Bundestag einbringen.

Im Bundestag werden die Gesetzentwürfe beraten.

Zu den Gesetzentwürfen finden im Bundestag drei Lesungen statt. Der Beschluss wird dem Bundesrat mitgeteilt. Stimmen Bundesrat und Bundestag überein, kommt das Gesetz zustande. Stimmen Bundesrat und Bundestag nicht überein, kann der Vermittlungsausschuss angerufen werden. Dabei gibt es zwei Möglichkeiten.

Stimmen Bundesrat und Bundestag überein, wird das Gesetz von der Bundesregierung gegengezeichnet, vom Bundespräsidenten unterschrieben und im Bundesgesetzblatt verkündet. Im Gesetz steht, ab wann es gilt.

1. Stellt fest, wovon die Initiative zu einem Gesetz ausgehen kann (M 5/M 8).

2. Ein Gesetzentwurf wird in drei verschiedenen sogenannten Lesungen beraten.
   a) Legt dar, welche unterschiedliche Bedeutung diese jeweils haben.
   b) Überlegt, welche Absichten Regierungs- bzw. Oppositionsparteien in den jeweiligen Lesungen verfolgen.

3. Erläutert, wo die eigentliche (inhaltliche) Arbeit im Gesetzgebungsprozess stattfindet (M 5).

4. Ein Gesetz, das der Bundestag beschlossen hat, muss auch noch vom Bundesrat akzeptiert werden, in dem die Regierungen der Bundesländer vertreten sind (M 6). Klärt dazu die unterschiedliche Bedeutung von Zustimmungs- und Einspruchsgesetzen (M 5, Z. 81 ff.) und begründet, bei welcher parteipolitischen Zusammensetzung der Ländervertretungen im Bundesrat (s. Grafik) die Regierung befürchten muss, dass ihr Gesetzesvorhaben zum Scheitern gebracht wird.

5. Wann wird der Vermittlungsausschuss aktiv? Worin wird deutlich, dass seine Aufgabe darin besteht, einen Kompromiss herbeizuführen (M 7)?

Kontrolle der Regierung durch den Bundestag

Schon beim Beispiel des Gesetzgebungsverfahrens konntet ihr erkennen, dass die Regierung einerseits und die Opposition im Bundestag andererseits unterschiedliche politische Vorstellungen verfolgen. Das ist nicht nur bei Gesetzesvorhaben der Fall. Die Oppositionsparteien versuchen auch bei anderen Gelegenheiten und Themen, die Regierung zu kritisieren oder zu attackieren (vgl. M 11). Ihre parlamentarischen Instrumente werdet ihr im Folgenden kennenlernen.

M 9 Die Kontrollinstrumente

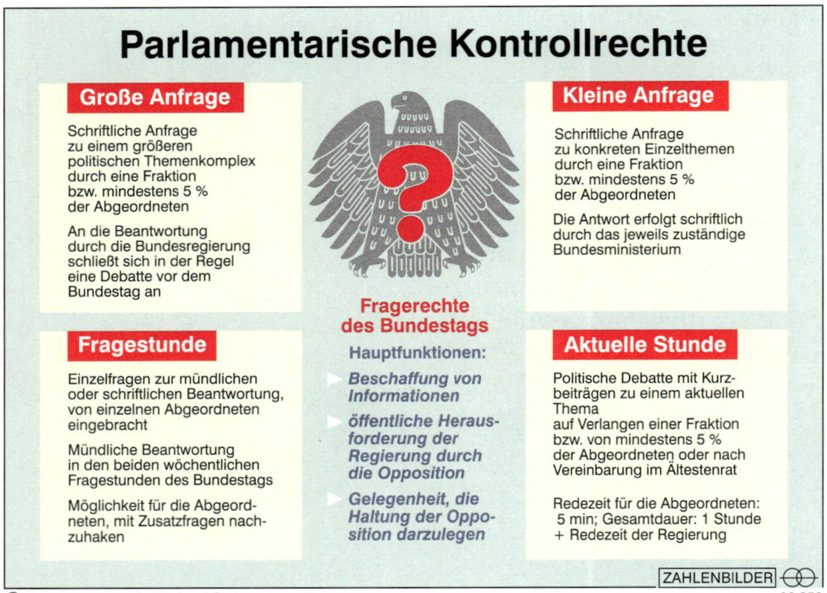

 66 250

Dem Bundestag steht eine Vielzahl von Instrumenten zur Verfügung, um die Regierungsarbeit zu kontrollieren (vgl. Schaubild). So können einzelne Abgeordnete *schriftliche Fragen* an die Regierung stellen, und in den Regierungsbefragungen und *Fragestunden* des Bundestages müssen Regierungsvertreter den Abgeordneten direkt auf ihre Fragen antworten. [...] In der 16. Wahlperiode (2005 bis 2009) richteten die Mitglieder des Bundestages 12 789 schriftliche und 2 703 mündliche Fragen an die Bundesregierung. [...] Als scharfes Mittel der Regierungskontrolle haben sich die *Untersuchungsausschüsse* erwiesen, die auf Antrag eines Viertels der Bundestagsmitglieder eingesetzt werden können. Dort können die Abgeordneten sich Regierungsakten vorlegen lassen, Regierungsvertreter als Zeugen vorladen und zum Untersuchungsthema verhören – manchmal sogar vor laufenden Fernsehkameras. Eine Kontrollfunktion gegenüber der Regierung übt der Bundestag auch über den *Wehrbeauftragten* aus, der vom Bundestag mit der parlamentarischen Kontrolle über die Streitkräfte beauftragt ist. Er infor-

Der SPD-Fraktionsvorsitzende Frank-Walter Steinmeier kritisiert die Bundesregierung (2010).

miert das Parlament über den Zustand der Bundeswehr und schreitet bei Grundrechtsverletzungen ein. Die Bundeswehr wird häufig auch als Parlamentsarmee bezeichnet, denn bei bewaffneten Auslandseinsätzen kann die Bundesregierung nicht ohne die Zustimmung des Bundestages handeln (s. M2 in Kap. 20).

(https://www.btg-bestellservice.de/pdf/40410000.pdf)

1. Macht euch die verschiedenen parlamentarischen Kontrollrechte klar. Stellt die Unterschiede in einer Übersicht hinsichtlich folgender Aspekte dar: Voraussetzung, Schriftlichkeit/Mündlichkeit der Anfrage bzw. Antwort, vermutlicher Gewinn öffentlicher Aufmerksamkeit.

2. In dem Schaubild werden verschiedene Hauptfunktionen genannt, die mit den parlamentarischen Kontrollrechten verbunden sind. Überlegt, welches Kontrollrecht vor allem mit welcher Funktion verknüpft ist.

M 10 Gewaltenteilung und Regierungskontrolle

Artikel 20 des Grundgesetzes unterscheidet in Anlehnung an die klassische Lehre von der Gewaltenteilung die drei Staatsgewalten – gesetzgebende Gewalt, ausführende Gewalt und rechtsprechende Gewalt. Der ursprüngliche Gedanke der Gewaltenteilung, wie er von Montesquieu entwickelt wurde, sah drei voneinander unabhängige Gewalten (gesetzgebende, ausführende und rechtsprechende Gewalt) vor, die sich zum Schutz der Freiheit und zur Vermeidung von Machtmissbrauch gegenseitig im Gleichgewicht halten und kontrollieren sollten. In dieser ursprünglichen Form der Kontrolle der Regierung durch das Parlament steht das Parlament als Ganzes einer von ihm unabhängigen, z. B. durch einen Fürsten eingesetzten Regierung gegenüber. Diese Form von Gewaltenteilung und Regierungskontrolle besteht in der Bundesrepublik nicht mehr. *Die Regierung geht aus der Mehrheit des Parlaments hervor*. Der Regierungschef ist häufig Vorsitzender seiner Partei und zugleich Abgeordneter im Parlament. Auch die anderen *Mitglieder der Regierung sind in der Regel zugleich Abgeordnete*. Sie sind also Mitglieder zweier Gewalten, der gesetzgebenden Gewalt und der ausführenden Gewalt. Sie sitzen im Bundestag auf der Regierungsbank und stimmen gleichzeitig als Abgeordnete mit ab: Die Trennung der politischen Gewalten ist verwischt. Daraus folgt eine *neue Form der Kontrolle*: Regierung und Regierungsfraktionen (Parlamentsmehrheit) gehören zusammen und werden durch die Opposition kontrolliert, während die Kontrolle der Regierung durch die Regierungsparteien wegen der engen Verbindung eingeschränkt ist. Aber auch die Regierungsparteien kontrollieren die Regierung (vgl. M9).

(Autorentext)

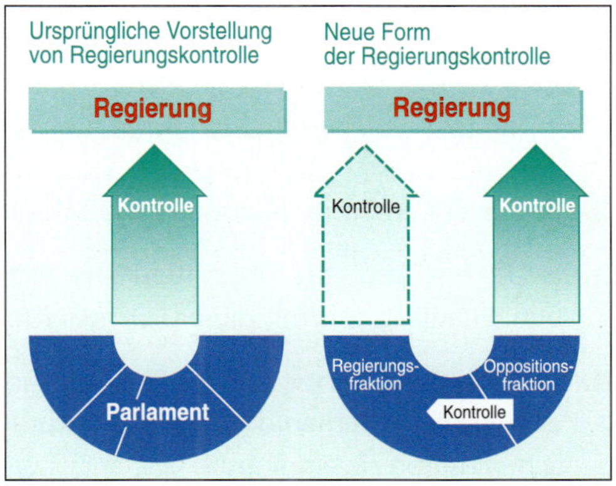

1. Die grundsätzliche Bedeutung der Gewaltenteilung wird euch aus dem Unterricht der Klasse 7/8 bekannt sein. Beschreibt anhand von M 10 (Text und Grafik) den Unterschied zwischen der ursprünglich gedachten und der neuen Form der Regierungskontrolle.

2. Begründet, warum es in der politischen Praxis nicht mehr die ursprüngliche klassische Gewaltenteilung zwischen Regierung (Exekutive) und Bundestag (Legislative) gibt.

M 11 Die Rolle der Opposition

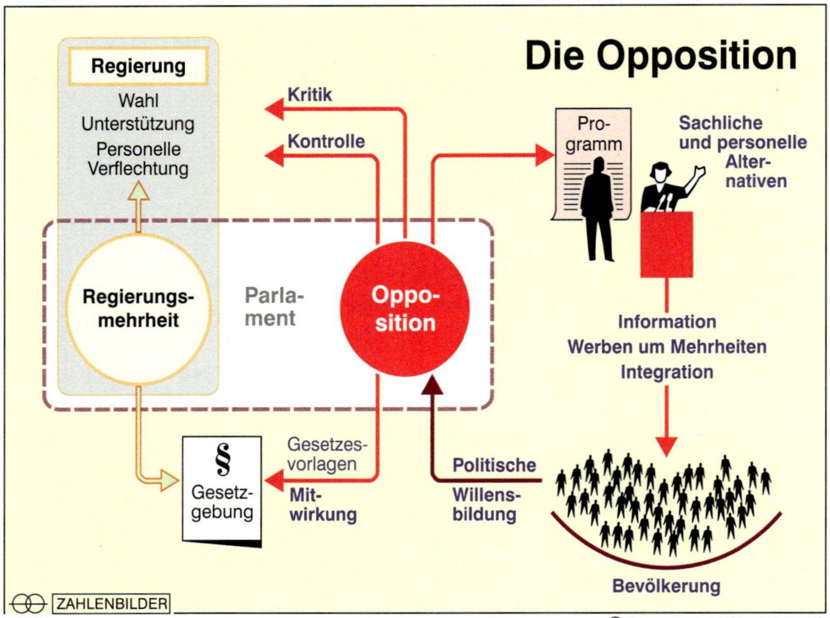

67 260 © Bergmoser + Höller Verlag AG

Im parlamentarischen Regierungssystem ist es Aufgabe der Opposition zu kritisieren. Kritisieren im echten Sinne des Wortes kann nur derjenige, der über Vorgänge Bescheid weiß. Bescheid weiß nur derjenige, der kontrolliert. Die vornehmste Aufgabe der Opposition im parlamentarischen Regierungssystem ist daher die Kontrolle. Ihr ist es aufgegeben, alle Handlungen der Regierung zu überprüfen, offenzulegen, zu kritisieren. Eine Opposition, die diese Aufgabe nicht wahrnimmt, verdient den Namen Opposition nicht. Ihre Kritikfähigkeit muss die Opposition aber auch beflügeln, es besser machen zu wollen als die anderen, als die augenblicklich Regierenden. Sie muss selbst zur Macht streben, um die von ihr kritisierten Maßnahmen durch bessere ersetzen zu können. Aber auch nur diese; denn Opposition im parlamentarischen Regierungssystem heißt eben […] nicht „Opposition um der Opposition willen“, sondern bedeutet tätige Teilnahme am Staat. Verantwortung in diesem Staat tragen meint auch, der Regierungsmehrheit dort zuzustimmen, wo die eigene Einsicht dies verlangt.

(Heinz Rausch, Bundestag und Bundesregierung – eine Institutionenkunde, München 1976, S. 24f.)

1. Erläutert, wie die Aufgaben der Parteien in der Opposition zu verstehen sind.

2. Beschreibt zusammenhängend das Schaubild, ausgehend vom Begriff „Parlament“.

3. Im Text heißt es, die Opposition solle nicht „Opposition um der Opposition willen“ betreiben. Erläutert, was mit dieser Formulierung gemeint ist.

4. Informiert euch an konkreten Beispielen in der Tageszeitung oder auch im Internet darüber, bei welchen Themen die Opposition zurzeit die Regierung kritisiert und welche gegensätzliche Position sie einnimmt.

Im Blick: der Bundestagsabgeordnete

M 12 Ein halbleeres Parlament – wo sind die Abgeordneten?

[Es ist] sachlich nicht nötig, dass alle Abgeordneten an der Plenardebatte teilnehmen, wie es die immerwährende Schelte für die „leeren Bänke" im Bundestag nahelegt. [...] Es müssen sich im Plenum tatsächlich nur jene einfinden, die das jeweils anstehende Thema auch behandelt haben und folglich zu seiner öffentlichen Darstellung inhaltlich etwas beitragen können. So verhalten sich in der Regel auch die Bundestagsabgeordneten und gehen, wenn sie nicht mit ihrem Sachverstand für ihre Fraktion gefordert sind, vernünftigerweise anderen Aufgaben nach.

(Informationen zur politischen Bildung Nr. 295, 2. Quartal 2007: Parlamentarische Demokratie, Bundeszentrale für politische Bildung, Bonn, S. 52; Verf.: Suzanne S. Schüttemeyer)

M 13 Was tun eigentlich die Abgeordneten?

Besucher einer Landtags- oder Bundestagssitzung sind oft enttäuscht. Im großen Plenarsaal sitzen nur wenige Abgeordnete. Von der Regierung ist kaum ein Mitglied zu sehen. Die Rednerin oder der Redner müht sich am Pult ab und spricht engagiert über ein Thema, das einen selbst wenig interessiert und von dem man, wenn man ehrlich ist, fast nichts versteht. Umso mehr Zeit bleibt, die übrigen Abgeordneten zu beobachten. Lediglich das Präsidium hört konzentriert zu. [...] Einige lesen in Unterlagen oder in einer Zeitung, andere nehmen verstohlen ein Brötchen zu sich, telefonieren oder halten ein Schwätzchen. [...] Im Übrigen bildet der Inhalt der meisten Parlamentsreden keine Überraschung. Die Standpunkte der einzelnen Parteien/Fraktionen* sind zumindest den anwesenden Abgeordneten bekannt. So hören sie nur mit halbem Ohr zu. [...]

- Was tun eigentlich die vielen abwesenden Politiker? Abgeordnete tummeln sich auf vielen Betätigungsfeldern. Da ist zunächst der *Wahlkreis*, den es zu pflegen gilt, wenn man wiedergewählt werden will (vgl. Foto unten). Wer sich im Wahlkreis wenig zeigt, muss zusehen, wie bei der Kandidatenaufstellung vor der nächsten Wahl ein eifriger Parteifreund den Vorzug erhält,

man selbst abgewählt wird und aus dem Parlament draußen ist. Daher besucht ein Abgeordneter fleißig die Veranstaltungen seiner Partei vor Ort und sucht den Kontakt zu seinen Wählerinnen und Wählern. Er nimmt gerne Einladungen zu Schulfeiern, Vereinsfesten und anderen größeren Veranstaltungen an. […]

- Im Wahlkreis, aber auch in der Bundes- und Landeshauptstadt pflegt der Abgeordnete seine *Kontakte zu den Medien*. Wird er in der Zeitung erwähnt, ist er im Radio zu hören oder erscheint er im Fernsehen, dann bedeutet dies für ihn einen persönlichen Erfolg. Um Abgeordneter zu werden, muss er aktiv in der Partei mitarbeiten, denn von ihr ist er abhängig. Das wollen viele seiner Parteifreunde aber auch. Gegen sie muss er sich durchsetzen.
- Ähnlich geht es in der Fraktion* zu. Frisch gewählt und voller Stolz zieht der neue Abgeordnete ins Parlament ein – und fängt erst einmal ganz von unten an. Im Parlament gibt es viele *Ausschüsse* (s. M 5), wichtige und weniger wichtige. Um in einen begehrten Ausschuss wie den Haushaltsausschuss zu kommen, muss der Abgeordnete versuchen, durch Fleiß und Sachkenntnis positiv aufzufallen und an Mitbewerbern vorbeizuziehen. […]
- Die Woche über ist der Abgeordnete in der Bundeshauptstadt Berlin […]. Nach einer langen, stressigen Heimfahrt wartet auf ihn ein *Wochenende voller Termine*. Für seine Wählerinnen und Wähler hält er eine Sprechstunde ab. Ein Stadtrat der eigenen Partei hat um ein Gespräch gebeten. Am Abend muss er eine „launige“ Ansprache beim Ball eines Vereins halten und darf auch nicht gleich wieder verschwinden. Am Sonntag hat sich der Redakteur der Heimatzeitung zu einem Interview angesagt. Und in der Familie erwarten die Abgeordneten auch viele Probleme, deren Lösung Zeit braucht und die in der Regel nicht zur Zufriedenheit aller gelöst werden können. Wer bei einem Parlamentsbesuch den Abgeordneten aus dem eigenen Wahlkreis im Plenarsaal vor sich hin dösen oder gar nicht sieht, sollte auch ein wenig die vielen anderen Bühnen sehen, auf denen ein Politiker gefordert ist. […]
- Kümmern sich die Abgeordneten nach der Wahl nicht mehr um die Meinung der Wählerinnen und Wähler, dann sind sie abgehoben von der Basis, hängen gleichsam in der Luft und erzeugen gleichzeitig Frust beim Volk. Denn wenn die Macht nur alle paar Jahre in den Wahlen vom Volk ausgeht und ansonsten absolute Funkstille herrscht, dann gerät unser System der Volksvertretung, das repräsentative System, ins Wanken. Die Verbindung von Wählerinnen und Wählern mit den Gewählten ist freilich keine Einbahnstraße. Auch die Bürger können und sollen sich politisch informieren. Sie können sich jederzeit an Abgeordnete wenden, Anregungen weitergeben, Leserbriefe schreiben, Kritik organisieren. Mit ein bisschen Fantasie, Selbstvertrauen und gutem Willen können die Bürger sich jederzeit einmischen und müssen nicht glauben, sie seien nur bei den Wahlen als „Stimmvieh“ wichtig. […]

(Siegfried Schiele/Gotthard Breit: Vorsicht Politik, Wochenschau-Verlag, Schwalbach/Ts. 2008, S. 29 ff.)

1. Beschreibt, welcher Eindruck beim Blick in das Parlament entstehen kann (M 12/M 13).

2. Erklärt, welche Gründe ein Abgeordneter haben kann, Parlamentssitzungen fernzubleiben. Vergleicht dazu auch die Information in der Randspalte und nehmt dazu Stellung.

3. Stellt zusammen, welchen Erwartungen der Abgeordnete sich gegenübergestellt sieht und warum er meint, diese erfüllen zu sollen.

4. Im letzten Abschnitt von M 13 wird die Rolle der Bürger angesprochen. Überlegt, warum dem Autor die angesprochenen Möglichkeiten wichtig sein könnten.

M 14 Terminplan eines Bundestagsabgeordneten

	Montag	Dienstag	Mittwoch	Donnerstag	Freitag
8.00		*Besprechung*	*Pressetermin*	*Büroarbeit*	
9.00	*Anreise aus dem Wahlkreis*	Sitzung der Arbeitsgruppen, Arbeitskreise, Arbeitsgemeinschaften	Ausschusssitzung	Plenarsitzung (ganztägig), regelmäßig zwei Kernzeitdebatten und anschließend weiter Aussprachen, eventuell Aktuelle Stunde	Plenarsitzung
10.00					
11.00					
12.00	*Bürobesprechung Mitarbeiterbesprechung*				
13.00		*Treffen Projektgruppe, Parlamentsgruppe*	Plenarsitzung mit Regierungsbefragung, Fragestunde, Aktuelle Stunde (nach Bedarf)	*parallel dazu Besuchergruppe aus dem Wahlkreis, Pressegespräch, Büroarbeit*	
14.00	*Büroarbeit*				
15.00	Sitzungsvorbereitung, Treffen der Arbeitsgruppen, Arbeitskreise	Fraktionssitzung			*Pressetermin, Treffen mit Verbandsvertretern, Wissenschaftlern*
16.00			Weiterführung der Ausschusssitzung		
17.00	Sitzung des Fraktionsvorstands		*Bürobesprechung, Büroarbeit*		*Abreise in den Wahlkreis*
18.00				*ausnahmsweise Gremiensitzung*	
19.00	*Politische Gespräche*	*Abendveranstaltungen (Podiumsdiskussionen, Vorträge)*			
20.00	Sitzung der Landesgruppe		*Besuchergruppe aus dem Wahlkreis*	*Treffen der Arbeitsgruppen, -kreise, -gemeinschaften*	*Abendveranstaltung im Wahlkreis*
21.00					
22.00					

(Aus: Deutscher Bundestag [Hrsg.]: Fakten. Der Bundestag auf einen Blick, Berlin, Sept. 2010, S. 21; https://www.btg-bestellservice.de/pdf/40410000.pdf)

Hinweis: Die blau unterlegten Teile sind obligatorisch.

M 15 a

M 15 b

1. Analysiert den exemplarischen Terminplan eines/einer Bundestagsabgeordneten (M 14). Stellt die verschiedenen Orte bzw. Gremien fest, wo der/die Abgeordnete aktiv ist (vgl. M 13).
2. Berechnet die ungefähre Wochenarbeitszeit des/der Abgeordneten.
3. Beschreibt die beiden Karikaturen (M 15 a/b). Was sagen sie über das Verhältnis Bürger – Abgeordnete jeweils aus? Was möchte der Karikaturist zum Ausdruck bringen?
4. Nehmt zur Aussageabsicht der Karikaturen begründet Stellung.
5. Diskutiert, was getan werden könnte, um das Verhältnis zwischen Bürgern und Abgeordneten bzw. Politikern zu verbessern.

Grundgesetz für die Bundesrepublik Deutschland Art. 38

(1) Die Abgeordneten des Deutschen Bundestages werden in allgemeiner, unmittelbarer, freier, gleicher und geheimer Wahl gewählt. Sie sind Vertreter des ganzen Volkes, an Aufträge und Weisungen nicht gebunden und nur ihrem Gewissen unterworfen.

M 16 Wie frei sind Abgeordnete?

Einen ungewohnt offenen Einblick in fraktionsinterne Abläufe hat jetzt der CSU-Bundestagsabgeordnete Peter Gauweiler in einer Antwort auf abgeordnetenwatch.de gegeben.

„Jeder Abgeordnete", so Gauweiler, „muss nach seiner Fraktionsordnung einen Tag vor der Abstimmung schriftlich anzeigen, wenn er bei der Abstimmung von der Fraktionslinie abweichen will." Zugespitzt könnte man sagen: In Deutschland muss sogar das freie Gewissen bei der Fraktionsführung angemeldet werden. Gauweiler weiß, wovon er spricht. Der CSU-Abgeordnete hat in dieser Wahlperiode mindestens sieben Mal gegen die eigene Fraktion gestimmt, beim Rettungspaket für Griechenland zog er sogar gegen den Antrag der schwarzgelben Bundesregierung vors Verfassungsgericht.

(http://blog.abgeordnetenwatch.de/2010/06/17/einblick-in-die-fraktionsdisziplin-abweichler-mussen-sich-schriftlich-erklaeren/; Verf.: Martin Reyher)

M 17 Fraktionsdisziplin

Wenn ein Abgeordneter des Bundestages Mitglied einer Fraktion* wird, sollten seine politischen Ansichten grundsätzlich mit der Linie der Fraktion übereinstimmen. Aber natürlich ist man auch dann nicht immer einer Meinung und natürlich kann man niemanden an eine fremde Meinung festnageln. [...] Dennoch versuchen die Fraktionen im Vorfeld von Abstimmungen, eine einheitliche Linie zu erarbeiten. An die sollen sich möglichst alle Abgeordneten der eigenen Fraktionen halten. Hierfür gibt es wichtige Gründe: Ohne eine gewisse Fraktionsdisziplin wäre das parlamentarische Geschehen oft unberechenbar. Das könnte sogar die Stabilität einer Regierung gefährden und damit zu flatterhaften Verhältnissen in ganz Deutschland führen. Wichtige Gesetzgebungsvorhaben könnten blockiert werden, weil bei knappen Mehrheiten schon wenige Stimmen den Ausschlag für das Zustandekommen eines Gesetzes geben. Also wird in den Fraktionen vorab intensiv über die einheitliche Linie diskutiert. Am Ende wird das Ergebnis der Diskussion dann meist von allen Abgeordneten mitgetragen – auch von denen, die von den Argumenten in der Diskussion nicht in jeder Hinsicht überzeugt waren.

Ausnahme: Abstimmungen ohne Fraktionsdisziplin

Doch natürlich gibt es auch hier Ausnahmen. Vor allem wenn es um ethische Grenzfragen des Lebens geht, wäre es unzumutbar, eine Entscheidung mitzutragen, von der man nicht vollkommen überzeugt ist. Dann entscheiden die Bundestagsabgeordneten unabhängig von ihrer Fraktion. In der Vergangenheit ist dies mehrfach in Debatten passiert, in denen es um die Ethik der Biomedizin ging. So auch bei der Frage, wie schützenswert menschliche Embryonen sind.

(http://www.mitmischen.de/verstehen/lexikon/f/fraktionsdisziplin/index.jsp)

1. Erläutert mit Blick auf den Art. 38 im Grundgesetz das grundsätzliche Problem, das der Abgeordnete Peter Gauweiler hat (M 16).

2. Erklärt, warum die Bundesregierung von allen Mitgliedern der Regierungsfraktionen erwartet, dass sie ihren Vorstellungen, z. B. bei der Verabschiedung eines Gesetzes, folgt (M 17).

3. Was ist für einen Abgeordneten sozusagen seine „letzte Instanz“, vor der er seine Entscheidung rechtfertigen kann oder sollte? Bei welcher Art von politischen Entscheidungen kann bzw. muss er sich darauf berufen können? Erklärt den Konflikt.

M 18 Fragen an das Mitglied des Deutschen Bundestages Dr. Carsten Linnemann

Herr Dr. Linnemann, warum wollten Sie Bundestagsabgeordneter werden? Wie sind Sie Mitglied des Deutschen Bundestages für den Wahlkreis Paderborn geworden?

Man hat mich damals von verschiedenen Seiten gefragt, ob ich kandidieren möchte. Das war für mich eine tolle Chance, an politischen Entscheidungen mitwirken zu können. Ich war zu jener Zeit Ratsmitglied in Altenbeken.

Dr. Carsten Linnemann (geb. 1977), Bundestagsabgeordneter der CDU (Wahlkreis 138, Paderborn) seit 2009

Was sind Ihre Hauptaufgaben als Abgeordneter?

Formal sind meine wichtigsten Aufgaben, über Gesetze zu entscheiden, den Bundeskanzler zu wählen und die Regierung zu kontrollieren. Ganz praktisch empfinde ich es aber als meine vornehmliche Aufgabe, Initiativen anzustoßen. Derzeit steht bei mir eine Initiative zum Bundesfreiwilligendienst ganz oben auf meiner Agenda. Ich möchte erreichen, dass Empfänger von Hartz-IV-Leistungen*, die einen solchen Dienst leisten möchten, sich am Ende auch finanziell besser stellen.

Wie sieht ein typischer Tag bei Ihnen in Berlin aus? Wofür verwenden Sie die meiste Zeit in der Woche?

In Berlin ist kein Arbeitstag wie der andere. Die einzige Konstante ist meine Zeitungslektüre, mit der ich jeden Morgen noch vor 8 Uhr in den Tag starte. Anschließend bespreche ich mit meinem Team den bevorstehenden Tag, und dann beginnen viele Sitzungen: der Arbeitsgruppen, der parlamentarischen Gremien, der Fraktion, des Ausschusses und im Plenum. Zwischendurch muss ich immer wieder mal kurz zurück ins Büro, wo ich meine Post bearbeite und Telefonate führe. Abends stehen dann in der Regel noch Vortragsveranstaltungen an, so dass es meistens 22 Uhr wird. Am Wochenende nehme ich Termine im Wahlkreis wahr.

Das können Sie sicher nicht alles allein schaffen. Wer sind Ihre Helfer, von wem bekommen Sie Unterstützung?

Nein, allein ist die Arbeit wirklich nicht zu schaffen. Allein der Verwaltungs- und Organisationsaufwand ist riesig und kaum von einer einzigen Person zu bewältigen. Hinzu kommt die Breite an fachlichen Themen. Schließlich entscheiden wir hier über Gesetzesvorhaben, die von A wie Abfallrecht bis Z wie Zeitarbeitsgesetz reichen. Daher habe ich in meinem Berliner wie auch in meinem Paderborner Büro mehrere Mitarbeiterinnen und Mitarbeiter, die mich bei all meinen Aufgaben unterstützen.

Inwieweit haben Sie als einzelner Abgeordneter Einfluss oder Einwirkungsmöglichkeiten auf politische Entscheidungen des Deutschen Bundestages?

Ich persönlich habe die Erfahrung gemacht, dass man in den Bereichen, in denen man sich Fachwissen angeeignet hat, auch gehört wird. Wenn man sich dann noch in seinem Ausschuss als Berichterstatter für ein Thema einsetzen kann, steigen die Chancen, eigene Ideen auch umzusetzen. Ich selbst habe das als Berichterstatter zu Hartz-IV-Themen im Ausschuss für Arbeit und Soziales im Zusammenhang mit der Neuregelung von Ferienjob-Einkommen erlebt. Da habe ich mich dafür einsetzen können, dass Kinder aus Hartz-IV-Familien künftig das, was sie in den Ferien verdienen, auch behalten dürfen.

Sie haben gegen den Willen der Führung der Unionsfraktion und der Bundeskanzlerin gegen den Euro-Rettungsschirm (EFSF), der für überschuldete Eurostaaten gedacht ist, gestimmt. Das ist sehr mutig und sicher nicht leicht durchzustehen. Haben Sie damit – vermutlich bei viel „Gegenwind" – die Gewissensfreiheit laut Art. 38.1 GG für sich in Anspruch genommen?

Politik ist immer stürmisch und Gegenwind gehört dazu. Insgesamt war der Umgang mit mir zwar hart in der Sache, aber sehr fair. Ich halte die Ausweitung des Rettungsschirms nach wie vor für den falschen Weg, Europa aus der Staatsschuldenkrise zu führen [vgl. M 15 b in Kap. 18]. Deshalb konnte ich ein „Ja" mit meinem Gewissen nicht vereinbaren.

Wie gehen Sie mit Kritik um, mit der Sie als Abgeordneter sicher immer wieder konfrontiert werden?
Wenn Kritik sachlich und angemessen ist, nehme ich sie sehr gerne an und gehe den Gründen nach. Über persönliche Anfeindungen versuche ich hinwegzusehen. Das gehört zum Alltag. Mein Geheimtipp: eine halbe Stunde Joggen. Da bekommt man einen kühlen Kopf.

Wie halten Sie zwischen den Bundestagswahlen Kontakt mit den Bürgern Ihres Wahlkreises?
In den rund 25 Wochen, die ich nicht in Berlin sein muss, bin ich täglich auf mehreren Veranstaltungen, wo ich mit Bürgern direkt in Kontakt trete. Zudem biete ich Bürgersprechstunden an, die sehr gut angenommen werden. Auch führe ich Hausbesuche durch, bei denen man in sehr lockerer Atmosphäre ins Gespräch kommen kann. Generell ist festzustellen, dass die Menschen mich zunehmend über das Internet kontaktieren.

Was schätzen Sie an Ihrem Beruf als MdB? Was kann dagegen auch anstrengend und kräfteraubend sein?
Ich treffe gerne Entscheidungen und übernehme genauso gerne Verantwortung. Leider kostet dieses Privileg sehr, sehr viel Zeit.
(Interview: R. v. Rüden)

1. Stellt fest, welche Anforderungen und Herausforderungen an einen Bundestagsabgeordneten, so wie sie in M13–M17 teilweise schon deutlich geworden sind, sich auch in den Antworten des MdB Dr. Carsten Linnemann erkennen lassen.

2. Welche weiteren Informationen über die Arbeit eines MdB im Allgemeinen lassen sich den Antworten des Bundestagsabgeordneten entnehmen?

3. Erstellt abschließend ein Porträt von dem/der Abgeordneten, der/die euren Wahlkreis im Bundestag vertritt. Berücksichtigt z. B. folgende Aspekte:
- persönliche Angaben (Alter, Beruf etc.)
- Parteizugehörigkeit
- Wahlergebnis bei der letzten Bundestagswahl
- als Direkt- oder Listenkandidat in den Bundestag gewählt
- Dauer der Zugehörigkeit zum Bundestag
- Mitglied in Bundestagsausschüssen
- Berichte in den Medien über den Abgeordneten
- seine Position bei bestimmten politischen Themen
- Adresse/Sprechzeiten im Abgeordnetenbüro

Einige Angaben könnt ihr auf den Internetseiten http://www.abgeordnetenwatch.de und http://www.bundestag.de/bundestag/abgeordnete17/index.jsp recherchieren. In der Regel hat jeder Abgeordnete auch eine eigene Internetseite.

Kompetenzcheck

1. Was steckt dahinter? – die Nachricht hinter der Nachricht

Am 30. November 2009 konnte man in der Süddeutschen Zeitung die Schlagzeile „CDU-Länder drohen mit Nein im Bundesrat" lesen. Doch was verbirgt sich hinter dieser Nachricht? Was bedeuten die einzelnen Begriffe? Untersucht die fünf Bestandteile der Schlagzeile. Tragt jeweils mindestens drei Begriffe oder stichwortartige Anmerkungen ein (ins Heft schreiben!), die zur Erklärung beitragen können.

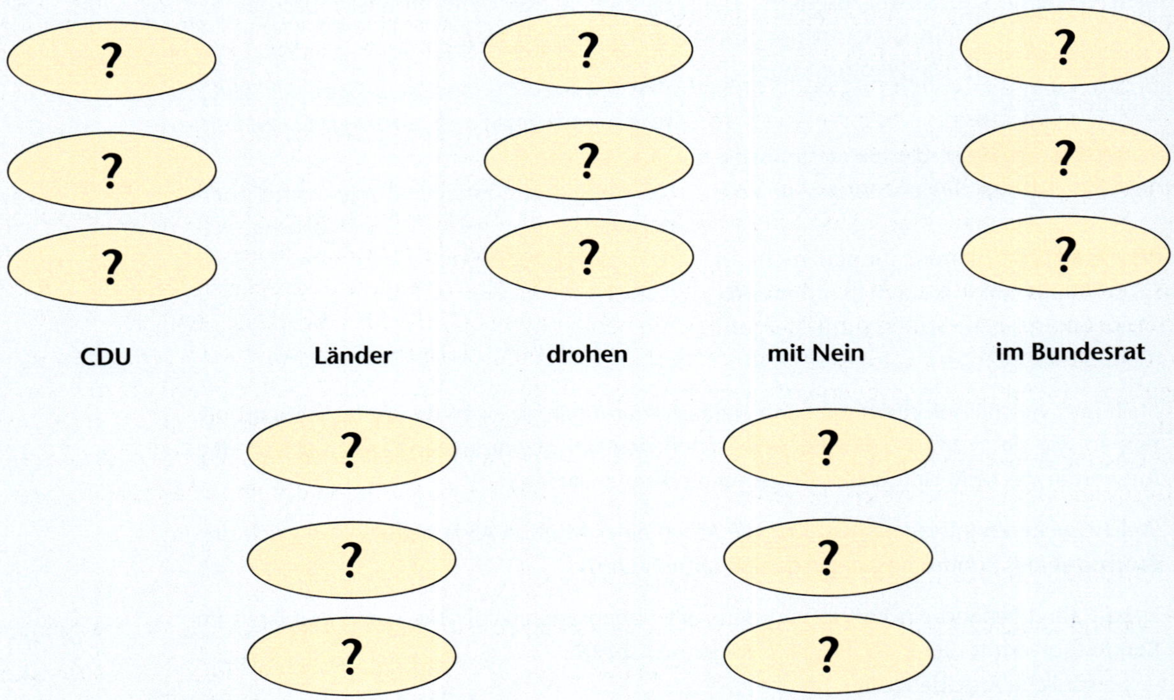

(Leicht abgewandelt nach: Politik für Einsteiger, hrsg. v. der Bundeszentrale für politische Bildung, Mai 2010; Verf.: Robby Geyer)

2. Richtig oder falsch?

	richtig	falsch
Der Bundeskanzler wird von der Bevölkerung gewählt.	??	??
Die Minister werden vom Bundestag gewählt.	??	??
Nicht in jedem Fall bleibt ein Bundeskanzler bis zum Ende der Legislaturperiode im Amt.	??	??
In Ausschüssen findet die eigentliche Arbeit an Gesetzen statt.	??	??
Die Opposition kann im Bundestag Gesetze verhindern.	??	??
Bundestagsabgeordnete müssen, bevor sie abstimmen, die Meinung der Wähler abfragen und sich daran halten.	??	??

3. Die Aufgaben eines Parlaments

Der Bundestag (Legislative) hat die Bundesregierung (???) zu überprüfen und zu ???. Die Kontrolle der Regierung und öffentliche Kritik an ihrer Arbeit wird aber in erster Linie von der ??? ausgeübt, zumindest im Plenum des Bundestages. Die ??? vermeiden nach außen sichtbare Kritik an ihrer Regierung. Hinter verschlossenen Türen jedoch, in den internen ???, findet auch eine kritische Betrachtung und Kontrolle der ??? statt. Die wichtigsten ???, die vor allem von den Oppositionsfraktionen eingesetzt werden, sind: Große und Kleine Anfrage, Fragestunden und Aktuelle Stunden. ??? können ein besonders scharfes Mittel der Kontrolle sein.

Das Parlament steht als ??? im Zentrum der politischen Ordnung. ??? können nur von ihm beschlossen werden. Gesetzentwürfe werden in den ??? des Parlaments behandelt und in zwei oder drei ??? beschlossen.

Die Gesetze müssen noch den ??? passieren und abschließend vom ??? unterzeichnet werden.

Fülle im Heft die Lücken mit folgenden Begriffen aus: *Opposition – Gesetze – Bundesrat – Koalitionsfraktionen – kontrollieren – „gesetzgebende Gewalt" – Lesungen – Regierungspolitik – Exekutive – Ausschüssen – Kontrollmittel – Fraktionssitzungen – Bundespräsidenten – Untersuchungsausschüsse*

(Leicht geändert übernommen aus: Grundgesetz für Einsteiger und Fortgeschrittene, hrsg. v. der Bundeszentrale für politische Bildung, Bonn, 15. Aufl. 2010, S. 26; Verf.: Lothar Scholz)

4. Muss ein Gesetz her?

Manchmal ist umstritten, ob bestimmte Probleme durch ein Gesetz geregelt werden müssen. Das ist z. B. bei der Helmpflicht für Fahrradfahrer der Fall. Wie beurteilt ihr die Notwendigkeit eines solchen Gesetzes? Sammelt Argumente, die für bzw. gegen ein solches Gesetz sprechen, und führt eine Pro-und-Kontra-Debatte dazu durch. Ihr könnt dazu auch Experten in den Unterricht einladen, die euch fachkundig „beraten" können. Das könnten z. B. ein Fahrradhändler, ein Vertreter des Allgemeinen Deutschen Fahrrad-Clubs oder ein Verkehrspolizist sein.

5. Kandidat/Kandidatin für den Bundestag gesucht

Wie wichtig sind die folgenden Voraussetzungen für Bundestagsabgeordnete? Gewichtet nach eurer Meinung.

	sehr wichtig	wichtig	weniger wichtig	nicht wichtig
zuletzt ausgeübter Beruf	??	??	??	??
Bildungsabschluss	??	??	??	??
rhetorisch begabt	??	??	??	??
beliebt	??	??	??	??
Experte auf einem bestimmten Fachgebiet	??	??	??	??
kann gut zuhören	??	??	??	??
will Karriere machen	??	??	??	??
ordnet sich immer seiner Partei unter	??	??	??	??
will für alle Bürger ansprechbar sein	??	??	??	??
will Interessen seiner Berufsgruppe durchsetzen	??	??	??	??
unempfindlich gegen Stress	??	??	??	??
muss gut organisieren können	??	??	??	??

Eichsfeld
Brandenburg

Nazis, haut ab!
EXPRESS

GYMNASIUM
SCHULE OHNE RASSISMUS
SCHULE MIT COURAGE

Notfalls mit Gewalt!? – Politischer Extremismus in Deutschland

17

Zur Orientierung

Das Aufdecken einer rechtsextremen Terrororganisation im Spätherbst 2011, die für Morde an Polizisten und ausländischen Mitbürgern verantwortlich gemacht wird, zeigt, dass der Rechtsextremismus in Deutschland ein politisches und gesellschaftliches Problem ist. Aufmärsche rechtsextremer Gruppen oder der rechtsextremistischen „Nationaldemokratischen Partei Deutschlands" (NPD) erwecken großes öffentliches Aufsehen und führen nicht selten zu Gegendemonstrationen.

*In diesem Kapitel wollen wir zunächst klären (**erster Abschnitt**), was man unter „Extremismus" versteht, an welchen politischen Einstellungen und Zielen man „Extremisten" erkennen kann und welche Unterschiede zwischen „Rechtsextremismus" und „Linksextremismus" es gibt.*

*Im **zweiten Abschnitt** könnt ihr euch darüber informieren, auf welche Weise rechtsextremistische Gruppierungen versuchen, Jugendliche für ihre Ziele zu gewinnen, und welche Rolle dabei die Musik spielt.*

*Abschließend wollen wir politische und gesellschaftliche Wege aufzeigen, sich gegen den Rechtsextremismus zu wehren (**dritter Abschnitt**).*

Kompetenzen

Nach der Erarbeitung dieses Kapitels solltet ihr Folgendes wissen und können:

- das Ausmaß rechtsextremer Aktivitäten in Deutschland beschreiben;
- den Begriff „Extremismus" erklären und extremistisches von demokratischem Denken und Verhalten unterscheiden;
- wichtige Inhalte rechtsextremen Gedankenguts erläutern und die durch sie bestehende Bedrohung der Demokratie darlegen;
- die „Erlebniswelt" der rechtsextremen Szene und ihre Symbole beschreiben und beurteilen;
- die besondere Funktion der Musik und des Internets für die rechtsextreme Propaganda erläutern;
- die Notwendigkeit aktiven Einschreitens gegen Rechtsextremismus begründen;
- Aktivitäten gegen „Rechts" an der eigenen Schule anregen, planen und gestalten.

M 1 Rechtsextremistische Gewalt in Deutschland – Beispiele

a) 11. Januar 2011, Dresden (Sachsen)

Als eine Brasilianerin am frühen Nachmittag in der Straßenbahn fuhr, beschimpfte sie ein Mann rassistisch*. Aggressiv bedeutete er ihr in englischen und deutschen Worten, dass sie hier nichts zu suchen habe. Die junge Frau fühlte sich so bedroht, dass sie ausstieg. In derselben Woche wurden insgesamt sechs internationale Gäste des Goethe-Instituts Dresden unabhängig voneinander aufgrund ihrer nicht-deutschen Herkunft im öffentlichen Raum beleidigt. (Quelle: RAA Sachsen)

b) 9. April 2011, Winterbach (Baden-Württemberg)

Mehrere von einer Party kommende Neonazis fuhren eine Gruppe von Jugendlichen mit einem Auto beinahe um. Es kam zu einer heftigen Auseinandersetzung, bei der die Jugendlichen, drei Brüder mit türkischen Wurzeln und deren italienisch- und türkischstämmige Freunde, geprügelt und getreten wurden. Die Jugendlichen flüchteten in eine Gartenlaube, in der sie vorher schon zu einer Grillparty verabredet gewesen waren. Die Neonazis* zündeten die Hütte an, die Bedrohten konnten die Polizei rufen und unbeschadet aus der Hütte entkommen. Die Polizei nahm 14 Tatverdächtige fest, ließ sie nach kurzer Zeit wegen zu geringer Beweislage aber wieder frei. Die Staatsanwaltschaft ermittelt wegen versuchten Mordes.

c) 11. August 2011, Aachen/Heinsberg (Nordrhein-Westfalen)

In den letzten zwei Wochen haben Neonazis* in der Region Aachen mehrfach Sprühaktionen gegen die Polizei verübt. Mitglieder der „Kameradschaft Aachener Land“ (KAL) besprühten in der Nacht von Dienstag auf Mittwoch einen Streifenwagen mit Graffitis, Hakenkreuzen und dem Schriftzug der KAL. Auch die Fassade des städtischen Verwaltungsgebäudes, in dem sich auch die Polizeiwache befindet, wurde großflächig mit einer Parole gegen den „Bullenstaat“ besprüht. Außerdem wurde Mitte der Woche die Gedenktafel für die im Nationalsozialismus ermordeten Juden mit einem Hakenkreuz und einer neonazistischen Parole geschändet. Bereits am letzten Juli-Wochenende wurden in der Gemeinde Wassenberg am Rathaus, der Polizeiwache und im Umkreis Hakenkreuze, die Kürzel KAL, A.C.A.B. und die Losung „Deutsche halten zusammen“ gesprüht. (Quelle: Blick nach rechts)

(a–c zit. nach: http://www.mut-gegen-rechte-gewalt.de/news/chronik-der-Gewalt/gewaltchronik-2011/; Zugriff: 18.11.2011)

d) November 2011: Rechtsextremistische Mordserie erschüttert Deutschland

Im November 2011 bekommen die Aktivitäten der rechtsextremistischen Szene eine neue Dimension. In Zwickau wird eine rechtsextremistische Terrorgruppe entdeckt, die sich selbst „Nationalsozialistischer Untergrund“ (NSU) nennt. Auf das Konto dieser Gruppe, die im Kern aus zwei Männern und einer Frau besteht (s. Abb. S. 419), gehen eine Reihe von Anschlägen und Morden seit dem Jahr 1998. Dazu zählen die sogenannten Döner-Morde an zumeist türkischstämmigen Menschen in Hamburg, Rostock oder Dortmund, der Mord an einer Polizistin in Heilbronn, Überfälle auf Sparkassen, Anschläge auf eine S-Bahnstation in Düsseldorf oder einen Friseursalon in Köln, um nur einige Taten zu nennen. Die Gruppe verfügte offensichtlich über ein gutes Netzwerk an Helfern, das nun Schritt für Schritt von den Sicherheitsbehörden aufgedeckt wird. Die Tatsache, dass diese Gruppe so lange unentdeckt ihr Unwesen treiben konnte, obwohl die Mitglieder bereits im Visier des Verfassungsschutzes* gestanden hatten, wirft auch eine Reihe von kritischen Fragen an die Verfassungsschutzbehörden auf.

(Autorentext)

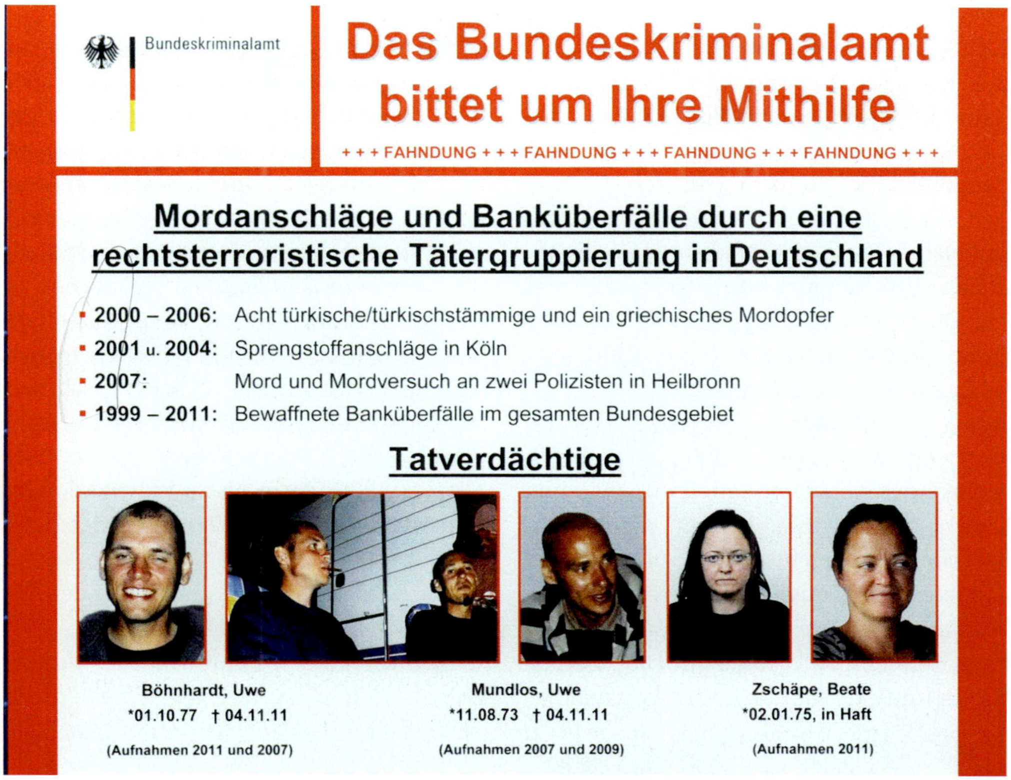

1. Die in M 1 a–c aufgeführten Beispiele entstammen der „Chronik rechtsextremer Gewalttaten", die auf der als Quelle genannten Internetseite geführt und ständig aktualisiert wird. Untersucht die beschriebenen Fälle und erstellt dazu eine listenförmige Übersicht:
- Was wird über die Täter, ihre Motive und Verhaltensweisen gesagt?
- Gegen wen richtet sich die Gewaltanwendung? Wer sind die Opfer?
- In welchen Formen wird Gewalt angewendet?
- Wie beurteilt ihr die einzelnen Vorgänge?

2. Erläutert, warum die in M 1 d berichteten Ereignisse eine neue Dimension rechtsextremistischer Gewalt darstellen und ihre Aufdeckung eine lebhafte öffentliche Diskussion über ein Versagen der Sicherheitsbehörden auslöste. Nähere Informationen zu den hier nur kurz dargestellten Vorgängen und ihren Hintergründen findet ihr unter der Internetadresse http://www.bpb.de/politik/extremismus/rechtsextremismus/45260/der-nationalsozialistische-untergrund-nsu.

Informative und anschauliche Darstellungen zu allen das Thema Rechtsextremismus betreffenden Aspekten findet ihr auf den Internetseiten www.bpb.de/politik/extremismus/rechtsextremismus/ und www.mik.nrw.de/verfassungsschutz/rechtsextremismus.html

1. Politischer Extremismus – Bedeutung und Verbreitung

M 2 Was heißt „extremistisch"?

Der Begriff Extremismus stammt sprachlich aus dem Lateinischen („extremus" heißt „der Äußerste", „am äußersten Rand befindlich"). Entsprechend wird die Bezeichnung „extremistisch" für politische Haltungen und Richtungen benutzt, die am äußersten Rand der vorhandenen politischen Auffassungen angesiedelt sind und zur Durchsetzung ihrer Ziele notfalls auch „zum Äußersten" entschlossen sind (ggf. auch zur Ausübung von Gewalt).

- Da sich die Bandbreite (das Spektrum) unterschiedlicher politischer Auffassungen nach einer üblichen Einteilung zwischen „Rechts" und „Links" bewegt, werden entsprechend „Rechtsextremismus" und „Linksextremismus" unterschieden. Oft werden auch die Begriffe „rechtsradikal" und „linksradikal" gebraucht. Laut offizieller Definition, die auch der Verfassungsschutz* zugrunde legt, sind „Radikale" zwar „verfassungskritisch", bewegen sich aber noch innerhalb des von der Verfassung gesteckten Rahmens, während „Extremisten" als „verfassungsfeindlich" eingestuft werden, weil sie die verfassungsmäßige Ordnung bekämpfen und abschaffen wollen; die Übergänge sind fließend (s. Abb.).
- Unterscheiden sollte man vor allem beim Rechtsextremismus zwischen rechtsextremistischen *Einstellungen* und rechtsextremistischem *Verhalten*, das von der Wahl einer rechtsextremistischen Partei über Mitgliedschaft darin bis zu Provokationen, Demonstrationen, Gewalt und Mord reichen kann.
- Extremisten aller Richtungen ist der Anspruch gemeinsam, die objektive, ausschließliche und absolute Wahrheit zu vertreten. Andere Auffassungen lassen sie nicht gelten. Das macht sie intolerant gegenüber Andersdenkenden und unterscheidet ihre Einstellung von der für eine demokratische Gesellschaft grundlegenden Überzeugung, dass es unterschiedliche Auffassungen und sich daraus ergebende Interessenunterschiede gibt, über die auf demokratischem Wege entschieden werden muss.
- Zwischen Rechts- und Linksextremen gibt es aber auch Unterschiede. Rechtsextreme vertreten ein Menschenbild, das zwischen höher- und minderderwertigen Menschen unterscheidet, je nachdem, zu welcher Rasse oder Volksgruppe sie gehören. Linksextreme erkennen die Gleichwertigkeit aller Men-

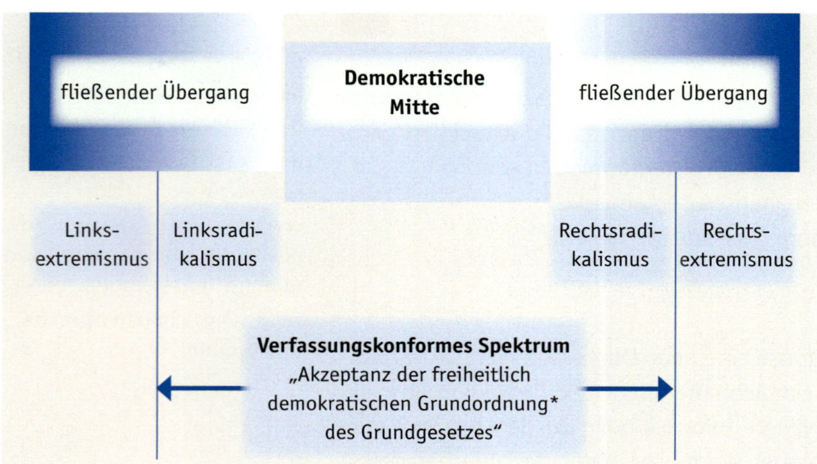

(www.bdkj-muenster.de/downloads/ah_rechts.pdf, S. 14, nach: Richard Stöss, Rechtsextremismus im Wandel, 2005)

schen an, leiten daraus aber die Notwendigkeit ab, eine wirtschaftliche, politische und gesellschaftliche Ordnung durchzusetzen, in der dem Einzelnen kein persönlicher Freiheitsspielraum mehr bleibt und es keine unterschiedlichen Interessen mehr geben kann.
(Autorentext)

M 3 Kommunisten, Anarchisten, Autonome – linksextremistische Gruppierungen

Zum linksextremen Spektrum gehört eine ganze Reihe politischer Strömungen:

- Alle Spielarten des *Kommunismus** […]; antikapitalistische* Bewegungen, die für die Umwälzung wirtschaftlicher und gesellschaftlicher Verhältnisse eintreten und eine auf Gemeineigentum basierende Wirtschafts- und Gesellschaftsordnung auf- bzw. ausbauen wollen.
- Der *Anarchismus* (griechisch „anarchia" = Herrschaftslosigkeit, Gesetzlosigkeit), eine zu Beginn des 19. Jahrhunderts entstandene politische Bewegung und Weltanschauung, die jede Form von Staat und Gesetz als Unterdrückung ansieht und deshalb für eine gesellschaftliche Ordnung ohne Polizei, Militär und Justiz eintritt.
- *Autonome Gruppierungen*, die jede Orientierung an irgendwelchen politischen Theorien und „Autoritäten" ablehnen. Sie erkennen die demokratischen Regeln des Konfliktaustrags nicht an und betrachten von daher Gewalt gegen Personen und Sachen als gerechtfertigt. Ihr Interesse gilt weniger der Veränderung des Bewusstseins der Mehrheit, sondern dem Erleben von Demonstrationen und gewaltsamen Auseinandersetzungen um ihrer selbst willen.

(Hermann Adam, Bausteine der Politik, VS Verlag für Sozialwissenschaften, Wiesbaden 2007, S. 180)

Autonome (zumeist schwarz gekleidet und vermummt) bilden mit etwa 6000 Anhängern den weitaus größten Anteil der gewaltbereiten linksextremistischen Szene und verüben laut Verfassungsschutzbericht so gut wie alle „Gewalttaten mit linksextremistischem Hintergrund" (insbesondere Brandanschläge und Körperverletzungen). Sie rechtfertigen solche Aktionen als notwendiges Mittel gegen ein „System von Zwang, Ausbeutung und Unterdrückung".
(Autorentext)

Autonome an der Spitze eines Protestzugs gegen eine internationale Konferenz in Hamburg (2007)

1. Erklärt anhand von M 2, welche politischen Auffassungen mit dem Begriff „extremistisch" bezeichnet werden und welche Unterscheidung die offizielle (staatliche) Definition zwischen den Begriffen „radikal" und „extremistisch" macht (beide Begriffe werden, auch in wissenschaftlichen Veröffentlichungen, nicht immer klar voneinander abgegrenzt).

2. Erläutert, was politische Extremisten in ihrer Grundeinstellung und in ihrer Grundauffassung von Politik von anderen politischen Gruppierungen in unserer Demokratie unterscheidet, und erklärt, welchen Grundprinzipien unserer demokratischen Ordnung diese Einstellungen widersprechen.

3. Erläutert mit eigenen Worten, worin im Wesentlichen der Unterschied zwischen Rechts- und Linksextremismus besteht. Welche unterschiedlichen Auffassungen vertreten Rechts- und Linksextremisten im Hinblick auf das Bild vom Menschen und seiner Stellung in Staat und Gesellschaft?

4. Legt dar, wodurch sich die drei in M 3 kurz beschriebenen Richtungen des Linksextremismus unterscheiden.

Nähere Einzelheiten zu verschiedenen linksextremistischen Gruppen in Nordrhein-Westfalen findet ihr in der abgebildeten Broschüre, die im Internet zur Verfügung steht (http://www.mik.nrw.de/verfassungsschutz/linksextremismus.html), sowie unter der Internetadresse http://www.verfassungsschutz.de/de/arbeitsfelder/af_linksextremismus

M 4

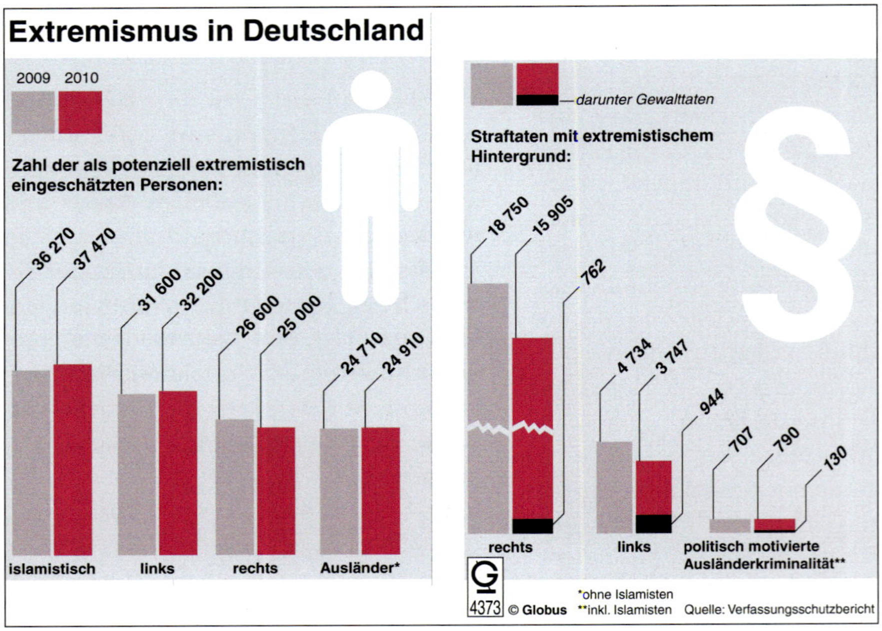

Beschreibt, welche extremistischen Gruppierungen der Verfassungsschutz unterscheidet und wie sie sich zahlenmäßig zwischen 2009 und 2010 entwickelt haben. Näheres zum islamistischen Extremismus bzw. Terrorismus findet ihr in Kapitel 20 (M 16 ff.). Zum (nicht islamistischen) Ausländer-Extremismus bzw. Terrorismus gehören z. B. die in Deutschland operierenden Gruppen der kurdischen PKK (Arbeiterpartei Kurdistans) oder der tamilischen LTTE („Liberation Tigers of Tamil Eelam"). Näheres dazu findet ihr ggf. auf der Internetseite http://www.verfassungsschutz.de/de/arbeitsfelder/af_auslaenderextremismus_1/ und im Verfassungsschutzbericht 2010, der im Internet zur Verfügung steht (http://verfassungsschutz.de/de/publikationen/verfassungsschutzbericht/vsbericht_2010) [S. 282 ff.]

2. Rechtsextremistische Aktivitäten in Deutschland

Die folgenden Materialien konzentrieren sich auf das Problem des Rechtsextremismus. Das geschieht auch deshalb, weil in Deutschland nicht nur rechtsextremistische Gewalttaten (siehe M 1) häufig im Mittelpunkt des öffentlichen Interesses stehen, sondern weil auch rechtsextremistische Einstellungen in der Bevölkerung weiter verbreitet sind, als man denkt (vgl. M 5). Außerdem hat die rechtsextremistische Partei NPD zahlreiche Anhänger, vor allem in den neuen Bundesländern. Die NPD hat z. B. bei den Landtagswahlen im September 2011 in Mecklenburg-Vorpommern knapp 6 Prozent der Stimmen erhalten (2005: 7,3 %); sie sitzt auch im Landtag von Sachsen (2009: 5,6 % der Stimmen). In anderen Landtagen ist sie derzeit nicht vertreten. Darüber hinaus sitzen ihre gewählten Vertreter in einer Reihe von Kommunalparlamenten.*

M 5 a Nationalismus und Rassismus – rechtsextremistische Vorstellungen von Staat und Gesellschaft

In rechtsextremistischen Vorstellungen von der Gesellschaft und vom Staat finden wir vor allem eine Überbetonung des eigenen Volkes und des Nationalstolzes:

– Die Deutschen sind nach diesem Weltbild anderen Völkern überlegen. Ihre Interessen haben Vorrang. Andere Völker und Ausländer im eigenen Land werden abgewertet; sie sind den Eigenen nicht gleichgestellt und haben nicht die gleichen Rechte.

– Die beste Staatsform ist nach den Neonazis ein „starker Staat“ mit einer mächtigen, autoritären Führung. In den Schulen werde zu viel über den Nationalsozialismus* geredet; dessen Diktatur habe zwischen 1933 und 1945 „auch gute Seiten“ gehabt.

– Zu den Feindbildern der Rechtsextremisten zählen Zuwanderer [...] und Juden. Zur Durchsetzung ihrer Ziele sind sie bereit, auch Gewalt in unterschiedlicher Form einzusetzen.

Ein Blick in das **Grundgesetz** der Bundesrepublik und besonders in das Teilkapitel über die **Grundrechte** zeigt bereits, worin die Gefahr dieser Gruppen und Personen liegt. Sie bekämpfen die zentralen Errungenschaften einer demokratischen Staats- und Gesellschaftsordnung.

Um nur einige zu nennen:

– die Menschenrechte – wonach alle Menschen gleiche Rechte haben und ihre Würde nicht durch andere und den Staat verletzt werden darf;

– das Verbot rassistischer* und antisemitischer* Politik – da alle Menschen das Recht „zur freien Entfaltung der Persönlichkeit“ haben;

– das Demokratiegebot und den Rechtsstaat – wonach in einer offenen Gesellschaft nicht Gewalt ein Mittel zur Durchsetzung seiner politischen Ziele sein darf;

– die Verpflichtung zum Frieden – dass alle Völker gleichberechtigt und die Staaten zum Frieden verpflichtet sind.

(Herbert Uhl [Hg.], Grundwissen Politik, Ernst Klett Verlag GmbH, Stuttgart 2007, S. 169 f.; Verf.: Paul Ackermann, Katrin Hirseland)

M 5 b Rechtsextreme Ansichten in Deutschland

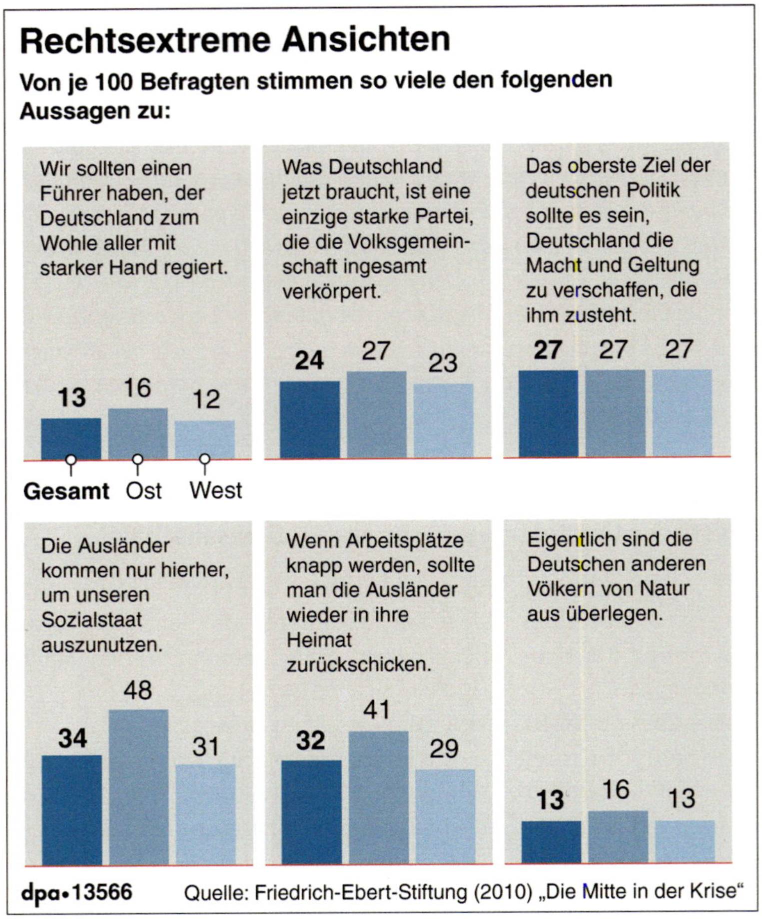

1. Beschreibt anhand von M 5 a, welche Vorstellungen Rechtsextreme von Staat und Gesellschaft haben und gegen welche zentralen Prinzipien unserer Verfassungsordnung sie damit verstoßen.

2. Wie lassen sich die hier nicht genannten Begriffe Rassismus*, Nationalismus* und Neonazismus* der Beschreibung in M 5 a zuordnen?

3. M 5 b gibt die Ergebnisse einer breit angelegten wissenschaftlichen Studie der Friedrich-Ebert-Stiftung wieder.
- Stellt fest, welche der in M 5 a genannten Merkmale rechtsextremistischen Gedankenguts sich in M 5 b wiederfinden.
- Untersucht, in welchem Maße die jeweiligen Einstellungen verbreitet sind und welche Unterschiede sich zwischen Ost- und Westdeutschland finden lassen. Weitere Informationen zu rechtsextremistischen Einstellungen findet ihr im Internet unter der Adresse www.fes-gegen-rechtsextremismus.de.

„Musik – Mode – Markenzeichen", mit der so betitelten Broschüre will die Landesregierung von Nordrhein-Westfalen über die zum Teil sehr unterschiedlich auftretenden rechtsextremen Gruppen Jugendlicher, über die Kleidung, in der sie auftreten, die Symbole, die sie verwenden, und vor allem auch über die vielfältigen Versuche informieren, Jugendliche mithilfe von Rock-Musik anzulocken und für ihre Ziele zu gewinnen. Die Broschüre informiert darüber hinaus auch über alle rechtlichen Aspekte (Strafbarkeit rechtsextremistischer Aktivitäten usw.). Sie steht im Internet zur Verfügung unter http://www.mik.nrw.de/fileadmin/user_upload/Redakteure/Verfassungsschutz/Dokumente/Musik-Mode-Markenzeichen_Auflage_5.pdf.

Im Folgenden wollen wir zunächst kurz über die „Erlebniswelt", die rechtsextremistische Gruppen für Jugendliche anbieten (M 6), sowie über Kleidung und Symbole rechtsextremistischer Gruppen informieren (M 7). Anschließend (M 8) geht es um Rechtsextremismus im Internet sowie um die Rolle der Musik bei der Verbreitung rechtsextremer Inhalte (M 9).

M 6 Was Jugendliche anzieht – „Erlebniswelt" Rechtsextremismus

Das Gesicht des Rechtsextremismus in Deutschland hat sich verändert. Zum einen hat sich das Erscheinungsbild dieser Szene modernisiert – eine Entwicklung, die insbesondere seit den 1990er-Jahren zu beobachten ist. Zwar bedienen sich Rechtsextremisten nach wie vor auch der Symbole des Nationalsozialismus*, doch dominiert mittlerweile ein modernes Gewand. Häufig wirkt der Rechtsextremismus keineswegs altbacken oder ewiggestrig, vielmehr spricht er die Symbolsprache des 21. Jahrhunderts: Rockmusik ist zum wichtigen Träger ideologischer Botschaften geworden. Volksverhetzung taucht nicht selten in modernem Web-Design auf. Zum anderen hat sich das Aktionsfeld der Szene verlagert. Standen in der Vergangenheit Wahlkämpfe und ideologische Debatten im Vordergrund, versucht die Szene heute unmittelbarer – und wirksamer – Einfluss zu gewinnen. Sie zielt auf den Alltag ihrer potenziellen Anhänger, das heißt: die Lebenswelt insbesondere von Jugendlichen. Die Kombination von Freizeit- und Unterhaltungswert mit politischen Inhalten, die um einen fremdenfeindlichen Kern und die Verherrlichung, zumindest die Verharmlosung des Nationalsozialismus kreisen, ist zum Kennzeichen des zeitgenössischen

Was treibt junge Leute in die rechtsextreme Szene?
Politik treibt nur wenige Jugendliche in die Szene. Die meisten Jugendlichen suchen Anerkennung. Anerkennung und das Gefühl dazuzugehören.
Können Sie das konkreter sagen?
Fast alle Aussteiger nennen als Motiv für ihren Einstieg: „Ich fühlte mich anerkannt und zugehörig – unabhängig davon, wer ich bin und was ich habe." Das macht die Szene besonders attraktiv für Jugendliche, die sich anderswo nicht wahrgenommen fühlen.
In der Schule?
Zum Beispiel. Oder im Sport, bei den Eltern, beim anderen Geschlecht ...
Meint Zugehörigkeit die in der Szene viel beschworene „Kameradschaft"?
Das Wort fällt in diesem Zusammenhang immer. Auffällig ist, dass die Aussteiger so gut wie nie von „Freundschaft" sprechen. Für „Kameradschaften" im Sinne von Freundschaften ist die Szene viel zu aggressiv. [...] Das gegenseitige Misstrauen ist groß. Fast jeder kennt Straftaten des anderen, aus der Mitwisserschaft resultieren Kontrolle, Drohungen und Gewalt – und im Umkehrschluss natürlich auch Angst. Das schweißt die Szene zusammen. Nicht Freundschaft.
Wenn das so ist, macht das den Zulauf von Jugendlichen noch unerklärlicher.
Nein, denn nach außen bedeutet „Kameradschaft" tatsächlich viel. Sie bringt Macht und Anerkennung. Wenn drei stadtbekannte Glatzköpfe in ihren Springerstiefeln auf dem Bürgersteig gehen, wechseln die Leute die Straßenseite. Das gibt vielen Jugendlichen ein Machtgefühl, wie sie es nie zuvor erlebt haben.

(Interview mit Reinhard Koch von der „Arbeitsstelle Rechtsextremismus und Gewalt" in Braunschweig; http://www.bpb.de/themen/I6RE40,0,Von-Freundschaft_ist_keine_Rede.html)

Die Neonazi-Szene hat sich in den vergangenen Jahren stark verändert. Die NPD*, um deren mögliches Verbot derzeit vor dem Hintergrund des Terrors des NSU heftig gerungen wird, verliert stetig Mitglieder. Die sogenannten Freien Kameradschaften hingegen, anti-demokratische, oft militante Gruppierungen, ohne ersichtliche feste Strukturen, erfahren Zulauf. [...] Es gibt bundesweit zig Klein- und Kleinstgruppen, die sich mit ihnen solidarisieren, deren Blogs miteinander vernetzt sind. [...] Das Netz der Neonazis* im Internet ist unüberschaubar geworden, aber auch auf den Straßen sind sie längst nicht mehr ohne Weiteres zu erkennen. [...] Nur noch die wenigsten treten mit Bomberjacke, Springerstiefeln und SS-Runen in Erscheinung.

(Süddeutsche Zeitung v. 22.3.2012, S. 7; Verf.: Daniel Müller)

Rechtsextremismus geworden. Diese Verbindung kann als „Erlebniswelt Rechtsextremismus" bezeichnet werden. Rechtsextremistische Gruppen werden von Aussteigern vielfach als eine soziale und politische Heimat oder geradezu als Ersatzfamilie beschrieben – ein Gruppengefühl, das für abweichende Vorstellungen keinen Raum lässt.

Freizeitwert, Lebensgefühl und politische Botschaften – diese Kombination macht den zeitgenössischen Rechtsextremismus in Deutschland zu einer Erlebniswelt, die bei Jugendlichen mitunter Anklang findet. Die Erlebniswelt vermittelt nicht nur Feindbilder – etwa Schwarze, Juden oder Homosexuelle –, sondern auch Wir-Gefühle, die auf nationalistischen* Denkmustern beruhen.

(http://www.mik.nrw.de/uploads/media/erlebniswelt_01.pdf)

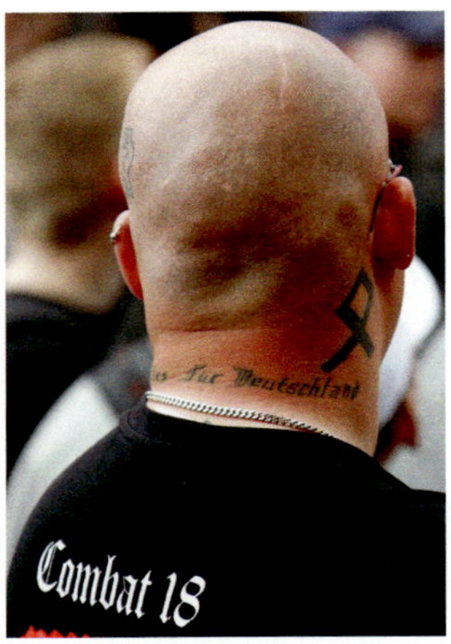

Rechtsextremist mit T-Shirt der rechtsterroristischen Gruppe „Combat 18"

M 7 Kleidung und Symbole

Auch wenn die Versuchung naheliegt: Von der Kleidung auf die Geisteshaltung zu schließen, kann ein Trugschluss sein. Gerade bei jungen Menschen ändern sich Bedeutungen und Moden schnell. Was heute noch als eindeutiges Zeichen steht, kann morgen seine Bedeutung verloren haben. Das bekannteste Beispiel hierfür: die Schnürsenkel an Springerstiefeln. Für die einen stehen weiße Schürsenkel für White Power, die Überlegenheit der weißen Rasse, für die anderen gelten sie als Hinweis auf „Black and White united" („Schwarz und Weiß vereint"). Viele Kleidungsgegenstände, denen ein Zusammenhang mit der rechtsextremistischen Szene nachgesagt wird, entstammen der Skinhead-Jugendkultur. Diese ist ihrer Entstehung nach multikulturell und entstammt dem Arbeitermilieu. Manche Marken haben einen deutlichen Bezug zur rechtsextremistischen Szene. Als Beispiel bietet sich der Schriftzug „Consdaple" an (es handelt sich um einen Schriftzug, der vorgibt, eine Marke zu sein; s. Abb. S. 425). Wird beispielsweise ein T-Shirt mit diesem Namenszug-Aufnäher unter einer (vorne offenen) Jacke getragen, bleiben nur die Buchstaben (CO)NSDAP(LE) sichtbar.

Manche Zeichen dagegen sind untrennbar mit dem „Dritten Reich*, der NSDAP* (Nationalsozialistische Deutsche Arbeiterpartei) und deren Gliederungen – und damit mit Massenmord verbunden. Daher ist alleine schon das Zeigen in der Öffentlichkeit verboten. Dies gilt insbesondere für das Hakenkreuz als Symbol des Naziregimes.

Wesentliche Quelle von Zeichen, die durch Rechtsextreme umgedeutet werden, sind germanische Runen und Symbole. Viele dieser Zeichen spielten schon im Dritten Reich eine Rolle oder wurden anschließend als Symbole rechtsextremer Parteien und Organisationen verboten. Einige sind dagegen nur in bestimmten Zusammenhängen verboten. Manche Zeichen sind oftmals genau so uneindeutig wie die Skinhead-Kultur selbst. Zum Beispiel wird der Lorbeerkranz von allen Teilen der Skinhead-Kultur als Zeichen angesehen; in Kombination mit der Zahl „88" handelt es sich, wie auch die „White-Power-Faust", um ein deutlich rechtsextremistisches Zeichen. Die Zahl „88" ist einer der bekanntesten Codes, die sich auf die Folge der Buchstaben im Alphabet bezieht. Sie steht damit für die Buchstabenkombination „HH", was wiederum „Heil Hitler" bedeuten soll. 18 verweist auf die Buchstaben AH (Adolf Hitler).

(Jugendrotkreuz für die Schule [Hg.], Zukunfts- und Versagensängste von Kindern und Jugendlichen, Bergmoser + Höller Verlag, Aachen 2007, S. 20; Verf.: Mirjam Zimmermann, Christiane Neumann-Tacke)

1. Beschreibt anhand von M 6, inwiefern sich rechtsextremistische Gruppen in besonderer Weise auf das Lebensgefühl, die Interessen und Bedürfnisse Jugendlicher eingestellt haben, um sie für sich zu gewinnen. Was besagt der Begriff „Erlebniswelt"?
2. Vergleicht, was hier gesagt wird, mit den Motiven, die nach einer Untersuchung bei vielen jugendlichen Mitgliedern rechtsextremer Gruppen eine wichtige Rolle spielen (M 6, Kasten).
3. Wie beurteilt ihr aus eurer Sicht die Attraktivität der beschriebenen „Erlebniswelt" für Jugendliche?
4. Informiert euch über die in der „rechten Szene" häufig gebrauchten Kleidungsstücke und Symbole. Erläutert dazu die einzelnen Abbildungen anhand des Textes (M 7).

Nähere Informationen zu den manchmal nicht eindeutig zu bewertenden „Markenzeichen" und zu den gesetzlichen Verboten einzelner Symbole findet ihr auf den Internetseiten http://www.verfassungsschutz.de/download/SHOW/broschuere_1203_re_symbole_und_zeichen.pdf und http://www.aktionzivilcourage.de/Braune_Symbole.472 sowie in der Broschüre des nordrhein-westfälischen Ministeriums für Inneres und Kommunales (s. Abb. und Internetadresse S. 425 o.).

M 8 Rechtsextremismus im Internet

Es ist ein wichtiger Termin im braunen Eventkalender: Für den 6. August mobilisieren rechtsextreme Aktivisten im Internet für den Trauermarsch in Bad Nenndorf (s. Foto S. 428 unten). In dem kleinen Kurort westlich von Hannover, der in der britischen Besatzungszone lag, hatte die britische Armee nach dem Krieg Nationalsozialisten verhört, wobei es auch zu Misshandlungen der Insassen gekommen ist.

Seit Jahren mobilisieren die Neonazis* im Internet für einen „Trauermarsch", um ihre Version der Geschichte auf die Straße tragen zu können – und das machen sie immer professioneller. Für den August 2011 rufen sie ihre Anhänger auf, in Videoclips zu begründen, warum sie an dem Trauermarsch teilnehmen werden: „Wir fahren nach Bad Nenndorf, weil Widerstand wichtiger ist als Party und Kommerz", sagen eine junge Frau im Trägershirt und ein junger Mann im karierten Hemd gemeinsam in die Kamera. Die Frau lächelt dabei freundlich. Videoclips sind im vergangenen Jahr zu zentralen Trägern rechtsextremer Botschaften geworden – zu diesem Ergebnis kommt

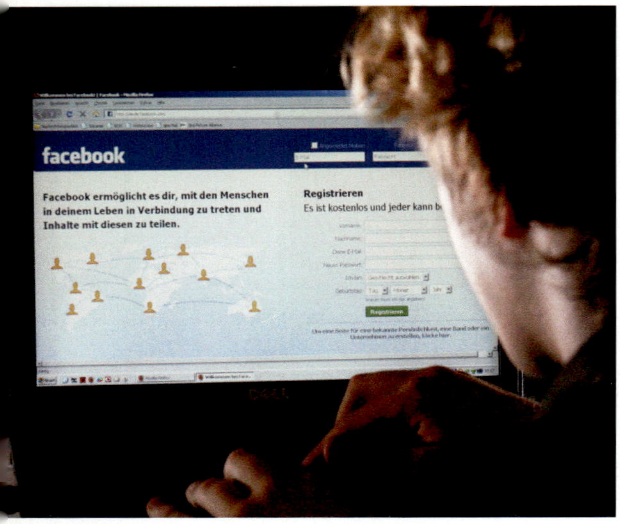

„Trauermarsch" neonazistischer Gruppen in Bad Nenndorf bei Hannover (14.8.2010)

die Initiative jugendschutz.net in ihrem aktuellen Jahresbericht ‚Rechtsextremismus im Internet', den die Zentralstelle der Länder für Jugendschutz im Internet in Berlin vorstellte. Unterstützt wird sie dabei von der Bundeszentrale für politische Bildung.

Die wichtigste Erkenntnis aus dem Jahr 2010: Die Zahl der eigenständigen rechtsextremen Websites im Netz ist zwar gesunken (2010: 1708; 2009: 1872 Websites); dafür hätten sich die rechtsextremen Beiträge in Communitys verdreifacht. „Tendenziell verlagern sich die Aktivitäten von Neonazigruppen auf die Mitmachplattformen des Web 2.0", bilanziert jugendschutz.net.

Statt der klassischen Webportale nutzten Neonazis also immer stärker soziale Netzwerke im Internet, um Jugendliche zu ködern. Diese Entwicklung habe sich „dramatisch zugespitzt", sagte der Präsident der Bundeszentrale für politische Bildung, Thomas Krüger, bei der Vorstellung des Jahresberichts. „Wir dürfen den Rechtsextremisten und der Hasspropaganda nicht das Feld überlassen", warnte er.

Die Jugendschützer schätzen, dass Communitys, Videoplattformen und der Blogosphäre für die Verbreitung von rechtsextremistischem Gedankengut eine immer größere Bedeutung zukommt. Neonazis* hätten erkannt, dass soziale Netzwerke eine breite Mobilisierung garantierten. Denn mit diesen Plattformen werde ein Millionenpublikum erreicht, während Websites gezielt angesteuert werden müssten. […]

Stefan Glaser, Leiter des Bereichs Rechtsextremismus von jugendschutz.net, fügt hinzu: „Es kann nicht angehen, dass Rechtsextreme diese Dienste für ihre Hasspropaganda missbrauchen." Betreiber wie YouTube und Facebook müssten mehr tun, um das zu verhindern.

Nach Glasers Angaben verbergen die Neonazis zunehmend ihre rechtsextremistische Propaganda hinter anderen Inhalten. Als Beispiel nannte er einen Video-Clip, der Fackelträger mit weißen Masken beim nächtlichen Marsch durch leere Straßen zeigt. Dahinter steckten Neonazis, die vor dem angeblich drohenden „Volkstod" der Deutschen warnen wollten.

Oft würden auch vordergründig Themen wie Kindesmissbrauch, der Atomausstieg oder die Euro-Krise benutzt, um die rechtsextreme Propaganda zu vermitteln. Ein rechtsextremistisches Musikvideo zum Thema Missbrauch habe es bislang auf 900 000 Klicks gebracht.

(http://www.sueddeutsche.de/politik/studie-zu-rechtsextremismus-im-internet-nationale-soziale-netzwerke-1.1122934; Zugriff: 18.11.2011; Verf.: haimati)

1. Fasst mit eigenen Worten zusammen, welche Entwicklung sich bei der Nutzung des Internets durch Rechtsextreme in letzter Zeit vollzogen hat.

2. Wie beurteilt ihr die Erfolgsaussichten für Rechtsextreme bei der neuen Art der Internetnutzung?

3. Berichtet in der Klasse darüber, wenn ihr selbst schon einmal rechtsextremen Seiten im Internet begegnet seid.

M 9 „Lockruf mit Musik"

a) Rechtsextremisten in Deutschland setzen verstärkt auf die Werbewirkung von Musik für die Rekrutierung ihres Nachwuchses. „Auch im Jahr 2007 hat die hohe Attraktivität rechtsextremistischer Musik, die insbesondere Jugendliche zu ersten Kontakten zur rechextremistischen Szene verleitet, nicht nachgelassen", heißt es im Verfassungsschutzbericht 2007.[1] Vor allem die NPD und neonazistische Kameradschaften setzten bei ihren Veranstaltungen vermehrt Musikgruppen und Liedermacher ein. CDs werden oft auch im Umfeld von Schulen kostenlos verteilt.

[…] Die Texte der Musikstücke sind offen rassistisch* und antisemitisch*. So zitiert der Bericht aus einem Stück des Liedermachers „Arische Jugend" die Zeilen: „Macht sie nieder, die Herzlbrut[2]. Hängt ihn an den Galgen, den ewigen Jud […] bald werden an den Straßen die Bäume voll mit hängenden Juden stehen." Offene Aufrufe zum Mord gehören offenbar zum Standardrepertoire. […] Die Aufführung solcher volksverhetzender Musikstücke kann mit einer Freiheitsstrafe von bis zu drei Jahren bestraft werden.

Die vorherrschende Stilrichtung in der rechtsextremistischen Szene ist der *National Socialist Black Metal* (NSBM). […] Eine große Rolle spielt dabei die deutsche Band „Absurd", die, so das BfV, „Kultstatus" besitzt. Allerdings werden inzwischen auch andere Musikrichtungen aufgegriffen, um dem gewandelten Musikgeschmack entgegenzukommen. Lediglich Musikstile wie Hiphop oder Rap werden von den Extremisten als „nicht weiße Musik" abgelehnt.

(Süddeutsche Zeitung v. 15.5.2008, S. 5; Verf.: Peter Blechschmidt)

b) „Wir grüßen euch! […]
Ihr müsst nichts bezahlen, und ihr geht keinerlei Verpflichtungen ein. Bevor wir aber nun zu dem eigentlichen Teil dieses Tonträgers kommen, möchten wir euch in Kürze unsere Gründe für diese Aktion erklären:
Jeder, der sich heutzutage in unseren Städten umschaut, jeder, der die alltäglichen Nachrichten verfolgt, kann nicht anders als von einer verkommenen und feindseligen Zeit reden. Korruption und Kriminalität, Drogen und Gewalt und eine ins schier endlos steigende Arbeitslosigkeit sind die traurigen Zeugen dafür. Es herrscht blanker Egoismus. […]
Unsere heutigen Schulen sind schon längst ein Sammelbecken für junge Schwerkriminelle geworden – meist ausländische Banden haben hier das Sagen. Dagegen können und wollen die überforderten Lehrkräfte nichts unternehmen. […] Wenn unsere hochbezahlten Herren Politiker unfähig sind, das drohende Unheil zu erkennen, dann müssen wir als Deutsche – egal welchen Alters – handeln! […]
Wir stehen gegen den unerträglich hohen Zuzug von Fremden in unser Land. Wir ste-

[1] Im Jahr 2010 erreichte die Zahl rechtsextremistischer Musikgruppen in Deutschland mit 165 einen neuen Höchststand.

[2] Bezugnahme auf Theodor Herzl (1860–1904), österreichischer Schriftsteller jüdischer Herkunft, Gründer einer Bewegung zur Gründung eines Judenstaates in Palästina (Zionismus)

Bisher waren rechtsextreme Schulhof-CDs das Metier der NPD – zuletzt hat sie in Mecklenburg-Vorpommern eine zum Wahlkampfauftakt produziert. Nun zieht die freie rechtsextreme Szene nach. Deren CD-ROM-Paket „Jugend in Bewegung" bietet gleich eine ganze Palette rechtsextremer Propaganda und zwar deutlich härterer Tonart als die NPD-Produkte.

(http://www.netz-gegen-nazis.de/category/lexikon/schulhof-cd Zugriff: 18.11.2011)

hen gegen Multikulti, das nicht funktionieren kann und nur weitere Gefahren und Probleme in sich birgt. […]
Wir wollen, dass die Menschen im gesunden Einklang miteinander leben, mit ihrem Land, ihrem Volk und der Natur leben. […] Wir sind keine Ausländerfeinde! Wir lieben das Fremde – in der Fremde. In unseren Reihen sind Freundschaft, Zusammenhalt, Kameradschaft und Gemeinschaft nicht bloß leere Worte. Wir leben, fühlen und handeln danach."

(http://www.mik.nrw.de/uploads/media/Schulhofaktion_alt.pdf, S. 7f.)

1. Untersucht mithilfe von M9a, welche Rolle die Musik bei der Verbreitung rechtsextremer Inhalte spielt.

2. In M9b wird am Beispiel der „Schulhof-CD" gezeigt, wie rechtsextreme Beeinflussung durch Musik funktioniert. Untersucht den Intro-Text zu dieser CD und beachtet dabei folgende Fragen:
- Wie werdet ihr angesprochen und wie wird euer Interesse geweckt?
- Wie werden bestimmte gesellschaftliche und schulische Probleme dargestellt?
- Worin werden die Ursachen dieser Probleme gesehen?
- Welches Bild der Gesellschaft wird als Ziel vorgestellt?
- Welche jugendlichen Wertvorstellungen und Bedürfnisse werden angesprochen?

3. Nehmt aus eurer Sicht Stellung: Inwieweit können sich Jugendliche durch die Darstellung in M9b angesprochen fühlen?

3. „Aktiv gegen Rechts" – die Demokratie muss sich gegen Extremisten schützen

Die folgenden Materialien zeigen einige Möglichkeiten, wie sich der Staat, aber auch die Gesellschaft gegen den Rechtsextremismus wehren können. Auch ihr selbst seid aufgefordert, in eurem Alltag etwas dagegen zu tun. Das beginnt damit, dass ihr Hakenkreuzschmierereien oder rechtsextreme Aufkleber auf Schultischen und an Wänden entfernt oder dass ihr euch gegen rassistische, menschenverachtende Bemerkungen oder Witze in eurem Umfeld wehrt.

M 10 „Wehrhafte Demokratie"

Durch die Erfahrungen aus der Zeit des Nationalsozialismus wissen wir, dass der Staat nicht tatenlos zusehen darf, wenn seine demokratischen Grundlagen durch Extremisten zerstört werden. Daher hat er die Aufgabe, solche Aktivitäten zu kontrollieren und gegebenenfalls strafrechtlich zu verfolgen. Eine besondere Aufgabe kommt dabei dem Verfassungsschutz* zu. Diese staatliche Behörde hat die Aufgabe, verfassungsfeindliche Bestrebungen zu beobachten und – wenn die Bestrebungen gefährlich zu werden drohen – in Zusammenarbeit mit der Polizei zu verhindern, indem man einzelne Täter inhaftiert und Gruppierungen verbietet. Es gibt auch immer wieder Forderungen, rechtsextreme Parteien wie die NPD zu verbieten, die die demokratischen Rechte für ihre Zwecke missbrauchen. Ein Verbot dieser Partei ist allerdings umstritten, weil befürchtet werden muss, dass die Mitglieder dann „verdeckt“ weiterarbeiten oder im Extremfall sogar in den Untergrund gehen und sich noch mehr radikalisieren.

Das Beispiel des sogenannten Nationalsozialistischen Untergrunds (NSU; s. M 1 d) zeigt, dass der Staat und seine Verfassungsschutzorgane hellwach gegenüber rechtsextremistischen Aktivitäten bleiben müssen.
Die „wehrhafte Demokratie“ ist auch eine Aufgabe für jeden Einzelnen und für die Gesellschaft. Wir alle haben die Pflicht, uns gegen Rechtsextreme mit demokratischen Mitteln zur Wehr zu setzen.

(Autorentext)

M 11 a „Schule ohne Rassismus“

Das Netzwerk „Schule ohne Rassismus – Schule mit Courage“ bietet Schülerinnen und Schülern die Möglichkeit, bereits in jungen Jahren bürgerschaftliches Engagement zu entwickeln. Mit rund 1 000 Schulen ist „Schule ohne Rassismus – Schule mit Courage“ eine lebendige, innovative und kreative Jugendbewegung. Die Kinder und Jugendlichen übernehmen Verantwortung für das Lern- und Lebensklima an ihren Schulen (s. Kasten S. 432). Und nahezu täglich schließen sich weitere Schulen dem Netzwerk an. „Schule ohne Rassismus – Schule mit Courage“ leistet einen nachhaltigen Beitrag zur Integration von Minderheiten und beim Zurückdrängen von Extremismus jeglicher Art.
Das Projektanliegen von „Schule ohne Rassismus – Schule mit Courage“ wird von allen demokratischen Parteien, von allen bedeutenden Glaubensgemeinschaften, aber auch von vielen Prominenten aus Sport, Kultur und Politik unterstützt.

(http://www.schule-ohne-rassismus.org/fileadmin/pdf/wer_wir_sind-final-komplett-110715.pdf)

(http://www.schule-ohne-rassismus.org/, Zugriff: 6.1.2012)

Initiativgruppe des Pelizaeus-Gymnasiums Paderborn, das im Juli 2011 dem Projekt „Schule ohne Rassismus – Schule mit Courage“ beigetreten ist. Die Verleihung der Mitgliedschaft fand in einem feierlichen Festakt statt.

Die Selbstverpflichtung

Wer sich zu den Zielen einer Schule ohne Rassismus – Schule mit Courage bekennt, unterschreibt folgende Selbstverpflichtung:

1 Ich werde mich dafür einsetzen, dass es zu einer zentralen Aufgabe einer Schule wird, nachhaltige und langfristige Projekte, Aktivitäten und Initiativen zu entwickeln, um Diskriminierungen, insbesondere Rassismus, zu überwinden.

2 Wenn an meiner Schule Gewalt, diskriminierende Äußerungen oder Handlungen ausgeübt werden, wende ich mich dagegen und setze mich dafür ein, dass wir in einer offenen Auseinandersetzung mit diesem Problem gemeinsam Wege finden, um zukünftig einander zu achten.

3 Ich setze mich dafür ein, dass an meiner Schule einmal pro Jahr ein Projekt zum Thema Diskriminierung durchgeführt wird, um langfristig gegen jegliche Form von Diskriminierung, insbesondere Rassismus, vorzugehen.

Eine Schule bekommt den Titel „Schule ohne Rassismus – Schule mit Courage", wenn mindestens 70 Prozent aller Menschen an einer Schule diese Selbstverpflichtung unterschrieben haben.

(http://www.schule-ohne-rassismus.org/fileadmin/pdf/wer_wir_sind-final-komplett-110715.pdf, S. 16; Verf.: Sanem Kleff, Eberhard Seidel)

M 11 b Die eigene Schule aktivieren

Das aktive Eintreten für Demokratie und gegen Rechtsextremismus kann in eurer Schule beginnen. Überlegt, welche Aktionen sinnvoll und möglich sind. Das hängt natürlich von den Umständen an eurer Schule und in eurer Stadt ab: Wie sichtbar sind dort jeweils rechtsextreme Aktivitäten?

NETZ-GEGEN-NAZIS.DE
Mit Rat und Tat gegen Rechtsextremismus

Ihr benötigt in jedem Fall in Absprache mit eurem Politiklehrer oder eurer Politiklehrerin Aktionspartner. Das kann z. B. die Schülervertretung eurer Schule sein, das kann auch eure Jahrgangsstufe sein oder das können auch die Jugendorganisationen der demokratischen Parteien in eurer Stadt oder die Landesschülervertretung sein.

Ideen zu Aktionsformen findet ihr z. B. unter http://www.netz-gegen-nazis.de/wissen/was-machen-wir.

(Autorentext)

1. Erläutert, welche Ziele sich das Projekt „Schule ohne Rassismus" gesetzt hat, in welchen Bereichen sich Schulen, die sich dem Projekt anschließen, engagieren wollen und welche Voraussetzungen („Selbstverpflichtung") für den Erhalt des Titels erfüllt sein müssen (M 11 a). Alles Nähere dazu findet ihr auf der Internetseite, die als Quelle zu M 11 a angegeben ist.

2. Möglichkeiten, „aktiv gegen rechts" zu werden, findet ihr auch auf der Internetseite der Aktion „Netz gegen Nazis". Informiert euch darüber und prüft die Möglichkeit, eine Ausstellung oder eine Plakatwand in eurer Schule zu gestalten.

1. Eine Karikatur

a) Beschreibe die Karikatur und erläutere ihre Aussageabsicht.
b) Wie beurteilst du diese Absicht?

2. Welche der folgenden Aussagen treffen zu, welche nicht?

a) Rechtsradikal und rechtsextremistisch – beide Begriffe meinen das gleiche Phänomen.
b) Auch bestimmte islamistische Gruppen werden als extremistisch eingestuft.
c) Die Straftaten mit extremistischem Hintergrund nehmen seit 2008 zu.
d) Zum rechtsextremen Weltbild gehört, dass das eigene Volk anderen Völkern überlegen ist.
e) Das rechtsextremistische Weltbild verstößt alles in allem nicht grundlegend gegen die im Grundgesetz festgelegten Grundrechte.
f) Das Gesicht des Rechtsextremismus ist von dem Versuch geprägt, besonders die Lebenswelt von Jugendlichen anzusprechen und ihnen ein „Wir-Gefühl" zu vermitteln.
g) Rechtsextrem eingestellte Personen erkennt man schon an ihrem Äußeren, z. B. weiße Schnürsenkel, kurze Haare usw.
h) Die Aktivitäten der rechtsextremen Szene im Internet nehmen zu.
i) Die Musik der rechtsextremen Szene wird von aggressiver Rockmusik bestimmt; die Texte sind eher bedeutungslos.
j) Der Kampf gegen den Rechtsextremismus ist Sache des Verfassungsschutzes.
k) Hinter den Zahlen 18 und 88 als rechtsextremistischen Symbolen verbergen sich Anspielungen auf den nationalsozialistischen Diktator Hitler.
l) Leider gibt es keine Internetseiten, die sich gegen Rechtsextremismus wenden.

Entfernungshinweise zu den Hauptstädten der 27 EU-Mitgliedsländer in einer ungarischen Stadt

Das Europäische Parlament in Straßburg

18

Wozu brauchen wir die Europäische Union? – Entwicklung und Probleme der europäischen Einigung

Zur Orientierung

Tagtäglich könnt ihr in den Medien Berichte über die Europäische Union (EU) finden. Unser Alltagsleben wird immer stärker durch gesetzliche Regelungen und Vorschriften bestimmt, über die nicht „in Berlin", sondern „in Brüssel" entschieden wird; die Euro-Schuldenkrise hat auch die Menschen in Deutschland sehr verunsichert. Was also hat es mit der EU auf sich?

Im ***ersten Abschnitt*** *erfahrt ihr, was „Europa" eigentlich bedeutet, aus welchen Gründen europäische Staaten vor mehr als 50 Jahren beschlossen haben, sich zusammenzuschließen, und wie dieser Einigungsprozess sich bisher vollzogen hat.*

Im wichtigen ***zweiten Abschnitt*** *lernt ihr das politische System der EU kennen, dessen Institutionen mit den Institutionen der deutschen Demokratie nur zum Teil vergleichbar sind.*

Was tut die EU eigentlich? Welche Aufgaben nimmt sie wahr? Was leistet sie für die Bürger der Mitgliedsländer? Wie soll es mit ihr weitergehen? Diese Fragen beantwortet der ***dritte Abschnitt*** *an einigen wichtigen Beispielen.*

Kompetenzen

- einige Bereiche nennen, in denen ihr in eurem Alltagsleben von Regelungen der Europäischen Union betroffen seid;
- wichtige Stationen des europäischen Einigungsprozesses nennen und die Gründe erläutern, die für die Einigung Europas maßgeblich sind;
- in Grundzügen die Zusammensetzung und die Aufgaben der vier wichtigsten Institutionen der Europäischen Union beschreiben;
- einige Aspekte und Probleme wichtiger Bereiche der EU-Politik (Binnenmarkt, Schengen-Abkommen) beschreiben und beurteilen;
- in Grundzügen darlegen, welche Ursachen die Euro-Schuldenkrise entstehen ließen und wie sie sich 2010–2012 entwickelte;
- eure Einstellung zur weiteren Entwicklung der EU („mehr Europa" oder „weniger Europa") darlegen und begründen.

1. Was ist Europa?

M1 Europa – was ist das?

Europa – was ist das? Oder muss man fragen: Wer ist das? Beide Fragen sind möglich und auf beide gibt es eine Antwort. Europa war – der griechischen Sage zufolge – eine phönizische Königstochter, die dem Gott Zeus so gut gefiel, dass er sich in einen weißen Stier verwandelte und sie nach Kreta entführte, wo sie ihm mehrere Kinder schenkte und dem Kontinent ihren Namen gab (s. M2).

Dieser Kontinent Europa ist unsere Heimat und hat uns geschichtlich, kulturell und mental geprägt. Darüber, wo der Erdteil endet, wird heftig diskutiert, da es klare geografische Grenzen im Osten und Südosten nicht gibt. Europa ist nicht objektiv gegeben, es wird von uns definiert. Das zeigt sich am Beispiel Islands, das durch das europäische Nordmeer vom Festland getrennt ist, aber allgemeiner Auffassung nach selbstverständlich zu Europa gehört und ja gerade darüber verhandelt, der Europäischen Union beizutreten. Oftmals, wenn von „Europa" gesprochen wird, ist jedoch die Europäische Union (EU) gemeint, also der Zusammenschluss von derzeit 27 europäischen Staaten.

(www.bpb.de/popup/popup_druckversion.html?guid=JPYED9; Verf.: Eckart D. Stratenschulte)

M2 Was der Mythos berichtet

Der griechischen Sage zufolge stammte Europa, die Namensgeberin unseres Kontinents, aus Asien. Sie war die Tochter des Königs Agenor von Phönikien (syrisch-libanesisch-israelische Mittelmeerküste). Göttervater Zeus verliebte sich in das Mädchen, als er sie mit ihren Gefährtinnen am Meer spielen sah. Da Agenor seine Tochter streng behütete, mischte sich Zeus – als Stier verwandelt – unter die Herde des Agenor. Europa spielte mit dem Stier und fand ihn so zahm, dass sie auf seinen Rücken kletterte, um auf ihm zu

Die „Geburt des Euro"

„Der Raub der Europa. Zeus entführt in Gestalt eines Stiers die Königstochter Europa." Griechische Vasenmalerei, ca. 4. Jahrhundert v. Chr.

reiten. Daraufhin eilte der Stier mit seiner Beute zum Strand und entschwand in den Weiten des Meeres. Erst auf Kreta – also in Europa – gab sich Zeus zu erkennen. Die Entführung der Europa wurde in der bildenden Kunst häufig dargestellt. „Europa mit dem Stier" ist noch heute als gängiges Motiv in zahlreichen Karikaturen zu finden: In immer neuen Variationen dient es zur satirischen Darstellung der Europapolitik.

(pocket europa, Bundeszentrale für politische Bildung, Bonn 2007, S. 68)

1. Verschafft euch anhand des Satellitenbildes (M 1) einen Überblick über die geografische Lage Europas. Inwiefern ist die Abgrenzung nach Norden, Westen und Süden einfach und einsichtig zu bestimmen, die nach Osten dagegen etwas unklarer (ein Problem, das z. B. im Hinblick auf die Aufnahme der Türkei in die Europäische Union eine gewisse Rolle spielt)?

2. Wo ist die Küste des antiken Phönikien zu sehen, des Heimatlandes der Königstochter Europa?

3. Der Mythos (Legende, Erzählung) von der phönizischen Königstochter Europa und ihrer Entführung durch den Göttervater Zeus (M 2) lebt auch deshalb bis heute fort, weil seine bildliche Darstellung ein beliebtes Motiv für Karikaturisten ist, das immer wieder aufgegriffen und variiert wird (vgl. die Karikatur zur „Geburt des Euro"). Worauf beruht eurer Meinung nach die Beliebtheit dieser Art von Darstellung?

4. Nennt, soweit ihr könnt, die Namen der (auf dem Satellitenbild nicht abgegrenzten) Länder Europas (und ggf. ihrer Hauptstädte).

Vielleicht könnt ihr anhand des folgenden Fragebogens (M 3) eine anonyme Befragung in eurer Klasse durchführen, um zu sehen, welche Vorstellungen und Einstellungen ihr mit dem Begriff „Europa" verbindet. Dazu solltet ihr Kopien des Fragebogens anfertigen und verteilen und die Fragen in Einzelarbeit beantworten. Eine kleine Gruppe, die sich dazu bereit erklärt, könnte dann in Hausarbeit die Auswertung vornehmen und die Ergebnisse der Klasse präsentieren (z. B. mithilfe einer Folie). Anschließend wird es sicherlich genug Anlass zu einer Diskussion geben (z. B. darüber, wie ggf. Schwerpunkte bei einzelnen Befragungsergebnissen zu erklären und zu beurteilen sind).

M 2 stammt aus der hier abgebildeten kleinformatigen Broschüre, die vielfältige Informationen zu allen in diesem Kapitel behandelten Aspekten enthält. Sie steht im Internet zur Verfügung (http://www.bpb.de/shop/buecher/pocket/34345/europa-eu-begriffe-und-laenderdaten). Vielfältige Informationen zu allen Themen der EU findet man auf der offiziellen Website der EU: http://europa.eu/index_de.htm.

M 3 Was verbinde ich mit „Europa"?

1. Mit dem Begriff „Europa" verbinde ich in erster Linie …
(Nur eine Antwort möglich!)

❍ einen Kontinent	❍ bestimmte Werte und Traditionen
❍ die Europäische Union	❍ Sonstiges:
❍ eine gemeinsame Geschichte	
❍ den EURO	

Wie stark verbunden fühlst du dich …

	sehr verbunden	1	2	3	4	5	überhaupt nicht verbunden
2. mit deiner Heimatstadt/deinem Heimatort		❍	❍	❍	❍	❍	
3. mit deiner Region		❍	❍	❍	❍	❍	
4. mit Deutschland		❍	❍	❍	❍	❍	
5. mit Europa		❍	❍	❍	❍	❍	

Im Folgenden findest du einige Aussagen darüber, was die Europäische Union für Menschen bedeutet. Bitte kreuze zu jeder dieser Aussagen an, ob die Europäische Union dies für dich persönlich bedeutet oder nicht:

	ja, bedeutet es	nein, bedeutet es nicht
6. Eine europäische Regierung	❍	❍
7. Freiheit, überall in der EU zu reisen, zu studieren und zu arbeiten	❍	❍
8. Ein Mittel, um die wirtschaftliche Lage in der EU zu verbessern	❍	❍
9. Eine Möglichkeit, die Rechte der Bürger zu schützen	❍	❍
10. Eine Menge Bürokratie, Zeit- und Geldverschwendung	❍	❍
11. Das Risiko, unsere kulturelle Identität/Vielfalt zu verlieren	❍	❍
12. Dauerhafter Frieden	❍	❍
13. Mehr Gewicht in der Weltpolitik	❍	❍

14. Ganz allgemein gesprochen, ruft die Europäische Union bei dir ein sehr positives, ziemlich positives, weder positives noch negatives, ziemlich negatives oder sehr negatives Bild hervor?

❍	❍	❍	❍	❍
sehr positiv	ziemlich positiv	weder positiv noch negativ	ziemlich negativ	sehr negativ

15. Wenn Europawahl wäre und du wählen dürftest, würdest du wählen gehen?

❍ Ja.	❍ Vielleicht.
❍ Nein, das interessiert mich nicht.	❍ Nur wenn ich Zeit hätte.

16. Denkst du, dass du im Allgemeinen über politische Angelegenheiten gut informiert bist oder nicht?					
sehr gut informiert	1 ❍	2 ❍	3 ❍	4 ❍	überhaupt nicht informiert

17. Welches Organ der Europäischen Union wird bei der Europawahl gewählt? (Nur eine Antwort möglich!)	
❍ die Europäische Kommission	❍ der Europäische Rat
❍ das Europäische Parlament	

Sage mir bitte für jede der folgenden Aussagen über die Europäische Union, ob diese deiner Meinung nach richtig oder falsch ist:		
	richtig	falsch
18. Die EU besteht zurzeit aus 15 Mitgliedsländern.	❍	❍
19. Die Mitglieder des Europäischen Parlaments werden direkt von den Bürgern der EU gewählt.	❍	❍

(http://grafstat-daten.uni-muenster.de/Europa09.htm; Verf.: Projektteam „Forschen mit GrafStat"; gekürzt)

Anhand des folgenden Materials könnt ihr feststellen, wie weitgehend unser Leben in Deutschland von Entscheidungen und Regelungen betroffen ist, die für alle Länder der Europäischen Union (EU) gelten. Man spricht in diesem Zusammenhang häufig auch von der „Europäisierung" unseres Lebens. In M 4 wird die „Europäisierung" systematisch nach einzelnen Wirtschaftsbereichen dargestellt.

M 4 Ich und die EU

Viele Menschen denken, diese Europäische Union ginge sie nichts an. Das stimmt aber nur, wenn sie nicht atmen und kein Wasser trinken, wenn sie nicht arbeiten, nicht einkaufen und kein Geld haben, wenn sie nicht studieren und nicht verreisen. Sollten sie das aber doch tun, wirkt die Europäische Union auf ihr Leben ein.

Umwelt

Vieles, was unser Leben bestimmt, wird durch europäische Vorschriften geregelt. Nehmen wir den Bereich unserer natürlichen Umwelt. Hier haben sich die Staaten der Europäischen Union auf wichtige Standards geeinigt und das war auch nötig. Umweltverschmutzung kennt keine Grenzen. So gibt es eine Feinstaubrichtlinie, die bestimmt, wie viele (krebserregende) Staubpartikel unsere Atemluft höchstens enthalten darf, und es gibt eine Trinkwasserrichtlinie, die Höchstwerte für Giftstoffe im Trinkwasser festlegt. Eine Richtlinie gibt dabei lediglich die Ziele vor. Wie die Staaten diese Ziele erreichen, verbleibt in ihrer eigenen Regelungskompetenz.

Einkaufen

Dass im Supermarkt nicht nur deutsche Produkte angeboten werden, ist für uns völlig selbstverständlich. Spanischer Wein, französischer Käse und dänische Butter stehen im Regal neben ähnlichen Produkten aus Deutschland. Was besser ist, entscheiden jede Verbraucherin und jeder Verbraucher durch ihren Einkauf selbst. Die Kunden haben die Wahl. Dabei können sie sich auf zwei Dinge verlassen: Zum einen gelten die Lebensmittelstandards, die sie in Deutschland gewohnt sind, auch für die Produkte aus dem europäischen Ausland. Zum anderen werden die ausländischen Waren zu den Preisen angeboten, die die Hersteller und Verkäufer vorgeben. Es gibt keinen Zoll*, der die Waren künstlich verteuert und der für die Käufer eine Art Strafsteuer darstellt, wenn sie sich für ausländische Produkte entscheiden.

Export und Binnenmarkt

Nun wird in Deutschland nicht nur vieles eingeführt, sondern auch sehr viel produziert, was in den Export geht. Im Jahr 2008 wurden Waren und Dienstleistungen im Wert von 803,2 Mrd. Euro in Deutschland hergestellt, die ins Ausland verkauft wurden. […] 2009 gab es in Deutschland einen Exportüberschuss in Höhe von 136,1 Mrd. Euro, das heißt, wir verkaufen ins Ausland mehr Dinge, als wir von dort kaufen. Damit werden bei uns zusätzliche Arbeitsplätze gesichert. […] Knapp zwei Drittel unserer Exporte gehen in die anderen Länder der Europäischen Union. Und genauso, wie die Bundesregierung die Einfuhr italienischer Nudeln nicht verhindern könnte, dürfen uns die anderen EU-Staaten keine Steine in den Weg legen, unsere Produkte im Ausland anzubieten. Wenn die Franzosen deutsche Autos besser finden, kann die französische Regierung sie nicht daran hindern, sie zu kaufen. Die Europäische Union ist ein Binnenmarkt mit 500 Millionen Menschen. Das bedeutet, dass innerhalb der EU alles so frei und selbstverständlich geht, wie man das aus seinem eigenen Land gewohnt ist.

(www.bpb.de/popup/popup_druckversion.html?guid=JPYED9; Verf.: Eckart D. Stratenschulte)

Beschreibt mit eigenen Worten die dargestellten Beispiele für EU-Regelungen in den drei genannten Bereichen. Welche Regelungen beurteilt ihr als für euch selbst am wichtigsten? Welche betreffen euch nur indirekt?

Methode M5 Zeitungsrecherche

In M4 habt ihr an Beispielen feststellen können, wie weitgehend unser Alltagsleben durch Regelungen der EU-Politik betroffen ist. In den folgenden Materialien und Abschnitten soll geklärt werden, was die EU eigentlich ist und welche *Institutionen* für ihre Politik verantwortlich sind. Die „Europäisierung" unseres Lebens spiegelt sich auch in der Berichterstattung der Medien wider. Wir schlagen euch deshalb vor, begleitend zur Arbeit mit den folgenden Abschnitten z. B. die Tageszeitungen, die bei euch zu Hause gelesen werden, auf Nachrichten zur Europa-Politik hin zu untersuchen und aus den gesammelten Ausschnitten eine Dokumentationsmappe zusammenzustellen. Dabei könnt ihr folgendermaßen verfahren:

1. Ihr legt gemeinsam den Zeitraum fest, in dem ihr täglich die bei euch zu Hause gelesene Zeitung/Zeitungen (Lokalzeitung, überregionale Zeitung) auf Berichte und Fotos hin durchseht, in denen es um Fragen und Entscheidungen der EU-Politik geht (zumeist schon an der Überschrift zu erkennen). Diese Artikel schneidet ihr (nach Absprache mit den anderen Familienmitgliedern) aus und sammelt sie in einer Mappe.
2. Am Ende des Zeitraums kann im Unterricht die Auswertung erfolgen. Sie besteht zunächst darin, dass ihr euch gemeinsam auf inhaltliche Kategorien einigt, nach denen ihr die Ausschnitte ordnen wollt. Solche Kategorien könnten z. B. sein:

- Berichte über Tagungen und Entscheidungen der einzelnen **EU-Institutionen** (s. M 10);
- Berichte über bestimmte **EU-Gesetze** (Richtlinien, Verordnungen; s. M 12) und ihre Auswirkungen auf verschiedene Bereiche wie z. B. Umweltschutz, Verkehrspolitik, Verbraucherschutz;
- Berichte über die „**Euro-Krise**" (s. M 15);
- Berichte über **die gemeinsame Außenpolitik** der EU (z. B. Migrationspolitik; Beitritt neuer Mitglieder).

3. Wenn ihr eure Zeitungssausschnitte und Fotos nach diesen Bereichen geordnet habt (am besten in Gruppenarbeit), solltet ihr euch (in Gruppen oder im Unterrichtsgespräch) darüber austauschen, in welchen Bereichen die Schwerpunkte der EU-Berichterstattung gelegen haben, welche Probleme im Mittelpunkt standen, von welchen Ereignissen und Entscheidungen euer Alltagsleben am ehesten betroffen ist usw.

4. Wenn ihr (unter einer griffigen Überschrift) eine kleine Dokumentation eurer Ergebnisse veröffentlicht (Wandzeitung, Stellwand, Schul-Homepage), solltet ihr auf eine ansprechende, übersichtliche Gestaltung achten (vergrößerte Kopien von Zeitungsschlagzeilen, zusätzliche Informationen und Fotos zu Institutionen, Personen, besonderen Ereignissen, eigene kurze Kommentare u. a.).

(Autorentext)

M 6 Kleine Geschichte der europäischen Einigung

Nach dem Ende des Zweiten Weltkriegs* (1945), der Europa weitgehend zerstört und viele Millionen Menschenleben gekostet hatte (vgl. Abb. 1), überlegten führende Staatsmänner in einigen europäischen Ländern, wie man in Zukunft einen Krieg in Europa vermeiden könnte.

Der Franzose *Jean Monnet* entwickelte die Idee, dass man in Zukunft die Produktion und Verarbeitung von Kohle und Stahl – der beiden für die Kriegsführung wichtigsten Stoffe – zusammenlegen und nur gemeinsam darüber verfügen sollte. *Robert Schuman*, französischer Minister und Freund Jean Monnets, stellte diesen Plan in seiner berühmten Rede vom 9. Mai 1950 vor („Schuman-Plan") und stieß damit vor allem auch bei dem deutschen Bundeskanzler *Konrad Adenauer* auf große Zustimmung. **1951** kam es zur Gründung der „**Europäischen Gemeinschaft für Kohle und Stahl" (EGKS)**, in der sich die sechs Länder Frankreich, Deutschland, Italien, Belgien, die Niederlande und Luxemburg zusammenschlossen (s. Abb. 2). Die Zusammenarbeit der *sechs Länder* entwickelte sich so gut, dass man beschloss, auch auf weiteren Gebieten zusammenzuarbeiten: bei der friedlichen Nutzung der Atomkraft und im gesamten Bereich der Wirtschaft (Handel, Landwirtschaft, Verkehr, Finanzwesen usw.). Die entsprechenden Verträge zur *Eu-*

Abb. 1: Köln im Jahre 1945. Viele deutsche, aber auch russische, polnische und andere europäische Städte sahen ähnlich aus.

ropäischen Atomgemeinschaft (EAG) und zur **Europäischen Wirtschaftsgemeinschaft (EWG)** wurden am 25. März **1957** in Rom unterzeichnet *(„Römische Verträge")*. Ziel war, dass die sechs EWG-Länder Schritt für Schritt einen *Gemeinsamen Markt* bilden sollten, in dem durch die Abschaffung von Grenzkontrollen, Zöllen und nationalen Sondervorschriften der Handel untereinander erleichtert und das Leben der Menschen so verbessert werden sollte. Nach z.T. längeren Verhandlungen traten **1973** Dänemark, Großbritannien und Irland, **1981** Griechenland und **1986** Portugal und Spanien der EWG und damit dem *„Binnenmarkt"* bei („Europa der 12").

Abb. 2: Paris 1951: Die „Gründerväter" der Europäischen Einigung bei der Unterzeichnung des EGKS-Vertrags („Montanunion"): rechts der französische Außenminister Robert Schuman, auf den die Idee zur Europäischen Gemeinschaft zurückgeht („Schuman-Plan"); daneben der Franzose Jean Monnet, der die Behörde der Montanunion leitete, und der deutsche Bundeskanzler (1949–1963) Konrad Adenauer; ganz links sein Staatssekretär Walter Hallstein, der von 1958 bis 1967 der erste Präsident der EWG-Kommission war.

Nach dem Ende des *„Kalten Krieges*"*, das zur Wiedervereinigung Deutschlands (Fall der Mauer*) und zum Ende der Trennung zwischen Westeuropa und Osteuropa führte (1989/1990), machte der europäische Einigungsprozess einen weiteren großen Schritt in Richtung auf einen noch weiter gehenden und engeren Zusammenschluss. **1993** wurde in der niederländischen Stadt Maastricht die **Europäische Union (EU)** gegründet (*Vertrag von Maastricht*). Außer in den bisherigen Bereichen wollten die Mitgliedsländer nunmehr auch in der *Außen- und Sicherheitspolitik* sowie im Bereich der *Justiz und Polizei* zusammenarbeiten. **2002** führten 12 EU-Länder den **Euro als gemeinsame Währung** ein. Nachdem **1995** Österreich, Finnland und Schweden der Europäischen Union beigetreten waren („Europa der 15"), kam es **2004** zu der bisher größten Erweiterung in der Geschichte der Europäischen Einigung: Neben Zypern und Malta traten *acht osteuropäische Länder*, die sich inzwischen zu demokratischen und marktwirtschaftlichen Systemen entwickelt hatten, der Union bei: Polen, Tschechien, die Slowakei, Ungarn, Slowenien sowie die baltischen Staaten Litauen, Lettland und Estland (s. Grafik M7); **2007** folgten mit Rumänien und Bulgarien zwei weitere. Die Einwohnerzahl der gesamten EU erhöhte sich damit von 463 Mio. (2003) auf 493 Mio. (2007).

Kopenhagener Kriterien: Um Mitglied in der Europäischen Union zu werden, müssen die beitrittswilligen Länder bestimmte politische und wirtschaftliche Voraussetzungen erfüllen, die der Europäische Rat in Kopenhagen im Jahr 1993 festgelegt hat.

1) Das politische Kriterium verlangt eine stabile demokratische und rechtsstaatliche Ordnung, die Wahrung der Menschenrechte und den Schutz von Minderheiten.

2) In wirtschaftlicher Hinsicht ist eine funktionierende Marktwirtschaft erforderlich, die in der Lage ist, dem Wettbewerbsdruck im Binnenmarkt standzuhalten.

3) Die Beitrittsländer müssen ferner die Verpflichtungen, die sich aus der EU-Mitgliedschaft ergeben, wahrnehmen. Dazu gehört, dass sie das gesamte, als gemeinsamer Besitzstand bekannte EU-Recht (Acquis Communautaire) übernehmen und in nationales Recht umsetzen. Außerdem müssen sie sich die Ziele der politischen Union sowie der Wirtschafts- und Währungsunion zu eigen machen.

(Autorentext)

Nach dem Scheitern des Versuchs, der EU eine grundlegende „Verfassung“ zu geben (einige Länder stimmten nicht zu), gelang es 2007, wesentliche Elemente dieser Verfassung in den großen **Reformvertrag von Lissabon*** einzubringen, auf den sich 2007 die Staats- und Regierungschefs einigten und der Ende 2009 in Kraft treten konnte (s. Foto).

(Autorentext)

Bundeskanzlerin Merkel neben den Regierungschefs von (l. n. r.) Malta, Irland und Österreich bei der Feier zur Unterzeichnung des Vertrages von Lissabon

M7

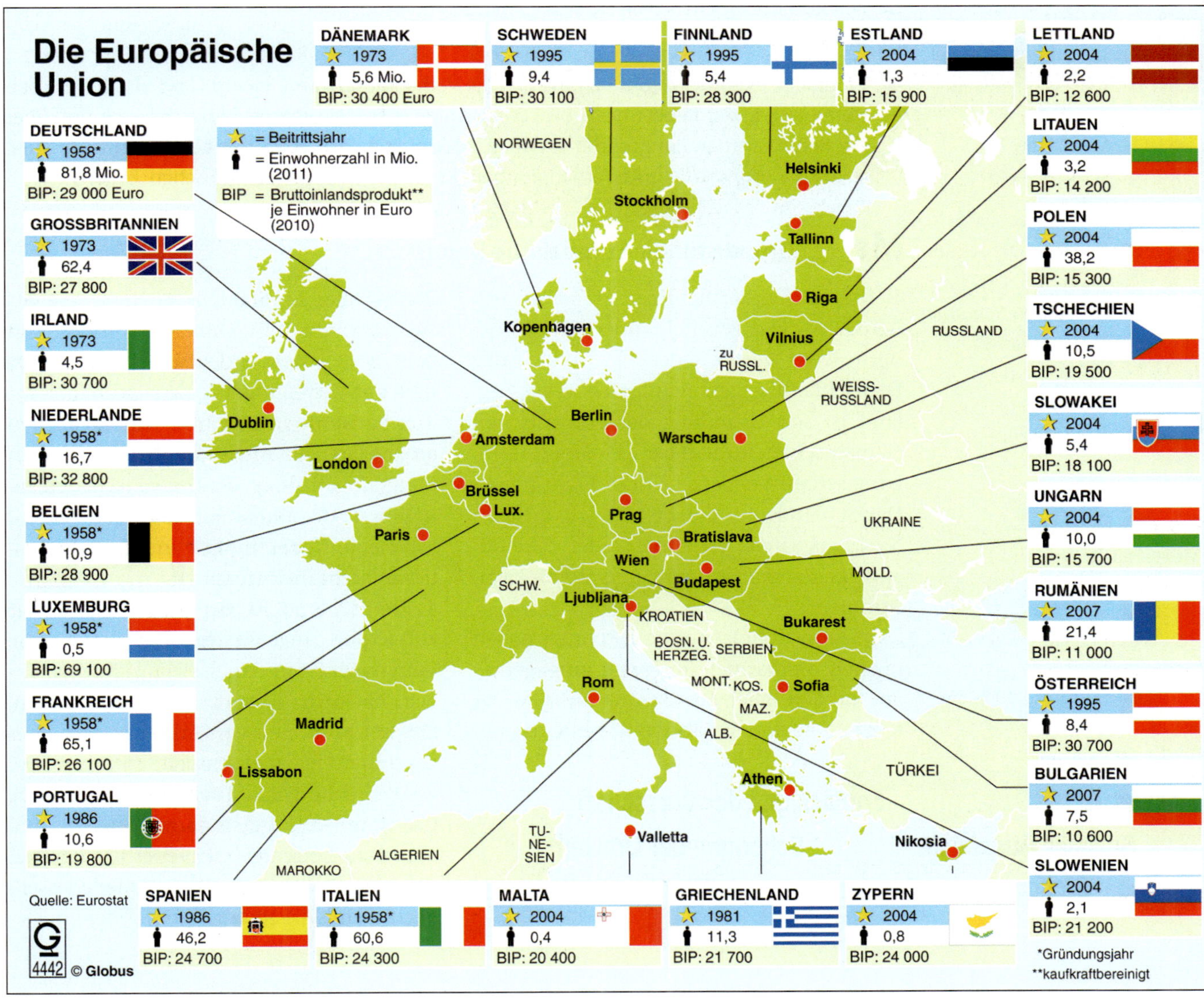

Anhand von M 6 und M 7 könnt ihr euch einen Überblick über die heutige Gestalt der Europäischen Union und über wichtige Stationen auf dem Weg dorthin verschaffen.

1. Die Darstellung der Geschichte der europäischen Einigung (M 6) haben wir auf die wichtigsten Stationen beschränkt. Eine etwas ausführlichere Darstellung findet ihr ggf. unter www.eiz-niedersachsen.de/799.html. Ergebnis der Erarbeitung des Textes sollte sein, dass ihr mit eigenen Worten folgende Begriffe erläutern könnt: Zweiter Weltkrieg, Schuman-Plan, EGKS, EWG/Römische Verträge, Kalter Krieg, Vertrag von Maastricht, Europäische Union (EU), (Ost-)Erweiterung 2004/2007, Vertrag von Lissabon.

2. Näheres zu den in M 7 aufgeführten einzelnen Mitgliedsländern (Land und Leute, Wirtschaft, Besonderheiten) findet ihr ggf. unter www.bpb.de/files/QJS1JD.pdf und (jeweils mit einer „Bildergalerie") www.kindernetz.de/infonetz/thema/europa.

3. Erläutert mit eigenen Worten, was es mit den drei sog. „Kopenhagener Kriterien" (s. Kasten S. 442 u.) auf sich hat.

4. Worauf ist es zurückzuführen, dass sich die Verhandlungen mit einem Land, das der EU beitreten will, in der Regel über 5 bis 10 Jahre hinziehen? Als Beispiel könnt ihr euch ggf. über die Beitrittsverhandlungen mit Kroatien informieren, das 2012 der EU beitritt (http://de.wikipedia.org/wiki/Beitrittsverhandlungen_Kroatiens_mit_der_Europäischen_Union).

M 8 Gründe für die Europäische Union

1. Die Staaten der heutigen EU haben früher viele Kriege gegeneinander geführt, nahezu jeder gegen jeden. […] Ein Krieg Deutschland gegen Frankreich oder England ist seit Gründung der Europäischen Gemeinschaft undenkbar geworden. Einigung schafft Frieden. […] Die Einbringung Deutschlands in die EU hat es unseren Nachbarstaaten erleichtert, der Vereinigung beider deutscher Staaten (1990) zuzustimmen.

2. In Europa gibt es arme Regionen neben reichen. Den armen Regionen muss geholfen werden, aber das ist nur mithilfe der reichen Regionen, also mit gemeinsamer Politik aller EU-Staaten möglich. Die EU stellt z. B. seit 1991 Milliarden für den Aufbau in den neuen deutschen Bundesländern zur Verfügung. […]

3. Schadstoffe in Luft und Wasser machen an den Grenzen nicht Halt. Unsere Zukunft hängt davon ab, ob die Umweltschäden zunehmen oder allmählich abgebaut werden. Wirksame Umweltpolitik in Europa ist national nicht mehr möglich.

4. Deutschland ist ein Industrieland, das auf Export angewiesen ist. Seit deutsche Waren zollfrei in europäische Länder gelangen, hat unser Export stark zugenommen. Das hat Millionen von Arbeitsplätzen gesichert und viele neue geschaffen.

5. Alle EU-Bürger können in der Regel ohne Grenzkontrolle frei innerhalb der EU reisen, vom Polarkreis bis Teneriffa, können sich an beliebigen Orten niederlassen, überall eine Arbeit annehmen oder ein Ge-

Unser Alltag **Entwicklung der Wirtschaft**
Sozialer Ausgleich **Schonung der Umwelt**
Sicherung des Friedens **Hilfe für die Welt**

schäft eröffnen, können sich fern der Heimat […] zur Ruhe setzen.

6. Nur bei wachsender Gemeinsamkeit können die EU-Staaten mehr als bisher zur Lösung von Konflikten und Kriegen anderswo in Europa oder in der Welt beitragen. Gemeinsam können sie den Entwicklungsländern wirksamer helfen, Probleme zu lösen.

(Hans Jürgen Lendzian/Christoph Andreas Marx [Hg.], Geschichte und Gegenwart, Band 3, Schöningh Verlag, Paderborn 2001, S. 354)

1. Nicht selten kann man auch heute noch die Frage hören: „Wozu brauchen wir überhaupt die EU? Wäre nicht alles viel einfacher, wenn jeder Staat selbstständig über seine Politik entscheiden könnte?" Erläutert zur Beantwortung dieser Frage etwas ausführlicher und ggf. im Gespräch mit eurer Lehrerin oder eurem Lehrer die einzelnen Punkte in M8. Ordnet die Stichwörter (Rand) den sechs Textabschnitten zu.

2. Welche Gründe haltet ihr aus eurer Sicht für die wichtigsten?

2. Wie funktioniert die Europäische Union?

M9 Was ist das eigentlich: die Europäische Union? – „Ein Gebilde besonderer Art"

Die Europäische Union ist ein Gebilde besonderer Art. Zunächst: Sie ist **kein Staat** und deshalb ist in der Union manches anders als in ihren Mitgliedstaaten. Die Union hat keine Hauptstadt, auch wenn ihre wichtigsten Institutionen in der belgischen Hauptstadt Brüssel ihren Sitz haben. Sie erhebt keine Steuern, ihre Einnahmen bestehen im Wesentlichen aus den Beiträgen, die die Mitgliedstaaten aus ihren eigenen Steuermitteln leisten. Sie hat auch keine „Regierung" in dem Sinne, dass ein vom Volk gewähltes Parlament die Gesetze (Legislative) beschließt und eine von ihm kontrollierte Regierung als oberstes Exekutivorgan wählt (so sieht es das Prinzip der Gewaltenteilung (s. M 10 in Kap. 8) in den einzelnen Mitgliedstaaten vor).

• Die EU ist etwas Besonderes, weil sie sich in ihrem Grundprinzip nicht nur von Staaten, sondern auch von anderen internationalen Organisationen unterscheidet. Dieses Grundprinzip heißt *„Supranationalität"*, d. h. „Überstaatlichkeit", und bedeutet, dass die Mitgliedsländer durch Verträge auf einen Teil ihrer nationalen „Souveränität" verzichten, also auf einen Teil ihres Rechts, über ihre eigenen Angelegenheiten allein zu entscheiden. Sie haben damit einen Teil ihrer Souveränitätsrechte „vergemeinschaftet", indem sie sie auf gemeinsame „europäische" Institutionen übertragen haben, in denen gemeinsam für alle entschieden wird.

• Entsprechend diesem besonderen Charakter der EU als eines *„Staatenverbunds"* (diesen Begriff hat das Bundesverfassungsgericht gewählt) muss im Hinblick auf den Gesamtbereich der Politik zwischen Bereichen („Handlungsfeldern") unterschieden

Das BVerfG hat für die EU aufgrund ihrer Mischform zwischen einem überwiegend zentral regierten Bundesstaat und einem lockeren Staatenbund den Begriff „Staatenverbund“ geprägt.
(BVerfGE 89, 155)

Anmerkung zur Grafik: Die Konföderation Senegambien (Senegal und Gambia) bestand nur von 1982 bis 1989. Seitdem sind beide Staaten wieder getrennt.

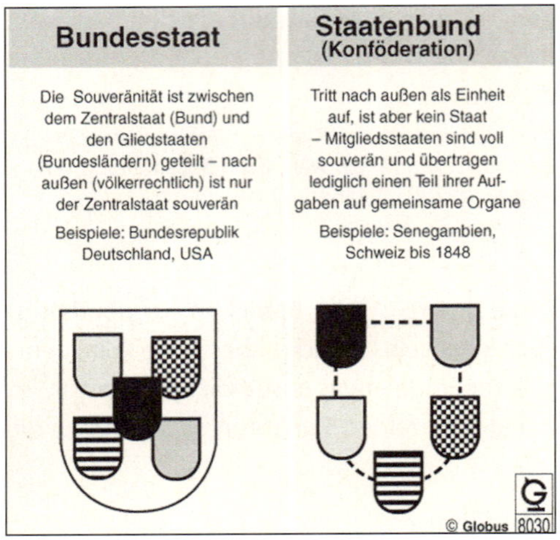

werden, in denen allein auf europäischer Ebene („supranational“) entschieden wird (**Gemeinschaftspolitik**), und solchen Bereichen, in denen die Regierungen der Mitgliedsländer zwar eng zusammenarbeiten, aber „souverän“ bleiben; für diese Bereiche wird der Begriff **Regierungszusammenarbeit** verwendet.

Daneben gibt es natürlich immer noch viele Bereiche der Politik, in denen die einzelnen Staaten für sich allein entscheiden (dabei allerdings auf die Interessen der anderen Länder Rücksicht nehmen sollen).

- Die EU ist kein abgeschlossenes Gebilde. Wie sie sich fortentwickelt, hängt von der politischen Willensbildung in den Mitgliedsländern ab. Dabei geht es vor allem um die grundsätzliche Frage, ob man in Zukunft noch mehr Entscheidungsbefugnisse auf die europäischen Institutionen übertragen will (Stichwort *„mehr Europa“*) oder ob es bei dem bisherigen Stand bleiben soll bzw. ob die Gemeinschaftspolitik schon zu weit reicht (Stichwort: *„weniger Europa“*).

(Autorentext)

1. M 9 beschreibt die Europäische Union als ein besonderes politisches Gebilde, das es in dieser Form auf der Welt sonst nicht gibt. Erläutert, warum sie kein „Staat“ ist, welche Merkmale eines Staates auf sie nicht zutreffen.

2. Erklärt die Bedeutung des Begriffs „Supranationalität“ und erläutert den Unterschied zwischen „Gemeinschaftspolitik“ und „Regierungszusammenarbeit“.

3. Die Bezeichnung der EU als „Staatenverbund“ soll zugleich deutlich machen, dass es sich nicht um einen „Bundesstaat“, aber auch um keinen „Staatenbund“ (s. Grafik) handelt. Erläutert aus euren Vorkenntnissen (aus dem Unterricht der Klassen 7/8) heraus, inwiefern Deutschland ein Bundesstaat ist und inwiefern sich die EU davon unterscheidet.

M 10 Die europäischen Institutionen

M 10 a Der Rat der Europäischen Union (Ministerrat)

Auf den ersten Blick wirkt es immer langweilig, wenn man sich mit Institutionen beschäftigt – aber Institutionen sind die Orte, an denen Macht ausgeübt wird. Der institutionelle Aufbau der Europäischen Union klärt daher auch die Machtfrage. Die ist allerdings in der EU ein bisschen anders beantwortet als in einem einzelnen Mitgliedstaat.

Die Europäische Union ist ein Zusammenschluss der Staaten und der Völker. Das drückt sich auch in ihrem Aufbau aus. Sowohl die Staaten (d. h., ihre Regierungen) als auch die Bevölkerungen dieser Länder sprechen in den europäischen Angelegenheiten mit. Das geschieht über den Rat der Europäischen Union und das Europäische Parlament.

Der Rat der Europäischen Union (Ministerrat) ist die **Vertretung der Regierungen der EU-Staaten**. Hier sitzen die Minister aus allen 27 Ländern zusammen. Je nach Thema sind das zum Beispiel die Außen-, die Innen- oder die Landwirtschaftsminister. Der Rat ist eines der beiden Entscheidungsorgane. Hier wird die Politik beraten, und hier werden auch die „europäischen Gesetze" auf den Weg gebracht, die Verordnungen oder Richtlinien heißen. Ohne den Rat läuft also nichts in der Europäischen Union. Der Rat trifft seine Entscheidungen entweder einstimmig oder er beschließt mit Mehrheit. Bei Mehrheitsentscheidungen müssen rund 70 Prozent der Stimmen zusammenkommen (das ist die „qualifizierte Mehrheit"). Die großen EU-Staaten haben dabei mehr Stimmen als die kleinen.

Der Rat der Europäischen Union (Ministerrat)
„Familienfoto" des Rats der Außenminister beim Treffen am 10.9.2010 in Brüssel

M 10 b Das Europäische Parlament

Der Rat hat aber nicht allein das Sagen. Ihm zur Seite steht das Europäische Parlament. Dieses vertritt die **Bevölkerung der 27 EU-Staaten** und wird in diesen direkt gewählt. Das Parlament hat 736 (ab 2014: 751) Mitglieder. [...] Die großen Mitgliedstaaten stellen mehr Abgeordnete als die kleinen. Das Parlament kann Entscheidungen mit Gesetzeskraft für die EU nicht allein treffen, sondern muss sich am Ende mit dem Rat einigen, mit dem es gleichberechtigt entscheidet. Gegen den Willen des Parlaments kann der Rat in den meisten Fällen keinen Beschluss durchsetzen.

Man nennt dies „ordentliches Gesetzgebungsverfahren". Das Parlament muss auch die Europäische Kommission (s. M 10 c) durch Wahl bestätigen und kann sie abwählen. Außerdem beschließt es den Haushaltsplan der Europäischen Union. Ohne das Europäische Parlament, und damit die direkte Vertretung der Bürger, kann also in Europa wenig entschieden werden.

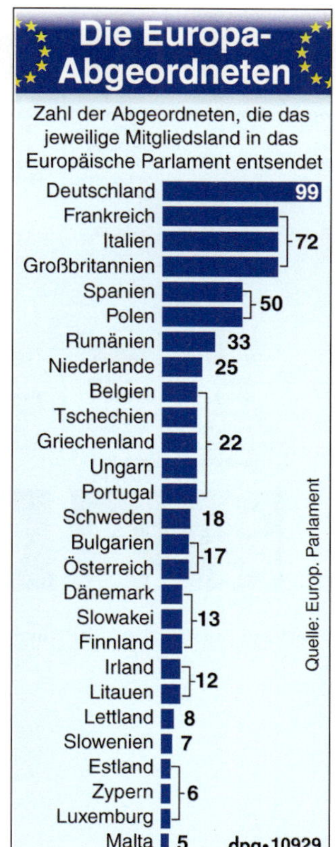

M 10 c Die Europäische Kommission

José Manuel Durão Barroso, portugiesischer Ministerpräsident, wurde 2004 Präsident der EU-Kommission.

Die dritte wichtige Institution in der EU ist die Europäische Kommission. Das Kollegium der Kommissare besteht aus einem Mitglied pro Land, die aber in der Kommission nicht die Positionen ihres Herkunftsstaates vertreten, sondern die *gemeinsamen Interessen der Europäischen Union*. Aus Deutschland wurde 2009 Günther Oettinger als Kommissar berufen. Jedes Kommissionsmitglied ist für ein eigenes Sachgebiet zuständig (ähnlich wie ein Minister). Die Europäische Kommission achtet auf die Einhaltung der Regeln durch die Mitgliedstaaten. Man nennt sie daher die „Hüterin der europäischen Verträge". Sie verwaltet die EU nach den Vorgaben des Rates und des Parlaments. Eine Besonderheit des europäischen Systems ist es, dass der Rat und das Parlament Dinge nur auf der Basis eines Vorschlags der Kommission beschließen können. Dieses alleinige Vorschlagsrecht gibt der Europäischen Kommission Einfluss auf die Entscheidungen, weil sie die Vorgaben macht. Natürlich können Rat und Parlament dann von dem Vorschlag abweichen, aber so ist sichergestellt, dass die Kommission immer den „ersten Aufschlag" hat und ihre Gesichtspunkte einbezogen werden.

(M 10 a–c aus: Aktion Europa und Bundeszentrale für politische Bildung [Hrsg.], Europa – Das Wissensmagazin für Jugendliche; http://www.bpb.de/files/3UDE7Q.pdf, S. 17f.; Verf.: Eckart D. Stratenschulte)

Die Europäische Kommission (für die Wahlperiode 2009–2013)

M 10 d Der Europäische Rat

Eine besondere Ratsformation ist der Europäische Rat (nicht zu verwechseln mit dem „Rat der Europäischen Union", s. M 10 a). Das sind, salopp gesagt, die Elefanten, also die **Staats- und Regierungschefs**. Der Europäische Rat gibt die generelle Richtung vor, er verleiht der europäischen Integration die Impulse und legt die Ziele fest. Mit Einzelheiten soll er sich nicht beschäftigen. Allerdings ist dies in den letzten Jahren immer wieder nötig geworden, da die Minister sich im Rat nicht einigen konnten und daher den Staats- und Regierungschefs die Entscheidung überlassen mussten. Der Europäische Rat trifft sich in der Regel vierteljährlich für ein bis zwei Tage. In diesem Gremium wird bislang gar nicht abgestimmt. Hier einigt man sich einstimmig oder es gibt gar kein Ergebnis. Daher kann es manchmal zu schwierigen Verhandlungen kommen, denn kein Staats- oder Regierungschef möchte zu weit von seiner Position abrücken.

(http://www.eab-berlin.de/fileadmin/europakoffer/medien/dokumente/Info%20I-11%20IB.pdf, S. 12)

„Familienfoto" des Europäischen Rates beim „Gipfeltreffen" in Brüssel

M 11 Europäischer Gerichtshof und Europäischer Rechnungshof

Es gibt mittlerweile viel gemeinsames Recht, das die EU-Staaten sich geschaffen haben. Verständlicherweise gibt es auch Streit um die Auslegung dieser Gesetze. Außerdem halten sich immer wieder einzelne Staaten nicht an bestimmte Regelungen. Daher gibt es für alle Beteiligten die Möglichkeit, den **Europäischen Gerichtshof** anzurufen. Dieser besteht aus einem Richter pro Mitgliedsland, urteilt aber unabhängig auf der Basis des europäischen Rechts. Er kann Regelungen aufheben, wenn sie europäischem Recht widersprechen, und Staaten zu Geldstrafen verurteilen, wenn sie sich nicht an Recht und Gesetz halten. [...] Wo viel Geld ausgegeben wird, muss auch kontrolliert werden, dass es rechtmäßig geschieht. Dies ist die Aufgabe des **Europäischen Rechnungshofes**, der genau hinschaut, ob das europäische Geld ordnungsgemäß und sinnvoll ausgegeben wird. Er sorgt so für ein effizientes Finanzmanagement. Jedes Mitgliedsland stellt einen Vertreter.

(Aus: Aktion Europa und Bundeszentrale für politische Bildung [Hrsg.], Europa – Das Wissensmagazin für Jugendliche; http://www.bpb.de/files/3UDE7Q.pdf, S. 18 f.; Verf.: Eckart D. Stratenschulte)

1. Beschreibt anhand der Materialien M 10 a–d die Aufgaben der einzelnen Institutionen der EU und ihre Beziehungen untereinander. Legt dazu eine Übersicht (Heft, Tafel) an, in der ihr der jeweiligen Institution stichwortartig ihre Zusammensetzung und ihre Aufgaben zuordnet.

2. Erläutert auch die besondere Bedeutung der beiden in M 11 beschriebenen Institutionen.

3. Sichert euer Verständnis, indem ihr für die folgenden Aussagen angebt, welche Institution(en) jeweils gemeint ist/sind:

a) … bestehen aus einem Vertreter je Mitgliedsland.
b) … hat das Vorschlagsrecht für die Gesetze (Richtlinien, Verordnungen) der EU.
c) … wird von den Bürgerinnen und Bürgern der EU-Länder gewählt.
d) … vertritt die Regierungen der Mitgliedsländer.
e) … sind gleichberechtigt am „ordentlichen Gesetzgebungsverfahren" beteiligt.
f) … legt allgemeine Ziele der EU-Politik fest.
g) … kontrolliert die Ausgaben der EU.
h) … kann als eine Art „Regierung" der EU bezeichnet werden.
i) … vertritt als „Hüterin der Verträge" in besonderer Weise die EU.
j) … entscheidet über die Auslegung der europäischen Gesetze.
k) … trifft Entscheidungen immer einstimmig.

M 12

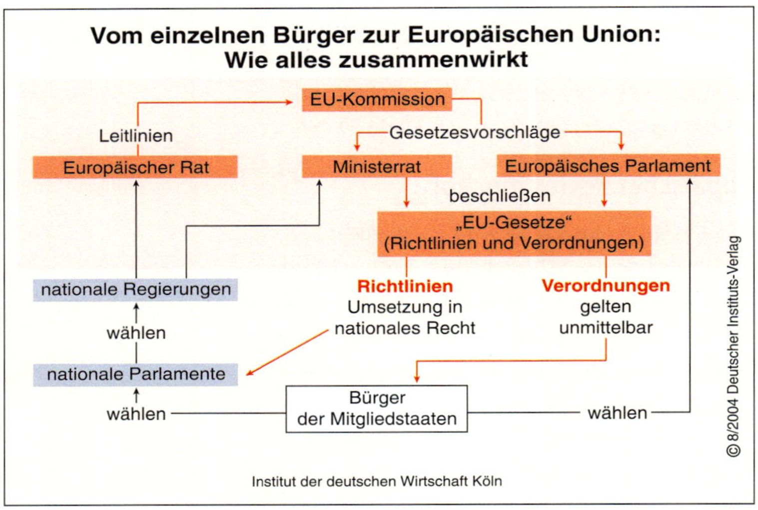

Die von der Europäischen Union beschlossenen „Gesetze" heißen *„Verordnungen"*, wenn sie unmittelbar in allen Mitgliedstaaten verbindlich gelten und über dem Recht des jeweiligen Staates stehen. Daneben beschließt die EU *„Richtlinien"*, d.h. Weisungen an die Mitgliedstaaten, ihre nationalen Gesetze oder Vorschriften so zu ändern, dass das in der „Richtlinie" enthaltene Ziel erreicht wird (Umsetzung der Richtlinie in nationales Recht).

(Autorentext)

(Wirtschaft und Unterricht – Informationen aus dem Institut der deutschen Wirtschaft Köln für Pädagogen, Nr. 8/2004 © Deutscher Instituts-Verlag, Köln)

1. Anhand von M 12 könnt ihr euch noch einmal die Bedeutung und das Zusammenwirken der drei Institutionen klarmachen, die an der Gesetzgebung der EU beteiligt sind. Erläutert dazu auch den Unterschied zwischen „Verordnungen" und „Richtlinien".

2. Der Gesetzgebungsprozess verläuft auch in Deutschland einigermaßen kompliziert (s. M 7 ff. in Kap. 16). Es ist daher verständlich, dass er in der EU, die 27 Länder vertritt, in der Wirklichkeit komplizierter verläuft, als aus M 12 ersichtlich ist (es gibt z. B. auch in der EU einen „Vermittlungsausschuss" für den Fall, dass sich der „Rat" und das Parlament nicht einigen können). Wenn ihr euch darüber näher informieren wollt, findet ihr eine ausführliche Beschreibung unter http://www.europarl.europa.eu/aboutparliament/de/0080a6d3d8/Ordinary-legislative-procedure.html und ein übersichtliches Schema auf der Seite www.bpb.de/cache/images/2/130492-3x2-galerie.jpg?C1379

3. Im Hinblick darauf, dass in einer demokratischen Ordnung „alle Gewalt vom Volke ausgeht" (Artikel 20 des deutschen Grundgesetzes), wird häufig kritisiert, dass es in der EU „zu wenig Demokratie" (ein „demokratisches Defizit") gebe, d. h., dass zwar das Parlament, aber nicht der Ministerrat an den Volkswillen (durch Wahl) gebunden sei. Andererseits wird darauf hingewiesen, dass es auch für den „Rat" eine ausreichende, wenn auch nur „indirekte" Rückbindung an den „Volkswillen" gebe. Erläutert diese kritische Diskussion anhand des Schemas und nehmt aus eurer Sicht dazu Stellung.

3. Handlungsfelder der EU-Politik

M 13 Freiheiten im Binnenmarkt

Das Herzstück der Wirtschafts- und Sozialpolitik ist der Binnenmarkt. Er ist ein gemeinsamer Wirtschaftsraum und gewährt die sogenannten *vier Freiheiten*, nämlich:

- den freien Personenverkehr,
- den freien Warenverkehr,
- den freien Dienstleistungsverkehr und
- den freien Kapitalverkehr.

Das Recht auf einen freien *Personenverkehr* wirkt sich für die Bürgerinnen und Bürger der EU auf ganz verschiedene Lebensbereiche aus. Als Urlauber verfügen sie innerhalb der EU über eine weitgehend unkontrollierte Reisefreiheit. Als Arbeitnehmer dürfen sie wegen ihrer Nationalität gegenüber Einheimischen nicht benachteiligt werden. Nicht nur als Arbeitnehmer, sondern auch als Selbstständige, Rentner und Studenten haben sie überall in der EU das Recht, sich unbefristet niederzulassen.

Das Recht auf freien *Warenverkehr* betrifft die Bürger der EU vor allem als Touristen und als Verbraucher. In beiden Fällen erleichtert es vor allem, dass die in anderen Mitgliedstaaten der EU gekauften Waren problemlos nach Hause gebracht werden können.

Das Recht auf einen freien *Dienstleistungsverkehr* erlaubt Dienstleistungsunternehmen, grenzüberschreitend tätig zu sein. So ist ein freier Dienstleistungsverkehr beispielsweise dann gewährt, wenn das Zustellen von Briefen und Paketen nicht mehr allein in der Hand *eines* Unternehmens ist. Dadurch können die Bürger der EU den günstigsten unter verschiedenen Anbietern wählen.

Das Recht auf einen freien *Kapitalverkehr* eröffnet den Bürgern der EU die Möglichkeit, ihr Geld ohne jede Beschränkung in anderen Mitgliedstaaten zu verwalten und anzulegen. Mit dem Euro steht ihnen seit 2002 ein Zahlungsmittel zur Verfügung, das in vielen Ländern der EU als Bargeld eingesetzt wird.

(Aus: Aktion Europa und Bundeszentrale für politische Bildung [Hrsg.], Europa – Das Wissensmagazin für Jugendliche; http://www.bpb.de/files/3UDE7Q.pdf, S. 25; Verf.: Prof. Dr. Hans Vorländer/Dr. André Brodocz)

Was bedeuten die vier Freiheiten konkret?

Ordnet (im Heft!) die Beispiele (S. 452) den vier Bereichen des Binnenmarktes richtig zu und macht einen Kreis um den entsprechenden Buchstaben. Die markierten Buchstaben ergeben von oben nach unten gelesen das Lösungswort.

	Freier Personenverkehr	Freier Warenverkehr	Freier Dienstleistungsverkehr	Freier Kapitalverkehr
Ich kann in Dänemark ein Auto kaufen und es zollfrei mitbringen.	E	F	A	V
Ich kann innerhalb der EU fahren, wohin ich will.	R	U	L	E
Ich kann mein Geld in einer französischen Bank deponieren.	B	R	R	E
Ich kann in Großbritannien studieren.	I	A	O	S
Meine Eltern können unser Badezimmer von einem polnischen Fliesenleger renovieren lassen.	P	A	H	T
Meine Eltern können mir Geld an meinen Studienort in Estland schicken.	R	A	G	E
Ich kann mir im Internet Waren aus Schweden bestellen.	E	I	O	E
Ich kann als Architekt in Deutschland wohnen und in Belgien Häuser bauen lassen.	R	R	T	S

(Aus: Aktion Europa und Bundeszentrale für politische Bildung [Hrsg.], Europa – Das Wissensmagazin für Jugendliche; http://www.bpb.de/files/3UDE7Q.pdf, S. 26)

Erklärt zunächst die Wortbedeutung des Begriffs „Binnenmarkt" und erläutert sodann, was die vier genannten „Freiheiten" für das Leben der Menschen in den EU-Ländern bedeuten.

M 14 Innere Sicherheit – freie Reise durch Europa

Eine der sichtbarsten Errungenschaften der Europäischen Union ist neben dem Euro die Reisefreiheit quer durch die meisten Mitgliedstaaten. Für eine Reise von Belgien nach Italien, von Deutschland nach Portugal ist mittlerweile kein einziges Mal mehr der Pass vorzuzeigen. Die Grenzübergänge sind offen. Kontrollen wurden abgeschafft.

Das Schengen-Abkommen: Die Europäischen Staaten haben sich bei der Öffnung der internen Grenzen (man sagt auch „Binnengrenzen" zwischen EU-Staaten) nicht gerade leicht getan. Den ersten Schritt machten Deutschland und Frankreich, die 1984 den Abbau der Grenzkontrollen zwischen beiden Ländern beschlossen hatten. 1985 wurde dann im kleinen Moselort Schengen in Luxemburg das gleichnamige „Schengen-Abkommen" zwischen Deutschland, Frankreich, Belgien, Luxemburg und Niederlande unterzeichnet. Es sieht den stufenweisen Abbau der Grenzkontrollen zwischen allen Teilnehmerländern vor. Die erleichterte Bewegungsfreiheit der Bürger sollte aber nicht zu Lasten der Sicherheit gehen, deshalb wurde gleichzeitig mit dem Aufbau eines Sicherheitsnetzes begonnen. Wichtigster Teil war die Einführung strenger Einreisekontrollen an den gemeinsamen Außengrenzen. Zum besseren Austausch von Informationen über gefährliche und unerwünschte Einreisende wurde ein gemeinsames Computernetz aufgebaut, das die Grenzstationen mit den Daten der gesuchten Personen sowie etwa mit Daten über gestohlene Fahrzeuge versorgt. Dieses

© Bergmoser + Höller Verlag AG 715 325

Netzwerk heißt „Schengen Informations-System“ (SIS).

Mittlerweile nehmen fast alle EU-Mitgliedstaaten mit Ausnahme von Großbritannien, Irland, Zypern, Rumänien und Bulgarien teil. Auch Nicht-EU-Länder wie Norwegen und Island, die Schweiz und Liechtenstein haben sich an diesem Raum ohne Grenzkontrollen beteiligt. Das Gebiet reicht von den Seegrenzen in Portugal bis zu den Landgrenzen gegenüber Weißrussland und der Ukraine. Großbritannien und Irland lehnen das Projekt einstweilen ab und haben ihre Grenzkontrollen zu anderen EU- bzw. Schengen-Teilnehmerstaaten vorerst nicht aufgehoben.

(Wolfgang Böhm/Otmar Lahodynsky, EU for YOU!, öbv & hpt Verlagsgesellschaft, Wien, 3. Aufl. 2008, S. 73–75)

1. Die Bedeutung des Schengen-Abkommens habt ihr vielleicht bei einer Reise in eins der europäischen Länder schon einmal erfahren können. Erläutert, wie es zustande kam und welche Probleme dabei zu lösen waren.

2. Erklärt, warum der Wegfall der Grenzkontrollen innerhalb des Schengen-Raums verschärfte Kontrollen an den Außengrenzen dieses Raums zur Folge hat. Warum kam es nach dem Beitritt der osteuropäischen Länder am 21.12.2007 zu heftigen Protesten z. B. in Weißrussland?

3. In welcher Weise nimmt die Karikatur zur „Reisefreiheit“ im „Schengen-Raum“ Stellung? Wie beurteilt ihr die dargestellten Probleme?

4. Warum sollte man auch bei Reisen in Schengen-Länder immer den Ausweis dabeihaben?

M 15 Die Sicherung der gemeinsamen Währung

M 15 a Gründe für die Einführung des Euro

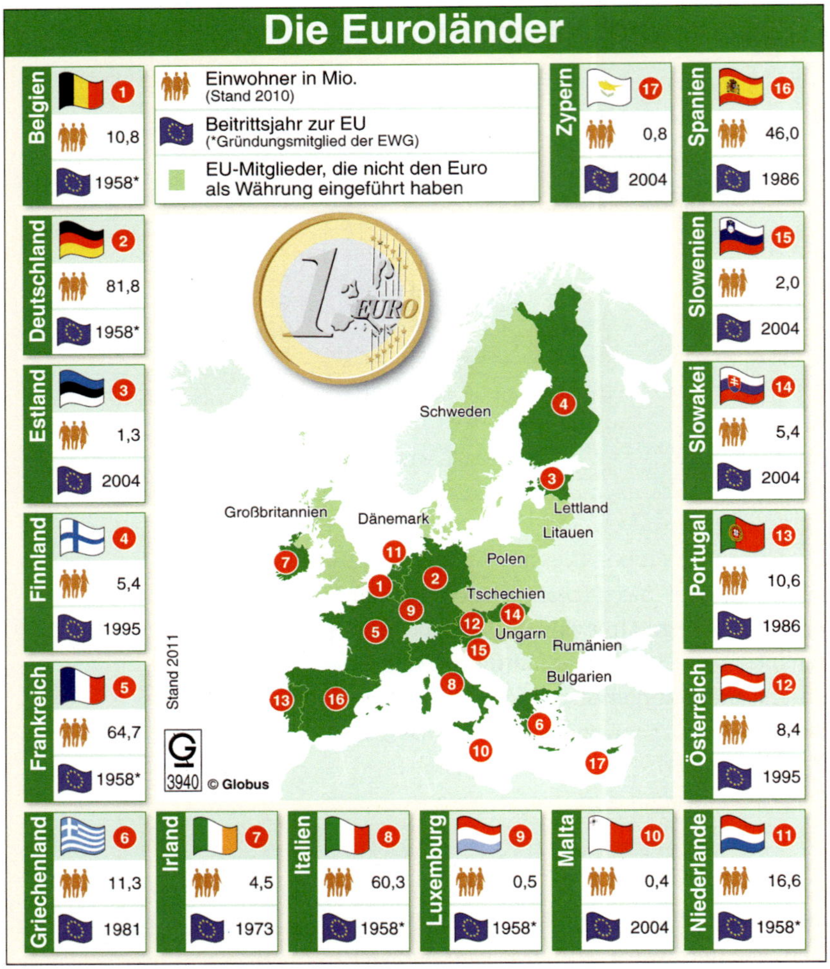

Nichts hat das Zusammenwachsen der europäischen Staaten so spürbar gemacht wie die Einführung der gemeinsamen Währung – des Euro – am 1. Januar 2002. […]

Die **Grundidee** war einfach: Wenn schon ein gemeinsamer Markt ohne Zölle und Handelshemmnisse besteht, dann sollte doch auch jeder Europäer überall mit der gleichen Währung einkaufen können. Das gilt für den privaten Konsumenten genauso wie für die Wirtschaft. Man muss sich bloß das Beispiel der USA vor Augen führen. Dort gibt es 50 Bundesstaaten und ebenfalls eine gemeinsame Währung. Und das nicht ohne Grund: Unterschiedliche Währungen haben nämlich den Nachteil, dass sie hohe Umtausch- und **Transaktionskosten*** verursachen und ein Wechselkursrisiko* in sich bergen. Jeder Europäer konnte das in der Vergangenheit leicht selbst nachvollziehen. Wenn er von einem EU-Land in das andere reiste und dabei das Geld wechselte, wurde es weniger. Auch für die Wirtschaft war das ein Nachteil. Sie musste bei Geschäften mit EU-Partnern immer auch hohe Transaktionskosten einrechnen und ein unkalkulierbares Wechselkursrisiko. Da jedes Land seine Währung jederzeit auf- und abwerten konnte, wusste man nie, wie viel die Umrechnung der Währung bei künftigen Geschäften ausmachen würde. […]

Die Globalisierung der Wirtschaft bringt es mit sich, dass es kleinere Länder schwerer haben als große. Die EU kann sich mit ihren 27 Ländern deshalb auch weit besser am internationalen Markt behaupten als jeder der Mitgliedstaaten allein. Sowohl der europäische Binnenmarkt als auch der Euro sind eine **Antwort auf die Globalisierung**. Sie erleichtern den internen Handel und zeigen nach außen eine gemeinsame Stärke. Allein die Tatsache, dass vor der Einführung des Euros rund die Hälfte der international gehandelten Waren in US-Dollar abgerechnet wurden, brachte für die EU-Staaten viele Nachteile. Denn die europäische Wirtschaft war in hohem Maße vom jeweiligen Wechselkurs des Dollars abhängig.

(Wolfgang Böhm/Otmar Lahodynsky, EU for YOU!, öbv & hpt Verlagsgesellschaft, Wien, 3. Aufl. 2008, S. 58 f.)

1. Erläutert mit eigenen Worten, welche Ziele mit der Einführung des Euro als gemeinsame Währung (für inzwischen 17 EU-Länder) erreicht werden sollen. Welche Rolle spielen die Reduzierung der Transaktionskosten*, die Vermeidung des Wechselkursrisikos* und die Globalisierung?

2. Welche Vorteile bringt die gemeinsame Währung für die Menschen in diesen Ländern?

3. Stellt fest, welche EU-Länder 2011 zur „Eurozone" gehörten und welche nicht (vgl. auch M 15 b, Z. 1 ff.). Erkundet, ob inzwischen weitere Länder der Eurozone beigetreten sind.

M 15 b Entstehung und Entwicklung der Euro-Schuldenkrise

Stabilitäts- und Wachstumspakt

Im „Stabilitäts- und Wachstumspakt", der mit dem Euro beschlossen wurde, [wurden] klare Kriterien [Maßstäbe] für die Teilnahme am Euro-Raum festgelegt. Diese Kriterien sollten die Eintrittskarte in den Euro-Raum sein, aber auch weiterhin erfüllt werden. Dabei handelt es sich um eine niedrige Inflationsrate* […] und *begrenzte Schulden* (nicht mehr als 3 Prozent des Bruttoinlandsprodukts* (BIP) als *Neuverschuldung, Haushaltsdefizit*) pro Jahr und nicht mehr als 60 Prozent des BIP *Gesamtverschuldung* [Schuldenstand]). […] Gut zehn Jahre nach Einführung des gemeinsamen Geldes lässt sich feststellen, dass die meisten Euro-Staaten, einschließlich Deutschland, die Verschuldungsgrenzen nicht beachtet haben (s. Abb. 1). Als besonders gravierend stellte sich dieses im Jahr 2010 bei Griechenland heraus, das schon 2009 eine Gesamtverschuldung von über 112 Prozent des BIP aufwies.

Griechenlands Kreditkrise

Das Vertrauen der internationalen Finanzinstitute, bei denen sich Griechenland durch Kredite refinanziert [die Finanzierung der Staatsausgaben ermöglicht] hat, sank so weit, dass Griechenland keine neuen Kredite mehr bekam bzw. sie mit einem hohen Risikoaufschlag [Erhöhung des Zinssatzes für Kredite] hätte bezahlen müssen, der das Land immer weiter in die Krise geführt hätte. Während die EU-Staaten noch darüber berieten, wie man Griechenland helfen könnte, gerieten auch andere Euro-Staaten (s. Abb. 1) in Diskussionen, ob sie […] noch gute Schuldner seien [ihre zu hohe Staatsverschuldung reduzieren könnten]. Dadurch drohte die gesamte Gemeinschaftswährung ins Rutschen zu kommen [das Vertrauen der Kreditgeber zu verlieren]. […] Die Euro-Staaten beschlossen daraufhin ein *„Rettungspaket"* für Griechenland, in dessen Rahmen dem hoch verschuldeten Staat gemeinsam mit dem Internationalen Währungsfonds (IWF)* für 2010 bis zu 30 Mrd. Euro als Kredite zur Verfügung gestellt wurden. Deutschland trug davon 8,4 Mrd. Euro. Auch für die beiden nächsten Jahre wurden

Abb. 1

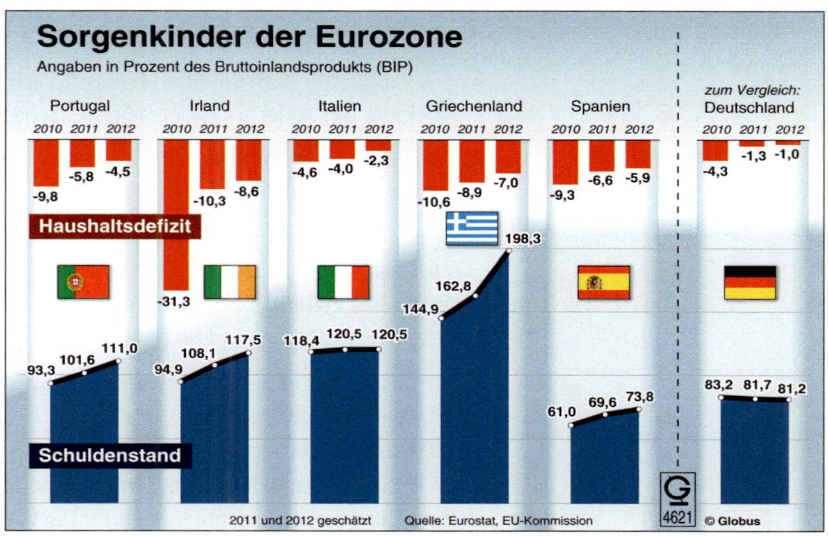

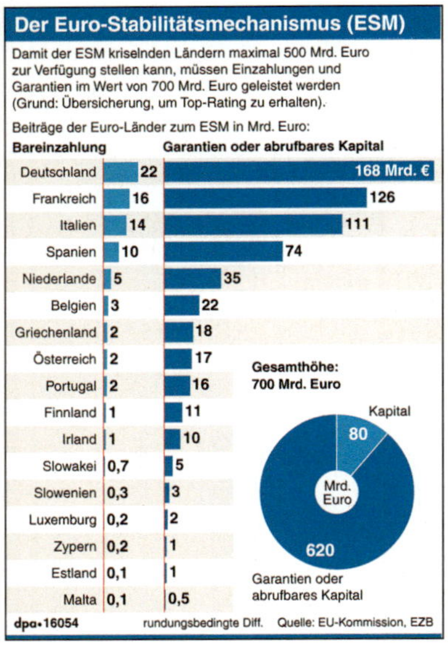

Abb. 2

Griechenland Kredithilfen zugesagt […]. Außerdem muss Griechenland ein *drastisches wirtschaftliches und finanzielles Reformprogramm* durchführen [das zur Reduzierung seiner Verschuldung führen soll].

Euro-Rettungsschirm

Um zu verhindern, dass nach Griechenland auch andere Euro-Staaten unter Druck geraten, hat die EU mittlerweile einen Rettungsschirm für alle Euro-Staaten beschlossen. Dieser „Schirm“ […] [bedeutet] eine Absichtserklärung für den Fall, dass ein Euro-Staat in Not gerät – wobei man durch diese Garantie gerade verhindern will, dass dies wirklich geschieht. […]

Maßnahmen zur Krisen-Abwehr

Allen Beteiligten in Europa ist jedoch klar, dass diese beschlossenen Notmaßnahmen zur Abwehr einer Krise nicht ausreichen, sondern vielmehr verhindert werden muss, dass eine solche Krise überhaupt entsteht.

(http://www.bpb.de/themen/JY6UWQ,0,Sicherung_der_gemeinsamen_Währung.html; Verf.: Eckart D. Stratenschulte)

Im Jahr 2011 entwickelte sich die Euro-Schuldenkrise in immer neuen, teilweise dramatischen Schritten, die u.a. dazu führten, dass die EU Ende März einen neuen dauerhaften „Rettungsschirm“, den „Europäischen Stabilitätsmechanismus“ (ESM, s. Abb. 2) beschloss, der im Sommer 2012 einsatzfähig sein soll. Im November 2011 kam es zum Rücktritt der Regierungen Griechenlands und Italiens. In beiden Ländern wurden neue gebildet, überwiegend nicht mehr von Berufspolitikern, sondern von Fachleuten, d.h. Finanz- und Wirtschaftsexperten. Im Dezember einigten sich die Staats- und Regierungschefs (der „Europäische Rat“, s. M 10 d) auf einen neuen Vertrag, der u.a. vorsieht, dass alle Länder eine gesetzliche „Schuldenbremse“ einführen und dass Länder, die zu hohe Haushaltsdefizite haben, automatisch „bestraft“ werden („Fiskalpakt“).

(Autorentext)

Die Euro-Schuldenkrise, die 2010 bis 2012 die politische Diskussion in den Euro-Ländern und in den Medien weitgehend bestimmte, stellt sich im Einzelnen als ein komplexes Problem dar. Die Grundzüge lassen sich aber verhältnismäßig einfach beschreiben und verstehen. Ihr könnt dazu die Darstellung in M 15 b abschnittsweise erarbeiten und solltet dabei folgende Fragen beachten:

1. Was sollte mit dem „Stabilitäts- und Wachstumspakt“ erreicht werden? Erläutert dazu insbesondere die Bedeutung der beiden „Schuldengrenzen“ und vergleicht dazu Abb. 1.

2. Worin (in welchem Verhalten) ist also die entscheidende Entstehungsursache der Krise zu sehen? Warum konnte die EU mit ihren Möglichkeiten die Entwicklung nicht verhindern?

3. Auszahlungen (Kredite) aus den Rettungsschirmen erfolgen nur unter der Bedingung, dass die Empfängerländer die Durchführung bestimmter Maßnahmen (insbesondere Sparmaßnahmen) garantieren. Welche Bedeutung kommt in diesem Zusammenhang dem Ende 2011 beschlossenen „Fiskalpakt“ (von lat. fiscus – Haushalt, Staatskasse) zu?

4. In Griechenland, wo es, wie auch in Spanien, wiederholt zu Großdemonstrationen gegen die EU-Sparprogramme kam, konnten sich die Parteien nach den Parlamentswahlen im Mai 2012 nicht auf eine Regierungsbildung einigen. Es kam zu Neuwahlen am 17. Juni 2012. Verfolgt in den Medien die laufende Berichterstattung und beschreibt die weitere Entwicklung der Krise sowie ihre Folgen für die Währungsunion und die gesamte Europäische Union.

M 16 Wohin mit Europa?

- Die **Erweiterung der Union** um 10 Länder im Jahre 2004 und zwei weitere (Bulgarien und Rumänien) im Jahr 2007 wurde zu Recht als ein großer Erfolg auf dem Weg zur Einigung ganz Europas gefeiert; 10 der insgesamt 12 neuen Beitrittsländer waren bis zum Ende des „Kalten Krieges*“ durch einen „Eisernen Vorhang*“ vom westlichen Europa getrennt.

Zugleich trat mit dieser „Ost-Erweiterung“ aber auch die Erkenntnis stärker ins Bewusstsein, dass die *Aufnahme immer weiterer Länder* (neben der Türkei und Kroatien wollen auch die übrigen Balkanländer Mitglieder werden; vgl. Abb. 3) mit erheblichen Problemen verbunden ist: Zum einen stellt die Aufnahme vor allem „ärmerer“ Länder die EU vor das Problem, dass immer mehr Geld aufgebracht werden muss, um die neuen Mitglieder in ihrer wirtschaftlichen Entwicklung zu unterstützen und die sozialen Unterschiede zwischen den Ländern zu verringern (vgl. Abb. 2).

Vielen scheint die Erweiterungspolitik an ihre Grenzen zu stoßen. Befragungsergebnisse zeigen, dass gerade in den großen EU-Ländern (Deutschland, Frankreich, Großbritannien) die Zustimmung der Bevölkerung zur Aufnahme weiterer Länder geringer wird.

- Zum anderen wird es mit wachsender Zahl der Mitgliedsländer auch immer schwieriger, in den europäischen Institutionen zu einstimmigen Beschlüssen zu kommen, weil die **Interessenunterschiede** größer und vielfältiger werden. Vor allem aber zeigt sich schon jetzt, dass die Vorstellungen darüber, wie sich die EU weiterentwickeln soll, mit der Ost-Erweiterung erheblich unterschiedlicher geworden sind. Während einige Länder wie z.B. Tschechien und Ungarn „weniger Europa“ wollen, d.h., ihre *nationale Eigenständigkeit* betonen und die EU möglichst auf eine *wirtschaftliche Zusammenarbeit* beschränken wollen, sehen vor allem die meisten älteren Mitgliedstaaten die Zukunft der EU in einer *vertieften politischen Einigung* bis hin zu einem europäischen Bundesstaat (s. M9); sie wollen „mehr Europa“. „Mehr Europa“ heißt mehr wirtschaftliche, politische und soziale Gemeinsamkeit („**Vertiefung**“), heißt aber damit auch, dass die einzelnen Mitgliedsländer in größerem Ausmaß auf eigene, nationalstaatliche Entscheidungsrechte („Souveränitätsrechte“) verzichten müssen.

(Autorentext)

Abb. 1: Wohin mit Europa?

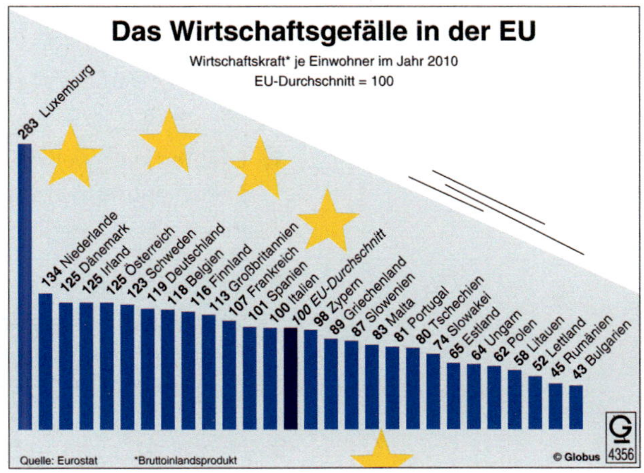

Abb. 2

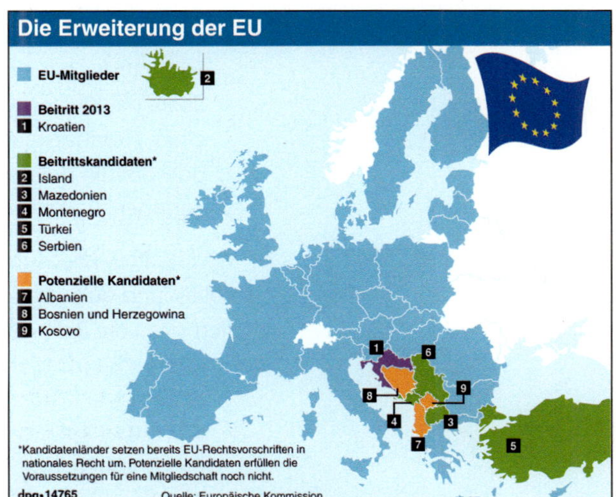

Abb. 3

M 17 „Mehr Europa" oder nicht?

Frage: „In einem vereinten Europa kann man ja vieles gemeinsam und einheitlich regeln. Ich lese Ihnen jetzt Verschiedenes vor, und Sie sagen mir bitte jeweils, ob man das gemeinsam und einheitlich in Europa machen sollte oder nicht."

(Bevölkerung gesamt, alle Angaben in Prozent)	Einheitlich regeln	Unentschieden	Nicht einheitlich regeln
Kriminalitätsbekämpfung, Strafverfolgung in Europa	93	3	4
Gemeinsame europäische Umweltpolitik	92	3	5
Einheitliche Kennzeichnungspflicht für Lebensmittel	90	6	4
Einheitliche Regelungen für den Straßenverkehr	83	8	9
Gemeinsame europäische Außenpolitik	67	18	15
Gemeinsame europäische Zuwanderungs- und Asylpolitik	58	19	23
Steuern und Abgaben einheitlich regeln	54	16	30
Einheitliche Lehrpläne, gleicher Unterricht an den Schulen	52	20	28

(Quelle: Institut für Demoskopie Allensbach; Frankfurter Allgemeine Zeitung v. 21.5.2008, S. 5)

1. Erläutert, vor welche zusätzlichen wirtschaftlichen Aufgaben und Probleme des politischen Entscheidungsprozesses die EU-Politik sich durch die Erweiterung um insgesamt 12 Länder innerhalb von drei Jahren gestellt sieht (M 16; vgl. M 6 und M 9).

2. Inwiefern ergeben sich neue Herausforderungen auch im Hinblick auf die unterschiedlichen Vorstellungen von dem weiteren politischen Einigungsprozess? Was bedeutet der Gegensatz zwischen „mehr Europa" oder „weniger Europa" bzw. zwischen „Erweiterung" und „Vertiefung"? (M 16, Z. 22 ff.)

3. Nehmt aus eurer Sicht Stellung zu den beiden zentralen Fragen, die sich für die Zukunft der EU-Politik stellen:
- Sollte die EU in den nächsten Jahren die Aufnahme weiterer Länder (wie z. B. der Balkan-Länder, der Türkei oder auch der Ukraine) anstreben oder dabei eher zurückhaltend verfahren oder gar eine längere „Pause" einlegen?
- Sollte die Zielvorstellung der Einigungspolitik eher eine enge politische Einheit (in der Art eines „Bundesstaates" mit einer gemeinsamen Regierung) beinhalten („mehr Europa") oder sollten die einzelnen Mitgliedsländer ihre relative Eigenständigkeit (etwa nach dem heutigen Stand) behalten („weniger Europa")?

4. Welche Politikbereiche in der EU einheitlich geregelt werden sollen, darüber gibt es in der Politik und auch bei den Bürgerinnen und Bürgern unterschiedliche Vorstellungen. Analysiert dazu die Befragungsergebnisse in M 17:
- Welche Begründungen könnte es für die Unterschiede bei den einzelnen Politikbereichen geben?
- Wie hättet ihr euch jeweils entschieden? Führt dazu eine kurze Probeabstimmung in eurer Klasse durch und begründet in einer anschließenden Diskussion ggf. unterschiedliche Positionen.

1. 6-mal richtig, 6-mal falsch

1. Der europäische Einigungsprozess wurde nach dem Ende des Zweiten Weltkriegs von Deutschland, Frankreich und Großbritannien eingeleitet.
2. Die Politik der europäischen Einigung verfolgte vor allem das Ziel, in Zukunft Kriege in Europa zu verhindern.
3. Das Europäische Parlament hat für die Europäische Union die gleiche politische Bedeutung wie der Bundestag für Deutschland.
4. Alle Institutionen der EU haben ihren Sitz in Brüssel.
5. Mit der Einführung des Euro wurden in den Euro-Ländern die Preise für Waren und Dienstleistungen angeglichen.
6. Mit Beginn des Jahres 2008 gibt es auch an den Grenzen zu Polen, Ungarn und Rumänien keine Grenzkontrollen mehr.
7. Den größten Anteil am Finanzhaushalt der EU haben die Ausgaben für die Strukturpolitik.
8. Der Euro ist die gemeinsame Währung aller EU-Mitgliedsländer.
9. Die „Ost-Erweiterung" hat die EU vor erhebliche Finanzierungsprobleme gestellt.
10. Unter den Mitgliedsländern der EU gibt es kaum Meinungsverschiedenheiten über die Weiterentwicklung der EU zu einem einheitlichen Bundesstaat.
11. Die Aufnahme weiterer Länder in die EU wird von den Bürgern vieler EU-Länder mit Skepsis betrachtet.
12. Über einen Vertrag zur Reform der EU konnten die Staats- und Regierungschefs 2007 eine grundsätzliche Einigung erzielen.

2. Das „institutionelle Dreieck"

An der „Gesetzgebung" der EU sind drei Institutionen beteiligt („institutionelles Dreieck"), die schwerpunktmäßig unterschiedliche Interessen vertreten.

Die Interessen der *Regierungen* der Mitgliedsländer vertritt **???**
Die Interessen der *Bevölkerung* der EU-Länder vertritt **???**
Die Interessen der *EU* vertritt **???**

3. Europa nach 50 Jahren

Analysiere die beiden Karikaturen:
- Was will der jeweilige Zeichner zum Ausdruck bringen?
- Wie verhält sich die Aussage von Karikatur a) zu der von Karikatur b)?
- Wie beurteilst du die jeweilige Aussage?

ELYSEES SQUARE
Spa 美麗花園
麦当劳
McDonald's
24 小时营业
McDonald's
24
麦当劳
STARBUCKS CO
甜品站

011
012
adidas
adidas

19

Chance oder Bedrohung? – Ursachen, Merkmale und Folgen der Globalisierung

Zur Orientierung

„Globalisierung" – viele Menschen wissen mittlerweile, was mit diesem seit Anfang der 1990er-Jahre viel gebrauchten Begriff im Allgemeinen gemeint ist.
Wir wollen euch im ***ersten Abschnitt*** *fragen, was ihr denn konkret mit dem Begriff „Globalisierung" verbindet, um die Ergebnisse dann mit anderen Umfrageergebnissen zu vergleichen.*
Im ***zweiten Abschnitt*** *wollen wir an anschaulichen Beispielen deutlich machen, was Globalisierung im kulturellen (Musik) und insbesondere im wirtschaftlichen Bereich bedeuten kann.*
Im ***dritten Abschnitt*** *stellen wir in allgemeiner Form dar, welche verschiedenen Ursachen und Antriebskräfte zur Entstehung und Beschleunigung des Globalisierungsprozesses beigetragen haben und wie sich dadurch der Welthandel auf den Gütermärkten entwickelt hat.*
Bringt uns die Globalisierung mehr Vorteile oder mehr Nachteile? Zu diesen Fragen geben wir euch im ***vierten Abschnitt*** *eine Reihe von – auf die Globalisierungsfolgen für den Arbeitsmarkt bezogenen – Informationen, die es euch ermöglichen sollen, ansatzweise ein eigenes Urteil zu dieser schwierigen Frage zu entwickeln.*

Kompetenzen

Nach der Erarbeitung dieses Kapitels solltet ihr Folgendes wissen und können:

- erklären, was man unter dem Begriff „Globalisierung" versteht;
- politische, ökonomische und technologische Ursachen und Antriebskräfte des Globalisierungsprozesses charakterisieren;
- wichtige Merkmale der ökonomischen Globalisierung, insbesondere die globale Güterproduktion und die Entwicklung des Welthandels, beschreiben;
- die Einbindung Deutschlands in den Globalisierungsprozess darlegen und ihre Folgen für den Arbeitsmarkt erläutern und beurteilen.

1. Globalisierung – was fällt mir dazu ein?

Methode

M 1 Brainwriting: Was „Globalisierung" für mich bedeutet

Zu Beginn dieses Kapitels sollt ihr euch zum Begriff „Globalisierung" äußern, um dessen Bedeutung es in diesem Kapitel geht. Ihr könnt darstellen, was ihr darüber wisst, was ihr gehört oder gelesen, welche Einstellung ihr bereits dazu entwickelt habt und was euch an diesem Thema interessieren würde. Dies soll erfasst werden mit der Methode des „Brainwritings".

Brainwriting ist ein schneller Weg, um Gedanken, Vorstellungen und Ideen zu einer Fragestellung auf schriftlichem Wege zu sammeln.
Besonders einfach durchzuführen ist die sogenannte **6-3-5-Methode**: Eine Gruppe von **6** Schülern hat für **3** Ideen **5** Minuten Zeit.
Natürlich funktioniert diese Methode auch mit anderen Schülerzahlen.
Jede/Jeder von euch in der jeweiligen Gruppe hat ein DIN-A4-Blatt zur Verfügung mit einer vorbereiteten Tabelle von 6 Zeilen und 3 Spalten. Jeder hat nun 5 Minuten Zeit, um 3 Aussagen auf seinem Blatt zu notieren.
Danach werden die Blätter im Kreis reihum zum Nachbarn weitergegeben, der die Aussagen seines Vorgängers lesen kann. Sie/Er notiert nun unter jeder Aussage, was ihr/ihm dazu einfällt. Dabei kann es sich um Zustimmungen, Ergänzungen und/oder Variationen der Vorgänger-Ideen und auch um völlig neue Aussagen handeln. Nach weiteren 5 Minuten werden die Blätter weitergereicht zum Nächsten usw.
Nach 30 Minuten Brainwriting haben alle Teilnehmer jede Aussage gesehen und ergänzt und jeder hat wieder sein eigenes Blatt.
Eine Gruppe präsentiert dann die Ergebnisse in der Klasse. Die folgenden Gruppen sollten sich anschließend auf Aussagen beschränken, die zuvor noch nicht geäußert wurden.
(Autorentext nach: http://portal.tugraz.at/portal/page/portal/Files/I37 10/files/Lehrveranstaltungen/Interne_Weiterbildung/Tag%201_3.pdf)

M 2 Mehr Chancen oder mehr Risiken? – Einstellungen zur Globalisierung

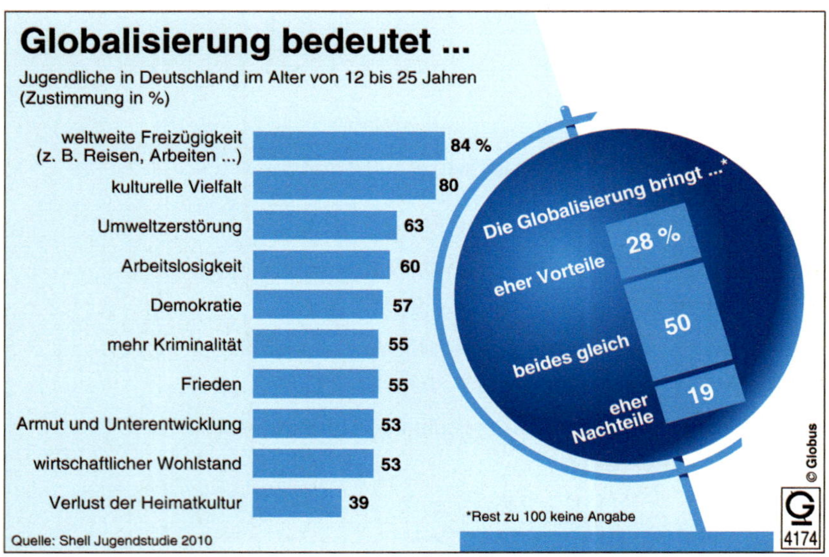

Die Grafik zeigt die Ergebnisse der „Shell Jugendstudie 2010" zur Befragung Jugendlicher, die schon einmal etwas von „Globalisierung" gehört hatten (84 % aller Jugendlichen [zum Vergleich 2006: 75 %]). Bei der Beurteilung der Globalisierung sahen 2006 18 % eher Vorteile, 48 % beides gleich und 27 % eher Nachteile. Bei der Zustimmung zu den einzelnen Kategorien ergab sich der deutlichste Unterschied bei der Kategorie „wirtschaftlicher Wohlstand", der 2006 nur 37 % der Befragten zustimmten.
(Autorentext)

1. Analysiert das Schaubild:
- Beschreibt, wie sich die Beurteilung der Globalisierung (Vorteile/Nachteile) zwischen 2006 und 2010 entwickelt hat, und diskutiert mögliche Erklärungsgründe.
- Versucht die einzelnen Kategorien zur Bedeutung der Globalisierung jeweils etwas konkreter zu erläutern und findet Erklärungen für die unterschiedlichen Zustimmungswerte.
- Welche Erklärung habt ihr für die Entwicklung des Zustimmungswertes zur Kategorie „wirtschaftlicher Wohlstand“ zwischen 2006 und 2010?

2. Vergleicht eure Analyse der Befragungsergebnisse mit der Bewertung durch die Autoren der Shell Studie (http://www.shell.de/home/content/deu/aboutshell/our_commitment/shell_youth_study/2010/globalisation/).

3. Vergleicht die Ergebnisse der Shell Jugendstudie mit den Ergebnissen eures Brainwritings.

Hinweis: Eine aktuelle ausführliche Darstellung der Einstellung der deutschen Bevölkerung zur Globalisierung (Untersuchung der Bertelsmann-Stiftung) könnt ihr auf der Internetseite http://www.bertelsmann-stiftung.de/bst/de/media/xcms_bst_dms_34721_34723_2.pdf finden.

2. „Total global“ – Konsum und Produktion rund um den Globus

M 3 „Die freie Auswahl“ – Waren aus aller Welt

Abb. 1

Früh morgens klingelt der Wecker – made in China. Während wir zum Frühstück Kaffee aus Südamerika trinken und ein Brötchen mit holländischem Käse essen, hören wir im Radio Lieder englischer oder amerikanischer Bands. Auf dem Weg zur Arbeit begegnen uns Autos deutscher, japanischer, schwedischer oder französischer Hersteller. Im Büro schalten wir den Computer ein und arbeiten mit US-amerikanischer Software und chinesischer Hardware. Auf dem Weg nach Hause halten wir noch kurz im Supermarkt und stehen vor einer großen Palette heimischer und ausländischer Produkte. Wir haben die freie Auswahl: Der griechische Spargel und das argentinische Rindfleisch sind im Angebot; die spani-

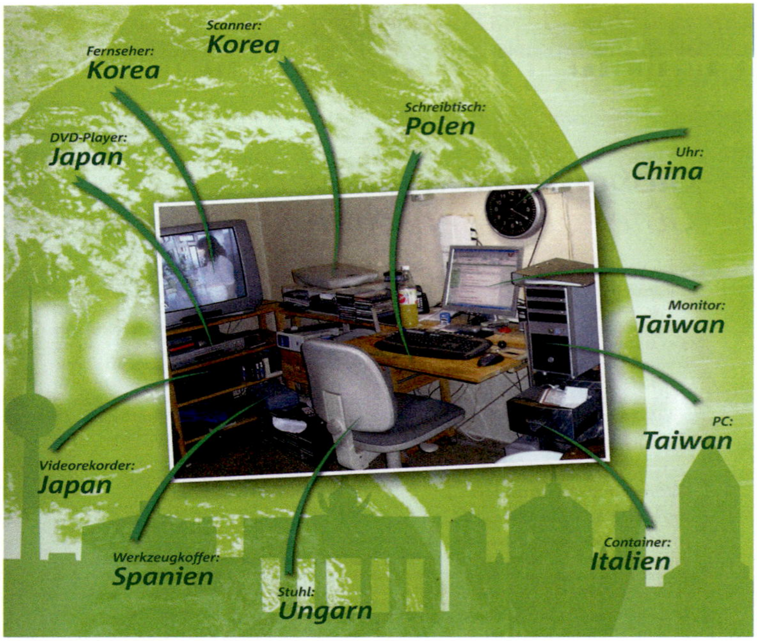

Abb. 2: Die Welt in meinem Zimmer

schen Orangen sehen sehr gut aus und ein französisches Shampoo wirbt mit Bestnoten der Stiftung Warentest. Wenn wir das Nötigste in den Einkaufswagen gepackt haben, suchen wir noch schnell das besonders leckere englische Weingummi und die original-italienische Pastawürzmischung.
Wieder zu Hause angekommen, stellen wir noch eine Waschmaschine mit unserer in Taiwan produzierten Kleidung an und läuten den Feierabend ein. Wir machen es uns auf dem Sofa einer schwedischen Möbelhauskette bequem, schauen einen Film aus Hollywood, trinken ein Glas von dem südafrikanischen Wein und überlegen inspiriert durch die ausländische Tourismuswerbung, welches Land wir in unserem nächsten Urlaub gerne mal erkunden würden.

(Informationen zur politischen Bildung, Nr. 299, 2. Quartal 2008: Internationale Wirtschaftsbeziehungen, Bundeszentrale für politische Bildung, Bonn 2008, S. 4; Verf.: Klaus-Peter Kruber, Anna Lena Mees, Christian Meyer)

Bei manchen importierten Produkten ist uns die Herkunft zwar bekannt, doch im Alltag selten bewusst. Denn die Bestandteile eines Frühstücks verbergen bereits ungeahnte Welthandelsbezüge. Fast 80 Prozent unseres Orangensaftes kommen aus Brasilien. Die Erdbeeren der Marmelade stammen vielleicht aus Polen, die Butter aus Holland oder Irland. Wissen Sie, ob Ihre Wurst aus belgischen, holländischen, britischen oder deutschen Mastrindern oder Schweinen gemacht wird? Essen Sie im Winter gerne Obst? Sind die Kiwis aus Neuseeland oder Spanien, die Äpfel aus Südafrika, Israel oder Chile?

(Frank Braßel u. Michael Windfuhr: Welthandel und Menschenrechte, Dietz, Bonn 1995, S. 9)

1. M 3 nimmt überwiegend auf den Alltag eines Berufstätigen bzw. seiner ganzen Familie Bezug. Stellt zusammen, in welchen Bereichen des täglichen Lebensablaufs bzw. des Konsumverhaltens Güter aus aller Welt eine entscheidende, oft unersetzliche Rolle spielen.
2. Überlegt, ggf. in Gruppen, auf welche Weise ihr selbst als Schüler und Jugendliche in eurer eigenen Lebenswelt (Schule, Freizeit, innerhalb und außerhalb der Familie) mit Gütern aus dem internationalen Handel zu tun habt.
3. Stellt fest, woher im Einzelnen die Ausstattung eures häuslichen Zimmers (Möbel, Geräte aller Art) stammt (vgl. Abb. 2).
4. Habt ihr bei den von euch selbst gekauften Gegenständen bewusst auf das Herstellungsland geachtet oder eure Kaufentscheidung danach ausgerichtet?

M 4 Globalisierte Lebenswelten von Jugendlichen – Beispiel Musikgeschmack

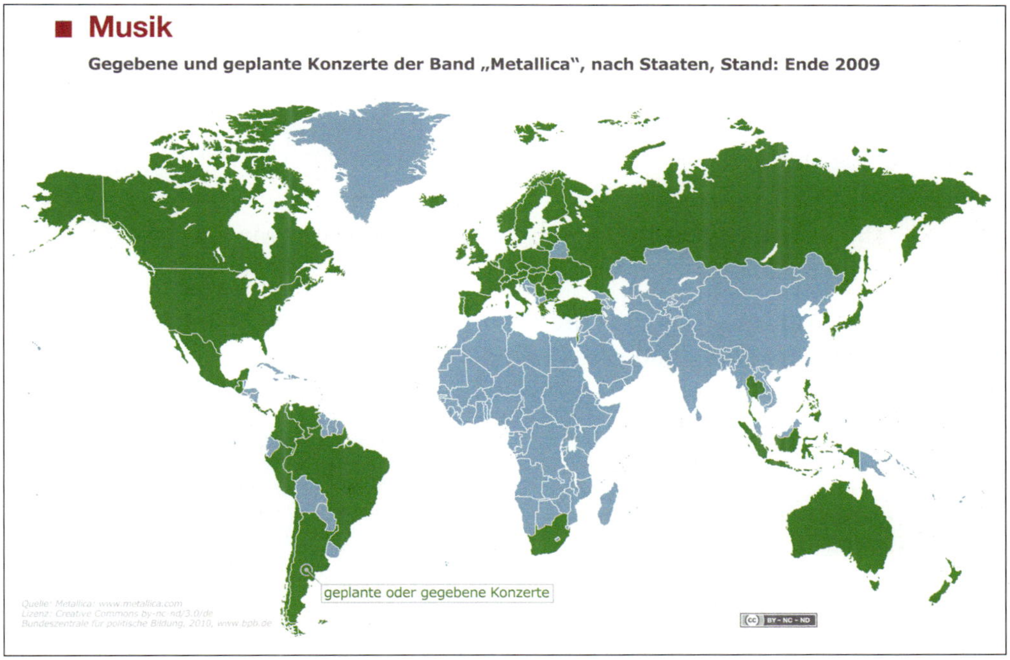

Informationen zu weiteren Bereichen der kulturellen Globalisierung (Fast Food, soziale Netzwerke, Fernsehunterhaltung, Mode) finden sich auf der Internetseite http:/www.bpb.de/nachschlagen/zahlen-und-fakten/globalisierung/52773/kulturelle-globalisierung

Die Kultur- und Unterhaltungsindustrie dient der kommerziellen Herstellung und Verbreitung von Produkten – vor allem aus den Bereichen Fernsehen, Film, Musik, Bücher und Computerspiele. Die Unterhaltungsindustrie gilt als Vermittler von Lebensweisen und -welten und ist damit besonders für Jugendliche eine Orientierungsgrundlage bei der Geschmacks- und Stilbildung. […]

Um den Veranstaltungserfolg zu sichern, setzen die Unternehmen der Unterhaltungsindustrie immer stärker auf bereits etablierte Künstler. Zu diesen gehört beispielsweise die Band Metallica, die seit Bestehen etwa 100 Millionen Alben verkauft hat. Bei diesen Top-Sellern zahlt sich eine globale Marketingstrategie voll aus: Das vorletzte Album „St. Anger" war in 40 Staaten auf Platz 1 der Charts. Auch das Album „Death Magnetic" (ab 2008) schaffte es in 35 Ländern schnell auf Platz 1. Von den Anfängen in den 1980er-Jahren bis Ende 2010 hat Metallica knapp 1 700 Konzerte in 53 Staaten gegeben.

(http://www.bpb.de/wissen/LNDZKG,0,0,Musik.html)

Metallica bei einer Pressekonferenz am 28.10.2011 in New Delhi

1. Erläutert mit eigenen Worten, welche besondere Bedeutung der Musikindustrie für die Lebenswelten von Jugendlichen zugeschrieben wird.

2. Beschreibt die weltweite Verbreitung von Musik „bereits etablierter Künstler" am Beispiel der Band Metallica.

3. Welche weiteren Beispiele könnt ihr nennen?

4. Wie beurteilt ihr aus eurer Sicht die Entwicklung eines „weltweiten Musikgeschmacks"?

M 5 Die weltweite Arbeitsteilung bei der Produktion von Waren – zwei Beispiele

M 5 a Die „Weltbürste" – die Produktion der elektrischen Zahnbürste „Sonicare Elite 7000" des Philips-Konzerns

Arbeiterin Cole in Manila: Ins Jeans-Business eingestiegen

● Es ist 4:25 Uhr. Mary-Ann blickt aus dem Fenster. Es ist ihre Frühschicht-Woche. Was heißt, dass sie sich am Nachmittag – um zwei hat sie Schluss, gegen drei Uhr ist sie zu Hause – um ihr eigenes kleines Business kümmern kann. Sie handelt seit Neuestem mit Blue Jeans, investieren, kaufen, verkaufen, es ist alles ziemlich aufregend.
Mary-Ann Cole, 28 Jahre jung, Assembly Operator, also Arbeiterin in einem Zulieferwerk von Philips – aber sie hat durchaus eine Vorstellung davon, was Globalisierung ist. Globalisierung ist Business. Und Business ist Konkurrenz, man muss jeden Tag kämpfen. Oder man geht unter. Ist Globalisierung ungerecht, Mary-Ann? „Wieso?" Ist es nicht ungerecht, dass Sie beispielsweise weniger verdienen als eine Arbeiterin in Amerika oder in Deutschland für die gleiche Arbeit? „Ungerecht? Ich mag meine Arbeit, sie ist eine sehr große Chance." Ein- bis zweimal in der Woche verlassen rund 100 000 Platinen [elektronische Leiterplättchen mit aufgelöteten Komponenten] das

Werk in Manila, in dem Mary-Ann arbeitet. Vom Cargo-Flughafen Manilas werden sie via Tokio nach Seattle geflogen; eine Verzögerung von einem halben Tag kann alles durcheinanderbringen, man arbeitet mit einem Minimum an Lagerreserven, an Zeitreserven.

• Während Mary-Ann Cole im Jeepney sitzt, unterwegs zum Bus-Sammelpunkt, wo um 4:45 Uhr der Firmenbus ablegt, ist es in Klagenfurt Viertel vor elf abends, des Vortages wohlgemerkt. Peter Heindl, Ingenieur beim Klagenfurter Philips-Werk, leitet das Testlabor, wo sie Maschinen entwerfen, um auszuprobieren, wie oft ein Rasierapparat aus dem ersten Stock fallen kann oder wie lange eine Zahnbürste am Nordpol durchhält.
Peter Heindl und Mary-Ann Cole sind sich nie begegnet. Aber wenn Heindl in seinen Tests etwas auffallen sollte, was auf Fehler in Platinen zurückzuführen ist, könnte die philippinische Zulieferfirma den Auftrag verlieren und Mary-Ann würde wahrscheinlich arbeitslos. Ihre billige Arbeitskraft wiederum gestattet dem Global Player* Philips, sich für die Entwicklungs- und Testlabors in Klagenfurt teure, kreative Leute einzukaufen. Selbst in einem Riesenladen wie Philips, mit einem Umsatz von 30,3 Milliarden Euro, muss eine kleine unbedeutende Zahnbürste Gewinn einspielen. „Wenn nicht, wird die Sparte aufgelöst", sagt ein Manager.

• Wenige Monate bevor Philips das Werk kaufte, trat Mamadou Kolley aus Gambia seinen Job an. 1980 schaffte er es mit einem Stipendium in die USA, zunächst nach Laurenburg, North Carolina. Tagsüber ging er aufs amerikanische College, nachts schuftete er in Druckereien, schlief vorzugsweise im Bus und war entsetzlich einsam. Nach der Übernahme durch Philips wurde Mamadou Vorarbeiter, zuständig je nach Schicht für 45 bis 75 Arbeiterinnen, die an der Lasersäge stehen oder Platinen in die Griffe einsetzen. Es ist ein internationales Proletariat* und Mamadou ist ein globaler Vorarbeiter. Bei den Russinnen bedankt er sich mit „Bolschoi spassiba", die koreanischen Arbeiterinnen begrüßt er mit „An Yong Schimny Ka". Mamadou, warum wollen Sie zurück? „Es ist nicht gut, was Amerika mit den Menschen macht. Jeder ist einsam, alles dreht sich nur um den Dollar. Kapitalismus* und Globalisierung sind nicht gut für Menschen." In den zweieinhalb Jahren, die er noch da ist, könnten er und seine Kollegen in Snoqualmie erleben, wie die Produktion sukzessive nach China ausgelagert wird. Eine Arbeiterin in Mamadous Team verdient, je nach Position am Fließband, zwischen 9 und 14 Dollar die Stunde. Ein chinesischer Arbeiter bringt etwa 1000 Renminbi monatlich heim, etwa 100 Euro, der Stundenlohn liegt also bei 60 Cent. Das ist ein Zwanzigstel.

• Während Mamadou Kolley seine Nachtschicht vorbereitet, geht für Bernard Lim Nam Onn ein langer Arbeitstag zu Ende. Er ist ein Geschöpf der Globalisierung wie Mamadou. In Malaysia geboren, Maschinenbaustudium im schottischen Glasgow. Seit drei Jahren ist er in China. Er arbeitet zehn bis zwölf Stunden am Tag. Warum sind Sie so fleißig, Bernard? „Für meine Karriere, aber auch für mein Land. Es ist sehr, sehr wichtig, dass sich China entwickelt." Anders als sein Kollege Mamadou zweifelt Bernard Lim Nam Onn keine Sekunde am Segen der Globalisierung – er hat täglich vor Augen, wie die Städte aufschießen, wie zufrieden die Menschen sind, weil sie einen Job haben, einen Sinn. Und das in China – in einem Land, in dem die Erinnerung an die letzte Hungersnot noch hellwach ist.

(Nach: Ralf Hoppe: Die Weltbürste, in: SPIEGEL Special, Nr. 7/2005: Globalisierung – Die Neue Welt, S. 136 ff.)

Testingenieur Heindl in Klagenfurt: Was hält die Bürste aus?

Vorarbeiter Kolley in Snoqualmie: Zurück nach Afrika

Manager Lim Nam Onn in Zhuhai: China vorwärts bringen

M 5 b Woher kommt deine Jeans?

Unsere Lieblingshose ist ganz schön weit herumgekommen. Wo sie bereits überall war, bevor sie in deinem Schrank landet? Wir haben uns ihre Route um den Globus genauer angesehen.

Meistens ist sie blau, oftmals sehr verwaschen, abgetragen und trotzdem zu fast jedem Anlass passend: die Jeans. Vermutlich trägst auch du gerade eine. Hast du dich schon einmal gefragt, wo sie herkommt? Aus dem Geschäft natürlich, aber wie kommt sie dahin?

Die Baumwolle wird in Kasachstan oder Indien mit der Maschine oder per Hand geerntet. Anschließend wird sie in die Türkei verschickt und dort zu Garn gesponnen. In Taiwan wird die Baumwolle mit chemischer Indigofarbe aus Deutschland gefärbt und in Polen zu Stoffen gewebt. Das Innenfutter und die Schilder mit den Wasch- und Bügelhinweisen kommen aus Frankreich, die Knöpfe und Nieten aus Italien. Die einzelnen Bestandteile der Jeans werden auf die Philippinen geflogen und dort zusammengenäht. Schließlich erfolgt die Endverarbeitung mit Bimsstein in Griechenland, bevor deine Jeans im Schaufenster eines deutschen Geschäftes ausliegt.

Bis du sie im Laden anprobierst, hat die Jeans einen Weg von ca. 56 000 km hinter sich. Irgendwann ist die Hose natürlich aufgetragen oder zu klein und du gibst sie in die Altkleidersammlung. Die Kleidung, die dorthin gelangt, wird in Holland sortiert und mit Schiffen und LKWs nach Afrika gebracht. Damit legt eine Jeans in ihrem Leben satte 64 000 km zurück.

Bei so vielen Beteiligten fragt man sich, wer wie viel an deiner Jeans verdient. Die Arbeiter, die die Baumwolle ernten, färben und schließlich die Jeans zusammennähen, bekommen 1 Prozent des Verkaufspreises. Transport, Steuern und der Import kosten 11 Prozent. Die Fabrik im Billiglohnland bekommt 13 Prozent des Verkaufspreises inklusive Materialkosten. Der Markenname, die Verwaltung, die Werbung machen 25 Prozent aus. Die Hälfte des Erlöses bleibt im Einzelhandel oder durch die Mehrwertsteuer beim Staat.

Du siehst, von der Baumwolle auf dem Feld bis zu deiner Jeans im Schrank ist es ein weiter Weg! Früher wurden die Produkte an einem Standort gefertigt. Dadurch, dass Entfernungen dank modernster Technik immer kleiner werden, ist es möglich, auch ausländische Arbeitskräfte zu beschäftigen und so die günstigsten Herstellungsbedingungen zu erzielen. Die Welt wächst also immer mehr zusammen! Dieses Beispiel zeigt deutlich auf, was Globalisierung bedeutet. Aber was hat das für Folgen? Nehmen wir an, die Strecke würde mit einem

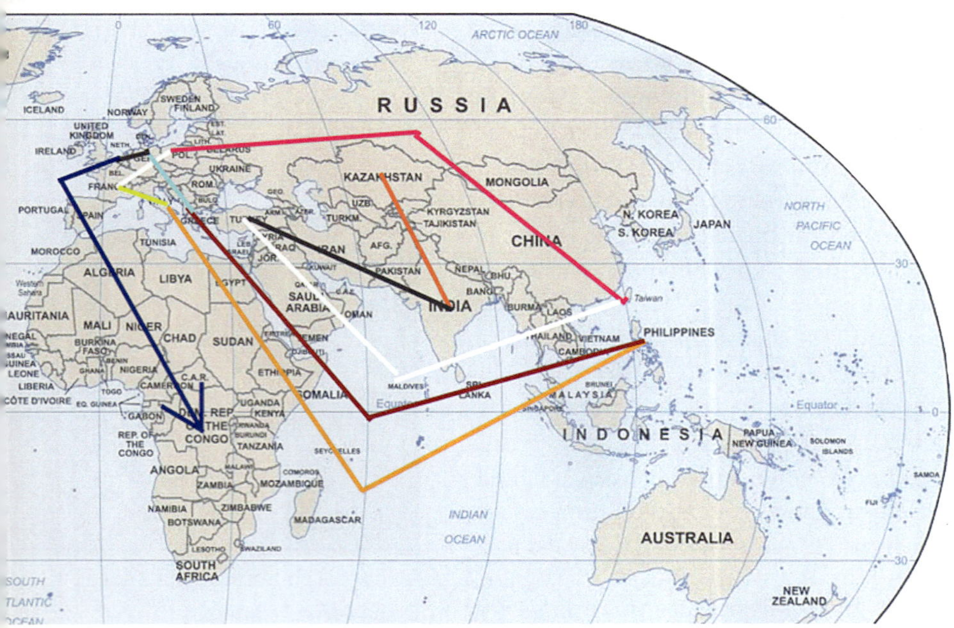

Baumwollernte in Kasachstan

Bekleidungsfabrik in Jakarta

Auto zurückgelegt. 64 000 km – das wären ungefähr 700 Stunden Autofahrt. Geht man von einem durchschnittlichen Verbrauch von 8 Litern pro 100 km aus, sind wir bei einem Gesamtspritverbrauch von 5 600 Litern. Bei einem Spritpreis von 1,35 Cent/Liter wären das Kosten in Höhe von 7 560 Euro! In Wirklichkeit werden die Strecken mit dem Flugzeug unter noch höherem Spritverbrauch zurückgelegt. Und das ist nicht alles: Der Anbau der Baumwolle wird mit Kunstdünger vorangetrieben, das Bleichen geschieht mit umweltbelastendem Chlor, die Vorwäsche kostet Unmengen von Wasser und vor dem endgültigen Verkauf werden die Jeans erneut chemisch gereinigt. Sind sie dann endlich fertig, werden sie in Pappkisten verpackt und unter hohem Energieaufwand nach Europa geflogen, wo sie dann aufgrund des langen Transports verknittert sind und erneut gereinigt und gebügelt werden müssen … Das Wuppertaler Institut für Klima, Umwelt und Energie hat ausgerechnet, das für die Herstellung von nur einer Jeans 7 000 (!) Liter Wasser verbraucht werden! Ist das noch normal?

(http://www.IchwillGerechtigkeit.de/themen.php?nid=67&det=1&nav3=7; Jugendportal der Stiftung Menschen für Menschen – Karlheinz Böhms Äthiopienhilfe)

1. An der Herstellung der elektrischen Zahnbürste „Sonicare" sind weltweit 4 500 Mitarbeiter in den in dem Schaubild in M 5 a genannten Ländern (in drei Kontinenten mit fünf verschiedenen Zeitzonen) beteiligt. Beschreibt und vergleicht die jeweilige Situation der vier in M 5 a genannten Mitarbeiter.

2. Erläutert,
- was für die Mitarbeiter „Globalisierung" bedeutet im Hinblick auf Ausbildung/Qualifikation, Lohn und Sicherheit und
- worin die Gründe für ihre unterschiedlichen Einstellungen zur Globalisierung liegen.

3. Stellt im Text enthaltene Hinweise auf die Gründe heraus, weshalb der niederländische Elektrokonzern Philips (Sitz: Eindhoven) eine Zahnbürste „global" produzieren lässt, und zeigt auch auf, welche Voraussetzungen (vor allem technischer Art) ihm diese Arbeitsteilung zwischen 10 weit entfernten Ländern ermöglichen.

4. Beschreibt den Weg, den eine Jeans auf ihrem „Lebensweg" zurücklegt (M 5 b). Dazu könnt ihr ggf. in eine Kopie einer Weltkarte die beschriebenen Transportwege genauer einzeichnen und die angegebenen Entfernungen besser nachvollziehen.

5. Listet nach den Angaben in M 5 b die Anteile auf, die für Material, Arbeit, Handel usw. im Verkaufspreis enthalten sind, und stellt anhand eines angenommenen Verkaufspreises einer Jeans in einem Geschäft in Deutschland (z. B. 100 €) die jeweiligen Anteile in Euro-Beträgen heraus. Was fällt euch besonders auf?

3. Ursachen und Merkmale von Globalisierung

M 6 Was ist Globalisierung?

Globalisierung ist ein seit ca. 1990 sehr häufig gebrauchter Begriff, wenn es um die Beschreibung gesellschaftlicher, kultureller, politischer und – vor allem – wirtschaftlicher Entwicklungen geht, die sich weltweit auswirken.

Eine allgemeingültige Definition des Begriffes gibt es nicht, weil es kein alles umfassendes Kennzeichen gibt, was Globalisierung ausmacht. Aber ganz einfach und allgemein ausgedrückt könnte man sagen: Globalisierung ist eine Entwicklung, ein Prozess (also kein abgeschlossener Zustand), durch den die Länder und die Menschen in der Welt (auf dem „Globus") immer stärker miteinander verbunden („vernetzt") werden.

Im täglichen Leben erlebt ihr Globalisierung, indem ihr euch z. B. im Internet Bilder und Musik aus aller Welt anschauen könnt, wichtige Ereignisse zeitnah mitverfolgen könnt, in Lokalen und Restaurants Speisen aus aller Welt erhaltet bzw. in anderen Ländern wiederfindet oder auch in den Regalen der Supermärkte Waren vorfindet, die z. T. aus weit entfernt liegenden Ländern stammen (vgl. dazu M 3). Auf den „kulturellen" Bereich der Globalisierung (z. B. den Konsum, den Lebensstil) sind wir – besonders was Jugendliche betrifft – in M 4 schon eingegangen.

Globalisierung zeigt sich allerdings auch in anderen Bereichen: Ein „globales" Problem stellen die Luftverschmutzung und der dadurch bedingte Klimawandel mit seinen Folgen dar, über den seit einer Reihe von Jahren heftig diskutiert wird. Darüber habt ihr in Kapitel 8 schon etwas erfahren.

Von zentraler Bedeutung – darüber herrscht Einigkeit – ist die ökonomische (wirtschaftliche) Globalisierung, über die ihr in den Materialien M 5 a und b schon einiges erfahren habt. „Aus wirtschaftlicher Sicht versteht man unter Globalisierung die starke Zunahme internationaler Wirtschaftsbeziehungen und -verflechtungen und das weltweite Zusammenwachsen von Märkten für Güter und Dienstleistungen*". In dieser kurzen Definition (aus dem „Fischer Weltalmanach" 2012, S. 633) sind die wesentlichen Merkmale des ökonomischen Globalisierungsprozesses zusammengefasst.

Wie es zu diesem Prozess gekommen ist, welche Gründe es dafür gibt, woran man ihn erkennen kann und wie seine Auswirkungen gesehen werden, darüber werdet ihr in den folgenden Materialien wichtige Informationen erhalten, die es euch ermöglichen sollen, eine eigene Einschätzung zu entwickeln.

(Autorentext)

Umfassende, gut aufbereitete Informationen zu zahlreichen Aspekten der Globalisierung enthält das im Internet zur Verfügung stehende „Dossier Globalisierung" der Bundeszentrale für politische Bildung (http://www.bpb.de/nachschlagen/zahlen-und-fakten/globalisierung/).

1. Erklärt, was es bedeutet, dass Globalisierung ein Prozess, kein Zustand ist (M6).

2. Erläutert, welche unterschiedlichen, untereinander zusammenhängenden Bereiche des Prozesses der Globalisierung man unterscheiden kann, und versucht dazu auch die Darstellung des Schaubilds (S. 470) zu erläutern.

3. Gebt an, über welche Bereiche ihr in den vorangehenden Materialien schon etwas erfahren habt.

4. Erklärt, inwiefern in der angeführten Definition der ökonomischen Globalisierung sowohl die Produktion von Waren als auch der Handel mit Waren angesprochen werden.

M 7 Antriebskraft der Globalisierung: neue technische Entwicklungen und ihre Auswirkungen auf den Welthandel

M 7 a Kommunikation und Transport

Früher waren die Strecken zwischen den Kontinenten große Hürden für die Kommunikation und den Warentransport. Auch vor langer Zeit wurden schon Waren zwischen den Kontinenten transportiert, zum Beispiel Gewürze aus Indien nach England. Diese waren sehr kostbar und daher lohnte es, viel Geld für den Transport auszugeben. Im Laufe der Zeit wurden die Schiffe größer, schneller und sicherer. Mit dem Durchbruch der Frachtcontainer wurde der Transport erneut deutlich einfacher und billiger. Inzwischen sind die Kosten für den Transport von Gütern auf einen extrem niedrigen Preis gefallen (s. dazu M 7 b und c).

Bereits vor dem Ersten Weltkrieg fand eine Art Globalisierung statt. Der Grund war auch damals die Entwicklung von Kommunikationsmitteln und von Transportschiffen. Das Ausmaß und vor allem die Geschwindigkeit der damaligen Globalisierung waren jedoch nicht mit der heutigen Globalisierung vergleichbar. Thomas L. Friedman sagt vereinfacht: Durch die erste Globalisierung schrumpfte die Welt von „groß" auf „mittel", durch die zweite Globalisierung nun auf „klein".

Heutzutage lohnt sich auch der Transport von Billigprodukten über weite Strecken, beispielsweise von Plastikspielzeug von

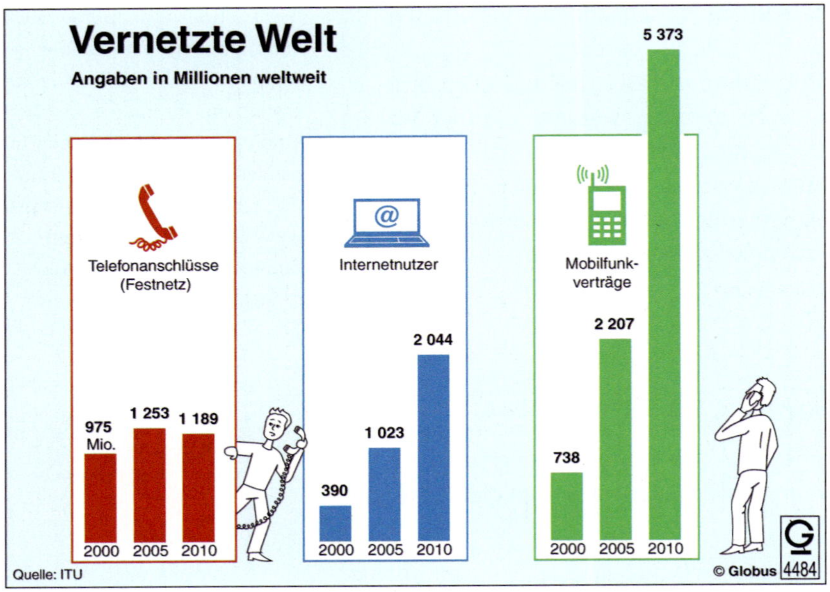

China nach Deutschland, oder der Transport von Autos von Japan nach Hamburg. Gleichzeitig mit der Entwicklung im Transport entwickelte sich die Kommunikation ebenfalls rasant weiter. Mittlerweile ist es eine Selbstverständlichkeit, mit dem Internet große Datenmengen zu senden und zu empfangen. Es stellt heutzutage kein Problem mehr dar, mit weit entfernten Menschen zu kommunizieren, und es tritt kein Zeitverlust auf. Auch die Kosten der Kommunikation sind auf einen extrem niedrigen Wert gefallen. Durch die Entwicklung in Kommunikation und Warentransport ist es heute überhaupt kein Problem mehr, Arbeitsprozesse zu teilen und auf verschiedenen Kontinenten zu koordinieren (vgl. M 5 a und b). Insbesondere der Preisunterschied führt dazu, dass große Mengen an Waren nach Westeuropa und in die USA kommen, die dort zu vergleichbaren Preisen nicht hergestellt werden könnten.

(http://www.globalisierung-infos.de/ursachen.html; Zugriff: 8.12.2011)

M 7 b Veränderungen der Transport- und Kommunikationskosten

Die grafische Darstellung beruht auf Indexzahlen*. In absoluten Zahlen kostete das *Telefongespräch* 245 Dollar im Jahr 1930 und 0,30 Dollar im Jahr 2005. Der *Seefrachtpreis* lag 1930 bei 60 Dollar, 2000 bei 21 Dollar, der Preis für den *Lufttransport* verringerte sich von 0,68 Dollar (1930) auf 0,08 Dollar (2000).

(http://www.bpb.de/wissen/5TRK99,0,0,Transport_und_Kommunikatonskosten.html; Zugriff vom 27.11.2007)

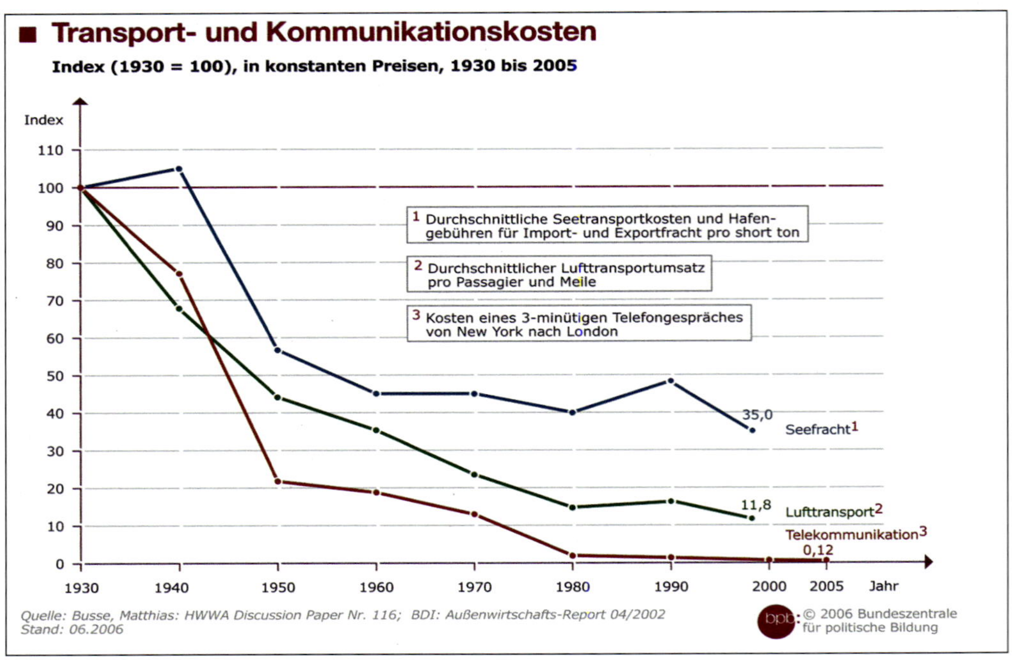

M 7 c Containerfrachter – Motor des Welthandels

Die Bedeutung des Seehandels ist vor allem aufgrund der relativ geringen Frachtkosten gestiegen. So kostet etwa der Transport eines Standard-Containers und damit über 20 Tonnen Fracht von Asien nach Europa nicht mehr als ein Flug für einen einzigen Flugpassagier auf derselben Strecke. Und der Transport einer Tonne Eisenerz von Australien nach Europa kostet durchschnittlich etwa 12 US-Dollar. Dementsprechend ist auch der Anteil der Seefrachtkosten an den Gesamtkosten der Produkte gering: Bei einem Transport von Asien nach Europa liegt der entsprechende Anteil bei einem Fernseher bei etwa 1,5 Prozent, bei einem Kilo Kaffee sogar nur bei einem Prozent.

Zwei wichtige Gründe für die relativ niedrigen Transportkosten sind die Verbreitung der standardisierenden Containerschifffahrt seit den 1960er-Jahren und die steigende Tragfähigkeit der Schiffe. Während das größte Containerschiff 1968 752 Container laden konnte, war zwei Jahrzehnte später bereits die Viertausender-Marke überschritten. Mitte 2009 waren die Schiffe der sogenannten „Emma-Maersk-Klasse" mit einer Ladefähigkeit von 11 000 TEU-Containern die größten der Welt. Mit mehr als 550 Containerschiffen bzw. einer Gesamtkapazität von mehr als 2 Millionen TEU [s. Erklärung in der Grafik] ist die dänische Reederei Maersk zudem die weltweit größte Containerschiff-Reederei.

(www.bpb.de/wissen/KSW7JQ)

Abb. 1

Die „Emma Maersk" (Länge: 397 m, Breite: 56 m) im Containerterminal Bremerhaven

Abb. 2

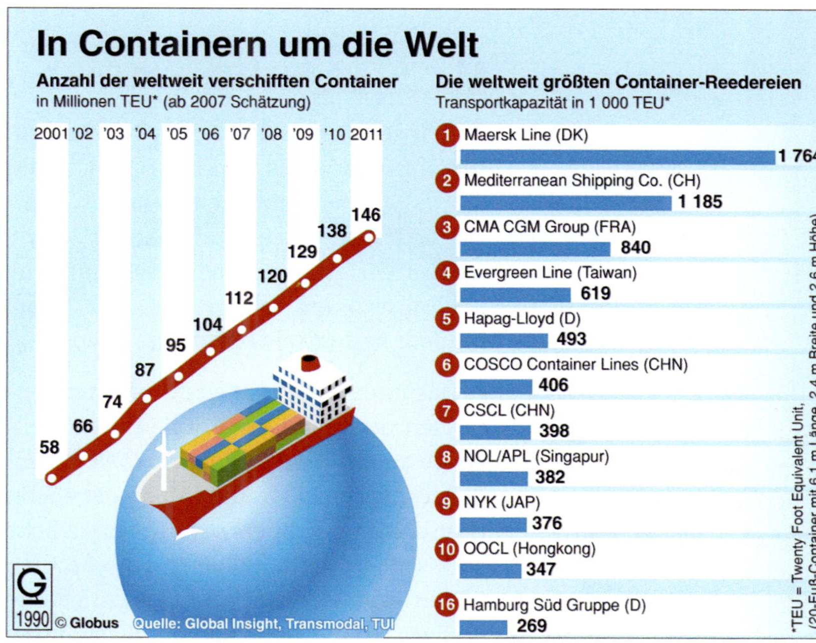

Von den 20 größten Containerhäfen liegen allein acht in China (Nr. 1 in Shanghai), fünf weitere in Singapur (Platz 2), Südkorea und Malaysia. Der größte europäische Containerhafen in Rotterdam liegt auf Platz 10, der Hamburger Containerhafen auf Platz 15. Drei amerikanische Häfen belegen Platz 16, 18 und 20.

Beschreibt anhand der Materialien M 7 a–c, welche technischen Entwicklungen im Bereich der Kommunikation (des Austausches von Informationen) und des Schiffstransports die Zunahme des weltweiten Güteraustausches bewirkt haben.

1. Erläutert, was die Globalisierung vor dem Ersten Weltkrieg von dem Globalisierungsprozess seit den 1990er-Jahren unterscheidet (M 7 a, Z. 16 ff.).

2. Beschreibt die Bedeutung der Möglichkeiten des Internets für die Entwicklung der Kommunikation in den letzten 10 Jahren (M 7 a) und erläutert dazu auch die Darstellungen der Abbildung S. 472 oben.

3. Analysiert etwas genauer die Grafik M 7 b und überlegt, weshalb man daraus schließen kann, dass für die enorme Beschleunigung des Globalisierungsprozesses seit den 1980er- und 1990er-Jahren nicht nur die Transport- und Kommunikationskosten maßgeblich waren.

4. Erläutert die Bedeutung der Container-Transporttechnik für die Ausweitung des Welthandels in den letzten 10 Jahren (M 7 c; vgl. Abb. 2).

5. Stellt fest, wie die größten Container-Häfen sich auf die drei Weltteile Asien, Europa und USA verteilen und was man daraus für die Schwerpunkte des Container-Verkehrs schließen kann. Was fällt auf, wenn man diese Schwerpunkte mit der Liste der größten Container-Reedereien (Abb. 2) vergleicht?

M 8 Antriebskraft: politische Entwicklungen und Entscheidungen

Der Prozess der Globalisierung mit der Entstehung eines „Weltmarktes" hat nicht nur die in M 7 beschriebenen Ursachen. Dass der Globalisierungsprozess in den Jahren nach 1990 eine enorme Beschleunigung und Ausweitung erfuhr, war kein Zufall, sondern hatte zwei wesentliche Gründe:

1. Das Ende des Ost-West-Konflikts*

Ca. seit der Beendigung des Zweiten Weltkrieges* gab es eine Teilung der Welt in Länder des „Ostblocks*" und Länder der westlichen Welt, die durch sehr gegensätzliche politische, wirtschaftliche und gesellschaftliche Gegebenheiten gekennzeichnet und die weitgehend voneinander abgeschottet waren. In Deutschland beispielsweise war dieser Gegensatz erkennbar durch die Staatsgebilde der Bundesrepublik Deutschland (BRD) und der Deutschen Demokratischen Republik (DDR*).

Nach 1990 löste sich dieser Ost-West-Gegensatz (auch als „Kalter Krieg*" bezeichnet) auf und führte nicht nur zur Wiedervereinigung Deutschlands, sondern u. a. auch zu einer wirtschaftlichen Neuorientierung in den ehemaligen „Ostblockländern" in Europa (z. B. Polen, Litauen, Lettland, Slowakei), in denen nun das System der Marktwirtschaft eingeführt wurde. Dieses System verdrängte die bisherige Lenkung und Planung der Wirtschaft durch den Staat und öffnete die Wirtschaft für den internationalen Markt (über den Unterschied zwischen den beiden Wirtschaftsordnungen könnt ihr euch in Kapitel 4, M 2 – 4 informieren). Unter den 15 Ländern, die seit 1990 der Europäischen Union beitraten, sind zehn ehemals zum „Ostblock*" gehörige osteuropäische Länder.

Neben den Zöllen*, auch tarifäre Handelshemmnisse genannt, gibt es sogenannte nicht-tarifäre Handelshemmnisse wie z. B. Quotenregelungen und Ein- und Ausfuhrverbote. Bei einer Quotenregelung erlaubt ein Land nur die Einfuhr einer bestimmten Menge (Quote) einer Ware. Eine solche Einfuhrquote hat z. B. die Europäische Union im Frühjahr 2005 für chinesische Textilien verhängt.

(Autorentext)

2. Die Liberalisierung des Welthandels
Eine weitere, vielleicht noch wichtigere Ursache der beschleunigten Globalisierung beruht auf politischen Entscheidungen, die geprägt sind von der Vorstellung, dass ein **freier Handel** zwischen den Ländern zur Verbesserung des Wohlstandes aller Beteiligten führt. Auch diese Ideen setzten sich in den 1990er-Jahren in zunehmendem Maße durch.

Maßnahmen zur Durchsetzung dieses Prinzips wurden zwar bereits seit 1948 im Rahmen der Welthandelsorganisation WTO* (World Trade Organization) eingeleitet, aber seitdem in einer Vielzahl von Konferenzen („Welthandelsrunden") entscheidend ausgeweitet. Beschränkungen des internationalen Handels (Handelsbarrieren, Handelshemmnisse; s. Kasten, S. 474 u.) wurden weitgehend abgebaut, um den weltweiten Austausch von Waren zu erweitern. Diese politisch gewollte Entwicklung bezeichnet man als „Liberalisierung*".
Beschränkungen des freien Warenhandels ergeben sich vor allem durch Zölle*, die die einzelnen Länder bei der Einfuhr und Ausfuhr von Waren erheben. Zölle machen die Waren teurer und erschweren somit den Verkauf. Sie machten 1947 durchschnittlich ein Drittel des gesamten Güterwertes im Welthandel aus und liegen heute bei ca. 2 Prozent bei den ökonomisch entwickelten Ländern (Stand 2008). Dies hat zu einer enormen Ausdehnung des weltweiten Güteraustausches geführt.
(Autorentext)

1. Erklärt, worin der wesentliche Unterschied zwischen den in M 7 und den in M 8 beschriebenen Ursachen und Antriebskräften des Globalisierungsprozesses besteht.

2. Erläutert, inwiefern das Ende des „Ost-West-Konflikts*" nach 1990 zu einer Ausweitung des internationalen Handels führte.

3. Beschreibt die Zielsetzung der Welthandelsorganisation und ihre Bedeutung für die globalen Handelsbeziehungen (M 8). Was ist mit der „Liberalisierung" des Welthandels gemeint?

4. Auf die Kritik, die Gruppen und Verbände von „Globalisierungsgegnern" an der WTO üben, können wir hier nicht näher eingehen. Sie zielt u. a. darauf, dass die Liberalisierung vor allem den Interessen der großen Welthandelsmächte und ihrer „multinationalen" Unternehmen diene, denen die ärmeren Länder schutzlos ausgeliefert seien. Näheres dazu könnt ihr auf der Internetseite der globalisierungskritischen Organisation „attac" finden (www.attac.at/wto.html).

M 9 Die Entwicklung des Welthandels: Spiegelbild der Globalisierung

Im Zeichen der Globalisierung ist die Welt heute ökonomisch, politisch, verkehrstechnisch und medial enger vernetzt als jemals zuvor. Das zeigt sich nicht zuletzt am Beispiel des internationalen Warenverkehrs, dessen Volumen zwischen 1950 und 2010 auf das 30-Fache zunahm, während sich die Weltwirtschaftsleistung im gleichen Zeitraum „nur" knapp verneunfachte (vgl. Abb. 1). Wie stark die Volkswirtschaften durch ihre Handelsbeziehungen inzwischen miteinander verflochten und aufeinander angewiesen sind, wurde in der Finanz- und Wirtschaftskrise 2008/2009 auch auf nega-

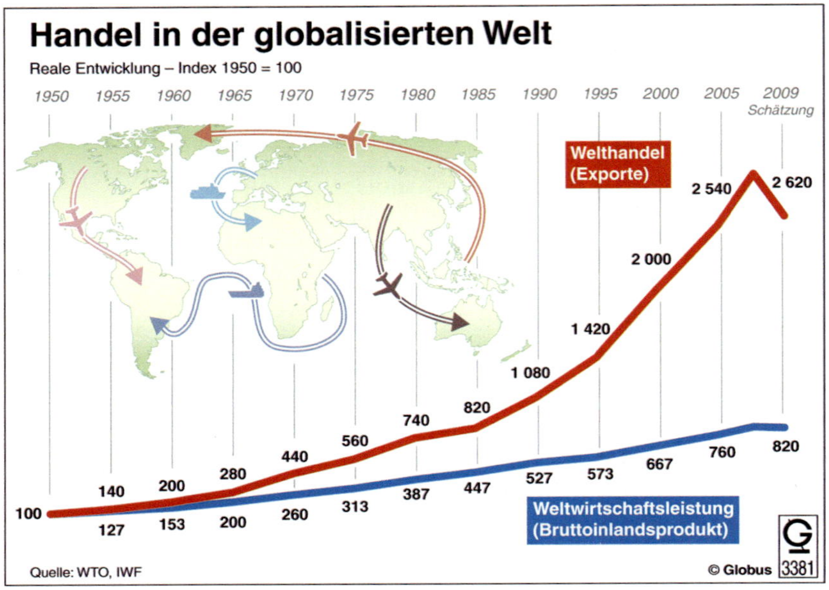

Abb. 1: *Hinweis:* Die Darstellung der Grafik beruht auf **Indexzahlen***: Die Werte der beiden Größen „Welthandel" (Exporte) und „Weltwirtschaftsleistung" (Welt-Bruttosozialprodukt) werden für das Jahr 1950 nicht in absoluten Zahlen angegeben, sondern beide = 100 gesetzt. Auf diese Weise lässt sich die Entwicklung beider Werte im *Zeitverlauf* und im *Vergleich* zueinander übersichtlich darstellen und leicht beschreiben (Beispiel: Die Zahl 200 zum Welthandel des Jahres 1960 bedeutet, dass sich der Weltexport gegenüber 1950 verdoppelt hatte.)

Abb. 2

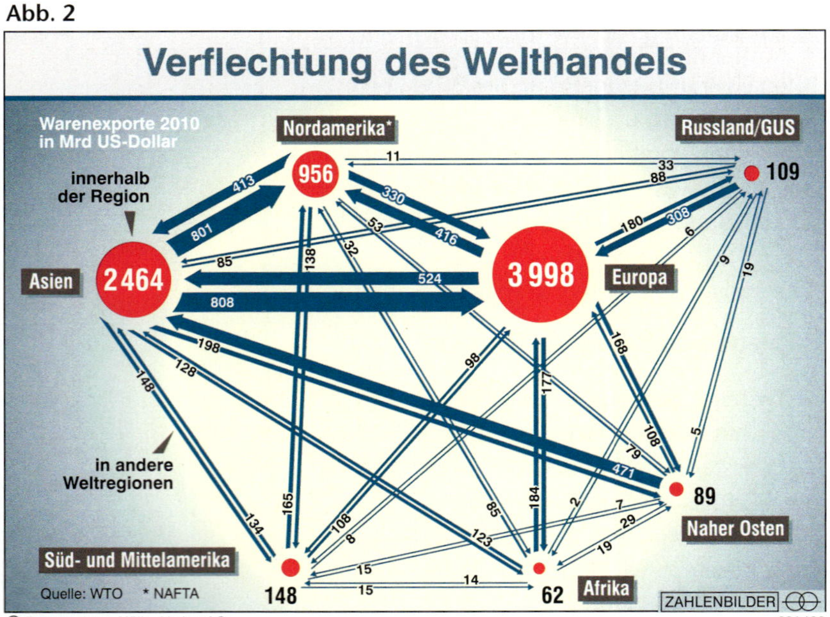

© Bergmoser + Höller Verlag AG 681 133

tive Weise sichtbar. In einer die ganze Welt erfassenden Phase wirtschaftlicher Unsicherheit brach der Warenexport dramatisch ein (s. Abb. 1). Einen so scharfen Rückgang hatte es seit Ende des Zweiten Weltkriegs* noch nicht gegeben. Die Bedeutung des Welthandels zeigte sich aber ebenso eindrücklich, als er die Weltwirtschaft 2010 in einem steilen Aufschwung (+14 %) wieder aus ihrem Tief herauszog. Die Erholung wäre wohl noch kräftiger ausgefallen, hätten nicht die Rohstoff- und Energiekosten, die weltweit hohe Arbeitslosigkeit und das Zurückfahren staatlicher Krisenprogramme bremsend gewirkt. Besonders hohe Zuwachsraten ihres Exportvolumens verzeichneten China und Japan mit jeweils rund 28 %. Im Vergleich dazu steigerten die USA ihren Export um 15 % und die EU um gut 11 % gegenüber dem Vorjahr. […]

Die Gravitationszentren [Schwerpunktbereiche] des internationalen Warenhandels lagen auch 2010 wieder in Europa (mit der EU als Kern), in Asien und Nordamerika (vgl. Abb. 2). Erneut machten die Exportströme innerhalb dieser drei Weltregionen und zwischen ihnen fast drei Viertel des gesamten Welthandels aus. Dagegen sind die übrigen Weltregionen zum Teil erst schwach in die Weltwirtschaft integriert und unterhalten vor allem untereinander noch kaum nennenswerte Exportbeziehungen. China baute 2010 mit Ausfuhren im Wert von 1578 Mrd. Dollar seine Position als „Exportweltmeister" aus. Auf dem zweiten Rang folgten die USA knapp vor Deutschland und [mit großem Abstand] Japan. Bei den Einfuhren lagen dagegen die USA vor China, Deutschland und [ebenfalls mit großem Abstand] Japan an der Spitze.

(Bergmoser + Höller Verlag, Zahlenbild 681 133)

1. Beschreibt anhand der Darstellung in M9 die Entwicklung des Welthandels in den letzten 60 Jahren und achtet bei der Analyse der Abb. 1 besonders auf die Zeit seit 1985/90. Erklärt, inwiefern sich diese Entwicklung als „Spiegelbild der Globalisierung" bezeichnen lässt.

2. Erläutert mit eigenen Worten, inwiefern sich die Globalisierung des Welthandels auch in der Finanz- und Wirtschaftskrise 2008/2009 auswirkte und welche Gründe einen noch stärkeren Wiederanstieg des Welthandels im Jahre 2010 verhinderten (Z. 20 ff.).

3. Erläutert die Darstellung des Textes zur Verflechtung des Welthandels anhand der Abb. 2 und achtet dabei auch auf folgende Gesichtspunkte:
- Was fällt im Hinblick auf die Einbeziehung der einzelnen Erdteile/Regionen in den internationalen Handel besonders auf?
- Welche Unterschiede lassen sich für einzelne Regionen im Hinblick auf das Verhältnis zwischen Exporten und Importen erkennen? Welche Erklärungen lassen sich dafür finden?
- Welches (unterschiedliche) Gewicht hat der Handel *innerhalb* der drei großen Regionen (Angaben in den Kreisen)? Zieht zur Erklärung für die Region „Europa" die Darstellung in Kap. 18, M13 (S. 451 f.) heran.

4. Beschreibt die Position Deutschlands innerhalb des gesamten Weltexports und -imports.

M 10 Deutschland in der globalisierten Welt – Die Bedeutung des Außenhandels für die deutsche Wirtschaft

Die deutsche Wirtschaft ist in ganz besonderer Weise auf den Handel mit dem Ausland angewiesen. Ein wesentlicher Grund: Deutschland ist arm an Bodenschätzen (vgl. Abb. 2). Nicht zuletzt Erdöl und Erdgas stehen ganz oben auf der Einkaufsliste zusammen mit Investitions*- und Konsumgütern, die im Ausland preiswerter angeboten werden. Auch bestimmte technisch hochwertige Güter wie Mobiltelefone, Kameras, Fernsehgeräte oder Computer werden weitgehend nicht (mehr) in Deutschland hergestellt.

Damit diese Importe bezahlt werden können, müssen deutsche Unternehmen exportieren. Überwiegend sind es besonders hochwertige und damit auch teure Güter – etwa Maschinen und Produktionsanlagen, Kraftfahrzeuge, chemische Produkte, elektrische Geräte. Ungefähr 30 Prozent des deutschen Bruttoinlandsprodukts* (BIP) kommen jährlich aus dem Export deutscher Waren und Dienstleistungen. [...] Die deutsche Wirtschaft wird also zu großen Teilen vom Export getragen. Das bedeutet

Abb. 1

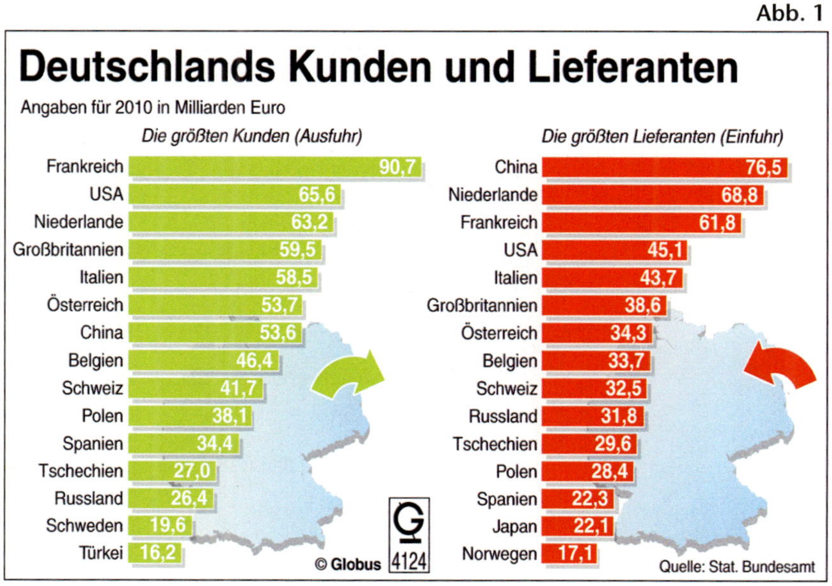

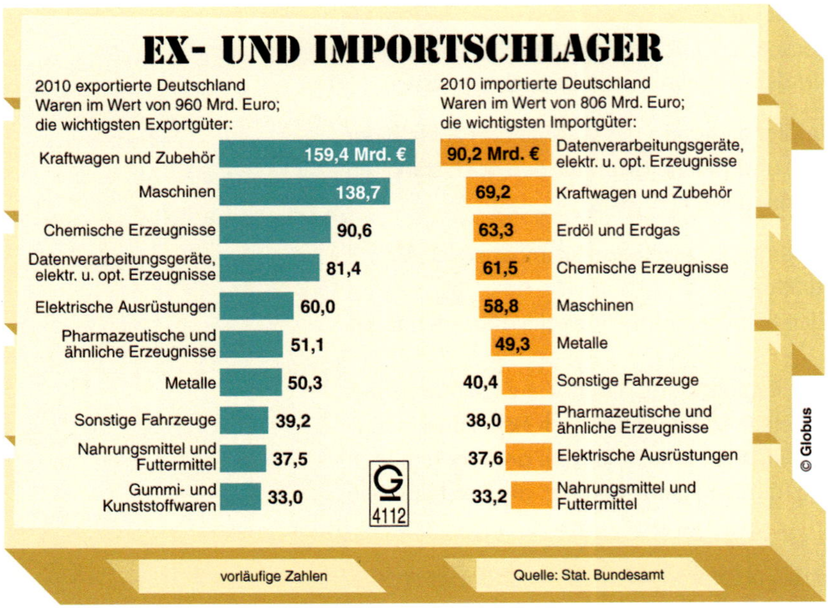

Abb. 2

aber auch: Stockt der Exportmotor, dann stockt auch die deutsche Wirtschaftskonjunktur [rund 20% aller deutschen Erwerbstätigen sind in irgendeiner Weise in der Exportwirtschaft beschäftigt].

(Herbert Uhl [Hg.], Grundwissen Politik, Ernst Klett Verlag GmbH, Stuttgart 2007, S. 103f.; Verf.: Jürgen Feick, Fabian Pfeffer)

Fast zwei Drittel aller deutschen Exporte gehen in die Länder der EU, aus denen auch rd. 60% aller Importe stammen. Hauptausfuhrgüter sind Autos, elektrotechnische und chemische Erzeugnisse und Maschinen. So stammt z.B. in zwei Bereichen des Maschinenbaus (Hydraulik/Pneumatik und Papier- und Drucktechnik) ein Drittel des gesamten Weltexports aus Deutschland. Zu beachten (und durch die enorme Vielfalt der Produkte und der Vorlieben der Verbraucher zu erklären) ist die Tatsache, dass auch die wichtigsten Einfuhrgüter aus nahezu denselben Bereichen stammen wie die Exportgüter (Autos, elektronische und chemische Erzeugnisse; s. Abb. 2).

(Autorentext)

1. Beschreibt anhand von M 10 die große Bedeutung des Außenhandels für Deutschland. Warum ist Deutschland in starkem Maße auf den Außenhandel angewiesen?
- Welche Bedeutung hat der Export für die gesamte Wirtschaftsleistung (Bruttoinlandsprodukt*) und für den Arbeitsmarkt?
- Zur führenden Stellung Deutschlands im internationalen Vergleich der Export- und Importländer s. M 9 (Z. 49 ff.).

2. Inwiefern kann sich die „Exportstärke" Deutschlands auch negativ als „Exportabhängigkeit" auswirken?

3. Analysiert Abb. 2 und stellt fest, bei welchen Gütern Deutschland z.T. hohe „Exportüberschüsse" erzielt und in welchem Bereich den Importen keine Exporte gegenüberstehen. Nennt mögliche Gründe für diese Unterschiede.

4. Wie lässt sich erklären, dass in vielen Bereichen fast ebenso viele Güter exportiert wie importiert werden?

5. Beschreibt die Rolle, die die EU-Länder für die deutsche Außenwirtschaft spielen (Text und Abb. 1).

M 11 Deutsche Unternehmen im Ausland

Unter einer Direktinvestition versteht man die Kapitalanlage eines Unternehmens im Ausland zur Gründung von oder zur Beteiligung an Unternehmen, Produktionsstätten oder Niederlassungen. Dabei ist der Zufluss an Direktinvestitionen aus dem Ausland auch ein Maß für die Attraktivität eines Landes als Unternehmensstandort.

Der Bestand deutscher Direktinvestitionen im Ausland nahm von 1980 bis 1997 von 105 auf 283 Mrd. Euro zu, 2001 betrug er 701 Mrd. und 2009 985 Mrd. Euro. Die wichtigsten **Anlageländer** sind die USA (217 Mrd.) und Großbritannien (121 Mrd.). Auf die EU insgesamt entfallen rd. 60% aller Direktinvestitionen. Unter den „Schwellenländern" ist China das wichtigste Anlageland (22 Mrd.). Von den rd. 31 000 **Unternehmen** hatten 2009 rd. 17 000 Auslandsbeteiligungen in der EU, 4 200 in den USA, 3 100 in größeren Industrieländern und rd. 7 000 in den Entwicklungs- und Schwellenländern. Als **Hauptmotive** ihrer Auslandsinvestitionen gaben 47% „Vertrieb und Kundendienst (Marktnähe)" an, 29% „Auslandsproduktion zur Markterschließung" und 24% „Auslandsproduktion zur Kostenersparnis".

(Autorentext)

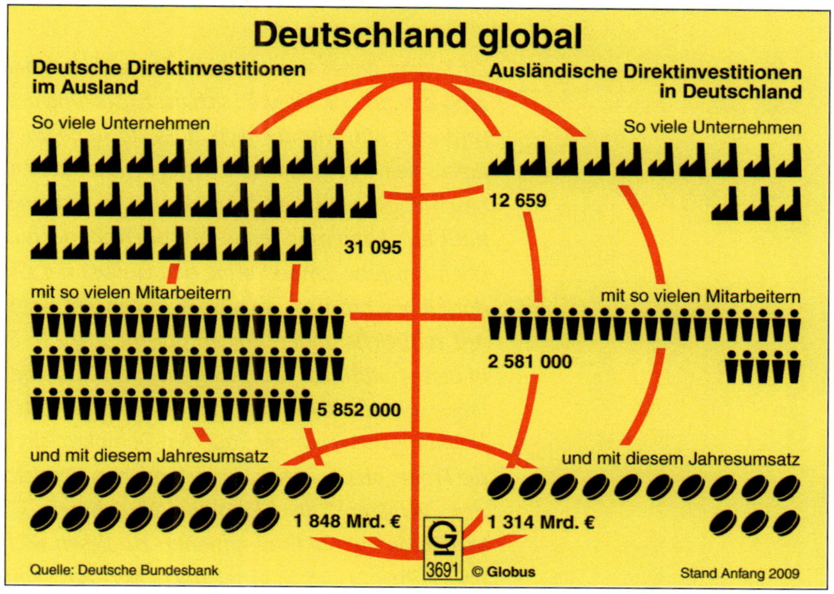

1. Erläutert, was man unter ausländischen Direktinvestitionen versteht. Worin liegt der Unterschied zum Güterexport?

2. Vergleicht in M 11 den Umfang der deutschen Direktinvestitionen im Ausland mit dem ausländischer Investitionen in Deutschland.

3. Beschreibt die Entwicklung der deutschen Direktinvestitionen (Z. 9 ff.). Welche zeitliche Phase kann als die eigentliche „Globalisierungsphase" bezeichnet werden?

4. Erläutert etwas konkreter die angegebenen Gründe für die Auslandsinvestitionen deutscher Unternehmen.

4. Folgen der Globalisierung

Zu Beginn dieses Kapitels habt ihr euch mit Meinungen zu den Chancen und Risiken der Globalisierung beschäftigt. Obwohl sich die Einstellung der Deutschen insgesamt zur Globalisierung eher positiv verändert hat, wird deutlich, dass die Sorge um den Verlust des Arbeitsplatzes weiterhin eine wichtige Rolle spielt. Wir wollen uns daher im letzten Abschnitt dieses Kapitels mit diesem Aspekt etwas näher beschäftigen. Ob die Globalisierung im Ergebnis bisher zu mehr oder zu weniger Arbeitsplätzen geführt hat, kann man schon deshalb nicht genau sagen, weil man nicht wissen kann, wie sich die Situation am Arbeitsmarkt ohne den Einfluss der Globalisierung entwickelt hätte. Wir müssen uns daher darauf beschränken, an ausgewählten Beispielen den Einfluss auf dem Arbeitsmarkt zu verdeutlichen. Auf zahlreiche andere Folgeprobleme, die z. T. lebhaft und kontrovers diskutiert werden, können wir in diesem Rahmen nicht eingehen: z. B. auf die wirtschaftliche und soziale Entwicklung in Deutschland, auf das Klima und die Umwelt, auf das Problem weltweiter Wanderungen (Migration) und Flüchtlingsbewegungen, auf den Demokratisierungsprozess in Ländern der „Dritten Welt" sowie auf die Frage, ob die Entwicklungsländer im Vergleich zu den Industrieländern zu den „Gewinnern" oder den „Verlierern" der Globalisierung gehören.
Vielfältige nähere Informationen zu diesen wichtigen Aspekten der Globalisierung und ihrer Folgen findet ihr ggf. im Internet unter den Adressen: www.globalisierung-online.de/info/index.php und http://www.bpb.de/nachschlagen/zahlen-und-fakten/globalisierung/

M 12 Globalisierung und Arbeitsmarkt

M 12 a Eine allgemeine Einschätzung

Durch die Globalisierung ist der Arbeitsmarkt oft nicht mehr national oder regional begrenzt, sondern global. Das führt dazu, dass das Arbeitsangebot [Angebot an Arbeitskräften] enorm steigt. Die Lebenshaltungskosten sind in Asien oft bei nur 20 % der Lebenshaltungskosten in Westeuropa. Dementsprechend groß ist auch die Differenz der Löhne und Gehälter. Der Faktor Arbeit ist in vielen Teilen der Welt also deutlich billiger als in Westeuropa. Das bedeutet, dass ein deutscher Arbeiter auf dem Arbeitsmarkt nicht nur in Konkurrenz zu anderen deutschen Arbeitern steht, sondern auch in Konkurrenz zu den vielen Arbeitskräften in der ganzen Welt, die ihre Arbeitskraft deutlich billiger anbieten. Diese „Lohnschere" zwischen Westeuropa und vielen anderen Teilen der Welt führt dazu, dass viele Firmen einfache Produktionstätigkeiten in Billiglohnländer verlegen. Der einzige Ausweg, um nicht mit Millionen von Billigarbeitern in Konkurrenz zu stehen, ist es, gut qualifiziert zu sein. Am deutschen Arbeitsmarkt lässt sich dies gut beobachten: Während viele Unternehmer einen Bedarf an gut ausgebildeten [„qualifizierten"] Arbeitskräften haben, stehen viele gering qualifizierte Arbeitslose auf der Straße. Zum (Welt-)Marktpreis können diese Geringqualifizierten ihre Arbeit nicht anbieten, da dieser nicht ausreichen würde, um einen deutschen Lebensstandard zu halten. […]

(http://www.globalisierung-infos.de/arbeitsmarkt.html; Zugriff: 28.12.2011)

M 12 b Wie viele Arbeitsplätze kostet die Globalisierung? – Ergebnisse einer Untersuchung des Statistischen Bundesamtes

Nach Angaben einer vom Statistischen Bundesamt 2009 veröffentlichten Erhebung, die in Deutschland bei 20 000 Unternehmen mit 100 und mehr Beschäftigten [...] der gewerblichen Wirtschaft durchgeführt wurde, verlagerten rund 14 Prozent der Unternehmen zwischen 2001 und 2006 Aktivitäten vom heimischen Standort ins Ausland. Vor allem bei Industrieunternehmen ist dieses Globalisierungsphänomen überdurchschnittlich stark ausgeprägt: 20 Prozent verlagerten Aktivitäten ins Ausland. In der übrigen Wirtschaft waren 7 Prozent der Unternehmen an Verlagerungen ins Ausland beteiligt. Die beiden wichtigsten Verlagerungsmotive sind die Senkung der Lohnkosten und der Zugang zu neuen Absatzmärkten (vgl. M 11).

(www.bpb.de/files/3T3PVO.pdf; Verf.: Christian Hartmann)

Eine Verlagerung von Unternehmensfunktionen bedeutet in der Regel auch eine Abwanderung von Arbeitsplätzen. Insgesamt bauten die Unternehmen mit 100 und mehr Beschäftigten in den Jahren 2001 bis 2006 durch Verlagerungen insgesamt 188 600 Stellen in Deutschland ab. Ebenfalls verlagerungsbedingt wurden jedoch gleichzeitig 105 500 neue Arbeitsplätze am heimischen Standort geschaffen. Das entspricht 56 Prozent der verlagerten Arbeitsplätze.
Allerdings ergeben sich große Unterschiede, wenn das Qualifikationsniveau der verlagerten und geschaffenen Arbeitsplätze berücksichtigt wird. Erstens war die absolute Zahl der verlagerten Arbeitsplätze mit höherer Qualifikation mit 63 300 nur etwa halb so hoch wie die Zahl der verlagerten Arbeitsplätze mit geringerer Qualifikation (125 400). Zweitens wurden in den Unternehmen parallel zu der Verlagerung relativ und absolut mehr Arbeitsplätze mit höherer als mit geringerer Qualifikation geschaffen: Bei den Arbeitsplätzen mit höherer Qualifikation entsprachen die 59 300 geschaffenen Arbeitsplätze 94 Prozent der verlagerten Stellen. Die 46 200 geschaffenen Arbeitsplätze mit geringerer Qualifikation kompensierten lediglich 37 Prozent der verlagerten Stellen.

(http://www.bpb.de/files/5FV2LU.pdf; Verf.: Christian Hartmann)

1. Fasst die allgemeine Darstellung zu den Folgen der Globalisierung für den deutschen Arbeitsmarkt in den wichtigsten Punkten zusammen. Klärt dabei, inwiefern der internationale Wettbewerb zu einer „Lohnschere zwischen Westeuropa und vielen anderen Teilen der Welt" führt (M 12 a).

2. Gebt die Ergebnisse der angeführten Untersuchung in M 12 b differenziert wieder und stellt fest, inwieweit sie der allgemeinen Darstellung in M 12 a entsprechen.
Nähere Informationen und grafische Darstellungen dazu findet ihr unter den als Quellen angegebenen Internetadressen.
Hinweis: Die Zahl der Unternehmen, die ihre Erwartungen bei der Auslandsverlagerung nicht erfüllt sehen und deshalb nach Deutschland zurückkehren, hat in den letzten Jahren zugenommen. Informiert euch über diese Entwicklung ggf. unter der Internetadresse http://www.schulbank.de/newsletter/2010/02/unternehmen-kehren-zuru308ck

M 13 Das Beispiel der Textilindustrie

Abb. 1

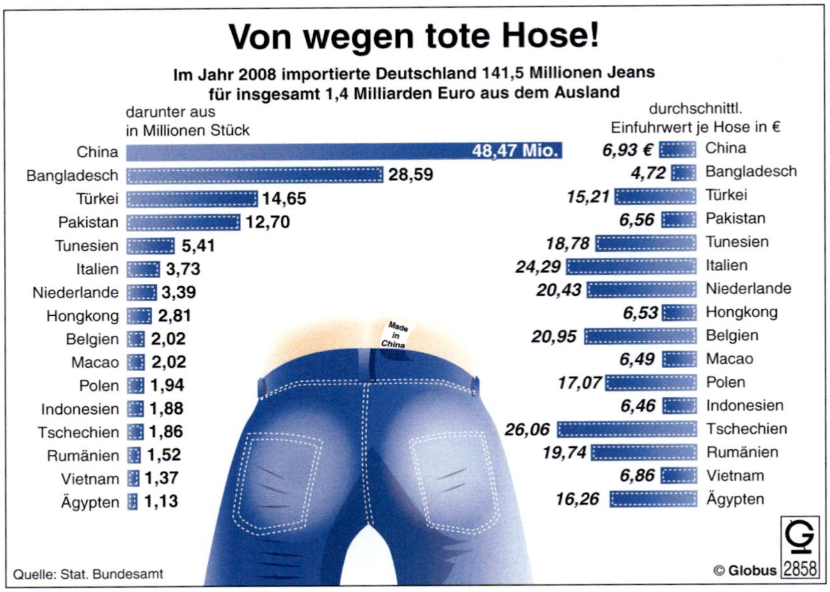

Abb. 2

Textilindustrie China – für den Export

Tabelle: Eckdaten der deutschen Textil- und Bekleidungsindustrie

in Mio. EUR	2000	2009	2010
Umsatz	26 409,4	14 630,5	16 101,7
Produktion	16 375,2	9 958,6	11 057,1
Einfuhren	31 730,1	30 050,6	32 756,3
Ausfuhren	18 943,2	20 624,6	22 165,7
Einfuhrüberschuss	12 786,9	9 426,0	10 590,6
Beschäftigte (Anzahl)	185 195	83 197	80 985

(http://www.bmwi.de/BMWi/Navigation/Wirtschaft/branchenfokus,did=196528html?view=renderPrint)

Analysiert anhand der statistischen Daten in M 13 die Auswirkungen der Globalisierung auf die Entwicklung der Textilindustrie in Deutschland.

1. Wie hat sich zwischen 2000 und 2010 die Situation in den einzelnen Bereichen entwickelt (Tabelle)?

2. Welche Entwicklung zeigt am deutlichsten, dass die deutsche Textilindustrie zu den „Verlierern" der Globalisierung gerechnet werden muss?

3. Vergleicht die Entwicklung von Produktion, Umsatz und Export mit der der Beschäftigtenzahl 2010 gegenüber 2009. Welche Erklärung habt ihr für diese Daten?

4. Analysiert die Darstellung des Schaubilds (Abb. 1) auf dem Hintergrund eurer Kenntnisse aus M 12 und formuliert zusammenfassend, was sich den Daten im Hinblick auf die Globalisierungsfolgen für die Textilindustrie entnehmen lässt. Achtet dabei darauf, welche Ländergruppe betroffen ist.

M 14a Das Beispiel BJB

Das Unternehmen BJB (Brökelmann, Jäger und Busse) wurde 1867 gegründet und produziert heute als mittelständisches Unternehmen Teile für die Elektroindustrie. Auf seiner Homepage stellt es sich u. a. mit dem folgenden Text vor.

Philosophie

Weil sich die Welt ändert, ändern wir uns auch.

Im Kerngeschäft geht es bei BJB seit jeher um Licht. […] Aber: Nichts bleibt, wie es ist. Und gerade bei uns kann man leicht erkennen, wie stark sich der Fortschritt, ob technisch oder gesellschaftlich, auf Lebens-, Arbeits- und Denkweisen der Menschen auswirkt.

Konkretes Beispiel: die Globalisierung. Nie in der Geschichte war der weltweite Warenaustausch umfangreicher als heute; nie gab es einen Wettbewerb, der sich bis in die entlegensten Ecken der Welt erstreckte; nie war es so wichtig, die eigenen Stärken als Unternehmen noch deutlicher zu entwickeln und dabei die Identität in den unterschiedlichen Märkten zu wahren. Unter Identität verstehen wir dabei unter anderem auch die Art und Weise, wie wir mit unseren Kunden und Lieferanten umgehen.

Wir wollen zuverlässig sein, professionell und freundlich. In allen Bereichen und bei allen Gelegenheiten. Und bei allem Zwang zur Flexibilität: Daran soll sich nichts ändern.

Internationalität

BJB spricht viele Sprachen. Und zwar die seiner Kunden.

BJB
Brücke zum Licht

Stammsitz von BJB ist Arnsberg in Westfalen. Daneben gibt es Produktionsstätten in Spanien, den USA und China sowie Niederlassungen in England, Japan, Italien, Hongkong und Taiwan. Dazu kommen weltweit fünfzig Vertretungen, über die wir alle wichtigen Märkte der Licht- und Hausgeräteindustrie bedienen. Man sieht: Wo Licht ist, ist auch BJB. Wir sind nah am Kunden, unser Exportanteil beträgt 80 % und wir liefern aktuell in 70 Länder. Kein Wunder, dass unsere Mitarbeiterinnen und Mitarbeiter viele Sprachen sprechen. Unter anderem englisch, französisch, spanisch, italienisch, russisch, türkisch, chinesisch und japanisch, um nur einige zu nennen, mit denen man in der Welt von BJB heute kommuniziert. Und noch etwas ist wichtig: Mit der Globalisierung beeinflusst der internationale Wettbewerb unser Leben in einem immer größeren Maßstab. Schon seit Langem sind die Grenzen der Nationalstaaten keine Grenzen für wirtschaftliche Kontakte mehr. Dieser Trend wird sich fortsetzen, neue Aufgaben und Herausforderungen werden uns beschäftigen. International zu agieren war stets einer der Grundsätze, mit denen wir unser Unternehmen erfolgreich entwickelt haben. Und jetzt sieht es so aus, als wäre es auch eine ebenso gute Grundlage für eine erfolgreiche Zukunft.

Mitarbeiter

Menschen sind verschieden. Genau deshalb brauchen wir sie.

Bei BJB arbeiten heute weltweit rund 840 Menschen. Und keiner davon gleicht dem anderen. Jeder ist eigenständig und entwickelt Kompetenzen, die in vielfältiger Weise eingesetzt werden können. [...] In den sich entwickelnden Märkten der Welt ist lebenslanges Lernen heute eine Grundvoraussetzung für den beruflichen Erfolg. Auch in diesem Bereich bieten wir unseren Mitarbeiterinnen und Mitarbeitern Möglichkeiten zur qualifizierten Weiterbildung. [...]

(http://www.bjb.com/index.php?productid=160351; http://www.bjb.com/index.php?productid=160360; http://www.bjb.com/index.php?productid=160356; http://www.bjb.com/index.php?productid=160357; © BJB GmbH & Co. KG; Zugriff: 2.11.2011)

M 14 b Der Volkswagen Konzern

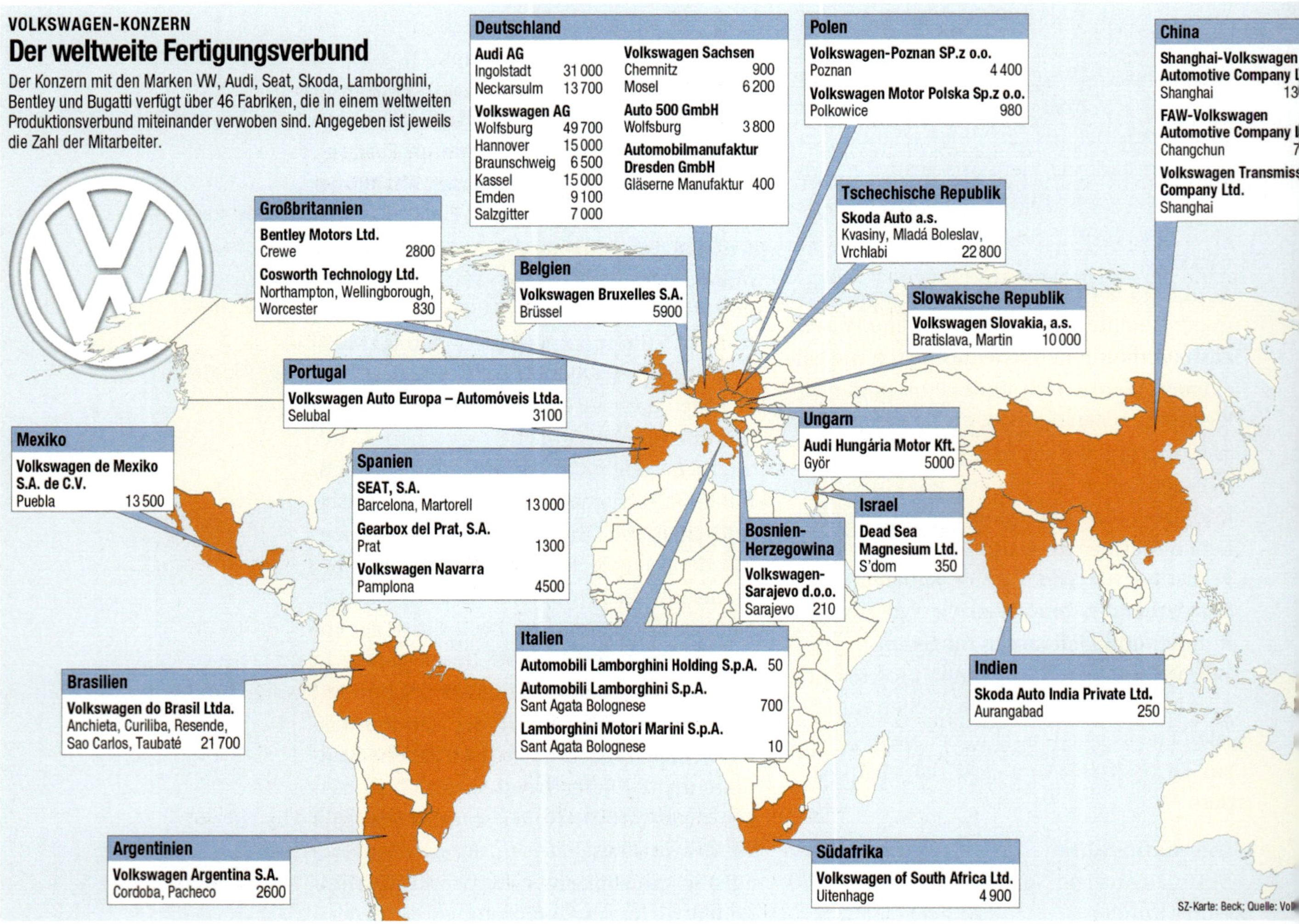

Der Volkswagen Konzern mit Sitz in Wolfsburg ist einer der führenden Automobilhersteller weltweit und der größte Automobilproduzent Europas. Im Jahr 2011 steigerte der Konzern die Auslieferungen von Fahrzeugen an Kunden auf 8,265 Millionen (2010: 7,203 Millionen), das entspricht einem Pkw-Weltmarktanteil von 12,3 Prozent.

In Westeuropa stammt mehr als ein Fünftel aller neuen Pkw (23,0 Prozent) aus dem Volkswagen Konzern. Der Umsatz des Konzerns belief sich im Jahr 2011 auf 159 Milliarden Euro (2010: 126,9 Milliarden). Das Ergebnis nach Steuern betrug im abgelaufenen Geschäftsjahr 15,8 Milliarden Euro (2010: 7,2 Milliarden).

Zehn Marken aus sieben europäischen Ländern gehören zum Konzern: Volkswagen, Audi, SEAT, Skoda, Bentley, Bugatti, Lamborghini, Volkswagen Nutzfahrzeuge, Scania und MAN. Jede Marke hat ihren eigenständigen Charakter und operiert selbstständig im Markt. Dabei reicht das Angebot von verbrauchsoptimalen Kleinwagen bis hin zu Fahrzeugen der Luxusklasse. Im Bereich der Nutzfahrzeuge beginnt das Angebot bei Pick-up-Fahrzeugen und reicht bis zu Bussen und schweren Lastkraftwagen.

[...] Der Konzern betreibt in 18 Ländern Europas und in acht Ländern Amerikas, Asiens und Afrikas 94 Fertigungsstätten. 501 956 Beschäftigte produzieren an jedem Arbeitstag rund um den Globus circa 34 500 Fahrzeuge, sind mit fahrzeugbezogenen Dienstleistungen* befasst oder arbeiten in weiteren Geschäftsfeldern. Seine Fahrzeuge bietet der Volkswagen Konzern in 153 Ländern an.

Ziel des Konzerns ist es, attraktive, sichere und umweltschonende Produkte anzubieten, die im zunehmend scharfen Wettbewerb auf dem Markt konkurrenzfähig und jeweils Weltmaßstab in ihrer Klasse sind.

(Geschäftsbericht 2011; http://www.volkswagenag.com/content/vwcorp/content/de/the_group.html)

1. Fasst die wesentlichen Aussagen zusammen, mit denen das Unternehmen BJB auf seiner Homepage die Herausforderungen der Globalisierung und die Maßnahmen beschreibt, mit denen es darauf reagieren will (M 14 a). Worin sieht es seine besonderen Stärken?

2. Der Volkswagen-Konzern ist das größte deutsche Unternehmen überhaupt. Beschreibt die wichtigsten Kennzahlen des Konzerns (Absatz, Umsatz, Produktangebot, Beschäftigtenzahlen) und das Ausmaß seiner internationalen Verflechtung (M 14 b, Text und Schaubild).

3. Zur aktuellen Zahl und regionalen Verteilung der Standorte s. http://www.volkswagenag.com/content/vwcorp/content/de/the_group/production_plants.html). Listet daraus die Standorte in Deutschland (Region „Europa") auf und berechnet die Gesamtzahl der Beschäftigten in Deutschland.

4. Wie schätzt ihr die Bedeutung des Unternehmens für die Beschäftigungslage in Deutschland – auch unter Berücksichtigung der für Volkswagen arbeitenden Betriebe der Zulieferungsindustrie – ein?

Kompetenzcheck

1. Ein Freund/eine Freundin fragt dich: „Was ist eigentlich Globalisierung?"
Schreibe in dein Hausheft, was du antworten würdest.

2. Die Ursachen der Globalisierung liegen zum einen in der technischen Entwicklung, zum anderen beruhen sie auf politische Entscheidungen.
Nenne für jeden Bereich zwei konkrete Ursachen:
Technische Entwicklung:
1. ??
2. ??

Politische Entscheidungen:
1. ??
2. ??

3. Neben der wirtschaftlichen gibt es auch eine „kulturelle" Globalisierung. Nenne dazu Beispiele.

4. Übertrage das Rätselschema in dein Heft, finde die gesuchten Begriffe und trage sie entsprechend ein. Die Buchstaben in der farbig markierten senkrechten Spalte ergeben von oben nach unten gelesen ein charakteristisches Merkmal von Globalisierung.

1. Unternehmen tätigen sie auch im Ausland:
2. Diese Rockband steht für weltweit verbreitete Musik:
3. Diese Kosten haben sich wesentlich verringert:
4. Die größte Exportnation der Welt ist:
5. Schiffe, die immer mehr Waren transportieren können, nennt man:
6. Der bedeutendste Bereich von Globalisierung:
7. Diese internationalen Märkte haben sich im Zuge der Globalisierung erheblich ausgeweitet:
8. Ein im Alltagsleben erlebbarer Teilbereich von Globalisierung:
9. Der größte Containerhafen der Welt ist:
10. Diese Branche verlor im Prozess der Globalisierung viele Arbeitsplätze:

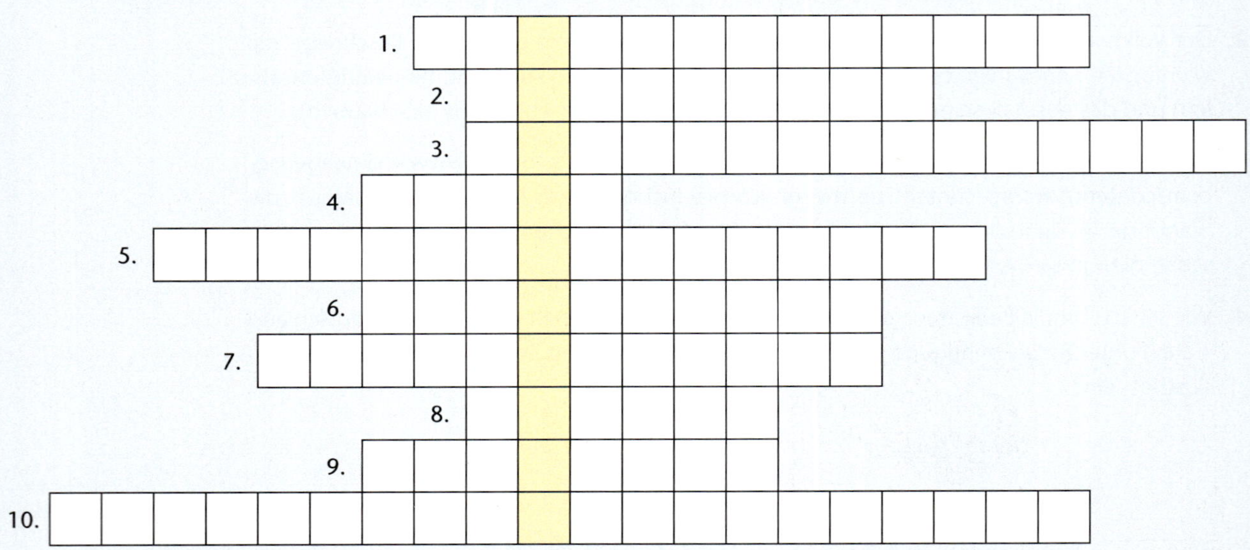

5. In M2b habt ihr Aussagen zur Globalisierung kennengelernt. Wähle zwei der dort aufgeführten Aussagen aus, zu denen du jetzt – aufgrund der in diesem Kapitel erworbenen Kenntnisse – Stellung nehmen kannst. Begründe deine Meinung schriftlich in einem zusammenhängenden Text.

6. a) Beschreibe die folgenden Karikaturen.
b) Was will der Zeichner mit seiner Darstellung zum Ausdruck bringen?
c) Nimm aufgrund deiner Erkenntnisse aus diesem Kapitel zu diesen Aussagen Stellung.

a)

EXPORTSPEZIALISTEN

b)

Unser ganz normales Konsumentenverhalten ...

Keine Hoffnung auf eine
Möglichkeiten und Probleme der

November 2008: Massenflucht vor Bürgerkrieg im Kongo – Flüchtlingskinder an einer Ausgabestelle von Notnahrung

Billigung der Durchsetzung eines Flugverbots über Libyen am 17.3.2011 durch den UN-Sicherheitsrat

Terroranschlag auf einen Busbahnhof in Bagdad (Irak)

Bundeswehrsoldaten bei einer Patrouille in Kundus (Afghanistan)

friedliche Welt? – internationalen Friedenssicherung

20

Zur Orientierung

Fast täglich berichten Rundfunk, Presse und Fernsehen über kriegerische Auseinandersetzungen und blutige Gewaltakte in vielen Ländern der Welt. Internationale Organisationen unternehmen zahlreiche Versuche, Kriege und Gewalt einzudämmen und für mehr Sicherheit zu sorgen.

*Wir wollen in diesem Kapitel zunächst als Beispiel den kriegerischen Konflikt in Afghanistan etwas näher untersuchen und aufzeigen, wie sich dieser Krieg entwickelt hat, in welcher Form die Bundeswehr daran beteiligt ist und welche Perspektiven sich für das Land ergeben (**erster Abschnitt**).*

*Im **zweiten Abschnitt** wollen wir einen Blick auf die weltweite Verbreitung von Kriegen und Konflikten werfen und darlegen, durch welche besonderen Merkmale und Ursachen sich die sog. „neuen" Kriege von solchen unterscheiden, die wir aus früherer Zeit kennen.*

*Im **dritten Abschnitt** untersuchen wir die Möglichkeiten, Chancen und Probleme der Sicherheits- und Friedenspolitik der UNO und gehen auch auf die Rolle der NATO und der EU ein.*

*Im **letzten Abschnitt** wollen wir untersuchen, was es mit dem internationalen islamistischen Terrorismus auf sich hat, der in den Jahren seit 2001 für zahlreiche blutige Terrorakte in aller Welt verantwortlich ist und von dem offenbar auch Deutschland bedroht ist.*

Kompetenzen

Nach der Erarbeitung dieses Kapitels solltet ihr Folgendes wissen und können:

- wichtige sicherheitspolitische Ziele Deutschlands benennen und ihnen die Aufgaben der Bundeswehr zuordnen;
- die Entwicklung des Krieges in Afghanistan, insbesondere des ISAF-Einsatzes, in ihren wesentlichen Zügen erläutern sowie die Ergebnisse der Bonner Afghanistan-Konferenz 2011 darlegen und beurteilen;
- Merkmale, Ursachen und Typen sogenannter „neuer" Kriege beschreiben;
- die Ziele und die Organisation der Vereinten Nationen, insbesondere die Stellung des Sicherheitsrates, beschreiben sowie Möglichkeiten, Formen und Probleme der UN-Friedenssicherungseinsätze charakterisieren und beurteilen;
- wesentliche Aspekte der Sicherheitspolitik der NATO und der EU charakterisieren;
- wichtige Merkmale und Folgen des internationalen, insbesondere des islamistischen Terrorismus beschreiben sowie die Gefährdungslage in Deutschland charakterisieren und beurteilen.

1. Deutsche Soldaten im Ausland – das Beispiel Afghanistan

Im Folgenden haben wir das Beispiel Afghanistan ausgewählt, um zu zeigen, wie komplex und oft kaum durchschaubar sich Kriege und Konflikte heute darstellen und wie schwierig und gefahrvoll die jeweilige Situation für deutsche Soldaten sein kann, die zusammen mit Truppen anderer Länder versuchen sollen, die Sicherheitslage in einem bestimmten Land zu verbessern.

M 1 Die Bundeswehr am Hindukusch

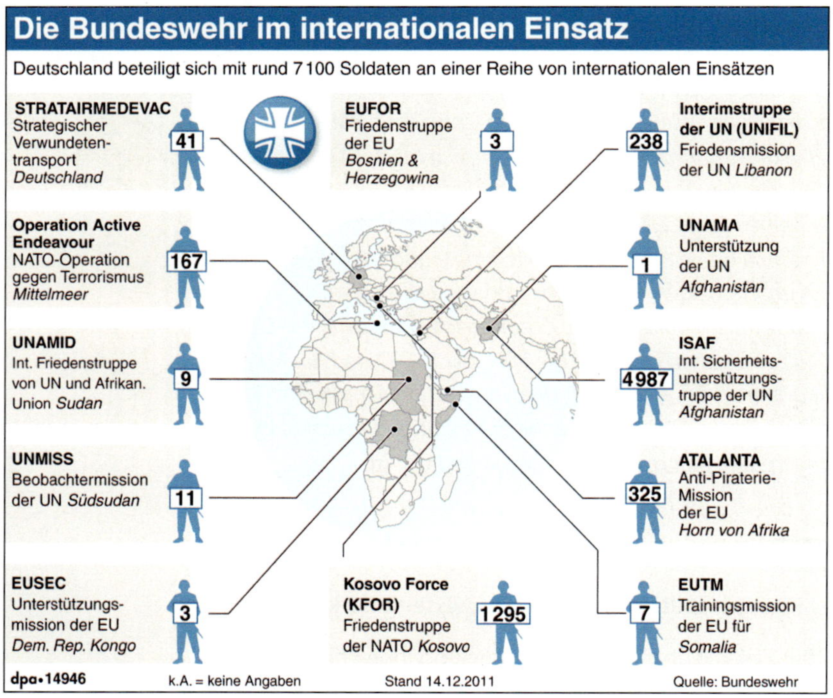

Seit dem Ende des Kalten Krieges* in Europa hat die Welt ein anderes sicherheitspolitisches Gesicht bekommen. Die Aussage des ehemaligen Verteidigungsministers Dr. Peter Struck, die Bundesrepublik werde „auch am Hindukusch verteidigt“, ist inzwischen ein geflügeltes Wort, das die aktuelle Situation deutscher Soldaten treffend beschreibt. Sie müssen zum Einsatz überall auf der Welt für Menschenrechte, Recht und Gerechtigkeit bereit sein. […] Der für die Zeit- und Berufssoldaten wichtigste Unterschied: Früher bereiteten sie sich zu Hause auf einen Einsatz vor, der nicht stattfand – wenn ihre Vorbereitung (und die der NATO-Verbündeten) erfolgreich war. Jetzt muss jeder militärische Profi damit rechnen, nicht nur ausgebildet, sondern auch eingesetzt zu werden, und zwar nicht nur in Hindelang, sondern auch am Hindukusch. Die in der Regel friedenserhaltenden Maßnahmen sind der Ernstfall. […] Zu den eingesetzten Soldaten kommen diejenigen, die sich auf die Ablösung nach vier bis sechs Monaten vorbereiten, und jene, die nach dem Einsatz eine Pause erhalten sollen. Schon ist man bei bis zu 30000 Soldaten in und um die Einsätze. Ungewohnt ist für die Soldaten nicht nur der Einsatz „draußen“, sondern auch die Organisation „drinnen“. Zentraler Bezugspunkt sind nicht mehr die klassischen Truppengattungen Heer, Luftwaffe und Marine. Im Zentrum steht die Einsatzfähigkeit der gesamten Truppe, deren Waffengattungen in Eingreifkräfte, Stabilisierungskräfte und Unterstützungskräfte eingeteilt werden. […]

(Thomas Kröter, „Der Umbau der Truppe“, in: Frankfurter Rundschau vom 5.4.2006)

1. Erklärt, inwiefern der Einsatz der Bundeswehr im Ausland die daran beteiligten Soldaten vor eine neue Situation stellt. Was bedeutet „der Ernstfall"?

2. Die Grafik soll ein Bild vermitteln vom Umfang und der regionalen Verteilung der Bundeswehr-Einsätze. Stellt fest,
- wo die (zahlenmäßigen und regionalen) Schwerpunkte liegen;
- im Rahmen welcher internationalen Organisation (UNO, NATO, EU) die Bundeswehr eingesetzt ist und
- von welchen Einsätzen zurzeit in den Medien berichtet wird.

Auf den Afghanistan-Einsatz gehen wir in M 3 näher ein.

M 2 Aufgaben der Bundeswehr nach dem Grundgesetz im Rahmen deutscher Sicherheitspolitik

Deutschland 2002: Bis zu 40 000 Soldaten der Bundeswehr helfen bei der Flutkatastrophe an Elbe, Donau und Mulde, den Bruch der Dämme zu vermeiden und die Hochwasserschäden zu beseitigen.

- Im Grundgesetz ist festgelegt, unter welchen Voraussetzungen die Bundeswehr eingesetzt werden darf. Danach ist es die Hauptaufgabe der Bundeswehr, unser Land gegen jegliche Gegner zu verteidigen, die es von außen mit Waffengewalt angreifen (Artikel 87 a GG). Der Schutz der inneren Sicherheit des Landes ist grundsätzlich Aufgabe der Polizei der Länder und des Bundes (Bundespolizei). Laut Grundgesetz dürfen die Streitkräfte im Landesinneren nur in Ausnahmefällen eingesetzt werden, z. B. bei Naturkatastrophen (s. Foto) oder besonders schweren Unglücksfällen.
- Humanitäre Einsätze der Bundeswehr im Ausland (z. B. bei Naturkatastrophen oder in Flüchtlingslagern) erfordern Abkommen zwischen der Bundesrepublik Deutschland und dem jeweiligen Staat, der um Hilfe bittet. Die Bundeswehr hat inzwischen bereits an mehr als 130 Hilfseinsätzen in aller Welt teilgenommen.
- Nach der Wiedervereinigung 1990 gab es eine heftige Debatte über **Auslandseinsätze** der Bundeswehr. Erst ein Urteil des Bundesverfassungsgerichts vom 12. Juli 1994 brachte Klarheit: Deutsche Soldaten dürfen sich an Einsätzen außerhalb des NATO-Gebietes beteiligen – auch an bewaffneten, wenn der **Bundestag** mit einfacher Mehrheit zustimmt. Ein vom Bundestag erteiltes Mandat ist zunächst grundsätzlich auf zwölf Monate begrenzt und muss nach Ablauf dieser Frist verlängert werden. Meist geschieht dies in einer namentlichen Abstimmung, bei der im stenografischen Protokoll für die Öffentlichkeit festgehalten wird, wie jeder einzelne Bundestagsabgeordnete abgestimmt hat. (Autorentext)

In den „Verteidigungspolitischen Richtlinien 2011" (Teil III) sind die Aufgaben der Bundeswehr wie folgt festgelegt:

Die *sicherheitspolitischen Ziele* Deutschlands sind:

- Sicherheit und Schutz der Bürgerinnen und Bürger Deutschlands;
- territoriale Integrität und Souveränität Deutschlands und seiner Verbündeten;
- Wahrnehmung internationaler Verantwortung.

Zu den *Sicherheitsinteressen* gehören:

- Krisen und Konflikte zu verhindern, vorbeugend einzudämmen und zu bewältigen, die die Sicherheit Deutschlands und seiner Verbündeten beeinträchtigen;
- außen- und sicherheitspolitische Positionen nachhaltig und glaubwürdig zu vertreten und einzulösen;
- die transatlantische und europäische Sicherheit und Partnerschaft stärken;
- für die internationale Geltung der Menschenrechte und der demokratischen Grundsätze einzutreten, das weltweite Respektieren des Völkerrechts* zu fördern und die Kluft zwischen armen und reichen Weltregionen zu reduzieren;
- einen freien und ungehinderten Welthandel sowie den freien Zugang zur Hohen See und zu natürlichen Ressourcen* zu ermöglichen.

(Bundesministerium der Verteidigung, Verteidigungspolitische Richtlinien 2011, Teil III – Werte, Ziele und Interessen; http://www.bmvg.de)

M 3 Afghanistan kommt nicht zur Ruhe

Nach Jahren des Bürgerkriegs ergriffen im Jahr 1996 die Taliban* die Macht in Afghanistan. Das Land sollte zu einem Gottesstaat werden: Musik, Sport, Bilder und Fernseher wurden verboten. Die meisten Schulen und Universitäten wurden geschlossen. Frauen konnten sich fortan nur in Ganzkörperverschleierung und männlicher Begleitung auf die Straße wagen.

Taliban-Kämpfer Anfang Dezember 2007 in der zeitweise von ihnen besetzten südafghanischen Stadt Musa Qala

- Dem internationalen Terrorismus boten die Taliban einen Unterschlupf: Die Anschläge vom 11. September 2001 in den USA wurden in Afghanistan geplant. Das Taliban-Regime weigerte sich, einer Aufforderung der UNO nachzukommen, Osama Bin Ladin, den Führer der im Lande aufgebauten und von den Taliban unterstützten Terroristengruppe Al Qaida („Die Basis"), auszuliefern. Nach dem Terroranschlag des 11. September (s. M 13) stellte sich heraus, dass die Attentäter diesem Terrornetzwerk angehörten und der Anschlag von Bin Ladin geplant war.
- Als die Taliban-Regierung weiterhin die Auslieferung Bin Ladins verweigerte, begannen die USA mit Zustimmung der UNO, die den USA das Recht auf Selbstverteidigung zubilligte, und nach Beschluss der NATO wochenlange Luftangriffe gegen Taliban-Stützpunkte in Afghanistan. Zugleich starteten die afghanischen Widerstands-

gruppen aus dem Norden des Landes („Nordallianz“) eine erfolgreiche Offensive gegen die Taliban. Sie führte bis zum Ende des Jahres 2001 zur Errichtung einer Übergangsregierung unter Leitung von Hamid Karsai, die beim Aufbau des Landes von UN-Friedenstruppen („International Security Assistance Force“, ISAF; s. M4) unterstützt wurde.

- Deren Aufgabe wurde 2004 von der NATO übernommen. Karsai wurde 2004 zum Präsidenten gewählt (Wiederwahl im September 2009). Im Verlauf der Jahre 2005 und 2006 zeigte sich zunehmend, dass die Taliban vor allem im Süden des Landes nicht endgültig besiegt waren und sich mit terroristischen Gruppen vereinigten. Es kam zu zahlreichen Selbstmordanschlägen gegen ausländische Militärangehörige, afghanische Polizisten und Beamte. Seit Frühjahr 2006 kam es zu regelrechten kriegerischen Kämpfen in den südlichen Provinzen zwischen Taliban-Gruppen und Truppen der USA sowie der ISAR.
- Seit dem Jahre 2007 verschärfte sich die Sicherheitslage noch einmal spürbar. Neben der Zahl der getöteten Taliban-Kämpfer und ISAF-Soldaten gab es immer mehr zivile Todesopfer, vor allem durch Terroranschläge der Taliban, aber zum Teil auch bei militärischen, gegen die Taliban gerichteten Aktionen der ISAF-Truppen. Das Ziel des ISAF-Einsatzes liegt im Aufbau ausreichender afghanischer Sicherheitskräfte (Militär und Polizei; „selbsttragende Sicherheit“ in Afghanistan).

(Autorentext)

M4 Die Bundeswehr als Teil der ISAF-Truppe in Afghanistan

Die „International Security Assistance Force“ (ISAF) beruht auf einer Resolution des Sicherheitsrates der UNO vom Dezember 2001. Seit 2003 wird sie von der NATO geführt und soll dem Schutz der Regierung in Kabul dienen und die Sicherheitsvoraussetzungen für den Wiederaufbau des Landes schaffen. Dazu hat die NATO mehrere regionale *zivil-militärische Wiederaufbau-Teams* (Provincial Reconstruction Teams, PRT) eingerichtet, von denen zwei (in Kundus und Faisabad) unter deutscher Leitung stehen. Die Bundeswehr ist zurzeit mit rd. 4800 Soldaten für den gesamten Norden des Landes verantwortlich (drei Feldlager in Masari-Scharif, Kundus und Faisabad).

Als Teil der ISAF wird auch die Bundeswehr seit 2006, insbesondere aber seit 2009, immer stärker das Ziel von Terroranschlägen und in Gefechte mit Taliban-Milizen verwickelt. Sie muss für ihre eigene Sicherheit immer mehr Zeit verwenden und technischen Aufwand treiben. Insgesamt starben im Rahmen des bisherigen ISAF-Einsatzes (Dezember 2001 – 31.12.2011) bei Gefechten und Anschlägen 38 deutsche Soldaten, 262 wurden verwundet.

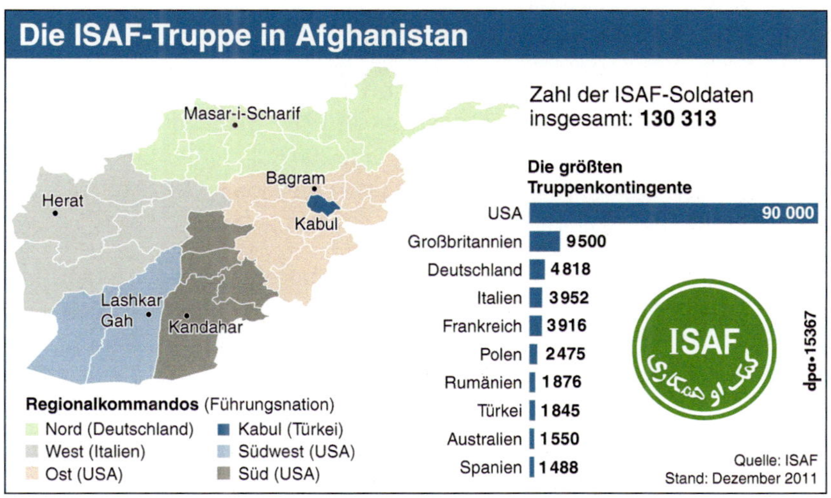

Zwei Spezialisten eines deutschen „Wiederaufbau"-Teams im Gespräch mit Dorfbewohnern im Norden Afghanistans

Verletzte Bundeswehrsoldaten nach einem Anschlag (Sprengfalle)

Bundeswehrsoldat auf einer Dorfstraße in der Nähe von Faisabad

Durch Unfälle (u.a. Hubschrauberabsturz, Entschärfen von Munition) kamen weitere 18 Soldaten zu Tode (vgl.: http://de.wikipedia.org/wiki/Zwischenfälle_der_Bundeswehr_in_Afghanistan). Die Gesamtzahl der im Einsatz getöteten Soldaten der Westmächte (in Klammern: Zahl der US-Soldaten) stieg von 191 (98) im Jahr 2006 auf 521 (317) im Jahr 2009, 711 (499) im Jahr 2010 und 431 (323) im September 2011.

(Autorentext)

Der internationale Einsatz in Afghanistan ist 2011 in eine **neue Phase** eingetreten. Die afghanische Regierung übernimmt, wie gemeinsam mit der internationalen Gemeinschaft vereinbart, schrittweise die Sicherheitsverantwortung im ganzen Land. Dies dient dem von Präsident Karsai formulierten Ziel Afghanistans, bis Ende 2014 die volle Ausübung seiner Souveränität zu erreichen. Bis dahin soll die Internationale Sicherheits-Unterstützungstruppe ISAF ihren Auftrag weitgehend erfüllt haben, den Aufbau des afghanischen Staats mit abzusichern. Die ISAF-Truppenstärke wird daher von 2011 bis 2014 schrittweise zurückgeführt. Ende 2014 soll es keine internationalen Kampftruppen mehr in Afghanistan geben. Nach 2014 sollen in Afghanistan nur noch solche militärischen Kräfte zum Einsatz kommen, die in erster Linie der Ausbildung der afghanischen Sicherheitskräfte bzw. der Eigensicherung dienen.

(http://www.bundesregierung.de/Content/DE/__Anlagen/2010/2011-07-21-fragen-antworten-katalog-afghanistan,property=publicationFile.pdf)

Die internationale Gemeinschaft hat Afghanistan bis zum Jahr 2024 weitere Hilfe zugesagt, im Gegenzug aber Reformen von der Regierung in Kabul eingefordert. Die Außenminister und Vertreter von 85 Staaten versprachen dem Land bei der internationalen *Afghanistan-Konferenz in Bonn* (s. Foto S. 495) Unterstützung in Form von

Geld sowie Soldaten als Berater und Ausbilder für die afghanischen Sicherheitskräfte. Bundeskanzlerin Angela Merkel versicherte im früheren Plenarsaal des Bundestags in Bonn: „Afghanistan kann sich auch nach 2014 auf die Unterstützung der internationalen Staatengemeinschaft verlassen." Der afghanische Präsident Hamid Karsai zeigte gewisse Bereitschaft zu Reformen. Jedoch sagte er: „Afghanistan wird fortgesetzte Unterstützung seiner Partner benötigen."
Vertreter mehrerer Staaten verlangten von der afghanischen Regierung, mehr im Kampf gegen Korruption und Drogenhandel, für Rechtsstaatlichkeit, Frauenrechte und die Aussöhnung mit den Taliban zu tun. Dazu verpflichtete sich die Kabuler Regierung in der 33 Punkte umfassenden Abschlusserklärung.

(Süddeutsche Zeitung v. 5.12.2011, S. 1; Verf.: Jan Schmidt)

An der internationalen Afghanistan-Konferenz Anfang Dezember 2011 in Bonn nahmen rd. 1000 Delegierte aus 85 Staaten und 16 Organisationen teil. Auf dem Foto (1. Reihe v. l.): US-Außenministerin Clinton, UNO-Generalsekretär Ban Ki Moon, Bundeskanzlerin Merkel, der afghanische Präsident Karsai und Bundesaußenminister Westerwelle.

1. Informiert euch anhand von M 3 und M 4 über die Entwicklung der Situation in Afghanistan in den letzten 15 Jahren.
- Welche großen Abschnitte lassen sich unterscheiden?
- Welche Rolle spielte der Terroranschlag des 11. September 2001 in den USA? Näheres zur Bedeutung der Taliban findet ihr ggf. unter der Internetadresse http://de.wikipedia.org/wiki/Taliban.
- Welchen Zielsetzungen soll der Einsatz der ISAF-Schutztruppe dienen?
- Wie entwickelte sich die Sicherheitslage und die Zahl der getöteten Soldaten?

2. Erläutert die Erwartungen und Voraussetzungen, von denen der Plan zum Rückzug der ISAF aus Afghanistan ausgeht (M 5). Wie soll verhindert werden, dass nach dem Abzug der ISAF wieder die Taliban in Afghanistan die Macht ergreifen? Welche Aufgaben soll die afghanische Regierung wahrnehmen?

3. Informiert euch aus Zeitungsberichten über die Durchführung des geplanten Truppenabzugs und über die gesamte Entwicklung der Situation in Afghanistan (Kommt es zu Verhandlungen der afghanischen Regierung mit den Taliban über eine Beendigung des Krieges? Verschlechtert oder verbessert sich die Sicherheitslage? Wird eine Rückkehr der Taliban an die Macht befürchtet?). – Nähere aktuelle Informationen zu allen Aspekten des Afghanistan-Krieges findet ihr ggf. unter www.bundesregierung.de (>Themen, > Afghanistan) und unter www.bpb.de/internationales/asien/afghanistan/

2. Eine Welt voller Kriege – Was hat sich verändert?

Seit Gründung der Vereinten Nationen (1945) haben in der Welt mehr als 200 Kriege stattgefunden, die zusammen mehr Tote forderten als der gesamte Zweite Weltkrieg. Zwar waren in den 30 Ländern der Organisation für wirtschaftliche Zusammenarbeit und Entwicklung (OECD*) Kriege kaum zu verzeichnen und auch die Annahme, dass Demokratien untereinander keine Kriege führen, hat sich insgesamt bestätigt. Aber die Länder Afrikas und Asiens (des Nahen und Mittleren Ostens) waren umso häufiger von Kriegen, bewaffneten Konflikten und ernsten Krisen betroffen. Gleichzeitig nahm die Zahl zwischenstaatlicher Kriege stetig ab, die Zahl innerstaatlicher Kriege (Bürgerkriege) fast stetig zu. Zwei Institute berichten jährlich über den Stand der Entwicklung und geben Überblicke über das aktuelle Kriegsgeschehen in der Welt: das Hamburger Institut „Arbeitsgemeinschaft Kriegsursachenforschung" (Akuf; www.akuf.de), das jährlich eine anschauliche Analyse des Kriegsgeschehens veröffentlicht (für 2011: http://www.sozialwiss.uni-hamburg.de/publish/lpw/Akuf/publ/AKUF-Analysen-10.pdf) und das Heidelberger Institut für internationale Konfliktforschung (www.hiik.de; vgl. Karte in M 6).*

M6 „Neue" Kriege und Konflikte

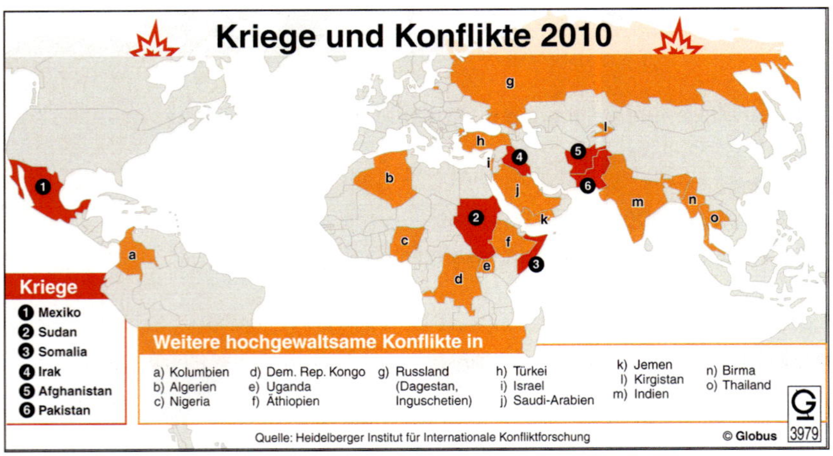

Für das Jahr 2011 verzeichnete das Heidelberger Institut 20 Kriege, die größte Zahl seit 1945, und darüber hinaus 18 weitere „hoch gewaltsame Konflikte". Eine Übersicht über diese Entwicklung findet sich auf der Internetseite http://www.hiik.de/de/presse/pdf/Pressemitteilung_2012.pdf

Ursachen und Typen „neuer" Kriege

- Seit dem Ende der 1990er-Jahre werden Kriege und Konflikte häufig als „neue Kriege" bezeichnet. Damit soll zum Ausdruck gebracht werden, dass der Charakter des Krieges sich geändert hat. Kriege werden heute kaum noch mit dem Ziel geführt, fremdes Territorium zu erobern. Meist geht es um **innerstaatliche Konflikte und Bürgerkriege** in Ländern, in denen die staatliche Ordnung und damit auch die soziale Grundversorgung der Bevölkerung oft völlig zusammengebrochen sind. Vor allem in den afrikanischen Kriegen sind die Fronten äußerst unübersichtlich: In Ländern wie der Demokratischen Republik Kongo kämpfen nicht klar definierte, uniformierte und hochgerüstete Truppenverbände, sondern Regierungsarmee, Rebellen und marodierende Banden zumeist mit Maschinenpistolen oder Sturmgewehren gegeneinander. Es geht um die *Macht im Staat* (Sturz der bestehenden Regierung; **„Anti-Regime-Kriege"**) oder die *Kontrolle über Gebiete mit Bodenschätzen* wie Erdöl, Diamanten, Gold oder Tropenhölzer („Ressourcen*"-Konflikte).
- Von **ethnischen* Konflikten** spricht man, wenn in Staaten mehrere Völker oder

Volksstämme („Ethnien“, von griech. *ethnos* – das Volk) oder Stämme (wie in vielen Ländern Afrikas) leben, die sich im Hinblick auf ihre politischen und sozialen Rechte, ihre Beteiligung an der politischen Macht und/oder am wirtschaftlichen Wohlstand (an der Verfügung über Ressourcen) ungerecht behandelt fühlen, miteinander in Konflikt geraten und/oder versuchen, ihre Rechte gegenüber der Regierung gewaltsam durchzusetzen.

- Eine große Gruppe innerstaatlicher kriegerischer Konflikte lassen sich auf die Bestrebungen regionaler Gruppen zurückführen, für ihr Gebiet eine größere politische Selbstständigkeit (Autonomie) zu erreichen oder sich gar vom Staatsverband zu lösen (Sezession – Lösung, Trennung, von lat. *secedere* – sich trennen) und einen eigenen Staat zu etablieren. Hier spricht man von **Autonomie- und Sezessionskriegen.**

(Autorentext)

Abb. 1: Anti-Regime-Krieg: Kämpfer der islamistischen Rebellen-Miliz al Shabaab in einer Straße von Mogadischu, der Hauptstadt von Somalia*; al Shabaab kämpft seit Jahren gegen die somalische Übergangsregierung mit dem Ziel der Errichtung eines islamistischen Gottesstaates in Somalia (Foto von 2009).

Abb. 2: Ethnischer Konflikt: Die Situation in der früheren serbischen Provinz Kosovo* ist seit eh und je durch den Konflikt zwischen der albanischen Bevölkerungsmehrheit (73 %) und der serbischen Minderheit (18 %) geprägt. Auch 10 Jahre nach dem blutigen Krieg, in den auch die NATO eingriff, und nach der Unabhängigkeitserklärung im Jahr 2008 halten die Spannungen an. Das Foto zeigt deutsche und österreichische Soldaten als Angehörige der von der NATO geführten internationalen Schutztruppe KFOR (Kosovo Force) bei einer Straßenkontrolle (April 2008).

Abb. 3: Autonomie-/Sezessionskrieg: Rebellen der „Moro Islamischen Befreiungsfront“ (MILF – Moro Islamic Liberation Front), die dafür kämpft, im Süden der Philippinen (u. a. auf den Inseln Mindanao, Palawan und Basilan) einen autonomen islamischen Staat zu errichten (Foto v. 13.8.2008)

Der Krieg als Geschäft

Nicht selten geht es auch darum, welchem Stamm oder welcher Clique es gelingt, in den Besitz der Rohstoffvorkommen zu gelangen. Eine besondere Rolle spielen in einigen afrikanischen Staaten Erdölvorkommen (in Nigeria und im Sudan) und der Handel mit Rohdiamanten (z. B. im Kongo oder in Angola). Diese Rohstoffe bringen enorme Summen an Geld ein; wer die Abbaulager kontrolliert, kann damit ganze Armeen unterhalten. In anderen Regionen, etwa in Kolumbien in Lateinamerika und im Mittleren Osten (so in Afghanistan), finanzieren sich Guerillatruppen und Milizen vor allem mit dem Drogenhandel.

Privatarmeen, Warlords und „zerfallende Staaten" („failing states")

Die Befehlshaber dieser Armeen, die „Kriegsherren" oder „Warlords", beherrschen ihre Gebiete militärisch und wirtschaftlich. Eine Kontrolle durch den Staat – durch die Polizei und die Verwaltung – findet meist nicht oder nur unzureichend statt. Krieg wird zu einem profitablen Geschäft, mit dem sie ihre privaten Armeen finanzieren. Aufständische Banden und rivalisierende politische und ethnische* Gruppen übernehmen die Herrschaft in diesen „zerfallenden Staaten". Da es keine staatliche Zentralgewalt mehr gibt, zwingen die Warlords die Bevölkerung in den von ihnen beherrschten Gebieten, Zwangsabgaben als Steuern zu bezahlen (z. B. in Somalia* am Horn von Afrika). Auf diese Art ernährt der Krieg seine Herren und gibt ihnen Macht über Länder und Menschen. Während darunter vor allem die Zivilbevölkerung leidet, haben die Warlords kein Interesse daran, ihr Kriegsgeschäft zu beenden.

(Herbert Uhl [Hg.], Grundwissen Politik, Ernst Klett Verlag GmbH, Stuttgart 2007, S. 294; Verf.: Herbert Uhl)

1. Beschreibt die weltweite Verbreitung von Kriegen und gewaltsamen Konflikten 2010 (Grafik). Welche Regionen sind besonders betroffen?

2. Erläutert mit eigenen Worten die beschriebenen Hauptursachen bzw. Typen heutiger innerstaatlicher Kriege und Konflikte.

3. Vergleicht zur „Typologie" dieser Kriege die Beispiele in den Abbildungen 1–3 und stellt fest, welchem Typ sich das Beispiel Afghanistan (M 3) zuordnen lässt.

4. Erläutert die genannten Merkmale „neuer" Kriege.
- Inwiefern sind nicht uniformierte Milizen, Banden und Terror-Gruppen von regulären Truppen nur schwer zu bekämpfen? Inwiefern ist Afghanistan auch für dieses Problem ein Beispiel?
- Inwiefern wird der Krieg als „Geschäft" bezeichnet (2. Abschnitt)?
- Welche Rolle spielen in vielen Ländern die sogenannten „Warlords" (3. Abschnitt)?
- Was bedeutet der Begriff „zerfallender" bzw. „zerfallener" Staat („failing/failed state")?

Vielfältige Informationen zum Charakter innerstaatlicher Konflikte als „neuer Kriege" findet ihr auf der Internetseite http://www.bpb.de/internationales/weltweit/innerstaatliche-konflikte/. Sie enthält auch eine ganze Reihe von „Konfliktporträts", d. h. Analysen zur Situation in einzelnen Ländern, über die in letzter Zeit in den Medien immer wieder berichtet wird (z. B. Kongo, Elfenbeinküste, Somalia, Sudan/Darfur, Syrien, Libyen): http://www.bpb.de/internationales/weltweit/innerstaatliche-konflikte/54568/konfliktportraets

3. Was können UNO, NATO und EU tun?

M7 Die Organisation der Vereinten Nationen (UN) – UNO

Die wichtigste Organisation für die Sicherung des Friedens in der Welt sind die Vereinten Nationen. Was ist das für eine Organisation, die gegründet wurde mit dem Auftrag, die internationale Sicherheit zu wahren, und die doch bisher Friedensbrüche in aller Welt kaum verhindern und nur wenige Kriege beenden konnte? „Vereinte Nationen" nannten sich erstmals die Kriegsgegner Deutschlands (und der mit ihm verbündeten Mächte Japan und Italien) im Zweiten Weltkrieg* in der Washingtoner Erklärung vom 1.1.1942, mit der sie die vom Präsidenten der USA (Roosevelt) und dem englischen Premierminister (Churchill) in der sogenannten Atlantik-Charta vereinbarten Grundsätze einer künftigen Weltfriedensordnung anerkannten.

Ein von den vier Großmächten (USA, UdSSR, Großbritannien und China) ausgearbeiteter Satzungsentwurf für eine Weltsicherheitsorganisation wurde am 26.6.1945 in San Francisco von 51 Nationen unterzeichnet und zur Charta der Vereinten Nationen (United Nations – UN) deklariert. Die erste Tagung der Vereinten Nationen fand am 24.10.1945 statt.

Die Charta verpflichtet die UN-Mitglieder, *den Weltfrieden und die internationale Sicherheit zu wahren, freundschaftliche Beziehungen zwischen den Völkern herzustellen, bei der Lösung wirtschaftlicher, sozialer und kultureller Fragen zusammenzuarbeiten und die Grundrechte und -freiheiten der Menschen zu achten.* Zur praktischen Umsetzung dieser Ziele sind zahlreiche Organe und Nebenorgane geschaffen worden, die heute ein kaum mehr überschaubares Beziehungsgeflecht bilden. Im Mittelpunkt der UN-Organisation stehen die in der Charta (Art. 7) genannten Hauptorgane. Das Parlament der Vereinten Nationen ist die *Generalversammlung*, der sämtliche Mitgliedstaaten (2012: 193) angehören. Jeder Staat hat eine Stimme, kann aber bis zu fünf Vertreter in die Sitzungen entsenden. Die Generalversammlung, die jährlich zu einer Sitzungsperiode zusammentritt, entscheidet im All-

Abb. 1: Die Flagge der Vereinten Nationen zeigt eine Projektion der Erde, eingerahmt von zwei Olivenzweigen, seit der Antike ein Symbol des Friedens.

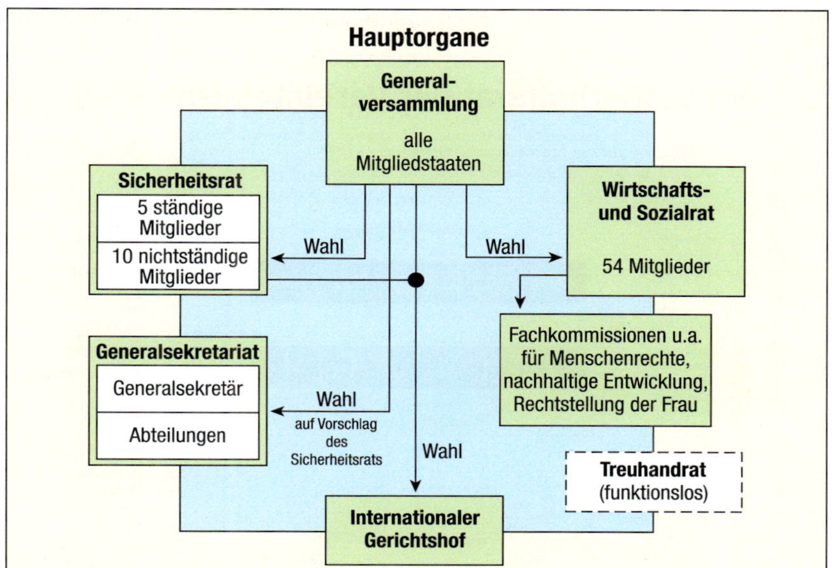

Abb. 2: Das System der Vereinten Nationen

Abb. 3: Die Generalversammlung

Abb. 4: Der Südkoreaner Ban Ki Moon, Generalsekretär* der UN seit 2007

gemeinen mit einfacher Mehrheit; wichtige Beschlüsse müssen jedoch mit Zweidrittelmehrheit gefasst werden. Die Beschlüsse sind allerdings nur für die zustimmenden Staaten verbindlich. Die Generalversammlung darf sich grundsätzlich nicht mit Angelegenheiten befassen, die noch im Sicherheitsrat (s. M8) erörtert werden. Besondere Aufgaben der Generalversammlung werden von den Hauptausschüssen und den weiteren Ständigen Ausschüssen oder ad hoc eingesetzten Kommissionen wahrgenommen. Zur Bewältigung der vielfältigen praktischen Aufgaben, die sich den Vereinten Nationen stellen, hat die Generalversammlung zudem eine Reihe von ständigen Hilfsorganisationen (Hilfswerken, Unterorganisationen, Fonds etc.) geschaffen, wie z. B. das Weltkinderhilfswerk (UNICEF).

(Zahlenbilder; © Bergmoser + Höller Verlag)

M8 Entscheidungszentrum Sicherheitsrat

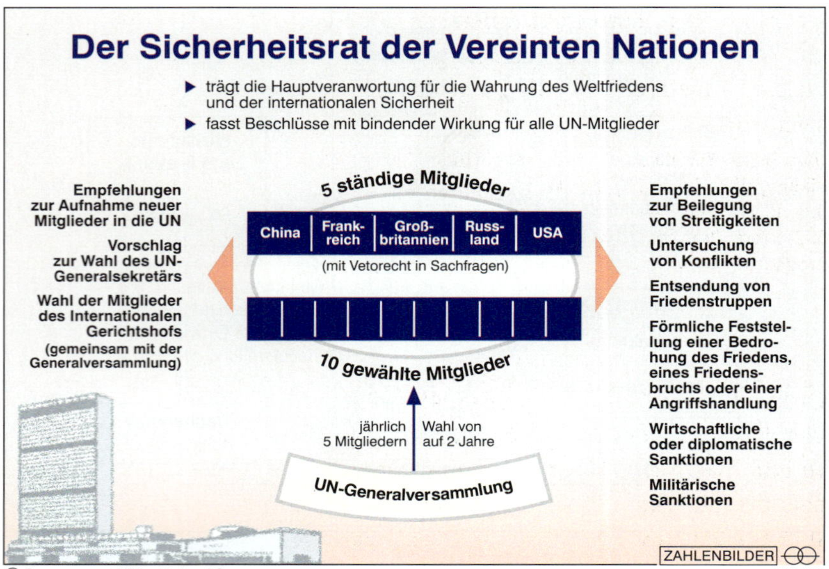

 615 124

Abstimmung im Sicherheitsrat

Der Sicherheitsrat kann als einziges Organ der Vereinten Nationen für alle Mitglieder verbindliche Beschlüsse fassen, wenn er festgestellt hat, dass eine Friedensbedrohung, ein Friedensbruch oder eine Aggression vorliegt und Sanktionen* politischer, wirtschaftlicher oder militärischer Art erforderlich sind. Er ist ferner für die Ausarbeitung von Abrüstungsplänen zuständig. Der Generalversammlung gibt er Empfehlungen zur Aufnahme neuer Mitglieder und zur Wahl des Generalsekretärs*. Der Sicherheitsrat besteht aus fünf ständigen Mitgliedern mit Vetorecht* (China, Frankreich, Großbritannien, Russland, USA) und den von der Generalversammlung auf jeweils zwei Jahre gewählten zehn nichtständigen Mitgliedern. Zur Beschlussfassung in wichtigen Fragen sind mindestens neun Ja-Stimmen erforderlich, darunter die Stimmen der fünf ständigen Mitglieder. Dem Sicherheitsrat zugeordnet ist ein ständiger Militärausschuss [...]. Der Sicherheitsrat erteilt das Mandat für die Entsendung von Friedenstruppen (UN-Blauhelmen).

(Zahlenbilder; © Bergmoser + Höller Verlag)

UNRIC

Umfassende und gut gegliederte Informationen zu allen die UN betreffenden Fragen bietet das Regionale Informationszentrum der UNO (UNRIC), Büro Bonn, auf seiner Internetseite: http://www.unric.org

1. Beschreibt, ggf. auch aufgrund eurer Kenntnisse aus dem Geschichtsunterricht, den historischen Hintergrund, vor dem es im Jahre 1945 zur Gründung der Organisation der Vereinten Nationen kam (M 7).

2. Versucht, möglichst mit eigenen Worten die vier Ziele zu erläutern, die sich die Vereinten Nationen in Artikel 1 ihrer Charta (Grundsatzerklärung) gesetzt haben (M 7, Z. 8–27). Erklärt dazu auch die Gestaltung der UN-Flagge (Abb. 1).

3. Verschafft euch einen Überblick über die innere Organisation der UNO, insbesondere im Hinblick auf die Stellung der Generalversammlung, des Generalsekretariats und des Sicherheitsrats (M 7, Abb. 2). Warum ist in Presse- und Fernsehnachrichten über die UNO hauptsächlich vom Generalsekretär* (s. Abb. 4) die Rede?

4. Erklärt, inwiefern dem Sicherheitsrat eine einzigartige Stellung und Bedeutung nicht nur im System der UNO, sondern in der gesamten weltweiten Sicherheits- und Friedenspolitik zukommt (M 7, M 8).

Nähere Informationen zum UN-Sicherheitsrat findet ihr unter der Internetadresse http://www.bpb.de/internationales/weltweit/vereinte-nationen/48583/sicherheitsrat
Zu den Vereinten Nationen insgesamt und zu den Themen der folgenden Materialien findet ihr umfassende Informationen im Internet unter den Adressen
http://www.bpb.de/izpb/8666/sicherheitspolitik-im-21-jahrhundert und
http://www.bpb.de/internationales/weltweit/vereinte-nationen/

M9 Möglichkeiten der Friedenssicherung durch die UNO

Der Weltsicherheitsrat entscheidet über Friedensmissionen

Wenn sich ein Konflikt anbahnt oder die Sicherheit in einer Region gefährdet ist, wird der Sicherheitsrat zunächst versuchen, die verfeindeten Parteien mit friedlichen Mitteln, wie Untersuchungen und Verhandlungen, zum Einlenken zu bringen. Wenn diese Versuche erfolglos sind oder sich der Konflikt weiter verschärft, kann er Sanktionen (= Zwangsmaßnahmen) verhängen. Das können zum Beispiel Wirtschaftsembargos sein, bei denen der Handel mit den betroffenen Staaten untersagt wird, oder auch die Unterbrechung von Verkehrs- und Kommunikationswegen.

Sanktionen: Zwangsmaßnahmen nach der Charta der Vereinten Nationen (Art. 39 – 51): Stationen und Maßnahmen

Feststellungen des Sicherheitsrates (Art. 39)
- Bedrohung oder Bruch des Friedens
- Vorliegen einer Angriffshandlung

↓

Aufforderung an Konfliktparteien (Art. 40)
- Konflikt friedlich beizulegen
- Lage vor Ausbruch des Konflikts wiederherzustellen

↓

Empfehlungen oder Beschluss gemeinsamer Maßnahmen

↓ ↓

Art. 41: Ausschluss von Waffengewalt
- Handelsboykott (Embargo)
- Blockade des Land-, See- und Luftverkehrs, der Post-, Telegrafen- und Funkverbindungen
- Abbruch der diplomatischen Beziehungen

Art. 42ff.: Anwendung von Waffengewalt
- Einsatz von Luft-, See- und Landstreitkräften zur Wahrung oder Wiederherstellung des Friedens, falls Maßnahmen nach Art. 41 „unzulänglich sein würden oder sich als unzulänglich erwiesen haben"
- Bildung eines UN-Oberkommandos, Durchführung der Maßnahmen „von allen oder von einigen Mitgliedern" der UN

(Herbert Uhl [Hg.], Grundwissen Politik, Ernst Klett Verlag GmbH, Stuttgart 2007, S. 297; Verf.: Herbert Uhl)

Scheint kein anderer Ausweg möglich, kann der Sicherheitsrat den Einsatz militärischer Mittel anordnen. Dazu stehen ihm mehrere Möglichkeiten zur Verfügung (s. Arbeitshinweise 2. und 3., S. 503).

Wie sehen UN-Friedenseinsätze aus?

Peacekeeping (Friedenssichernde Einsätze): Diese Form von Friedenssicherungseinsätzen existiert seit dem Kalten Krieg*. Im Auftrag der UNO werden leicht bewaffnete Truppen, aber auch zivile Helfer aus verschiedenen Mitgliedstaaten der UNO in Konfliktgebieten eingesetzt. Nach der Farbe ihrer Kopfbedeckung werden die UNO-Soldaten *Blauhelme* genannt. Peacekeeper wurden zunächst nur eingesetzt, um einen Waffenstillstand zu überwachen und unter der Voraussetzung, dass alle Beteiligten damit einverstanden waren. Sie dürfen nur zur Selbstverteidigung zu den Waffen greifen.

Erweitertes Peacekeeping: Seit dem Ende des Kalten Krieges hat die Zahl der Missionen stark zugenommen, weil der Sicherheitsrat nicht mehr durch Vetos* der Großmächte blockiert wurde. Gleichzeitig sind die Missionen schwieriger und umfangreicher geworden. Häufig übernehmen nun UNO-Truppen in den betroffenen Staaten zusätzlich auch *zivile Aufgaben*. So überwachen sie zum Beispiel Wahlen, sorgen für die Einhaltung von Menschenrechten und helfen beim Wiederaufbau der zerstörten Länder mit. […]

Robustes Peacekeeping: In den 1990er-Jahren zeigte sich, dass die klassischen Blauhelmtruppen an ihre Grenzen stießen: So konnten Friedenstruppen der UNO 1994 in Ruanda* einen Völkermord mit über 800 000 Opfern nicht verhindern. Auch

Abb. 1: Srebrenica*, Ort (in Bosnien) des wohl schlimmsten Kriegsverbrechens in Europa seit dem Ende des Zweiten Weltkriegs*. Im Juli 1995 wurden dort über mehrere Tage hin von Truppen des serbischen Generals Mladic bis zu 8000 muslimische Bosniaken (Männer und Jungen) ermordet – vor den Augen niederländischer UNO-Soldaten (Srebrenica war eine UN-Schutzzone). Teilweise erst 10 Jahre später konnten die Überreste Tausender Toter in zahlreichen Massengräbern entdeckt, geborgen und begraben werden (Foto von 2006).

Abb. 2: „Robustes Mandat: „Peacekeeper" aus Uruguay im Kongo 2003

mussten Blauhelmsoldaten hilflos zusehen, wie in Srebrenica* Tausende bosnischer Männer niedergemetzelt wurden. Zunehmend wurden auch UN-Soldaten selbst zu Opfern von Gewalttaten. Daher erhielten Blauhelmtruppen in der Folgezeit das Recht, ihren Auftrag *notfalls auch mit Waffengewalt* zu verfolgen. Das bezeichnet man als „robustes" Peacekeeping. Diese Aufgaben können auch NATO-Truppen übertragen werden, wie dies zum Beispiel bei der Friedenssicherung und dem Wiederaufbau im Kosovo* der Fall ist.

(Wolfgang Mattes u. a., Politik erleben, Schöningh Verlag, Paderborn 2007, S. 327)

1. Beschreibt die Abstufung der Maßnahmen, die der UN-Sicherheitsrat zur Regelung von Konflikten einsetzen kann. Welche Voraussetzungen müssen erfüllt sein, bevor es zu einem Beschluss des Sicherheitsrats über die Anwendung von Waffengewalt kommen kann? (M9, Z. 1–20 und Übersicht)

2. Militärische Einsätze von UN-Truppen nach Artikel 42 der Satzung hat es nach dem Korea-Krieg* (1950–1953) in der gesamten Zeit des Kalten Krieges* nicht gegeben. Erläutert dazu die Bedeutung der Veto-Regelung im Sicherheitsrat (M8; vgl. M12a, Z. 66ff.), die auch 1999 zum Eingreifen der NATO im Kosovo*-Konflikt führte.

3. Von den in Artikel 42 genannten Truppen sind die „Friedenstruppen" der UN („Blauhelme") zu unterscheiden. Erläutert, worin die Aufgabe des „peacekeeping" in der Regel besteht.

4. Beschreibt, wie sich die ursprüngliche Form des „peacekeeping" nach dem Ende des Kalten Krieges* entwickelt hat:
- Was unterscheidet ein „robustes peacekeeping" von den traditionellen Einsätzen der Friedenstruppen?
- Welche Erfahrungen haben zu dieser Entwicklung geführt (s. auch Glossar zu den Begriffen Kosovo* und Somalia*)?

M 10 „An der Grenze der Leistungsfähigkeit"

Ende 2011 liefen insgesamt 15 Friedenseinsätze der UN in 14 Ländern. Daran beteiligt waren insgesamt 81 260 Soldaten, 14 307 Polizisten und 7 208 Militärbeobachter aus insgesamt 119 Ländern als uniformiertes Personal (rd. 103 000 Peacekeeper). Hinzu kamen rd. 6 650 internationale und rd. 13 972 lokale zivile Mitarbeiter. Die Kosten beliefen sich auf rd. 7,1 Mrd. Dollar. Damit hat sich der Finanzaufwand seit 2000 fast verfünffacht. Nach Meinung vieler Fachleute ist damit die Grenze der Leistungsfähigkeit von truppenstellenden Staaten, Geldgebern und Verwaltungspersonal erreicht. Zu den Ursachen dieser Entwicklung gehören die steigende Zahl von personalintensiven Einsätzen in Gebieten mit schwacher Infrastruktur*, die zunehmend komplexeren Aufgabenstellungen von Friedenseinsätzen (vgl. M 9) und immer längere Einsatzzeiträume.

(Autorentext)

M 11 a

M 11 b

1. Beschreibt, wie sich die UN-Friedenseinsätze seit den 1990er-Jahren der Zahl und der Art nach entwickelt haben (M 9, M 10).

2. Worin werden die Ursachen dafür gesehen, dass die UN mit ihren Friedenseinsätzen „an die Grenze ihrer Leistungsfähigkeit" gelangt ist? – Einen aktuellen Überblick (Grafik) über die jeweils laufenden Einsätze findet ihr unter der Internetadresse www.unric.org/html/german/dpi1634dt.pdf

3. Interpretiert die Aussageabsicht der beiden Karikaturen M 11 a und b. Welche Gesichtspunkte wollen sie hervorheben, die bei einer Beurteilung der Erfolgsbilanz der UN-Friedenseinsätze zu berücksichtigen sind?

4. Wie beurteilt ihr die Möglichkeiten der Friedenssicherung durch die UN angesichts der beschriebenen Entwicklungen?

M 12 Welchen Beitrag können NATO und EU leisten?

M 12 a Die NATO – ein historisches Bündnis vor neuen Aufgaben

Zehn westeuropäische Staaten sowie die USA und Kanada unterzeichneten am 4. April 1949 in Washington den Nordatlantikvertrag und gründeten damit die NATO (*North Atlantic Treaty Organization*). Der Kalte Krieg* zwischen den von der Sowjetunion* dominierten kommunistischen Staaten Osteuropas und dem nicht-kommunistischen Westen war bereits im vollen Gange. Sieben weitere Länder, unter ihnen die Bundesrepublik Deutschland, traten bis 1989, dem Ende des Ost-West-Konflikts*, der Atlantischen Allianz bei.
Ziemlich genau 40 Jahre lang bestand die Hauptaufgabe der NATO darin, einen potenziellen Gegner durch die eigene militärische Stärke abzuschrecken. Ein wichtiger Bestandteil dieser Politik war die Stationierung starker Landstreitkräfte im Westen des geteilten Deutschlands und eine zahlenmäßig große Bundeswehr. […] Gegen wen man sich wappnen und gegebenenfalls wehren müsse, daran gab es so gut wie keinen Zweifel: Der voraussichtliche Gegner stand, so die gängige Formulierung in den Jahren des Kalten Krieges, „im Osten“.
Genau dort befinden sich heute die neuen Mitglieder, Beitrittsinteressenten und Kooperationspartner der NATO. 1999 traten Polen, die Tschechische Republik und Ungarn der Allianz bei. Im März 2004 folgten Bulgarien, Estland, Lettland, Litauen, Rumänien, die Slowakei und Slowenien. […]
Nach dem Beitritt Kroatiens und Albaniens

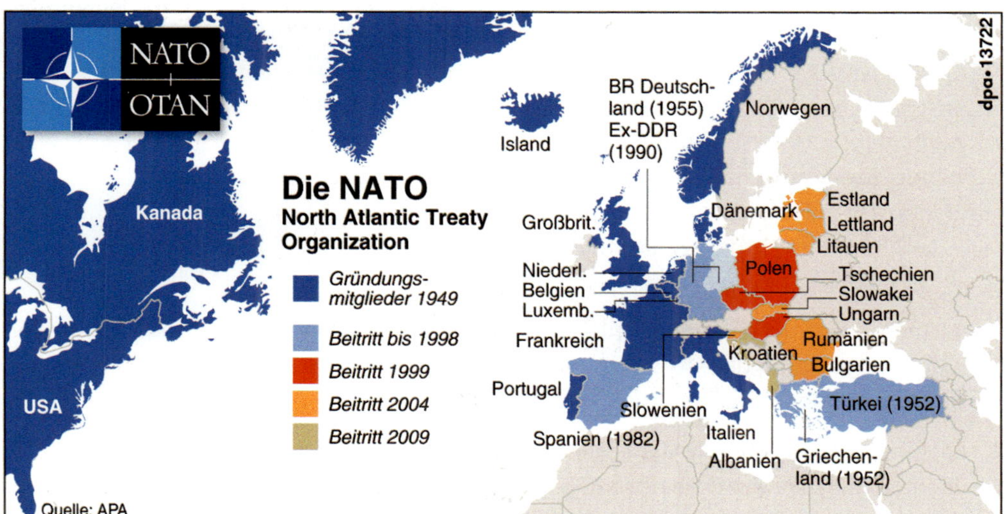

Abb. 1

Abb. 2: Anders Fogh Rasmussen, Generalsekretär der NATO seit April 2009

Abb. 3: Die Bundeswehr ist mit rd. 1100 Soldaten (2011) am KFOR-Einsatz beteiligt (vgl. M 1 a).

2009 ist die NATO auf 28 Mitglieder angewachsen. Eine große Rolle spielte dabei, dass sie sich nicht nur als eine Militärallianz versteht, sondern als ein Bündnis freier, demokratischer Staaten, das durch das Bekenntnis zu gemeinsamen Werten zusammengehalten werde. Eine Mitgliedschaft wird als Ausdruck der Zugehörigkeit zur Staatenwelt des euro-atlantischen Raumes betrachtet. Kein außen stehender Staat habe das Recht, dagegen Einspruch zu erheben. Bereits 1997 hat die NATO mit Russland eine „Grundakte über gegenseitige Beziehungen, Zusammenarbeit und Sicherheit" vereinbart und mit dem sogenannten NATO-Russland-Rat ein ständiges Konsultationsgremium am Sitz der NATO in Brüssel geschaffen. [...] Verschwunden sind die Einwände aus Moskau gegen die Aktivitäten der NATO jedoch nicht. Vor allem das Ziel Georgiens, Mitglied der Allianz zu werden, und die grundsätzliche Bereitschaft der Allianz, die Ukraine in das Bündnis aufzunehmen, werden in Russland als Widerspruch zu eigenen Vormachtsansprüchen wahrgenommen und deutlich kritisiert.

(Informationen zur politischen Bildung Nr. 291, 2. Quartal 2006: Sicherheitspolitik im 21. Jahrhundert, Bundeszentrale für politische Bildung, Bonn 2006, S. 67 ff.; Verf.: Bernard von Plate)

Als Aufgaben der „neuen" NATO ergaben sich seit den 1990er-Jahren eine Reihe von Einsätzen, bei denen sie zumeist im Auftrag der UN in Konflikten und Kriegen eingriff, um Rettungsaktionen durchzuführen und für mehr Sicherheit zu sorgen. Eine umstrittene Ausnahme blieb das militärische Eingreifen im *Kosovo-Konflikt** Ende März 1999, das ohne Zustimmung des UN-Sicherheitsrates erfolgte und damit begründet wurde, schwere Menschenrechtsverletzungen (Massaker der Serben an der albanischen Bevölkerung) zu verhindern. Als Hauptaufgaben nimmt die NATO gegenwärtig die Leitung der internationalen Friedenstruppe in Afghanistan (ISAF; s. M 4) und der Schutztruppe im Kosovo (KFOR, s. Abb. 3) wahr. Welche Funktionen die NATO in der Zukunft erfüllen soll, darüber besteht Unklarheit, weil z. B. die USA und Kanada z. T. andere Vorstellungen vertreten als die meisten europäischen Mitgliedstaaten, die sich dagegen sträuben, die NATO zu einer Art „Weltpolizei" werden zu lassen.

(Autorentext)

1. Erläutert – auch auf dem Hintergrund eurer Kenntnisse aus dem Geschichtsunterricht –, mit welcher Zielsetzung die NATO gegründet wurde und inwiefern sie Anfang der 1990er-Jahre zunächst vor der Frage ihrer Existenzberechtigung stand.

2. Beschreibt, wie sich die NATO seither verändert und welche Aufgaben die „neue" NATO übernommen hat. Zur Rolle der NATO im Libyen-Konflikt 2011 s. http://www.bpb.de/internationales/weltweit/innerstaatliche-konflikte/54649/libyen

M 12 b Die Gemeinsame Sicherheits- und Verteidigungspolitik der EU

Es gibt einen guten Grund, warum es so lange gedauert hat, bis die EU-Mitgliedstaaten entschieden haben, eine gemeinsame Außen- und Sicherheitspolitik zu schaffen: Ein Großteil der EU-Staaten ist nämlich seit Langem NATO-Mitglied und damit bereits in eine militärische Verteidigungsgemeinschaft eingebunden (s. Abb. 1). Doch es gibt unterschiedliche Interessen in der Europäischen Union und dem transatlantischen Bündnis (NATO). Die EU verfolgt rein europäische Interessen, die NATO verfolgt hingegen auch die Interessen der USA.

Welche **Ziele** verfolgt die EU-Sicherheitspolitik?

- Die EU will international an Bedeutung gewinnen.
- Die EU will selbst zum Frieden beitragen, vor allem in ihrer Nachbarschaft.
- Die EU will sich gegen internationale Bedrohungen wie den Terrorismus schützen.

Lassen sich Krisen weder durch Verhandlungen noch durch politische oder wirtschaftliche Druckmittel (Sanktionen*) lösen und bricht sogar ein (Bürger-)Krieg aus, dann kann die EU mittlerweile in Zusam-

Laufende GSVP-Operationen

Bosnien und Herzegowina: Militärische Operation (EUFOR Althea, seit 2.12.2004) und Polizeimission (EUPM, seit 1.1.2003)

Kosovo: Rechtsstaatlichkeitsmission (EULEX Kosovo, seit 9.12.2008)

Georgien: Zivile Beobachtermission (EUMM Georgia, seit 1.10.2008)

Somalia: Militäroperation als Beitrag zur Abschreckung, Prävention und Bekämpfung der seeräuberischen Handlungen und bewaffneten Raubüberfälle vor der Küste Somalias (EU NAVFOR/Operation Atalanta, seit 8.12.2008) und militärische Ausbildungsmission in Uganda (EUTM Somalia; seit 7.4.2010)

Demokratische Republik Kongo: Beratungs- und Unterstützungsmission für die Reform des Sicherheitssektors (EUSEC RD Congo, seit 8.6.2005) und Polizeimission zur Reform des Sicherheitssektors (EUPOL RD Congo, seit 1.7.2007)

(Der Fischer Weltalmanach 2012, © Fischer Taschenbuch Verlag in der S. Fischer Verlag GmbH, Frankfurt am Main 2011, S. 574)

Abb. 1

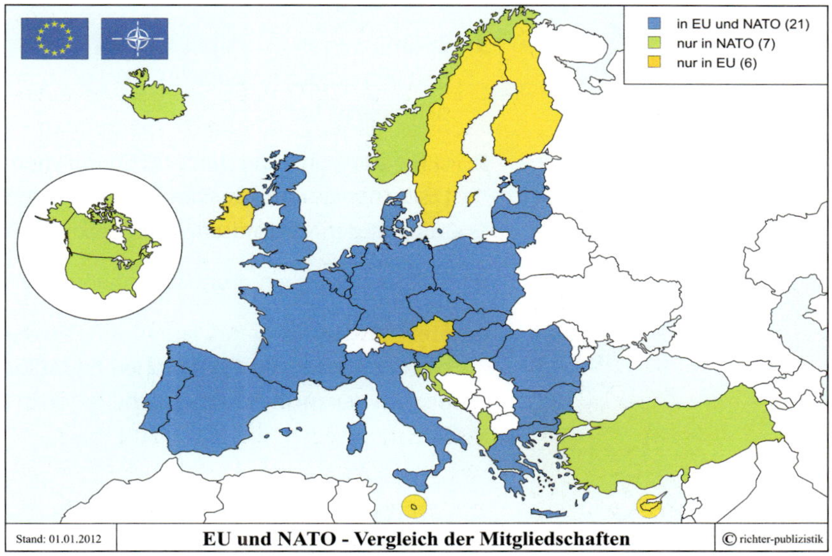

(http://richter-publizistik.de/02euro/sicherheit/grafs/vgl_eu_nato.gif)

Abb. 2

Abb. 3

Die Britin Catherine Ashton, seit 2009 „Hohe Vertreterin für Außen- und Sicherheitspolitik“

menarbeit mit den Vereinten Nationen und der NATO Streitkräfte einsetzen, um den Konflikt zu beenden, Frieden zu erzwingen oder den Frieden mit Truppen abzusichern. So sind EU-geführte Truppen in mehreren Regionen und Ländern im Einsatz (s. Kasten S. 507 u. l.). Neben ihrer militärischen Aufgabe sorgen sie oft auch für den Wiederaufbau vom Krieg zerstörter Gebäude, Straßen und Eisenbahnverbindungen. Oft werden die EU-Soldaten dabei von Polizisten, Staatsanwälten, Richtern, Verwaltungsfachleuten und technischen Experten begleitet, die den zivilen Aufbau in die Hand nehmen (s. Abb. 2: EUPOL-Mission in Afghanistan). Zwar besitzen die USA nach wie vor die weltweit stärkste Armee. Die weltweit größten zivilen und militärischen Aufbauhilfen stellt aber mittlerweile die EU zur Verfügung.

(Herbert Uhl [Hg.], Grundwissen Politik, Ernst Klett Verlag GmbH, Stuttgart 2007, S. 260 f.; Verf.: Dieter Wolf, Herbert Uhl)

1. Erklärt, warum es erst spät in der Geschichte der EU zu einer „Gemeinsamen Sicherheits- und Verteidigungspolitik" (GSVP) gekommen ist, und erläutert die allgemeinen Ziele, die sie sich gesetzt hat.

2. Das Nebeneinander von NATO und dem Aufbau von EU-Militäreinheiten hat jahrelang zu Diskussionen und Abstimmungsproblemen geführt. Beschreibt anhand von Abb. 1, wie es sich mit der Mitgliedschaft der europäischen Länder in NATO und EU verhält.

3. Worauf beruht ein grundsätzlicher Interessenunterschied zwischen NATO und EU?

4. Stellt fest, welcher Art laufende GSVP-Einsätze sind (s. Kasten S. 507). Eine vollständige Übersicht über alle Operationen findet ihr ggf. auf der Wikipedia-Seite http://de.wikipedia.org/wiki/Gemeinsame_Sicherheits-_und_Verteidigungspolitik

4. Gefahren für Frieden und Sicherheit durch internationalen Terrorismus

M 13 Der 11. September 2001 erschüttert die Welt

Am 11. September 2001 verübten islamistische Terroristen mehrere Anschläge in den USA, die rd. 3 000 Todesopfer forderten. Die Attentäter kaperten kurz nach dem Start vier Verkehrsflugzeuge. Um 8.45 Uhr Ortszeit stürzte die erste Maschine in den nördlichen Turm des *World Trade Center* in New York, eine Viertelstunde später eine zweite Maschine in den südlichen Turm (s. SPIEGEL-Titel vom 4.9.2006). Die beiden 110 Stockwerke hohen Häuser gerieten im oberen Drittel in Brand und stürzten wenig später ein. Die *Twin Towers* galten als Symbole nicht nur der Finanzmetropole New York, sondern auch der Wirtschaftsmacht USA.

Ein weiteres Verkehrsflugzeug wurde um 9.45 Uhr in das US-Verteidigungsministe-

Der Platz des World Trade Center ein Jahr nach dem Anschlag (heutige Bezeichnung: „Ground Zero")

rium bei Washington (D. C.) gesteuert und zerstörte einen Teil des *Pentagon*. Ein viertes Flugzeug hätte den Landsitz des amerikanischen Präsidenten in Camp David oder ein Regierungsgebäude in Washington treffen sollen. Doch die Maschine stürzte zuvor ab. Dabei kamen alle Insassen ums Leben. Offenbar hatten Passagiere die Entführer überwältigen können. Insgesamt starben am 11. September 2973 Menschen, davon 2749 in New York, die übrigen im Pentagon in Washington und beim Absturz der vierten Maschine in Pennsylvania. Von den rd. 14000 in den beiden Türmen des World Trade Center Beschäftigten konnten sich fast 10000 noch rechtzeitig in Sicherheit bringen. Die Anschläge lösten in den Vereinigten Staaten und bei ihren Verbündeten einen Schock aus. Hinzu kam, dass mit Ausnahme des japanischen Angriffes auf Pearl Harbor, der zum Eintritt des Landes in den Zweiten Weltkrieg* geführt hatte, die USA in ihrer gesamten Geschichte noch nie zuvor auf ihrem Staatsgebiet von ausländischen Gegnern angegriffen worden waren. Die Terrorangriffe machten deutlich, dass die hochgerüstete Supermacht, und darüber hinaus alle modernen Industriestaaten, durch derartige Terrorangriffe verwundbar waren. Der amerikanische Präsident sprach von einer Kriegserklärung an die gesamte zivilisierte Welt und kündigte einen lange dauernden Kampf gegen den internationalen Terrorismus an. Die Vereinten Nationen verurteilten in einer Resolution (2001/861) die terroristischen Gewalttaten als *Bedrohung des Weltfriedens und der internationalen Sicherheit.*

(Autorentext)

1. Beschreibt anhand von M 13 den Ablauf und die unmittelbaren Folgen des Terroranschlags vom 1. September 2001 in den USA. Zieht dazu ggf. auch den Bericht der ARD-Tagesschau vom 11.9.2011 (http://www.youtube.com/watch?v=Gct_ELCgcys) hinzu und die Internetseite http://de.wikipedia.org/wiki/Terroranschläge_am_11.September_2001

2. Erläutert, worin für die Menschen in den USA und der ganzen Welt das Neue und Furchtbare dieser Anschläge lag.

3. Als wichtige und unmittelbare Folge des 11. September kann der Afghanistan-Krieg gelten, der wenige Wochen nach dem Anschlag begonnen wurde. Vergleicht dazu noch einmal M 3.

M 14 Merkmale des neuen internationalen Terrorismus

Eine international einheitliche Definition von ‚Terrorismus' konnte bisher nicht gefunden werden. Dennoch ist sich die Terrorismusforschung weitgehend einig: Terrorismus ist das Verbreiten von Angst und Schrecken durch überraschend organisiert und fortgesetzt begangene Gewalttaten, um politische Ziele zu erreichen. Beabsichtigt ist eine breitere Wirkung auf den Gegner, der eingeschüchtert und zu einer Verhaltensänderung gebracht werden soll.

(Wichard Woyke [Hrsg.], Handwörterbuch Internationale Politik, VS Verlag für Sozialwissenschaften, UTB, 9. Aufl., Wiesbaden 2004, S. 254; Verf.: Kai Hirschmann)

Terroristen heutiger Prägung geht es immer seltener darum, bestimmte Personen zu beseitigen. Sie greifen vielmehr symbolische Orte und Gebäude an, die die Werte, Systeme und Einstellungen des Gegners repräsentieren. Dabei geht es ihnen mehr als jemals zuvor um *möglichst hohe Opferzahlen*. Dafür gibt es mehrere Gründe:

- Der Schrecken des Anschlages wird gesteigert; Angst und Verunsicherung steigen.
- Das Ereignis findet größere Berücksichtigung in den Medien.
- Den eigenen Anhängern kann die „Wirksamkeit" des Kampfes nachhaltig verdeutlicht werden.
- Orte, an denen sich viele Menschen aufhalten, sind als sogenannte weiche Ziele einfacher zu treffen als prominente Einzelpersonen.

Anders als traditionelle Terrorgruppen unterhalten heutige Terroristen häufig intensive Beziehungen zur legalen und illegalen Wirtschaft sowie zum Bereich der organisierten Kriminalität*; einerseits zur Finanzierung, andererseits, um entsprechende Transferwege zu nutzen. Die Bereitschaft, als **Selbstmordattentäter** bei einem Anschlag ums Leben zu kommen, ist gestiegen. Dies hängt erstens mit dem Aufkommen ideologisch-weltanschaulicher Gruppierungen zusammen, zweitens unterstreicht es beim Gegner und den eigenen Anhängern die Bedeutung des „Kampfes", drittens werden keine „Exit-Strategien" vom Tatort benötigt, und viertens laufen Abschreckungsstrategien des Gegners ins Leere. (Womit soll jemand abgeschreckt werden, der bereit ist, für die eigene Sache zu sterben?)

(Informationen zur politischen Bildung Nr. 291, 2. Quartal 2006, Bundeszentrale für politische Bildung, Bonn 2006, S. 24 f.; Verf.: Kai Hirschmann)

Nicht nur die neuartige Motivation und die Maßlosigkeit der Gewalt bringen Fachleute dazu, von einer neuen Qualität des Terrorismus zu sprechen. Anders als die Gruppen der Vergangenheit arbeiten Terroristen heute in kleineren, […] schwer fassbaren Organisationen. Der Einzelne kennt so nur wenige andere Mitkämpfer. Er kann seiner Gruppierung nicht viel schaden, falls er gefangen genommen wird oder überläuft. Der neue Terrorismus ist auf straffe Organisation gar nicht mehr angewiesen. […]
Man ist sich einig über den Feind und darin, dass es ihn zu treffen gilt, wo immer möglich. Der neue Terrorismus operiert international. Seine Finanzierung und Logistiknetze überschreiten alle Grenzen. Die Terroristen nutzen allgemein zugängliche Technologien wie das Internet, um schnell und sicher zu kommunizieren.

(fluter Nr. 01: Terrorismus, Bundeszentrale für politische Bildung, Bonn 2001, S. 10 ff.; Verf.: Michael Bechtel)

M 15 Islam, Islamismus, islamistischer Terrorismus

Immer häufiger wird der Begriff des „islamistischen Terrorismus und Extremismus" in der öffentlichen Debatte verwendet. Aber was genau heißt das? […]
Der Sammelbegriff „Islamismus", hinter dem sich eine Vielzahl von Strömungen und Ausprägungen verbirgt, steht für eine weit verzweigte gesellschaftliche und kulturelle Bewegung, die wachsenden Einfluss auf das Denken und Verhalten junger Muslime weltweit ausübt. Gewaltbereite Gruppen stellen dabei die Minderheit dar.

(Verlag E. S. Mittler & Sohn GmbH [Hrsg.], Mittler-Brief, 19. Jg., Nr. 3/2. Quartal 2004, S. 1; Verf.: Kai Hirschmann)

Potenzielle palästinensische Selbstmordattentäter im Libanon mit Sprengstoff im Gürtel; auf dem Stirnband steht „Der Tod im Namen Gottes ist unser Wunsch."

Während der Islam eine Religion ist, ist der Islamismus im Gegensatz dazu eine politi-

Vielfältige Informationen zum Begriff „Islamismus" sowie zu internationalen und deutschen islamistischen Gruppen bietet die Internetseite http://www.bpb.de/politik/extremismus/islamismus/

sche Ideologie*. Islamisten benutzen die Sprache der Religion, um politische Botschaften zu verbreiten. Sie nehmen für sich in Anspruch, den „wahren Islam" zu vertreten. Sie behaupten, nur sie selbst oder Gleichgesinnte könnten die Religion „richtig" auslegen. Abweichende Auslegungen lassen sie nicht gelten. […] [In diesem Sinne wollen sie in Gesellschaft und Staat eine islamistische Ordnung, einen „Gottesstaat", durchsetzen, und einige von ihnen sind dazu bereit, zu diesem Zweck terroristische Gewalt anzuwenden.]

Doch sind die Denkmuster und Konzepte der verschiedenen islamistischen Gruppierungen nicht gleich. Es gibt große Unterschiede und keineswegs alle wenden Gewalt an. Manche distanzieren sich ausdrücklich von Terrorakten, wie sie in New York, Casablanca, Istanbul, Madrid oder London (s. M 16) begangen worden sind. Einige islamistische Bewegungen sind vor allem in sozialer und karitativer Arbeit engagiert. Damit gelingt es ihnen, Sympathien für ihre Aktivitäten zu gewinnen. Andere Organisationen dagegen unterhalten sowohl einen bewaffneten Zweig als auch soziale Einrichtungen.

(Innenministerium Nordrhein-Westfalen [Hg.], Islamismus – Missbrauch einer Religion, Düsseldorf 2007, S. 9 f.)

M 16 Bilanz des Schreckens – Anschläge islamistischer Terroristen vom 11. September 2001 bis 2009 (Auswahl)

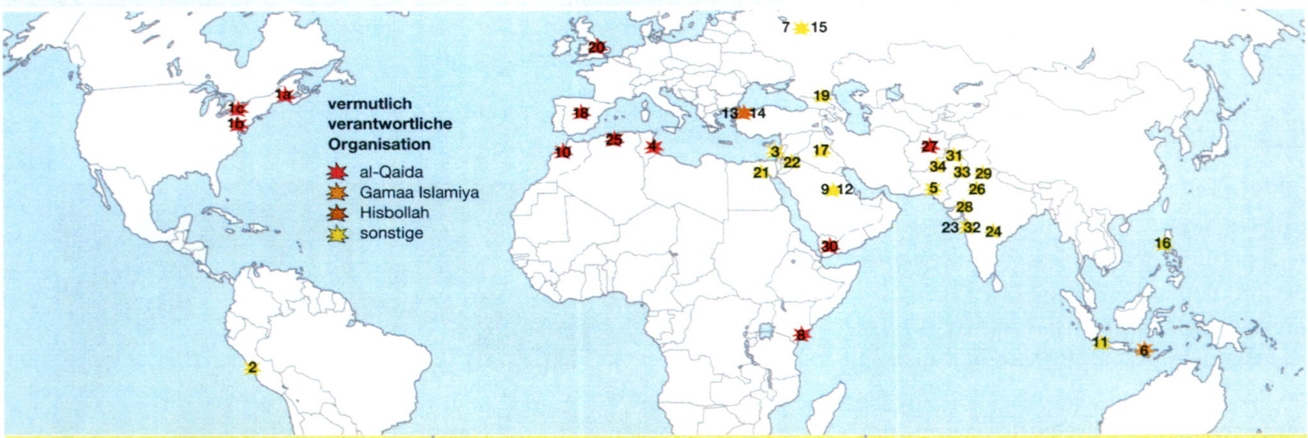

Nr.	Datum	Stadt	Tote	Verletzte
1a	11. 09. 2001	New York	> 3000	> 6200
1b		Washington		
1c		Shanksville		
2	20. 03. 2002	Lima	9	–
3	27. 03. 2002	Netanja	30	–
4	11. 04. 2002	Insel Djerba	21	30
5	08. 05. 2002	Karatschi	14	40
6	12. 10. 2002	Bali	202	209
7	24. 10. 2002	Moskau	129	–
8	28. 11. 2002	Mombasa	18	–
9	12. 05. 2003	Riad	35	194
10	16. 05. 2003	Casablanca	45	> 100
11	05. 08. 2003	Jakarta	12	149
12	08. 11. 2003	Riad	17	> 100
13	16. 11. 2003	Istanbul	24	300
14	20. 11. 2003	Istanbul	25	390
15	06. 02. 2004	Moskau	> 40	–
16	27. 02. 2004	Manila (Fähre)	116	–
17	02. 03. 2004	Bagdad, Kerbela	271	–
18	11. 03. 2004	Madrid	191	> 1400
19	01. 09. 2004	Beslan	> 330	> 780
		(davon 176 Kinder)		–
20	07. 07. 2005	London	56	> 700
21	23. 07. 2005	Scharm El-Scheich	88	180
22	09. 11. 2005	Amman	60	150
23	11. 07. 2006	Mumbai	207	714
24	25. 08. 2007	Hyderabad	> 42	54
25	11. 12. 2007	Algier	> 33	177
26	13. 05. 2008	Jaipur	> 80	> 150
27	07. 07. 2008	Kabul	58	> 150
28	26. 07. 2008	Ahmedabad	56	> 200
29	13. 09. 2008	Delhi	> 30	> 100
30	17. 09. 2008	Sanaa	19	> 16
31	20. 09. 2008	Islamabad	> 54	> 266
32	26.-29. 11. 2008	Mumbai	> 173	> 308
33	27. 05. 2009	Lahore	35	250
34	09. 06. 2009	Peschawar	18	> 64

(Andreas Vierecke/Bernd Mayerhofer/Franz Kohout: dtv-Atlas Politik. Grafiken von Werner Wildermuth; © 2009 Deutscher Taschenbuch Verlag, München)

Al Qaida („Das Fundament") ist ein von Osama Bin Ladin gegründetes, loses, weltweit operierendes Terrornetzwerk, das seit 1993 zahlreiche Terroranschläge (meist in Verbindung mit Bekennerschreiben) in mehreren Staaten verübt hat (vgl. Übersicht). Seit den Terroranschlägen vom 11. September 2001 bestimmt es als eine permanente islamistische Bedrohung das Weltgeschehen mit. Erklärtes Ziel der Al Qaida ist die Errichtung eines alle islamischen Länder und Gebiete sowie weitere Territorien umspannenden Gottesstaats für alle „Rechtgläubigen". Inzwischen umfasst Al Qaida einzelne, unterschiedlich große Netzwerke und terroristische Zellen, die nur zum Teil miteinander verknüpft sind. Manche von ihnen unterhalten nur lose Kontakte (über Mittelsmänner) und agieren weitgehend eigenständig. Nachdem Osama Bin Ladin Anfang Mai 2011 von einer amerikanischen Militäreinheit in seinem Haus in der pakistanischen Stadt Abottabad aufgespürt und bei einem Schusswechsel erschossen wurde, gilt sein früherer Stellvertreter Al-Sawahiri (s. Foto) als Führer des Netzwerkes.

(Autorentext)

Osama Bin Ladin (l.), gebürtiger Saudi-Araber, und sein Stellvertreter Al-Sawahiri (r.) auf einem Foto aus dem Jahre 2001.

1. Auf die genaue Begriffsbestimmung und die bisherige Entwicklung des Terrorismus können wir hier nicht näher eingehen. Weitergehende Informationen dazu findet ihr ggf. auf der Internetseite http://de.wikipedia.org/wiki/Terrorismus.

2. Erläutert die in M 14 aufgeführten Merkmale des „neuen" internationalen Terrorismus und stellt fest, inwieweit sie für das Beispiel des „11. September 2001" zutreffen.

3. Was ist das Besondere an der Organisation des neuen internationalen Terrorismus? Inwiefern spricht man von „Netzwerk-Terrorismus"? Welche Rolle spielt das Internet?

4. M 15 beschreibt in sehr komprimierter Form wichtige Aspekte des „islamistischen Terrorismus", auf dessen Konto die große Mehrzahl der großen Terroranschläge seit dem 11. September gehen (s. M 16). Achtet bei der Analyse des Textes auf die wichtige Unterscheidung zwischen „Islam" und „Islamismus" sowie „islamistischer Terrorismus". Beschreibt dazu auch die Bedeutung des in den Medien viel genannten Netzwerkes Al Qaida (M 16).

5. Beschreibt die auffällige Verteilung der in M 16 aufgelisteten islamistischen Terroranschläge und Terroropfer auf bestimmte Regionen bzw. Länder der Welt und versucht sie zu erklären (zu Afghanistan vgl. M 3). Über die beiden großen Terroranschläge in Europa (Madrid 2004 und London 2005) könnt ihr euch ggf. über die Liste der „Terroranschläge" auf der Internetseite http://de.wikipedia.org/wiki/Terrorismus näher informieren.

M 17 Terrorgefahr in Deutschland

M 17 a „Homegrown"-Terrorismus – Das Geständnis der „Sauerland-Gruppe" vor Gericht

Die drei Terroristen der „Sauerland-Gruppe" nach ihrer Verhaftung (o.) und bei Prozessbeginn am 22.4.2009: v. l.: Adem Yilmaz, Daniel Schneider, Fritz Gelowicz.

Ihre Entschlossenheit und ihre Verachtung für die staatliche Ordnung schockierte die Fahnder, die den Mitgliedern der mutmaßlichen Terrorzelle über Monate auf den Fersen waren. Am 4. September 2007 verhafteten die Ermittler in Oberschledorn im Sauerland die jungen Muslime beim Mischen von Sprengstoff. Zwei der Männer sind Konvertiten, Deutsche, die zum Islam übergetreten sind. Die drei Festgenommenen und sieben weitere Mitwisser sollen Schreckliches geplant haben – mehrere Bomben mit der Sprengkraft von insgesamt 550 Kilogramm TNT wollten sie einsetzen, verteilt auf zwei bis drei PKW, platziert vor Diskotheken, Cafés und amerikanischen Militäreinrichtungen in Deutschland. Zum Vergleich: Bei den Anschlägen von Madrid im März 2004 explodierten zwölf Sprengsätze mit je fünf Kilogramm – 191 Menschen wurden getötet.

Die Gruppe um Fritz Gelowicz aus Ulm, Daniel Schneider aus Saarbrücken und Adem Yilmaz aus Langen steht exemplarisch für die Art der Bedrohung, mit der es Deutschland jetzt zu tun hat – *Terrorverdächtige mit deutscher Staatsbürgerschaft mitten aus der Bevölkerung.*

(Elmar Theveßen, Unter den Augen der Ermittler; in: Das Parlament Nr. 50 v. 10.12.2007, S. 12; der Autor ist Terrorismusexperte und stellvertretender Chefredakteur des ZDF.)

Das Oberlandesgericht Düsseldorf verurteilte am 4.3.2010 wegen Verabredung zum gemeinschaftlichen Mord und Mitgliedschaft in einer terroristischen Vereinigung Fritz Gelowicz und Daniel Schneider zu je 12 Jahren, Adam Yilmaz zu 11 Jahren und den Mitangeklagten Attila Selek als Helfer zu 5 Jahren Gefängnishaft.

(Autorentext)

M 17 b „Deutschland als Anschlagsziel"

● Seit einer Weile steht fest, dass Deutschland Anschlagsziel islamistischer Terroristen ist: „Germany has been singled out", teilte die US-Regierung vor einigen Jahren der deutschen Regierung mit. Vor der Bundestagswahl 2009 drohte Al Qaida Deutschland mit Anschlägen, falls der Wahlausgang nicht zum Abzug der deutschen Soldaten aus Afghanistan führe. Die Soldaten blieben, es blieb in Deutschland ruhig. In den vergangenen zehn Jahren gab es rund ein halbes Dutzend geplante Angriffe in

Deutschland. Da waren die beiden libanesischen Kofferbomber, die glücklicherweise unfähig waren, eine funktionierende Bombe zu bauen. Es fehlte ihnen an Sauerstoff. Die Sprengsätze, die bereits in zwei Regionalzügen deponiert waren, explodierten wegen eines Konstruktionsfehlers nicht. Und dann gab es die Sauerland-Gruppe, die eine echte Gefahr war und einen infernalischen Plan hatte (s. M 17 a). [...]

In *Düsseldorf* flog eine Terrorgruppe auf, die irgendwie eine Bombe bauen wollte: „Bombe ist nicht so schwer wie Zünder, weil Zünder ist mehr gefährlich als Bombe", formulierte etwas holprig ein mutmaßlicher Terrorist. Die Fahnder hörten mit und griffen zu. Am *Frankfurter Flughafen* tötete ein 21-jähriger junger Islamist mit serbisch-montenegrinischem Pass Ende Februar dieses Jahres *zwei US-Soldaten* mit gezielten Kopfschüssen. Sie sind die ersten Opfer eines Terror-Anschlags in Deutschland mit islamistischem Hintergrund.

• In zehn Jahren nur ein Anschlag eines Einzeltäters, das ist angesichts der Gefahr eine gute Bilanz. Niemals zuvor waren deutsche Sicherheitsbehörden so erfolgreich im Kampf gegen Terroristen wie die deutsche Polizei in diesen Tagen. Die Sicherheitsbehörden haben gute Arbeit geleistet. Sie schleusten im In- und Ausland ein Heer von V-Leuten und Agenten in verdächtige Gruppierungen, sie kooperieren weit intensiver als früher mit ausländischen Diensten und observieren manchmal rund um die Uhr sogenannte *Gefährder*. Das sind Leute, von denen die Behörden annehmen, dass sie politisch motivierte Straftaten von erheblichem Ausmaß begehen könnten. „Wenn doch etwas passieren sollte", sagte ein hochrangiger Sicherheitsbeamter, „werden wir vermutlich die Täter gekannt haben. Und dann wird man uns vorwerfen, dass es dennoch zur Tat gekommen ist."

• Etwa eintausend Personen rechnen die Behörden zum *islamistisch-terroristischen Spektrum*. Dessen Zentren sind Köln/Bonn, Hamburg, Berlin und das Rhein/Main-Gebiet. Jeder vierte islamistische Kämpfer soll an den Hindukusch gereist sein, um sich dort paramilitärisch ausbilden zu lassen. Etwa die Hälfte von ihnen ist zurückgekehrt, ein Dutzend ist in Haft. Einige haben auch Kampferfahrung aus Gefechten in Afghanistan. Sie hatten sich diversen Dschihad-Organisationen angeschlossen oder der Gruppe „Deutsche Taliban-Mudschaheddin". Etliche der Reisenden kamen nicht mehr zurück. Sie fielen, wie der Saarländer Eric Breininger, der zum Umfeld der Sauerland-Gruppe gehört hatte, in Gefechten in Waziristan. Sie sprengten sich, wie ein aus Bayern stammender Deutsch-Türke, als Selbstmordattentäter in die Luft oder wurden durch die Drohnen der CIA getötet, wie im Herbst vergangenen Jahres eine kleine deutsche Gruppe in Pakistan. Sie leben wirklich gefährlich.

(Süddeutsche Zeitung v. 3.8.2011, S. 7; Verf.: Hans Leyendecker)

M 18 Skepsis in der Bevölkerung gegenüber verstärkten Überwachungsmaßnahmen

Im Verlauf des Jahres 2007 gab es zwischen den politischen Parteien und in den Medien z. T. lebhafte Diskussionen über neue Sicherheitsgesetze zum Schutz gegen die Gefahr terroristischer Anschläge, wie sie vor allem vom deutschen Innenminister vorgeschlagen wurden. Im Folgenden berichtet die Leiterin eines Meinungsforschungsinstituts über die Ergebnisse einer Bevölkerungsumfrage dazu.

Die Mehrheit ist keineswegs grundsätzlich gegen eine verstärkte Kontrolle. So unterstützt die überwältigende Mehrheit die verstärkte *Überwachung öffentlicher Plätze* wie Flughäfen, Bahnhöfe und Fußgängerzonen mit Videokameras, 52 Prozent auch die Ergänzung der im Reisepass enthaltenen Informationen durch Fingerabdrücke. Knapp jeder Zweite ist mit der Aufnahme weiterer biometrischer Daten in Reisepässen einverstanden, ebenso viele mit der Überprüfung von Fingerabdrücken aller Personen, die nach Deutschland einreisen. [...]

[Aber] das Misstrauen wächst, dass der Staat von der gezielten Überwachung Verdächtiger zu einer weiter ausgreifenden Kontrolle aller Bürger übergehen könnte. Heute ist dies nach dem Eindruck der großen Mehrheit nicht der Fall. [...]

Die Frage, was im Konfliktfall Vorrang haben soll – größtmögliche Sicherheit oder die Freiheit der Bürger und ihr Schutz vor einer Ausweitung von Kontrollen und Überwachung –, spaltet die Bevölkerung. 46 Prozent entscheiden sich im Konflikt für den Vorrang der Sicherheit, 45 Prozent für den Vorrang von Freiheit und Schutz vor staatlicher Überwachung. Die Frage ist jedoch, ob dieses Meinungsbild in einer Phase Bestand hätte, in der Terrorismus stärker als akute Bedrohung empfunden wird.

(Frankfurter Allgemeine Zeitung v. 17.10.2007, S. 5; Verf.: Renate Köcher, Leiterin des Instituts für Demoskopie Allensbach)

1. Erläutert, warum die rechtzeitige Verhinderung geplanter schwerer Terroranschläge der sogenannten „Sauerland-Gruppe“ 2007 in Deutschland großes Aufsehen erregte (M 17 a).
2. Die Sauerland-Gruppe wurde als Beispiel für eine neue Form des „Homegrown“-Terrorismus eingestuft. Erklärt, was mit dieser Bezeichnung gemeint ist.
3. Beschreibt, inwiefern Deutschland in den letzten Jahren durchaus Anschlagsziel islamistischer Terroristen war, weshalb der Autor von M 17 b aber von einer „guten Bilanz“ sprechen kann.
4. Erläutert, welche Personen die Sicherheitsbehörden als „Gefährder“ bezeichnen und welche Maßnahmen sie zu deren Überwachung einsetzen.
5. Erläutert, inwiefern sich bei der Terrorismusbekämpfung durch verstärkte Überwachungsmaßnahmen ein Konflikt zwischen Sicherheit und „Freiheit“ ergeben kann (M 18). Interpretiert dazu auch die Aussageabsicht der Karikatur.
6. Beschreibt die Einstellung der Bürger zu diesem Problem und nehmt aus eurer Sicht dazu Stellung. Wie hättet ihr die Fragen des Meinungsforschungsinstituts beantwortet?

1. 7-mal richtig, 7-mal falsch

Überprüfe die folgenden Aussagen und begründe deine jeweilige Entscheidung.

a) Über Auslandseinsätze der Bundeswehr entscheidet allein die Bundesregierung.
b) Im Inneren darf nach dem Grundgesetz die Bundeswehr in keinem Falle eingesetzt werden.
c) Ab 2014 sollen afghanische Sicherheitskräfte allein die Verantwortung für die Sicherheit in ihrem Land übernehmen.
d) Der Krieg gegen die Taliban in Afghanistan wurde 2001 mit Zustimmung der Vereinten Nationen begonnen.
e) Die Zahl innerstaatlicher Kriege und Konflikte hat in den letzten Jahrzehnten stetig abgenommen.
f) Als „neue" Kriege werden die seit Beginn des 21. Jahrhunderts begonnenen Kriege bezeichnet.
g) Entscheidungen über den Einsatz von Friedenstruppen der UNO müssen von der Generalversammlung beschlossen werden.
h) Ständige Mitglieder des Sicherheitsrates sind die fünf (nach der Bevölkerungszahl) größten Länder der Welt.
i) Für die Bereitstellung von Friedenstruppen sind die Vereinten Nationen auf die Bereitschaft einzelner Mitgliedstaaten angewiesen.
j) Zwischen der Sicherheitspolitik der NATO und der der EU gibt es Abstimmungsbedarf.
k) Der „11. September 2001" hat das Sicherheitsbewusstsein der Menschen in den westlichen Industrieländern verändert.
l) Seit Jahren werden terroristische Anschläge vor allem von Selbstmordattentätern durchgeführt.
m) Zwischen den Begriffen „islamisch" und „islamistisch" besteht ein wichtiger Bedeutungsunterschied.
n) In Deutschland hat man bisher keine islamistischen Terrorzellen feststellen können.

2. Eine Karikatur

a) Beschreibe und interpretiere die Darstellung.
b) Nimm begründet Stellung zu dem, was der Zeichner zum Ausdruck bringen will.

Methodischer Anhang

Vorbemerkung

Der Einsatz handlungsorientierter Methoden des politischen Unterrichts kann sinnvoll nur im konkreten, thematisch strukturierten Unterrichtszusammenhang erfolgen. Dabei ist eine differenzierte, auf das jeweilige Beispiel bezogene Anleitung im Sinne einer effektiven Unterrichtsarbeit sehr hilfreich. Das vorliegende Arbeitsbuch enthält daher ausführliche Hinweise zur Durchführung folgender Methoden im thematischen Zusammenhang:

- *Umfrage* (S. 15f.)
- *Befragung* zur Mediennutzung (S. 31)
- Computergestützte *Präsentation*/PowerPoint (S. 66)
- *Projekt* Markterkundung (S. 77)
- *Rollenspiele* durchführen und besprechen (S. 92)
- *Erkundung* eines *Supermarktes* (S. 102)
- *Erkundung* einer *Verbraucherberatungsstelle* (S. 104f.)
- Erstellung von *Kurzporträts* der Bundestagsparteien (S. 137)
- *Projekt:* Besuch einer *Gerichtsverhandlung* (S. 168f.)
- *Erkundung* – zu Migrationshintergrund und *Integrationspolitik* (S. 197)
- *Erkundungsprojekt: Umweltschutz in der Gemeinde* (S. 228)
- *Die Positionslinie* (S. 240)
- *Interview* – ein persönliches Gespräch über Berufserfahrungen (S. 262)
- *Betriebserkundung:* Wie sieht es mit der Mitbestimmung in der Praxis aus? (S. 299)
- *Erkundung und Dokumentation:* Armut in unserer Gemeinde (S. 365)
- *Fishbowl-Diskussion* (S. 382)
- *Auf den Kopf gestellt* (S. 391)
- *Zeitungsrecherche* (S. 440)
- *Brainwriting:* Was „Globalisierung“ für mich bedeutet (S. 462)

Hinweise zur Analyse von Statistiken

„Wie leicht doch bildet man sich eine falsche Meinung, geblendet von dem Glanz der äußeren Erscheinung.“
(Molière)

Statistische Daten spielen im Politik-Unterricht bei der Behandlung vieler Themen eine wichtige Rolle. Das ist schon deshalb so, weil man zur Beurteilung einzelner konkreter Fälle und Fakten wissen muss, wie es „im Ganzen“ oder „im Durchschnitt“ aussieht. Statistiken sind in einer „Sprache“ abgefasst, die sich auf wenige Begriffe, auf Zahlen und grafische Zeichen beschränkt und die auf diese Weise eine Vielzahl und Vielfalt von Fakten unter ganz bestimmten Gesichtspunkten ordnet und zusammenfasst. Um diese „Sprache“ richtig verstehen und „übersetzen“ zu können, muss man beim Lesen bestimmte *Regeln* beachten und anwenden. Das ist auch deshalb wichtig, weil Statistiken oft den Anschein vollkommener Objektivität und unbezweifelbarer Richtigkeit erwecken, obwohl sie z. B. Wesentliches verschweigen und den Leser u. U. in einer bestimmten Richtung beeinflussen, ihn „manipulieren" können. Die folgenden Hinweise sollen euch helfen, die Fähigkeit zu erwerben, Statistiken schnell und sicher lesen, erläutern und kritisch beurteilen zu können.

A. Arten von Statistiken

Statistiken (statistische Daten) lassen sich grob unterteilen in **Tabellen** (zahlenmäßige Übersichten) und **Grafiken** (Veranschaulichung von Zahlenwerten und Größenverhältnissen mithilfe grafischer Elemente). Grafische Darstellungen gibt es in vielfältiger Form. Neben *Schaubildern*, die durch die Verwendung figürlicher Darstellungen gekennzeichnet sind, sind *Diagramme* aller Art sehr gebräuchlich. Die häufigste Form stellen aber wohl *Tabellen* dar. Deshalb sei ihr Aufbau hier kurz erläutert.

Seitenspalte		Kopfzeile		
				1. Zeile
	1. Spalte	2. Spalte		2. Zeile

Die tabellarische Anordnung beruht im Allgemeinen darauf, dass zwei Aspekte (Kategorien) eines (in der Überschrift genannten) Sachbereichs miteinander in Beziehung gesetzt werden. Das geschieht in der Weise, dass der eine Aspekt im Kopf der Tabelle (*Kopfzeile*) bezeichnet wird, der andere in der *Seitenspalte* (Vorspalte). Auf diese Weise ergeben sich in einer Tabelle (horizontale) *Zeilen* und (vertikale) *Spalten*, die dann mit Zahlenwerten gefüllt werden können.

Parteien / Wahljahr	CDU/CSU	SPD	FDP	Die Grünen[1]	PDS[2]
1972	44,9	45,8	8,4	-	-
1976	48,6	42,6	7,9	-	-
1980	44,5	42,9	10,6	1,5	-
1983	48,8	38,2	7,0	5,6	-
1987	44,3	37,0	9,1	8,3	-
1990	43,8	33,5	11,0	5,0	2,4
1994	41,4	36,4	6,9	7,3	4,4
1998	35,2	40,9	6,2	6,7	5,1
2002	38,5	38,5	7,4	8,6	4,0
2005	35,2	34,2	9,8	8,1	8,7
2009	33,8	23,0	14,6	10,7	11,9

[1] Seit 1990: Bündnis 90/Die Grünen; [2] 2005: Die Linke.PDS/2009: Die Linke

Wenn eine Tabelle etwa – um ein einfaches Beispiel zu wählen – **die Stimmenanteile der im Bundestag vertretenen Parteien** bei den Bundestagswahlen darstellen will, kann sie in der Kopfzeile die Namen dieser Parteien auflisten und in der Seitenspalte die Wahljahre. Die Stimmenanteile werden *in Prozent der abgegebenen gültigen Stimmen* angegeben.
Diese Form der tabellarischen Anordnung ermöglicht es in unserem Beispiel, sozusagen „auf einen Blick“ nicht nur die *Anteile* der Parteien im jeweiligen Wahljahr miteinander zu vergleichen (in den Zeilen), sondern auch die *Entwicklung* der Anteile für jede einzelne Partei über viele Jahre hin zu überblicken (in den *Spalten*).

B. Arbeitsschritte bei der Analyse von Statistiken

Um eine exakte Erarbeitung zu gewährleisten, ist es notwendig, *Beschreibung* und *Interpretation* (Auswertung und kritische Beurteilung) deutlich zu trennen und dabei bestimmte Leitfragen zu beachten (nicht alle Fragen des folgenden Katalogs sind für jede einzelne Statistik von Bedeutung).

1. Beschreibung

a) Aussagebereich und Quelle (Überschrift und Quellenangabe)
- Wozu soll die Statistik etwas sagen? Welche Frage will sie beantworten?
- Für welche Zeit und für welchen Raum soll sie gelten?
- Wer hat die Statistik verfasst (verfassen lassen)? Auf welchen Quellen beruht sie?
- Bei Befragungsergebnissen: Auf welche Frage hatten die Befragten zu antworten? Welche Antwortmöglichkeiten hatten sie? Vgl. die Hinweise zur Befragung (S. 525 ff.).

b) Darstellungsform, Kategorien und Zahlen
- Welche Form der Darstellung wurde gewählt?
- Welche Kategorien (Begriffe) werden miteinander in Beziehung gesetzt? (z. B. bei Tabellen: Was steht in der Kopfzeile/Tabellenkopf, was in der Seitenspalte/Vorspalte?) Was bedeuten diese Begriffe genau?
- Welche Zahlenarten (absolute Zahlen, Prozentzahlen, Index*-Zahlen) werden verwendet? Auf welche Gesamtzahl beziehen sich ggf. die Prozentzahlen?
- Welche Informationen lassen sich der Statistik entnehmen? (Was bedeutet z. B. eine bestimmte Zahl in der Tabelle, ein bestimmter Punkt auf der Kurve des Diagrammes usw.?)

„Zehn von hundert Menschen haben Ahnung vom Prozentrechnen. Das sind über 17 Prozent.“
(aus einem Zeitungskommentar)

Hinweis: Insbesondere bei Vergleichen zwischen **Prozentzahlen** muss man darauf achten, ob die Gesamtzahl angegeben ist. So kann z. B. der Vergleich zweier Zeitungsverlage, von denen der eine seine Auflage von 500 000 auf 1 Million (also um 100 %) gesteigert, der andere seine Auflage von 2 Millionen auf 3 Millionen (also um 50 %) erhöht hat, einen ganz unterschiedlichen Eindruck hervorrufen, je nachdem, ob man diesen Vergleich in absoluten Zahlen (500 000 im Vergleich zu 1 Million) oder in Prozentzahlen (100 % im Vergleich zu 50 %) formuliert.
Auch der Unterschied zwischen einer Veränderung in Prozent und in Prozentpunkten ist bei der Beschreibung zu beachten.

2. Interpretation

a) Auswertung

- Welche Aussagen (Antworten auf die Fragestellung) lassen sich formulieren?
- Welche Aussagen (Beziehungen, Entwicklungen) sind besonders wichtig? Lassen sich bestimmte Schwerpunkte (Maxima, Minima), regelhafte Verläufe, besondere Verhältnisse und Entsprechungen feststellen?
- Wie lässt sich die Aussage zusammenfassend formulieren?

b) Kritik

- Gibt es Unklarheiten im Hinblick auf die Angaben zur Quelle, zur Fragestellung, zum Zeitpunkt usw.? – Enthält die Statistik offensichtliche Mängel und Fehler (z. B. in der Berechnung, Benennung, grafischen Anlage usw.)?
- Zu welchem Bereich der Fragestellung macht die Statistik keine Angaben? Was müsste man wissen, um die Daten und ihren Stellenwert im größeren Zusammenhang beurteilen zu können?
- Lässt sich ein bestimmtes Interesse an der Veröffentlichung erkennen? Könnte sie jemandem nutzen oder schaden?

(Autorentext)

„Mit der ganzen Algebra ist man oftmals nur ein Narr, wenn man nicht noch etwas anderes weiß.“
(Friedrich der Große)

Hinweise zur Arbeit mit Karikaturen

Karikaturen haben ihren Platz seit eh und je in den politischen Teilen von Zeitungen und Zeitschriften. In fast jeder Zeitung werdet ihr heute nahezu täglich mindestens eine Karikatur finden. Seit Jahren finden sich Karikaturen zunehmend auch in Schulbüchern verschiedener Fächer, insbesondere in Politik-Büchern. Es erscheint daher sinnvoll, einige kurze Hinweise zu geben auf das Wesen politischer Karikaturen und auf einige Punkte, die beim Umgang mit ihnen zu beachten sind.

I. Merkmale der Karikatur

Der Journalist Otto Köhler hat einmal gesagt: „Karikaturen spitzen ein Problem zu; dabei kommentieren sie wohlwollend oder bösartig, verkürzen, unter- oder übertreiben. In jedem Fall sind sie anregend, da sie Meinung machen, ja provozieren wollen“. Diese Bemerkung fasst die beiden wichtigsten Wesenszüge von Karikaturen gut zusammen.

1. Bewusste Übertreibung

Eine karikaturistische Zeichnung will ihren Gegenstand (das Verhalten einer Person, ein Ereignis, eine Situation, ein Problem) bewusst nicht genau so wiedergeben, wie es der Realität entsprechen würde. Der literarischen Form der Satire vergleichbar, *übertreibt* sie in ihrer Darstellung *absichtlich*, was ihr wichtig erscheint (z. B. die lange Nase oder sonstige Besonderheiten des Aussehens oder Verhaltens von Politikern, z. B. die Folgen einer bestimmten politischen Maßnahme usw.). Sie versucht auf diese Weise, bestimmte *typische Merkmale* eines Verhaltens (einer Situation usw.) sichtbar zu machen und zu „entlarven“, Widersprüche aufzudecken zu dem, was eigentlich (aus der Sicht des Karikaturisten) wünschenswert wäre. Häufig werden dabei Personen und Vorgänge in *Bildern* wiedergegeben (z. B. der Deutsche als „deutscher Michel" mit der Zipfelmütze, die militärische Rüstung als großer Drachen, Europa entsprechend dem griechischen Mythos als Frau, die auf einem Stier sitzt). Mit der übertreibenden, oft einseitig verkürzten und häufig auf bekannte Bildvorstellungen anspielenden Darstellung hängt es zusammen, dass man beim Betrachten einer Karikatur nicht selten lachen oder schmunzeln muss. Diese Reaktion ist zumeist Ausdruck des Wiedererkennens: Man erkennt auf einen Blick, was gemeint ist.

2. Kritik und Kommentar

Damit ist der zweite Wesenszug einer Karikatur bereits angedeutet: Karikaturen wollen einen politischen Sachverhalt nicht einfach darstellen, sie wollen ihn „kommentieren", wollen Stellung dazu beziehen, Kritik daran üben. Verglichen mit den Textsorten einer Zeitung, handelt es sich nicht um eine „Meldung", sondern um einen meinungsbildenden „Kommentar". Das Verständnis einer Karikatur setzt also in jedem Fall voraus, dass man den *Sachverhalt*, auf den sie sich bezieht, *schon kennt*. Gute Karikaturen sind fast so etwas wie eine kurze Geschichte: Sie nehmen Bezug auf Geschehenes, legen seine „Struktur" bloß, beleuchten es aus einer bestimmten Perspektive, regen dazu an zu fragen, was wohl die Gründe für die dargestellte Situation sein könnten und wie es weitergehen könnte.

Wichtig ist: Karikaturen zu verstehen heißt zu *erkennen, was der Zeichner „sagen", was er zum Ausdruck bringen will*, welches Ziel er verfolgt, für wen er Partei ergreift. Verstandene Karikaturen fordern daher ihren Betrachter immer zur Auseinandersetzung, zur eigenen Stellungnahme heraus.

3. Grenzen der Karikatur

Trotz ihrer Vorzüge darf man gewisse Grenzen und Gefahren bei der Arbeit mit Karikaturen nicht übersehen. Die Stärke der Karikatur – ihre subjektiv geprägte und zugespitzte Hervorhebung bestimmter Aspekte (Probleme, Widersprüche, Missstände) – ist oft auch ihre Schwäche: Andere wichtige Aspekte eines Zusammenhangs werden ausgeblendet oder einseitig verkürzt; eine umfassende Information kann (und will) die Karikatur nicht geben. Karikaturen können andere Materialien nicht ersetzen. „Karikaturisten [...] sind [...] schreckliche Vereinfacher – allerdings nicht aus [...] Mangel an Einsicht und Differenzierungsvermögen, sondern mit bestem Wissen und Gewissen: Sie wollen ja nicht erläutern, sondern läutern – die Praxis der kritischen Vernunft nämlich." (J. Eberle, Im Trüben gefischt; Karikaturen der Stuttgarter Zeitung, Stuttgart 1970).

II. Umgang mit Karikaturen – Ein Beispiel

Es empfiehlt sich, beim Umgang mit Karikaturen im Unterricht drei einfache Schritte zu beachten, die hier an einem konkreten Beispiel kurz erläutert werden sollen.

1. Genau beschreiben, was zu sehen und ggf. zu lesen ist

Ein Transparent, auf dem in riesiger Schrift der Grundgesetzartikel über die Gleichberechtigung von Männern und Frauen zu lesen ist, wird auf der einen Seite von einem Mann, offenbar dem Familienvater, getragen. Er hält das Transparent mit beiden Händen hoch und bringt in seiner ganzen Haltung zum Ausdruck, dass er bewusst und entschlossen für die Gleichberechtigung demonstrieren will. Seine Frau, die auf der anderen Seite das Transparent zu tragen hat, kann es kaum festhalten, da sie „alle Hände voll zu tun" hat. Gebeugt unter der Last schwerer Einkaufsgegenstände, die sie sich unter die Arme geklemmt hat, schiebt sie mit der rechten Hand den Kinderwagen mit dem darin liegenden Baby; an der linken Hand, die eine schwere Tasche hält, muss sie auch ihren kleinen Sohn noch mitziehen.

2. Erkennen, was die Karikatur zum Ausdruck bringen, was sie kritisieren will

Was der Karikaturist mit dieser Zeichnung sagen will, lässt sich leicht erkennen: Der Ehemann tritt zwar mit großen Worten nach außen für die Gleichberechtigung von Mann und Frau in der Familie ein, lässt in der Praxis aber seine Frau die gesamte Arbeit für den Familienhaushalt (hier: Einkaufen und Betreuung der Kinder) allein leisten. Allgemein gesagt: Ehemänner setzen sich zwar mit Worten lauthals für die Gleichberechtigung in der Familie ein, in der Realität aber tun sie nichts dafür, dass es zu einer wirklichen Gleichverteilung der Belastung kommt, die durch die Arbeit für den gemeinsamen Familienhaushalt entsteht.

3. Stellungnahmen zur Aussage der Karikatur

Vordergründig könnte man zunächst sagen, dass die dargestellte Situation, die der Zeichner ja bewusst „unwirklich" gestaltet hat, auch im Hinblick auf das Verhalten der beiden Ehepartner im Alltag kaum zu beobachten ist. Helfen Männer nicht gern ihren Frauen beim Tragen von Einkaufsgegenständen? Nehmen sie nicht gern ihre Kinder an die Hand? Handelt es sich nicht um eine falsche Übertreibung? Dem Karikaturisten kam es aber gerade darauf an, durch die „unwirkliche" Übertreibung einer Einzelsituation auf das *allgemeine Problem* der Rollenverteilung und der Arbeitsteilung in der Familie drastisch hinzuweisen. Er will kritisieren, dass verheiratete Frauen die Arbeit im Haushalt noch immer weitgehend allein, ohne die Hilfe ihrer Männer, leisten müssen. Wie weitgehend diese Kritik berechtigt ist, wie es heute „im Durchschnitt" der Familien aussieht, lässt sich der Karikatur nicht entnehmen. Insofern stellt sie nur den Anstoß für den Betrachter dar, über die Rollenverteilung in der eigenen Familie nachzudenken, sich ggf. über wissenschaftliche Untersuchungsergebnisse zu diesem Problem zu informieren, über Möglichkeiten zur Änderung der geschlechtsspezifischen Arbeitsteilung zu diskutieren usw.

(Autorentext)

Hinweise zur Erschließung von Texten

1. Klarstellung des inhaltlichen Zusammenhangs

In den meisten Fällen ist ein bestimmtes Vorwissen schon vorhanden, oder der Text ist ein Glied in einer Reihe schon erarbeiteter Materialien. Sich diese Zusammenhänge klarzumachen, erleichtert das Verständnis und die Einordnung der neuen Informationen; es hilft, gezielt und wirksam zu lesen. In diesen Zusammenhang gehört es auch, sich einer vorgegebenen Aufgabenstellung genau zu vergewissern. In den Arbeitshinweisen dieses Buches finden sich viele solcher Erschließungshilfen.

2. Schritte zur Texterschließung

2.1 Jede Texterschließung sollte damit beginnen, die äußeren *Textmerkmale* festzustellen:

- Was ist laut der Überschrift der *Gegenstand* des Textes?
- Wer ist der *Verfasser* (z. B. Politiker/in einer bestimmten Richtung, Fachwissenschaftler/in, Vertreter/in von Interessengruppen)?
- Wer ist oder war ursprünglich der *Adressat* (z. B. eine breite Öffentlichkeit bei Zeitungsartikeln, ein bestimmtes Publikum bei einer Rede, Fachleute auf einem bestimmten Gebiet bei einem wissenschaftlichen Text)? Wird der Entstehungsanlass genannt?
- Wann und wo ist der Text ursprünglich *veröffentlicht* worden? Wie aktuell ist er?

Die Beantwortung dieser Fragen erleichtert in vielen Fällen das Verständnis des Textes und seine spätere Einschätzung.

2.2 Zunächst sollte der Text zur Orientierung überflogen werden. Für eine genaue Erschließung muss er dann sorgfältig gelesen und auf den gedanklichen Ablauf und seine Hauptaussagen hin untersucht werden. Dabei ist es eine gute Hilfe, auf zentrale Begriffe („Signalwörter") zu achten. Verbindungswörter („außerdem", „und", „denn, weil", „allerdings", „obwohl", „andererseits", „zunächst", „schließlich") helfen bei der richtigen Erfassung des Gedankenvorganges.

Zur besseren Erfassung der Textaussagen kann man sich verschiedener Techniken bedienen (s. aber Hinweis am Ende des Textes!):

- *Unterstreichen* oder farbiges *Markieren* von Kernaussagen und zentralen Begriffen, bei längeren Sätzen oder Abschnitten unter Umständen auch am Rand.
- *Randvermerke* in Form von Zeichen, z. B.: ? = Verständnislücke, Unklarheit z. B. bei Fremdwörtern und Fachbegriffen, = (vorläufige) Zustimmung, ?! = Zweifel, (vorläufige) Kritik. In Verbindung mit solchen Zeichen, aber auch ohne sie können kurze Randbemerkungen die Zielrichtung oder Begründung der Zustimmung oder der Kritik kennzeichnen.
- Randvermerke in Form einer *Zusammenfassung* von Absätzen in kurzen, prägnanten Formulierungen, auch in der Form von Überschriften.

Auf diese Weise kann, falls der Originaltext eine solche Gliederung z. B. durch Zwischenüberschriften nicht schon enthält, auch eine *inhaltliche Gliederung* des Textes entstehen. Wichtig ist jedoch, dass eine solche Gliederung erst im Verlauf und nach einer genauen Textlektüre entstehen kann und nicht am Anfang der Texterfassung steht.

- Im Verlauf oder am Ende der Lektüre müssen unbekannte Fremdwörter und Fachbegriffe mit dafür geeigneten Hilfsmitteln (Fremdwörterlexikon, Fachwörterbuch, Internet oder mit einem Glossar wie in diesem Buch) so weit wie möglich abgeklärt werden. Kurze Erklärungen können vermerkt werden.

Alle Mittel zur Kennzeichnung des Textes müssen jedoch so sparsam verwendet werden, dass sie ihre Funktion, Wichtiges hervorzuheben, erfüllen.

Da man die beschriebene Kennzeichnung von Texten direkt in Schulbüchern (Schulbuchausleihe) nicht vornehmen kann, kann man sich z. B. mit entsprechenden Notizen in einem Heft oder auf Zetteln helfen, die man in das Buch einlegt (mit Angabe, zu welchem Text der Zettel gehört).

- Wie kommt der Autor zu seinen Erkenntnissen? Woher bezieht er seine Informationen und Argumente?
- Was sind – in einem argumentativen Text – die Hauptaussagen des Textes?
- Worin liegt die Aussageabsicht des Autors? Was ist dem Autor besonders wichtig? Worauf will er hinaus?
- Wie begründet der Autor seine Aussage, seine These, die Position, für die er wirbt?

3. Fragen zur genaueren Untersuchung der Aussageabsicht und der Argumentation des Autors

4. Texterörterung und Textbewertung; Kriterienorientierung

Bei diesem Schritt geht der Leser über die Erfassung des Textinhaltes und seine genauere Untersuchung hinaus und bestimmt sein Verhältnis zum Text. Auch wenn Bewertungen bei den vorhergehenden Schritten immer schon „mitgeschwungen“ sind, müssen sie am Ende der Arbeit mit einem Text genau formuliert und begründet werden. Eine gut begründete Textbewertung resultiert gedanklich aus einer Texterörterung, in der Aussagen des Textes, ausgehend von bestimmten Gesichtspunkten, abgewogen und Pro- und Kontra-Argumente entwickelt werden. Die daran anschließende *persönliche Stellungnahme* sollte sich nicht in einer pauschalen Zustimmung oder Ablehnung erschöpfen, sondern die eigene Position – wenn möglich – differenziert begründen. Wichtig ist dabei, sich der *eigenen Beurteilungskriterien und Wertmaßstäbe* bewusst zu sein und diese auch deutlich zu machen.

Allgemeine *Beurteilungskriterien* können z. B. sein,

- ob die Aussagen des Autors sachlich richtig sind (soweit dies nachprüfbar ist),
- ob sie keine Unklarheit enthalten oder wichtige Aspekte eines Sachverhaltes nicht berücksichtigen,
- ob sie auch Gegenargumente berücksichtigen,
- ob sie in sich widerspruchsfrei sind,
- ob sie erkennbar übertriebene oder beschönigende Darstellungen enthalten.

Eigene *Wertmaßstäbe* können z. B. in Vorstellungen bestehen von dem, was gerecht bzw. „sozial gerecht“ ist, was „demokratisch“ oder „rechtsstaatlich“ ist, was der Wertordnung des Grundgesetzes (Menschenwürde, Grundrechte) entspricht.

Die Gesamtbewertung muss nicht unbedingt in einer vollständigen Zustimmung oder Ablehnung enden. Auch eine teilweise Übereinstimmung oder die Feststellung offener Fragen z. B. aufgrund fehlender Informationen kann am Ende stehen.

(Autorentext)

Hinweise zur Planung und Durchführung von Befragungen

1. Thema der Befragung

Zunächst solltet ihr euch darüber klar werden, zu welchem Thema die Befragung stattfinden soll, zu welchen einzelnen *Gesichtspunkten* des Themas ihr etwas erfahren wollt. Dazu gehört auch, dass ihr bestimmte Vermutungen anstellt über Zusammenhänge, die durch die Befragungsergebnisse entweder bestätigt oder widerlegt werden können (Bildung von **Hypothesen**). Näheres dazu findet ihr auf der Internetseite www.bpb.de/popup/popup_grafstat.html?url_guid=H3UIGV. Falls ihr eure Ergebnisse mit solchen vergleichen wollt, die im Buch dargestellt werden, wäre es natürlich zweckmäßig, wenn die gleichen Gesichtspunkte auch in eurer Befragung berücksichtigt würden.

2. Form der Befragung

Sodann gilt es zu überlegen, ob ihr die Befragung *schriftlich* (anhand eines Fragebogens) durchführen wollt oder ob ihr eure Fragen *mündlich* stellen und die Antworten aufnehmen wollt („Interview"). Bei der Entscheidung über diese Frage ist auch Folgendes zu bedenken: Eine Fragebogenaktion ist immer dann sinnvoll, wenn ihr eine *größere* Zahl von Personen befragen und die Ergebnisse in einer Statistik darstellen wollt. Die Befragten können dann die Fragebogen auch ausfüllen, wenn ihr nicht dabei seid. Ihr braucht sie dann nur wieder einzusammeln und könnt sie im Unterricht auswerten. Ein „Interview" ist immer dann sinnvoll, wenn ihr etwas ausführlichere Stellungnahmen von (nicht allzu vielen) Personen zu bestimmten Problemen und Fragen erfahren wollt. Die Befragten haben dabei ja die Möglichkeit, sich auf eure Fragen frei (also z. B. auch mit „zwar ..., aber...") zu äußern. Das bedeutet allerdings auch, dass sich die Ergebnisse solcher Interviews nicht so leicht auswerten und übersichtlich darstellen lassen.

3. Gestaltung des Fragebogens

Nun könnt ihr darangehen, die Zahl der Fragen und ihre genaue *Formulierung* festzulegen. Das ist nicht dasselbe wie die Überlegung zu 1 (Thema). Es kommt jetzt darauf an, das, was man wissen will, in einzelnen, möglichst einfach zu beantwortenden Fragen *genau zu erfassen* (unsere Hinweise beziehen sich von jetzt an hauptsächlich auf die Fragebogen-Methode). Achtet auf folgende Punkte:

- Die Fragen müssen *klar* und *leicht verständlich* (nicht zu lang und nicht zu kompliziert) formuliert sein.
- Sie müssen so gestellt werden, dass eine *eindeutige, aussagekräftige* und nach Möglichkeit leicht auszuwertende *Antwort* erfolgen kann. Beispiel: Die Frage „Gehst du oft ins Kino?" mit der Antwortmöglichkeit „ja" oder „nein" führt zu keinem aussagekräftigen Ergebnis, weil man nicht weiß, was der einzelne Befragte unter „oft" versteht. Besser wäre z. B. die Frage „Wie oft gehst du durchschnittlich ins Kino?" mit den Antwortmöglichkeiten „weniger als einmal im Monat", „ein- bis zweimal im Monat", „mehr als zweimal im Monat".
- Der leichteren Auswertung und Ergebnisdarstellung wegen sollte der Fragebogen überwiegend *geschlossene* Fragen enthalten, d. h. solche, zu denen die anzukreuzenden Antwortmöglichkeiten vorgegeben werden (im Gegensatz zu offenen Fragen, zu denen die Befragten ihre Antwort frei formulieren können).
- Besonders solche Fragen, die nicht auf Tatsachen, sondern auf *Meinungen* und *Urteile* zielen, müssen so „neutral" formuliert werden, dass sie nicht von vornherein eine bestimmte Antwort schon nahelegen. Statt „Findest du nicht auch, dass unsere Schülervertretung nichts Vernünftiges leistet?" müsste es etwa heißen: „Bist du mit der Arbeit unserer SV zufrieden, oder hast du etwas Wichtiges daran auszusetzen?" – Bei solchen und ähnlichen Fragen sollte man sich dann nicht auf die Antwortmöglichkeiten „ja" und „nein" beschränken, sondern die Antwort „teils-teils" anbieten und ggf. die Möglichkeit geben, konkrete Punkte zu nennen.
- Die *Zahl* der Fragen sollte nicht zu groß sein, und auch ihre *Reihenfolge* sollte überlegt sein. Allgemeinere Fragen sollten vor Fragen stehen, die sich auf bestimmte Einzelheiten beziehen; Fragen, die wahrscheinlich auf starkes Interesse der Befragten stoßen, sollten schon deshalb am Anfang stehen, weil die Befragten dann eher bereit sein dürften, auch die übrigen, sie vielleicht nicht so interessierenden Fragen zu beantworten.

4. Was bei der Durchführung der Befragung zu beachten ist

Bei der *Durchführung* der Befragung müsst ihr unbedingt auch einige rechtliche Gesichtspunkte beachten. Die wichtigsten sind:

- Die Teilnahme an der Befragung muss für die Befragten *freiwillig* sein.
- Es muss gewährleistet sein (besonders bei der Auswertung und der Ergebnisdarstellung), dass die Befragten *anonym* bleiben, d.h. es darf auf keinen Fall erkennbar sein, welche Personen welche Antworten gegeben haben.
- Wenn ihr eure Befragung nur in eurer Klasse durchführt und/oder euch nur an eure persönlichen Bekannten wendet (als freiwillige Hausaufgabe), trägt *euer Fachlehrer/eure Fachlehrerin* die Verantwortung. Wollt ihr euch darüber hinaus an Schüler/innen anderer Klassen und/oder an Passanten wenden, müsst ihr vorher die Zustimmung *eures Schulleiters/eurer Schulleiterin* einholen. Sollen Schüler mehrerer Schulen befragt werden, bedarf es der Zustimmung der Schulleiter/innen aller betroffenen Schulen.
- Ihr dürft die Ergebnisse eurer Befragung nur in eurem Unterricht und innerhalb eurer Schule verwenden. Wenn ihr Ergebnisse über den Rahmen der Schule hinaus *veröffentlichen* wollt, braucht ihr dazu die Genehmigung der Schulaufsichtsbehörde, die ihr ggf. über euren Schulleiter/eure Schulleiterin einholen könnt.

(Autorentext)

Hinweise zur Unterrichtsmethode der Expertenbefragung

Ein Experte/eine Expertin ist ein Sachverständiger, also eine Person, die über einen bestimmten Sachverhalt aus eigenem Erleben und/oder intensiver Beschäftigung genaue Kenntnisse hat. Ein Experte kann häufig Sachverhalte genauer und anschaulicher darstellen, als das z.B. in Texten möglich ist; er hat zudem häufig Informationen, die in Büchern (noch) nicht vorhanden sind.
Hauptzweck von Expertenvortrag und Expertenbefragung ist die *Informationsgewinnung*. Der Unterschied zu einer politischen Diskussion, in der es zentral um Meinungsbildung, Meinungsaustausch und ggf. Entscheidungsfindung geht, darf nicht verwischt werden. Das schließt nicht aus, dass eine Expertenbefragung nach einer gewissen Zeit in eine politische Diskussion übergeht.
Jeder Experte hat aber neben Kenntnissen auch *Meinungen* zu den Gegenständen oder Sachverhalten, mit denen er sich beschäftigt. Wertungen und Meinungen, die sich ein Experte bei der Auseinandersetzung mit dem Gegenstand gebildet hat, können eine wertvolle Anregung für die eigene Meinungsbildung sein. Voraussetzung dafür ist jedoch, dass der Experte und seine Zuhörer zwischen Informationen und Wertungen so weit wie möglich trennen. Der Experte ist dann nicht mehr sachliche Autorität, sondern grundsätzlich gleichberechtigter Gesprächspartner.
Eine *Expertenbefragung* hat gegenüber einem Expertenvortrag den Vorzug, dass die zu übermittelnden Informationen genau auf die Bedürfnisse der Zuhörer abgestimmt werden können und dass die Zuhörer Verlauf und Ergebnis der Veranstaltung aktiv mitgestalten können. Deshalb konzentrieren sich die folgenden Hinweise auf die Experten*befragung*. Bei der Vorbereitung und Durchführung einer solchen Befragung sollte Folgendes beachtet werden:

1. Auswahl des Themas für eine Expertenbefragung

Nicht jedes Thema eignet sich für eine Expertenbefragung. Da eine Expertenbefragung einen nicht unerheblichen Aufwand für den Experten und seine Zuhörer bedeutet, sollte sie nur veranstaltet werden, wenn die gewünschten Informationen nicht oder nur erheblich schlechter auf anderem Weg beschafft werden können.

2. Auswahl des Experten

Der Experte muss so ausgewählt werden, dass er für das gewählte Thema über den bisherigen Kenntnisstand der Zuhörer hinaus tatsächlich Neues vermitteln kann. Das muss vorher eventuell durch ein *Vorgespräch* mit dem Experten ermittelt werden.

3. Organisatorische und inhaltliche Vorbereitung

Ort, Zeitpunkt und Dauer der Befragung sollten frühzeitig vereinbart, Sitzordnung, Gesprächsleitung und die Form des Festhaltens der Ergebnisse (Protokollführung) vorher abgeklärt werden. Gezieltes Fragen setzt eine gewisse Kenntnis des Gegenstandes voraus. Die Zuhörer müssen also bereits in das Thema der Befragung eingearbeitet sein. Fragenbereiche und Einzelfragen sollten auf der Grundlage der bisherigen Beschäftigung mit dem Gegenstand genau *vorbereitet* sein. Im Regelfall sind auch vorherige Vereinbarungen darüber, wer welche Fragen zu welchem Zeitpunkt stellt, unumgänglich. Der Experte sollte rechtzeitig über die an ihn gerichteten Erwartungen informiert werden, damit er sich – falls notwendig – gezielt auf die Befragung vorbereiten kann.

4. Durchführung der Befragung

Eine Expertenbefragung kann nur gelingen, wenn alle Beteiligten (Experte, Frager und Zuhörer, Gesprächsleiter) sich an die am Anfang formulierten *Regeln* halten. In besonderer Weise ist dafür der Gesprächsleiter verantwortlich. Er muss z. B. darauf achten, dass die vorbereiteten Themenbereiche zur Sprache kommen, dass der Experte und die Fragenden nicht abschweifen, dass der Unterschied zu einer politischen Diskussion erhalten bleibt bzw. der Übergang zu einer solchen Diskussion deutlich markiert wird.

5. Auswertung der Befragung

Jede Expertenbefragung sollte zu einem späteren Zeitpunkt ohne den Experten *ausgewertet* werden. Der sachliche Ertrag sollte klar bestimmt werden. Dieses Ergebnis sollte daraufhin überprüft werden, welche neuen Informationen gewonnen wurden und inwieweit das Ziel der Befragung erreicht wurde. Auch Vorbereitung, Organisation und das Verfahren sollten im Hinblick auf weitere Befragungen kritisch überprüft werden.

(Autorentext)

Hinweise zur Vorbereitung eines Kurzreferates

Ein Referat ist ein mündlicher Vortrag über ein deutlich markiertes Thema. Es dient dazu, einer Zuhörerschaft neue Informationen über ein bestimmtes Thema zu vermitteln, die sie ohne erheblichen Aufwand sonst nicht bekommen würde. Für den Referenten/die Referentin gibt es die Möglichkeit, sich darin zu üben, Sachverhalte in zusammenhängender, geordneter Form vorzutragen.

Für die **Vorbereitung** ist Folgendes zu beachten:

- Das *Thema* muss klar bezeichnet und eingegrenzt werden. Eine solche klare Fragestellung hilft bei der Stofferarbeitung und erleichtert später beim Vortrag das Zuhören.

- Das in der Vorbereitung zu erarbeitende *Material* sollte – eventuell nach einer Phase der Materialsuche – genau eingegrenzt werden. Unüberschaubares Material führt zur Verzettelung und oberflächlichen Bearbeitung.
- Der Referent sollte sich bei der Vorbereitung an einen Arbeitsplan mit folgenden *Arbeitsphasen* halten:
  - Materialsuche (falls nicht vorgegeben),
  - Auswertung des Materials (Lesen, Unterstreichen, Notizenmachen),
  - Erstellung einer Gliederung,
  - Ausarbeitung des Referates in Stichworten (kein Aufsatz),
  - Vorbereitung von unterstützenden Materialien für den Vortrag (evtl. Folie oder vervielfältigte Übersicht).

Für die **Durchführung** des Referates sollten folgende Grundsätze beachtet werden:

- Ein Referat sollte *klar gegliedert* sein. Nach einer Einleitung, die das Thema sowie die Materialgrundlage nennt und versucht, die Zuhörer für das Thema zu interessieren, folgt ein unter Umständen noch einmal unterteilter Hauptteil mit den Informationen und Gedanken, die der Referent vermitteln will. Am Ende steht eine knappe Zusammenfassung, in der unter Umständen auch offene Fragen und Möglichkeiten der Weiterarbeit benannt werden.
- Ein Referat soll auf die Fähigkeit der Zuhörer, konzentriert zuzuhören, ausgerichtet sein. Die *Länge* des Referates muss deshalb genau überlegt werden.
- Ein Referat sollte nach Stichworten *frei vorgetragen* und nicht abgelesen werden, da der Vortrag so lebendiger wird.
- Der Referent sollte den Zuhörern zu Beginn mitteilen, wie er sich *Rückfragen* vorstellt (Zwischenfragen während des Referates oder Fragen nach der Beendigung des Vortrags). Solche vereinbarten Regeln geben Referent und Zuhörern Sicherheit.
- In vielen Fällen ist es sinnvoll, den mündlichen Vortrag durch kurze Skizzen, Schemata und Zusammenfassungen zu unterstützen. Ihre Präsentation auf einer *Folie*, auf die der Referent laufend Bezug nimmt, konzentriert die Aufmerksamkeit der Zuhörer auf den Vortrag. Schriftliche Zusammenfassungen in vervielfältigter Form sollten deshalb im Regelfall erst am Ende des Vortrags ausgegeben werden.

Für ein aktives und wirksames *Zuhören* bei Referaten sollte Folgendes beachtet werden:

- Wichtiger als die Erfassung aller Einzelheiten ist es, den „roten Faden" des Referenten zu verfolgen. Dabei ist es hilfreich, auf Einleitungssätze, Überleitungen und Zusammenfassungen besonders zu achten.
- Ein Versuch, möglichst viel möglichst genau mitzuschreiben, behindert eher bei der Aufnahme der Informationen. Insbesondere, wenn eine schriftliche Zusammenfassung angekündigt wird, ist es besser, sich nur die grobe Struktur des Vortrags und ggf. Stichworte zu Rückfragen oder Diskussionsbeiträgen zu notieren.

(Autorentext)

Hinweise zur Durchführung von Gruppenarbeit

In Gruppenarbeitsphasen habt ihr die Gelegenheit, Materialien selbstständig zu erarbeiten, Meinungen auszutauschen, Stellungnahmen zu politischen und gesellschaftlichen Problemen vorzubereiten und Entscheidungen über die Art der Präsentation zu treffen, sofern es dazu keine Vorgaben durch euren Lehrer oder eure Lehrerin gibt.
Zu unterscheiden ist grundsätzlich zwischen Gruppenarbeit, bei der alle Gruppen dieselbe Aufgabe zu bearbeiten haben („arbeitsgleiche" Gruppenarbeit), und einer Form, bei der die Gruppen unterschiedliche Aufgaben bearbeiten („arbeitsteilige" Gruppenarbeit). Welche Form jeweils sinnvoll ist, hängt von der Art der Aufgabe und von der Lerngruppe ab.
Damit eine Gruppenarbeit gelingt, sind aber einige Vorbereitungen notwendig. Für die Durchführung und Präsentation der Ergebnisse muss es klare Regelungen geben.

1. Vorbereitung: Voraussetzung für eine gelungene Gruppenarbeit ist, dass alle Schülerinnen und Schüler den **Arbeitsauftrag** genau verstanden haben. Deshalb solltet ihr lieber noch einmal nachfragen, wenn es Unklarheiten gibt. Alle **notwendigen Materialien** (Wandzeitungen, Folien, Stifte, Kleber u. a.) stellt euch euer Lehrer oder eure Lehrerin zur Verfügung, wenn ihr nicht selbst darüber verfügt. Wichtig ist auch, dass ein **Zeitrahmen** für die Durchführung der Gruppenarbeit abgesprochen wird und dass geregelt wird, ob einzelne Gruppen außerhalb des Klassenraums arbeiten dürfen (z. B. im Selbstlernzentrum, in der Mediothek, im Computerraum).
Als Nächstes müssen dann die **Gruppen gebildet** werden. Dazu gibt es viele Möglichkeiten, von denen hier nur einige genannt werden:

- Nebeneinander sitzende Schülerinnen und Schüler bilden eine Gruppe.
- Abzählen: 1 – 2 – 3 – 4 – 1 – 2 – 3 – 4 –: Schülerinnen und Schüler mit derselben Zahl bilden eine Gruppe.
- Bonbons mit verschiedenen Farben oder Sorten ziehen lassen: Schülerinnen und Schüler mit derselben Farbe oder Sorte bilden eine Gruppe
- Nach Interesse ordnen Schülerinnen und Schüler sich verschiedenen Themen zu.
- Schülerinnen und Schüler bilden selbst die Gruppen nach Sympathie.

2. Durchführung: Wir schlagen euch vor, dass ihr für die Durchführung der Gruppenarbeit **Rollen** an einzelne Schülerinnen und Schüler der Gruppe verteilt. Sie haben verschiedene Aufgaben. Alle Aufgaben dienen dem Gelingen der Gruppenarbeit:

- Der **Gruppenleiter oder die Gruppenleiterin** ist besonders für den Ablauf der Gruppenarbeit verantwortlich. Er oder sie leitet die Diskussion, achtet darauf, dass Ergebnisse zustande kommen und dass sie formuliert werden. Es ist seine oder ihre Aufgabe, immer wieder die Initiative zu ergreifen.
- Der **Zeitwächter oder die Zeitwächterin** achtet auf das Einhalten der vereinbarten Zeiten, ggf. auch auf Pausen und erinnert immer wieder daran, dass mit der Zeit sparsam umgegangen werden muss, weil man sonst nicht zu wichtigen Ergebnissen kommt.
- Der **Protokollant oder die Protokollantin** notiert die von der Gruppe erarbeiteten Ergebnisse. Er oder sie stellt die Arbeitsergebnisse vor, wenn keine andere Vereinbarung getroffen

wird. Falls ihr eine umfangreichere Präsentation plant (z. B. zwei Folien, eine große Wandzeitung), dann kann diese Aufgabe auch geteilt werden.

3. Auswertung:

Für die Auswertung der Gruppenarbeit gibt es viele Möglichkeiten:

- Nicht so gut ist es, wenn alle Gruppen ihre **Ergebnisse** einfach nur vorlesen, weil sich das lange hinzieht und man zum Schluss gar nicht mehr richtig zuhören kann. Besser ist es, wenn Ergebnisse **vervielfältigt** werden. Euer Lehrer oder eure Lehrerin wählt z. B. ein Gruppenergebnis aus und kopiert es, sodass ihr das Blatt dann in eurer **Mappe abheften** könnt. Um Zeit zu sparen, tragen andere Gruppen dann nur noch vor, welche Ergebnisse sie abweichend oder darüber hinaus erarbeitet haben. Zum Schluss soll vereinbart werden, welche Ergebnisse der weiteren Gruppen noch im Politikheft notiert werden müssen. Dazu könnte auch ein Schüler oder eine Schülerin ein zusätzliches Protokoll anfertigen, das ergänzend kopiert wird.
- Eine sinnvolle Möglichkeit ist auch, die Gruppenergebnisse auf **Wandzeitungen** auszuhängen. Diese Wandzeitungen können auch durch den Lehrer oder die Lehrerin durch Überschriften **vorstrukturiert** werden. Das bietet sich besonders bei einer komplexeren Aufgabenstellung an. Der Protokollant oder die Protokollantin kann die Ergebnisse in einem kleinen **Vortrag** in der Klasse vortragen. Wichtig ist, dass er oder sie die Ergebnisse nicht einfach nur abliest, sondern möglichst **frei spricht** und die **Zuhörer anschaut**. Die Mitglieder der anderen Gruppen machen sich ggf. **Notizen**, um später Fragen stellen oder Stellung nehmen zu können.

(Autorentext)

Glossar

ADAC. Allgemeiner Deutscher Automobilclub. Mit rd. 17 Mio. Mitgliedern größte Interessenvertretung der Autofahrer in Deutschland.

Aktien. Die Aktie (vom lateinischen „actio", das bedeutet so viel wie „Handlung") ist eine Urkunde. Sie bescheinigt ihrem Besitzer, dass er einen bestimmten Geldbetrag einem Unternehmen (einer → Aktiengesellschaft oder kurz AG) zur Verfügung gestellt hat. Das hat er nicht aus Großzügigkeit getan, sondern weil er mit dieser Aktie bestimmte Rechte erwirbt. Zum Beispiel wird er Miteigentümer dieser AG und hat einen Anspruch auf einen Teil des Gewinns, den das Unternehmen erwirtschaftet. Wenn dieser Gewinn hoch ist, steigt auch der Wert der Aktien. Der Aktienbesitzer (Aktionär genannt) kann sie dann zu einem höheren Preis wieder verkaufen und so, besonders wenn er viele Aktien gekauft hat, eine Menge Geld verdienen. Wenn aber das Unternehmen keinen Gewinn, sondern Verluste oder gar Pleite macht, kann der Aktionär auch viel Geld verlieren. Der Aktionär hat noch weitere Rechte. So kann er in der Jahreshauptversammlung des Unternehmens, von dem er Aktien, also Anteile hat, mitbestimmen, wie es weitergeht mit der AG. Er kann zum Beispiel mitentscheiden, ob der Vorstand seine Sache gut gemacht hat oder ob er abgewählt werden soll. Aktien und andere Wertpapiere werden an der Börse gehandelt.

Aktiengesellschaft. Unternehmen, das im Besitz von Aktionären (→ Aktien) ist. Die Gesamtheit der Aktionäre (*Hauptversammlung*) wählt den (aus mehreren Personen bestehenden) Vorstand, der über die gesamte Geschäftspraxis der AG entscheidet und von einem → Aufsichtsrat kontrolliert wird.

Aktienkurse. → Kursentwicklung

Aktionäre. → Aktien

Akzeptanz. (von lat. accipere – annehmen) Bereitschaft, etwas (ein Gesetz, eine Regelung, ein Verhalten, eine Ansicht) anzunehmen, d. h. als berechtigt gelten zu lassen, auch wenn man selbst im Einzelnen damit nicht übereinstimmt.

Angestellte. Angestellte sind – wie → Arbeiter – abhängig Beschäftigte (Arbeitnehmer), d. h., sie stellen ihre Arbeitskraft für Lohn einem Arbeitgeber zur Verfügung; Unterschiede bestehen u. a. im Hinblick auf Urlaubs- und Entlohnungsregelungen (Angestellte beziehen z. B. ein festes Monatsgehalt). Im Durchschnitt, nicht in jedem Einzelfall, werden Angestellte besser bezahlt als Arbeiter und haben einen höheren Bildungsstand. Als „leitende Angestellte" haben sie führende Positionen in den Betrieben.

antikapitalistisch. Bezeichnung für eine Einstellung, die das kapitalistische bzw. marktwirtschaftliche System ablehnt; s. → Kapitalismus.

antisemitisch. Einstellung der grundsätzlichen Abneigung und Feindseligkeit gegenüber den Juden; Form des → Rassismus

Arbeiter. Arbeiter und → Angestellte sind zwei unterschiedliche Gruppen von Arbeitnehmern. Traditionell werden Arbeiter überwiegend in der Produktion mit körperlicher Arbeit beschäftigt, Angestellte dagegen überwiegend im Dienstleistungsbereich (z. B. Banken, Verwaltung) und im technisch-wissenschaftlichen Bereich.

Arbeitslosengeld (auch: **Arbeitslosengeld I**). Leistungen aus der beitragsfinanzierten Arbeitslosenversicherung in Höhe von 60 %, für Arbeitslose mit Kindern 67 % des früheren Nettoarbeitsentgelts. Anspruch haben Arbeitslose, die während der letzten zwei Jahre mindestens 360 Tage versicherungspflichtig beschäftigt waren, sich persönlich arbeitslos gemeldet haben und Arbeit suchen. Die Anspruchsdauer beträgt seit dem 1.1.2008 je nach Alter und Dauer der versicherungspflichtigen Beschäftigung maximal 24 Monate (50- bis 54-Jährige: 15 Monate; 55- bis 57-Jährige: 18 Monate; 58-Jährige und Ältere: 24 Monate).

Arbeitslosengeld II. Im Rahmen des → „Hartz IV"-Gesetzes wurde für alle erwerbsfähigen bisherigen Arbeitslosenhilfe- und → Sozialhilfeempfänger eine einheitliche „Grundsicherung für Arbeitssuchende" („Arbeitslosengeld II") geschaffen, deren Leistungen – im Unterschied zur bisherigen Arbeitslosenhilfe – nur bei Bedürftigkeit gewährt werden. Einbezogen sind auch die nicht erwerbstätigen Ehepartner der Leistungsbezieher und die Kinder („Sozialgeld"). Näheres s. S. 359 ff.

Arbeitsmarkt. Besondere Form des Marktes, die durch das Zusammentreffen von Angebot von Arbeitskräften (Arbeitnehmer) und Nachfrage nach Arbeitskräften (durch die Arbeitgeber) gekennzeichnet ist. Den organisierten Arbeitsmarkt bilden die Arbeitsagenturen (→ Bundesagentur für Arbeit), der unorganisierte spiegelt sich in den Stellenanzeigen der Zeitungen wider. Selbstständige werden nicht in die Beurteilung des Arbeitsmarktes einbezogen.

Arbeitsproduktivität. → Produktivität

Asylbewerber → Asylrecht

Asylrecht. Bestimmungen des Grundgesetzes und des Asylverfahrensgesetzes für die Behandlung von Anträgen auf Asyl von Asylbewerbern. Danach haben in Deutschland ein Recht auf Asyl solche Personen, die nachweisen können, dass sie aufgrund ihrer politischen Überzeugung, ihrer Religion, ihrer Rasse usw. in ihrer Heimat „politisch" (d. h. durch staatliche Maßnahmen) verfolgt worden sind (Not, Armut und Bürgerkrieg begründen den Anspruch auf Asyl nicht). Im Jahre 1993 wurde das Asylrecht eingeschränkt: Personen, die aus sicheren Herkunftsländern (Ländern, in denen es aus Sicht der deutschen Behörden keine politische Verfolgung gibt) stammen oder aus sicheren Drittstaaten einreisen (Länder der Europäischen Union sowie Norwegen und die Schweiz), haben keinen Asylanspruch; da alle Nachbarländer Deutschlands zu den sicheren Staaten gehören, kann auf dem Landweg niemand Asylanspruch erwerben. Bei Einreise auf dem Luftweg werden Asylbewerber auf dem Flughafengelände untergebracht; in einem kurzen Verfahren (maximal 19 Tage) wird der Asylanspruch überprüft. Wenn der Antrag „offensichtlich unbegründet" ist (also z. B. auf Täuschung beruht), werden die Antragsteller unmittelbar in ihre Heimatländer „abgeschoben". – Unabhängig vom Asylrecht können Kriegs- und Bürgerkriegsflüchtlinge eine befristete Aufenthaltsgenehmigung in Deutschland erhalten.

Atmosphäre (von griech. atmos – Dunst und sphaira – Kugel). Lufthülle um die Erde (1 000 bis 3 000 km in verschiedenen Schichten), die aus einem Gemisch von Gasen besteht (in Bodennähe hauptsächlich Stickstoff und Sauerstoff). Sie ist für das Leben auf der Erde entscheidend. In ihr bilden sich das Wetter und das Klima heraus.

Attac. Abk. für französisch „Association pour une taxation des transactions financières pour l'aide aux citoyens", „Vereinigung für eine Besteuerung von Finanztransaktionen zum Wohl der Bürger": 1998 gegründetes, weltweit aktives Netzwerk von Personen und Organisationen, die politische, soziale und ökologische Veränderungen im Zeitalter der Globalisierung bewirken wollen. Attac fordert insbesondere eine demokratische Kontrolle der internationalen Finanzmärkte und einen vollständigen Schuldenerlass für die Entwicklungsländer.

Aufsichtsrat. Gesetzlich vorgeschriebenes Kontrollorgan bei einer Genossenschaft, einer KGaG (Kommanditgesellschaft auf Aktien) und einer AG. Auch eine GmbH mit mehr als 500 Arbeitnehmern muss über einen Aufsichtsrat verfügen. Der Aufsichtsrat hat in erster Linie die Geschäftsführung bzw. den Vorstand zu berufen und abzuberufen, zu beraten und zu überwachen sowie den Jahresabschluss zu prüfen, darf aber nicht in die unmittelbare Leitung des Unternehmens eingreifen. Im Aufsichtsrat sitzen v. a. Vertreter der Anteilseigner (→ Aktionäre) und je nach Regelung der unternehmerischen Mitbestimmung auch Vertreter der Belegschaften.

Ausschüsse. Der Deutsche Bundestag hat eine Vielzahl von Arbeitsgruppen (Ausschüssen) gebildet, die sich der Bearbeitung und Beratung spezifischer Themengebiete (zumeist in Anlehnung an die Aufgabenbereiche der Fachministerien) widmen. Sie überarbeiten z. B. Gesetzentwürfe, bereiten Gesetzesvorlagen vor und erarbeiten Kompromisse zwischen den Parteien. Die Arbeit eines Abgeordneten findet hauptsächlich in den Ausschüssen statt.

BAföG. Bundesausbildungsförderungsgesetz; staatliche finanzielle Förderung von Studierenden und Schülern, die oder deren Eltern ein zu geringes Einkommen haben. Die Förderung von Schülern erfolgt vollständig als Zuschuss; Studierende erhalten einen Teil der Förderung als Darlehen, das später zurückzuzahlen ist.

Beamter. Angehöriger des „öffentlichen Dienstes" (einer Gemeinde, des Landes, des Bundes), der in einem besonderen Dienstverhältnis zum Staat steht. Bestimmten Pflichten des Beamten (besondere Treuepflicht, Dienstverschwiegenheit, Gehorsam gegenüber den Vorgesetzten, Streikverbot) steht eine besondere Fürsorge und Schutzpflicht des Staates gegenüber (Anstellung auf Lebenszeit, angemessene Besoldung und Altersversorgung, Beihilfe in Krankheitsfällen). Im Durchschnitt, nicht in jedem Einzelfall, werden Beamte besser bezahlt als → Arbeiter und → Angestellte.

Blockheizkraftwerk. Ein mit Erdöl oder Erdgas betriebenes kleine Kraftwerk (mit Verbrennungsmotor und Heizkessel), das einen Gebäudekomplex (z. B. ein Krankenhaus) oder einen Siedlungskomplex mit elektrischer Energie und Fernwärme versorgt.

Boden. Als → Produktionsfaktor dient Boden als Standort für Betriebe, als Anbaugebiet (Landwirtschaft) und als Quelle für Roh- und Energiestoffe (Erz, Kohle, Erdöl, Steine).

Börsenkurs. → Kursentwicklung

Boulevardisierung. Tendenz zu einer Entwicklung in Richtung des (niedrigen) Niveaus von Boulevardzeitungen (Oberflächlichkeit, Sensationsgier, Klatsch).

Bruttoinlandsprodukt (BIP). Wert aller Waren und → Dienstleistungen, die in einem Jahr innerhalb der Landesgrenzen einer Volkswirtschaft durch In- und Ausländer erzeugt werden.

Bundesagentur für Arbeit. Zentrale Bundesbehörde für Arbeitsvermittlung, Abwicklung der Arbeitslosenversicherung, Berufsberatung und Fortbildung (bis 2003: Bundesanstalt für Arbeit). Als „Arge" wird die mit der Einführung des → Arbeitslosengeldes II (→ „Hartz IV") neu eingerichtete örtliche „Arbeitsgemeinschaft der Agentur für Arbeit und der Kommunalverwaltung" bezeichnet, die mit der Betreuung von Langzeitarbeitslosen, ihrer Vermittlung in Arbeitsplätze und der Auszahlung des Arbeitslosengeldes II beauftragt ist (auch unter der Bezeichnung → „Jobcenter").

Bundeskartellamt. Oberste Bundesbehörde, deren Aufgabe es ist, den Wettbewerb in der Wirtschaft zu sichern. So sollen z. B. Zusammenschlüsse von Unternehmen (Fusionen), die eine zu große Marktmacht erzeugen, oder Preisabsprachen zwischen Unternehmen (→ Kartelle) verhindert werden.

Bürgerinitiative. Parteiunabhängiger Zusammenschluss von Personen, die öffentlich gemeinsame Interessen und Ziele, meist bezogen auf ein einzelnes Projekt, verfolgen. In Deutschland gibt es mehrere tausend Bürgerinitiativen, von denen viele auf das Problem des Umweltschutzes bezogen sind.

Bürgerliches Gesetzbuch (BGB). Das BGB fasst nahezu alle rechtlichen Vorschriften zusammen, die die Beziehungen der einzelnen Bürgerinnen und Bürger untereinander regeln (Bürgerliches Recht, Zivilrecht). Es ist in fünf Teile (Bücher) gegliedert (Allgemeines, Schuldrecht, Sachenrecht, Familienrecht, Erbrecht).

Daseinsvorsorge. Begriff für alle Leistungen der öffentlichen → Verwaltung an die Bürger (Versorgung mit lebenswichtigen „öffentlichen Gütern" wie z. B. Wasser, Strom, öffentliche Verkehrsmittel, aber auch mit Bildungsangeboten wie Theater, Volkshochschulen, Bibliotheken usw.).

DDR. Deutsche Demokratische Republik. 1949 gegründeter zweiter deutscher Staat, der nach den Prinzipien des → Sozialismus aufgebaut und von der → SED gelenkt wurde; Teil des „Ostblocks" (Zusammenschluss → kommunistischer Staaten unter Führung der → Sowjetunion). 1989/90 brach das DDR-System aufgrund der friedlichen Revolution des Volkes zusammen. Am 3.10.1990 erfolgte die Vereinigung mit der Bundesrepublik Deutschland.

demografisch. Als demografische Entwicklung wird die Entwicklung der Bevölkerung bezeichnet, die Zu- und Abnahme der Bevölkerung, die Zu- und Abnahme älterer und jüngerer Jahrgänge, der Geburtenzahlen usw. Weil in Deutschland zu wenig Kinder geboren werden, um die Zahl der Sterbenden auszugleichen und den Bevölkerungsstand zu erhalten, nimmt die deutsche Bevölkerung in den nächsten Jahrzehnten deutlich ab.

Dienstleistungen. Sammelbegriff für alle Tätigkeiten, die nicht der Herstellung von Sachgütern dienen, sondern in persönlichen Leistungen bestehen, z. B. im Handel, bei Banken und Versicherungen, bei Bahn und Post und in vielen anderen Dienstleistungsberufen (z. B. Ärzte, Friseure, Taxifahrer).

Dienstleistungssektor. Bereich (Sektor) der Wirtschaft, in dem Menschen arbeiten, die keine Sachgüter herstellen, sondern → Dienstleistungen verrichten.

Drittes Reich. Im → Nationalsozialismus (1932–1945) zeitweise verwendete Bezeichnung für das nationalsozialistische Deutschland; Bezugnahme auf das Heilige Römische Reich (offizieller Titel des deutschen Reiches von 962 bis 1806) und das von Bismarck (1871) gegründete Deutsche Reich.

Eiserner Vorhang. In der Zeit nach dem → Zweiten Weltkrieg (1939–1945) bis 1989/90 schotteten sich die → kommunistischen Staaten (→ Sowjetunion, China, osteuropäische Staaten, → DDR) durch streng bewachte und z. T. befestigte Grenzen von der übrigen („freien") Welt ab. Dafür wurde die (1946 zum ersten Mal durch den englischen Ministerpräsidenten Churchill verwendete) Bezeichnung „Eiserner Vorhang" gebräuchlich.

Emissionen. (von lat. emittere – aussenden) Ausstoß von Schadstoffen, die die Luft verunreinigen. Unter Pro-Kopf-Emissionen versteht man die Gesamtmenge der ausgestoßenen Schadstoffe in einem Land geteilt durch die Bevölkerungszahl. Für den Klimawandel sind vor allem Kohlendioxid (CO_2)-Emissionen von Bedeutung.

Emittenten. (von lat. emittere – aussenden) Verursacher von → Emissionen.

Energieeffizienz. In der Diskussion über Klimaschutz und Energiesparen häufig gebrauchter Begriff für ein günstiges Verhältnis zwischen dem Einsatz von Energie und dem damit erreichten Nutzen. Für den erwünschten Nutzen soll möglichst wenig Energie eingesetzt werden. Energieverschwendung soll vermieden werden.

Erwerbspersonenpotenzial. Gesamtzahl der Frauen und Männer im erwerbsfähigen Alter (15–65 Jahre), die sich am Erwerbsleben beteiligen wollen.

ethnisch (von griech. ethnos – das Volk). Die Zugehörigkeit zu einem bestimmten Volk und seiner Kultur betreffend; unter „ethnischer Säuberung" ist die Verfolgung und Ausweisung von Volksgruppen aus dem Gebiet eines anderen Volkes zu verstehen.

Europarat. Der Europarat mit Sitz in Straßburg wurde 1949 gegründet. Er ist kein Organ der Europäischen Union, sondern eine internationale Organisation von 47 europäischen Staaten, die sich für eine europäische Zusammenarbeit auf vielen Gebieten, insbesondere auf dem der Durchsetzung der Menschenrechte, einsetzt.

Europäische Kommission. Die „Regierung" der Europäischen Union, deren Mitglieder (für bestimmte Politikbereiche zuständige „Kommissare") von den Regierungen der EU-Mitgliedstaaten vorgeschlagen und bei Zustimmung des Europäischen Parlaments für fünf Jahre ernannt werden; der Präsident der Europäischen Kommission wird von den Mitgliedstaaten einvernehmlich bestimmt.

Forum (Plural: Foren). Platz (lat.: forum) zur Diskussion auf einer Website, üblicherweise zu einem umstrittenen Thema; im Unterschied zum Chat nicht in Echtzeit, sondern zeitversetzt. Es können Diskussionsbeiträge hinterlassen werden, die von Interessierten gelesen und beantwortet werden können. Die meisten Foren setzen eine Registrierung voraus.

fossile Brennstoffe. Brennstoffe (Energieträger) wie Kohle oder Erdöl, die aus Ablagerungen von Pflanzen in der Erdgeschichte stammen.

Fraktion. Vereinigung von politisch gleichgesinnten Abgeordneten in einem Parlament, die z. B. das Recht hat, ein Gesetz zu beantragen (Gesetzesinitiative). Zumeist handelt es sich um Abgeordnete einer Partei; möglich ist aber auch eine Fraktionsgemeinschaft mehrerer Parteien, wie z. B. von CDU und CSU im Deutschen Bundestag.

Generalsekretär. Der oberste Verwaltungsbeamte der UNO. Er reist in Krisengebiete, führt Gespräche mit Regierungen und macht Vorschläge zur Beilegung von Konflikten. An den Sitzungen des Sicherheitsrats nimmt er teil und lenkt dort die Aufmerksamkeit auf die Probleme der Welt.

genossenschaftlich. In der → DDR Bezeichnung für eine Form des Eigentums, die es neben dem gesamtgesellschaftlichen (staatlichen) Eigentum (z. B. in VEB – Volkseigenen Betrieben) gab: Genossenschaftsbetriebe (z. B. LPG – Landwirtschaftliche Produktionsgenossenschaften) gehörten den darin arbeitenden „Kollektiven" (Arbeitsgruppen).

Gewaltenteilung. Bedeutsamer demokratischer Grundsatz, der besagt, dass bei den Staatsfunktionen Exekutive (vollziehende Gewalt), Legislative (gesetzgebende Gewalt) und Judikative (rechtsprechende Gewalt) unterschieden und voneinander unabhängigen Staatsorganen (Regierung, Parlament, Gerichte) zugewiesen werden. Durch die Gewaltenteilung soll Machtmissbrauch verhindert werden.

Girokonto. (von ital. giro – Umlauf, Kreislauf) Konto bei einer Bank, auf dem die laufenden Einzahlungen und Auszahlungen (Zahlungseingänge und Abbuchungen) verbucht werden. Der Kontoinhaber kann von seinem Guthaben jederzeit Beträge abheben.

Global Player. Bezeichnung für ein „Multinationales Unternehmen" („Multi"), das zumindest eine „Tochterfirma" im Ausland hat. Große „Multis" (wie z. B. der Volkswagen-Konzern) sind in zahlreichen Ländern „zu Hause".

Haftung. Im engeren Sinn bedeutet Haftung, dass das Vermögen einer Person dem Zugriff der Gläubiger unterliegt; Haftung wird durch die Zwangsvollstreckung und das Insolvenzverfahren verwirklicht (Vermögenshaftung im Unterschied zur Haftung des Schuldners mit seiner Person, die nur in Ausnahmefällen verwirklicht wird). Haftung in diesem zivilrechtlichen Sinne ist unabhängig von Schuld zu sehen, hier also als Verpflichtung, eine bestimmte Leistung zu erbringen. Im weiteren Sinne bedeutet Haftung, dass jemand für etwas einstehen muss, z. B. für einen entstandenen Schaden.

Hartz IV. Bezeichnung für die gesetzlichen Neuregelungen zur Arbeitsmarktreform, die Teil eines von der sog. Hartz-Kommission (unter Leitung des Personalvorstandes der Volkswagen AG, Dr. Peter Hartz) vorgeschlagenen Reformmaßnahmen-Katalogs sind. Die aus diesem Katalog realisierten Maßnahmen wurden in vier Gesetze aufgeteilt: Hartz I: Schaffung von „Personal-Service-Agenturen" zur Schaffung neuer Beschäftigungsmöglichkeiten durch Leih- und Zeitarbeit; Hartz II: Gesetz zur Förderung von „Minijobs" und von „Ich-AGs" sowie zur Einrichtung von „Jobcentern"; Hartz III: organisatorischer Umbau der bisherigen Bundesanstalt für Arbeit zu einer → Bundesagentur für Arbeit mit stärkerem Akzent auf der Arbeitsvermittlung.

Haushalt, privater. Wohn- und Wirtschaftsgemeinschaft, zumeist einer Familie; aber auch Einzelpersonen können einen Haushalt bilden.

Hierarchie. Ordnungs- oder Herrschaftssystem, das durch das (vertikale) Prinzip von Über- und Unterordnung streng gegliedert ist.

hierarchisch. → Hierarchie

Hitler, Adolf (1889–1945 [Selbstmord]). Deutscher Diktator in der Zeit von 1933 bis 1945, der als „Führer" der Nationalsozialistischen Deutschen Arbeiterpartei (→ NSDAP) 1933 Reichskanzler wurde und die Demokratie abschaffte. Hauptmaßnahmen seiner verbrecherischen Politik waren die militärischen Überfälle auf fast alle Nachbarländer Deutschlands, die mit der Eroberung Polens (1939) und dem Angriff auf Russland (Sommer 1941) den → Zweiten Weltkrieg (1939–1945) auslösten, und die Ausrottung der Juden in Vernichtungslagern wie z. B. Auschwitz. Folgen waren u. a. viele Millionen Tote, die Zerstörung vieler deutscher und europäischer Städte, die vollständige Niederlage und die Besetzung Deutschlands durch die Siegermächte (USA, Großbritannien, Frankreich, Russland) bis 1949 (Aufteilung in „Besatzungszonen").

Ideologie. (griech: Lehre von den Ideen) Lehre über die soziale und politische Wirklichkeit oder die Entwicklung der Gesellschaft mit dem Anspruch auf Allgemeingültigkeit. Sie kann in die Nähe des Religionsersatzes rücken (z. B. Fortschrittsglaube) oder sich, wie im Marxismus-Leninismus, zu einer allgemeinen Welt- und Geschichtserklärung steigern. Allgemein: zusammenhängende, theoretisch begründete politische Überzeugung.

Index. „Anzeiger"; in der Statistik eine Messzahl, die das Verhältnis mehrerer Zahlen zueinander angibt; dabei wird die Zahl einer bestimmten Basisgröße (z. B. eines bestimmten Jahres) = 100 gesetzt und die Veränderungen der absoluten Zahlen in Prozentpunkte umgerechnet.

industrielle Revolution. Begriff, der deutlich machen will, dass sich der Prozess der Industrialisierung mit ihren technischen, wirtschaftlichen und sozialen Veränderungen (im 19. Jahrhundert) mit hoher Geschwindigkeit und durchgreifend vollzog.

Inflation. Länger anhaltender Prozess der Geldentwertung, der sich im Anstieg des gesamten Preisniveaus (Durchschnitt aller Preise; nicht Anstieg einzelner Preise) ausdrückt. Das Geld verliert an Kaufkraft (man kann sich für denselben Geldbetrag nicht mehr dieselbe Warenmenge kaufen). Die „Inflationsrate" gibt den prozentualen Anstieg des Preisniveaus eines Jahres im Vergleich zum Vorjahr an.

Inflationsrate. Prozentsatz, um den das allgemeine Preisniveau eines Jahres gegenüber dem Vorjahr ansteigt (s. → Inflation).

Infrastruktur. Wirtschaftlicher und organisatorischer Unterbau: Gesamtheit der Einrichtungen, die die wirtschaftliche Entwicklung eines Landes wesentlich bestimmen. Neben der „materiellen" Infrastruktur (Verkehrs-, Nachrichten- und Gesundheitswesen, Wasser- und Energieversorgung, Bildungseinrichtungen) werden z. B. auch die Rechts- und Berufsordnung und der Bestand an Arbeitskräften zur Infrastruktur gezählt.

Integration. Prozess der Herstellung bzw. Wiederherstellung eines einheitlichen Ganzen durch Einbeziehung/Eingliederung außenstehender Elemente, bezogen sowohl auf innergesellschaftliche Prozesse (z. B. Integration von Ausländern) als auch auf internationale Zusammenschlüsse (in wirtschaftlicher, militärischer und politischer Hinsicht).

Intervention (lat: intervenire – dazwischenkommen, sich einschalten). Eingreifen. Im Völkerrecht: Einmischung eines Staates in eine für ihn fremde Angelegenheit. In der Wirtschaftspolitik: staatlicher Eingriff in den Wirtschaftsablauf.

Investition. Begriff für die langfristige Verwendung von Geldmitteln zur Anschaffung solcher Sachgüter, mit denen Güter produziert werden (Maschinen, Gebäude, Werkzeuge). Solche Investitionsgüter sind also nicht für den Konsum bestimmt, sondern werden zur Herstellung von Gütern (Sachgütern und → Dienstleistungen) verwendet. Umgangssprachlich (aber nicht korrekt) wird das Wort „investieren" auch allgemein für die Geldausgabe zur Anschaffung von Gütern verwendet.

IWF, Internationaler Währungsfonds (engl. *International Monetary Fund*, Abk. IMF). Sonderorganisation der UN, die 1944 aufgrund des Abkommens von Bretton Woods zur Überwachung des internationalen Währungssystems gegründet wurde, mit 187 Mitgliedern (2011), Sitz: Washington D.C.; Hauptziele des IWF sind: 1) Bereitstellung von Krediten für Mitgliedstaaten mit Zahlungsbilanzstörungen; 2) Einrichtung eines multilateralen Zahlungsverkehrs und Beseitigung von Devisenbeschränkungen; 3) Stärkung des Welthandels.

Jobcenter. Lokale Behörden im Gebiet eines Kreises oder einer kreisfreien Stadt, die Arbeitssuchende betreuen, die Anspruch auf Leistungen der „Grundsicherung für Arbeitssuchende" (→ „Hartz IV/Arbeitslosengeld II) haben. Jobcenter werden z. T. als gemeinsame Einrichtungen der → Bundesagentur für Arbeit und des kommunalen Trägers (Stadt, Kreis), z. T. auch in alleiniger kommunaler Trägerschaft gebildet. Aufgabe der Jobcenter ist, entsprechende Leistungen zu gewähren und nach dem Prinzip des Förderns und Forderns den betroffenen Personen durch Vermittlung einer Stelle die Möglichkeit zu schaffen, künftig ihren Lebensunterhalt aus eigenen Mitteln bestreiten zu können.

Kalter Krieg. Der Begriff bezeichnet die nach dem → Zweiten Weltkrieg entstandene Auseinandersetzung zwischen den USA und der ehemaligen → Sowjetunion und ihren Bündnissystemen. Eine direkte militärische Auseinandersetzung konnte trotz mehrerer Krisen (Berlin 1948 und 1958, Kuba 1962), die einen „heißen Krieg" hätten herbeiführen können, vermieden werden. Während des Kalten Krieges versuchten beide Blöcke ihre eigene Position durch Aufrüstung zu stärken bzw. zur Verhinderung eines Dritten Weltkrieges die jeweils andere Seite abzuschrecken. Noch während dieser Epoche wurde aber auch eine Entspannungspolitik entworfen und erfolgreich abgeschlossen.

Kapital. Geld- und Sachwerte (Geldkapital und Sachkapital), die eingesetzt werden, um weiteren Nutzen zu erwirtschaften (Güter herzustellen oder Zinsen zu erbringen). Als → Produktionsfaktor versteht man unter Kapital alle Mittel, mit denen Güter hergestellt werden: Maschinen, Werkzeuge, Fabrikanlagen usw.

Kapitalismus. Schlagwortartige Bezeichnung für ein Wirtschafts- und Gesellschaftssystem, in dem die Produktionsmittel – im Gegensatz zum → Sozialismus – privaten Eigentümern (Kapitaleigentümern) gehören und zu dem Zweck der Gewinnerzielung eingesetzt werden. Der Markt dient als Steuerungselement für Produktion (Art und Umfang), für Höhe und Verteilung der Einkommen und deren Verwendung (Verbrauch und → Investition); der Wettbewerb soll der ständigen Verbesserung der wirtschaftlichen Leistung dienen.

Kartell. Vereinbarung, mit der unabhängige Unternehmen versuchen, den Wettbewerb untereinander einzuschränken oder zu verhindern. Als Mittel dienen etwa Preisabsprachen oder die Aufteilung von Absatzgebieten. Besonders gefährdet durch Kartelle sind Märkte für Produkte, die sich nur wenig oder gar nicht unterscheiden. Da Kartelle i. d. R. die Kunden benachteiligen, sind sie in vielen Ländern untersagt oder bedürfen staatlicher Genehmigung. In Deutschland ist das → Bundeskartellamt zuständig. Es kann unter bestimmten Umständen Ausnahmen vom Kartellverbot zulassen.

Koalition. Bündnis unabhängiger Partner, die ein gemeinsames Ziel verfolgen; insbesondere das Bündnis von zwei oder mehr → Fraktionen (Fraktion = Gruppe der Abgeordneten einer Partei) zum Zwecke der Bildung einer gemeinsamen Regierung (Regierungskoalition). Mit „Großer Koalition" wird das Bündnis der beiden großen Volksparteien SPD und CDU/CSU bezeichnet.

Kommanditist. → Komplementär

Kommunismus. Höchste Stufe des → Sozialismus, auf der die völlige Gleichheit aller Gesellschaftsmitglieder hergestellt sein soll.

kommunistisch. Sich an der Zielvorstellung des → Sozialismus und → Kommunismus orientierend; Bezeichnung für politische Systeme, die durch die Alleinherrschaft einer an der → Ideologie des Marxismus orientierten Partei gekennzeichnet sind (China, Nordkorea, Kuba).

Komplementär. „Vollhafter" (von lat. complere – voll machen, ganz anfüllen); in einer Kommanditgesellschaft der Gesellschafter, der persönlich voll haftet, im Unterschied zum Kommanditisten („Teilhafter"), der nur mit seiner Einlage haftet.

Koreakrieg. Krieg zwischen dem → kommunistischen Nord- und dem von den USA unterstützten Südkorea, das von Nordkorea angegriffen wurde. Die UNO unterstützte mit eigenen Truppen Südkorea (1950–1951; danach Verhandlungen bis zum Waffenstillstand 1953).

Korrespondenten. Im Ausland tätige Mitarbeiter von Zeitungen oder Fernsehsendern. Medienunternehmen, die über Korrespondenten verfügen, sind nicht allein auf Nachrichtenagenturen angewiesen.

Kosovo-Konflikt. Auseinandersetzung um die Provinz Kosovo (südlicher Teil Serbiens mit rd. 2 Millionen Einwohnern); die dort ansässigen muslimischen Albaner, die rd. 90 % der Bevölkerung ausmachen, wurden von der serbischen Zentralregierung in vielen Bereichen diskriminiert; es kam 1999 zum Bürgerkrieg der Albanischen Befreiungsarmee des Kosovo (UCK) gegen die serbischen Regierungstruppen mit schweren Verbrechen der Serben an der muslimischen Bevölkerung, die zur Massenflucht (rd. 1,1 Millionen bis Juni 1999) der Albaner führte. Als der serbische Präsident Milosevic auf ein Ultimatum der NATO nicht reagierte, begann die NATO am 24.3.1999 mit Luftangriffen auf militärische Ziele und andere serbische Einrichtungen; die NATO begründete ihr Eingreifen (ohne Zustimmung des UN-Sicherheitsrates) mit dem Ziel, weitere schwere Menschenrechtsverletzungen im Kosovo zu verhindern. Nachdem Milosevic Anfang Juni 1999 einem Friedensplan zustimmte, beendete die NATO ihre Angriffe; eine UN-Zivilverwaltung wurde eingesetzt, die durch internationale Friedenstruppen (Kosovo Force, KFOR) unterstützt wird. In Serbien wurde Präsident Milosevic durch die Bevölkerung zum Rücktritt gezwungen und durch die neue serbische Regierung 2001 an den Internationalen → Strafgerichtshof (UN-Kriegsverbrechertribunal) in Den Haag ausgeliefert, wo ab Februar 2002 der Prozess gegen ihn stattfand und wo er 2006 in der Haft verstarb.

Kursentwicklung. Der Kurs (jeweiliger Wert/ Marktpreis) der an der Börse gehandelten → Aktien und Wertpapiere ändert sich je nach der Entwicklung von Angebot und Nachfrage im Börsenhandel. Beeinflusst wird diese Entwicklung u.a. durch Erwartungen an die wirtschaftliche Entwicklung (Konjunktur), durch politische (auch internationale) Ereignisse, aber auch durch Spekulationen.

Legitimation. Beglaubigung, Berechtigung, Begründung, Rechtfertigung. In der Politik der Vorgang oder das Ergebnis der Anerkennung einer Herrschaft durch die Bürger als rechtmäßig/wohlbegründet/anerkennungswürdig.

legitimieren. Etwas als rechtmäßig/berechtigt begründen (vgl. → Legitimation).

Legitimität. Rechtfertigung, Übereinstimmung nicht nur mit dem Wortlaut der Gesetze (Legalität), sondern auch mit der Idee der Gerechtigkeit, dem „Geist der Gesetze".

Leiharbeit. Begriff für ein Arbeitsverhältnis, bei dem der Arbeitnehmer von seinem Arbeitgeber (Verleiher, Zeitarbeitsunternehmen) für eine bestimmte Zeit einem anderen Unternehmen überlassen wird (Leiharbeit wird auch als „Zeitarbeit" bezeichnet).

liberal. Freiheitlich gesinnt, für die Rechte des Einzelnen eintretend, vorurteilslos (vor allem in politischer und religiöser Beziehung).

Liberalisierung. Liberalisierung bedeutet die Beseitigung von vorhandenen nationalen Beschränkungen des grenzüberschreitenden Waren-, Dienstleistungs-, Zahlungs- und Kapitalverkehrs, die dem freien Wettbewerb zwischen den Staaten entgegenstehen; allgemein: Befreiung von staatlichen Regelungen und Vorschriften.

Lobby. Bezeichnung für die Vertreter von Interessenverbänden und Firmen, die Einfluss auf Parlament und Regierung nehmen, um für ihre Interessen günstige Gesetze und Maßnahmen zu erreichen.

Lohnnebenkosten (Lohnzusatzkosten, Arbeitsnebenkosten, Personalnebenkosten). Aufwendungen des Arbeitgebers, die aufgrund von gesetzlichen Vorschriften, Tarifverträgen sowie Betriebsvereinbarungen oder freiwillig erbracht werden; z.B. Arbeitgeberanteile zur → Sozialversicherung, Weihnachtsgeld, Urlaubsgeld, vermögenswirksame Leistungen oder betriebliche Altersversorgungen und Gratifikationen. Die Lohnnebenkosten beeinflussen maßgeblich die Höhe der Arbeitskosten, die sich aus dem Lohn des Arbeitnehmers für seine geleistete Arbeit und den Lohnzusatzkosten zusammensetzen.

Marketing. Bezeichnung für alle Maßnahmen, die eine Firma ergreift, um den Verkauf ihrer Produkte zu fördern (z.B. Werbung, Gestaltung der Produkte, Gestaltung der Preise, Erforschung des Marktes). In einem Unternehmen gibt es eigene Marketingabteilungen und einzelne Marketingexperten, die besondere Pläne und Maßnahmen zur Förderung des Absatzes (→ Marketingstrategien) entwickeln.

Marketingstrategie. Langfristige und systematische Planung der Absatzförderung (→ Marketing).

Migranten. (von lat. migrare – wandern) Bezeichnung für alle Menschen, die von einem Land (i. d. R. ihrem Heimatland) in ein anderes Land ziehen (Zuwanderer).

Migration. Bezeichnung für die Gesamtheit aller Wanderungsbewegungen zwischen verschiedenen Ländern aus verschiedenen Gründen (s. → Migranten).

Mikrozensus. Der Mikrozensus ist eine 1 %-Haushaltsstichprobe der Bevölkerung, mit der das Statistische Bundesamt seit 1957 jährlich vielfältige Informationen über die wirtschaftliche und soziale Lage der Bevölkerung, der Familien und Haushalte erhebt. Die Stichprobe umfasst etwa 800 000 Personen und rund 350 000 Haushalte.

Modell. Im allgemeinen Sprachgebrauch eine vereinfachende Darstellung eines Sachverhalts, die es ermöglichen soll, den gesamten Sachverhalt in seiner Struktur zu verstehen. Ein Modell ist also nicht der gemeinte Sachverhalt selbst, sondern es versucht, die für den Sachverhalt am wichtigsten erscheinenden Zusammenhänge abzubilden, setzt also immer eine Entscheidung darüber voraus, was als wesentlich und was als vernachlässigbar anzusehen ist.

Monopol (von griech. monos – allein, polein – verkaufen). Bezeichnung für eine Marktform, bei der auf der Angebotsseite nur *ein* Anbieter (Monopolist) den Nachfragern gegenübersteht. Der Monopolist ist als Alleinanbieter ohne Konkurrenz und damit in der Lage, die Absatzmenge festzulegen oder die Preise zu bestimmen. Gibt es auf der Angebotsseite einige oder wenige Anbieter, spricht man von einem Oligopol (von griech. oligoi – wenige).

Montesquieu, Charles (1689–1755). Französischer Staatstheoretiker und Schriftsteller, auf den die Lehre von der → Gewaltenteilung zurückgeht. Hauptwerk: „Vom Geist der Gesetze"; er war einer der Wegbereiter der Französischen Revolution und befürwortete eine Staatsform, in der der Alleinherrscher (Monarch) an eine Verfassung („Konstitution") gebunden ist, die die Mitsprache eines Parlaments gewährleistet („konstitutionelle Monarchie").

Nachhaltigkeitsfaktor. Begriff aus der Reform der Rentenversicherung: Bei der jährlichen Berechnung der Rentenerhöhung soll die → demografische Entwicklung (das Verhältnis von Beitragszahlern zu Rentnern) berücksichtigt werden; immer wenn die Zahl der Beitragszahler sinkt oder die der Rentner steigt (oder beides eintritt), führt das zu einer geringeren Erhöhung (ggf. zu einer „Nullrunde"), damit der Beitragssatz bis zum Jahr 2030 höchstens auf 22 % steigt.

Nationalismus. Einstellung (→ Ideologie), die den besonderen Wert und Charakter des eigenen Volkes stark betont und oft mit Sendungsbewusstsein und Geringschätzung anderer Völker verbunden ist.

Nationalsozialismus. Politische Bewegung, die in Deutschland nach dem Ersten Weltkrieg, der 1918 zu Ende war, entstand. Die Nationalsozialisten machten sich die Not der Menschen zunutze und verfolgten ihre undemokratischen Ziele mit großem Fanatismus. Die Bewegung errichtete 1933 eine Diktatur in Deutschland, das sogenannte → „Dritte Reich". Es gab nur noch eine einzige Partei, die Nationalsozialistische Deutsche Arbeiterpartei (NSDAP) mit ihrem „Führer" Adolf → Hitler. Der Nationalsozialismus verfolgte extreme nationalistische, antisemitische (anti-jüdische), fremdenfeindliche Ziele. Fremde Länder sollten durch einen Krieg erobert werden, damit die Deutschen mehr „Lebensraum" bekämen. So wurde der → Zweite Weltkrieg geführt. Er dauerte von 1939 bis 1945. Der Nationalsozialismus bezeichnete viele andere Völker gegenüber der „deutschen Rasse" als minderwertig (→ Rassismus). Ihre Menschenverachtung zeigte die Diktatur vor allem in der fabrikmäßigen Tötung von Millionen wehrloser Opfer. Verfolgt und ermordet wurden politisch Andersdenkende, Homosexuelle, Sinti und Roma und vor allem Juden, die → Hitler und den Nationalsozialisten als Hauptfeind galten. Die Vernichtung der Juden wird als „Holocaust" bezeichnet. Die Schreckensherrschaft der Nationalsozialisten war 1945 zu Ende.

Neonazis. Mit diesem Begriff bezeichnen die → Verfassungsschutzbehörden jene Rechtsextremisten, die sich in ihren politischen Vorstellungen und Forderungen an der → Ideologie des → Nationalsozialismus orientieren (→ Rassismus, → Antisemitismus). Das geschieht in unterschiedlichen Formen. Viele Neonazis sehen die Ziele → Adolf Hitlers und das → Dritte Reich als Vorbilder und propagieren eine Wiederherstellung des Nationalsozialismus. Andere bemühen sich um eine Modernisierung bzw. Neuinterpretation nationalsozialistischer Lehren und Vorstellungen. Neonazistische Gewalttaten richten sich vornehmlich gegen Ausländer.

NPD. Nationaldemokratische Partei Deutschlands. 1964 gegründete politische Partei, die vom Bundesamt für → Verfassungsschutz als rechtsextrem (→ nationalistisch, ausländerfeindlich, → rassistisch) eingestuft wird. Sie fordert u. a. die Ausweisung der nichtdeutschen Bevölkerung und den Austritt Deutschlands aus der NATO und der EU. Unter 7 200 Mitgliedern (2007) befinden sich viele → Neonazis. Sie findet v. a. in den beiden Bundesländern Sachsen (Landtagswahl 2009: 5,6 %) und Mecklenburg-Vorpommern (Landtagswahl 2011: 6,0 %) Anklang bei den Wählern (Bundestagswahl 2009: 1,5 %). Seit den

Kommunalwahlen in Sachsen im Mai 2008 ist sie dort in allen Kreistagen vertreten.

NSDAP. Nationalsozialistische Deutsche Arbeiterpartei. Die NSDAP unter der Führung von → Adolf Hitler war von 1933 bis 1945 die einzige zugelassene Partei. Alle anderen Parteien waren verboten.

OECD. *Organization for Economic Cooperation and Development.* Seit 1963 Nachfolgeorganisation der OEEC (*Organization for European Economic Cooperation*), die 1948 mit dem Ziel des Wiederaufbaus der europäischen Wirtschaft gegründet wurde. Der OECD gehören 34 Länder an (alle westlichen Industrieländer einschließlich USA, Kanada, Japan, Australien sowie die Türkei, Chile, Israel und Japan). Ziel der OECD ist die Koordinierung der Konjunktur und Währungspolitik und die Förderung der Entwicklungshilfe. Sitz: Paris

ökologisch. Der Begriff (von griech. oikos – Haus, Haushaltung und logos – Rede, Lehre) bezieht sich allgemein auf die Beziehungen zwischen den Lebewesen und ihrer Umwelt. Ziel ökologischer Politik ist es, trotz der Anforderungen der Wirtschaft und der Umweltbelastung die natürlichen Lebensgrundlagen für Menschen und Tiere zu erhalten und die natürliche Umwelt zu schützen.

Ökosystem. Wechselwirkung von Lebewesen und Lebensraum in einem räumlich abgegrenzten Ausschnitt des gesamten Lebensraums (Biosphäre).

Organisierte Kriminalität. Besondere Art gemeinschaftlicher krimineller Tätigkeit („Organized Crime"), die sich durch kaufmännisch geplantes und kontrolliertes Vorgehen auszeichnet (manchmal auch als „Verbrechensindustrie" bezeichnet).

Ostblock. Bezeichnung für den Zusammenschluss der → kommunistischen Staaten in der Zeit des → Ost-West-Konfliktes (s. Kalter Krieg).

Ost-West-Konflikt. Bezeichnung für die nach dem → Zweiten Weltkrieg aufbrechenden Gegensätze zwischen den östlichen Staaten mit einer → kommunistischen Gesellschaftsordnung und einer Zentralverwaltungswirtschaft (Ostblock) einerseits und den westlichen Staaten mit parlamentarischen Regierungssystemen und einer marktwirtschaftlich-kapitalistischen Wirtschaftsordnung andererseits. Beide Seiten standen sich in den Militärbündnissen Warschauer Pakt und NATO gegenüber. Der Ost-West-Konflikt führte zu der weltweiten politischen Spaltung in ein westliches Lager unter der Führung der USA und ein östliches Lager unter der Vorherrschaft der → Sowjetunion.

OSZE. Organisation für Sicherheit und Zusammenarbeit in Europa. Die OSZE ging 1995 aus der Konferenz für Sicherheit und Zusammenarbeit in Europa (KSZE) hervor; Sitz des Generalsekretariats ist Wien. Ziel der 56 Mitgliedstaaten (2010) ist die Pflege guter Nachbarschaft, insbesondere die friedliche Beilegung von Konflikten und die Zusammenarbeit in wirtschaftlichen, technisch-wissenschaftlichen und ökologischen Bereichen. Die OSZE ist mit Militärbeobachtern z. B. im Kaukasus und Moldawien sowie regelmäßig bei der Überwachung von Wahlen vertreten. Sie berät beim Aufbau demokratischer Institutionen und engagiert sich beim Schutz nationaler Minderheiten. Entscheidungsfindung und Beschlussfassung der OSZE beruhen auf dem Einstimmigkeitsprinzip.

Parlamentarischer Rat. Versammlung, die am 1.8.1948 in Bonn zur Beratung und Formulierung des Grundgesetzes zusammentrat. Er bestand aus 65 Abgeordneten, die von den 11 Landtagen der westlichen Besatzungszonen gewählt worden waren. Präsident des Rates war Konrad Adenauer, der spätere erste Bundeskanzler der neu gegründeten Bundesrepublik Deutschland.

peer group. Bezeichnung für die Gruppe der gleichaltrigen Jugendlichen (vor allem im Alter von 12 bis 18, in der Übergangszeit vom Kindheits- zum Erwachsenenalter).

Preußen. Ehemaliges Land des 1871 gegründeten Deutschen Reiches (Kerngebiet Brandenburg), dessen König zugleich Deutscher Kaiser war. Nach dem Ende des → Zweiten Weltkriegs wurde 1947 der preußische Staat aufgelöst.

Produktionsfaktoren. Mittel, mit denen Güter hergestellt (produziert) werden. Die Volkswirtschaftslehre unterscheidet im Allgemeinen drei Produktionsfaktoren: 1. → Boden bzw. Natur (Land und Wasser, mit allen darin enthaltenen Bodenschätzen und Energiequellen); 2. Arbeit (körperliche und geistige menschliche Arbeit); 3. → Kapital (außer Boden und Arbeit alle sonstigen Mittel, die für die Produktion verwendet und selber erst hergestellt werden müssen: Maschinen, Werkzeuge, Gebäude usw.).

Produktionsmittel. Alle für die Herstellung von Gütern erforderlichen Gegenstände wie Gebäude, Maschinen, Anlagen, Werkzeuge, Rohstoffe und Betriebsstoffe.

Produktivität. Verhältnis von Produktionsergebnis zum Einsatz der → Produktionsfaktoren. Die Produktivität ist gestiegen, wenn mit dem gleichen Einsatz von Produktionsfaktoren ein größeres Produktionsergebnis erzielt wurde oder bei gleichem Produktionsergebnis die Einsatzmenge der → Produktionsfaktoren geringer war. Gemessen wird zumeist die Arbeitsproduktivität (Produktion je Beschäftigten oder je Beschäftigtenstunde). Gründe für steigende Arbeitsproduktivität können eine höhere Leistungsintensität der Arbeit oder eine verbesserte Arbeitsorganisation oder die Einsparung von Arbeitskräften durch den Einsatz von Maschinen (Rationalisierung) sein.

Proletariat (von lat. proletarius – Bürger der untersten Klasse). Historische Bezeichnung für die Schicht der besitzlosen Lohnarbeiter, die im Verlauf der → industriellen Revolution zuerst in England entstand (Industriearbeiterschaft). Die von Karl Marx vorhergesagte völlige Verelendung des Proletariats trat nicht ein.

Rassenhass. Extreme Ausformung von → Rassismus.

Rassismus. Einstellung und → Ideologie, die die Angehörigen anderer Rassen als minderwertig, die eigene Rasse als höherwertig ansieht; Rassismus führt zu Rassendiskriminierung (in der Zeit des → Nationalsozialismus in letzter Konsequenz sogar zur Vernichtung von ca. 6 Millionen Juden).

rassistisch. → Rassismus

ratifizieren. Ratifizierung

Ratifizierung. Völkerrechtliche Verträge, die nach Abschluss der Vertragsverhandlungen von den Regierungen oder ihren Unterhändlern unterzeichnet wurden, werden rechtswirksam erst nach der Zustimmung durch die verfassungsmäßigen Organe (vor allem die Parlamente) der betr. Länder. Diese Zustimmung heißt Ratifizierung; die Ratifizierungsurkunden werden anschließend ausgetauscht bzw. hinterlegt.

Rationalisierung. Sammelbegriff für alle technischen und organisatorischen Maßnahmen in Produktion und Verwaltung mit dem Ziel, Kosten zu sparen und die Produktivität und Rentabilität zu erhöhen.

repräsentativ. Stellvertretend; Bezeichnung für eine Teilgröße, die nach ihrer Zusammensetzung und nach sonstigen Merkmalen stellvertretend für eine Gesamtheit steht (verkleinertes Modell der Gesamtgröße). Beispielsweise bei Befragungen kann u.a. aus Kostengründen nur ein Teil der Personengesamtheit, für die die Untersuchung gelten soll, befragt werden. Dieser Teil muss so ausgewählt werden, dass er stellvertretend für die untersuchte Personengesamtheit stehen kann, d.h. repräsentativ ist. Die Zufallsstichprobe ist hierbei das am häufigsten verwendete Verfahren. In der Politik Bezeichnung für eine Form der Demokratie, in der das Volk durch gewählte Abgeordnete in seiner Machtausübung vertreten wird (Volksvertretung, Parlament).

Ressourcen. Hilfsmittel, Reserven. In der Volkswirtschaft alle Mittel, die für die Produktion von Gütern und → Dienstleistungen zur Verfügung stehen. Im engeren umwelt- und energiepolitischen Sinn: Gesamtheit aller natürlichen Rohstoffe und Energieträger. In der Politik Machtmittel, Möglichkeiten, auf die man sich stützen kann. Im weiteren Sinne alle Mittel und Möglichkeiten, aus denen eine Person oder eine Gruppe schöpfen kann, um ihre Stellung in der Gesellschaft zu erhalten oder zu verbessern.

Rezession. Oft unklar gebrauchter Begriff für den Rückgang des Wirtschaftswachstums; z.T. wird der Tiefpunkt des Konjunkturzyklus als Rezession bezeichnet, z.T. nur dann, wenn er mit „Minus-Wachstum" verbunden ist. Eine längere anhaltende Rezession wird auch als Depression bezeichnet.

Ruanda. 1994 konnte der UN-Friedenssicherungseinsatz den Völkermord in Ruanda nicht verhindern. Im Bürgerkrieg zwischen Extremisten des Stammes der Hutu und der Minderheit der Tutsi starben innerhalb von 100 Tagen rd. 800000 Menschen. Viele Menschen suchten sich in panikartiger Flucht dem Morden der Tutsi-Extremisten zu entziehen und wurden dabei oft zu Tode getrampelt.

Sanktion. Belohnung (positive Sanktion) oder Strafe (negative Sanktion) für ein entsprechendes (erwartungskonformes oder regelwidriges) Verhalten; auch: Zwangsmittel zur Durchsetzung rechtlicher Verpflichtungen von UN-Mitgliedern.

Schwarzmarkt. Ein gesetzlich verbotener Markt, der bei staatlich festgesetzten Preisen für Waren entsteht, die stärker nachgefragt als angeboten werden. Die Käufer versuchen heimlich einen höheren Preis zu bieten und zu zahlen, um die gewünschte knappe Ware zu erhalten.

Schwellenländer. Bezeichnung für Länder, die sich aufgrund ihrer wirtschaftlichen Entwicklung auf dem Wege von einem Entwicklungsland zu einem „Industrieland" befinden; auch als *Newly Industrializing Countries* (NIC) bezeichnet. Die größten Schwellenländer sind China, Indien, Brasilien, Südafrika, Mexiko und Malaysia.

SED. Sozialistische Einheitspartei Deutschlands; bis zum Ende der → DDR (1989/90) die das gesamte politische, gesellschaftliche und wirtschaftliche Leben des Landes beherrschende Staatspartei der DDR (hervorgegangen aus der unter dem Druck der sowjetischen Besatzungsmacht vollzogenen Zwangsvereinigung von KPD und SPD).

Selbstständige. Alle Erwerbstätigen, die in eigenem Namen und auf eigenes wirtschaftliches Risiko arbeiten, ihre Tätigkeit und die Arbeitszeit im Wesentlichen frei gestalten oder als Eigentümer oder Pächter eine eigene Betriebsstätte führen, wobei die Vergütung des Selbstständigen von dem Gewinn abhängt, der mit den produzierten Waren oder → Dienstleistungen erzielt wird. Selbstständige in diesem Sinn sind also z.B. Handwerker, Hausgewerbetreibende, selbstständig tätige Lehrer und Erzieher, Hebammen und Entbindungshelfer, Hoteliers oder Angehörige freier Berufe wie Ärzte oder Anwälte.

Solidaritätszuschlag. Zuschlag (5,5%) auf die Lohn- und Einkommensteuer in Deutschland zur Finanzierung des „Aufbaus Ost", d.h. der Entwicklung in den neuen Bundesländern (der ehemaligen → DDR).

Somalia. Das Land im Nordosten Afrikas (am „Horn von Afrika") befindet sich seit Beginn der 1990er-Jahre mehr oder weniger im Bürgerkrieg und wird von Hunger, Armut und Flüchtlingselend immer wieder hart betroffen. Die Einsätze von UNO-Friedenstruppen zwischen 1992 und 1995 scheiterten an der Zerstrittenheit sich bekämpfender Gruppen und am Fehlen einer anerkannten, funktionsfähigen Regierung, die die Ordnung im Land kontrollieren könnte. Bis heute gilt das Land als Beispiel eines „gescheiterten Staates" (failed state).

Sowjetunion. Kurzbezeichnung für die „Union der Sozialistischen Sowjetrepubliken" (UdSSR), die bis 1991 als einheitlicher Staat bestand und in 15 Unionsrepubliken gegliedert war (zusammen rd. 285 Mio. Einwohner, Hauptstadt Moskau). Nach der Auflösung dieses Staatswesens durch den Zusammenbruch des → kommunistischen Systems schlossen sich zehn der ehemaligen Sowjetrepubliken zu einer lockeren „Gemeinschaft unabhängiger Staaten" (GUS) zusammen; mit Abstand größter der neuen Staaten ist Russland (die „Russische Föderation") mit rd. 142 Mio. Einwohnern.

sozial. Allgemein: gesellschaftlich, gemeinschaftlich; im politischen Sinn bezeichnet „sozial" ein Denken und Handeln, das die Verantwortung gegenüber den Schwächeren in der Gesellschaft betont und sich für Hilfen zum Ausgleich großer sozialer Unterschiede einsetzt.

Sozialhilfe. Teil der sozialen Sicherung, der dazu dienen soll, in Not geratenen Menschen ein menschenwürdiges Leben (Existenzminimum) zu ermöglichen. Auf Sozialhilfe besteht ein gesetzlicher Anspruch, wenn der Bedürftige sich nicht selbst helfen oder die erforderliche Hilfe nicht von anderen erhalten kann. Im Rahmen der Arbeitsmarktreform wurden zum 1.1.2005 die arbeitsfähigen unter den bisherigen Sozialhilfeempfängern aus der Sozialhilfe ausgegliedert (sie erhalten jetzt → „Arbeitslosengeld II") und das Sozialhilfesystem reformiert.

Sozialismus. Im frühen 19. Jahrhundert entstandene Lehre und politische Bewegung, die dem Prinzip der Gleichheit den Vorrang vor dem der Freiheit gibt und die Verfügung über die Produktionsmittel in die Hand der Gesellschaft bzw. des Staates legen will (im Gegensatz zum → Kapitalismus, in dem die Produktionsmittel privaten Eigentümern gehören).

sozialistisch. Bezeichnung für eine Gesellschaft oder eine Theorie, die die Grundprinzipien des → Sozialismus (kein Privatbesitz an Produktionsmitteln, Vorrang des Prinzips der Gleichheit vor dem der Freiheit, Ausübung der Macht durch eine Einheitspartei) verwirklicht bzw. zu verwirklichen versucht.

Sozialleistungen. Sammelbezeichnung für alle Leistungen (Zahlungen) des Staates, die sozialen Zwecken dienen (→ Sozialversicherung, Kindergeld, → Arbeitslosengeld II, → Sozialhilfe usw.).

Sozialpolitik. Zusammenfassender Begriff für eine Politik, deren Aufgabe es ist, die wirtschaftlichen und sozialen Lebensbedingungen Einzelner oder von Gruppen zu gestalten bzw. zu verbessern.

Sozialversicherung. Alle → Angestellten und → Arbeiter sind verpflichtet, monatliche Beiträge an vier Versicherungen zu leisten, die zusammenfassend als Sozialversicherung bezeichnet werden: Die *Krankenversicherung* übernimmt die Kosten für die medizinische Betreuung im Krankheitsfall; die *Arbeitslosenversicherung* zahlt Arbeitslosengeld, wenn man arbeitslos wird; die *Rentenversicherung* zahlt die monatliche Rente, wenn man aus Altersgründen aus dem Erwerbsleben ausgeschieden ist; die *Pflegeversicherung* leistet Zahlungen, wenn Menschen, vor allem ältere Menschen, zu Pflegefällen werden. Die Beiträge zu allen vier Versicherungen machten 2011 für die Arbeitnehmer knapp 20% ihres monatlichen Bruttoeinkommens aus; weitere 20% werden von den Arbeitgebern in die Versicherungskassen gezahlt.

Srebrenica. Ort (in Bosnien) des wohl schlimmsten Kriegsverbrechens in Europa seit dem Ende des → Zweiten Weltkriegs. Im Juli 1995 wurden dort über mehrere Tage hin von Truppen des serbischen Generals Mladic bis zu 8000 muslimische Bosniaken (Männer und Jungen) ermordet – vor den Augen niederländischer UNO-Soldaten (Srebrenica war eine UN-Schutzzone).

Staatsinterventionismus. → Intervention

Status. Stellung (Position) einer Person in einer Gruppe bzw. in der Gesellschaft (sozialer Status), sofern diese Position als höher oder tiefer stehend beurteilt wird (z. B. im Hinblick auf sein Ansehen, sein Einkommen, seine Bildung, seinen Beruf, seine Zugehörigkeit zu einer sozialen Schicht). Als „Statussymbole" bezeichnet man bestimmte Güter (z. B. bestimmte Kleidungs- und Schmuckstücke, Uhrenmarken, Autos), die eine tatsächliche oder erstrebte Zugehörigkeit zu einer bestimmten Schicht oder Gruppe erkennen lassen sollen.

Strafgerichtshof, Internationaler (engl. *International Criminal Court*, ICC). Das erste auf Dauer eingesetzte Weltgericht für Verbrechen gegen die Menschlichkeit (Massenmord, Folter) sowie für Völkermord, Kriegsverbrechen und Angriffskrieg, dessen Statut 120 Staaten zugestimmt haben und das Anfang 2003 seine Arbeit in Den Haag aufnahm (18 Richter und ein Chefankläger); das Gericht wird nur tätig, wenn die nationalen Strafbehörden nicht willens oder in der Lage sind, Prozesse gegen die Täter zu führen.

Streik. Allgemein die zeitweilige Verweigerung eines bestimmten Verhaltens zur Durchsetzung einer Forderung oder als Ausdruck des Protests; im Arbeitsrecht die kollektive Arbeitsniederlegung. Der Streik kann wirtschaftlichen Zielen (z. B. Lohnerhöhung), sozialen (z. B. Verbesserung der Arbeitsbedingungen, Verkürzung der Arbeitszeit) und politischen Zielen (z. B. bessere Sozialgesetzgebung) dienen. Nach dem Arbeitsrecht sind Streiks nur dann zulässig, wenn sie: 1) von einer tariffähigen

Vereinigung (z. B. Gewerkschaft) geführt werden (*organisierte Streiks*); 2) ein durch → Tarifverträge regelbares Ziel verfolgen; 3) den Gegner nicht unangemessen schädigen. Nicht von Gewerkschaften geführte Streiks (*spontane oder wilde Streiks*) sind unzulässig. Warn- oder *Demonstrationsstreiks* während laufender Tarifverhandlungen sind erlaubt, sofern keine „Friedenspflicht" besteht. Beamte besitzen kein Streikrecht.

Subventionen. Zuschüsse der „öffentlichen Hand" (des Staates) an förderungsbedürftige Wirtschaftszweige (z. B. Landwirtschaft, Wohnungsbau, Schifffahrt) oder an Personengruppen mit geringem Einkommen (Sparförderung, Vermögensbildung). Subventionen werden als direkte Finanzhilfen oder indirekt in Form von Steuervergünstigungen gezahlt und können mit bestimmten Auflagen verbunden sein.

Taliban (Sing.: Talib) „Koranschüler". Radikal-islamistische Bewegung, die sich aus afghanischen Flüchtlingen in Pakistan (zumeist aus Zöglingen der dortigen Koranschulen) bildete. Sie griff, von Pakistan und Saudi-Arabien unterstützt, 1994 in die afghanischen Bürgerkriegskämpfe ein, eroberte im Herbst 1994 die Hauptstadt Kabul und errichtete von dort aus eine streng an den Regeln des Islam ausgerichtete Rechts- und Herrschaftsordnung in Afghanistan. Dabei wurden v. a. die Frauen aus dem öffentlichen Leben verdrängt und stark entrechtet (Berufsverbot für Frauen mit wenigen Ausnahmen, Schließung der Mädchenschulen, Zwang zum Tragen eines Ganzkörperschleiers).

Tarifvertrag. Schriftlicher Vertrag zwischen Arbeitgebern und Gewerkschaften, in dem für einen bestimmten Zeitraum und für eine bestimmte Branche die Höhe der Löhne und weitere arbeitsvertragliche Bedingungen festgelegt werden (Inhalt von Arbeitsverträgen, Regelungen für Arbeitspausen usw.).

Transaktion. „Übertragung"; geschäftliche Handlung finanzieller Art (z. B. Kauf von Sachgütern und → Dienstleistungen).

Transaktionskosten. Allgemein alle Kosten, die im Zusammenhang mit wirtschaftlichen → Transaktionen entstehen oder diese Transaktionen erst ermöglichen (z. B. Informationskosten der Verbraucher vor dem Kauf langlebiger Konsumgüter); insbesondere auch währungsbedingte Umtausch-, Absicherungs- und Informationskosten des internationalen Güterverkehrs. Beim Tausch in Währungen entstehen Kosten durch Gebühren von Banken oder Wechselbüros. Transaktionskosten belasteten die EU-Volkswirtschaften, solange keine einheitliche Währung eingeführt war.

Transferleistungen. → Transferzahlungen

Transferzahlungen. Zahlungen des Staates an private Haushalte, für die der Staat keine Gegenleistung erhält. Sie bewirken eine Einkommensumverteilung und sollen soziale Ungleichheiten mildern (→ Wohngeld, Kindergeld, → BAföG etc.); vgl. → Sozialleistungen.

Troposphäre. Unterste Schicht der Erdatmosphäre, in der rd. 90 % der Luft und der gesamte Wasserdampf enthalten sind.

Tsunami. Japanisches Wort für eine Meereswelle, die sich besonders stark in Häfen und Buchten auswirkt und je nach Stärke erhebliche Verwüstungen anrichten kann. Ein Tsunami entsteht zumeist infolge eines Erdbebens mit einer plötzlichen Hebung oder Senkung des Meeresbodens und breitet sich über große Entfernungen hinweg aus.

UdSSR. Union der Sozialistischen Sowjetrepubliken (→ Sowjetunion); die Auflösung der UdSSR in verschiedene selbstständige Staaten erfolgte 1991.

UNICEF. *United Nations International Children's Emergency Fund.* Internationales Kinderhilfswerk der → Vereinten Nationen mit Sitz in New York und Komitees in 37 Industrieländern. Aufgaben: weltweite Versorgung von Kindern und Müttern mit Nahrungsmitteln, Kleidern, Medikamenten und medizinischer Hilfe.

Vereinte Nationen. Englisch: *United Nations Organization* (UNO); 1945 gegründete Organisation, in der fast alle Länder der Welt (2012: 193) vertreten sind; ihr Zweck ist die Erhaltung des Weltfriedens und die Verbesserung der internationalen Zusammenarbeit. Der Sitz der UN ist New York.

Verfassungsschutz. Verfassungsschutz bezeichnet Maßnahmen des Staates, die dem Schutz der freiheitlich-demokratischen Grundordnung sowie dem Bestand und der Sicherheit des Bundes oder eines Landes dienen (Art. 73 Nr. 10b GG). Das hierfür nach dem Verfassungsschutzgesetz eingerichtete Bundesamt für Verfassungsschutz mit Sitz in Köln ist dem Bundesminister des Inneren unterstellt. Der Verfassungsschutz ist in Deutschland als Geheimdienst ohne polizeiliche Befugnisse organisiert, d. h., die Hauptaufgabe besteht im Sammeln und Auswerten von Informationen über verfassungsfeindliche Aktivitäten und in der Kooperation mit anderen deutschen Geheimdiensten (Bundesnachrichtendienst, Militärischer Abschirmdienst) sowie den Geheimdiensten verbündeter Staaten.

Vertrag von Lissabon. Mit dem am 13.12.2007 unterzeichneten Vertrag (auch: „Reformvertrag") soll die EU handlungsfähiger, demokratischer und transparenter werden. Er wurde ausgehandelt, nachdem ein weitergehender „Vertrag über die Verfassung für Europa" 2005 in Frankreich und den Niederlanden durch Volksabstimmungen abgelehnt worden war. Der Vertrag von Lissabon sieht u. a. eine stärkere Vergemeinschaftung der EU-Außen- und Sicherheitspolitik sowie eine deutliche Stärkung der Befugnisse des Europäischen Parlaments und veränderte Abstimmungsregelungen im Ministerrat vor, welche die Entscheidungsfindung erleichtern und demokratischer gestalten. Neu geschaffen wurden die Ämter eines Präsidenten des Europäischen Rats und eines Hohen Vertreters der EU für Außen- und Sicherheitspolitik.

Verwaltung. Zusammenfassender Begriff für alle Behörden und Ämter, die dazu dienen, Gesetze und Beschlüsse von Parlamenten (auf allen staatlichen Ebenen: Gemeinde, Kreis, Land, Bund) durchzuführen und in die Praxis umzusetzen. Beispiel: Die Entscheidungen über Angelegenheiten in einer Gemeinde, z. B. den Bau eines Spielplatzes oder die Errichtung eines Altenheimes, werden vom Rat der Stadt getroffen. Die Verwaltung der Stadt wird mit der Erarbeitung und Durchführung der Pläne beauftragt. Zur Verwaltung gehören → Beamte und → Angestellte, die speziell für solche Aufgaben ausgebildet sind.

Vetorecht. Recht des Mitglieds eines beschließenden Organs, einen Beschluss durch Abgabe der eigenen Gegenstimme (lat. veto – ich verbiete) zu verhindern.

Völkerrecht. Gesamtheit der Rechtsvorschriften (Verträge, Gewohnheitsrecht, allgemeine Rechtsgrundsätze), die die Beziehungen von Staaten und internationalen Organisationen zueinander betreffen; seine Geltung hängt von der Anerkennung durch die einzelnen Staaten und Organisationen ab; es fehlt eine zentrale Durchsetzungsmacht.

völkerrechtlich. → Völkerrecht

Volkspartei. Bezeichnung für große Parteien, die sich in ihrem Programm darauf ausrichten, alle Bevölkerungsschichten (nicht nur bestimmte Gruppen) anzusprechen.

Volkssouveränität. Bezeichnung für eines der grundlegenden Prinzipien der Demokratie, das besagt, dass alle Herrschaftsausübung letztlich auf der Bevollmächtigung durch das Volk beruhen soll. Im Grundgesetz der Bundesrepublik Deutschland ist dieser Grundsatz in Artikel 20 verankert.

Wechselkurs. Verhältnis, in dem inländische Währung gegen ausländische Währungen getauscht werden kann; Preis in inländischen Währungseinheiten, der für eine ausländische Währungseinheit gezahlt werden muss (steigt dieser Preis, spricht man von Abwertung, sinkt er, von Aufwertung der eigenen Währung).

Wechselkursentwicklung. → Kursentwicklung

Wechselkursrisiko. Unsicherheiten der Planung und Durchführung internationaler Geschäfte (z. B. Exporte in Länder mit anderer Währung), die durch kurzfristige, nicht vorhersehbare Änderungen des Wechselkurses entstehen.

Weltklimarat. (IPCC – *Intergovernmental Panel on Climate Change*) 1988 von der Umweltorganisation der UN und der Weltorganisation für Meteorologie gegründeter zwischenstaatlicher Ausschuss, dessen Hauptaufgabe es ist, Risiken der globalen Erwärmung zu beurteilen und Ergebnisse der Forschung dazu zusammenzutragen und in „Sachstandsberichten" zu veröffentlichen.

Weltwirtschaftskrise. Allgemeine Bezeichnung für eine Wirtschaftskrise, die weltweit zumindest die wichtigsten Wirtschaftsmächte erfasst; im engeren Sinne Bezeichnung für die Wirtschaftskrise, die sich nach dem New Yorker Börsenkrach („Schwarzer Freitag" des 25.10.1929) global ausweitete und auf ihrem Höhepunkt zur Arbeitslosigkeit von rd. 30 Mio. Menschen führte.

Werte. In jeder Gesellschaft vorhandene, bewusste oder unbewusste Vorstellungen von dem, was gewünscht wird, was sein soll; unterscheiden lassen sich Werte als *Objekt*, als gewünschtes oder geschätztes Gut; Werte als *Einstellung* zu einem Objekt, das als richtig, gut, schlecht usw. empfunden wird; Werte als *Maßstab*, der das Handeln lenkt und Handlungsentscheidungen ermöglicht. Ob es absolute Werte gibt, ist umstritten, ebenso die Frage einer Rangordnung von Werten.

Werturteil. Aussage, die explizit eine Wertung enthält, d. h. bestimmte Vorgänge, Handlungen oder Entscheidungen als gerechtfertigt/wünschenswert/gut bzw. als nicht gerechtfertigt/schlecht bezeichnet.

WHO. *World Health Organization.* Weltgesundheitsorganisation; Sonderorganisation der → Vereinten Nationen, gegründet 1948 mit Sitz in Genf. Sie arbeitet vor allem in Entwicklungsländern zur Verbesserung der Gesundheitsversorgung (Einrichtung von Gesundheitsdiensten, Ausbildung von Ärzten und medizinischem Personal).

Wohngeld. Staatlicher Zuschuss zu den Mietkosten (Mietzuschuss, Mietbeihilfe) für Haushalte, deren Einkommen unter einer bestimmten Grenze liegen und deren Mietkosten (z. B. wegen vieler Kinder) das Einkommen stark belasten (ca. 800 000 Bezieher; der durchschnittliche Betrag liegt bei 142 €).

WTO. *World Trade Organization.* Die Welthandelsorganisation mit Sitz in Genf wurde 1994 gegründet und hat 150 Mitgliedsländer. Ihr Hauptziel ist es, die Handelsbarrien (→ Zölle, Einfuhrbeschränkungen usw.) zwischen den Ländern abzubauen. Die Verhandlungen werden in den letzten Jahren durch die Interessengegensätze zwischen den Entwicklungsländern und den Industrieländern erschwert.

WWF. *World Wide Fund for Nature.* 1961 gegründete internationale Organisation mit Sitz in Gland (Schweiz), die Naturschutzprojekte durchführt. Als Wappentier führt sie einen großen Panda-Bären.

Zensur. Die staatliche Beaufsichtigung von Veröffentlichungen (Zeitungen, Büchern, Rundfunk- und Fernsehsendungen, Filmen), die in demokratischen Ländern nur in Ausnahmefällen (Jugendschutz) vorkommt.

Zinsen. Preis (Geldbetrag), den man für geliehenes Geld (Kredit) zahlen muss oder den man für sein verliehenes Geld (z. B. Sparguthaben) erhält.

zivilgesellschaftlich. Als Zivilgesellschaft (Bürgergesellschaft) wird eine Gesellschaft bezeichnet, in der nicht nur die staatlichen Institutionen sich für die Interessen der Gemeinschaft einsetzen, sondern auch viele einzelne Bürger, Gruppen, Gemeinschaften und Organisationen. Freiwilliges Engagement gehört genauso dazu wie professionelles Arbeiten in Verbänden, die Nachbarschaftshilfe oder das Organisieren von Kampagnen zum Schutz der Umwelt oder für die Rechte der Kinder. Eine Zivilgesellschaft wird geprägt von einem Geflecht unzähliger Aktivitäten und von der Bereitschaft und Fähigkeit der Menschen, ihre Interessen zu artikulieren, sich für die Belange Schwächerer einzusetzen und Andersdenkende zu tolerieren.

Zivilverfahren. In einem gerichtlichen Zivilverfahren geht es um die Durchsetzung privatrechtlicher Ansprüche. Der Staat wird nicht wie im Strafverfahren von Amts wegen durch den öffentlichen Ankläger tätig, sondern hat nur soweit Interesse am einzelnen Prozess, als eine gut funktionierende Zivilgerichtsbarkeit ein tragfähiges Fundament für die allgemeine Rechtssicherheit und den Rechtsfrieden darstellt.

Zoll, Zölle. Abgaben an den Staat auf eingeführte, ausgeführte oder durch das Land geführte Güter, die dem Schutz inländischer Industriezweige dienen sollen.

Zweiter Weltkrieg. Von Deutschland unter der Herrschaft des → Nationalsozialismus begonnener Krieg (1939), u. a. mit dem Ziel der Eroberung von „Lebensraum im Osten", der sich (gegen Russland, England, Frankreich, USA) über einen großen Teil Europas hin ausdehnte und mehr als 55 Mio. Tote (davon 30 Mio. unter der Zivilbevölkerung) zur Folge hatte. Nach der totalen Niederlage (1945) wurde Deutschland, dessen große Städte schwer zerstört wurden, von den Siegermächten besetzt und in vier Besatzungszonen aufgeteilt. Daraus bildeten sich Ende der 1940er-Jahre die beiden Staaten Deutsche Demokratische Republik (→ DDR) und Bundesrepublik Deutschland (BRD), die bis 1990 nebeneinander bestanden und durch den → Eisernen Vorhang getrennt waren.

Register

Bildquellenverzeichnis

Umschlag: vorne links: dpa/G. Breloer, vorne rechts und hinten: © picture-alliance/dpa; S. 10: o. l.: Foto: Bastian Henning, o. r.: © picture-alliance/dpa, u. l.: © Fotex/Susa, u. M.: © picture-alliance/ZB, u. r.: © picture-alliance/dpa; S. 12: © picture-alliance/agk-images; S. 13: © picture-alliance (4 Fotos), r. M.: © picture-alliance/Sven Simon; S. 14: © picture-alliance/dpa (4 Fotos), Wochenmarkt: © picture-alliance/ZB; S. 17: © picture-alliance/dpa-infografik; S. 18: o.: © picture-alliance/Ferhat Bouda, u.: © picture-alliance/dpa; S. 19: Quelle: Westfalenpost; S. 20: © picture-alliance/dpa; S. 21: Werner Heimeroth; S. 22: © ddp images/dapd; S. 23: Foto: Wissenschaft im Dialog; S. 24: www.mitmischen.de; S. 25: Zeichnung: Gerhard Mester/CCC, www.c5.net; S. 26: o. l.: © picture-alliance/photononstop; o. r.: © Saba Laudanna/sabalaudanna.de, u. l.: SPIEGEL 2/2010, u. M.: © picture-alliance/ZB, u. r.: SPIEGEL 2/2011; S. 29: © picture-alliance/Photoshot; S. 32: o. l.: Ulrich Kieser/Baaske Cartoons Müllheim; u. l.: H. Becker/J. Feick/H. Uhl, Leitfragen Politik, Klett, Stuttgart/Dresden, 2. Aufl. 1999, S. 91; u. r.: Zeichnung: Walter Hanel/CCC, www.c5.net; S. 33: © picture-alliance/dpa; S. 34: l.: Zeichnung: Burkhard Mohr/CCC, www.c5.net, M.: Zeichnung: Jan Tomaschoff/CCC, www.c5.net, r. Joker, Bonn; S. 36: l.: Zeichnung: Gerhard Mester/CCC, www.c5.net, r.: Zeichnung: Lothar Schneider; S. 38: Zeichnung: Burkhard Mohr/CCC, www.c5.net; S. 41: Zeichnung: Luis Murschetz/CCC, www.c5.net; S. 44: o.: BILD vom 24.4.2010, u.: © picture-alliance/dpa; S. 50: Jürgen Tomicek; S. 54: o.: SPIEGEL 2/2011, u.: Gerhard Mester; S. 55: BILD vom 29.9.2011; S. 56: o.: Gerhard Mester, u.: Klaus Stuttmann; S. 58: o.: © picture-alliance, M.: © picture-alliance/dpa, u.: © ddp images/AP; S. 60: o.: © picture-alliance/dpa, u.: © MaFiFo – Fotolia.com; S. 61: l.: © contrast-werkstatt – Fotolia.com, M.: © Bernd Meiseberg – Fotolia.com, r.: © bynicola – Fotolia.com; S. 62: AP Photo; S. 63: © picture-alliance/Arco Images GmbH; S. 64: o. l.: © picture-alliance/dpa, u. l.: © emeral-dphoto – Fotolia.com, u. r.: Rechtliche Vorschriften für den Bereich Bäckerei/Konditorei/Café und caféähnliche Betriebe, 14. Auflage 2009, Europa-Nr. 04313 © 2009 by Fachbuchverlag Pfanneberg GmbH & Co. KG; S. 65: REUTERS/Fabrizio Bensch; S. 66: Verlagsarchiv Schöningh/Günter Schlottmann, Paderborn; S. 68: Zeichnung: Matthias Berghahn/Verlagsarchiv Schöningh; S. 70: Verlagsarchiv Schöningh; S. 71: © Stefanie Sudek-Mensch; S. 72: Urheber: Hans-Michael Stahl; S. 73: o.: Feng Li/Getty Images, u.: Gert Schilling; S. 74: action press/BIG PICTURES (U.K.) LTD.; S. 76: o.: © picture-alliance/dpa, u.: © picture-alliance/ZB; S. 77: Illustrationen: Matthias Berghahn/Verlagsarchiv Schöningh; Zeitschriftencover: Quelle: Stiftung Warentest, www.test.de; S. 78: l.: © pressmaster – Fotolia.com, r.: © picture-alliance/ZB/euroluftbild.de; S. 79: Verlagsarchiv Schöningh; S. 81: Zeichnung: © Marie Marcks, Heidelberg; S. 83 o.: © picture-alliance/dpa; S. 84: o. l.: © picture-alliance/Bildagentur-online, o. r.: © picture-alliance/dpa, u. l. und r.: © picture-alliance/ZB; S. 89: o. l.: vario images, o. r. und u. l.: Westermann/Druwe & Polastri, u. r.: Thomas Willemsen; S. 91: © Bergmoser + Höller Verlag; S. 93: © Haag & Kropp GbR/artpartner-images.de; S. 95: F. J. Kaiser/H. Kaminski (Hg.), Wirtschaft und Betrieb, © Cornelsen Verlag, Berlin 1993, S. 72; S. 96: http://www.checked4you.de/UNIQ115364845719021/doc116319A.html; S. 98: o.: © picture-alliance/dieKLEINERT.de, u.: © picture-alliance/dpa Themendienst; S. 99: © Emanuel Bloedt; S. 100: © contrastwerkstatt – Fotolia.com; S. 101: o.: © Eisenhans – Fotolia.com, u.: © allesalltag; S. 102: http://www.verbraucherzentrale-nrw.de/UNIQ115365022318374/link10A.html; S. 105: Stiftung Warentest; S. 106: l.: Zeichnung: Thomas Plaßmann/CCC, www.c5.net; r. und S. 107: © picture-alliance/dieKLEINERT.de; S. 108: © picture-alliance/dpa (3 Fotos), u. l.: Foto: Susanne Tessa Müller, u. r.: action press/Hartmut Müller-Stauffenberg; S. 110 l.: © picture-alliance/dpa, r.: http://www.bpb.de/files/LW5781.pdf; S. 111: http://www.bpb.de/files/3V7R4C.pdf, © Bundeszentrale für politische Bildung, 53113 Bonn; S. 113: l.: Aktion der Zeitungen 1994. © Chris Kohl/Dirk Siebenhaar, Twice Advertising GmbH, Wiesbaden. Vorlage: Regionalpresse, Frankfurt/M., Veranstalter des jährlichen TZ Kreativ-Wettbewerbs; r. o.: http://upload.wikimedia.org/wikipedia/commons/8/87/Landsgemeinde_Glarus_2006.jpg, r. u.: © picture-alliance/dpa; S. 115: © picture-alliance/dpa; S. 116: Verlagsarchiv Schöningh; S. 117: © picture-alliance/ZB; S. 118: © Bergmoser + Höller Verlag; S. 120: Zeichnung: Steffen Zamaltoupis; S. 121: o.: Zeichnung: Holger Appenzeller, u.: © Bergmoser + Höller Verlag; S. 122: Nach: Xaver Fiederle (Hg.), P wie Politik, Band 3, Schöningh Verlag, Paderborn 2001, S. 198; S. 123: Nr. 1: dpa-Fotoreport/Uli Deck, Nr. 2: dpa-Fotoreport/Michael Jung, Nr. 3: Bundesbildstelle Bonn, Nr. 4, 5 und 6: © picture-alliance/dpa; S. 124: Foto: © picture-alliance/dpa; S. 125: Grafik: Dirk Niebel; Quelle: Frankfurter Allgemeine Zeitung v. 27.10.2009, S. 6; S. 126: © picture-alliance/dpa-infografik; S. 128: © Bundesrat 2006; S. 129: Bundesrat (Hg.), Gesetzgebung des Bundes … Natürlich nur mit den Ländern, Faltblatt, Berlin 2004; www.bundesrat.de; S. 130: © picture-alliance/dpa-infografik; S. 131 und 132: © picture-alliance/dpa; S. 133: o.: Zeichnung: Walter Hanel/CCC, www.c5.net, u.: © picture-alliance/dpa; S. 134: Verlagsarchiv Schöningh; S. 136: Rösler, Seehofer, Westerwelle: © picture-alliance/dpa; Kraft: © picture-alliance; Merkel, Gysi: © dpa-Report; Nahles, Gabriel: © picture-alliance/Sven Simon; Trittin, Leutheusser-Schnarrenberger, v. d. Leyen, Kauder, Schäuble, Lafontaine: © picture-alliance/ZB; Steinmeier: © picture-alliance/dpa/epa Wael Hamzeh; Künast: Foto: © ZB-Fotoreport/Bernd Settnik; Logos: http://www.polixea-portal.de/index.php/ZahlenFakten/Parteien; S. 140: l. o.: © picture-alliance/ZB,

l. u.: © dpa-Fotoreport/Peter Kneffel, r. o.: © picture-alliance/maxppp, r. u.: © picture-alliance/ZB; S. 143 und 144: Zeichnung: Ernst Hürlimann/CCC, www.c5.net; S. 145: www.edrw.de/d_v_708_1832c_Justitia_romische_Gottin_der_Gerechtigkeit1606.htm; S. 146: © ullstein bild/dpa; S. 148: o.: © picture-alliance/dpa; u. l.: © picture-alliance/chromorange; u. r.: © picture-alliance/Wolfgang Minich; S. 150: http://www.bpb.de/files/F6XFET.pdf, © Bundeszentrale für politische Bildung, 53113 Bonn, Autor: Lothar Scholz, Rödermark. Redaktion: Iris Möckel. Grafik: Werbeagentur Michael Rechl, Kassel; S. 151: © picture-alliance/dpa; S. 152: Andreas Vierecke, Bernd Mayerhofer, Franz Kohout: dtv-Atlas Politik. Illustriert von Werner Wildermuth. © 2010 Deutscher Taschenbuch Verlag, München; S. 153: © TARGET-Ruediger Nehberg; S. 154: o.: © ddp images/AP, u. und S. 155: © picture-alliance/dpa; S. 157: www.un.org/av/photo/images/23783.jpg; S. 158: l.: © picture-alliance/dpa; r.: © Bergmoser + Höller Verlag; S. 159: © picture-alliance/ANP XTRA; S. 162: Verlagsarchiv Schöningh; S. 163: © picture-alliance/ZB; S. 170: l.: © Klaus Eppele – Fotolia.com, r.: © Doc RaBe – Fotolia.com; S. 171: © picture-alliance/dpa; S. 172: o.: © picture-alliance/dpa, M. l.: © ddp images/Yannik Willing, M. r.: © Deutscher Fußball-Bund, u.: © picture-alliance/ZB; S. 174: © picture-alliance/dpa-infografik; S. 175: o.: AP Photo/Peter Dejong; u. und S. 177: Verlagsarchiv Schöningh; S. 178: Bundesministerium des Inneren; S. 179: l.: © Bergmoser + Höller Verlag, r.: © picture-alliance/dpa; S. 180: © Bergmoser + Höller Verlag; S. 181: l.: © picture-alliance/dpa-infografik, r.: © 2010, IW Medien – iwd 46; S. 184: © picture-alliance/dpa-infografik; S. 186: ullstein bild – Firo; S. 187: © picture-alliance/augenklick/firo Sportphoto; S. 188: l.: http://www.bundesregierung.de/Content/DE/Publikation/IB/wege-zur-einbuegerung.html, r.: © picture-alliance/dpa-infografik; S. 189: o.: Ministerium für Generationen, Familie, Frauen und Integration des Landes Nordrhein-Westfalen; M. l.: © picture-alliance/chromorange; M. r.: © picture-alliance/dpa; S. 191: o.: © picture-alliance/dpa, u.: Foto: REGIERUNGonline; S. 192: a: © Gustavo Alabiso, b: © picture-alliance/ZB, c: © Tür an Tür, Augsburg, d: © Keystone/Jochen Zick, e: Foto: Metin Yilmaz, f: Diakonie Rheinland-Westfalen-Lippe e. V., g: Deutscher Olympischer Sportbund (DOSB); S. 194: o.: Quelle: Westfalenpost, u.: Stadt Arnsberg; S. 196: Franz-Stock-Gymnasium Arnsberg/D. Rekate; S. 199: Zeichnung: Jan Tomaschoff/CCC, www.c5.net; S. 200: o. l. und o. r.: © picture-alliance/dpa, u. l.: © picture-alliance/rtn – radio tele nord, u. r.: REUTERS/Stringer Shanghai; S. 202: o.: © picture-alliance/dpa, u.: © picture-alliance/dpa-infografik; S. 203: o.: © picture-alliance/landov, u. und S. 204, 205, 206, 207: © picture-alliance/dpa; S. 208: © Bergmoser + Höller Verlag; S. 209: © picture-alliance/dpa-infografik; S. 210: www.wwf.de/klimazeugen; S. 211: o.: © MARK LYNAS/Still Pictures, u.: © Michael Nolan/SplashdownDirect/Splashdown/images; S. 212: o.: © picture-alliance/dpa-infografik, u.: Zeichnung: Gerhard Mester/CCC, www.c5.net; S. 214: © picture-alliance/dpa; S. 215: Die Klima-Allianz; S. 216: o.: © picture-alliance/dpa, u.: © picture-alliance/dpa-infografik; S. 217: Zeichnung: Horst Haitzinger/CCC, www.c5.net; S. 218: © picture-alliance/dpa-ZB/Arno Burgi; S. 219: R. Schmidt/Verlagsarchiv Schöningh; S. 220: © picture-alliance/dpa-infografik; S. 221: Greenpeace/ Hatvalne; S. 222: o.: © picture-alliance/Oredia, u.: © picture-alliance/chromorange; S. 223: l.: © picture-alliance/Bildagentur-online, r.: © blickwinkel/G. Franz; S. 224 und 225: © picture-alliance/dpa-infografik; S. 227: © picture-alliance/dpa; S. 229: Zeichnung: Gerhard Mester/CCC, www.c5.net; S. 230: o. l.: © blickwinkel/McPHOTO, u. l.: Quelle: Bundesagentur für Arbeit, o. r.: © picture-alliance/JOKER, u. r.: © Yuri Arcurs – Fotolia.com; S. 232: Martin Dennemark; S. 233 und S. 236: Shell Jugendstudie 2010; S. 238: l.: © picture-alliance/Mary Evans Picture Library, r.: © picture-alliance/Denkou Images; S. 242: © plainpicture; S. 244: © picture-alliance/Süddeutsche Zeitung Photo; S. 245: o.: © picture-alliance/dpa, M.: © picture-alliance/chromorange; S. 247: o. l.: © by Kollektiv Fotobüro Dirk Zimmer, o. r.: © picture-alliance/Süddeutsche Zeitung Photo, u.: © picture-alliance/dpa-infografik; S. 248: © Rainer Weisflog; S. 249: R. v. Rüden/Verlagsarchiv Schöningh; S. 251: © picture-alliance/dpa-infografik; S. 252: R. v. Rüden/Verlagsarchiv Schöningh; S. 254: o. l.: © picture-alliance/Bildagentur-online, o. r.: © khorixas – Fotolia.com, M. l.: © picture-alliance/ZB, M. r.: © Cultura Images/F1online Bildagentur, u. l. und u. M.: © picture-alliance/ZB, u. r.: © WavebreakMediaMicro – Fotolia.com; S. 261: http://www.iga-info.de/fileadmin/Veroeffentlichungen/iga-Reporte_Projektberichte/iga_report_21_iga-Barometer_altersgemischte_Teamarbeit.pdf; S. 263: o.: © picture-alliance/dpa, u.: © picture-alliance/ZB/euroluftbild; S. 264: Verlagsarchiv Schöningh; S. 266: © Bergmoser + Höller Verlag; S. 268: l.: Ausschnitt aus Globus 4395; © picture-alliance/dpa-infografik; r.: © Bergmoser + Höller Verlag; S. 269: © picture-alliance/dpa-infografik; S. 272: Was werden – Eltern & berufswahl, Online-Magazin der Bundesagentur für Arbeit; http://www.was-werden.de/eb_6/; S. 274: © picture-alliance/dpa-infografik; S. 276: © picture-alliance/dpa; S. 278: Schumpeter: Bilderdienst Süddeutscher Verlag, Smith: AKG Berlin, Rockefeller: © picture-alliance/akg-images, Gates, Mohn: © picture-alliance/dpa; S. 279: © Handelsblatt AG; S. 281: Verlagsarchiv Schöningh; S. 282: © Bundesministerium für Arbeit und Soziales; S. 284: o.: © picture-alliance/dpa, M.: © picture-alliance/ZB, u.: © picture-alliance/Süddeutsche Zeitung Photo; S. 285: © picture-alliance/dpa-infografik; S. 287: o.: www.juniorprojekt.de, M.: www.junge-unternehmer.eu/aktionen/schueler-im-chefsessel.html, u.: www.deutscher-gruenderpreis.de/schueler; S. 288: o.: Borussia Dortmund GmbH & Co. KgaA, M.: VfL Wolfsburg-Fußball GmbH, u.: Verlagsarchiv Schöningh; S. 289: © picture-alliance/dpa-infografik; S. 290 u.: © picture-alliance/dpa; S. 292: l.: Illustration von Joachim Knappe aus WAS IST WAS Spezial, Titel: Wirtschaft vom Tessloff Verlag Nürnberg, 2002; r.: Bundesverband deutscher Banken (Hrsg.), Berlin, Schul/Bank, „Wie? Wirtschaft erleben 2“, 2006, S. 50; S. 293: o. l.: © picture-alliance/ZB, o. r.: © picture-alliance/dpa, u.:

© Ulf Gähme – Fotolia.com; S. 294: © vario images; S. 295: © picture-alliance/ZB; S. 296: o.: © picture-alliance/dpa-infografik; u.: Gewerkschaft Nahrung-Genuss-Gaststätten; S. 297: © picture-alliance/dpa; S. 298: © Bergmoser + Höller Verlag; S. 299: © picture-alliance/dpa; S. 300: Verlagsarchiv Schöningh; S. 301: © Thomas Köhler/photothek.net; S. 302: © picture-alliance/dpa (3 Fotos), o. r.: © picture-alliance/Cultura, u. l.: http://ec.europa.eu/competition/consumers/images/clip.jpg; S. 304: l.: Günter Schlottmann/Verlagsarchiv Schöningh, r.: © dpa/Scheidemann; S. 306 u.: © Harald Hauswald/OSTKREUZ Agentur der Fotografen; S. 307: © akg-images; S. 308: © Bergmoser + Höller Verlag; S. 310: AKG Berlin; S. 311: o.: © ullstein bild – Imagno, u.: AKG Berlin; S. 312: l.: Süddeutscher Verlag – Bilderdienst, r.: © dpa/Rohwedder; S. 313, 314, 315 l.: © picture-alliance/dpa; S. 318: M.: Erik Liebermann, u. l.: http://ec.europa.eu/competition/consumers/images/clip.jpg, u. r.: Zeichnung: Gerhard Mester/CCC, www.c5.net; S. 320: o.: Bundeskartellamt, u.: © picture-alliance/dpa-infografik; S. 321: © picture-alliance/dpa-infografik; S. 323: Jupp Wolter (Künstler), Haus der Geschichte, Bonn; S. 324: o. l. und r.: © picture-alliance/ZB, M.: © picture-alliance/dpa, u. l.: © picture-alliance/Süddeutsche Zeitung Photo, u. r.: © picture-alliance/Sven Simon; S. 326: aus: Sozialpolitik – Ein Heft für die Schule 2007/2008, S. 6, Bundesministerium für Arbeit und Soziales/Arbeitsgemeinschaft Jugend + Bildung e. V., Wiesbaden 2007; S. 328: © picture-alliance/dpa-infografik; S. 332, 335, 336: © picture-alliance/dpa-infografik; S. 337: l.: Jupp Wolter (Künstler), Haus der Geschichte, Bonn; r.: Zeichnung: Wolfgang Horsch; S. 338: o.: © picture-alliance/dpa-infografik, u.: © Bergmoser + Höller Verlag; S. 339: o.: © Bergmoser + Höller Verlag; u. l.: Statistisches Bundesamt Wiesbaden, 12. Koordinierte Bevölkerungsvorausberechnung 2009, Variante 1-W2, Obergrenze der „mittleren" Bevölkerung; u. r.: Zeichnung: Burkhard Mohr/CCC, www.c5.net; S. 340: © picture-alliance/dpa-infografik; S. 342: o.: Zeichnung: Gerhard Mester/CCC, www.c5.net, u.: Zeichnung: Walter Hanel/CCC, www.c5.net; S. 343: o.: Zeichnung: Thomas Plaßmann/CCC, www.c5.net, u.: Zeichnung: Gerhard Mester/CCC, www.c5.net; S. 344: o. l.: © Ute Grabowsky/photothek.net, 3 Fotos: © picture-alliance/dpa; S. 347, 350, 351: © picture-alliance/dpa-infografik; S. 353: © Bergmoser + Höller Verlag; S. 355: © AFP Agence France-Presse GmbH; S. 357: © Bergmoser + Höller Verlag; S. 358: © picture-alliance/dpa-infografik; S. 359: © picture-alliance/ZB; S. 362: l.: © picture-alliance/dpa-infografik, r.: © AFP Agence France-Presse GmbH; S. 364: © picture-alliance/dpa-infografik; S. 367: Zeichnung: Thomas Plaßmann/CCC, www.c5.net; S. 368: o. l.: © alimdi.net; o. r.: © Caro/Olaf Jandke; M. l. und u. r.: © picture-alliance/dpa; u. l.: Foto: Susanne Müller; S. 370: © REUTERS/POOL New; S. 371: © picture-alliance/dpa; S. 372 und 374: © Bergmoser + Höller Verlag; S. 375: o.: Ministerium für Inneres und Kommunales NRW, u.: Stadt Paderborn; S. 376: © Bergmoser + Höller Verlag; S. 377 und 378: © picture-alliance/dpa-infografik; S. 379: Aktion der Zeitungen 1994. © Chris Kohl/Dirk Siebenhaar, Twice Advertising GmbH, Wiesbaden. Vorlage: Regionalpresse, Frankfurt/M., Veranstalter des jährlichen TZ Kreativ-Wettbewerbs; S. 380: o. l.: © picture-alliance/dpa-infografik, o. r.: Zeichnung: Gerhard Mester/CCC, www.c5.net, M.: Zeichnung: Felix Mussil/CCC, www.c5.net; S. 383: o. l.: © Caro/Olaf Jandke, o. r.: © picture-alliance/dpa, u. l.: © Caro/Dirk Bleicker, u. r.: © picture-alliance/Sven Simon; S. 384: http://www.bpb.de/themen/BZ9OT9,0,0,Parteien.html; S. 385: o.: FDP, u.: © picture-alliance/dpa; S. 386: o. l.: © Jörg Axel Fischer/VISUM, o. r.: CSU, u. l.: © CARO/Thomas Ruffer, u. r.: SPD; S. 387: o.: Jupp Wolter (Künstler), Haus der Geschichte, Bonn; u.: Zeichnung: Gerhard Mester/CCC, www.c5.net; S. 388: o.: © AFP Agence France-Presse GmbH, u.: Nach: Stephan Kurz-Gieseler (Hg.), Sozialkunde – Politik in der Sekundarstufe II, Schöningh Verlag, Paderborn 2007, S. 295; Verf.: Wolfgang Schwehm; ergänzt; © Verlagsarchiv Schöningh/Franz-Josef Domke; S. 394: o. l. und r.: © picture-alliance/dpa, u.: © A1PIX/Your Photo Today; S. 396: © picture-alliance/dpa-infografik; S. 399: http://www.bpb.de/files/NFHCIU.pdf; S. 400: DBT/Marcus Zumbansen; S. 402: M.: © picture-alliance/dpa-infografik, u.: © Bundesrat; S. 403: Illustration: Stefan Eling, Konzept: Schubert/Klein, aus: „Das junge Politik-Lexikon", Herausgeber: bpb; S. 404: M.: © Bergmoser + Höller Verlag, u.: © Stefan Boness/Ipon; S. 405: Verlagsarchiv Schöningh; S. 406: © Bergmoser + Höller Verlag; S. 407: o.: © picture-alliance/dpa, u.: © picture-alliance/Süddeutsche Zeitung Photo; S. 410: l.: Zeichnung: Burkhard Mohr/CCC, www.c5.net, r.: Zeichnung: Gerhard Mester/CCC, www.c5.net; S. 412: Dr. Carsten Linnemann; S. 416: © picture-alliance/dpa (3 Fotos), u. r.: Foto: Florian Pfitzner; S. 419: © ddp images/dapd; S. 421: © picture-alliance/dpa; S. 422: o. l.: www.im.nrw.de/verfassungsschutz, M.: © picture-alliance/dpa-infografik; S. 423: © Dörthe Hagenguth/Agentur Focus; S. 424: © picture-alliance/dpa-infografik; S. 425: www.im.nrw.de/verfassungsschutz; S. 426: M.: © picture-alliance/dpa, u.: Bundesamt für Verfassungsschutz (Hg.), Symbole und Zeichen der Rechtsextremisten, Köln 2006, S. 53; S. 427 und 428: © picture-alliance/dpa; S. 429: http://www.netz-gegen-nazis.de/category/lexikon/schulhof-cd; S. 431 u.: Foto: Florian Pfitzner; S. 432: http://www.netz-gegen-nazis.de; S. 433: © Erich Paulmichl; S. 434: © picture-alliance/dpa; S. 436: Copyright Geospace/Science Photo Library/FOCUS; S. 437: o. l.: Zeichnung: Reiner Schwalme/CCC, www.c5.net, o. r.: AKG, Berlin, M.: Zandonella, Bruno: Pocket Europa. EU-Begriffe und Länderdaten. Überarb. Neuaufl. Bonn: Bundeszentrale für politische Bildung 2007 – www.leitwerk.com; S. 441: ullstein bild/dpa; S. 442: © Fondation Jean Monnet pour l'Europe, Lausanne/Charly Keuffer, St. Saphorin; S. 443: o.: © Bilderdienst der Europäischen Kommission, u.: © picture-alliance/dpa-infografik; S. 446: Aus: Globus 8030, picture-alliance/dpa-infografik; S. 447: o.: © picture-alliance/Wiktor Dabkowski, u. l.: © picture-alliance/dpa, u. r.: © picture-alliance/dpa-infografik; S. 448: o.: © dpa-Fotoreport, u.: © picture-alliance/dpa-infografik; S. 449: © picture-alliance/dpa; S. 453: l.: Zeichnung:

Burkhard Mohr/CCC, www.c5.net, r.: © Bergmoser + Höller Verlag; S. 454, 455, 456: © picture-alliance/dpa-infografik; S. 457: o.: Zeichnung: Gerhard Mester/CCC, www.c5.net, M. und u.: © picture-alliance/dpa-infografik; S. 459: Zeichnung: Gerhard Mester/CCC, www.c5.net; S. 460: o. und u. l.: © picture-alliance/dpa, u. r.: © picture-alliance/akg-images; S. 462: © picture-alliance/dpa-infografik; S. 463: © argus/Peter Frischmuth; S. 464: Bundesverband deutscher Banken (Hg.): Schul/Bank, Wie? Wirtschaft erleben 4, Berlin 2010, S. 23; S. 465: o.: http://www.bpb.de/files/RR1S5O.pdf – Quelle: Metallica: www.metallica.com – Bundeszentrale für politische Bildung, 2010, www.bpb.de – Lizenz: Creative Commons by-nc-nd/3.0/de; u.: © picture-alliance/dpa; S. 466: M.: SPIEGEL Special Nr. 7/2005: Die Neue Welt, S. 137; u.: © Miguel Nacianceno/WpN/Agentur Focus; S. 467: o.: © Toni Anzenberger/Anzenberger, M.: © Dan Lamont, u.: © Gerhard Joren/WpN/Agentur Focus; S. 468: Edited by Foxit Reader © by Foxit Software Company, 2005–2006; S. 469: © picture-alliance/dpa; S. 470: Politik und Unterricht; S. 472: o.: © picture-alliance/dpa-infografik, u.: http://www.bpb.de/files/YFCXFT.pdf – Quelle: Busse, Matthias: HWWA Discussion Paper Nr. 116; BDI: Außenwirtschafts-Report 04/2002 – Lizenz: Creative Commons by-nc-nd/3.0/de – Bundeszentrale für politische Bildung, 2009, www.bpb.de; S. 473: o.: © picture-alliance/dpa, u.: © picture-alliance/dpa-infografik; S. 476: o.: © picture-alliance/dpa-infografik, u.: © Bergmoser + Höller Verlag; S. 477, 478, 479: © picture-alliance/dpa-infografik; S. 480: © beermedia – Fotolia.com; S. 482: l.: © picture-alliance/dpa-infografik, r.: © picture-alliance/ChinaFotoPress; S. 483: BJB GmbH & Co. KG; S. 484: SZ-Grafik: Adelheid Beck aus: Süddeutsche Zeitung vom 5.11.2004; S. 487: o.: Zeichnung: Thomas Plaßmann/CCC, www.c5.net, u.: Zeichnung: Klaus Stuttmann/CCC, www.c5.net; S. 488: l.: © picture-alliance/dpa, o. r.: © AP Photo/Jason DeCrow, u. r.: © Christoph Bangert/laif; S. 490: © picture-alliance/dpa-infografik; S. 491: © dpa/Wolfgang Kumm; S. 492: © picture-alliance/dpa; S. 493: © picture-alliance/dpa-infografik; S. 494 und 495: © picture-alliance/dpa; S. 496: © picture-alliance/dpa-infografik; S. 497: l.: © picture-alliance/landov, M. und r.: © picture-alliance/dpa; S. 499: o.: © dpa-Bildarchiv/Hubert Link, u.: Der Fischer Weltalmanach 2007, © Fischer Taschenbuch Verlag in der S. Fischer Verlag GmbH, Frankfurt am Main 2006, S. 590; S. 500: o. l.: © Thomas Imo/photothek.net, o. r.: © picture-alliance/landov, u. l.: © Bergmoser + Höller Verlag, u. r.: AP Photo/Emile Warnsteker; S. 501: http://www.unric.org; S. 503: © picture-alliance/dpa; S. 504: l.: Zeichnung: Gerhard Mester/CCC, www.c5.net, r.: Zeichnung: Felix Mussil/CCC, www.c5.net; S. 505: © picture-alliance/dpa-infografik; S. 506: o.: © picture-alliance/dpa, u.: © picture-alliance/ZB; S. 507: M.: richter-publizistik, bonn, u. l.: © picture-alliance/dpa, u. r.: © picture-alliance/Wiktor Dabkowski; S. 509: o. l.: DER SPIEGEL Nr. 36 v. 4.9.2006, Cover; o. M.: REUTERS/Kelly Price; o. r. und M. l.: © picture-alliance/dpa; M. r.: AP Photo/Ernesto Mora; S. 511: © picture-alliance/dpa; S. 513 und 514: © picture-alliance/dpa; S. 516: Zeichnung: Sakurai/CCC, www.c5.net; S. 517: Zeichnung: Burkhard Mohr/CCC, www.c5.net; S. 523: Zeichnung: Peter Leger; Besitz und © Haus der Geschichte der Bundesrepublik Deutschland, Bonn

Sollte trotz aller Bemühungen um korrekte Urheberangaben ein Irrtum unterlaufen sein, bitten wir darum, sich mit dem Verlag in Verbindung zu setzen, damit eventuelle Korrekturen vorgenommen werden können.